U0790132

普通高等教育"十一五"国家级规划教材
高职高专医药院校系列教材

供中药学和药学类专业用

中药药剂学

第2版

主　编　刘汉清　倪　健
副主编　周毅生　程　岚　刘　嘉
编　委(按姓氏笔画排列)

王　兰(陕西科技大学)
叶代望(湖北中医药大学)
刘汉清(南京中医药大学)
刘　嘉(江苏建康职业学院)
周毅生(广东药学院)
倪　健(北京中医药大学)
唐志书(陕西中医学院)
程　岚(辽宁中医药大学)
韦文俊(广西中医学院)
刘东平(安徽中医药高等专科学校)
刘彦超(陕西杨凌职业技术学院)
张永萍(贵阳中医学院)
钱亚琴(南京莫愁职业学校)
郭慧玲(江西中医学院)
谢　辉(南京中医药大学)

科学出版社

北　京

内 容 简 介

本书是普通高等教育“十一五”国家级规划教材及高职高专医药院校系列教材之一，是适应新形势，针对性更强、内容更丰富的第2版教材，全书共分23章，内容涉及中药制剂理论、生产技术、质量控制和合理应用等方面，在阐述中药制剂一般理论和基本操作的基础上，主要介绍了中药现代与传统剂型、药剂的稳定性和配伍变化以及生物药剂学与药物动力学等内容。全书选用最新资料，注入最新内容，突出剂型特点与中药制剂理论的应用，突出浸提分离工艺过程对饮片、中间体质量的影响，突出中药制剂成型工艺要点。每章编排均由学习目标、正文、链接、小结和目标检测等板块组成。通过链接，为学生提供学习新技术与新剂型的窗口。并且在书后附有实验参考、常用药剂辅料选录和教学基本要求。本书特点是突出高等职业技术教育及专科教育，坚持体现“三基”(基本知识、基本技能、基本理论)教学，注重学生必须掌握的制剂理论、技术、学识和能力；坚持体现理论联系实际和综合应用水平，注重教学内容的科学性和实用性。

本书可供高职高专职业技术教育、成人教育中药学和药学类专业学生及自考学生作为教材使用，也可供美容、营销、检验等医药相关专业学生使用，还可作为药学类执业药师资格考试及其他在岗人员的培训教材或学习参考书。

图书在版编目(CIP)数据

中药药剂学／刘汉清，倪健主编．—2版．—北京：科学出版社，2011
普通高等教育“十一五”国家级规划教材
ISBN 978-7-03-029915-4

Ⅰ．中… Ⅱ．①刘… ②倪… Ⅲ．中药制剂学-高等学校：技术学校-教材
Ⅳ．R283

中国版本图书馆CIP数据核字(2011)第001768号

责任编辑：郭海燕／责任校对：李 影
责任印制：徐晓晨／封面设计：黄 超

版权所有，违者必究。未经本社许可，数字图书馆不得使用

科学出版社 出版
北京东黄城根北街16号
邮政编码：100717
http://www.sciencep.com
北京市金木堂数码科技有限公司印刷
科学出版社发行 各地新华书店经销
*
2005年2月第 一 版 开本：787×1092 1/16
2011年1月第 二 版 印张：24
2025年8月第十四次印刷 字数：567 000

定价：45.00元

(如有印装质量问题，我社负责调换)

第2版前言

《中药药剂学》自2005年2月出版第1版以来，在全国高职高专教育教学中深受师生好评，经过4次印刷，并入选普通高等教育“十一五”国家级规划教材。为进一步贯彻落实中医药高等职业教育教材教学会议精神，深化教育教学改革和加强教材建设，提高高职高专教学的质量和水平，满足新形势对高职高专教学内容和课程体系改革的要求，适应2010年版《中国药典》等有关新法规的施行，编者根据几年来积累的教学经验，修订编写了针对性更强、内容更为丰富完善的专业性再版教材。

本版教材在认真剖析第1版教材的基础上，突出高等职业技术教育特点，正确把握高职高专教学内容和课程体系的改革方向，坚持“贴近学生、贴近社会、贴近岗位”和体现“基本知识、基本技能、基本理论”的编写原则，力求科学性、系统性、实用性、可读性和创新性并举。注重学生必须掌握的制剂理论、技术、学识和能力，体现理论联系实际和综合应用水平。在内容上依据2010年版《中国药典》制剂通则等相关规定与要求，加强制剂理论知识与实际操作技能相结合，中药制剂传统经验与现代制药技术有机结合，传统与现代剂型理论相结合。突出剂型特点与中药制剂理论的应用，突出浸提分离工艺过程对饮片、中间体质量的影响，突出中药制剂成型工艺要点。选用最新资料，注入最新内容，结合国内外药物制剂研究、生产现状，适当增加先进而适于中药制剂的理论和技术等，通过链接，为学生提供学习新技术与新剂型的窗口，旨在使理论与实训结合、讲与练结合、考与评结合，提高教学质量。各部分内容既有独立性又有相关性，内容深入浅出，适教、适学。

全书正文共分23章，在阐述中药药剂学一般理论和基本操作的基础上，主要介绍了常用中药现代与传统剂型以及药剂的稳定性和生物药剂学与药物动力学概论等内容。保留了第1版原有的体例和编排形式，每章均由学习目标、正文、链接、小结和目标检测等板块组成。书后附有中药药剂学实验参考、常用药剂辅料选录以及中药药剂学教学基本要求等，全书层次板块清晰，便于教学和自学参考。

本书可供高职高专职业技术教育、成人教育中药学、药学、中药制药学、药物制剂学、临床中药学、中药药理学、中药资源与开发等中药学和药学类专业学生作为教材使用，也可供美容、营销、检验等相关医药学专业学生教学使用，还可作为药学成人教育学生、执业资格考试、自考人员及其他在岗人员的培训教材或学习参考书。

本书编委会由南京、北京、广东、辽宁、贵阳、江西、陕西、湖北等高等中医药院校和江苏建康职业学院以及安徽中医药高等专科学校等长期从事中药药剂学或药剂学教学具有较高学术水平的教授、专家组成，全体参编人员为本书的编写付出了辛勤的劳动。全书由刘汉清教授统稿、审稿、定稿，周毅生教授参加了部分初审工作。

在成书过程中，受到了南京中医药大学和全体参编院校的高度重视和大力帮助，得到了科学出版社的有力支持和配合，孙小芬、赖筱娟、李婧、王宁、常星洁、刘霖、王进等同志协助部分校对工作，在此一并表示深切的谢意。

由于编者水平有限，编写时间仓促，疏漏、错误之处在所难免，殷切希望广大读者给予批评指正，亦敬请同道提出宝贵意见。

刘汉清

2010 年 10 月

第1版前言

本书为21世纪高职高专教材（供中药学和药学类专业用）之一，也是全国中医药高职高专首部中药药剂学协编教材。《中药药剂学》是全国中医药高职高专中药类各专业的主干专业课程，其内容涉及中药制剂配制理论、生产技术、质量控制和合理应用等方面，是一门综合性应用技术学科，在药物制剂的生产、流通、检验、使用和研究中历来具有重要地位和作用。没有中药剂型及其制剂现代化，就没有中药的现代化。近些年来，随着医药、化工、生命科学等的迅猛发展，中药剂型及其制剂新工艺、新技术、新辅料和新型给药系统等的研究日趋深入，为了适应中药现代化的步伐和知识经济时代对中药人才的需求，满足中西药厂及医院制剂室等对制药操作技能型人才的迫切需求，同时提高在岗在职人员的业务素质，并提高高职高专职业教育对社会和企业需求的反应能力，促进整个职业教育事业的改革和发展，本书无疑具有一定的现实意义。

本书坚持"贴近学生、贴近社会、贴近岗位"的编写原则，紧密联系中药制剂生产实际，突出中药传统剂型的改进和新剂型的发展以及新技术、新工艺、新辅料、新设备的应用，力求科学性、系统性、实用性、可读性和创新性并举，为学生知识、能力、素质协调发展创造条件。全书正文共分23章，内容深入浅出，文字简明流畅，构思新颖。在阐述中药药剂学一般理论和基本操作的基础上，主要介绍了中药现代与传统剂型以及药剂的稳定性和生物药剂学与药物动力学概论等内容。体例较新，每章均由学习目标、链接、小结和目标检测等板块组成。书后附有中药药剂学实验参考和常用药剂辅料选录以及中药药剂学教学基本要求等，供教学和自学参考。

本书可供高职高专中药学、中药制药学、药学、药物制剂学、临床中药学、中药药理学、中药资源与鉴定学等药学类专业学生作为教材使用，也可供美容、营销、检验等相关医药学专业教学使用，还可作为成人教育学生、在岗人员、执业资格考试人员及其他中医药人员的培训教材或学习参考书。

本书编委会由南京、北京、河南、辽宁、湖北、贵阳、江西、陕西等中医院校和陕西科技大学长期从事中药药剂学或药剂学教学具有较高学术水平的教师组成，全体参编人员为本书的编写付出了辛勤的劳动。全书由刘汉清教授统稿、审稿、定稿，倪健、周毅生、程岚教授参加了部分初审工作。

在成书过程中，受到了南京中医药大学和全体参编院校的高度重视和大力帮助，得到了科学出版社的有力配合和支持，马洁、孙源源、孙玉雯等同志协助部分编务工作，在此一并表示深切的谢意。

由于编者水平有限，编写时间仓促，疏漏、错误之处在所难免，殷切希望广大读者给予批评指正，亦敬请同道提出宝贵意见。

刘汉清

2005年1月

目　　录

第1章　绪　　论

学习目标

1. 记住中药药剂学的含义以及剂型、制剂、新药等常用术语
2. 了解药剂学分支学科的概念和中药药剂学的基本任务
3. 说出中药药剂学的发展概况和中药制剂新剂型、新技术、新辅料应用现状
4. 明确中药剂型选择的基本原则;明确中药剂型的分类方法以及不同分类方法所涉及的剂型范围
5. 简述药典及药品标准的含义、性质、作用和《中国药典》的编纂体例及国内外药典与药品标准概况

第1节　概　　述

一、中药药剂学的含义与性质

中药药剂学是以中医药理论为指导,运用现代科学技术,研究中药制剂的配制理论、生产技术、质量控制与合理应用等内容的综合性应用技术科学。其内容涉及中药类专业的诸多课程以及现代制药理论和技术,既具有运用多学科知识与技能的综合性,又具有紧密联系生产和临床的实用性,还具有传统剂型和现代制剂理论的统一性。该课程既是高职高专中医药教育中药类专业学生的必修主干课程,也是技能型中药人才必备的专业知识的重要组成部分。在中药制剂的生产、流通、应用和研究中历来具有重要地位和作用。

在中医、中药相互依存、共同发展的历史进程中,中药药剂学的埋论和技术得以形成并不断发展和逐步完善。作为中医药理论的重要组成部分,中药药剂学在中药制剂研究、生产和医疗实践中具有极其重要的地位与作用。中医防治疾病以证为基础,强调证、法、方、药间的紧密联系及辨证立法后的选药组方。这就决定了中药剂型设计及其制剂必须坚持以中医药理论为指导。其研究对象中药制剂的主要特点有:①组方符合中医药理论,尽可能联系解析组方药物的成分与药理;②制剂工艺应注意组方药物,尤其君药、臣药中有效部位或活性成分的转移率;③质量标准制定,除应符合最新版《中国药典》制剂通则要求外,首先选定君、臣药中有效或活性成分作为定性鉴别和含量控制指标,同时尽量考虑多种成分作为指标;④药效学研究应尽可能建立符合中医辨证要求的动物模型,药动学研究宜探索应用药理或毒理效应法;⑤临床应用应在中医药理论指导下辨证用药。

二、中药药剂学与现代药剂学分支学科

随着生命科学、现代医药学和化学工业的快速发展,逐步形成了现代药剂学的分支学科体

系。现代药剂学分支学科主要有：工业药剂学（研究药物制剂的剂型设计及制剂理论与技术、生产设备和质量管理的学科）；生物药剂学（研究药物及其制剂的体内过程，阐明药物的剂型因素、用药对象的生物因素与药效关系的学科）；物理药剂学（应用物理化学的基本原理和方法，研究和阐述药剂制备和储存过程中出现的现象及其内在规律，进而指导剂型和制剂设计的学科）；临床药学（阐明药物在治疗中的作用与药物相互作用，指导患者合理、有效与安全用药的学科）；药动学（采用数学模型，研究药物在体内的动态行为与量变规律，为合理用药、剂型设计提供量化指标的学科）。

伴随着中药工业的不断发展和提升，在继承传统剂型理论和经验的基础上，中药药剂学与现代药学相互渗透，不断借鉴现代药剂学的新剂型、新工艺、新技术、新辅料，其理论体系更为完善，内容更为新颖。现已出版发行了多版本既具有中医药特色，又反映当代中药制剂水平，适于不同层次使用需求的中药药剂学，其内容也大多涉及或基本涵盖到现代药剂学主要分支学科。

中药药剂学包括中药调剂学和中药制剂学。随着学科分化和临床药学的深入开展，中药调剂学现多已单列。中药制剂学主要阐述中药剂型的基本理论、特点与应用，以及剂型和药物传递系统设计；中药制剂的工艺技术与操作方法、辅料选用与实验技术等。本书在重点介绍中药制剂前处理主要单元操作工艺、技术与方法的基础上，系统介绍中药常用剂型的概念、特点、制法和质量控制及新剂型新技术等，制备有效、安全、稳定的中药制剂，满足临床用药的需要。中药制剂学的内容随着中药制剂基础研究不断深入和产业现代化的不断发展得以丰富和完善。

中药调剂学是研究方剂调配技术、理论和应用的科学，除应掌握中药调配应用及毒剧药管理等技能外，还应熟悉常用药物的性能特点、用法用量、功能主治、组方配伍等相关知识，以便配合临床，指导和监督合理用药，并能开展中药临床药学的相关研究。

链 接

三、中药剂型在中医药事业中的地位与作用

任何一种药物在临床使用前都必须制成适合于患者使用而安全、有效、稳定的给药形式，中药剂型在中医药事业中正是发挥了这种重要作用。在人类对健康水平的要求不断提高的今天，研发和生产更多更好的中药新剂型新制剂是历史赋予药学工作者光荣而艰巨的任务。为此，充分认识中药剂型的作用十分必要。

1. 中药剂型是中药产业化的重要标志 没有中药剂型和制剂就没有中成药工业，可以说中药剂型研究和制剂生产是实现中药产业化的重要途径。同样，没有药物新剂型、新技术、新辅料、新工艺在中药剂型和制剂中的合理应用，就没有中药产业的现代化、中药制剂质量的标准化和生产技术工程的产业化，因此，中药剂型和制剂的发展与提高不仅关系到药品成本的高低和生产者的经济效益，也反映了我国中成药医疗用药水平和制药工业水平，也是中药产业现代化的重要标志。没有中药剂型和制剂的现代化，中药走向世界势必成为空谈，对此人们已逐渐形成共识。

2. 中药剂型设计是新药研发的起点 剂型设计是确定合适的给药途径和药物剂型，决定药品安全性、有效性、可控性、稳定性和顺应性的重要环节。在中药新产品的研发过程中，首先应根据药物本身的理化性质及临床用药的要求进行剂型设计。药物剂型设计必须遵循最大限度地发挥药效的同时尽量降低毒副作用的基本原则，筛选制剂的最佳处方和工艺条件，确定包装，最终形成适合于生产和临床应用的制剂产品。

3. 中药剂型在临床应用中的重要作用 中药剂型的发展初期主要是为了适应给药途径而设计的形态，以满足临床病症缓急表象需要。纵观人体，可以找到如口腔、舌下、颊部、胃肠道、直肠、子宫、阴道、尿道、耳道、鼻腔、咽喉、支气管、肺部、皮内、皮下、肌肉、静脉、动脉、皮肤、眼等

给药途径。药物剂型设计必须与这些给药途径相适应。而新剂型与新技术的发展使制剂具有功能或技术的含义,如缓控释制剂、靶向制剂、透皮吸收制剂、固体分散技术制剂、包合技术制剂、脂质体技术制剂、生物技术制剂、微囊化技术制剂等,从而发展了药物传递系统。

中药剂型与药效关系密切,剂型不同给药方式不同,药物的体内行为也不同。剂型不同可能改变药物的作用性质;可能改变药物的作用速度;可能改变药物的毒副作用。有些剂型(如脂质体、微球、微囊)可产生靶向作用;有些剂型(如片剂、颗粒剂、丸剂等)的制备工艺不同会对药效产生显著影响,特别是药物的晶型、粒子的大小发生变化时会直接影响药物的释放,从而影响药物的治疗效果。

随着药学科学的不断发展,人们对药物在体内的吸收、分布、代谢、排泄等特征以及药物的作用机制有了进一步的认识,从而也为制备安全、有效的制剂和选择合理的给药途径提供了理论依据。如在胃肠道中易受酶破坏而被分解的药物、在胃肠道中不吸收的药物等适合制备注射剂等;肝脏首过作用严重的药物,适合制备口腔贴片等;在胃酸中分解而且刺激性较大的药物,宜设计制成肠溶制剂等。

四、中药药剂学的基本任务

作为连接中医和中药的纽带与桥梁,中药药剂学的基本任务就是研究如何根据临床用药和处方中药材的性质以及生产、储藏、运输、携带、服用等方面的要求,将中药制成适宜的剂型,以质优价廉的制剂满足医疗卫生保健的需要。为此,必须充分应用现代科学技术,不断加强中药药剂学基本理论和生产技术的研究,不断改进、创新剂型,不断优化制剂工艺和规范质控标准,逐步实现中药制剂的剂型现代化,质量控制标准化,制剂生产工程化,从整体上提高中药制药水平。其具体任务如下。

(1) 学习、掌握中医药基础理论,吸收和应用现代药学有关知识和方法,继承创新传统中药剂型理论和制药技术,提高中药制剂的研究水平,加速中药剂型现代化。

(2) 在中医药理论指导下,运用现代科技方法,改进传统工艺,提高原有中成药制剂质量,同时大力开展中药新剂型新制剂的研发,使中成药工业尽快与国际接轨,以适应现代医药科技发展和医药市场经济的需要。

(3) 开发性能优良的中药制剂新辅料,研究适合中药制剂生产的新机械、新设备,以满足中药新剂型新制剂研究及提高生产效率和产品质量的需要。

(4) 加强中药制剂系统工程研究,加速中药制剂工业现代化进程。如原、辅材料质量标准化、工艺过程的中间控制、工艺装置的稳定性与连续性,以及"中试放大"等研究。

(5) 研究开发中药制剂质量控制新的检测技术和方法,健全中药制剂的质量标准体系,不断提高中药制剂质量水平。

(6) 加强中药制剂溶出度、生物利用度以及不良反应等基础理论研究,充实完善中药制剂生物有效性、安全性理论,指导生产和临床实践。

(7) 熟悉国家有关中药工作的政策,掌握中药新药(新制剂)注册等法规,健康有序地开展中药制剂研究、生产、经营和使用等工作。

五、中药药剂学常用术语

1. 饮片、植物油脂和提取物 饮片系指药材经过炮制后可直接用于中医临床或制剂生产使用的处方药品。植物油脂和提取物系指从植、动物中制得的挥发油、油脂、有效部位和有效成分。其中,提取物包括以水或醇为溶剂经提取制成的流浸膏、浸膏或干浸膏、含有一类或数类有效成分的有效部位和含量达到90%以上的单一有效成分。

2. 药物与药品 凡用于治疗、预防及诊断疾病的物质总称为药物,包括原料药和药品。一般可分为天然药物和人工合成药物两大类。药品是指用于预防、治疗、诊断人的疾病,有目的地调节人的生理功能并规定有适应证或者功能主治、用法和用量的物质,包括中药材、中药饮片、中成药、化学原料药及其制剂、抗生素、生化药品、放射性药品、血清、疫苗、血液制品和诊断药品等。

3. 剂型 根据药物的性质、用药目的和给药途径,将原料药加工制成适合于医疗或预防应用的形式,称为药物剂型,简称剂型。具有相同存在和应用形式的不同制剂称为某一药物剂型,如散剂、颗粒剂、丸剂、片剂、胶囊剂、软膏剂、注射剂、煎膏剂、栓剂等,目前常用的中药剂型约有40多种。

4. 制剂 根据《中国药典》、《国家食品药品监督管理局药品标准》等标准规定的处方,将药物加工制成具有一定规格,可直接用于临床的药物制品,称为制剂。制剂一般指某一个具体品种,现行《中国药典》收载中药、化药和生物制剂共4567种。制剂有时也可以是各种剂型、各具体制剂的总称,如中药制剂、化药制剂或生物制剂。制剂生产应在符合GMP要求的药厂进行,也可在符合GMP要求的医院制剂室制备。研究制剂制备工艺和理论的科学,称为制剂学。

5. 成方制剂 系指以中药饮片为原料,在中医药理论指导下,按经药政部门批准的处方和制法大量生产,有特有名称并标明功能主治、用法用量和规格的药品称为成方制剂。其中单味处方者称为单味制剂。成方制剂习称中成药。

6. 处方(prescription) 系指医师对患者治病用药或药剂制备的书面文件。处方有法定处方、医师处方、协定处方及单方、验方、秘方和经方与古方等不同种类,在临床医疗、药剂调配和制剂生产中具有十分重要的作用。

7. 非处方药 系指无需凭执业医生处方,消费者可自行判断、购买和使用的药品,也称为柜台发售药品(over the counter drugs,OTC)。非处方药具有应用安全、疗效确切、质量稳定、价格便宜、使用方便等特点,可分为甲、乙两类,带专有标识。自2000年以来我国逐步发展完善的处方药与非处方药分类管理制度,目前已成为我国药品管理的重要组成部分以及药品销售、使用的重要依据。

8. 新药 系指未曾在中国境内上市销售的药品。已上市的药品改变剂型、改变给药途径、增加新适应证的,按照新药注册申请管理。

9. GMP 英文good manufacturing practice of drug的简称,即药品生产质量管理规范。GMP是药品生产和质量管理的基本准则,也是保证生产优质药品的一整套科学、合理、规范化的管理方法,还是制药企业改建、新建的主要依据。对与药品生产和质量管理相关的生产环境、厂房、设施、原料以及人员培训等GMP都有具体的标准和要求,对药品生产全过程中的生产操作、生产管理、质量检查等多个环节GMP也均有明确的规定和严密的监控。GMP有国际性的、国家性的和行业性的三种类型。GMP的内容一般由法规性的GMP条例和GMP指南与附录组成,后两者属指导性原则。我国的GMP制度正式颁布施行于1988年,至今已有100多个国家和地区实行了GMP制度。

第2节 中药药剂学的发展

一、中药药剂学发展的历史回顾

在源远流长的中医药发展进程中,中药药剂学伴随着古今方药及剂型的演变而形成和发展。几千年来，前人为中药药剂的剂型理论、方药修治、临床应用等留下了极其宝贵的遗产。随着社会的进步，科学技术的发展和医药水平的提高，中药药剂学在制备理论与工艺技术，新剂型新制剂研究开发，以及产品质量和稳定性等方面不断提高和完善，当今中药制药工业已取得了举世瞩目的发展和成就。

中药药剂的肇始，可追溯至夏代。夏禹时期已经能酿酒，同时发现了曲（酵母），开始有多种药物浸制而成的药酒。

商汤时期，伊尹首创汤剂，并总结了《汤液经》，为我国最早的方剂与制药技术专著，可惜原书已佚失。汤剂沿用至今，目前仍是中医用药的首选剂型。

战国时期，我国现存第一部医药经典著作《黄帝内经》[包括《素问》和《针经》（唐以后的传本改称《灵枢》）各 9 卷]问世，该书不仅提出了“君、臣、佐、使”的组方原则，还在《汤液醪醴论》论述了汤液醪醴的制法和作用，记载了汤、丸、散、膏、药酒等不同剂型，并有较明确的制法、用法、用量和适应证，可谓中药药剂学的先导。

秦、汉时代（公元前 221 年至公元 219 年）是我国药剂学理论、经验与技术有显著发展的时期。如东汉时期成书的《神农本草经》序例中明确指出：“药性有宜丸者，宜散者，宜水煎者，宜酒渍者，宜煎膏者，亦有一物兼宜者，亦有不可入汤酒者，并随药性，不得违越。”首次强调应根据药物性质选择剂型。著名医药学家张仲景撰写了《伤寒论》和《金匮要略》，书中收方 314 首，成药 60 余种，记有煎剂、丸剂、散剂、浸膏剂、软膏剂、酒剂、栓剂、脏器制剂等 10 余种剂型，且制备方法较为完备，功能主治、用法用量明确。该书还首次论述以动物胶汁、炼蜜和淀粉糊作丸剂赋形剂，至今仍有应用。

晋代（公元 281~420 年）葛洪著《肘后备急方》8 卷，书中第一次提出“成药剂”的概念，主张批量生产储备，供急需之用，并记载了铅硬膏、蜡丸、锭剂、条剂、药膏剂、灸剂、熨剂、饼剂、尿道栓剂等多种剂型，且将成药、防疫药剂及兽用药剂分专章论述，可见当时药物剂型已很丰富，对制剂生产和应用已很重视。

梁代陶弘景在《本草经集注》中指出：“疾有宜服丸者，宜服散者，宜服汤者，宜服酒者，宜服煎膏者”，明确提出了应根据疾病性质和临床需要选择药物剂型的原则，并提出“合药分剂料理法则”，明确指出药物的产地和采制方法会对其疗效产生影响。

唐代（公元 618~959 年）医药事业发展成绩显著，药王孙思邈所著《备急千金要方》和《千金翼方》分别收载成方 5300 首和 2000 首，有汤剂、丸剂、散剂、膏剂、丹剂、炙剂等多种剂型。其中著名的成药磁朱丸、紫雪等至今沿用不衰。《备急千金要方》并设有制药总论专章，叙述了制药理论、工艺和质量问题，促进了中药药剂学的发展。王焘著《外台秘要》收方 6000 余首，在每个病名的门下都附有处方、制备方法等。例如，苏合香丸（原名乞力伽丸），长于芳香开窍，理气止痛，用于心绞痛等治疗卓有成效，新药冠心苏合丸、苏冰滴丸即据此方研制而成。唐显庆四年颁布的《新修本草》，更是我国也是世界最早的一部全国性药典。

宋、元时期（公元 960~1367 年），是我国成药达到初具规模的大发展时期。当时刊行的《圣惠方》（王怀隐辑）、《圣惠选方》（何希彭辑）、《圣济总录》（赵佶令编）等，卷帙浩繁，收载成方达数万首之多，并有膏药、丹剂等专篇介绍。宋熙宁九年（公元 1076 年）太医局设立“熟药所”，负责制药和售药。制药者名为“和剂局”，并由官方编写了《太平惠民和剂局方》，书中每方之后除详列药物及主治证外，对药物炮制、药剂制法及其检验均有较详细论述，实为我国历史上由国家颁发的第一部中药制剂规范。该书共收载中成药 788 种，其中逍遥散、藿香正气散等，至今临床应用仍很普遍。此外，还有很多如《济生方》、《小儿药证直诀》等载有中药制剂的著名方书。沿用至今经久不衰的六味地黄丸，即由《金匮要略方论》中肾气丸去桂枝、附子改地黄而成。

明、清时期（公元 1368~1911 年）医著颇多，中药成方及其剂型也有相应的充实和提高。如明朱棣著《普济方》,载有成方 61 739 首,其中许多是成药,并按《圣惠方》的格式对外用膏药、丹药及药酒列专篇介绍。伟大医药学家李时珍著《本草纲目》,附方 13 000 余首,剂型近 40 种,对方剂学、药剂学均有重大贡献。王肯堂著《证治准绳》,在类方篇中收载成方 2000 余首,其中二至丸、水陆二仙丹等沿用至今。陈实功著《外科正宗》收方 400 余首,其中成药 211 种,如冰硼散、如意金黄散等均卓有效验。清代吴谦等著《医宗金鉴》,选用成方 2000 余首,其中有《删补名医方论》专册,有关成药 61 篇。吴尚先著《理瀹骈文》为外用膏剂之大成。吴鞠通在《温病条辨》一书中,创制有效方剂如桑菊饮、银翘散、安宫牛黄丸等,均被后世制成成药,并广泛用于临床。

历代先人的创造积累,不断丰富了我国的药学宝库,同时大大推进了中药药剂学的发展。但鸦片战争后的百年内,由于外敌入侵,大量洋药、伪药流入我国,中医药事业备受摧残。新中国成立前,国药业更是濒临消亡的险境。

二、新中国成立后中药药剂学的主要成就

中华人民共和国成立后,由于党和政府的高度重视,中医药事业得到了前所未有的发展,中药制剂的研究、生产、流通和使用等随之也有了较大进展。尤其是实施《药品管理法》、《新药审批办法》和中成药生产 GMP 以来,我国创新中药的开发研究和中药制剂生产进入了一个新的发展时期,逐步走上了规范化、科学化和法制化轨道,中药剂型理论的相关研究也取得一定成果。高等(中)药学专业教育和职业教育的迅猛发展,也为中药药剂学理论和实践的提升和进一步发展培养了大批专业优秀人才。归纳起来主要有以下几方面。

1. 中药制剂的文献研究 为继承、发掘祖国医药宝库中传统中成药的处方和生产工艺,1962 年,汇编出版了《全国中成药处方集》,全书收载成方 6000 余首,中成药 2700 余种,发挥了承前启后的重要作用。较重要的中药制剂专著还有:中国中医研究院中药研究所的《中药制剂手册》(1965 年),收载制剂 555 种;国家医药管理局中成药情报中心站的《全国中成药产品目录》(一、二两部),收载中成药 9089 种,包括 43 种剂型。另有《中药制剂汇编》(1983 年)收载中药提取制剂达 4000 种、剂型 30 余种等。《中华本草》、《中药方剂大辞典》等巨著也有很多中药成方制剂收载。高等中医药院校《中药药剂学》教材、国家执业药师考试应试教材《中药药剂学》及相关参考书等相继出版使用。《中国药典》至今已颁发了 9 版,除 1953 年版外,后 8 版中药和中药制剂均单列为第一部,且每版均在前版药典的基础上,其品种、标准和检测水平均有大幅度的修订和提高。

2. 传统剂型改进与原制剂工艺优化 为数众多的中成药传统产品,大多疗效显著,深受患者欢迎。但由于历史条件的限制,某些产品在剂型及制剂工艺等方面也存在不足。新中国成立后,尤其是近 40 年来,努力发掘提高,在对传统剂型的改进及原产品制剂工艺的优化等方面进行了许多卓有成效的研究,如汤剂改制成颗粒剂(如五苓散颗粒)、口服液(如四逆汤口服液)、糖浆剂(如养阴清肺糖浆)、注射剂(如生脉注射液)等;丸剂改制成片剂(如银翘解毒片)、口服液(如杞菊地黄口服液)、颗粒剂(如银翘解毒颗粒)、酊剂(如藿香正气水)、注射剂(如牛黄清脑注射液)、滴丸剂(如苏冰滴丸)、气雾剂(如宽胸气雾剂)等,或改变了给药途径,或缩小了服用剂量,或提高了临床疗效,或有利于工业生产,或兼而有之。

3. 中药新剂型新制剂的研究开发 在开展多学科综合研究的基础上,利用现代科技方法(如 SFE-CO_2提取、微型包囊、药物微粉化、固体分散等技术),将大批有效方药及中药有效部位或有效成分研发成中药新剂型、新制剂,创制了注射给药、舌下给药等许多新剂型,如注射用双黄连粉针剂、复方丹参滴丸、牡荆油胶丸、芸香油气雾剂、桂枝茯苓胶囊、毛果芸香碱膜剂等,还有处于国际领先地位的青蒿素栓、青蒿琥珀酯片和注射用青蒿琥珀酯以及具靶向作用,可用于

癌肿治疗的鹤草酚、喜树碱等的静脉注射用乳剂或脂质体新制剂等。

4. 中药制剂基础理论的研究 中药制剂溶出度、生物利用度及配伍组方等基础理论的研究,对阐明中药制剂的生物有效性,正确选择药物剂型、合理拟定生产工艺、准确控制药品质量、有效监控临床用药具有指导作用,对提高中药制剂的生产技术水平,制备安全、有效、稳定的产品具有重要意义。如银黄口服液、片剂生物利用度研究表明,口服液黄芩苷、绿原酸血药峰浓度和血药峰时均优于片剂,生物利用度口服液也高于片剂。又如对生脉散口服液、汤剂、袋泡剂药理作用比较研究表明,三种剂型抗缺氧、补气、补血等作用:袋泡剂>汤剂>口服液,从而提示设计时应选择袋泡剂。再如对六神丸配伍组方研究表明,麝香、牛黄、蟾酥的配合应用在抑制动物肉芽肿形成方面具有相乘的效果,且三者的用量以 3∶2∶2 为最佳;而雄黄、麝香、牛黄在强心方面有协同作用。

5. 中药制剂新的质量标准体系的建立 中药传统制剂的质量,过去多凭经验和生产工艺来控制。随着现代分析技术和方法在中药制剂质量控制中逐步得到扩大应用,现已逐步建立起中药制剂质量标准体系。中药及其制剂质量可控性、有效性的技术保障不断得到提升,中药制剂质量标准内容渐趋科学、规范、合理,在各版《中国药典》中得到了充分体现。中药制剂不仅在不同剂型常规标准(如崩解度、重量差异、澄明度、微粒细度等)、成分鉴别(包括理化、薄层色谱鉴别等)及含量控制(主药、毒剧药成分含量测定等)等项目和指标方面逐步完善,而且增订了安全卫生标准(如微生物、重金属、灰分等限度)。如 2010 年版《中国药典》明确规定了中药注射剂和儿童常用品种的重金属和有害元素限度标准等。薄层色谱、气相色谱法、高效液相色谱法等现代检测技术和方法在中药制剂生产、研究中已普遍使用,液相色谱-质谱联用、分子鉴定、薄层-生物自显影技术等新方法也已采用。明确规定所有中药制剂必须标明有效期,且最长不得超过 5 年。

6. 中药制剂现代化产业体系形成 中药制剂工业现代化建设经过多年的调整、改造和扩建,一大批符合 GMP 要求的创新中药制剂现代化产业体系已经形成;具有中国特色的中药提取、精制、浓缩、干燥、制粒、包衣等的新技术、新工艺、新方法、新设备在中药制剂生产、研究中正普及应用;中成药工业生产的单元操作系统、物料与热量平衡和原材料、中间体质量控制以及中试放大等研究与应用已取得显著进展。上述诸多成果已转化为生产力,并产生了巨大的社会和经济效益,同时对学科本身和中医药事业的发展产生了重大而深远的影响。为加速中成药工业现代化进程,中药制剂系统工程的研究还有待进一步加强。

三、中药制剂新剂型新技术新辅料的研究应用现状

近数十年来,因为人们热切希望从中医中药中找到防治疾病更理想的药物,因此中药及其制剂备受世界医药界推崇。许多国家和地区将现代技术和先进设备应用于植物药制剂的研究和生产,使得天然药物制剂的剂型品种不断发展,工艺技术不断优化,成品质量不断提高,为中药制剂的进一步优化开拓了广阔前景。现代药物制剂的新剂型、新技术、新辅料等,大多已被国内中药制剂研究和生产所采用。

(一)中药制剂主要新剂型

中药制剂剂型甚为丰富,除传统剂型外,基本涵盖了化学药物的现代剂型和国外天然药物剂型。国外天然药物主要有浸膏剂、煎剂、丸剂、片剂、颗粒剂、袋泡剂、胶囊剂、散剂、粉针剂、茶剂、栓剂、浴剂、液剂、舔剂等多种剂型,与国内中药相关剂型相比,其制备工艺、辅料等多有一定

差异。如煎剂,系将常用方剂的药物装入气密性包装材料,同时充入惰性气体,并添加干燥剂。每日量包装一袋,较为方便,且有利生产性制备及储存保管,但不能随症加减。散剂除普通粉散外,多为浸膏倍散,常用的稀释剂为糊精、乳糖、微晶纤维素等。丸剂多为浸膏丸及滴丸等类型,生产机械化、自动化程度较高,转动制粒及离心制粒技术常被采用。塑制法制备蜜丸的药料中常加用微晶纤维素等物料。颗粒剂多含有不同比例的干浸膏,乳糖、甘露醇是最常加用的赋形剂。胶囊剂多采用药材提取物的喷雾干燥或冷冻干燥颗粒,与适量辅料混匀后填充。片剂以浸膏片为多,制备一般采用超滤-喷雾干燥-直接压片新工艺。中药注射剂一般采用离心分离和膜滤及超滤技术,经冷冻干燥制成注射用灭菌粉末,冻干粉中一般都加有甘氨酸或甘露醇等添加物。栓剂多采用药材提取液经预处理后喷雾干燥或冷冻干燥制得的药粉与适宜的基质制成。其他如袋泡剂、浴剂、舔剂等也都各具特色,限于篇幅,此不详述。

(二) 中药制剂的新技术新工艺

目前许多新技术新工艺已在中药制剂研究和生产中得到了广泛应用和推广,如药物微粉化、固体分散等技术的应用,大大提高了难溶性中药成分的溶出速率和生物利用度;药物的微囊化技术、β-环糊精包合技术等大大地提高了中药制剂中挥发性成分的稳定性;超滤分离技术大大地提高了中药注射剂、药酒、口服液等剂型的澄明度;冷冻干燥技术可将水中不稳定的中药活性成分制成粉针剂,同时较好地稳定了中药生物活性大分子制剂的疗效等。现简介几项:

1. 浸提技术 ①超临界流体萃取法(SCFE):系利用超临界流体为萃取剂(常用 CO_2)萃取药材中的有效成分并进行分离的方法。该法可在接近室温条件下萃取,选择性好、效率高,尤适用于热敏性成分以及亲脂性、分子量较小成分的提取。对苷类、糖类等极性大或大分子量的成分,要加用夹带剂,并要在较高的压力下进行。②超声波提取法:系利用超声波增大物质分子运动频率和速度,增加溶剂穿透力,提高药物溶出速度和得率,缩短提取时间的提取方法。③其他:如加压逆流提取、酶法提取以及几种方法配合联用等在中药提取中也有一定应用。

2. 分离精制技术 ①膜分离技术:系指以细微孔径的薄膜为滤过介质,使药液中成分得以分离而精制。根据被分离粒子或分子的大小和膜的结构,膜分离法可分为微滤、超滤、反渗透等。膜分离操作简单、无污染、不受热、易管道化、自动化,并可通过膜组合实现较高分离效率。该技术目前已在中药注射剂以及合剂、滴丸剂、颗粒剂、栓剂等的研究、生产中普遍应用,可使中药制剂的剂量显著减少,使容药量较少的中药滴丸剂、栓剂等的大生产成为可能,并使中药液体制剂的稳定性大大提高。②吸附澄清法:系指药材水提浓缩液加入絮凝剂使高分子杂质絮凝沉降被去除而精制。目前常用的絮凝剂有壳聚糖、101 果汁澄清剂、ZTC 天然澄清剂等。该法具有生产成本低、耗时短、保留成分多、无需冷藏设备等优点,但应结合处方所含成分特性,研究絮凝沉降药液浓度与絮凝剂种类、浓度、用量以及 pH、温度等条件。③大孔树脂吸附法:系指将经预处理后的中药提取液通过大孔吸附树脂柱,其成分被选择性地吸附后,再分别以不同溶剂洗脱而使杂质与有效成分分离的方法。不同极性的大孔吸附树脂可吸附不同成分,其类型、粒度以及柱高与直径比、药液上样量、洗脱剂浓度与用量等应根据药物成分性质选用。此外,离子交换树脂也可用于某些离子型活性成分的分离与精制。④综合法:如水醇法配合高速离心分离或上述适宜的分离精制技术等。

3. 制粒技术 ①流化喷雾制粒:系将药物粉末悬浮于流化室内,雾状喷入润湿剂或黏合剂或预处理过的药液使凝结成粒,在热气流中迅速干燥而成。该法混合、制粒、干燥等操作一次完成,颗粒剂、片剂生产中均使用;②喷雾干燥制粒:系将待制粒中药提取液浓缩至一定浓度,经喷嘴喷射成细小雾滴,在一定流速的热气流中迅速蒸发干燥而成颗粒。加适当辅料(如乳糖、微晶纤维素、硬脂酸镁等）经一定处理即可制得颗粒剂或片剂，也可作为其他制剂原料；③快速搅拌制粒 系将固体辅料或药物细粉与稠膏置于快速搅拌制粒机的盛器内，通过调整搅拌桨叶和制粒刀的转速，将物料混匀并切割成带一定棱角的小块，小块间互相摩擦形成球状颗粒。

4. 包合技术 将药物包合或嵌入β-环糊精（或其衍生物）筒状结构中，可避免挥发性成分的损失，防止易氧化成分的破坏，减少某些药物的刺激性。含挥发性成分较多的当归芍药散、加味逍遥散、小青龙汤等在制成固体制剂时，采用β-环糊精包合，有效成分的稳定均取得较理想效果。若采用环糊精包合与冷冻干燥联合工艺，则挥发性成分基本全部保留，且储存期间挥发性成分的稳定性也明显提高。

5. 固体分散技术 系指将药物以胶态、微晶或分子状态等均匀分散在固态载体中制成固体分散体的技术。固体分散体可利用不同性质的载体达到速效、缓释、控释的目的。根据需要，固体分散体可制成胶囊剂、片剂、软膏剂、栓剂等，也可直接制成滴丸。苏冰滴丸、复方丹参滴丸等即是固体分散技术在中药制剂中的具体应用。以PEG 6000与卵磷脂为载体，采用溶剂法制备青蒿素固体分散体，药物以非晶体状态存在于载体中，能显著增加其溶出速率。

6. 质量控制检测技术 薄层色谱（TLC）、气相色谱（GC）、高效液相色谱（HPLC）、双波长薄层扫描（DOTLCS）以及电子显微镜、同位素技术等，国内外已普遍应用于中药制剂的工艺评价及质量控制。如日本已将葛根汤、小柴胡汤、八味地黄汤等制成图谱，以鉴定制剂之优劣。指纹图谱在中药注射剂研究、生产中已普遍使用。

7. 中药制剂综合提取工艺 中药饮片或颗粒煎提（加水适量，煎煮2~3次，容器带搅拌）→分取煎液（离心机去药渣后药液再过筛）→煎液压滤（尼龙布为滤材板框压滤，必要时用活性炭先行吸附）→滤液高速离心分离（15 000r/min，一般2次）→药液浓缩（低温减压浓缩）→浓缩药液。根据剂型要求及设备条件进一步处理：浓缩药液经喷雾干燥得疏松浸膏粉（含水量5%~7%）；浓缩药液经低温、高真空连续快速干燥，得疏松浸膏粉；浓缩药液经冷冻干燥得疏松浸膏粉。

（三）中药制剂常用新辅料

药剂辅料不仅赋予药物一定的剂型，而且与制剂成型工艺、药物生物利用度的提高及不良反应的降低、生产技术水平的提高，都有密切的关系。中药制剂“药辅合一”的特点，选用时值得注意。目前中药制剂常用的新辅料主要有甘露醇、乳糖、微晶纤维素、微粉硅胶、羧甲基淀粉钠（CMS-Na）、预凝胶淀粉、羟丙基淀粉、聚维酮（PVP）、低取代羟丙基纤维素（L-HPC）、羧甲基乙基纤维素、丙烯酸树脂、羧甲基纤维素钙（CMC-Ca）、羟丙基甲基纤维素（HPMC）、邻苯二甲酸酯、二氧化钛、木糖醇酐单硬脂酸酯、海藻酸钠、泊洛沙姆、卡波沫（carbomer）、氮酮、聚乙烯醇（PVA）、β-环糊精、聚乙二醇（PEG）、邻苯二甲酸醋酸纤维素（CAP）等。

第3节 中药剂型的分类

中药剂型种类繁多，除丸、散、膏、丹、酒、露、汤、饮、胶、茶、糕、锭、线、条、棒、钉、灸、熨、糊等传统剂型外，也基本包括了片剂、胶囊剂、颗粒剂、气雾剂、注射剂、软膏剂、栓剂、膜剂、海绵剂、糖浆剂、乳剂、滴（鼻、眼、耳、牙）剂、离子透入剂等现代药物剂型。明确中药剂型的分类，对中药制剂的生产、研究和应用大有好处。中药剂型的分类主要有以下方法。

一、按物态分类

按物理状态，可将剂型分为固体剂型（如丸剂、片剂、颗粒剂、胶囊剂、栓剂、膜剂、锭剂等）、半固体剂型（如软膏剂、凝胶剂、糊剂等）、液体剂型（如合剂、糖浆剂、露剂、注射剂、搽剂、洗剂、涂膜剂等）和气体剂型（如气雾剂、喷雾剂等）。物态相同的剂型，一般制备操作多有相近之处。例如固体制剂制备时多需粉碎、混合；半固体制剂制备时多需熔化或研匀；液体制剂制备时多需溶解、搅拌等。这种分类法在制备、储藏和运输上较为有用，但不能反映给药途径对剂型的要求。

二、按分散系统分类

按药物（分散相）在溶剂（分散介质）中的分散特性，可将剂型分为真溶液型药剂（如溶液剂、部分注射剂、甘油剂等）、胶体溶液型药剂（如胶浆剂、涂膜剂等）、乳浊液型药剂（如乳剂、静脉乳剂、部分搽剂等）和混悬液型药剂（如混悬剂、洗剂等）等。该分类方法便于应用物理化学的原理说明各类剂型的特点，有利制剂稳定性研究，但也不能反映给药途径与用药方法对剂型的要求。

三、按给药途径和方法分类

按给药途径和给药方法，可将剂型分为经胃肠道给药的剂型和不经胃肠道给药的剂型。经胃肠道给药的剂型有汤剂、合剂、糖浆剂、颗粒剂、丸剂、片剂等以及经直肠给药的灌肠剂、栓剂等。不经胃肠道给药的剂型又可分为注射给药的剂型、呼吸道给药的剂型、皮肤及黏膜给药的剂型等。注射给药的剂型有静脉、肌内、皮下、皮内及穴位注射剂；呼吸道给药的剂型有气雾剂、吸入剂等；皮肤给药的剂型有洗剂、搽剂、软膏剂、涂膜剂、巴布剂等；黏膜给药的剂型有滴眼剂、滴鼻剂、舌下片剂（膜剂）、含漱剂等。这种分类法与临床用药联系紧密，能反映给药途径与方法对剂型的要求，但同一剂型可能重复出现于不同给药途径的剂型中。

四、按制法分类

按主要工序制法相同的特点，将剂型分为浸出药剂和灭菌制剂等。如汤剂、合剂、酊剂、酒剂、流浸膏剂与浸膏剂等因均用浸出方法制备而统称为浸出药剂，而将在制备时采用灭菌方法或无菌操作法的注射剂、滴眼剂等统称为灭菌制剂。这种分类方法往往归纳不全而带有局限性，故较少应用。

上述各种分类方法各有特点与不足，实际工作中常采用综合分类法。

第4节　中药剂型选择的基本原则

剂型是药物使用的必备形式。尽管药物本身的活性是药物制剂疗效的主导因素，但剂型因素对药效的发挥多有积极影响，有时甚至起决定作用。不同剂型，因制备方法、辅料选用和载药形式不同，对药物制剂疗效往往会有重要影响。剂型不同给药方式不同，药物的体内行为也不同。不同剂型或改变药物的作用速度，或改变药物的毒副作用，或改变药物的作用性质，或可产生靶向作用(如脂质体、微球、微囊);或因药物的晶型、粒子的大小发生变化时直接影响药物的释放,从而影响药物的治疗效果。药物剂型必须与给药途径相适应。同一药物不同剂型即使其含量相同,给药途径不变,疗效和不良反应可能仍有差异。药物剂型的选择,在中药制剂的开发研究、工业生产以及临床应用中具有重要意义,一般应依据下述原则综合考虑。

一、根据疾病防治需要

病有缓急,证有表里,因病施治,对症下药,方能取得满意效果,因此药物剂型必须满足临床医疗、预防的需要。如急症患者,要求奏效迅速,宜选用注射剂、气雾剂、舌下片、滴丸等速效剂型;而慢性病患者,用药宜缓和、持久,应选用丸剂、片剂、膏药及长效缓释制剂等;皮肤疾患一般可用软膏剂、涂膜剂、洗剂、搽剂等剂型;而某些腔道病变,可选用栓剂、灌肠剂等。

二、根据药物性质

中药制剂多为复方,所含成分复杂。剂型设计必须考虑制剂中各类活性或有效成分的含量及其溶解性、稳定性和刺激性等。一般而言,有效成分易为胃肠道破坏,或不被胃肠道吸收,或对胃肠道有刺激性,或因肝脏首过效应易失效者均不宜设计为口服剂型。活性成分间易产生沉淀等配伍变化的组方,含水中不溶、难溶或不稳定成分的药物等一般不宜设计制成注射剂、口服液等水性液体制剂。如天花粉中引产有效部位蛋白质,对热和在水中均不稳定,采用丙酮分级沉淀和冷冻干燥工艺制成粉针剂,改变了给药途径,提高了疗效和安全性。

三、根据“用、产、带、运、储”方便性需求

剂型设计应方便服用、有利生产、适于携带、便于运输、利于储藏。就携带、储运而言,剂量小而质量稳定的固体剂型应优于液体剂型。服用方便除考虑剂量、口感、物态等因素外,疾病性质亦很重要。如牙床红肿疼痛的牙周炎就不能选择口胶剂型,以免患者咀嚼用药。有利生产系指制剂生产、质量、技术管理科学优化,产品质量好而成本较低。

四、根据方药不同剂型的生物有效性参数和生产条件要求

相同方药不同剂型,因其制剂工艺、辅料应用及其体内转运过程或方式不同,制剂的体外溶出度和体内生物利用度参数多有差异。若通过比较评价不同剂型的生物有效性,并结合考虑其安全性优选确定剂型,显然更为客观合理。

因不同剂型的生产工艺和技术路线对厂房设备、生产环境和工人素质均有特定的要求,故剂型设计还应结合考虑生产条件。如一定时间内无符合某剂型生产要求的GMP车间,剂型改进或开发新产品时,除特殊情况外也应尽量避免选择该剂型。

第5节 药品标准与药事管理法规

一、药品标准基本知识

药品标准系根据药物本身的理化与生物学性质、来源、制药工艺等生产及储运过程中的各

个环节所制定的、用以检测药品质量是否达到用药要求并衡量其质量是否稳定均一的技术规定，也是国家对药品质量、规格及检验方法等所作出的技术规定，是药品生产、经营、使用、检验和监督部门共同遵循的法定依据。

药品标准是强制性法定标准，是组织现代化生产保证药品质量的法定标准要求，是保障人民用药安全有效的重要技术依据，也是药品监督管理的重要技术法规。《药品管理法》明确规定：药品必须符合国家药品标准。由国家制定并颁布的药品标准即为国家药品标准，系国家为保证药品质量而规定的药品所必须达到的最基本的技术要求。不能达到国家药品标准要求的药品，意味着其质量不能符合国家对其安全性、有效性和质量可控性的认可，即被视为不符合法定要求的药品，因而不得作为药品销售或使用。

药品标准，尤其是国家药典，也在很大程度上集中反映了该国家当前的药品生产、应用与研究的现状，综合体现了国家对药品质量控制技术水平及发展趋势。

世界各国的药品标准都是由国家统一制定，这是药品的特殊性所决定的。制药企业内控的药品质量标准（即企业标准），往往是在国家药品标准基础上建立的更为严格的质控指标。我国药品标准现有《中国药典》和部（局）颁标准。凡正式批准生产的药品或药用辅料都要执行《中国药典》或部（局）颁标准。未被国家药品标准收载的中药饮片，暂可参照省、自治区、直辖市食品药品监督管理局制定的《中药饮片炮制规范》执行。后者可视为前者的重要补充，也应属于国家药品标准范畴。国务院药品监管部门组织药典委员会负责国家药品标准的制定和修订。

二、药　　典

1. 药典的性质与作用　药典是一个国家记载药品质量规格、标准的法典。由国家组织药典委员会编纂，并由政府颁发施行，具有法律的约束力。药典中收载医疗必需、疗效确切、毒副作用小、质量稳定的常用药物及其制剂，规定其质量标准、制备要求、鉴别、杂质检查、含量测定、功能主治及用法用量等，作为药物生产、检验、供应与使用的依据。药典在一定程度上反映了该国家药物生产、医疗和科技的水平，也体现出医药卫生工作的特点和服务方向。药典在保证人民用药有效安全、促进药物研究和生产上起着重大作用。

为适应发展需要，药典每隔几年修订一次。在新药典出版前可发行该版的增补本，以使新的成就尽快用于实践中。

2. 中国的药典　唐显庆四年（公元 659 年），由当时政府组织编纂并颁布的《新修本草》（又称《唐本草》），是我国也是世界上最早的一部全国性药典。它比欧洲 1498 年出版的地方性药典《佛洛伦斯药典》早 800 多年，比欧洲第一部全国性药典《法国药典》早 1100 多年。

1930 年国民党政府卫生署编纂并颁布了《中华药典》（第 1 版），所载药品 718 种主要参考英、美国家药典，附录收载试药、剧药表、剂量表、别名表及比重表等，最后列有中文名、拉丁文索引及英德别名表等。

新中国成立后，已颁布施行的《中华人民共和国药典》（简称《中国药典》）有 1953 年版、1963 年版、1977 年版、1985 年版、1990 年版、1995 年版、2000 年版、2005 年版和 2010 年版共 9 版。《中国药典》整体水平逐版均有明显提高，且更具中医药特色。其中 1953 年版为单部，收载各类药品 531 种，1957 年出版了 1953 年版《中国药典》增补本。2005 年版和 2010 年版《中国药典》分为 3 部，其中一部收载药材和饮片、植物油脂和提取物、成方制剂及单味制剂等；二部收载化学药品、抗生素、生化药品、放射性药品及药用辅料等，三部收载生物制品。其余 6 版均分为一、二两部，其中一部收载中药材和中药成方及单方制剂，二部收载化学药、生化药、抗生素、放射性药品、生物制品等各类制剂。后 8 版《中国药典》一部收载品种分别为 643 种、1152 种、713

种、784种、920种、992种、1146种和2165种。《中国药典》分别由凡例、正文、附录和索引组成。凡例是使用本药典的总说明，包括药典中各种计量单位、符号、术语等的含义，及其在使用时的有关规定。正文是药典的主要内容，叙述本部药典收载的所有药物和制剂。附录则是叙述本部药典所采用的检验方法、制剂通则、药材炮制通则、对照品与对照药材及试药、试液、试纸等。索引设有中文、汉语拼音、拉丁名和拉丁学名索引，以便查阅。

2010年版《中国药典》在总结历版药典的基础上，充分利用近年来国内外药品标准资源，注重创新与发展，实事求是地反映了我国医药产业和临床用药水平的发展现状，为进一步加强药品监督管理提供了强有力的技术支撑。其中"一部"在收载的2165个品种中，新增的就有1019种(包括饮片标准439个)、修订了634种，基本覆盖了国家基本药物目录品种范围。附录新增14个，修订47个。其中制剂通则26个，新增或修订了眼用制剂、鼻用制剂、凝胶剂等多个剂型及相关内容。

药品的安全性保障得到进一步加强，对农药残留、重金属和微生物增加了限度标准。如在附录制剂通则中，口服酊剂增订甲醇限量检查，橡胶膏剂首次提出不得检出致病菌检查要求等；在正文标准中新增对易霉变的桃仁、杏仁等黄曲霉素检测，方法和限度与国际一致；全面禁用苯作为溶剂；对工艺中使用有机溶剂的均检查有机溶剂残留；对川乌、草乌、马钱子等剧毒性饮片，采用高效液相色谱法(HPLC)等更先进、更精确的方法加以限量检查。在重金属或有害元素、杂质、残留溶剂等的控制方面，新版药典采用电感耦合等离子体质谱(ICP-MS)测定中药中砷、汞、铅、镉、铜的含量；对所有中药注射剂及枸杞子、山楂、人参、党参等用药时间长、儿童常用的品种均增加了重金属和有害元素限度标准。

中药制剂质量检测项目更趋完善，现代分析技术得到进一步扩大应用，液相色谱法、气相色谱法、薄层色谱法等普遍采用。符合中药特点的专属性鉴定大幅增加，所有的药材和饮片及含生药粉的中成药基本都增加了专属性很强的横切面或粉末显微鉴别。仅新增薄层色谱鉴别就达2494项，除矿物药外均有专属性强的薄层鉴别方法。药品标准内容更趋科学规范合理，对药品质量可控性、有效性的技术保障得到进一步提升。

链接

3. 国外药典 目前世界上约有近40个国家颁布施行了自己的国家药典。较多参阅的主要有：《美国药典》(Pharmacopoeia of the United States, U. S. P)、《英国药典》(British Pharmacopoeia, B. P)和《日本药局方》(The Pharmacopoeia of Japan, J. P)等。还有世界卫生组织(WHO)编纂的《国际药典》(Pharmacopoeia Internationals, Ph. Int)以及《欧洲药典》等地区性药典。《国际药典》主要作为各国药典编纂时参考，对各国药品无法律的约束力。

三、部(局)颁标准

对同一时期未被药典收载的常用而有一定防治效果的药品，由药典委员会编辑经国家药品监管部门批准后执行的药品标准，即部(局)颁药品标准。部(局)颁药品标准的作用与《中国药典》相似，同样具有法律约束力，可作为药品生产、检验、供应、使用、监管等部门控制、检验药品质量的法定依据。

药品的药典外国家标准，英、美、法等国有国家处方集(national formulary, NF)，英国尚有准药典(British pharmaceutical codex, BPC)等，应相当于我国的部(局)颁药品标准。《太平惠民和剂局方》是我国第一部由官方于公元1151年颁布的中药制剂规范，具有准药典的性质。

我国目前药品所有执行标准均为国家注册标准。国家注册标准，是指国家卫生部或食品药品监督管理局批准给申请人特定药品的标准，生产该药品的药品生产企业必须执行该注册标准。包括药典标准、新药转正标准(不断更新)、进口药品标准、《中华人民共和国卫生部中药成方制剂药品标准》(至 1998 年共发布 20 册,收载中药成方制剂 4061 种)、《中华人民共和国卫生部药品卫生标准》等。

四、药事管理法规简介

1. 中华人民共和国药品管理法 《中华人民共和国药品管理法》(简称《药品管理法》)是在我国境内从事药品研究、生产、经营、使用和监督管理的单位或个人,都必须遵守的药品管理大法。第一部《药品管理法》于 1985 年 7 月 1 日起施行。为适应新形势的需要,2001 年 12 月 1 日起施行了新修订的《药品管理法》,其内容更为丰富、具体,由原《药品管理法》的 60 条增至 106 条。2002 年 9 月 15 日起又施行了《药品管理法实施条例》。该法为药品的依法管理奠定了法律基础,在加强药品监督管理、保障人民用药安全有效、维护人民身体健康和用药的合法权益等方面发挥了十分重要的作用。

2. 药品注册管理办法 药品注册是指国家食品药品监督管理局根据药品注册申请人的申请,依照法定程序,对拟上市销售药品的安全性、有效性、质量可控性等进行系统评价,并决定是否同意其申请的审批过程。药品注册申请包括:新药申请、进口药品申请、已有国家标准的药品申请以及补充申请。其中新药审批法始于我国卫生部 1985 年 7 月 1 日发布的《新药审批办法》,是我国规范新药研制、加强药品注册管理的法规。为适应新形势的发展需要,国家食品药品监督管理局 1999 年 5 月 1 日起施行经修订的《新药审批办法》,2002 年 12 月 1 日起施行了新的《药品注册管理办法》。鉴于中药新药管理的特殊性,以后也相继发布了如《有关中药部分的修订和补充规定》等新的管理办法

3. 药品生产质量管理规范 《药品生产质量管理规范》(good manufacturing practice of drug, GMP)是药品生产和质量管理的基本准则,也是保证生产优质药品的一整套科学、合理、规范化的管理方法,还是制药企业改建、新建的主要依据。对与药品生产和质量管理相关的生产环境、厂房、设施、原料以及人员培训等,GMP 都有具体的标准和要求;对药品生产全过程中的生产操作、生产管理、质量检查等多个环节 GMP 也均有明确的规定和严密的监控。GMP 有国际性的、国家性的和行业性的三种类型。GMP 的内容一般由法规性的 GMP 条例和 GMP 指南与附录组成,后两者属指导性原则。我国的 GMP 制度正式颁布施行始于 1988 年,至今全世界已有 100 多个国家和地区实施了药品的 GMP 制度。

4. 药物非临床研究质量管理规范 《药物非临床研究质量管理规范》(good laboratory practice of drug, GLP)系指对从事药物实验研究的规划设计、执行实施、管理监督和记录报告的实验室的组织管理、工作方法和有关条件提出的法规性文件。药物的非临床研究是指临床前在实验室条件下,通过动物实验进行非人体的各种毒性实验(包括单次给药的毒性试验、反复给药的毒性试验、生殖毒性试验、致突变试验、致癌试验、各种刺激性试验、依赖性试验以及与药品安全性的评价有关的其他毒性试验),用于评价药物的安全性。我国的《药品非临床研究质量管理规范》于 1999 年发布并于同年 11 月 1 日起施行。

5. 药物临床试验管理规范 《药物临床试验管理规范》(good clinical practice of drug, GCP)是临床试验全过程的标准规定,包括方案设计、组织、实施、监察、稽查、记录、分析总结和报告。药品临床试验是指任何在人体(患者或健康志愿者)进行的药品系统性研究,以证实或揭示试验用药品的作用及不良反应等。制定 GCP 的目的在于保证临床试验过程的规范,结果科学可靠,保证受试者的权益并保障其安全。1999 年 9 月 1 日起国家食品药品监督管理局发布施行《药物临床试验管理规范》。

6. 中药材生产质量管理规范 《中药材生产质量管理规范》(good agricultural practice for

Chinese crude drugs，GAP）全文共 10 章，分 60 条。该法规规范了中药材的各个生产环节乃至全过程，明确了药用植物和动物赖以生存的环境、生态；以及影响药材质量的内因（包括种质、生物个体、发育等）和外因（气候、土壤、环境等），有利保证药材质量达到"优质、稳定、可控"的目的。

7. 药品经营质量管理规范　《药品经营质量管理规范》（good supplying practice of drug，GSP）全文 4 章，88 条。药品经营质量管理规范是药品经营企业应对药品零售、批发（含购进、储运和销售等环节）的质量进行管理，建立包括组织机构、职责制度、过程管理及设施设备等方面的质量体系，使之有效运行。我国的《药品经营质量管理规范》于 2000 年 7 月 1 日起施行。

小结

中药药剂学是涉及中药制剂配制理论、生产技术、质量控制和合理应用等内容的综合性应用技术科学，在中药制剂的生产、流通、检验、使用和研究中历来具有重要地位和作用。近些年来，随着现代药学及医药、化工等学科的迅速发展，中药剂型及其制剂新技术、新工艺、新辅料和新型给药系统的研究不断深入。为了适应中药现代化和知识经济时代对中药人才的需求，必须尽快提高中药制药技能型人才的综合素质，因而学好中药药剂学的基本知识、基本理论和基本技能显得尤为重要。掌握或明了本章中药药剂学含义、性质、专业术语、药剂学分支学科概念、中药药剂学发展及其基本任务和剂型分类、剂型选择以及药品标准等相关知识，对继承创新中药剂型理论，发掘提高中药制剂技术，以及学好后续传统和现代剂型与制剂操作等内容都十分重要。

目标检测

一、单项选择题

1. 研究中药制剂的配制理论、生产技术、质量控制与合理应用等内容的综合性应用技术科学，称为（　）

A. 中药调剂学　B. 中药制剂学　C. 中药方剂学　D. 中药药剂学

2. 根据《中国药典》、《国家食品药品监督管理局药品标准》等标准规定的处方，将药物加工制成具有一定规格，可直接用于临床的药物制品，称为（　）

A. 调剂　B. 方剂　C. 制剂　D. 中成药

3. 我国第一部由官方颁布的制剂规范是（　）

A.《神农本草经》　B.《新修本草》　C.《太平惠民和剂局方》　D.《本草纲目》

4.《中药生产质量管理规范》的英文缩写是（　）

A. GAP　B. GCP　C. GLP　D. GMP

5. 首次提出应根据药物性质选择药物剂型的本草专著是（　）

A.《神农本草经》　B.《新修本草》　C.《本草经集注》　D.《本草纲目》

6. 明确指出应根据疾病性质和临床需要选择药物剂型的专著的作者是（　）

A. 葛洪　B. 陶弘景　C. 孙思邈　D. 李时珍

7. 首次分为两部的《中华人民共和国药典》版本是（　）

A. 1953 年版　B. 1963 年版　C. 1977 年版　D. 1985 年版

8. 首次分为三部的《中华人民共和国药典》版本是（　）

A. 1990 年版　B. 1995 年版　C. 2000 年版　D. 2005 年版

二、多项选择题

1. 我国现行药品标准包括 （ ）
A. 中国药典 B. 卫生部药品卫生标准 C. 局颁药品标准
D. 中药生产质量管理规范 E. 食品药品监督管理局药品注册标准
2. 下列属于药品的有 （ ）
A. 中药饮片 B. 中成药 C. 化学原料药 D. 抗生素
E. 疫苗
3. 中药剂型创制或改进时,依据的原则有 （ ）
A. 药物的有效性 B. 应用的安全性 C. 质量的可控性 D. 产品的稳定性
E. 患者的顺应性
4. 急症患者,宜选用的剂型是 （ ）
A. 粉针剂 B. 舌下膜剂 C. 长效片 D. 滴丸剂(水溶性基质)
E. 吸入气雾剂
5. 药品注册申请包括 （ ）
A. 新药申请 B. 进口药品申请 C. 已有国家标准的药品申请
D. 新药申请的补充申请 E. 已有国家标准的药品的补充申请

三、名词解释

1. 剂型
2. 药典
3. 提取物
4. 药物与药品
5. 药品生产质量管理规范

四、简答题

1. 简述工业药剂学、物理药剂学、生物药剂学、临床药学与药物动力学的含义。
2. 中药制剂的主要特点有哪些？中药剂型选择的基本原则有哪些？
3. 简述中药药剂学的主要任务。

（刘汉清）

第2章　中药调剂概述

学习目标

1. 记住中药调剂、特殊药品的含义；记住中药处方的调配程序与注意事项
2. 说出中药“斗谱”排列的一般原则；说出麻醉药品、毒性药品、精神药品、放射性药品及妊娠禁用药的含义；说出中药毒性药品种及用量
3. 简述各类特殊药品的管理及使用要求
4. 叙述中药配伍用药的目的及配伍方法
5. 了解“十八反、十九畏”的处方禁忌药、常见的并开药

第1节　中药处方的调配

中药调剂系指调剂人员根据医师处方，按照配方程序和原则，及时、准确地调配和发售药剂的一项操作技术。研究中药药剂调配、服用等有关理论与技术的科学，称为中药调剂学。

中药调剂工作可分为中药饮片调剂及中成药的调剂。中药调剂具有临时调配的特点，并且所涉及的内容广泛，它与中医学基础、中药学、方剂学、中药鉴定学、中药炮制学、中药制剂学等学科关系极为密切。调剂人员应掌握有关中医处方的知识，掌握药物的配伍变化，毒性药与配伍禁忌药及药物的别名、并开和脚注等有关知识，掌握常规毒麻药的调剂与管理，中药斗谱排列原则及中药的配伍变化等基本知识。

> 中药调剂是中医药学的重要组成部分，在古籍中“合药分剂”、“合和”、“合剂”等均属中药调剂范畴。中药调剂质量的好坏，直接影响着治疗效果和用药安全。
>
> 链接

一、处方的调配程序

中药处方调配是完成中医师对患者辨证论治，正确用药的重要环节。中药处方的调配程序为：审查处方、计价、调配、复核、发药。

1. 审查处方

(1) 审查项目：审方是调剂工作的关键环节，是一项技术性要求较高的工作。审核处方的内容主要有：①处方填写的完整性：患者姓名、年龄、性别、婚否、住址或单位、处方日期、医师签名等是否清楚、完整。②处方正文的审核：药名、剂量、规格、用法用量是否书写正确；用药剂量是否合理（对儿童及年老体弱者尤需注意）；毒、麻药品处方是否符合规定；处方中药物是否有十八反、十九畏等配伍禁忌及妊娠禁

> 审方中发现处方中药味或剂量字迹不清时，不可主观猜测，以免错配；如有配伍禁忌、超剂量、超时间用药、服用方法有误、毒麻药使用有违反规定等方面的疑问及药味短缺，都应及时与处方医师联系，请医师更改或释疑后重新签字，否则可拒绝调配。
>
> 链接

忌;需特殊处理的药物是否有脚注,药味是否有短缺。③处方中自费药是否开自费处方等。

(2)毒性药:毒性药系指毒性剧烈,治疗量与中毒量相近,使用不当可导致中毒死亡或严重影响人体健康的药物。

调剂人员在调配处方时,应严格遵循毒性中药的剂量与用法规定。在调配处方中应特别引起注意的是利用毒性药治病,若配伍得当,则可获得预期疗效;若用之不当,易发生中毒危险。

为了加强毒性药品的管理,使用药安全有效,历版《中国药典》规定了毒性中药品种、用量与用法,见表2-1。

表2-1 中药毒性药品种、用量与用法

名称	用量/g	用法
生马钱子	0.3~0.6	炮制后入丸散用
生川乌	制,1.5~3.0	生品内服宜慎,一般炮制后用,宜先煎久煎
生草乌	制,1.5~3.0	一般不内服,同生川乌
生附子	3~15	宜用炮制品
雪上一枝蒿	制,0.062~0.125	生品外用,未经炮制,不宜内服
生白附子	制,3.0~6.0	炮制后用或外用
生半夏	制,3~9	炮制后用,生品适量外用
生天南星	制,3~9	炮制后用,生品适量外用
生巴豆	适量	外用
生千金子	1~2	去壳去油用,多入丸散
生甘遂	制,0.5~1.5	炮制后多入丸散用
生狼毒	制,0.9~2.4	炮制后用,生品适量外敷或熬膏外敷
生藤黄	制,0.03~0.06	生品外用适量,炮制品入丸散
天仙子(莨菪子)	0.06~0.6	多入片剂、散剂用
洋金花	0.3~0.6	宜入丸散,亦可作卷烟吸入用,1日量不超过1.5g
闹羊花	0.6~1.5	浸酒或入丸散,外用适量,煎水洗或鲜品捣敷
砒石(红砒,白砒)	0.03~0.075	内服,入丸散用
	外用适量	外用,研末撒、调敷或入膏药中贴之
砒霜	0.009	内服多入丸散,外用适量
雄黄	0.05~0.1	内服多入丸散,一般外用适量
水银	外用适量	
红粉	外用适量	外用,研极细粉单用或与其他药味配合制成药捻
轻粉	0.1~0.2g/次(内服)	每日2次,多入丸散或装胶囊用
	外用适量	研末掺敷患处
白降丹	外用适量	只能外用
斑蝥	0.03~0.06	炮制后多入丸散用,外用适量,研末或浸酒醋制成油膏涂敷患处,不宜大面积使用
青娘虫	0.05~0.1	
	外用适量	
红娘虫	0.05~0.1	
	外用适量	
蟾蜍	0.015~0.03	多入丸散,外用适量
九圣散	适量	外用,不可内服
九分散	2.5	外用适量,酒调敷

续表

名称	用量/g	用法
牙痛一粒丸	1~2 丸/次(每 125 丸重 0.3g)	取 1~2 丸填于龋齿内,外塞棉花,唾液勿咽
小金丹	1.2~3.0	
玉真散	1.0~1.5	外用适量,或敷患处或遵医嘱
龙虎丸	2.0	内服
红灵丹	0.6	
医痫丸	3.0	不宜多服
控涎丸	1.0~3.0	枣汤或米汤送服
颠茄酊	0.3~1.0	极量 1 次 1.5ml,1 日 4.5ml
颠茄流浸膏	0.01~0.03ml	极量 1 次 0.6ml,1 日 0.2ml
颠茄浸膏	10~30mg	极量 1 次 50mg,1 日 150mg
颠茄片	同颠茄浸膏	

(3) 配伍禁忌药物:古人通过长期的临床实践,总结出中药配伍使用后有“七情”变化,即单行、相须、相使、相畏、相恶、相反和相杀。除单行外,其他六个方面为药物配伍后产生的协同、抑制和对抗作用。其中“相须”、“相使”指药物配伍后的协同作用,“相畏”、“相杀”指药物配伍后能减轻或消除原有的毒性或副作用,“相反”、“相恶”指药物配伍后的拮抗作用,一般为药物配伍禁忌。

十八反的含义:乌头反半夏、瓜蒌、贝母、白蔹、白及;甘草反海藻、大戟、甘遂、芫花;藜芦反人参、党参、沙参、丹参、玄参、苦参、细辛、芍药。

十九畏的含义:硫黄畏朴硝,水银畏砒霜,狼毒畏密陀僧,巴豆畏牵牛,丁香畏郁金,牙硝畏三棱,川乌、草乌畏犀角,人参畏五灵脂,官桂畏石脂。

链接

历代医药书籍对配伍禁忌的论述不尽一致,影响较大的是金元时期所概括的“十八反”、“十九畏”及妊娠禁忌药品。“十八反”和“十九畏”是前人用药的经验总结,但其中个别药物医家也有配伍之例。

2010 年版《中国药典》和《部颁药品标准》“注意”项下,所述的禁忌证和副作用,系指主要的禁忌证和副作用,属中医一般常规禁忌者从略。有关不宜同用中药的规定基本上没有突破“十八反”和“十九畏”的范围,所不同的是硫黄与朴硝、甘草与海藻、人参与五灵脂,未做不宜同用的规定。

(4) 妊娠禁忌:凡能影响胎儿生长发育、有致畸作用,甚至造成堕胎的中药为妊娠禁忌用药。妇女在怀孕期间应禁止使用。2010 年版《中国药典》将妊娠禁忌用药分为:妊娠禁用药、妊娠忌用药和妊娠慎用药 3 类。

妊娠禁用药:为毒性中药,孕妇绝对不能使用。如马钱子、附子、生甘遂、生巴豆、水蛭、甘遂、芫花、京大戟、牵牛子、商陆、芒硝、玄明粉、益母草、麝香等。妊娠禁用中成药有:七厘散、九气拈痛丸、九分散、小金丸、小活络丸、马钱子散、开胸顺气丸、木瓜丸、木香槟榔丸、牛黄解毒丸、冯了性风湿跌打药酒、再造丸、当归冠心苏合丸、跌打活血散、益母草膏等。

妊娠忌用药:大多为毒性较强或药性猛烈的中药,应避免使用。如天仙子、雄黄、关木通、土鳖虫、川牛膝、巴豆、巴豆霜、丁公藤、千金子、千金子霜等。妊娠忌用中成药有:十香返生丸、三七伤药片、大黄清胃丸、山楂化滞丸、脑立清丸、紫金锭、华佗再造丸、三两半药酒等。

妊娠慎用药:一般包括通经祛瘀、行气破滞及药性辛热的中药,可根据孕妇病情,酌情使用。没有特殊必要时应尽量避免使用,以免发生事故。如蟾蜍、硫黄、制川乌、制草乌、番泻叶、白附子、枳实、三七、大黄、天南星、王不留行、冰片等。慎用中成药有:十香止痛丸、三妙丸、女金丸、天麻丸、川芎茶调丸、牛黄上清丸、龙胆泻肝丸、伤湿止痛膏、通关散、舒心口服液、安宫牛黄丸、附子理中丸、五虎散等。

(5) 并开药物与脚注:①并开药物,系指将处方中2~3种中药同开在一起。药物并开大致有两种情况:一是疗效基本相同的药物;二是药物配伍时可产生协同作用。处方常见并开的药物与处方应付,见表2-2。②脚注,系指医师开处方时在某味药的右上角或右下角所加的注解,对调剂人员配方时提出的要求。脚注内容一般包括炮制法、煎药法、服用法等。常用的脚注术语有打碎、炒制、先煎后下、烊化、另煎、包煎、捣汁、冲服等。

表2-2 处方常见并开药物与处方应付

品名	处方应付	品名	处方应付
二冬	天冬、麦冬	苏子叶	苏子、苏叶
二门冬	天门冬、麦门冬	龙齿骨	龙齿、龙骨
二术	苍术、白术	红白豆蔻	红豆蔻、白豆蔻
苍白术	苍术、白术	谷麦芽	谷芽、麦芽
二母	知母、浙贝母	生熟谷麦芽	生炒谷芽、生炒麦芽
知贝母	知母、浙贝母	生熟谷稻芽	生炒谷芽、生炒稻芽
二蒺藜	白蒺藜、沙苑子	炒曲麦	炒神曲、炒麦芽
潼白蒺藜	白蒺藜、沙苑子	炒稻麦	炒稻芽、炒麦芽
知柏	知母、黄柏	焦曲麦	焦神曲、焦麦芽
盐知柏	盐知母、盐黄柏	生炒蒲黄	生蒲黄、炒蒲黄
炒知柏	盐炒知母、盐炒黄柏	焦楂麦	焦山楂、焦麦芽
酒知柏	酒知母、酒黄柏	生熟枣仁	生枣仁、炒枣仁
砂蔻仁	砂仁、蔻仁	干良姜	干姜、良姜
砂蔻皮	砂仁壳、紫蔻壳	腹皮子	大腹皮、生槟榔
二地	生地、熟地	川草乌	川乌、草乌
生熟地	生地、熟地	桃杏仁	桃仁、杏仁
二活	羌活、独活	二甲	龟板、鳖甲
羌独活	羌活、独活	全荆芥	荆芥、芥穗
二风藤	青风藤、海风藤	桑枝叶	桑枝、桑叶
青海风藤	青风藤、海风藤	冬瓜皮子	冬瓜皮、冬瓜子
杭赤芍	赤芍、白芍	生熟苡米	生苡米、炒苡米
二丑	黑丑、白丑	生熟大黄	生大黄、熟大黄
二公丁	蒲公英、紫地丁	生龙牡	生龙骨、生牡蛎
二决明	石决明、草决明	龙牡	煅龙骨、煅牡蛎
忍冬花藤	金银花、金银藤	猪茯苓	猪苓、茯苓
二花藤	金银花、金银藤	青陈皮	青皮、陈皮
南北沙参	南沙参、北沙参	棱术	三棱、莪术
荆防	荆芥、防风	全藿香	藿香、藿香叶、藿香梗
全紫苏	苏叶、苏梗、苏子	乳没	炙乳香、炙没药
苏子梗	苏子、苏梗		

2. 计价 药价的计算要按当地药政部门统一规定的办法和计价收费标准执行,不得任意改价或估价,做到准确无误。自费药品的药价应单列。

3. 调配处方及其注意事项 调剂是中药房工作的重要环节,调剂人员接方后首先查验是否已计价、缴款。再进行审方。配方时按处方药物顺序逐味称量,多剂处方应先称取总量,然后按等量递减法使分剂量均匀、准确。需特殊处理的药物应单独包装,并注明处理方法。若调配中成药处方,则按处方规定的品名、规格、药量进行调配。调剂完毕,自查无误后签名盖章,交执业中药师核对。

调配处方时应注意如下事项:①调配处方时应精神集中,认真仔细参看处方,不要凭记忆操作,以防拿错或称错药物。②分剂量时应按"等量递减"、"逐剂复戥"的原则,不可主观估量或随意抓药调配。③处方药味按所列顺序称取,间隔平放。体积泡松饮片应先称,以免覆盖他药,如夏枯草、灯心草等;黏软带色药材应后称,放在其他饮片之上,以免黏染包装用纸,如熟地、青黛、瓜蒌等。④用时需捣碎的饮片,应称取后置专用铜冲内捣碎后分剂量。铜冲应洁净,无残留物,捣碎有特殊气味或有毒饮片后,应及时将铜冲洗净;遇需临时加工炮制的饮片,应依法炮制。⑤处方中如有需特殊处理的饮片,应单包并注明用法。有鲜药时应另包并写明用法,不与群药同放,以便低温保存。⑥急诊处方应优先调配;细料药、毒性药须两人复核调配;一张处方调配完毕,才能调配另一张处方。

4. 复核 为了保证患者用药有效安全,防止调配错误和遗漏,应把好复核关。已调配好的药剂在调剂人员自查基础上,再由有经验的执业中药师进行一次全面细致的核对。复核具体要求如下:①按审方要求审阅处方,确认无误后再按处方内容逐项审核。②注意调配的药味和称取的分量与处方是否相符。③饮片质量是否符合要求,如有无生虫、发霉及变质现象,有无以生代制、生制不分的处方应付错误,有无应捣未捣的情况。④需特殊处理的药物是否按要求单包并注明用法,贵重药、毒性药是否处理得当。⑤发现有调剂不当的情况时,应及时请调剂人员更改。复核无误后在处方上签字,在包装袋上写清病人姓名和取药号,交与发药人员。

5. 发药 发药是调剂工作的最后一个环节,发药人员将饮片包装,核对无误后,发给患者。包装时要注意外用药要有外用标志,先煎、后下等特殊处理的中药要放在每一包的上面,将处方固定在捆扎好的药包上。发药时要注意:①认真核对患者姓名、取药凭证和汤药剂数;②向患者交代用法、用量、用药或饮食禁忌,以及特殊处理药物的用法、鲜药保存等;③耐心回答患者提出的有关用药问题。

二、中药"斗谱"的排列原则

医院调剂室分为门诊调剂室和住院部调剂室。调剂室又分为饮片调剂和成药调剂。中成药调剂的主要设备是中成药架。饮片调剂的主要设备为饮片斗架,用于存放中药饮片,配合调剂台,调配处方。饮片斗架的规格视调剂室面积大小和业务量而定。一般斗架高约 2m,宽约 1.3m,厚约 0.6m,装药斗 59-67 个,可排列成横七竖八或横八竖八,每个药斗分为 3 格。斗架最下层设 3 个大药斗,每个药斗 2 格,用于存放质轻体积大的饮片。

"斗谱"是中药行业在多年的实践中总结出的一套经验规律,即指药斗架内饮片的编排方法。斗谱编排的目的是为了便于调剂操作,减轻劳动强度,避免差错事故,保证患者用药安全。斗谱排列原则如下:①按处方需要排列,根据临床用药情况将饮片分为常用药、次常用药和不常用药。常用药装入药斗架的中层;不常用者装在最远处或上层;较常用者装在两者之间。质重的和易染的药物如磁石、龙骨等宜装在下层药斗内;质轻且用量少的饮片宜放在药斗架的高层,如月季花、白梅花;质轻而体积大的饮片宜装入下层大药斗内,如竹茹、夏枯草等。②按方剂组成排列，同一方剂内药物宜装在同一药斗或临近药斗中，以方便调配。如桂枝汤中桂枝、芍药、甘草等。③按入药部位排列，如按根、茎、叶、花、果实、种子及动物药、矿物药等分类装入药斗。④按药物性味功能排列，性味功能基本相仿的，放在同一药斗或邻近药斗中，以免互相串味，影响疗效，如广藿香、藿香梗、香薷；桃仁、红花、赤芍；紫苏、苏梗、苏叶等。⑤按需特殊保管的药物特殊排列，一般不装药斗，用特殊容器储存。

此外，毒性药、麻醉药应按特殊药品管理办法管理；易燃药宜装在缸、铁箱内，远离火源、电源，如火硝、硫黄、艾叶炭等；贵重细料药应专柜存放，专人保管，如红参、西洋参、鹿茸、羚羊角片、麝香、牛黄等。

编排药物斗谱除依据上述原则外，还必须结合本地区用药习惯、本医院性质及用药特点，综合考虑编排方式，使其合理化、科学化。

第2节　特殊药品管理

特殊药品系指麻醉药品、精神药品、毒性药品、放射性药品，其管理使用按《药品管理法》及其实施细则严格执行。

一、麻醉药品

1. 麻醉药品的含义　麻醉药品是指具有依赖性潜力的药品，滥用或不合理使用易产生生理依赖性和精神依赖性。麻醉药品包括：阿片类、可卡因类、大麻类、合成麻醉药品类及其他易产生生理依赖性的药品、药用植物及其制剂。麻醉药品品种目录由国务院药品监督管理部门确定并公布。

2. 麻醉药品的使用　麻醉药品只限用于医疗、教学和科研需要。麻醉药品使用应符合如下规定：

(1) 麻醉药品的医师处方权限按卫生行政部门规定执行。

(2) 开具麻醉药品应使用专用处方，处方应内容完整，字迹清晰，签署开方医生姓名；配方应仔细核对，配方和核对人员均应签名，并建立麻醉药品处方登记册。医务人员不得为自己开处方使用麻醉药品。麻醉药品处方应保存3年备查。

(3) 麻醉药品的每张处方注射剂不得超过2日常用量。片剂、酊剂、糖浆剂等不超过3日常用量。连续使用不得超过7日。

(4) 医疗机构不得自行配制麻醉药品制剂。医疗机构特殊需要而市场无供应的麻醉药品制剂，经国务院药品监督管理部门批准，可由持有《医疗机构制剂许可证》并有麻醉药品使用权的医疗机构配制。

医疗机构配制的麻醉药品制剂的品种和数量，均须经国务院药品监督管理部门批准。医疗机构配制的麻醉药品制剂不得自行调剂，特殊情况下确需调剂的，须经所在地省、自治区、直辖市药品监督管理部门批准，跨省调剂的，须经国务院药品监督管理部门批准。

(5) 癌症患者因镇痛需要长期使用麻醉药品者，由当地(县以上)卫生行政部门指定的医疗单位凭“晚期癌症诊断证明书”和户籍簿核发《麻醉药品专用卡》。患者凭专用卡到指定的医疗单位按规定开方配药。严格做到取药前详细核对供应单位、供应期限、患者姓名等项目，并在卡上登记，凭“专用卡”一般不能使用注射剂。因病情需要确需使用麻醉药品注射剂的患者，需凭具有主治医师以上技术职务任职资格的执业医师开具的诊断证明书，报所在地县级以上药品监督管理部门备案，由备案机关在“专用卡”上注明“可供应麻醉药品注射剂”并加盖公章后方可供应。

麻醉药品注射剂处方 1 次不超过 3 日用量，麻醉药品控(缓)释制剂处方 1 次不超过 15 日用量，其他剂型的麻醉药品处方 1 次不超过 7 日用量。使用麻醉药品注射剂或贴剂的患者，再次取药时须交回空安瓿或用过的贴剂。

“专用卡”的有效期为 2 个月。“专用卡”使用期满后需继续使用的，可更换新卡。更换“专用卡”除不要求诊断证明书外，应按办新卡的要求重新审核。连续使用麻醉药品 6 个月后，再次更换新卡时，须提供医疗机构的复诊证明。

供应麻醉药品的医疗机构应对使用麻醉药品注射剂的患者建立随诊制度，并建立随诊记录。使用麻醉药品注射剂的患者每次更换新卡时，须凭医疗机构的随诊记录和复诊证明，到当地药品监督管理部门办理有关手续。更换的旧“专用卡”，由发卡机构收回存档。“专用卡”丢失的，应到原发卡机构注销原“专用卡”，并补办新卡。患者不再使用麻醉药品时，患者亲属或监护人应及时到发卡机构办理注销手续，并交回剩余麻醉药品。交回的剩余麻醉药品由发卡机构按规定销毁。

(6) 医疗单位应加强对麻醉药品的药品管理。禁止非法使用、储存、转让或借用麻醉药品。医疗单位要有专人负责、专柜加锁、专用处方、专用账册、处方留存 3 年备查。医院药剂科对违反规定及滥用麻醉药品者有权拒绝发药，并及时向当地卫生行政部门报告。

(7) 医疗机构购买的麻醉药品只准在本单位使用，不得转让或借用。特殊情况下报经所在地县级药品监督管理部门批准，可在本地区调剂。

3. 麻醉药品的安全管理　麻醉药品及其原植物的种植、生产、经营和使用单位必须建立严格的麻醉药品安全管理制度。麻醉药品的安全管理应符合如下规定。

(1) 麻醉药品经营和使用单位对麻醉药品要有专人负责管理，专库(柜)使用双锁，专用账册登记，做到账物相符。

(2) 麻醉药品及其原植物的种植、生产、经营、使用和储运过程中，发生麻醉药品丢失或被盗案件，案发单位应在 24 小时内按规定报告所在地县级公安部门和药品监督管理部门。

(3) 麻醉药品生产、经营和使用单位对过期、失效或破损的麻醉药品，须登记造册，经所在地县级以上药品监督管理部门批准并监督销毁。

(4) 国家设立药物滥用监测中心，省、自治区、直辖市应建立相应的药物滥用监测机构，并按规定定期报送本辖区内的麻醉药品滥用监测数据。

4. 麻醉药品复方制剂的管理　含麻醉药品复方制剂作为镇痛药在世界各国医疗实践中被广泛应用。为满足广大疼痛患者对镇痛治疗的医疗需求，根据《麻醉药品管理办法》的规定，参照联合国麻醉品管制局关于含麻醉药品复方制剂的管制原则，并结合我国对含麻醉药品复方制剂药物依赖性流行病学调查结果，国家食品药品监督管理局规定自 2004 年 7 月 1 日起施行对含麻醉药品复方制剂(口服固体制剂)管理，具体内容如下。

(1) 口服固体制剂每剂量单位含可待因(codeine)以含可待因碱不超过 15mg，且该制剂中不含其他列入特殊管制药品的复方制剂按处方药管理。

(2) 口服固体制剂每剂量单位含双氢可待因(dihydrocodeine)以含双氢可待因碱不超过 10mg，且该制剂中不含其他列入特殊管制药品的复方制剂按处方药管理。

(3) 口服固体制剂每剂量单位含羟考酮(oxycodone)以羟考酮碱不超过 5mg，且该制剂中不含其他列入特殊管制药品的复方制剂按处方药管理。

(4) 口服固体制剂每剂量单位含右丙氧酚(dextropropoxyphene)以右丙氧酚碱不超过 50mg，且该制剂中不含其他列入特殊管制药品的复方制剂按处方药管理。

二、精神药品

1. 精神药品的含义 精神药品是指作用于中枢神经系统，使之兴奋或抑制，具有依赖性潜力，滥用或不合理使用能产生药物依赖性的药品。依据其依赖性潜力和危害人体健康的程度，精神药品分为第一类和第二类管理，各类精神药品品种目录由国务院药品监督管理部门确定并公布。

2. 精神药品的使用 精神药品只限用于医疗、教学和科研需要。精神药品的使用应符合如下规定。

(1) 第一类精神药品应在一级(含一级)以上的医疗机构使用；第二类精神药品可供各级医疗机构使用。医疗机构购买第一类精神药品，需持县级以上药品监督管理部门核发的《第一类精神药品购用印鉴卡》到相应的经营单位购买。《第一类精神药品购用印鉴卡》有效期为3年，并留存2年备查。

(2) 开具精神药品处方应内容完整，字迹清晰并签署开方医生姓名。医师应当根据医疗单位需要合理使用精神药品，严禁滥用，除特殊需要外，第一类精神药品的处方，每次不超过3日常用量，第二类精神药品的处方，每次不超过7日常用量。医疗单位对精神药品的处方应留存2年备查。

(3) 医疗机构购买的精神药品只准在本单位使用，不得转让或借用。特殊情况下经所在地县级以上药品监督管理部门批准，可在本地区调剂。

(4) 精神药品经营单位不得自行调剂精神药品，特殊情况下确需调剂的，须经所在地县级以上药品监督管理部门批准。第一类精神药品制剂不得在药店零售。第二类精神药品制剂可在药店凭盖有医疗机构公章的医师处方零售，处方应留存2年备查。

3. 精神药品的安全管理 精神药品生产、经营、使用单位必须建立严格的精神药品安全管理制度。精神药品安全管理应符合如下规定。

(1) 对第一类精神药品原料药及其制剂，生产经营单位必须建立具有相应条件的专用储存场所，指定专人负责管理；对第二类精神药品原料药及其制剂，生产经营单位应在药品库房中设置相对独立的场所储存。

(2) 精神药品的经营和使用单位应建立精神药品收支账目，及时盘点，做到账物相符。

(3) 精神药品生产、经营、使用和储运过程中，如发生精神药品丢失或被盗案件，案发单位应在24小时内按规定报告所在地县级公安部门和药品监督管理部门。

(4) 精神药品生产、经营和使用单位对过期、失效或破损的第一类精神药品，须登记造册，经所在地县级以上药品监督管理部门批准并监督销毁。对过期、失效或破损的第二类精神药品，须登记造册，经单位法定代表人批准后销毁。

(5) 国家设立药物滥用监测中心，省、自治区、直辖市应建立相应的药物滥用监测机构，并按规定定期报送本辖区内的精神药品滥用监测数据。

三、毒性药品

毒性药品是指毒性剧烈、治疗剂量与中毒剂量相近，使用不当会致人中毒或死亡的药品。毒性药品的管理必须做到专人负责，专柜加锁，专用处方，专用账册。医疗单位供应和调配毒性药品，凭医生签名的正式处方，每张处方剂量不得超过2日极量。对处方未注明“生用”的毒性药品，应当付给炮制品。如发现处方有疑问时，须经原处方医师重新审定后再行调配。处方1

次有效，取药后处方留存 2 年备查。

四、放射性药品

放射性药品是指用于临床诊断或者治疗的放射性核素制剂或者其标记药物。放射性药品的使用管理必须取得有关部门颁发的《放射性药品使用许可证》，严格按规定管理使用。

第 3 节　中药学的配伍变化简介

药物配伍变化系指药物配伍后在理化性质或生理效应方面产生的变化，也称为药物的相互作用。在一定条件下，产生的不利于生产、应用和治疗的配伍变化称为药物的配伍禁忌。药物配伍合理就能达到预期的目的，否则不但达不到预期的目的，反而会在治疗上产生不良效果或给服用带来不便，并可能给生产上造成困难。

一、配伍用药的目的

配伍是指有目的地根据病情需要和药性特点，有选择地将二味以上药物配合同用。前人把单味药的应用同药与药之间的配伍关系称为药物为“七情”。在“七情”之中，除单行者外，其余六方面均为配伍关系。在中药药剂的生产和临床应用上，往往采用药物配伍使用，中药配伍用药的目的主要有以下方面：

1. 利用相须、相使配伍发挥协同作用　相须、相使配伍，如党参配黄芪增强补气功效；荆芥配防风增强疏散风寒的力量；石膏配知母增强清热泻火作用；茯苓能提高黄芪补气利水的治疗效果。

> “七情”的提法首见于《神农本草经》。其序例云：“药……有单行者，有相须者，有相使者，有相畏者，有相恶者，有相反者，有相杀者。凡此七情，合和视之。”
>
> 链接

2. 利用相畏、相杀配伍，抑制毒副作用　相畏、相杀配伍，如烈性药物常与大枣、甘草配伍，缓和其毒副作用；生姜能解除半夏、南星的某些毒性，故半夏、南星常以姜制或与生姜配在一起使用；甘遂、芫花、大戟均为有毒的峻下逐水药，具有逐饮泻水功效，同时有损伤正气，引起剧烈腹痛、呕吐等毒副作用，配以大枣可减缓其毒副作用。

3. 利用药性相反配伍，起到相反相成效果　这种配伍的实质是两药在某方面起拮抗作用，另一方面又起协同作用。如定喘汤，麻黄配黄芩，麻黄辛温散寒，宣肺止咳平喘；黄芩苦寒，清肺泻火而止咳平喘，两者合用，寒热之性抵消而止咳平喘作用加强。又如交泰丸，黄连配肉桂，黄连苦寒清心火，肉桂辛甘温肾阳，二药合用，一寒一热，清心温肾，起到交通心肾的作用，治疗心肾不交的失眠。

4. 利用配伍药味，发挥一药多效的作用　根据临床的不同需要进行适当配伍。如桂枝用于表证，配麻黄辛温发汗，主治伤寒表实无汗；若用于治里虚腹痛，桂枝配芍药(1 2)，有建中止痛、补虚调阴阳功能；若用于心悸怔忡、奔豚，桂枝配龙骨、牡蛎，以温心阳、平冲逆；若治风寒湿痹，桂枝配乌头等，起温经逐寒、止痛作用；若用于瘀血症，桂枝配桃仁、红花、当归、赤芍，起温经活血化瘀作用。由此可见，任何一味中药的作用不是单一的，或用其中某一作用，或产生新的作用。同一中药经不同配伍，可产生多种作用，治疗多种病症。

二、中药处方的组方原则与配伍方法

药物的配伍应用是中医用药的主要形式。根据临床辨证施治，选择两种以上药物合用，充分发挥药物的多效性以适应复杂的病情，有助于提高疗效，减少毒副作用。

1. 中药处方的组方原则 一张完整的处方包括君、臣、佐、使4个部分。

君药：针对病因或主证起主要治疗作用的药物，是处方中的主药。

臣药：有两种意义，一是辅助君药加强治疗主病或主证的药物；二是针对兼病或兼证起主要治疗作用的药物。

佐药：有3种意义。①佐助药，即配合君、臣药加强治疗作用，或直接治疗次要兼病或兼证的主要药物；②佐治药，用以消除或减弱君药、臣药的毒性或能制约君臣药峻烈之性的药物；③反佐药，当病重邪盛可能拒药时，配用与君药性味相反又能在治疗中起相成作用的药物。

使药：有两种意义，一是引经药，能引方中诸药至病所的药物；二是调和药，能调和方中诸药作用的药物。

2. 配伍方法 中药处方除按“君、臣、佐、使”组方原则外，在具体用药上还要注意药物配伍方法即药物之间的相互关系。前人早已有的“七情”配伍理论即是中药的配伍方法。详见有关书籍。

三、中药学配伍变化的研究进展

中药复方水煎液中含有多种化学成分，在提取、分离及体内代谢过程中，可能存在各种化学反应，产生各种配伍变化。研究中药复方水煎液中化学成分表明：中药复方在煎煮过程中，各成分之间可能会发生络合、水解、氧化、还原等各种化学反应，产生化学配伍变化或生成新物质。由于这些新物质的产生，使中药复方的药效不同于各单味药的药效，而发挥增效、减毒或改变药效的作用，体现了中药复方用药的特点，有利于揭示中药配伍变化规律及作用机制的探讨。

近年来在中药复方药效、药物动力学和复方化学成分的研究方面，取得了一定的进展。例如中药药物动力学对四物汤、四君子汤、六味地黄汤等3个典型补虚复方的体内某些成分吸收的研究结果表明：麻醉大鼠小肠对四物汤、四君子汤、六味地黄汤中诸元素的吸收有明显差异，这些制剂中铁、铜、锌的含量对其吸收也有影响，四物汤中铁和铜的含量及被吸收量都较高，其中铁的吸收四物汤比四君子汤、六味地黄汤分别高1.07和5.27倍；而铜的吸收，虽然四物汤和四君子汤在灌注前铜的含量相似，但吸收量却相差甚大，四物汤是四君子汤的3.4倍。四物汤是中医补血要方，其“补血”作用可能与此有关，这也与现代医学证明铁与铜在造血过程中的重要作用相符。此外，六味地黄汤与四物汤、四君子汤相比，锌含量较高，吸收量也多，这与临床上用六味地黄汤作为补肾经典方相符，因为锌是中医补肾的基础物质之一。以毒性为指标测定四逆汤和附子的表观半衰期，结果四逆汤的表观半衰期比附子短，这在一定程度上可解释用附子加甘草、干姜组成的复方不易中毒的传统观点。

中药复方在煎煮过程中，可能发生了复杂的化学变化，生成新的物质。如中药复方水煎液中生物碱与黄酮类、鞣质等生成分子络合物。皂苷与生物碱、酚性或甾萜类成分生成分子络合物。附子与甘草配伍，甘草次酸与附子生物碱生成分子络合物。在黄芩与黄连配伍水煎液中，黄连碱、小檗碱、巴马亭、药根碱、黄芩苷和汉黄芩苷组成络合物。四逆汤在煎煮过程中乌头碱水解，变为乌头原碱，毒性降低。麻黄汤在煎煮过程中，杏仁中的苦杏仁苷水解产物苯甲醛、桂枝的桂皮醛与麻黄碱发生化学反应，生成两种易分解的新化合物。

中药配伍有效成分煎出量的研究表明：在中药复方中配伍药味不同，有效成分煎出量也有显著差异。例如半夏泻心汤不同配伍黄芩苷的煎出量显著不同，单煎为 56.76mg/g，黄芩配黄连合煎为 39.89mg/g，黄芩、黄连、半夏、干姜合煎为 30.68mg/g，黄芩、黄连、党参、甘草、大枣合煎为 49.91mg/g，全方合煎为 33.35mg/g，全方单煎后混合为 33.43mg/g。据报道，对石膏配伍的 17 个复方进行考察，结果表明：其中 13 个方 Ca^{2+} 煎出率高于石膏单煎，4 个方 Ca^{2+} 煎出率低于石膏单煎。这是因为在水中石膏与一些有机酸、鞣质、维生素、生物碱盐作用可提高石膏的溶解度，而石膏与碱性物质、淀粉、黏液质、胶质、蛋白质作用使石膏溶解度下降之故。对甘草与不同中药配伍进行甘草酸的煎出率考察，结果表明甘草酸的煎出率也不同，以单煎甘草的煎出率为 100 计，甘草与厚朴、茯苓、龙胆配伍煎出率为 110，甘草与陈皮、山栀子、泽泻、大枣、橙皮、桑白皮、柴胡、川芎、地黄、牡蛎、当归等配伍煎出率为 90~110，甘草与黄芪、天冬、人参、白术、牛蒡子、薄荷、黄柏、麦冬、五味子、半夏、桂枝等配伍煎出率下降至 60 以下，且配伍比例和炮制方法不同已知成分的溶出率也不相同。

四、中药配伍禁忌的研究概况

中药配伍禁忌系指中药在一定条件下，产生的不利于生产、应用和治疗的配伍变化。"七情"配伍中相恶、相反属于配伍禁忌。《本草经》指出"……凡此七情，合和时视之，相须相使者良，勿用相恶相反者"。

药物之间的关系属相反相恶者，历代古籍中说法并不完全一致。金元时代概括为十八反、十九畏，并编成歌诀，具有代表性，其内容如下：

十八反：乌头反半夏、瓜蒌、贝母、白蔹、白及；甘草反海藻、大戟、甘遂、芫花；藜芦反人参、党参、沙参、丹参、玄参、苦参、细辛、芍药。

十九畏：硫黄畏朴硝；水银畏砒霜；狼毒畏密陀僧；巴豆畏牵牛；丁香畏郁金；川乌、草乌畏犀角；牙硝畏三棱；人参畏五灵脂；官桂畏赤石脂。

随着科学的发展，人们对各相反药对与各相恶药对之间药理、毒理研究与临床研究已取得了一定的成绩。关于中药配伍禁忌的研究成果举例如下。

1. 乌头、附子与半夏合用　我国历代医著中有乌头、附子反半夏的记载，但也有两药同用的方剂。有关文献报道中有乌头、附子反半夏的论述，也有两药不相反的观点。药理实验研究结果表明乌头、附子与半夏合用可产生一定的毒性。附子与半夏合用可使小鼠心电图出现心肌缺氧性改变；两者混合煎剂比制附子单煎剂的降压强心作用减弱。炙川乌与半夏合用可发生程度不同的传导阻滞；两药单煎后混合或混合煎剂，小鼠急性毒性试验其死亡率都较单味煎剂显著提高，其毒力与两倍量的乌头煎剂或两倍量的姜半夏煎剂相比较均提高，经统计学处理差异不显著。但是，另有小鼠急性毒性试验，比较各制剂 LD_{50}，结果表明附子与姜半夏的混合煎剂或单煎混合的毒性均与制附子相似。很多临床资料表明，两药合用无明显毒性。

2. 制草乌与白蔹合用、制川乌与瓜蒌合用　这两组药十八反中认为属配伍禁忌。毒理学研究表明，小鼠口服各药物煎剂，给药剂量相当于人用量的 133~300 倍，合用组毒性较未配伍的各单味药有所增大，但各煎剂经灌胃后供试动物只在短时间内出现不适反应，很快恢复正常活动，72 小时内无动物死亡，根据动物安全试验的一般要求，供试动物的用药量为临床人用药量 100 倍以上，48 小时内动物无死亡者，该药安全试验可认为通过。上两组归属于十八反的药物各合用后半数致死量（LD_{50}）与单味药相比较，毒性均显示有所增加，但无显著差异。另有研究提示，白蔹对金黄色葡萄球菌生长的抑制作用因配伍川乌而受到干扰。

3. 乌头、附子与白及合用　十八反中认为属配伍禁忌。研究发现乌头、附子能兴奋迷走神经而强心，使血液循环加强；白及是消化道止血佳品，起着保护胃黏膜的作用。两者配伍不但未见不良反应，而且还有协同作用，故用乌附片配伍白及治疗十二指肠溃疡，获得满意疗效。

4. 甘草与海藻、大戟、甘遂、芫花合用 十八反中认为属配伍禁忌。研究结果表明有反的一面，但也有不反的一面，应具体分析。

实验研究阐明甘草与这组药物配伍必须达到一定的比例量，才会产生或增加毒性。一定比例的甘草与藻、戟、遂、芫伍用给家兔灌胃，观察 2 周，体温、心跳、呼吸、瞳孔反应等均未见明显变化，亦未见腹泻，小鼠实验也得出同样结果，连续给药 2 周，小鼠心、肝、肾上腺器官未发现有组织形态的病理变化。但当甘草用量超过一定比例时，甘草与藻、戟、遂、芫合煎或分煎后混合，或均用 50% 乙醇溶液浸出制成流浸膏，不论灌胃或腹腔给药，都可随甘草的配伍剂量的增加，而毒性增大，LD_{50}降低。另有实验证明甘草含有 10% 左右的甘草酸，甘草酸可增加其配伍药物的某些成分的溶解度，甘草酸及甘草次酸和甘遂中的一种醇溶性有毒成分甾萜能形成分子复合物，此种复合物易溶于 50% 醇中，复合物的形成使有毒甾萜溶出量增加，且成正相关性，因此，甘草配伍剂量越大，有毒甾萜溶出量越多，毒性越大。由此，不难推测甘草小于一定量时，这种增加溶解度作用不明显，毒性并不增加。

从药效方面来看，甘遂、大戟、芫花、海藻均为逐水消肿药，甘草含有的成分水解后产生甘草次酸，有类似肾上腺皮质激素作用，能使水钠潴留。因此，从体内水盐代谢来看甘草和这四味药是相反的，对治疗水肿这一指标来说应忌配伍。

以上是从不同角度，采用不同方法，观察不同指标，得出的结果。这组药究竟是否相反，尚无定论，有待进一步深入研究。

5. 藜芦与人参、玄参、苦参、细辛、芍药合用 十八反中认为属配伍禁忌。藜芦为催吐药，其中含有多种甾体生物碱，如芥芬碱、芥芬原碱，多具有强烈的黏膜刺激作用。人参为补益药，从中医理论来看，不宜与伤正的催吐药配伍使用，配伍使用后人参的适应原样作用消失，且毒性增强。藜芦与玄参、苦参合用，可引起心律不齐及血压下降。而细辛、芍药有镇静麻醉作用，可使反射消失，藜芦与其作用相反，两者合用可使药效消失。

6. 知母与人参合用 白虎人参汤由知母、石膏、甘草、粳米加人参组成。运用实验性糖尿病高血糖动物模型进行观察，知母与人参均有明显的降血糖作用，但合用后在降血糖这一指标上有拮抗作用，拮抗效应与两者用量有关，知母、人参用量比为 5∶3（即原方比例）时，尚能保持作用，用量比在 1∶1.8 时，降血糖作用接近消失。然而这一拮抗作用，能因加入无降血糖作用的石膏而恢复，再加入甘草、粳米降血糖作用更有所提高。

7. 硫黄与朴硝、巴豆与牵牛子、三棱与马牙硝合用 这三组药十九畏中认为属配伍禁忌。急性毒性试验表明，以人用剂量的 104 倍的剂量，无论是灌胃或腹腔注射，以上 3 组合用药物均能引起小鼠死亡，各组药物水煎液 pH 均为弱酸性，对小鼠行为和死亡的影响，并非是酸碱度造成的，可能是药物本身的用量和所含化学成分相互作用而致。又有报道硫黄在体内部分生成了硫化物，刺激肠壁产生轻泻作用，朴硝其化学成分为硫酸钠，亦是泻剂，两者合用后，产生强烈的致泻作用，甚至会产生肠痉挛。巴豆与牵牛子，两药均为峻下药，合用后恐峻泻之力过大而伤正。故以上 3 组药均属配伍禁忌。

8. 肉桂与赤石脂合用 十九畏中认为属配伍禁忌。将肉桂单煎与肉桂赤石脂混煎进行薄层色谱、紫外光谱测定对比，证明肉桂赤石脂混煎，由于赤石脂的吸附作用及酸性影响，使肉桂有效成分在煎液中明显降低。然而以人用量的 104 倍剂量，无论是灌胃或腹腔注射均未引起小鼠急性毒性死亡。

9. 丁香与郁金合用 十九畏中认为属配伍禁忌。有报道认为丁香含有的挥发油，有刺激胃壁神经，引起兴奋作用，为芳香健胃剂。而郁金则有使胃壁安定，减轻胃痉挛的作用，两药在药理上是拮抗的。另有急性毒性试验表明，丁香郁金混合煎剂，以人用剂量的 104 倍剂量给小鼠灌胃没有死亡，而腹腔注射则有死亡。

10. 人参与五灵脂合用 十九畏中认为属配伍禁忌。有报道以人参五灵脂注射液（人参 4g、五灵脂 2g，制成注射液 2m1）做抗疲劳试验，每只鼠腹腔注入该注射液 2ml，小鼠游泳试验结果表明，给药组游泳时间较对照组长，抗疲劳效果好，这与人参大补元气的作用是一致的，五灵脂没有抑制人参的大补元气作用，伍用后也未发现任何毒性反应。另急性毒性试验表明，人参五灵脂混合煎剂，以人用剂量的 104 倍剂量灌胃或腹腔注射亦均未见小鼠急性毒性死亡。

20 世纪 90 年代以来对十八反、十九畏的研究更加深入，如采用柱层析和薄层层析的方法对相反药对产生的物质进行分析，结果表明，甘草与甘遂配伍产生的毒性成分为 3 种黄酮苷类化合物。并注意利用量变到质变的思路设计研究，取得了一些有一定参考价值的实验结果，使十八反、十九畏研究向前推进了一步。但是，实验结果不尽一致。十八反不是绝对的配伍禁忌，只有部分十八反的药对经口服给药对健康动物和病理动物都显示一定程度的毒性增强，大多数药对只在特定的病理条件下显示不同程度的毒性增强或不利于治疗的效应。因此十八反是在一定条件下的配伍禁忌，不同的配伍比例、不同剂量、不同给药途径和一定病理状态都可影响药物的吸收速度、毒性的大小及持续的时间。在目前许多情况难以掌握与预料的前提下，应尽可能避免使用十八反配伍，以减少医源性、药源性疾病的发生。

五、中西药的配伍

中药、西药尽管属于不同的体系，但是其治病的目的是一样的。一种疾病常非一药可治，随着中西医结合工作的开展，中医用西药、西医用中药，乃至中西药联合运用，已为广大患者所接受。人们普遍认为中药药性平和、安全，西药见效迅速。两者并用，双重保险，从而形成了中西合璧的用药模式。随着医药科学的发展，药物品种日益增多，为了加速疾病的治愈，中西药合并用药日趋广泛，有很多合并用药方案，目前已经成为临床治疗用药的常规。

（一）中西药合用的优势

1. 辨证辨病，相辅相成 整体观念与辨证施治是祖国医学的两大基本特点。临床上中医辨证结合西医辨病，常能达到标本兼顾、相辅相成的作用。临床实践表明：肾阳虚型的慢性支气管炎、支气管哮喘的患者，肾上腺皮质功能及免疫功能均低于正常人。临床上常选用西药抗生素控制感染，而用补肾中药如淫羊藿、巴戟天、干姜、细辛、附片、熟地等补肾固本止咳。恶性肿瘤的治疗是当前世界医学的难题，中医认为其病因不外两个方面："邪之所凑，其气必虚"，一是病邪——癌细胞；二是正气虚——免疫力下降。所以运用中药扶下原优势，培补正气；而用西医的手术、放疗、化疗等现代科学的快速手段祛除病邪——癌细胞就是肿瘤科常用的治疗方案。如复方阿胶胶浆、十全大补汤、当归养血膏等。又如胆道感染多属中医肝郁化火，运用庆大霉素等抗生素常能有效地控制感染，抑其肝火，而对于肝气郁这种功能的失调，则运用中药疏肝理气如枳实、白芍、柴胡等。药理研究表明：枳实柴胡能松弛胆括约肌，有利于庆大霉素进入作用于部位。

2. 协同作用，增强疗效 许多中西药联用后，均能使疗效提高，有时是很显著的呈现协同作用。如：黄连、黄柏与四环素、呋喃唑酮、磺胺脒治痢疾、细菌性腹泻有协同作用，常使疗效成倍提高。青霉素治疗疟疾有速效低毒的特点，但近期复发率较高。而与磷酸铂喹联用有互相增效作用,连续用药6天,在原虫转阴速度和降低近期复发率方面均优于两者单用。丙谷胺与甘草、白芍、冰片治消化性溃疡有协同作用,已制成复方胃谷胺。从仙鹤草根芽中提出的鹤草酚对日本血吸虫有抑杀作用。蒜苷与链霉素联用提高后者效价约3倍及血药浓度约2倍。甘草与氢化可的松在抗炎、抗变态反应方面有协同作用,因甘草甜素有糖皮质激素样作用,并可抑制氢化可的松在体内的代谢灭活,使其在血中浓度升高。黄芩、砂仁木香、陈皮对肠管明显抑制,延长地高辛、维生素 B_{12}、灰黄霉素等在小肠上部的停留时间,有利于吸收,提高疗效。又如抗炎6号与抗生素合用,据研究报道青霉素、链霉素、氯霉素三药联用,对中性粒细胞的随机移动有明显的抑制作用。链霉素、氯霉素单独应用对中性粒细胞的趋化性有明显的抑制作用,若青霉素、链霉素、氯霉素联用,这种抑制作用更为明显,抑制率可达35.4%。中成药抗炎6号(由金银花、蒲公英、大青叶、鱼腥草组成)不仅能够稳定而持久地促进中性粒细胞的随机移动和趋化性,而且能够完全解除由上述3种抗生素联用对随机移动和趋化性的抑制,还可使趋化性远远超出正常值。研究提示清热解毒中药用于细菌感染疾病,不仅是单纯的杀菌或抑菌,而且对增加机体免疫功能有很大意义,抗炎6号除具有直接解除细菌内毒素作用外,对补体旁路途径也有激活作用,间接对内毒素进行降解。因此,抗炎6号杀菌、抑菌、增强机体免疫功能,降解内毒素可能是其与抗生素联用治疗感染性疾病疗效增强的理论基础。参附注射液与间羟胺、多巴胺等合用,现代药理研究证明参附注射液(由红参、附片、丹参组成)中红参、附子具有强心、镇痛、兴奋垂体-肾上腺皮质系统等作用;丹参有扩张冠状动脉、增加冠脉血流量和加强心脏收缩功能。休克或低血压患者,当应用了多巴胺、间羟胺等升压药后,血压仍不能维持时,加用参附注射液后,血压即趋平稳。当血压回升后,升压药停用或减量时,又可出现血压下降,如果预用参附注射液,即便停用或减量使用上述升压药,血压也可维持和稳定。可见参附注射液与间羟胺、多巴胺等升压药同用,可加强升压药的作用及减少对升压药的依赖性。

3. 降低药物的毒副作用 某些化学药品或提纯品,成分单一,治疗作用明显但毒副作用较大,与中药配伍既提高药效且可减轻毒副作用。肿瘤患者接受化疗后常出现燥热伤津的阴虚内热或气阴两虚,即治以滋阴润燥清热或益气养阴中药而取效。氟尿嘧啶与环磷酰胺是抗肿瘤药,由于常产生呕吐、恶心等胃肠道反应,故以往没有口服剂型,只能作注射。海螵蛸粉和白及粉既能止血消肿,又能保护胃黏液,防止出现严重的消化道反应,现以氟尿嘧啶、鲨肝醇、环磷酰胺、奋乃静、白及粉及海螵蛸粉配合组成片剂,用于临床治疗消化道肿瘤有较好疗效。

日本田中千隼报道给予某患者服抗生素生素,不到3天出现白苔,胸胁苦满和食欲不振,且逐渐加重,不能按计划用药,于是给小柴胡汤,上述副作用消除,因而可按计划继续用抗生素生素14天,达到治疗目的。

甘草酸可降低链霉素对第Ⅷ对脑神经的毒害,使原来不能坚持治疗的患者有80%可以继续使用。而去甘草酸的甘草与呋喃唑酮合用治疗肾盂肾炎,则既可防止其胃肠反应而以保留了呋喃唑酮的杀菌作用。氯氮平治疗精神分裂症有明显疗效,但最常见的副作用之一是流涎。应用石麦汤(生石膏、炒麦芽)30-60剂为1个疗程,流涎消失率为82.7%,总有效率达93.6%。长期服用糖皮质激素而无法撤停的患者,当加服甘草人参汤(生甘草、人参、黄芪、淫羊藿、菟丝子、巴戟天、锁阳、炙附子、熟地、山萸肉、山药、肉桂)可减少激素的不良反应。

具有免疫调节作用的扶正中药与抗肿瘤药、放疗等合用,可减轻抗肿瘤药、放疗的毒副作用。恶性肿瘤患者的免疫功能,尤其是细胞免疫功能受到抑制,这种免疫抑制现象在晚期患者和经过长期化疗或放疗后的患者中表现尤为明显。扶正中药对免疫功能具有一定的提升作用,扶正治疗后 IgA、IgG 含量升高。这类中药对化疗和放疗所致的肾上腺皮质和骨髓功能的抑制有一定的保护作用,并能减轻消化道反应。女贞子、石韦、补骨脂、山茱萸、玄参等能保护动物由于注射环磷酰胺而引起的白细胞下降。据统计 175 例肿瘤患者，在化疗、放疗时配合扶正方药，有 156 例不发生白细胞下降，有效率接近 90%。补中益气汤、十全大补汤、六味地黄汤、人参、黄芪、山豆根等与化疗、放疗配合，可使胃癌、食管癌患者生存期延长或治愈率提高。

4. 减少药物剂量，缩短疗程　珍菊降压片（珍珠层粉、野菊花、槐花米、盐酸可乐宁、氢氯噻嗪）有较好的降压及改善症状的作用，若以常用量每次 1 片，1 日 3 次计，盐酸可乐定比单用剂量减少 60%。地西泮有嗜睡等副作用，若与苓桂术甘汤合用，地西泮用量只需常规用量的 1/3，嗜睡等副作用也因为并用中药而消除。

5. 减少禁忌，扩大适应范围　碳酸锂治疗白细胞减少症，广泛用于临床，但其胃肠反应限制了其适用范围。如同时用白及、姜半夏、茯苓等复方中药，就可减轻胃肠反应。舒心散冲剂（普尼拉明、三七、赤芍、郁金）治疗冠心病，心绞痛有效率为 87%，普尼拉明扩冠作用时间短，与上述具有活血化瘀，行气止痛药物配伍，可使作用时间延长。

中西药合用，若组方不当，药物之间发生相互作用，或中西药所固有的不良反应的累加，也会使药物疗效降低，毒副作用增加，或引起药源性疾病，严重的甚至危及生命，因此，中西药合用必须十分慎重，注意发挥其特长，避免可能产生的配伍禁忌。

（二）中西药合用的配伍禁忌

中西药结合的发展使中西药合用越来越普遍。合理的配伍，有益于疾病的治疗而不合理的配伍，则会带来许多配伍禁忌，这应该引起医务工作者和患者的注意。中西药的配伍禁忌主要有以下几个方面：①产生难溶性螯合物或沉淀物，降低药效。②发生化学反应，产生或增加毒性。③相互拮抗，降低药效。④酸碱中和，降低药效。⑤酶促作用，降低药效。⑥酶抑作用，增加毒副作用。

小结

本章的学习要点应在掌握中药调剂、特殊药品的含义及中药处方的调配程序与注意事项的基础上，明确中药调剂质量的好坏会直接影响治疗效果和用药安全。熟悉中药“斗谱”排列的一般原则，中药毒性药、配伍禁忌药、妊娠禁用药的含义，特殊药品的管理，中药配伍用药的目的及配伍方法。了解“十八反、十九畏”的含义及处方禁忌药，为提高中药调配质量，确保药剂安全、有效打下良好的基础。

目标检测

一、单项选择题

1. 在处方调配中常见与审方同步进行的程序是　（　）

A. 收费　B. 发药　C. 划价　D. 调配

2. 指药物间能减轻或消除原有的毒性或副作用的是　（　）

A.“相须”、“相使”　B.“相畏”、“相杀”　C.“相恶”、“相反”　D.“相恶”、“相使”

3. 属于处方配伍禁忌的是　（　）

A. 天冬与麦冬　B. 乌头与半夏　C. 羌活与独活　D. 知母与黄柏

二、多项选择题

1. 医疗单位对麻醉药品的管理是 (　　)

A. 专柜加锁　B. 专用处方　C. 专人负责　D. 专册登记

E. 专用账册

2. 审查处方,主要审查的内容是 (　　)

A. 处方填写的完整性　B. 用药方法是否恰当　C. 药物相互作用和配伍禁忌

D. 药物剂量是否合理　E. 有无缺货及可代用的药品

三、名词解释

1. 麻醉药品　2. 并开药物　3. 特殊药品

四、简述题

1. 简述中药斗谱排列原则。
2. 简述调配处方应注意事项。
3. 简述中药处方调配的程序。

(郭慧玲)

第3章 药剂卫生

学习目标

1. 记住常用灭菌方法的含义与特点
2. 说出主要防腐剂的应用注意问题
3. 简述药剂卫生的基本要求及药物可能被污染的途径
4. 叙述无菌操作法、制药环境卫生的基本要求

第1节 概 述

药品是与人的健康与生命息息相关的特殊商品。药品的组成包括药物和辅料,其生产过程复杂、生产环节多,因而药品不仅有适合微生物生长的各种营养物质等条件,也有受到微生物污染的各种机会。药品一旦被微生物污染就有可能因微生物的大量生长繁殖,而导致药品变质、降低疗效或者失效,甚至可能产生对人体有不良反应与作用的物质,因此,满足一定的药品卫生标准是药品的最基本要求,也是药品质量的重要指标之一。

一、中药制剂的卫生标准

《中国药典》附录对药品卫生标准作了具体的要求和明确规定:药品不得含有各种致病菌和活螨;根据品种、剂型、制备方式等的不同,规定了细菌和真菌不得超过一定限度,为药品卫生的控制提供了依据。

> 非无菌药品的微生物限度标准是基于药品的给药途径和对患者健康潜在的危害以及中药的特殊性而制定的(cfu:colony forming units,菌落形成单位)。
>
> **链接**

1. 口服给药制剂 每 1g 或 1ml 不得检出大肠埃希菌,含动物组织及动物类药材原粉(蜂蜜、王浆、动物角、阿胶除外)的药品同时不得检出沙门菌。

(1) 不含药材原粉的制剂:

细菌数:每 1g 不得过 1000cfu;每 1ml 不得过 100cfu。

霉菌和酵母菌数:每 1g 或 1ml 不得过 100cfu。

(2) 含药材原粉的制剂:

细菌数:每 1g 不得过 10 000cfu(丸剂每 1g 不得过 30 000cfu);每 1ml 不得过 500cfu。

霉菌和酵母菌数:每 1g 或 1ml 得过 100cfu。

大肠菌群:每 1g 应小于 100 个,每 1ml 应小于 10 个。

(3) 含豆豉、神曲等发酵原粉的制剂:

细菌数:每 1g 不得过 100 000cfu(丸剂每 1g 不得过 30 000cfu);每 1ml 不得过 1000cfu。

霉菌和酵母菌数:每 1g 不得过 500cfu ,每 1ml 不得过 100cfu。

大肠菌群:每 1g 应小于 100 个,每 1ml 应小于 10 个。

2. 局部给药制剂 每 1g、1ml 或 $10cm^2$ 不得检出金黄色葡萄球菌、铜绿假单胞菌。用于手

术、烧伤或严重创伤的应符合无菌要求。

(1) 用于表皮或黏膜不完整的含药材原粉制剂:

细菌数:每 1g 或 $10cm^2$ 不得过 1000cfu,每 1ml 不得过 100cfu。

霉菌和酵母菌数:每 1g、1ml 或 $10cm^2$ 不得过 100cfu。

(2) 用于表皮或黏膜完整的含药材原粉制剂:

细菌数:每 1g 或 $10cm^2$ 不得过 10 000cfu,每 1ml 不得过 100cfu。

霉菌和酵母菌数:每 1g、1ml 或 $10cm^2$ 不得过 100cfu。

(3) 耳、鼻及呼吸道吸入给药制剂:

细菌数:每 1g、1ml 或 $10cm^2$ 不得过 100cfu。

霉菌和酵母菌数:每 1g、1ml 或 $10cm^2$ 不得过 10cfu。

大肠埃希菌:鼻及呼吸道给药制剂每 1g、1ml 或 $10cm^2$ 不得检出。

(4) 阴道尿道给药制剂:

细菌数:每 1g、1ml 或 $10cm^2$ 不得过 100cfu。

霉菌和酵母菌数:每 1g、1ml 或 $10cm^2$ 应小于 10cfu。

梭菌、白色念珠菌:每 1g、1ml 或 $10cm^2$ 不得检出。

(5) 直肠给药制剂:

细菌数:每 1g 不得过 1000cfu,每 1ml 不得过 100cfu。

霉菌和酵母菌数:每 1g 或 1ml 不得过 100cfu。

(6) 其他局部给药制剂:

细菌数:每 1g、1ml 或 $10cm^2$ 不得过 100cfu。

霉菌和酵母菌数:每 1g、1ml 或 $10cm^2$ 应小于 100cfu。

> 口服兼外用的制剂应分别符合口服及外用药品卫生标准。
>
> 各类制剂中检出致病菌,均以 1 次检出为准。
>
> 细菌、霉菌和酵母菌不合格者,可从同一批样品中再复检 2 次,以 3 次平均值为准。外观有霉变、长螨者,以不合格处理。
>
> 链接

二、中药制剂可能被微生物污染的途径及处理措施

药物制备的所有环节和所应用到的所有物品的情况都是中药制剂可能被微生物污染的途径。具体品种应在分析其组成和制备过程的基础上,针对不同的原因采取积极有效的防菌和灭菌措施,保障药品的卫生学指标符合要求。

中药制剂可能被微生物污染的主要途径如下:

(1) 原料药材:中药制剂生产的原料包括来源于植物的根、根茎、叶、花、果实、种子等;来源于动物的组织、器官、生理或病理产物等;来源于矿物、动物的骨骼化石等。这些药材不仅本身带有许多微生物、卵虫和杂质,而且在采收、加工、运输和储藏等过程中会受到更多的污染机会;同时许多中药材都具有适合微生物生长和繁殖的营养物质。由此可见,对原料药材的处理是否得当会严重影响药品的卫生学情况。处理过程中应根据药材所含成分的情况、所制剂型及其给药途径等,分别采取不同的防菌和灭菌方法。如非热敏性成分的中药材可以采取干热、湿热等热力灭菌;含有热敏性成分的中药材可以采取化学气体灭菌、辐射灭菌、酒精喷洒等方法。

(2) 辅料:中药制剂过程中为了满足不同剂型和治疗不同疾病的需要,常常会选用多种辅料。如用于固体制备时常用的糊精、糖粉、淀粉、乳糖等,用于液体制剂的乙醇、水等。根据不同的制剂要求,对制剂辅料可以采取不同的处理方式,如口服液可以采用纯化水,而注射剂要采用注射用水等。

（3）制药设备：中药制药过程中采用的设备与用具，一般都直接或间接与药品接触，制药设备的卫生状况，会直接影响到药品。而且制药设备中易产生物料的残留，增加微生物污染的可能。因此必须采用适当的方法，及时清洗、保洁，必要时采用灭菌处理。

（4）环境空气：空气中的粉尘微粒会附着有微生物和细菌等，在这样的环境中制备药物，将会使药物受到污染。因此，药品制备过程中各个环节的环境卫生和空气净化是十分必要的。对于不同制剂品种的生产厂房应根据 GMP 的规定操作，达到符合洁净级别要求的制药环境。

（5）操作人员：由于操作人员工作时要进出洁净室，而且操作人员的衣着、鞋帽等都可能带有微生物，特别是在操作过程中要直接或间接的接触药品，因此，操作人员是药品的主要污染源。控制的方法就是要在严格的卫生管理制度保障之下，培养和增强操作人员的卫生观念和意识。

（6）包装材料：药品的包装主要起保护作用，同时应有利于药物使用、识别和美观等。药品的包装特别是药品的内包装材料的洁净度、材料构成等对药品的影响很大，但经常被人们忽略。药品的包装材料种类多，材料与用途各异，具体应用过程中应根据药品性质和临床使用途径等对卫生学加以控制。经常采用清洗、热力灭菌或环氧乙烷灭菌等措施进行除菌和灭菌。

《中华人民共和国药品管理法》中规定生产药品用的原料、辅料、内包装材料必须符合药用要求。

链接

三、制药环境的卫生要求

（一）制药环境的总体要求

对于制药环境的卫生要求，在《中华人民共和国药品管理法及实施办法》、《药品生产质量管理规范》等法规条文中有明确的规定，这些规定成为药品生产的基本准则。总体要求包括：

1. 厂房与设施

（1）药品的生产应当在整洁的环境中；整个生产企业的地面、路面及运输等不应对药品生产造成污染，不能有裸露的土地，一般采用绿草和树木覆盖；应合理布局各个区域如生产、管理、生活、辅助区等，各区之间不能相互妨碍。

（2）生产工艺流程及所要求的空气洁净级别是进行合理布局的原则。使生产操作不仅不相互妨碍，生产便利，又能满足不同洁净级别药品的要求。

（3）在设计、建设厂房和内部各生产环节的布局时，应考虑有防尘及捕尘设施、使用时便于清洁。与药品直接接触的干燥用空气、压缩空气和惰性气体应经净化处理，符合生产洁净要求。

（4）生产区和储存区应有与生产规模相适应的面积和空间用以最大限度地减少差错和交叉污染。区域的划分应能使安置的设备、储存的物料便于生产应用。

（5）中药材的前处理、提取、浓缩以及动物脏器、组织的洗涤或处理等生产操作，必须与其制剂严格分开。中药材的炮制操作应有良好的通风、除烟、除尘、降温设施。筛选、切片、粉碎等操作应有有效的除尘、排风设施。

2. 洁净室

（1）洁净室（区）的内表面应平整光滑、无裂缝、接口严密、无颗粒脱落，并能耐受清洗和消毒，墙壁与地面的交接应成弧形或采取其他措施，以减少灰尘积聚和便于清洁。洁净室（区）内和中管道、灯具、风口以及其他公用设施，在设计和安装时应考虑使用中避免出现不易清洁的部位。洁净室（区）与非洁净室（区）之间必须设置缓冲设施，人、物流走向合理。

(2) 洁净室(区)应根据生产要求供应足够的照明。主要工作室的照明度宜为300lx;对照明度有特殊要求的生产部位可设置局部照明。厂房应有应急照明设施。

(3) 进入洁净室(区)的空气必须净化,并根据生产工艺要求划分空气洁净级别。洁净室(区)内空气的微生物数和尘粒数应定期监测,检测结果应记录存档。

(4) 洁净室(区)的窗户、天棚及进入室内的管道、风口、灯具与墙壁或天棚的连接部位均应密封。空气洁净级别不同的相邻房之间的静压差应大于5Pa,洁净室(区)与室外大气压的静压差应大于10Pa,并应有指示压差的装置。

(5) 洁净室(区)的温度和相对湿度应与药品生产工艺要求相适应。无特殊要求时,温度应控制在18~26℃,相对湿度控制在45%~65%。

(6) 洁净室(区)内安装的水池、地漏不得对药品产生污染。100级洁净室(区)内不得设置地漏。

(7) 不同空气洁净度级别的洁净室(区)之间的人员及物料出入,应有防止交叉污染的措施。

3. 设备

(1) 生产设备的选购、设计、安装等应符合生产要求,便于生产操作和维修、保养,易于清洗、消毒或灭菌,并能防止差错和减少污染。

(2) 与药品直接接触的设备表面应光洁、平整、容易清洗或消毒、耐腐蚀,不与药品发生化学变化或吸附药品。设备所用的润滑剂、冷却剂等不得对药品或容器造成污染。

4. 卫生

(1) 药品生产企业应有防治污染的卫生措施,制定各项卫生管理制度,并由专人负责。

(2) 药品生产车间、工序、岗位均应按生产和空气洁净级别的要求制定厂房、设备、容器等清洁规程,内容应包括:清洁方法、程序、间隔时间,使用清洁剂或消毒剂,洁净工具的清洁方法和存放地点。

(3) 生产区不得放非生产物品和个人杂物。生产中的废弃物应及时处理。更衣室、浴室及厕所的设计不得对洁净室(区)产生不良影响。

(4) 工作服的选材、式样及穿戴方式应与生产操作和空气洁净度级别要求相适应,并不得混用。洁净工作服的质地应光滑、不产生静电、不脱落纤维和颗粒性物质。无菌工作服必须包盖全部头发、胡须及脚部,并能阻留人体脱落物。不同空气洁净度级别使用的工作服应分别清洗、整理,必要时消毒或灭菌。工作服洗涤、灭菌时应不带入附加的颗粒物质。工作服应制定清洗周期。

(5) 洁净室(区)仅限于该区域生产操作人员和经批准的人员进入。进入洁净室(区)的人员不得化妆和佩戴饰物,不得裸手直接接触药品,当不可避免时手部应按要求灭菌。

(6) 洁净室(区)定期消毒。使用的消毒剂不得对设备、物料和成品产生污染。消毒剂品种应定期更换,防止产生耐药的菌株。

(7) 药品生产人员应有健康档案。直接接触药品的生产人员每年至少体检一次。传染病、皮肤病患者和体表有伤口者不得从事直接接触药品的生产。

(二) 制药环境的空气净化

制药领域的空气净化技术是指采用各种技术与方法(如滤过技术),将空气中飘浮的灰尘、纤维、细菌等微粒除去,达到控制空气中尘埃的数量,减低细菌污染的可能性,从而使生产药品的环境符合药品洁净度要求的技术。目前常用的方法包括非层流型洁净净化技术和层流型洁净净化技术。

(1) 非层流型洁净净化技术:能除去大部分尘粒保证空气的洁净,达到一定洁净级别,而且有适宜的温度和湿度,创造一个舒适的生产环境。但非层流型净化空调装置送入的空气属紊流状气流,可使空气中夹带的混悬粒子迅速混合,由小粒子聚结成大粒子,也可使室内静止的微粒重新飞扬,而且室内死角处的部分空气出现停滞状态,故不易将尘粒除净,净化效果稍差。

(2) 层流型洁净净化技术:有较大型水平层流洁净室和小型层流净化工作台。经高效过滤器过滤的空气,以较高的速度从一面墙(壁)向对面墙(壁)层流流去,室内尘粒被气流带走,达到无菌要求。

(三) 制药环境的洁净级别划分

根据 GMP 的要求,目前我国制药环境的空气洁净净化级别的划分见表 3-1。

表 3-1 制药环境空气洁净级别表

洁净级别(级)	尘埃最大允许数/m^3		微生物最大允许数	
	≥0.5μm	≥5μm	浮游菌/m^3	沉降菌/皿
A	3500	0	5	1
B	350 000	2000	100	3
C	3 500 000	20 000	500	10
D	10 500 000	60 000	1000	15

第2节 灭菌方法与无菌操作

一、灭菌方法

灭菌方法(图 3-1)是指采用物理或化学的手段杀灭或除去药品中所有或部分微生物的繁殖体和芽孢,使药品符合卫生学要求的方法。根据杀死和除去微生物的不同机制,将灭菌方法分为物理灭菌法、滤过除菌法和化学灭菌法。

- 灭菌方法
  - 物理灭菌法
    - 干热灭菌法
      - 火焰灭菌法
      - 干热空气灭菌法
    - 湿热灭菌法
      - 热压灭菌法
      - 流通蒸汽与煮沸灭菌法
      - 间歇灭菌法
    - 紫外线灭菌法
    - 微波灭菌法
    - 辐射灭菌法
  - 滤过除菌法
    - 微孔薄膜滤器
    - 垂熔玻璃滤器
    - 砂滤棒
  - 化学灭菌法
    - 消毒剂消毒法
    - 化学气体灭菌法

图 3-1 灭菌方法

（一）物理灭菌法

物理灭菌法是利用蛋白、核酸、酶等对热或射线等不稳定的特性，采用温度、紫外线、电磁波、辐射等物理技术与手段，杀灭或去除微生物的方法。

1. 干热灭菌法 利用火焰或干热空气灭菌的方法称为干热灭菌法。

（1）火焰灭菌法：采用火焰上直接灼烧或采用高浓度乙醇燃烧来达到灭菌目的方法。特点：简便，灭菌效果可靠。适用于玻璃杯、玻璃棒、镊子、不锈钢盘等各种不怕火焰损伤的金属、玻璃或搪瓷器具的灭菌。

（2）干热空气灭菌法：在干热灭菌器或高温烘箱中利用干热空气达到灭菌目的的方法。繁殖型细菌一般在100℃以上干热1小时即被杀灭。在180℃1小时以上灭菌，效果最为肯定。特点：温度高，干热空气穿透力弱。适用于耐高温的金属、玻璃或搪瓷器具、油脂类材料（如液体石蜡、凡士林等）、耐高温的粉末材料（如滑石粉、活性炭等）的灭菌。

2. 湿热灭菌法 湿热灭菌法是利用沸水或饱和水蒸气进行灭菌的方法。湿热灭菌法由于水分的存在，增强了穿透能力，更容易使细菌死亡，因而是制剂生产中应用最广泛的一种灭菌方法。

影响湿热灭菌的因素主要包括：①微生物的种类和数量：不同类别和不同发育阶段的微生物对湿热的抵抗力不同；较多的微生物在被灭菌物品中，需要较长的灭菌时间。②药物与介质的性质：药品的药物组成和辅料经常会影响微生物的活性。③蒸汽的性质：饱和水蒸气的穿透力强，杀灭细菌的能力强，故热压灭菌应采用饱和蒸汽。④灭菌时间：为保障药物的稳定性，在满足药品卫生学要求的前提下，应尽可能降低灭菌的温度和缩短时间。

（1）热压灭菌法：在高压灭菌器内，利用大于常压的饱和水蒸气杀灭微生物的方法。是公认的最为肯定的灭菌方法。

热压灭菌器有很多种类型，使用时必须严格按照操作规程操作。热压灭菌器使用时应注意以下流程和问题：检查仪表（温度、压力表等）-排尽空气（将灭菌器内的冷空气排出）-准确计时（达到预定的温度和压力时开始计时）-安全开启（压力下降至0，温度下降至40℃以下时开启）。

（2）流通蒸汽灭菌法与煮沸灭菌法：在常压下采用100℃的蒸汽或加热煮沸进行灭菌的方法。特点：温度低，操作简便，时间短（一般在30分钟或60分钟）；杀死被灭菌物品中的繁殖型细菌而不能保证完全杀灭芽孢。适用于不耐高温的药品、1~2ml注射剂的辅助灭菌。

（3）低温间歇灭菌法：将待灭菌物品在60~80℃加热1小时杀灭其中细菌的繁殖体，然后在室温或保温放置24小时，使芽孢继续发育成繁殖体，再进同法操作。特点：温度低，操作时间长；杀死被灭菌物品中的繁殖型细菌而不能保证完全杀灭芽孢。适用于必须采用加热灭菌法但又不耐较高温度的药品。

3. 紫外线灭菌法 一般用于灭菌的紫外线波长是220~290nm，其中254nm左右的紫外线灭菌力最强。紫外线的灭菌机制包括直接作用（直接作用于微生物的核酸蛋白，使其变性死亡）和间接作用（空气受紫外线照射后，产生微量臭氧，发挥杀菌作用）。特点：紫外线的穿透能力差；各种规格的紫外灯管均有一定的使用期限；人体在紫外线照射下时间过长会引起皮肤烧灼等。一般只用于空气灭菌和表面灭菌、纯净水的灭菌。

4. 微波灭菌法 300~300kHz之间的电磁波是微波灭菌法通常应用的频率。极性分子特别是水分子能够很好地吸收微波，并随着微波电场方向的变化而快速转动，从而通过碰撞、摩擦迅速升温，依靠产生的热效应而杀菌。

由于通常物品的内部水分子多于物品的表面，因而通过微波产生的热来源于物品的内部，故微波加热有内部加热之称。具有升温快、均匀，灭菌时间短等特点；灭菌效果与通常是含水量多的好于含水量少的物品。适用于含少量水分中药饮片、固体制剂和药物水溶液的灭菌。

5. 辐射灭菌法 利用γ-射线或β-射线进行照射的电离辐射灭菌方法。辐射灭菌法可以穿透被灭菌物品而杀灭其中的微生物。药品灭菌中通常采用^{60}Co产生的γ-射线。特点:穿透力强,可以穿透较厚的各种包装材料,而且灭菌均匀;灭菌效果肯定,并能有效防止二次污染;灭菌过程中,被灭菌物品温度的变化只有几度,一般只升高2~3℃;节约能源、灭菌时间短;辐射剂量直接影响灭菌效果,辐射剂量的确定要考虑被灭菌药品中微生物的种类与数量、药品的性质及剂型等;设备投资多,辐射可能会对某些药物有影响;安全防护是使用过程中应重视的问题。适用于含热敏性成分药品、已包装好的密封药品的灭菌。

(二) 滤过除菌法

滤过除菌法是采用除菌滤器将液体药物中或气体中活的和死的微生物滤除的方法。特点:繁殖型微生物大小约1μm,芽孢大小约为0.5μm,因而滤过除菌采用的滤材一般应在0.2μm左右或者更小;可以在滤除液体药物中活的和死的微生物的同时,滤除药液中的细小颗粒等杂质,进一步澄清药液;由于滤材的孔径细小,在滤过液体药物时通常要采用加压或减压的方法,以提高效率;滤过除菌法通常不是药品的终端操作,后续工序一般应配合无菌操作技术的应用;无加热、辐射等过程。多用于热敏性药物溶液和空气的净化。

滤过除菌使用的滤器有多种材料制得的,可以通过毛细管和筛孔阻留、静电吸附等方式,除去液体药物或空气中的微生物及各种尘埃。目前常用的有微孔薄膜滤器、垂熔玻璃滤器和砂滤棒等。

(三) 化学灭菌法

化学灭菌法是将化学药品配成一定浓度的液体通过喷、擦、浸泡或利用化学药品形成的蒸汽的熏蒸来杀灭微生物的方法。包括消毒剂消毒法和化学气体灭菌法。化学灭菌法的作用机制直接作用(直接作用于微生物的核酸蛋白,使其变性死亡;与微生物酶系统结合影响代谢)和间接作用(提高菌体膜壁的通透性,促使细菌死亡)。

(1) 消毒剂消毒法:是将化学药品配成一定浓度的液体作为消毒剂,通过喷雾、擦涂或浸泡的方法杀灭微生物的方法。消毒剂的性质、浓度、微生物的种类和数量、接触时间、被灭菌物体的表面光滑或多孔粗糙等因素均影响消毒剂的作用。特点:能够有效地杀死细菌繁殖体,减少微生物的数量,但不能杀死芽孢;浓度过高会产生一定的腐蚀作用。适用于物料、地面、墙面、器具、皮肤等的表面消毒。

常用的消毒剂有醇类如75%乙醇溶液;酚类如2%~5%的苯酚;表面活性剂如0.1%~0.2%的苯扎氯铵、苯扎溴铵等阳离子型表面活性剂;氧化剂如过氧乙酸、过氧化氢等。

(2) 化学气体灭菌法:是利用化学药品产生的气体或蒸汽来杀灭微生物的方法。特点:被灭菌物品不经过热、辐射、消毒剂的擦涂或浸泡等,药物被影响的可能性小;由于穿透力或形成灭菌浓度等问题,经常需要密闭保持一定的时间,因而化学气体灭菌法一般用时较长;对人体皮肤、黏膜经常会有一定的损害;有的具有可燃性,并易产生爆炸,如环氧乙烷在空气中的含量达到3%以上时,就存在爆炸的可能。适用于不能采用加热灭菌、滤过除菌等灭菌方法的药品,空气、环境的灭菌。

甲醛蒸汽灭菌法:甲醛为广谱杀菌剂,杀菌能力强于环氧乙烷;对黏膜有较强烈的刺激性。应用时通常采用气体发生器,在每立方米空间中用30ml 40%的甲醛溶液。

环氧乙烷灭菌法:环氧乙烷有强的扩散和穿透能力,为广谱杀菌剂,可以穿透塑料、橡胶、纸板等,可用于包装好的原料粉末、散剂、颗粒等固体药料及其他固体器具,如各种注射器、输液器等卫生材料的灭菌。环氧乙烷具有可燃性,在空气中的含量达到3%以上时,就存在爆炸的可能。

二、无菌操作法

无菌操作法是指药品生产的某几个或整个过程控制在无菌条件下进行操作的方法。对于不能用其他方法灭菌的药品,均需采用无菌操作法制备。适用于各种剂型,应用较多的是注射剂、输液剂、滴眼剂等无菌制剂。

无菌操作通常在无菌操作室、无菌操作柜内进行。为达到无菌要求,一般对无菌操作环境中的空气采取层流空气洁净技术,并结合甲醛等化学气体熏蒸或紫外线照射;地面、墙壁、物体表面等用消毒剂喷洒或擦拭;操作中应用的容器、用具、器械均要经过适当灭菌;操作人员按无菌操作的规定进出和操作。参阅本章第1节相关内容。

第3节 药剂的防腐与防腐剂

防腐就是要根据可能染菌的途径(本章第1节中已述),采用相应的措施防止药品被微生物污染。在这个过程中结合药物性质和剂型特点,添加适当不同种类和用量的防腐剂是防止或抑制药物中微生物生长繁殖的手段之一。常用的防腐剂如下。

1. 苯甲酸与苯甲酸钠 常用浓度为0.1%~0.25%。苯甲酸与苯甲酸钠的防腐是依靠其分子型的苯甲酸透入菌体膜壁而起效(离子型几乎无抑菌作用),因此,pH对苯甲酸类的抑菌防腐效果影响很大。所以使用苯甲酸或苯甲酸钠,都应在pH 4以下的药液中使用,pH>5则需要适当增加用量。

2. 对羟基苯甲酸酯(尼泊金类) 常用浓度为0.01%~0.25%。对羟基苯甲酸酯类有甲、乙、丙、丁4种,各种酯单用即可,若几种酯合用效果更佳。在微酸性溶液中的抑菌防腐作用最强。

非离子型表面活性剂中的聚山梨酯类(吐温类)能够增加该类防腐剂的溶解度,但由于两者发生的络合作用,将减弱该类防腐剂的防腐能力,在这种情况下首先应避免应用该类防腐剂而改用山梨酸类或增加用量。

3. 山梨酸与山梨酸钾 常用浓度为0.15%~0.2%。对细菌和霉菌都有很好的抑制作用,特别适用于含有聚山梨酯的液体药剂防腐。由于山梨酸微溶于水(0.2%,20℃),因而其盐类山梨酸钾常用。

4. 其他 醇类防腐剂如含20%以上的乙醇、含30%以上的甘油、三氯叔丁醇(用于微酸性注射液或滴眼液中,而且有局麻作用)、苯甲醇(用于偏碱性注射液,而且有局部止痛作用)。中药中很多挥发油及0.1%脱水醋酸等也有防腐效力。此外注射剂中常加甲酚、苯甲醇等作防腐剂。

小结

本章的学习要点应在知道药剂可能被微生物污染途径、药品卫生标准的基础上,明确常用灭菌方法的特点与应用;熟悉制药环境的卫生要求、无菌操作法的要求、常用防腐剂的性质与应用。

目标检测

一、单项选择题

1. 无菌操作室中物体表面和空气常选用的灭菌方法是 ( )

A. 辐射灭菌法 B. 紫外线灭菌 C. 环氧乙烷灭菌 D. 75%乙醇灭菌

2. 属于化学灭菌法的是 ( )

A. 紫外线灭菌法 B. 辐射灭菌法 C. 环氧乙烷灭菌法 D. 热压灭菌法

二、多项选择题

1. 常用于液体药剂防腐的是 ( )

A. 尼泊金类 B. 苯甲醇 C. 甲醛 D. 山梨酸 E. 苯甲酸

2. 层流空气洁净技术的特点包括 ( )

A. 粒子流体是连续稳定的运动形式

B. 新脱落或产生的微粒被经过的气流很快带走,具有自行除尘能力

C. 可避免不同药物粉末的交叉污染

D. 室内空气不会出现停滞状态

E. 一切粒子保持在层流层中运动

三、名词解释

1. 无菌操作法 2. 化学气体灭菌法

四、简答题

1. 简述影响湿热灭菌法的因素。

2. 简述热压灭菌法的操作注意事项。

3. 简述药剂可能被微生物污染的主要环节。

(倪 健)

第4章　粉碎与筛析

学习目标

1. 记住粉碎、筛析的目的和基本原理
2. 说出常用粉碎、筛析方法的特点与应用
3. 简述粉碎与筛析常用机械的构造、性能和应用上的特点
4. 叙述微粉在药剂中的应用
5. 列出微粉的主要粉体特性

第1节　粉　　碎

一、粉碎的含义与目的

粉碎是借机械力或其他方法将大块的固体物料碎裂成所需粒度的操作过程。

粉碎在中药药剂中是基本的操作技术与方法之一，药物粉碎的目的在于：①使制备成各种药物剂型的操作更加便利；②增加了药物的表面积，有利于药材中药物成分的提取和溶出，特别是难溶性药物的溶出；③便于调剂操作和多种给药途径的应用；④鲜药材经粉碎成小块后有利于干燥和储存。

二、粉碎的基本原理

任何物体之所以呈现一定的状态是因为其内部存在的分子间内聚力，内聚力的不同使各种物体显示出不同的硬度和性质。因此，要使物体粉碎，就必须通过施加外力破坏物体内部的分子内聚力，才能使大块固体物料碎裂成小块、颗粒或细粉；物体被碎裂成小块、小颗粒或细粉后，表面积增加很多，根据能量守恒定律，外力做功的能量转化成了表面能。由此可见，粉碎的基本过程就是外力破坏内聚力，机械能转变成表面能的过程。

药物被粉碎的细度是药物粉碎过程中应考虑的首要问题。药物粉碎度的选择应考虑药物的性质、剂型、应用的要求。为了使机械能尽可能多的转化为表面能，粉碎过程中，应根据对药物粉碎度的要求，及时分离已达到要求细度的粉末，否则由于药物粉末的存在，将在被要粉碎物体间产生缓冲作用，导致不仅大量消耗机械能，影响粉碎效率，也产生了许多的过细粉末。所以在粉碎过程中应始终把握适当的粉碎度，以满足不同剂型的需要。

药物的性质是影响粉碎效率和决定粉碎方法的主要因素。按其性质药物一般分为晶型药物和非晶型药物（如各种树脂、树胶、浸膏等），而晶型药物又包括极性晶型（如多数的矿物类药）与非极性晶型药物（如薄荷、冰片、樟脑等）。通常极性晶形药物的脆性好，易粉碎。非极性晶体药物的脆性差，在外力的作用下容易变形而增加了粉碎的难度，这种情况下可加入少量液体，使其渗入到药物内部，通过降低药物内部分子间的内聚力，使药物易于粉碎。非晶形药物由

于具有一定的弹性,粉碎时在发生弹性变形的同时将外力的能量转变成为热能,严重时会产生以致烧毁粉碎机械,这种情况下通常可通过冷冻来增加药物的脆性。药材中的叶、花、部分根茎类药材容易粉碎,而多数植物类药材具有较强的韧性和一定量的水分,粉碎困难。降低植物药材中的水可以增加脆性,有利于粉碎,因此植物类药材粉碎前一般要进行适当干燥。油脂性较大的药材以及动物来源的皮、骨、角、甲、脏器等都需要采取适当的处理以后才能粉碎。

> 药物粉碎后由于表面积的增加,使表面能显著增加,因此会发生已粉碎的药物细粉相互结聚的现象。一般采取混合粉碎可以克服这种现象。
>
> 粉碎时主要有撞击、研磨、截切、撕裂等作用。
>
> 链接

三、粉碎的原则

药物粉碎的原则包括:

(1) 药物粉碎前后的组成成分和药理、药效作用应不变。

(2) 药物粉碎时应根据药物性质、剂型、应用等选择适当的粉碎方法与粉碎机械。

(3) 粉碎过程中应将药物粉碎到需要的粒度,同时要及时过筛,以防止药物过度粉碎,从而可以减少功率的消耗、提高工效及药物的损失。

(4) 需要粉碎的药材一定要全部粉碎应用,难以粉碎的植物叶脉、纤维、油脂类等,要采取适当的方法加以处理,不能随意丢弃。

(5) 粉碎过程中应注意粉碎机械的正确选用、使用和保养,注意药物粉尘的飞扬。

(6) 粉碎过程中注意安全防护。毒性、刺激性大的药物粉碎时尤应注意。

四、粉碎的方法

内容见图 4-1。

- 粉碎方法
  - 干法粉碎
    - 混合粉碎(包括串油、串料、蒸罐等)
    - 单独粉碎
  - 湿法粉碎
    - 水飞法
    - 加液研磨法
  - 低温粉碎
  - 微粉粉碎

图 4-1　粉碎的方法

(一) 干法粉碎

干法粉碎是将药物采取适当的方法干燥后,药物中的水分含量降至 5% 以下(一般植物性药材的含水量在 9%~15% 左右)的粉碎方法。绝大多数的中药材一般都采用干法粉碎。

1. 混合粉碎　将中药复方制剂中某些性质和硬度相似的药材,全部或部分混合在一起进行粉碎的方法。这种粉碎可以把药物的粉碎与混合结合在一起同时完成,并可以克服许多单独粉碎困难的药材粉碎。根据药物的性质和粉碎方式的不同,混合粉碎包括:

(1) 串料(串研):粉碎时先将处方中其他药材粉碎成粗粉,再将含有大量糖分、树脂、树胶、黏液质的药材陆续掺入,逐步粉碎成所需粒度的粉碎方法。需要进行串料粉碎的中药材有乳香、没药、黄精、玉竹、熟地、山萸肉、枸杞、麦冬、天冬等。

(2) 串油：粉碎时先将处方中其他药材粉碎成粗粉，再将含有大量油脂性成分的药材陆续掺入，逐步粉碎成所需粒度，或将油脂类药材研成糊状再与其他药物粗粉混合的粉碎方法。需要进行串油粉碎的中药材主要有种子类药物如桃仁、苦杏仁、苏子、酸枣仁、火麻仁、核桃仁等。

(3) 蒸罐：粉碎时先将处方中其他药材粉碎成粗粉，再将经过采用适当方法蒸制过的动物类或其他药材陆续掺入，逐步粉碎成所需粒度的粉碎方法。需要进行蒸罐粉碎的中药材主要有动物来源的动物皮、肉、筋、骨等(如乌鸡、鹿胎等)，还有部分植物类药材如制何首乌、酒黄芩、熟地、酒黄精、红参等。

2. 单独粉碎(单研) 将一味药材单独粉碎，便于应用于各种复方制剂中。通常需要单独粉碎的药材包括：贵重的(如人参、西洋参、麝香等，主要目的是为了避免损失)、毒性或刺激性强的(如红粉、轻粉、蟾酥、斑蝥等，主要目的是为了避免损失、便于劳动保护和避免对其他药品的污染)、氧化或还原性强的(如雄黄、火硝、硫黄等，主要目的是为了避免爆炸)和质地坚硬不便与其他药混合粉碎的药物(如磁石、代赭石等)。

(二) 湿法粉碎

湿法粉碎是在被粉碎的药物中加入适量液体进行研磨粉碎的方法。液体的选用以与药物不起化学变化、不影响药效和药物不膨胀为准则。湿法粉碎由于液体小分子很容易渗入药物颗粒的内部，从而可以削减药物内部分子间的内聚力而使粉碎易于进行；对于毒剧性、刺激性强的药物，可以避免药物细粉的飞扬，减少药物的损失、对环境的污染和利于劳动保护。根据粉碎时加入液体的情况分为"水飞法"和"加液研磨法"。

1. 水飞法 是利用粗细粉末在水中悬浮性的不同，将不溶于水的药物反复研磨制备成所需粒度粉末的粉碎方法。通常选用不妨碍药效、药物不膨胀，两者不起变化的液体。

操作方法为：将事先粉碎成粗颗粒的药物，放入研钵、球磨机等研磨机械中，加适量水后研磨。研磨过程中粉碎成细粉的药物漂浮在水面上或悬浮在水中，倾出混悬液，放置沉淀或过滤即可得到湿粉，再干燥，过筛，即得细粉或极细粉。剩下的粗颗粒加水后反复研磨，重复操作直至全部研细到所需细度为止。"水飞法"耗费时间长，通常需要几小时到几十个小时，生产效率低。中药中的矿物类药、贝壳类药可用水飞法制备细粉或极细粉，如朱砂、滑石、珍珠、炉甘石等。但水溶性的矿物类药不能采用水飞法，如芒硝、硼砂等。

> 朱砂为三方晶系矿物辰砂。朱砂的主要成分为硫化汞，其中含有的杂质主要为游离汞和可溶性汞盐(为朱砂中的主要毒性成分)。
>
> 研究表明水飞法粉碎的朱砂细粉中游离汞和汞盐的含量低于采用干法粉碎的朱砂细粉。而且水飞过程中洗涤次数约多、用水量越大、研磨时间越长，可溶性的汞盐越少。由此可见朱砂采用水飞法粉碎是合理的。
>
> 链接

2. 加液研磨法 加液研磨法是在要粉碎的药物中加入少量的液体后研磨至所需粒度的粉碎方法。粉碎冰片、薄荷脑时通常加入少量的乙醇或水；粉碎麝香时常加入少量水，俗称"打潮"，特别是研磨到最后剩下的异常坚硬的麝香渣时，"打潮"就更加有必要。在中药的传统粉碎方法中有"轻研冰片，重研麝香"之说。

(三) 低温粉碎

粉碎是将药物冷却后或在低温条件下，进行粉碎的方法。低温粉碎是利用药物在低温下脆性增强的特性，使药物易于粉碎。对于在常温下难以粉碎的药物、热敏感的药物、树脂、树胶、浸膏、富含糖分或黏液质、胶质类等药物，低温粉碎有其独特的优势。同时低温粉碎可以获得更细的药物粉末。

（四）微粉粉碎

微粉粉碎是采用适当的技术与方法将药物粉碎成细度在数十微米以下的粉碎技术。微粉粉碎的典型特点是粉碎的药物粒径大部分在10~50μm，在这种条件下可以形成以下优势：植物细胞的破壁率高，通常可达95%（中药材的细胞一般在6~100μm），有利于药物成分的释放或溶出、减少提取时间和溶媒用量；提高药物的生物利用度和疗效，特别是难溶性药物；为混悬型注射剂、混悬型滴眼剂等剂型的制备创造了条件。

目前，通过粉碎技术和设备的开发研究，以及制药技术的发展可以较为容易的制得微粉粉体。在制备微粉过程中除了控制粉体的粒径大小外，还要控制粒径的分布，尽可能使粉体的粒径分布在较窄的范围内。

五、常用的粉碎机械

1. 柴田式粉碎机　又称万能粉碎机（图4-2）。由机壳、打板、甩盘、刀形挡板、风扇及分离器等部分组成。粉碎时主要靠6块打板的碰撞作用。

柴田式粉碎机的粉碎能力强、构造简单、使用方便、适用面广，广泛应用于较黏软、纤维多及坚硬的各类药料，但对于油性过多的药料仍不适应。

2. 万能磨粉机（图4-3）　主要由两个带齿的圆盘及环形筛所组成。粉碎时主要靠圆盘上的钢齿的撞击、研磨和撕裂等作用。

万能磨粉机由于构造上的特点，在粉碎中容易产生热量，故不适用于粉碎含大量挥发性成分及黏性或遇热发黏的药物，只能用于干燥的、结晶型的、纤维性的药物。

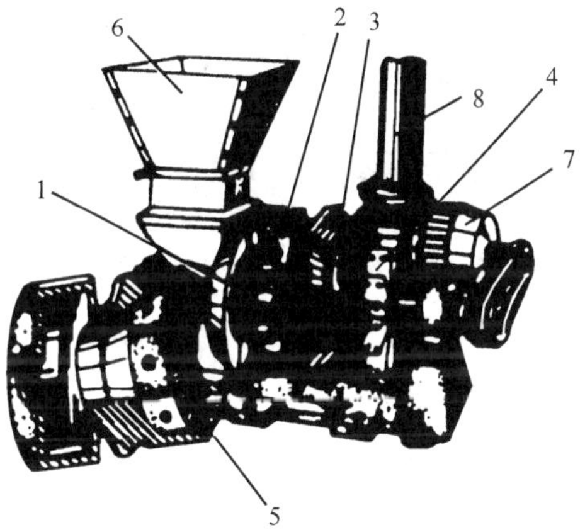

图4-2　柴田式粉碎机（万能粉碎机）示意图
1. 动力轴；2. 甩盘；3. 挡板；4. 风扇；5. 机壳内壁钢齿；6. 加料斗；7. 电动机；8. 出粉风管

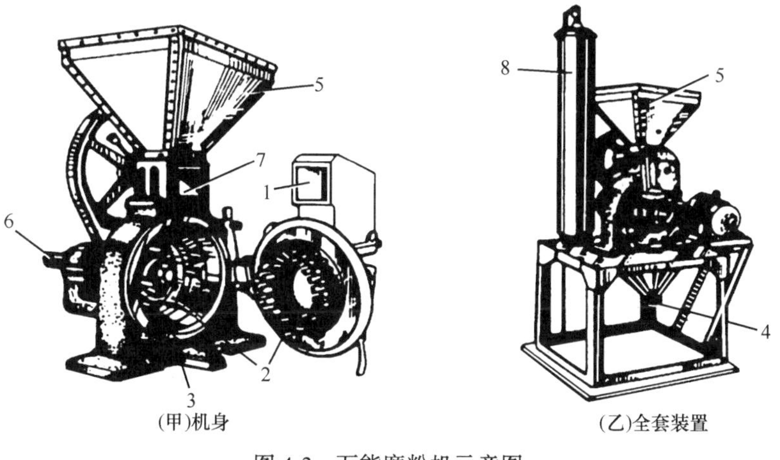

图4-3　万能磨粉机示意图
1. 入料口；2. 钢齿；3. 环状筛板；4. 出粉口；5. 加料斗；6. 水平轴；7. 抖动装置；8. 放气袋

3. 球磨机(图 4-4) 在装有一定数量不锈钢球或瓷球的不锈钢或瓷的圆筒内,加入药物,通过球磨机的转动,借助圆球下落产生的撞击作用、圆球与罐壁、球与球之间的研磨作用而被粉碎。球磨机应用广泛,密闭粉碎而无粉尘,故有“无尘粉碎”之称,不仅用于干法粉碎,也可以用于湿法粉碎。但粉碎时间长、能耗较大。

球磨机应用时应注意转速问题(图4-5)。转速过慢时,筒内的球或棒会沿着筒壁滑下或滚下,这种情况下的粉碎作用主要是圆球与罐壁及球与球之间的研磨作用;而转速过快时,圆球或棒受离心力的作用会紧贴罐壁一同旋转,这种情况下基本上没有粉碎作用。由此可见,以上两种情况都会减弱甚至失去粉碎作用,降低粉碎效率。为了高效地粉碎药物,可以通过控制球磨机的转速使筒内的球转至圆筒的最高处,由于失去离心力而下落,从而在研磨作用的基础上增加了撞击作用。此时的球磨机转速称为球磨机的临界转速。实际应用中通常采用临界转速的75%。临界转速可以根据圆筒的内径大小计算,即:临界转速(转/分钟)= $42.3/\sqrt{D}$。D 为球磨机圆筒的内径(米)。

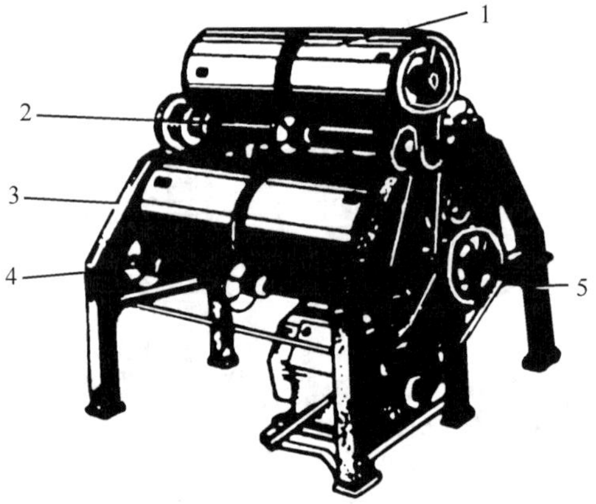

图 4-4 六罐球磨机

1. 罐;2. 滚轴;3. 铁架;4. 硬橡胶套;5. 皮带轮

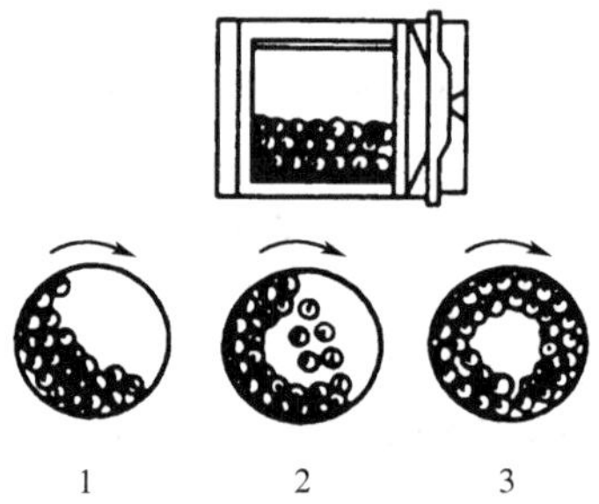

图 4-5 球磨机在不同转速下,圆球转动情况

1. 转速太慢;2. 转速适当;3. 转速太快

球磨机的粉碎效率还受圆球或棒的大小、数量、重量、药物的性质、球磨机圆筒的长度与直径的比例等因素的影响。

球磨机适于粉碎结晶性药物、易熔化的树脂、树胶、非纤维性的脆性药物、毒性药、贵重细料药、易吸湿性的药、含挥发性成分的药、刺激性药、药物的湿法粉碎、药物的无菌粉碎等。

4. 流能磨(图 4-6) 流能磨是借助于高速而有弹性的空气、蒸汽或惰性气体迅猛冲击药物的颗粒,而使药物颗粒之间及颗粒与粉碎室内壁之间产生相互碰撞的粉碎机械。粉碎的动力来自由高速气流形成的碰撞与剪切作用,可以得到 10μm 以下的均匀微粉。

流能磨粉碎过程中气流的存在会在粉碎室内膨胀产生冷却,因而药物粉碎时温度的变化不大。适于热敏性药物、脆性及坚硬的药物粉碎。

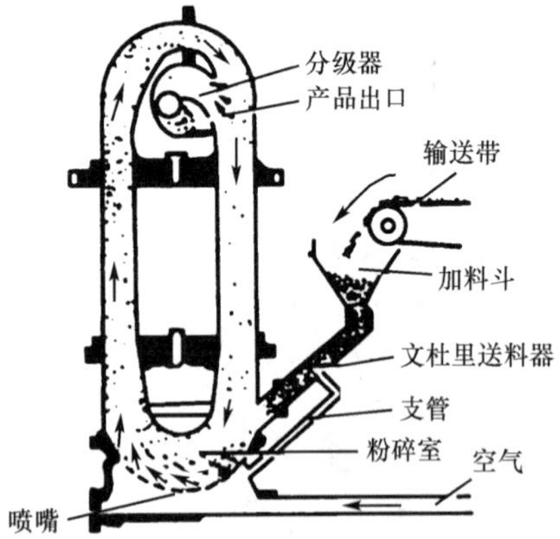

图 4-6 流能磨示意图

第2节　筛　　析

一、筛析的含义

筛析是将药物粉碎后得到的粉末按粗细不同得以分离的技术。筛就是通常所说的过筛,即通过一定大小孔径的网孔将药物的粗粉与细粉得以分离的操作;析是将粉碎后的药物粉末借助外力(通常为空气、流动的水或离心力等)作用使药物的粗粉与细粉得以分离的操作。筛和析尽管采取的方式不同,但目的都是将已粉碎的药物粉末按粗细分离。

二、筛析目的与原则

1. 筛析目的　中药材中各个组织部分的硬度和组成不同,特别是在多味药物混合粉碎时,药物被粉碎的难易程度不同、粉碎时出粉有先有后,从而会发生药物粉末粗细混合不均匀的现象。因此通过筛析可达到的目的如下。

(1) 将粉碎好的颗粒或粉末按不同的粒度范围分成不同等级,以便制备成各种剂型。

(2) 对粉末起混合作用,从而保证组成的均一性。

(3) 及时将符合细度要求的粉末筛出可以避免过度粉碎和减少能量消耗,提高粉碎效率。

2. 筛析原则　影响药物筛析的因素有药物粉末的形状、带电性、水分含量、筛析操作的方法等。为了提高筛析的效率,应充分考虑以下几个方面。

(1) 药物粉末的运动方式:过筛时,药物在筛网上的运动方式主要有平动和跳动。平动可以增加粉末与筛孔的接触,跳动可以加大粉末之间的距离,并使筛孔得以暴露。因此过筛时粉末平动和跳动有机的结合会有利于过筛,提高过筛效率。

(2) 药物粉末的吸湿:药物粉末中含水量高时,容易结团和阻塞筛孔。因此对于吸潮了的药物粉末应采用适当的方法干燥后再过筛;对于易吸湿的药物粉末可以与其他药物粉末混合后一同过筛或采取适当的防潮措施进行过筛。

(3) 药物粉末的厚度:过筛时药物粉末太多,会造成粉末的聚集,减少粉末与筛孔接触的机会。适宜量和厚度的粉末才能提高过筛的效率。

三、药筛种类、规格和粉末的分等

1. 药筛的种类、规格　药筛应当符合药典规定。药筛的性能和标准取决于筛网。药筛按照制作的方法和所采用的材料分为冲眼筛、编织筛。

(1) 冲眼筛:是在不锈钢、铜板或合金板上冲压出一定直径的圆形小孔而制成的,具有坚硬牢固,各个小孔的大小不易变化的优点。通常应用于粉碎机或丸剂、颗粒中作为分档的筛板。

(2) 编织筛:通常是采用不锈钢丝、尼龙丝、镀锌的铁丝、铜丝等按一定的孔径大小经编织而成的,具有制作容易,规格齐全,应用面广的优点,但编织筛的孔径在使用不当或使用较长时间后容易因筛线的移动而使其大小发生变化,影响过筛的效果。

> 在日常生活中人们习惯于用目来表示粉末的粗细。目是工业用筛的术语,含义为每英寸(2.54cm)长度有多少孔来表示。如100目筛即指每英寸上有100个孔,能通过100目筛的粉末称为100目粉末。目数越大,粉末越细。
>
> **链接**

现行版《药典》中规定的药筛,共划分了9种筛号,其中 1 号筛的孔径最大,9 号筛的孔径最小。药典筛采用的是国家标准 R40/3 系列。具体规定见表 4-1。

表 4-1 药典筛、筛孔内径、工业筛(目)对照表

药典筛	筛孔内径(平均值)/μm	工业筛/目	药典筛	筛孔内径(平均值)/μm	工业筛/目
1 号筛	2000±70	10	6 号筛	150±6.6	100
2 号筛	850±29	24	7 号筛	125±5.8	120
3 号筛	355±13	50	8 号筛	90±4.6	150
4 号筛	250±9.9	65	9 号筛	75±4.1	200
5 号筛	180±7.6	80			

2. 粉末的分等 药典中采用以上 9 个筛号,将药物粉末分为以下 6 种。

(1) 最粗粉:指能全部通过 1 号筛,但混有能通过 3 号筛不超过 20% 的粉末。

(2) 粗粉:指能全部通过 2 号筛,但混有能通过 4 号筛不超过 40% 的粉末。

(3) 中粉:指能全部通过 4 号筛,但混有能通过 5 号筛不超过 60% 的粉末。

(4) 细粉:指能全部通过 5 号筛,并含能通过 6 号筛不少于 95% 的粉末。

(5) 最细粉:指能全部通过 6 号筛,并含能通过 7 号筛不少于 95% 的粉末。

(6) 极细粉:指能全部通过 8 号筛,并含能通过 9 号筛不少于 95% 的粉末。

四、过筛与离析器械

(一) 过筛器械

过筛过程中选用过筛器械一般要考虑药物粉末的性质、制备剂型的和应用对粉末细度的要求、药物粉末的数量。常用的过筛器械有手摇筛、振动筛粉机、悬挂式偏重筛粉机以及电磁簸动筛粉机。

(1) 手摇筛:多为实验室或小批量生产时使用。适用于少量药物粉末、毒性、刺激性或质地轻的药物粉末的过筛,可以避免细粉飞扬。

(2) 振动筛粉机(筛箱):振动筛粉机又称筛箱,其有规律的振动是由电机带动偏心轮所产生的,过筛过程中由于不断的往复运动产生了平动和振动。适用于黏性不强的各类药物粉末(包括毒性、刺激性和易风化或易潮解的药物粉末)。

(3) 悬挂式偏重筛粉机:悬挂式偏重筛粉机是在电机的带动下,两侧重量不相等的偏心轮旋转时会引起不平衡而产生振动。适用于黏性不强的各类药物粉末。

(4) 电磁簸动筛粉机:电磁簸动筛粉机系利用电磁原理产生可超过 200 次/秒的高频率、振幅小于 3mm 的振动,因而具有较强的振荡作用。适用于有较强黏性的药物粉末、含油脂或树脂类药物的粉末。

(二) 离析器械

中药在粉碎时经常用到的粉碎机,如万能粉碎机等装有风扇。随着粉碎过程的进行,一定细度的药粉会被风扇吹出机外,依靠风力将粗、细药物颗粒得以分离,其中的细粉,采用旋风分离器将药粉从气流中分离,其中的极细粉采用袋滤器从气流中分离出来。常用的离析器械包括:

（1）旋风分离器：旋风分离器是利用高速的气体使药物细粉产生不同的离心力而得以分离的设备。特点为：构造简单、分离效率高；但气体中的细粉不能完全除尽。

（2）袋滤器：袋滤器是由多个棉织或毛织品制成的圆袋平行排列而成，含有药物极细粉的气体进入后，空气通过而极细粉被截留在袋中。袋滤器为进一步分离气体与细粉的装置，网眼密集，能截留直径小于 1μm 的药物细粉，因而截留效应很高。但袋滤器的滤材容易磨损和堵塞，同时对于高温潮湿的气流，因为容易造成滤材的破坏和堵塞也不适用。

第 3 节　微粉学基础知识

一、微粉学的概念

微粉又称粉体，是固体细微粒子的集合体。组成微粉的粒子可以小到 0.1μm。研究微粉及构成集合体的细微粒子相关理化性质的科学称为微粉学。微粉由于其比表面积很大，相应的物理化学性质产生较大的变化，从而产生诸多影响，如药物的溶出、释放和吸收，制剂操作过程中的粉碎、筛析、混合、干燥、分剂量等。深入研究粉体的特性，对于很好的利用微粉有着重要的作用。

二、微粉的基本性质

（一）粒子的大小与形态

微粉粒子大部分形状不规则，对其描述通常通过粒径和形态两个方面。

1. 粒子的大小

（1）粒径表示法（图 4-7）：粒径的表述方法较多，一般有：①长径；②短径；③定方向径；④外接圆径；⑤有效粒径（沉降径）；⑥比表面积径。

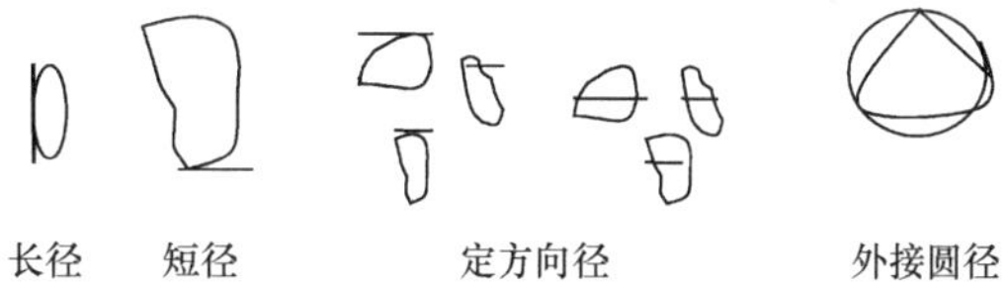

图 4-7　几何学的粒径表示法

（2）粒径测定法：①筛析法，采用不同大小筛孔的筛将微粉按粒度大小加以分开，从而可以计算出不同粒度分布的情况。粒度范围为上下筛的筛孔内径，粒径为上下筛筛孔内径的平均值。该方法只能用于 45μm 以上较大粒子的测定，因而其测定的下限为 45μm。②显微镜法，可以采用光学或电子显微镜直接测定粒子直径的大小。一般 0.5~500μm 的粒子可用光学显微镜，1μm 以下粒子可用电子显微镜。由于粒子的形状不一，常采用定方向径。同时为了避免误差一般需测 500 个粒子以上，英国标准规定不少于 6254 个粒子。③沉降法，通过粒子在液体中沉降的速度测得的粒径。其计算是根据 Stokes 公式。Stokes 方程适用于 100μm 以下的粒径的测定，一般采用吸管法和天平法。④小孔通过法，将粒子分散在溶液中通过一两侧有电极的窄孔，引起光强度或导电发生改变，由仪器直接显示粒径和计数的方法。

（3）粒子粒度的分布：通常采用比较直观、易懂、清楚的列表或作图法来表示粒子的分布情况。①列表法，将各粒径范围内粒子数或百分率等罗列成表。表中一般有粒径范围、粒径均值、各粒径组粒数、百分数等。②方块图法，一般以粒径为横坐标，频率（每种粒度范围内的粒子数或重量等）为纵坐标作图。③曲线法，一般以各粒径范围的频率对各粒径组的平均值作图。

2. 粒子的形态　微粉的形状非常复杂，有球形、柱形、椭圆形、无定形及片状、针状、簇晶状等,同时微粉的表面极为粗糙,这些都给粒子形态的描述带来了困难。粒子的长、宽、高及三者的相互定量关系是常用的描述方法,如扁平度(宽/长)等。

(二) 微粉的比表面积

微粉的比表面积是指单位重量微粉所具有的总的表面积。由于微粉表面很粗糙而且有很多缝隙和微孔,所以有很大的比表面积。药物的比表面积的大小能够反映出药物的特性,如吸附能力、表面粗糙情况、空隙的多少等。

(三) 微粉的密度与孔隙率

1. 微粉的密度 根据微粉测定的体积不同,其密度的表示方式也有多种。

(1) 真密度:微粉的质量除以微粒本身所占的容积即为真密度。计算时要除去微粒自身内部空隙和粒子间的空隙所占的容积,又称为单位真体积的质量。通常采用气体置换法求得。

(2) 粒密度:微粉的质量除以微粒本身和微粒自身内部孔隙所占的容积即为粒密度。计算时要除去粒子间的空隙所占的容积,又称为单位粒体积的质量。通常采用液体置换法求得。

(3) 堆密度(松密度):单位容积微粉的质量即为堆密度(松密度),或者说微粉的质量除以微粒本身、微粒自身内部孔隙以及微粒之间所占的容积之和即为粒密度,又称为单位堆体积的质量。堆密度不同,反映出药物轻质和重质之分。轻质的药物,质地疏松,所占的容积大,堆密度小,重质的刚好相反。

2. 孔隙率 微粉内空隙与微粉间空隙所占容积与微粉总容积之比。孔隙率小,表示物料的孔隙少,物料致密,堆密度大,为重质粉末。

(四) 微粉的流动性

微粉中粒子之间存在的相互作用力、形态、粒度分布、大小、湿度、表面粗糙情况和摩擦力等因素会影响微粉的流动性。粉体的流动性对颗粒剂、胶囊剂、片剂等制剂的重量差异和质量等的影响较大,是保证产品质量的重要环节。微粉流动性的表示方法通常采用休止角或流速。

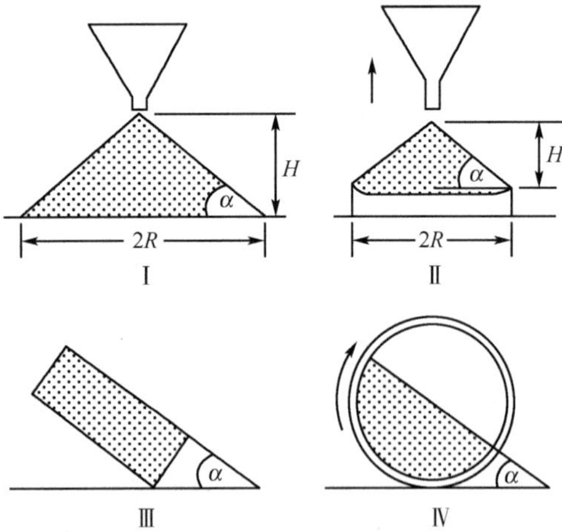

图 4-8 测定休止角的四种基本方法

1. 休止角 微粉通过漏斗所形成的圆锥体底部夹角或微粉在矩形盒或圆锥体内倾斜或转动至微粉开始流动时,微粉与水平面的夹角即为休止角。测定休止角的方法(图 4-8)通常采用固定漏斗法(Ⅰ)、固定圆锥槽法(Ⅱ)、倾斜箱法(Ⅲ)和转动圆柱体法(Ⅳ)。$\text{tg}\alpha = H/R$。

休止角越小,说明摩擦力越小,流动性越好,一般认为,$\alpha \leqslant 30°$时,流动性很好,$\alpha \leqslant 45°$时,药物粉末具有疏松感,可以满足生产流动性的需要。

2. 流速 单位时间微粉由一定孔径的孔或管中流出的量即为流速。微粉的流速大,反映出微粉粒子的均匀性好,流动性好。

（五）微粉的吸湿性

微粉由于粒子细小，比表面积很大，因此易于吸湿。空气中的相对湿度显著影响微粉的吸湿。通常可以采用药物放置于不同相对湿度的条件下，检测其吸湿情况，以相对湿度为横坐标，药物的吸湿量为纵坐标绘制吸湿平衡曲线，从中反映出不同药物的吸湿情况，用于指导药物制备时环境湿度及药物质量的控制。

三、微粉的制备方法

药物微粉的制备方法通常有：

（1）药物通过适宜的粉碎机械制得微粉：如流体磨、胶体磨及超微粉碎机等。

（2）药物通过制剂技术实现微粉化：如控制结晶法、溶剂转换法、固体分散技术等。

四、微粉在药剂中的应用

微粉所具有的性质对于药物的制备和释放、溶出都有影响，如固体剂型制备中的粉碎、混合、分剂量、填充、压片等操作工艺；液体剂型混悬液中细粉的稳定性；微粉对外用膏剂、散剂、栓剂等的制备及药物的释放、溶出等也有影响。

（1）对粉碎混合的影响：微粉的不同细度要求，决定了对制备微粉技术、设备与方法的选择。药物细粉的形态、堆密度、粒度大小、含水量等都直接或间接的影响着药物混合的均匀性，都可能使混合发生困难或使已混匀的药物细粉因制剂操作、运输中的震动而分层。

（2）对分剂量、充填的影响：主要影响的剂型为按容积进行分装或充填的散剂、颗粒剂、胶囊等，影响的主要因素是药物细粉的堆密度（堆密度小，则所占的体积大）和流动性。降低影响的措施可以采取制粒（或制粒后再粉碎可使细粉变致密）、加助流剂、减少粉末中水分等。

（3）对可压性的影响：主要影响的剂型为片剂。影响的主要因素为药物细粉的晶形、形态、大小、粒度等。表面凹凸不平的晶体，可以相互嵌合，容易压制成片；堆密度大的疏松颗粒或粉末，由于在压制过程中其中的空气难以完全释放出来，容易造成松片或裂片。通常细小、粒度分布均匀的粒子具有较大的比表面，压片时的可压性好，压制成的片剂硬度大，重量差异小。反之，粗大、粒度分布不均匀的粒子，会导致颗粒充填不均匀，片重差异大，而且使压片机的冲头压力分布不均，片剂硬度差，容易产生裂片。降低影响的措施可以采取加入改善可压性能的辅料（微晶纤维素、乳糖等）等。

（4）片剂、丸剂崩解的影响：片剂、丸剂等崩解的首要条件是制剂本身有足够的孔隙。药物细粉的孔隙率及润湿性对固体制剂的崩解有直接影响。全浸膏片没有粉性药材粉末，因而空隙率极小，通常需加崩解剂进行调节。

（5）对药物疗效的影响：药物的溶解度和溶出的速度是多数药物吸收和发挥作用的限速过程，尤其是难溶性药物。通过微粉化的处理，可以使难溶性的药物粒径减小、比表面积增大，进而大大提高溶解性能，提高难溶性药物的吸收，有利于药效的发挥。

（6）对混悬型液体药剂的影响：①对口服混悬液稳定性的影响：减少药物的粒径可增加口服混悬液稳定性，避免或减少沉降、分层等。根据 Stokes 定律，微粒粒径减少 1/2，微粒沉降的速度则降至 1/4。②对混悬型注射剂的影响：混悬型注射液要求有适宜的粒径，注射用混悬型注射剂的粒径≤15μm，且 15~20μm 不超过 10%；静脉注射用混悬型注射剂的粒径 2μm 以下≥99%，且粒径均匀，具良好的分散性。③对混悬型滴眼剂的影响：混悬性滴眼液要求不得有超过 50μm

的颗粒，而且含15μm以下的颗粒不得少于90%，并且颗粒不得结块，易摇匀。

小结

粉碎与筛析是中药制剂生产中重要的操作单元，对中药材中药物成分的提取、剂型的制备等都有重要的影响。本章的学习要点应在知道粉碎与筛析含义、特点、目的基础上，明确粉碎与筛析的方法；熟悉各种粉碎与筛析设备的主要性能与应用特点；同时明白药物微粉的特点及其在药剂中的应用，为剂型的学习做好准备。

目标检测

一、单项选择题

1. 下列关于粉碎机械选用原则的叙述错误的是（　　）

A. 应根据粉碎机械的性能　　B. 应结合粉碎药物的性质

C. 应结合粉碎度的要求　　D. 应选用高速粉碎机械

2. 对含黏性、油性、纤维性组分及坚硬的药材有较大适应能力的粉碎机械是（　　）

A. 球磨机　　B. 万能粉碎机　　C. 万能磨粉机　　D. 锤式粉碎机

3. 湿法粉碎的主要目的是（　　）

A. 减少药物分子间引力　　B. 增加药物分子间引力

C. 防止爆炸　　D. 增加水分

二、多项选择题

1. 炉甘石粉碎一般采用（　　）

A. 单独粉碎　　B. 湿法粉碎　　C. 混合粉碎　　D. 水飞法　　E. 加液研磨法

2. 需单独粉碎的药材有（　　）

A. 冰片　　B. 马钱子　　C. 蟾酥　　D. 雄黄　　E. 乳香

3. 与微粉的流动性有关的因素有（　　）

A. 粒子大小　　B. 粒子形态　　C. 粒子间作用力　　D. 粒度范围

E. 表面摩擦力及含水情况

三、名词解释

1. 休止角　　2. 堆密度

四、问答题

1. 在中药材混合粉碎中有哪些特殊处理方法？

2. 比较微粉的真密度、粒密度、堆密度的差异。

3. 简述微粉在药剂中的应用。

（倪　健）

第5章 浸提、分离与纯化

学习目标

1. 记住中药浸提的过程和影响因素;记住常用分离与纯化方法的原理
2. 说出常用的浸提和纯化方法的特点与应用
3. 简述中药浸提、纯化的目的;简述常用浸提设备的性能与应用
4. 叙述中药浸提常用的溶剂和辅助剂

第1节 浸 提

浸提是采取适宜的溶媒和方法将中药中可溶性成分浸出的过程。采用浸提方法制备药物制剂在我国已有悠远的历史,我国最早的方剂与制药技术专著《汤液经》中就记载了汤剂。

浸提是多数中药制剂的必需操作单元,浸提的目标是尽可能的浸出中药中的有效成分或有效部位,最大限度地避免中药中无效或有害的成分的浸出,使后期的分离精制工艺简化,降低药物服用的剂量,并增加药物制剂的稳定性。因此在浸提操作时应首先明确中药材中哪些是有效成分、哪些是无效成分、哪些是需要提取的、哪些是应当去除的。

由于中药材中所含成分的多样性及复方用药多成分、多靶点的整体性,在考虑提取的技术、设备与方法时,应认真分析处方中各味中药的性质、所要制备成的剂型、临床疾病和用药途径的需求、生产设备情况与条件、经济效益等。

一、浸提过程与影响因素

中药材包括矿物类药材、动物类药材和植物类药材。除胶剂、牛黄、乳香、没药等无组织结构药材的成分能够直接溶解或分散在浸提溶剂中外,植物药材中的药物成分的浸提,一般需要经过湿润、渗透、解吸、溶解和扩散等环节。

(一)浸提的基本原理

浸提过程是由湿润、渗透、解吸、溶解和扩散等几个相互联系、交错进行的阶段组成。

1. 湿润与渗透 药材中加入溶剂后能够首先湿润中药材的表面,进而渗透到药材的内部是将中药材中的有效成分提取出来的首要条件。中药材的性质和溶媒的性质决定了能否使湿润顺利进行。大多数中药材中含有糖类、蛋白类等带有极性基团的成分,很容易与水、乙醇等极性溶媒亲和,从而顺利完成湿润和浸润过程。但对于含有较多脂溶性成分的中药材,则需要用氯仿、石油醚等非极性溶媒浸提或进行脱脂以后再用水、乙醇等极性溶媒浸提。

溶媒渗透进中药材内部的速度和程度取决于药材的结构特性、大小、药物所含成分的性质、浸提时的条件等,一般质地疏松、小颗粒的药材在加压条件下,溶剂渗透速度快。浸提溶剂中加入表面活性剂或调整浸提条件,如加压、药材粉碎成细小颗粒等均有助于湿润、浸润和渗透。

2. 解吸与溶解 中药材中所含有的药物成分相互之间存在着亲和力，溶媒经过湿润、浸润、渗透入药材之中时，溶剂就要首先克服或削弱这种亲和力，这一过程即为解吸。随着解吸的进行，药材中的成分不断的溶解于溶媒中，完成溶解过程。

溶剂解吸和溶解能力的大小符合“相似相溶”规律，如水和低浓度的乙醇能够很好地溶解生物碱盐、苷、多糖等极性较大的成分；而高浓度的乙醇适用于苷元、油脂等极性小或脂溶性成分。浸提的溶媒中加入适量的表面活性剂、酸、碱或采取加热等浸提条件有助于解吸与溶解。

3. 扩散 渗透入中药材中的溶媒完成解吸与溶解过程后，药材中大量的成分被溶出，形成了细胞内外浓度差，从而产生渗透压差。在此浓度差和渗透压差的作用下，促使细胞内高浓度的溶液向外扩散而细胞外的溶剂分子向细胞内渗透的进行，直至达到动态平衡。由此可见，浓度差是渗透或扩散的推动力。

根据 Ficks 第一扩散公式可知：单位时间内物质扩散量（扩散速率）与扩散面积、浓度差、温度成正比；与扩散物质（溶质）分子半径、液体的黏度成反比。因此在浸提过程中保持较大的浓度差，加强搅拌、更换新溶剂或进行动态提取等措施均有利于中药材中药物成分的提取。

（二）浸提的影响因素

影响浸提的因素包括药材性质和提取条件及方法两大方面。

1. 药材的性质 主要包括药材中所含成分的情况和药材的粉碎粒度。

药材中所含药物成分：由 Ficks 第一扩散公式可知，单位时间内物质扩散量（扩散速率）与扩散物质（溶质）分子半径成反比，即小分子类成分容易提出。中药材中的有效成分大部分是小分子类物质。同时药材中药物成分与提取溶媒之间的亲和性有关，符合“相似相溶”规律。

药材粒度：药材粒度主要影响浸提过程的渗透与扩散。通常药材粒度越小，浸提的溶媒越容易渗透进药材内部和有利于药物成分扩散。但过细的药材粒度会由于细胞大量破裂，使细胞内的各种成分，包括有效成分和其他无效或杂质类成分都会大量溶出，不仅影响扩散过程，而且容易造成有效成分的吸附损失和后续操作工艺的繁杂，如浸提液滤过困难，产品易浑浊；浸提出的成分多，分离精制麻烦等。故药材的粒度要根据药材的性质和选用的溶媒综合考虑，如采用乙醇为溶媒浸提时，可粉碎成粗颗粒；叶、花、茎类中药材宜粉碎成较粗的颗粒或不粉碎，而坚硬的根、茎、皮类中药材宜粉碎成较细颗粒等。

2. 浸提的条件与方法 适宜的浸提条件与方法有助于浸提过程的顺利进行。浸提的条件与方法主要包括浸提的温度、时间、溶媒用量、pH、浓度差、压力等。浸提操作过程中应在掌握药物性质的基础上，综合考虑各种条件与方法的特点，选择最佳的浸提技术与方法。

浸提温度：采用一定的温度进行浸提，有利于溶媒向药材内部的渗透和对药物成分的解吸、溶解与扩散，提高浸出效果，同时可以杀死中药材中大量细菌和霉菌等微生物。但浸出温度应根据药材中药物成分和提取的要求适当进行控制，因为温度升高能使药材中热敏性成分或挥发性成分散失或破坏，浸出大量无效成分，或影响制剂质量和稳定性，并给后续操作带来过滤和分离、精制的困难。

浸提时间：浸提过程的完成需要一定的时间，整个浸提过程完成的最长时间应为药物成分扩散达到平衡的时间。时间太短，药材成分浸出不完全；时间太长，造成时间的浪费、大量无效或杂质类成分的溶出甚至是某些有效成分的水解破坏，以水为浸提溶媒还会产生霉变等。因此浸提的时间应适当。

浓度差：浓度差是浸提过程中渗透或扩散阶段的推动力。浸提过程中，增大浓度差的方法可以通过更换新溶剂、加强搅拌、采用渗漉、循环式或罐组式动态提取等。

溶媒用量：溶媒用量的加大，可以延长药物成分扩散达到平衡的时间，有利于药物成分的充分扩散，但用量过大会给后续工艺操作带来不便，如蒸发、浓缩，乙醇等有机溶媒的回收等。

溶媒的pH：浸提过程中不同pH的溶媒适用于中药材中不同类别的成分。通常pH小的酸性溶媒有利于提取生物碱类成分，而pH大的碱性溶媒有利于提取有机酸及酸性皂苷类成分。

浸提压力：浸提过程中浸提压力的提高能够促使浸润、渗透和药材中部分细胞壁破裂，以有利于成分的浸出。生产企业中药的提取大部分采取加压提取。

新技术与新方法的应用：针对影响浸提的因素，近年来有许多新的技术与方法在提取中得到应用，不仅提高了制剂的质量，而且可以提高浸提效果，缩短浸提时间等。如超声波提取法、电磁场或电磁振动下浸提、逆流浸提、脉冲浸提等。

二、常用的浸提溶媒与辅助剂

浸提溶媒与辅助剂的选用应考虑能否保障浸提过程的顺利进行及与整个制剂操作相适应，不仅要保障所要求的药物成分的尽可能提出，也要保障制剂和浸提操作的安全、环保和经济。最佳浸提溶媒和辅助剂的针对性要强，即最大限度的溶解和浸出药物的有效成分，而较少或不浸出无效成分或杂质；不与有效成分起作用；安全价廉等。实际应用中经常采用单一溶媒、混合溶媒及加入适宜的辅助剂等。

（一）常用的浸提溶媒

（1）水：极性强，安全价廉，溶解谱广。广泛应用于中药材中苷类、鞣质、色素、糖类、蛋白质等各类成分的提取，是最能体现中医用药特色和普遍被人们接受的提取溶媒。但水浸出的针对性或选择性差，容易浸出大量无效成分或杂质，给后续工艺操作，如滤过、分离和精制等带来困难；制剂色泽偏深、容易霉变，不易储存；药物中有些有效成分可能因水解而破坏。

（2）乙醇：极性和溶解性能可以通过调节乙醇的浓度而改变，适用面广。通常对于中药材中的挥发油及脂溶性成分、树脂、色素等成分，多采用90%乙醇浸提；内酯、木脂素、苷元等成分，多采用70%~90%乙醇浸提；某些生物碱、苷类等成分，多采用50%~70%乙醇浸提；苦味酸、蒽醌类、极性较大的黄酮类、极性较大的生物碱及其盐类等成分，多采用50%左右或以下的乙醇浸提。

乙醇通过浓度的调节可以满足不同类别成分的浸提需要；渗透力比水强；蒸发、浓缩快速；但易挥发、易燃；有一定的药理活性；价格较贵。

（3）其他溶剂：新鲜动物药材的脱脂或脱水常用丙酮，丙酮还具有防腐作用，但容易挥发和燃烧，具有一定的毒性，应控制在制剂中的量；正丁醇常用于皂苷类成分的提取；乙酸乙酯常用于萜类及亲脂性物质提取；乙醚、石油醚常用于脂肪油类较多的中药材脱脂。

（二）常用的浸提辅助剂

加入浸提辅助剂的主要目的是为了有助于药物成分的顺利溶出、提高溶解度、减少无效成分或杂质的浸出等。常用的浸提辅助剂有酸、碱、表面活性剂。

（1）酸：浸提溶剂中加酸的目的是通过降低溶媒的pH，使生物碱类成分成盐、有机酸类成分游离等而有利于浸出，同时可以去除在酸性条件下不溶解的杂质等。常用的酸为盐酸、醋酸、酒石酸、硫酸等。制剂生产中多用酸水或酸醇，并注意防范酸对管道、设备及操作人员可能造成的腐蚀；过量的酸可能引起的药物成分的水解等。

（2）碱：实际应用中用碱的机会不如酸普遍，加碱浸出的主要对象为生物碱和皂苷。浸提溶剂中加碱的目的是通过升高溶媒的pH，增加偏酸性有效成分的溶出、碱性成分的游离、中和药材中有机酸酸性等，同时可以去除在碱性条件下不溶解的杂质等。常用的碱为氢氧化氨、碳酸钙或饱和石灰水、碳酸钠等。制剂生产中多用碱水或碱醇，并注意防范碱对管道、设备及操作人员可能造成的腐蚀。

（3）表面活性剂：浸提溶剂中加表面活性剂的目的是促进药材表面的湿润、浸润。常用的表面活性剂为聚山梨酯80、聚山梨酯20等非离子型表面活性剂。制剂生产中应注意表面活性剂的类别、毒性和对药物成分的影响。如阴离子型表面活性剂会引起生物碱沉淀，阳离子型表面活性剂的毒性较大，不宜用于内服药物等。

三、常用的浸提方法与设备

中药材中所含药物成分的性质、提取所用溶剂的性质及用药的要求决定了中药浸提的方法与设备。常用的浸提方法包括煎煮法、浸渍法、渗滤法、回流法、水蒸气蒸馏法、超临界流体提取法和酶法等。

（一）煎煮法

煎煮法是以水为溶媒，通过一定的加热方式加热煮沸来提取中药材中药物成分的方法。提取过程为：在提取容器中加入中药饮片和一定量的水浸泡或不浸泡，加热使沸腾一定时间，滤过，滤液另存，药渣再煎煮1~2次。合并各次滤液，即得提取液。

煎煮法使用广泛，浸提出的药物成分除了有效成分外，常常还含有较多的无效成分及杂质，给后续工艺操作带来不利；通过加热能够杀酶保苷，杀死微生物。适用于极性较大的水溶性成分及对湿、热较稳定的药物成分的提取。

常用的提取器有敞口倾斜式夹层锅、多功能提取罐（图5-1）、球型煎煮罐等。其中多功能提取罐在生产中应用较多，一般能够进行常压或减压、室温或高温提取，具有高效、省时、便利、安全的特点，可以满足水提、醇提、回收乙醇等有机溶媒、提取挥发性成分等工艺操作。球型煎煮罐能够不断的转动而发挥搅拌作用，主要应用于阿胶制备过程中驴皮的煎煮。

煎煮时水的用量、煎煮次数、煎煮时间、药材的粒度等均会影响浸提的效果。煎煮时一般以药材透心或药渣中药材气味淡至基本无味为度。

（二）浸渍法

浸渍法是在规定的温度下，将药材饮片或粗颗粒在适量的溶剂中浸泡来浸提中药材中药物成分的方法。包括冷浸法（在室温下的浸渍，为改善浸出效果，浸渍过程中常进行搅拌、振摇等，多用于制备酒剂、酊剂）、热浸法（在一定温度下的浸渍，温度通常为40~70℃。可以减少浸渍时间，但溶出无效成分和杂质较多）、重浸法（在室温下的多次浸渍，目的是为较完全的提取出药材中的有效成分，减少损失，通常浸渍2~3次）。

浸渍法对于药物成分遇热易破坏或挥发的药材、黏性药材、树脂及树胶等无组织结构的药材、鲜药材、容易膨胀的药材、一般的芳香性药材浸提比较适合；而对于贵重细料药材、含毒性成分的药材及需要制备成高浓度的制剂则不适合；浸渍的溶媒通常为不同浓度的乙醇，用量一般较大；操作时间长，浸出成分常常不完全。

浸渍过程中采用重浸渍法、药材粉碎成粗粉、搅拌、溶媒循环等措施可以提高浸出效果。

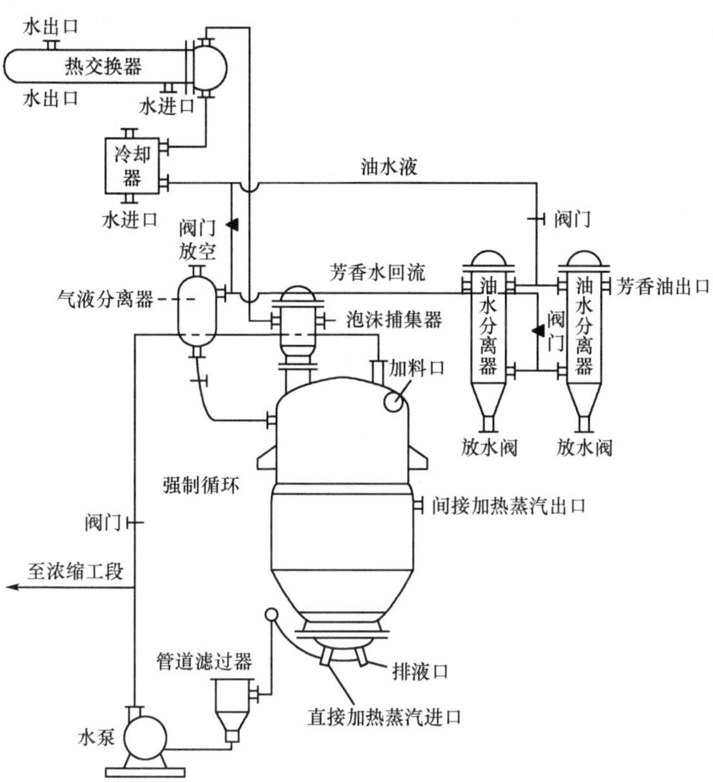

图 5-1　多能式中药提取罐示意图

（三）渗漉法

渗漉法是将一定粒度的药材粗颗粒置渗漉容器中，从渗漉容器中上部加入溶媒，溶媒流经药材粗颗粒后浸出其中药物成分的方法。

渗漉法属于动态浸出。对于药物成分遇热易破坏或挥发的药材、贵重细料药材、含毒性成分的药材、需要制备成高浓度的制剂和药材中低含量有效成分的提取比较适合；而对于鲜药材、容易膨胀的药材、树脂及树胶等无组织结构的药材则不适合（与浸渍法正相反）；浸渍的溶媒通常为不同浓度的乙醇，用量一般较大。

渗漉法包括单渗漉法、重渗漉法、加压渗漉法等。

1. 单渗漉法　操作的主要环节包括：①药材粉碎：供渗漉时的药材粒度过细或过粗，都会降低渗漉效率。通常药材要切成薄片、小段或 5~20 目的粗颗粒。实际操作中以粗粉或中粉应用最多。②润湿：为了防止药材粉末在渗漉容器中膨胀而造成过度致密或松紧不均匀，通常采用适量的渗漉溶媒将药材粉末进行充分的湿润和膨胀。所用湿润溶媒的量视药材种类、粉碎度和溶媒浓度而定，溶媒量一般为药材量的 1~2 倍。③装筒：渗漉的药材粉末装筒时要控制适宜的松紧度。过松，渗漉溶媒流经药材粉末过快，易使药材中的药物成分浸出不彻底，而且溶媒用量大；过紧，易使渗漉速度减慢，甚至无法渗漉。正确的装筒操作为：分层装筒，层层压平，松紧适度。④排气：在加入渗漉溶媒进行渗漉前，应先打开渗漉容器的出口排除气泡，以免已填充好的药物粉末的松紧度改变，影响渗漉效率。⑤浸渍：在渗漉容器中加入渗漉溶媒浸泡 1~2 天，以保障溶媒的充分渗透、解吸、溶解和扩散。⑥渗漉：渗漉的速度决定于药材的质地和制备的要求。渗漉的速度要适宜。太快，药材中的成分来不及浸出，渗漉液中药物浓度低；太慢则会降低渗漉速度与生产效率。一般采用慢速或快速渗漉。通常慢速渗漉的速度为1~3ml/(min·kg);快速渗漉的速度为3~5ml/(min·kg)。渗漉液的量一般为药材量的4~5倍。

2. 重渗漉法 重渗漉法是多个单渗漉的组合。目的是可以减少溶媒用量,提高渗漉液中药物浓度,提高渗漉效率。

3. 加压渗漉法 加压渗漉法是通过施加一定压力的形式进行多级渗漉。目的是充分利用浓度差,加快渗漉速度,提高渗漉效率。

(四)回流法

回流法是采用乙醇等有机溶剂提取药材时,溶媒由于受热而挥发,经过冷凝器时被冷凝而流回浸出器中,如此循环直至达到提取要求的提取方法。包括回流提取法(溶媒用量较多,提取时循环使用,但不能更新)和回流冷浸法(溶媒用量较少,提取时可循环和更新)。

回流提取法节省溶媒用量,但由于浸出液中药物的成分受热时间较长,故只适用于热稳定的药材成分浸出。

(五)水蒸气蒸馏法

水蒸气蒸馏法系指将含有挥发性成分的药材与水或水蒸气共同蒸馏,挥发性成分会随着水蒸气被蒸出,经冷却后,分取挥发性成分的浸提方法。

水蒸气蒸馏法遵循的是道尔顿定律,即相互不溶解也不产生化学作用的混合液体的蒸汽总压与该温度下组成混合液体的各个组分的饱和蒸汽压之和相等。因此当混合液体中各个组分的饱和蒸汽压之和等于大气压时,混合液体就会沸腾蒸发。由于混合液体的总压大于其中每个组分的蒸汽压,所以混合液体的沸点要低于各单个组分自己的沸点。

水蒸气蒸馏法适用于不与水反应,不溶或难溶于水中的挥发性成分,如中药中的挥发油类成分。

(1) 水中蒸馏(共水蒸馏):药材与水在提取器中一同加热的蒸馏方法。特点是可以在分取挥发性成分的同时可以得到充分煎煮的药材溶液,故又有"双提法"之称。

(2) 水上蒸馏:加热的水蒸气通过放在阁板上的药材而将其中的挥发性成分蒸出。适用于提取轻质挥发性成分而不需要水煎液的药物。

(3) 通水蒸气蒸馏:在药材中直接通入热的高压蒸汽的蒸馏方法。

> 超临界流体提取法是近年来发展成熟的新技术与方法,我国20世纪80年代最早用于菜籽油萃取,20世纪90年代用于中药提取。
>
> 链接

(六)超临界流体提取法

超临界流体提取法是利用处于临界温度与临界压力以上的流体,在一定的设备与条件下提取药物有效成分的方法。由于二氧化碳具有较低的临界温度和适宜的临界压力,故常用二氧化碳作为超临界流体,操作范围一般为压力8~30MPa,温度30~80℃。

超临界流体提取法的应用特点:①提取温度低,适于热敏性药物;②整个萃取过程密闭,排除了药物氧化和见光分解的可能性;③二氧化碳在超临界状态下具有类似液体的高密度性质、良好的溶解能力和类似气体的低黏度性质、高扩散性能,即在超临界状态下,流体兼有气液两相双重特点,将气体和液体的优点融于一体,因而提取速度快、效率高,萃取分离可一次完成;④提取的产品中没有溶媒残留;⑤用做超临界流体的CO_2无毒,无腐蚀性,价廉,可循环使用;⑥适于脂溶性、分子量较小的药物萃取，对极性较大、相对分子质量较大的物质提取可以通过加入夹带剂，或升高压力等措施加以改善；⑦属高压技术，一次性投资大。

超临界流体提取法的设备包括萃取釜、分离釜、精馏柱、高压泵、储罐、温度和压力控制系统等。

（七）酶法

酶是以蛋白质形式存在的生物催化剂，能够促进活体细胞内的各种化学反应（生物催化剂，来源于自然界的蛋白质），可温和地将植物壁（主要由纤维素组成，植物的有效成分包裹在其中。纤维素是由 β-*D*-葡萄糖以 1，4-β-葡萄糖苷键连结，用纤维素酶可酶解破坏 β-葡萄糖苷键）分解，较大幅度提高提取效率、提取物的纯度。对于植物中淀粉、果胶、蛋白质等，可选用相应的酶予以分解除去。

酶法具有专一性、可降解性、高效性；反应条件温和；能够减少化学品的使用及残留等。

常用于植物提取的酶包括：果胶酶、半纤维素酶、纤维素酶、多酶复合体（包括葡聚糖内切酶、各类半纤维素酶、果胶酶复合体）等。

第 2 节　分离与纯化

为了进一步从中药材的提取液中富集药物的有效成分，去除无效成分或杂质，提高药物的疗效和稳定性，同时也为了减少剂量，便于剂型的制备和药物的应用，通常要进行分离与纯化，即精制过程。

一、常用的分离方法与设备

分离包括固-液分离、液-液分离和固-气分离。其中液-液分离用于密度不同、相互不溶解的两种液体的分离；固-气分离常用于药物生产中洁净室或洁净区内空气的除菌净化。中药提取液的分离过程一般为固-液分离，分离的方法包括沉降分离法、离心分离法、滤过分离法。

（一）沉降分离法

沉降分离法系指在静止状态下，液体中的固体微粒因自身重量而下沉与液体分离的方法。沉降分离法可以在室温下进行，但为了加快沉降的速度和去除较多的杂质，可以在低温或冷藏室进行。

由于该方法完全依靠液体中固体微粒的重量而沉降，因而沉降速度慢、时间长、且沉淀造成吸附的损失较多，但简便易行。适用于溶液中固体微粒多而质重的粗分离，不适用于固体微粒小、黏度大的溶液。

（二）离心分离法

离心分离是在离心机高速旋转所产生的离心力作用下，使药物溶液中固体与液体或两种不相混溶的液体达到分离的方法。

离心机的种类众多，特点、适应性各异，通常的分类方式为：

（1）按分离因数 α 分类：分离因数为离心时物料所承受的离心力与自身重力的比值。该比值越大，表明离心机的分离能力越强。常速离心机、高速离主机和超高速离心机的分离因数分别是：α<3000、α=3000~5000、α>5000。

（2）按离心操作性质分类：滤过式离心机、沉降式离心机、分离式离心机等。

离心分离法应用特点：由于高速旋转而产生的离心力比微粒自身的重量大几千倍，因而可以使含有细小微粒的溶液、具有较大黏度的溶液以及密度不同而且相互不溶解的两种液体分开。

常用的离心机包括三足式离心机、卧式离心机、管式高速离心机、蝶式离心机、冷冻离心机等。

（三）滤过分离法

滤过分离法是将中药提取液通过具有一定孔径的介质时，液体通过而固体微粒被阻挡的固液分离方法。滤过的药液澄清与否决定于滤过介质孔径的大小，同时滤过介质孔径的大小也影响滤过的速度。

（1）滤过方式：①表层滤过，提取液中比滤过介质孔径大的固体微粒被截留而逐渐形成多孔状的致密滤层。这一滤层的存在会影响滤过的速度但可以使滤液更澄清。②深层滤过，采用砂滤棒、垂熔玻璃漏斗等为过滤器械时，提取液中的固体微粒被阻挡在滤器内部通道中。

（2）影响滤过的因素：①滤渣层两侧的压力差，该压力差越大，滤过速度越快。实际操作中多采用减压或加压来加大滤渣层两侧的压力差。②滤过的初期，滤器的面积越大，滤过速度也越快。随着过滤的进行，这一因素的影响不再明显。③过滤介质或滤渣层的毛细管半径越大，滤过速度也越快。在加压或减压时注意避免滤渣层或滤材因受压而过于致密，同时加入一定的助滤剂也有助于滤过。④过滤介质或滤渣层的毛细管长度越长，则滤速愈慢。常采用料液预滤、减少滤渣层的厚度、动态滤过等加以克服。⑤料液的黏度愈大，滤速愈慢。常采用加热后趁热滤过、保温滤过或先滤清液，后滤混液的方法加以克服。

（3）滤过方法与设备：常压滤过法一般用于实验时小量药液的滤过。常用的过滤器为各种玻璃、搪瓷漏斗。滤过介质多为不同规格的滤纸、脱脂棉、纸浆等。

减压滤过法：常用的过滤器为布式漏斗、垂熔玻璃滤球或滤棒。其中垂熔玻璃滤球或滤棒有不同的孔径规格，经常应用于口服液、注射液的滤过。

加压滤过法：常用设备为板框压滤机（图 5-2）。板框压滤机由数块滤板和滤框组成，滤过介质根据需要可以采用滤布、滤纸或微孔滤膜。板框压滤机具有滤过效率高、损失少、滤过质量好的优点。适用于低黏度、含少量不溶物的液体密闭滤过。

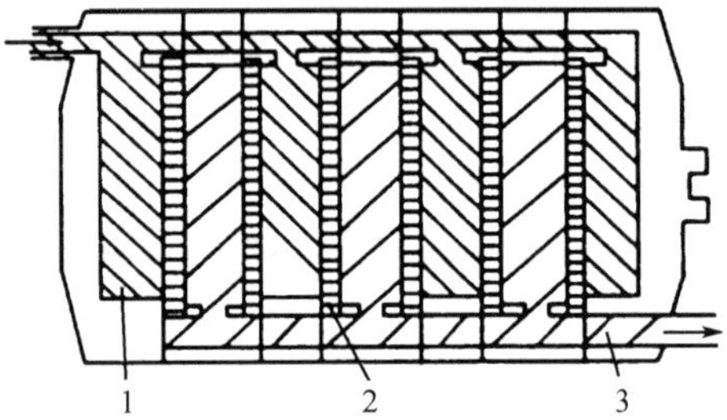

图 5-2　板框压滤机原理示意图

1. 未滤液；2. 滤过层（滤材）；3. 滤清液

薄膜滤过：薄膜滤过是采用孔径细小的薄膜过滤的方法。滤过的动力包括浓度差、压力、电位差等。薄膜滤过具有操作方便、经济快速、不破坏药物成分、易于机械化的特点。按照截留微粒粒径的大小和操作的方式分为有微滤、超滤和反渗透。其中有关反渗透的原理和技术在注射剂中讲解。①微孔滤膜滤过：简称为微滤。主要用来滤除空气中悬浮的细小颗粒和各种细菌，用于洁净室的空气净化；以水为溶媒的注射剂及大输液的精滤；热敏性液体药物的滤过除菌；高纯水的制备等。微孔滤膜的孔径比较均匀；孔隙率高，滤速快；薄膜很薄，滤过时对药液产生的阻力小，极少吸附药液中的药物成分；性质稳定坚固，滤过时无介质脱落，不会对药液造成污染；孔径细小致密，滤过时容易被堵塞。②超滤：超滤是孔径比微孔滤膜更细微、结构特异的滤过方法。滤过时在透过溶剂的同时，透过小分子溶质，截留大分子溶质。即当含有两种或多种溶质的溶液通过滤膜时，其中分子体积小的溶质经滤膜流出，分子体积大的溶质则不能通过而被截留;含有一种溶质的溶液,通过滤膜时可以将溶质截留,纯净的溶媒则流出,达到分离、富集、净化的目的。超滤截留的粒径范围为1~20nm,相当于相对分子质量为300~3万的各种微粒,主要用于滤除5~100nm直径的微粒。所以,超滤是在纳米数量级选择性滤过的技术,又有"纳米"滤过之称。超滤膜的孔径规格是以相对分子质量截留值为指标而不以尺寸大小为指标。例如,分子量截留值为2万的超滤膜,能将溶液中分子量为2万D以上的绝大部分溶质截留。超滤膜的截留性能还受分子形态、溶液条件及膜孔径分布的影响。超滤为选择性、纳米层次上的滤过技术。适用于各种药物、注射剂的精滤;多糖类、酶类等药物的浓缩;蛋白质、酶类等对热敏感药物的分离、纯化、除菌。在中药制剂中常用于各种液体制剂,如口服液、注射剂、滴眼剂、大输液等的去除细小微粒、细菌或热原,达到提高制剂稳定性和澄明度、富集有效成分及脱色等目的;部分代替传统的水提醇沉或醇提水沉的分离纯化工艺,在保障产品质量的前提下,降低成本、方便操作。

超滤常用的滤膜材料有混合纤维素酯微孔滤膜、尼龙66、聚砜、陶瓷微孔膜、聚丙烯膜等,形态有平膜、管状膜、中空纤维膜等。常用的设备有板框式超滤设备、中空纤维超滤设备、管状超滤设备等。

二、常用的纯化方法

纯化是采用适宜的方法和设备最大可能的将药物溶液中无效成分或杂质除去而保留有效成分的操作技术。常用的纯化方法有水提醇沉法、醇提水沉法、超滤法、吸附澄清法、大孔树脂法、酸碱法、盐析法、萃取法等。

(一) 水提醇沉法

水提醇沉法(水醇法)是在水提液中加入一定量的乙醇来去除无效成分或杂质的纯化技术。操作过程一般为:药材用水提取,提取液经固液分离去除不溶物后浓缩,浓缩液中加入乙醇达到需要的浓度,静置冷藏,分离去除沉淀即可得到澄清的精制药液。该药液经回收乙醇后按照不同的要求可以制成不同的剂型。

水提醇沉法操作的要点如下。

(1) 药液浓缩的程度:药液浓缩的太浓,加乙醇时容易产生较多沉淀物而吸附或包裹有效成分,造成浪费;药液浓缩的太稀,要达到一定的醇浓度所需要的乙醇量大,给醇沉、滤过、回收乙醇等操作带来不便。通常浓缩的程度为50~60℃时的相对密度为1.0左右或每毫升相当于原药材1~2g。

(2) 药液冷却:在加入乙醇时,药液的温度一般为室温或更低,以防止乙醇受热挥发。

(3) 醇沉浓度:加入乙醇量的多少,取决于所要纯化的程度和要求、药液中所含药物成分的性质。一般使含醇量达50%~70%可除去淀粉、黏液质等杂质,可以满足合剂、口服液及颗粒剂、片剂等固体制剂的制备要求;注射剂、大输液的生产中有时会用到70%~90%的醇沉浓度。

> 自从20世纪50年代水提醇沉法开始被应用到中药提取精制以来,目前该方法已被广泛应用,特别是复方中药。水提醇沉法在中药界已经成为中药提取精制的"经典操作"和通用"法宝"。
>
> 随着技术的发展,人们逐渐认识到水提醇沉法的某些不足,如经醇沉处理的液体药物容易发生沉淀和黏壁现象;制备固体剂型时黏度增大;生产成本大,工序复杂等问题以及对药材中有效成分、无效成分认识的不断深入,中药提取精制的方法,必将随之改进提高。
>
> 链接

(4) 乙醇加入的方式：多次醇沉、慢加快搅有助于杂质的除去和减少有效成分的损失。

(5) 密闭冷藏：通过温度降低使药液中各物质的溶解度降低，有利于较为完全的去除杂质，而且会使沉降迅速，乙醇不易损失。

(6) 沉淀洗涤：为了避免在沉降物中包裹或吸附有效成分，通常对沉淀物用与醇沉同样浓度的乙醇洗涤。

(二) 醇提水沉法(醇水法)

醇提水沉法的操作方法与水提醇沉法基本一致，区别在于采用乙醇提取能够减少中药材中黏液质、蛋白质、淀粉等无效成分的浸出，通过水沉可以去除醇提溶液中溶解的树脂、色素等物质，又称为醇提水转溶法。

(三) 吸附澄清法

吸附澄清法是在中药提取液中加入吸附澄清剂，促使不溶性的微粒聚合、絮凝，经滤过分离而去除无效成分或杂质的方法。该方法的作用机制体现在：

(1) 凝聚作用：在悬浮液中加入无机电解质，通过电性中和作用使微粒靠近而聚集。常用凝聚剂有皂土(含水硅酸铝，使用浓度1%~2%)、碳酸钙(常与海藻酸钠、琼脂以1∶1~2合用，使用浓度0.05%~0.1%)、硫酸铝(使用浓度0.001%~0.02%)、硫酸钠(使用浓度0.1%)。

(2) 絮凝作用：采用分子量大的高分子聚合物，通过长碳链上的活性基团吸附在分散体系中的微粒上，在微粒之间构成了联系，又称架桥作用。常用的絮凝剂有鞣酸、明胶、蛋清、101果汁澄清剂、海藻酸钠、壳聚糖、ZTC-1天然澄清剂。

吸附澄清法不减少溶液中可溶性固体物，能有效地提高有效成分的含量；不同的吸附澄清剂具有不同的去除杂质的能力，可以根据需要选择不同的吸附澄清剂；可以克服水提醇沉操作的部分不足，如经醇沉处理的液体药物容易发生沉淀析出和黏壁现象、药物干膏粉末吸湿严重等；无毒、方便、经济，生产成本低；成品稳定性好。

(四) 大孔树脂吸附法

大孔树脂吸附法是利用大孔树脂具有的良好网状结构和极高的比表面积，从中药提取液中选择性的吸附药物成分而达到分离与纯化的精制方法。大孔树脂本身不含交换基团，能够从中药提取液吸附药物成分，是由于所具有的吸附性和筛选性，吸附主要通过表面吸附、表面电性、范德华力或氢键等形式实现；筛选性是由于大孔树脂的多孔性结构所决定。

大孔树脂按照树脂的孔度、孔径、比表面积、功能基团等分成许多型号，应用时应根据需要加以选择。大孔树脂的品种众多，可以满足不同需求；溶媒用量少，操作方便，避免了液液萃取法应用溶媒量大，产生乳化等问题；物理和化学性质稳定，不与药物中化学成分发生化学

大孔吸附树脂最早应用于污水处理、药物质量分析时样品处理等领域，在中药中使用是近几年才逐渐趋于成熟。

大孔吸附树脂在应用时应建立合理的评价洗脱终点、上样量、吸附量、洗脱量、纯化效果等的指标。

大孔吸附树脂的安全性和残留物的问题是应用的主要障碍。目前通常采用气相色谱法或气质联用色谱法测定洗脱物中甲苯、二甲苯、苯、苯乙烯及其他烷烃类等。

链接

反应;再生容易,一般用稀醇、水、稀酸即可;吸附分离过程中受pH和无机盐的影响小,克服了离子交换树脂的不足;具有一定的脱色和去臭作用。

影响大孔吸附树脂分离的主要因素包括:型号、结构(包括交联剂)、外观、极性、粒经范围、含水量、湿密度、干密度、比表面、平均孔径、孔隙率、安全性,在应用过程中还要考虑以下问题。

(1) 被分离成分的性质:主要体现在成分的极性和大小。一般极性大的分子适合用中等极性的大孔树脂;极性小的分子,适合用非极性的大孔树脂。分子体积小的最好选用孔径较大的大孔树脂。

(2) 上样溶剂性质:①上样溶剂对成分的溶解性,通常某成分在某种溶剂中溶解度大时,大孔树脂对该成分的吸附力就小。②上样溶液的浓度,大孔吸附树脂的吸附量一般与上样浓度成反比。采用较低浓度进行吸附比较有利。③溶剂的pH,一般酸性成分适于偏酸性的溶剂;碱性成分适于偏碱性的溶剂。

(3) 洗脱剂性质:①洗脱剂的种类,常用的有甲醇、乙醇、丙酮、乙酸乙酯等,应用最多的是不同浓度的乙醇。选择时多根据吸附能力的大小。非极性树脂,选用的洗脱剂极性越小,洗脱能力越强;而中等极性的树脂,则选择极性较大的洗脱剂为宜。②洗脱剂的pH,pH的影响不大,但通过调节pH,对于有一定酸碱性的成分,洗脱能力会有所改善。

(五) 酸碱法

酸碱法是通过在中药提取液中加入适当的酸或碱来调节pH至一定的范围,从而使某些成分溶解或析出而达到分离目的的方法。大多数的生物碱、有机胺类成分在酸性条件下容易溶解,可以采取酸水提取,碱化析出的方法而得以精制;香豆精、芳香酸、黄酮苷、有机酸等酸性或中性成分,在碱性水溶液中溶解容易,而在酸性水溶液中可以析出。

酸碱法根据药物成分在不同pH条件下溶解性能的改变实现分离纯化的目的。适用于大多数生物碱、有机酸、苷类及蒽醌类成分的精制。

(六) 盐析法

盐析法是在药物溶液中加入大量的无机盐,形成高浓度的盐溶液而使某些成分溶解度降低析出达到分离的方法。盐析的主要原因是大量无机盐的加入,导致蛋白质类成分的水化层脱水及表面电荷的中和,溶解度降低而沉淀。该方法主要应用于蛋白质类成分的精制;也经常用于中药材提取的芳香水中挥发油的分离。

盐析常用的盐有硫酸钠、氯化钠、硫酸铵、硫酸镁等,其中硫酸铵具有盐析能力强,不会使蛋白明显变性的特点而应用广泛。

盐析法安全简便,应用范围广;对设备和条件要求不高;蛋白质不变性;可以在室温下操作。适用于蛋白质为有效成分的药物分离纯化。

影响盐析的主要因素包括:

(1) 盐的浓度:通常要达到盐析的目的,必须在药物溶液中加入大量的盐。只有高浓度的盐才能降低蛋白质的溶解度。

(2) 离子强度:不同结构和性质的蛋白质决定了盐析时需要的离子强度。一般要使蛋白质的溶解度降低越多,需要的离子强度越大。

(3) pH:调节溶液的pH达蛋白质等电点左右,可以降低蛋白沉淀所需要的盐浓度,促使盐析进行。

(4) 温度:对于温度敏感的蛋白质或酶类,盐析时应注意控制在较低温度下进行(4℃左右），并尽可能缩短操作时间，以防止蛋白质变性。

小结

浸提、分离与纯化是中药制剂操作中提高药物质量、便于剂型制备、降低服用剂量、提高药物疗效的重要操作单元。本章的学习要点应在知道浸提、分离与纯化含义、特点、原理的基础上，明确浸提和精制各个方法与设备的基本要求、应用特点；同时清楚影响浸提、分离与纯化的因素，常用浸提设备的性能与应用；了解中药浸提常用的溶剂和辅助剂，为剂型的学习打下良好基础。

目标检测

一、单项选择题

1. 下列正确的浸出过程为 （　　）

A. 浸润、渗透、解吸、溶解　B. 浸润、渗透、解吸、溶解、扩散

C. 浸润、溶解、过滤、浓缩　D. 浸润、渗透、扩散、置换

2. 植物性药材浸提过程中的主要推动力是 （　　）

A. 浸提压力　B. 扩散面积　C. 扩散时间　D. 浓度梯度

3. 浸出溶剂具有气液两相双重特点的浸提方法为 （　　）

A. 渗漉法　B. 煎煮法　C. 水蒸气蒸馏法　D. 超临界提取法

二、多项选择题

1. 常用的浸提方法有 （　　）

A. 渗漉法　B. 煎煮法　C. 水蒸气蒸馏法　D. 超临界流体提取法　E. 盐析法

2. 中药提取时常用的精制方法包括 （　　）

A. 水醇法　B. 酸碱法　C. 大孔吸附树脂法　D. 吸附澄清法　E. 醇水法

3. 下列关于超滤特点论述正确的是 （　　）

A. 选择性、纳米层次上的滤过技术　B. 适用于各种药物、注射剂的精滤

C. 适用于多糖类、酶类等药物的浓缩　D. 适用于蛋白质、酶类等对热敏感药物的分离、纯化、除菌

E. 能够很好地提高制剂稳定性和澄明度

三、名词解释

1. 超临界流体提取法　2. 水提醇沉法

四、简答题

1. 简述影响浸提的因素。

2. 简述渗漉法的特点和操作过程。

3. 简述水提醇沉法操作的要点。

（倪　健）

第6章　浓缩与干燥

学习目标

1. 记住常用浓缩方法、常用干燥方法的特点与应用
2. 说出影响药液浓缩与干燥的因素
3. 简述常用浓缩与干燥设备的结构特点

第1节　浓　　缩

浓缩是采用加热的方法将药物溶液中的部分溶剂蒸发并去除,用以达到提高药物溶液浓度的方法。浓缩是中药经提取精制后和制备成剂型前的不可或缺的中间操作环节。

蒸发浓缩是药液浓缩的主要方法。蒸发浓缩的过程就是通过连续不断地提供足够的热能,促使溶剂分子挣脱分子间的内聚力而气化并被排出。不断供给的热能和不断排除所产生的溶剂蒸汽是蒸发浓缩的两大操作过程和必备条件。为提高蒸发效率,实际工作中的蒸发浓缩多采用沸腾蒸发。沸腾蒸发可以在溶剂的沸点(常压下)或低于沸点(减压下)时进行。

中药提取和精制过程中广泛应用到水、乙醇或其他有机溶剂,对于乙醇或其他有机溶剂在浓缩时为了操作人员的安全、避免溶剂浪费及环境污染,对溶剂的蒸汽一般都应采取适宜的方法回收。

一、影响浓缩的因素

沸腾蒸发常常以蒸发器的生产强度(单位时间、单位蒸发器传热面积上所蒸发的溶媒量)来表示。

$$U=W/A=K\cdot\Delta t/R \qquad (6\text{-}1)$$

式中:U 为蒸发器的生产强度;W 为蒸发量;A 为传热面积;K 为传热系数;Δt 为传热温差;R 为汽化潜能。当蒸发压力一定时,R 可以看作为常数。

由公式可以看出,蒸发器的生产强度与传热系数和传热温差成正比。

1. 传热温度差(Δt)的影响　根据分子动力学理论,不断地供给充足的热能是蒸发浓缩的推动力。提高传热温度差(加热蒸汽的温度与溶液的沸点之差)可以增强这一推动力。提高传热温度差的途径有:提高加热蒸汽的压力和借助减压的方法,降低冷凝器中二次蒸汽的压力(可以降低药液的沸点,从而在加热蒸汽压力不变的情况下提高传热温差)。

在采取措施和方法提高传热温差的同时,应注意对热敏性物质的影响、热能的有效利用、药液厚度带来的静压强影响以及随着沸点的降低、蒸发时间的延长,药液浓度和黏度增加而降低蒸发效率的问题。

2. 传热系数(K)的影响　增大传热系数是提高蒸发浓缩效率的主要途径。

$$K=1/(1/a_0+1/a_i+R_W+R_S) \qquad (6\text{-}2)$$

公式中:a_0 为管间蒸汽冷凝传热膜系数;a_i 为管内溶液沸腾传热膜系数;R_W 为管壁热阻;R_S

为管内垢层热阻。

由公式可以看出,传热系数受管间蒸汽冷凝传热膜系数、管内溶液沸腾传热膜系数、管壁热阻、管内垢层热阻的影响。因此减少上述各部分的热阻就会提高 K 值。通常由管壁产生的热阻(R_W)很小,基本可以不计;操作过程中只要注意对不凝性气体的去除,那么由蒸汽冷凝所产生热阻(a_0)也不大。浓缩的药液如果是容易结垢或富含结晶时,在浓缩过程中容易经常在传热面上形成垢层,影响传热速率。这类药液影响 K 的主要因素则是管内溶液侧的垢层热阻(R_S)。在浓缩过程中增加搅拌措施、定期除去形成的垢层及设法改进浓缩设备等可以减少垢层热阻(R_S)。浓缩的药液如果是不容易结垢或不含结晶时,影响 K 的主要因素则是管内溶液沸腾传热膜系数(a_i)。增加沸腾区域、调整药液的厚度和进行适宜的循环可以减少管内溶液沸腾传热膜系数(a_i)。

二、浓缩的方法与设备

由于中药提取与精制过程中采用的溶剂不同、中药提取液中药物的成分和性质不同,同时所需要蒸发浓缩的程度不同,而且有的需要将挥散的蒸汽回收等。所以,实际操作中应在充分考虑这些因素的同时,结合各种蒸发浓缩设备与方法的特点,合理选择设备与方法,并确定最佳的浓缩工艺参数。

(一) 常压蒸发

常压蒸发又称常压浓缩,是药物溶液在常压下进行蒸发浓缩的方法。在生产过程中通常应用于药物水溶液的浓缩,采用的设备多为敞口式可以倾倒的蒸发锅。对于含有乙醇或其他有机溶剂的提取液,应采用蒸馏等方法回收蒸发的溶媒。常压浓缩的特点:浓缩速度慢、时间长,药物成分容易破坏。适用于非热敏性药物的浓缩,而对于含热敏性成分的药物溶液则不适用。

常压浓缩时应注意搅拌以避免药液表面结膜,影响蒸发,并应随时排走所产生的大量水蒸气。因此在常压浓缩的操作室内经常配备电扇和排风扇。

(二) 减压浓缩

减压蒸发是通过降低蒸发器内部的压力而形成一定的真空度,从而降低药物溶液沸点的沸腾蒸发。

减压浓缩由于压力的降低,降低了药物溶液的沸点,能使药物溶液在较低的温度下沸腾,进而可以减少或避免热敏性药物成分的破坏、增大传热温度差,使蒸发效率得以提高、对热源的要求降低,可以将低压蒸汽或废气作加热源;通过减压可以排除蒸发时所产生的溶剂蒸汽,降低冷凝器中二次蒸汽的压力;可以回收乙醇等有机溶剂;药物溶液沸点的降低,会引起黏度增加,传热系数降低,蒸发浓缩所需要的能量增大。

常用的蒸发设备有:

1. 减压蒸馏器(图 6-1) 是通过抽气减压使药液在负压和较低温度下浓缩的设备。减压蒸馏器可以在浓缩过程中回收乙醇等有机溶剂。操作过程包括:抽真空—吸入药液—加热—产生的蒸汽进行冷凝—冷凝的溶剂流入接受器中。

减压浓缩时应注意由于冷凝不充分或真空度过大,造成乙醇等有机溶剂损失。

2. 真空浓缩罐(图 6-2) 水提液的浓缩多采用真空浓缩罐进行浓缩。操作过程同减压浓缩,只是加热产生的水蒸气由抽气泵直接抽入冷却水池中。

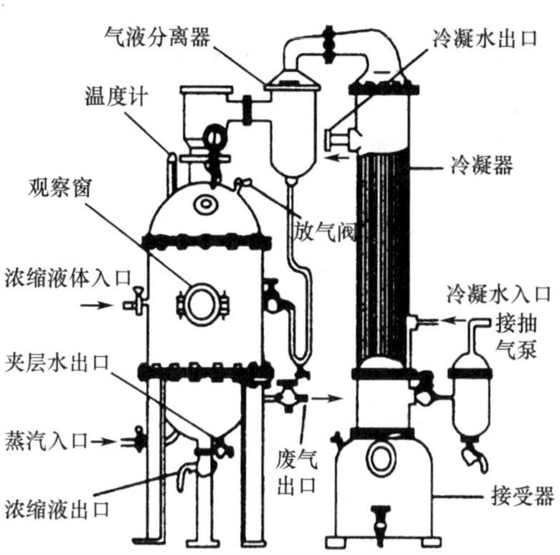

图 6-1　减压蒸馏装置示意图

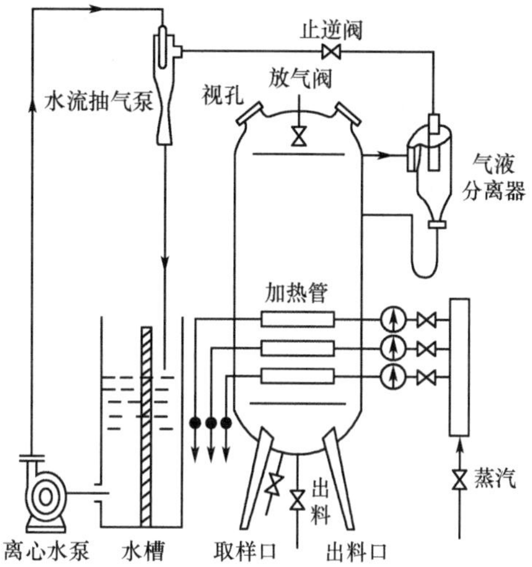

图 6-2　真空浓缩罐示意图

（三）薄膜浓缩

薄膜浓缩是通过一定的方式与方法将要浓缩的药液形成薄膜状，或同时与剧烈沸腾时所产生的大量泡沫相结合，达到增加药液的气化表面，提高蒸发浓缩效率的方法。

薄膜浓缩通过两种方式实现：第一种是通过将药液在加热面上形成薄膜，不仅可以使药液具有较大的表面积，提高热传播的速度、药液受热均匀，同时没有静压强的作用，可以克服过热情况；第二种是药液在加热面上受热后剧烈沸腾，可以产生很多的泡沫（泡沫的内外表面为蒸发面），增加了蒸发的面积。实际应用过程中要注意药液随着浓缩的进行会逐渐变稠，容易在加热面上黏附，增大热阻和操作的工序。

薄膜浓缩的特点包括：药液受热时间短，没有液体静压和过热影响，使药物成分被破坏的可能性小，浓缩效率高；可连续操作（常压或减压下都可）；可以回收乙醇等有机溶剂。

1. 升膜式蒸发器（图 6-3）　工作过程为：药液经预热后从列管蒸发器的底部进入—（在蒸汽的作用下）药液被加热而沸腾气化产生大量的气泡—以气泡的表面为蒸发面快速蒸发—经气液分离器分离蒸汽和浓缩液—通过接受器收集浓缩后的药液。

升膜式蒸发器适用于含热敏性成分、黏度不大（黏度不大于 0.05Pa · S）、容易产生泡沫的较大量药液的蒸发，而对于黏度高的药液及有结晶析出或易结垢的药液则不太适合。

2. 降膜式蒸发器（图 6-4）　工作过程为：药液从列管蒸发器的顶部进入—（在重力及蒸汽的作用下促使药液下降）药液被加热而沸腾气化产生大量的气泡—以气泡的表面为蒸发面得以快速蒸发—经

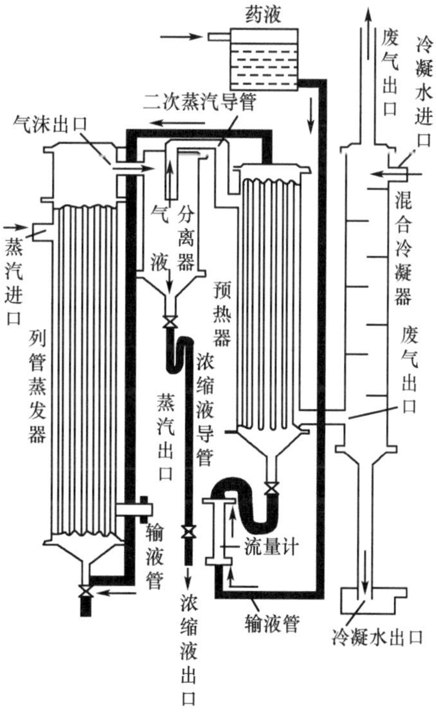

图 6-3　升膜式蒸发器示意图

气液分离器分离蒸汽和浓缩液—通过接受器收集浓缩后的药液。由此可见降膜式蒸发器与升膜式蒸发器的主要不同点在于药液进入蒸发器的部位和在列管蒸发器中运动的推动力。

降膜式蒸发器应用的特点：由于降膜式蒸发器没有液体静压强作用，传热系数较大，因此比升膜式蒸发器更有利于对热敏性药液及浓度较高、黏度较大药液的蒸发。而对于有结晶析出或易结垢的药液同样不太适合。

3. 刮板式薄膜蒸发器（图 6-5） 工作过程为：药液从蒸发器的顶部进入—经离心式液体分布器—（在离心力、重力及快速旋转的刮板的作用下使药液快速旋转下降）药液被加热—蒸发—蒸汽经上部分离器排除，浓缩后的药液由底部接受器收集。

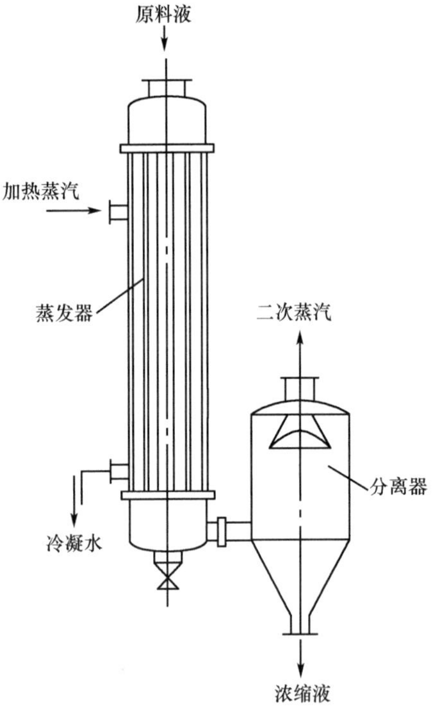

图 6-4 降膜式蒸发器

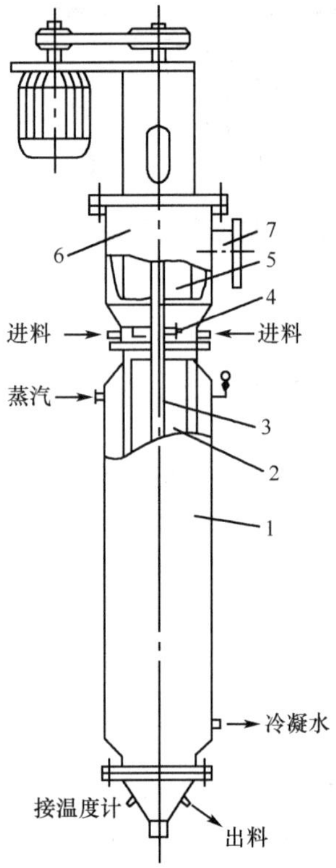

图 6-5 刮板式蒸发器

1. 器体；2. 刮板；3. 轴；4. 进料分配器；5. 除沫器；6. 气液分离器；7. 二次蒸汽出口

快速旋转的刮板作用提高了传热系数，保障了药液能够均匀在传热面上分布，并可以降低药液的表观黏度，因此，刮板式薄膜蒸发器适于高黏度、易结垢、热敏性药液的蒸发浓缩，但功率消耗大，结构复杂，蒸发能力小。

4. 离心式薄膜蒸发器（图 6-6） 心式薄膜蒸发器的工作过程为药液从蒸发器的顶部进入—（在离心力的作用下使药液快速分布成薄膜状）药液被加热—蒸发—蒸汽经分离器排除，浓缩后的药液由接受器收集。

离心式薄膜蒸发器的应用特点为离心式薄膜蒸发器的工作原理综合了离心分离和薄膜蒸发，具有传热系数高、形成液膜薄、药液受热时间短、浓缩程度大、浓缩过程中不容易气泡和结垢、便于清洗等特点。适于热敏性高的药液蒸发浓缩。

(四)多效浓缩

浓缩是将两个或多个减压蒸发器串联形成的浓缩设备。工作时药液进入减压蒸发器后,给第一个减压蒸发器提供加热蒸汽,药液被加热后沸腾,所产生的二次蒸汽通过管路通入第二个减压蒸发器中作为加热蒸汽,这样就可以形成两个减压蒸发器串联,称为双效蒸发器。同样可以有3个或多个蒸发器串联形成三效或多效蒸发器。制药生产中应用最多的为二效或三效浓缩。

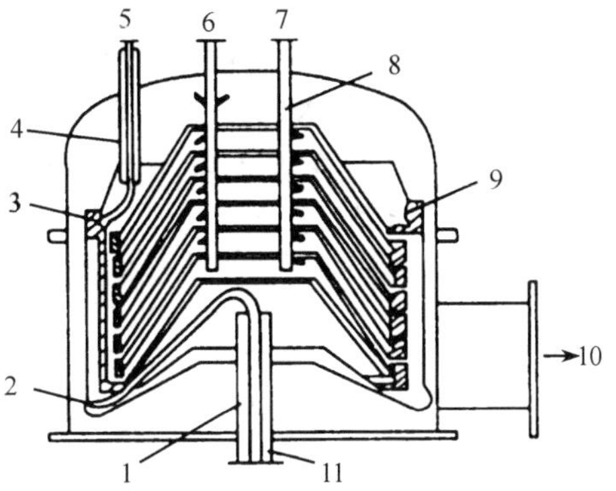

图6-6 离心式薄膜蒸发器的原理图

1. 冷凝水管;2. 冷凝水槽;3. 浓缩液汇集管;4. 出料管;5. 浓缩液出口;6. 清洗水进口;7. 物料进口;8. 分配管;9. 转鼓;10. 二次蒸汽出口;11. 蒸汽进口

由于二次蒸汽的反复利用,多效蒸发器是属于节能型蒸发器,能够节省能源,提高蒸发效率。为了提高传热温差,多效蒸发器一般在真空下操作,使药液在较低的温度下沸腾。三效蒸发按药液加入方式的不同可以分为4种流程:①顺流加料法(药液与加热蒸汽的方向相同)。②逆流加料法(药液与加热蒸汽的方向相反)。③平流加料法(药液与加热蒸汽的方向相同,但药液与加热蒸汽均分别通过各效);④错流加料法(药液从2效—3效—1效,加热蒸汽从1效—2效—3效)。

> 评价药液浓缩过程的两个重要指标是能量的消耗和蒸发器的生产强度。
>
> 单效浓缩和多效浓缩的主要区别在于二次蒸汽是否利用。多效浓缩可以节省的是加热蒸汽的用量。是否需要增加效数应考虑增加浓缩效数的设备费用与省下的加热蒸汽能量的收益之间的情况。
>
> 链接

多效浓缩使用过程中应注意的问题包括:①真空度过大或过小,均影响浓缩效率;②药液浓缩一定时间,达到一定程度时容易产生泡沫,出现跑料现象,从而造成药物的损失。通常需要通过调温、调压或其他方法消泡;③ 收膏时膏料在管壁上容易结垢而影响传热,应及时清除垢层。

第2节 干 燥

干燥是通过各种方法产生以热能为主,并结合其他形式来去除固体药物中或一定浓度稠膏药物中的水分或乙醇等有机溶剂,得到干燥品的操作过程。在中药饮片、中成药生产过程中,干燥的应用很广泛,如鲜药材和炮制饮片的干燥;片剂、颗粒剂等固体剂型中应用到的中药材提取物的药液或浸膏等半成品的干燥;成品的干燥,如颗粒剂、丸剂、片剂的干燥等。

一、干燥的基本原理与影响因素

(一)干燥的基本原理

1. 湿物料中所含有的水分 湿物料中的水分形式包括:①结合水与非结合水,结合水指物料细胞中和物料细小毛细管中的水分。由于结合水分与物料的结合紧密,使得其从物料中去除比较困难。非结合水指物料中粗大毛细管、物料孔隙中和物料表面的水分。非结合水与物料的结合力能力弱，去除容易。②平衡水分与自由水分，物料在一定温度、湿度条件下，一定时间后，就会发生散失水分或吸收水分的过程，直到两者处于动态平衡。此时物料中所含的水分即为该条件下物料的平衡水分。它是该条件下物料被干燥的最大程度。平衡水分与物料的性质和种类、不同条件下的空气状态有关。

> 物料中的总水分=平衡水分+自由水分；自由水分=全部非结合水+部分结合水。干燥过程中可以去除的水分为自由水分，而平衡水分则不能去除。
>
> 链接

不同物料，在同一条件下的平衡水分不同，但在一定条件下，各物料的平衡水分是相对恒定的；同样在不同的条件下，即使是同一种物料，其含有的平衡水分也不同。物料中所含有的超过平衡水分的那部分水分即为自由水分。

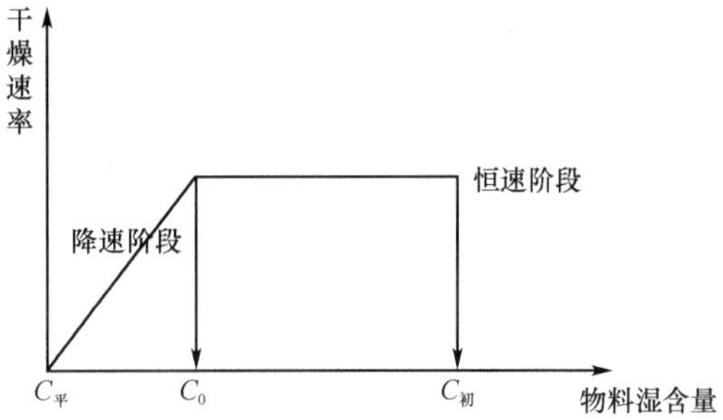

图 6-7　干燥速率曲线

2. 干燥速率（图 6-7）　单位时间、单位干燥面积上气化的水分量即为干燥速率。物料干燥过程包括物料中的水分从内部向物料表面不断扩散和物料表面的水分气化两个环节。因此干燥速率由物料中水分的内部扩散速度和表面气化速度所决定。

物料的干燥过程可以由干燥速率曲线来进一步解释：干燥速率曲线表明干燥过程明显地分成两阶段，恒速阶段（平行于横轴直线，干燥速率与物料湿含量无关）和降速阶段（斜向下线，干燥速率近似地与物料湿含量成正比）。由恒速与降速阶段的交点所引直线交于横坐标 C_0 点，即临界湿含量；降速阶段与横坐标的交点为 $C_平$，即平衡水分。由此可见，物料湿含量大于 C_0 时，干燥过程属于恒速阶段，当物料湿含量小于 C_0 时，干燥过程属于降速阶段。

干燥过程的恒速阶段：在物料干燥的初期，物料中水分很多，物料表面的水分气化时，内部的水分能够及时扩散出来进行补充。此时干燥速率取决于物料表面水分的气化速率，出现恒速干燥阶段，也称表面气化控制阶段。加速这一阶段的方法有：提高加热的温度和空气的流速、降低干燥环境中空气中的湿度。

干燥过程的降速阶段：随着恒速干燥过程的进行，当达到一定程度（即 C_0 时），由于物料内部水分的减少，内部水分向物料表面扩散已不能满足表面水分的气化，同时物料表面逐渐变得干燥，水分从内至外的阻力加大，干燥速率逐渐降低，出现降速阶段，也称内部水分扩散控制阶段。内部水分的扩散速率主要取决于物料的结构性质、形态、厚度、大小等。加速这一阶段的方法有：提高物料的温度、改善物料的分散程度。此时热空气的状态和流速等已不是主要因素。

（二）影响干燥的因素

根据干燥的原理可知，物料的干燥分为恒速阶段和降速阶段，两个干燥阶段的影响因素不同，因此在考虑采取何种条件与方法进行干燥时，应注意物料所处的干燥阶段。对影响干燥因素的分析，有助于干燥技术与方法的合理选择。影响物料干燥的因素如下。

（1）物料的性质：物料的性质是影响干燥的主要因素，特别是干燥的降速阶段。物料的性质包括：物料的形状、黏性、大小、厚薄、水分的结合方式等，如阿胶的干燥过程主要是内部水分的扩散控制过程，需经过“闷胶”、“晾胶”等较长的干燥时间。

（2）干燥技术与方法：①干燥速度与方式，物料干燥时，将物料首先放置于干燥的环境下，再逐步升温至所需温度有助于提高干燥的速率。当干燥速度过快或将物料直接放于较高的温度之下时，物料表面水分快速气化，气化的速度超过物料内部水分向物料表面的扩散速度，结果容易造成物料表面黏结、熔化，并逐步形成硬壳，阻碍内部水分的扩散，延缓物料继续操作的进程。采用流化干燥的方法可以改善上述问题，使被干燥的物料处于悬浮等动态之中，极大增加热交换的面积，从而显著的提高干燥的效率。②干燥空气的温度，在干燥的环境下提高干燥空气的温度，可以促使物料表面水分蒸发的速度加快，有利于干燥的进程。选择干燥温度时应考虑物料所含成分的情况，特别是对于某些热敏性成分的干燥，应适当降低干燥的温度和缩短干燥的时间。③干燥环境中空气的相对湿度，干燥环境中空气的相对湿度的降低，有助于提高干燥速率。采用干燥剂吸湿、除湿机除湿及加强排风、鼓风等均可以加快干燥进程。④干燥空气的流速，干燥空气流速的提高，可以减小水分气化时气膜的厚度，缩小物料表面水分气化的阻力，从而提高干燥速率越大。但空气流速对物料内部水分的扩散影响极小。⑤压力，减压能够促进水分的蒸发，加快干燥，同时可以使物料在较低的温度下干燥，避免热敏性成分的破坏。

二、干燥的方法与设备

在中药制剂的生产及研究中，被干燥药物的物理和化学性质复杂、种类众多，对干燥后的成品要求也各不相同，选择相应合理的干燥方法和设备是必需的。干燥方法与设备选择的好坏，将直接影响到被干燥物料的内在质量和干燥的效率。

目前常用的干燥设备包括烘箱、烘房、冷冻干燥设备、红外干燥设备、喷雾干燥设备、沸腾干燥设备、减压干燥设备、微波干燥设备等，选择时要考虑干燥设备能够满足干燥产品的外观、湿度、色泽等要求、与整个药品生产的工艺相适应并且经济、环保、操作简便及安全等多方面。所涉及的干燥方法有常压和减压干燥、静态和动态干燥、连续式和间歇式干燥、高温和低温干燥、传导干燥、对流干燥、辐射干燥以及由这些干燥方法的两个或两个以上的优化组合。选择哪种干燥方法与设备取决于物料性质、成品要求。

（一）常压干燥

采用的是静态干燥方法，为防止物料出现结壳等假干现象，干燥过程中的温度一般逐渐升高，以便物料内部水分扩散到物料的表面而蒸发。

（1）烘干干燥：在常压下，将物料放置于烘箱（适用于小批量药料）、烘房（适用于较大批量药料）等干燥设备中利用经加热干燥的空气进行干燥的方法。

烘干干燥简便，应用广泛；药料干燥的时间长，药料中药物成分被破坏的可能性大；干燥的成品呈板块状，颜色较深；粉碎较难。适用于对热稳定的药物。干燥过程中物料不能太厚，升温速度不宜太快。

（2）滚筒式干燥：将液体药物成薄膜状黏附在加热的不锈钢金属的转鼓表面上，使药料得以去除水分的方法。该设备又称鼓式薄膜干燥。设备有单滚筒式和双滚筒式薄膜干燥器。

滚筒式干燥时，一定浓度的药液呈薄膜状，蒸发面大，干燥时间短，能够减少药料中药物成分被破坏的可能；干燥的成品呈薄片状；容易粉碎。适用于具有一定黏度和稠度的浸膏干燥和采用涂膜法制备膜剂。

（3）带式干燥：利用热气流、红外线、微波等方式使平铺在传送带上物料得以干燥的方法。有单带式干燥、复带式干燥和翻带式干燥。

带式干燥过程中,物料受热均匀;省工省力。适用于中药饮片、茶剂、颗粒剂等物料的干燥。

(4) 吸湿干燥:将物料放置于干燥器中,通过吸水性强的干燥剂的吸收作用,而使物料干燥的方法。物料可以在常压和减压干燥器中干燥。常用的干燥剂有无水氯化钙、变色硅胶、五氧化二磷等。

吸湿干燥简便,易于操作;各种消耗少;每次干燥的样品量少。适用于样品量小、含水量不大、对热敏感的药品干燥。

(二) 减压干燥

在密闭的容器中通过抽真空而进行干燥的方法。减压干燥器(图 6-8)的组成一般包括干燥柜、冷凝器、真空泵。

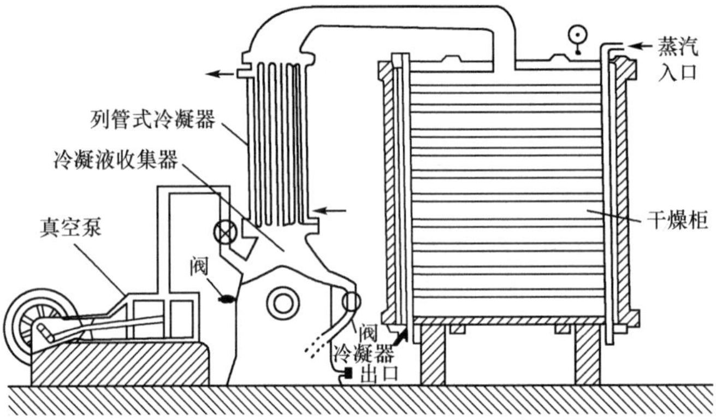

图 6-8 减压干燥器示意图

减压干燥时:物料可以在较低的温度下干燥,速度快,减少了药物成分被破坏的可能;由于减压而处于密封状态,防止了药物被污染和氧化的可能;干燥的成品呈海绵状、蓬松易于粉碎。适用于热敏性或高温下易氧化物料的干燥。干燥过程中应通过控制真空度、物料的装量、加热的温度等来避免物料过度起泡而溢盘,造成损失。

(三) 流化干燥

流化干燥又称动态干燥法,可以使被干燥物料的受热和传热及水分蒸发的速率大大增加,提高干燥效率。沸腾干燥、喷雾干燥就是采用了流态化技术,将干燥并经预热的气流通入到干燥室内,使物料沸腾、悬浮的同时降低干燥空间的相对湿度。

1. 沸腾干燥法 又称流床干燥,它是将干燥的热空气以一定的速度通入干燥室内将颗粒吹起悬浮在干燥室中,呈现"沸腾状"的干燥方法。沸腾干燥设备的组成包括(图 6-9):沸腾干燥室、空气加热器、旋风分离器、细粉捕集器、排风机等。有单层流化床干燥器、卧式多室流化床干燥器等。

沸腾干燥的特点与应用:药料呈"沸腾状"不需翻料,热利用率较高,药料干燥快;可以自动出料;但能耗大,设备清洗困难。适用于大量颗粒状物料的干燥,如硬胶囊内容物、片剂、颗粒剂制备过程中湿粒的干燥和水丸的干燥。

2. 喷雾干燥 是流化技术在液态物料干燥中应用。它是将浓缩至一定相对密度的药液,通过喷雾器喷射成细雾状后与一定速度的干燥热气进行热交换,使物料中水分迅速蒸发而得以干燥的方法。主要结构(图 6-10):空气加热器、锥形塔身、旋风分离器、细粉捕集器、鼓风机等。喷雾干燥的效率取决于喷雾的细度，喷雾的细度主要依赖于喷雾器，喷雾器是喷雾干燥设备的主要部分，有 3 种类型：离心式、压力式和气流式。

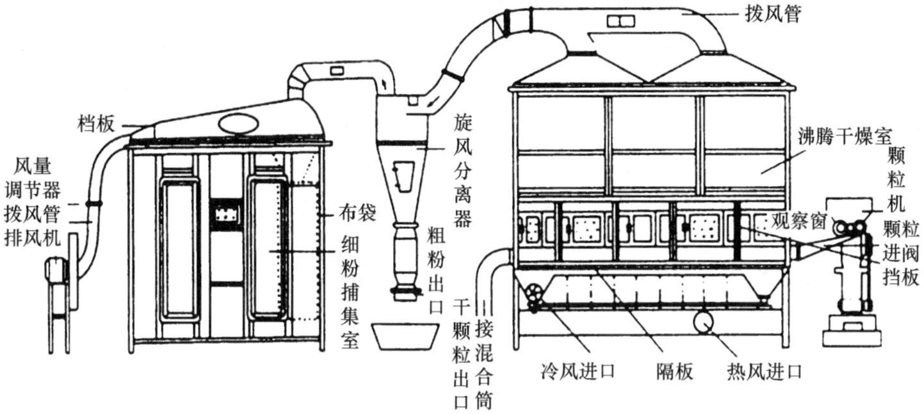

图 6-9　负压卧式沸腾干燥示意图

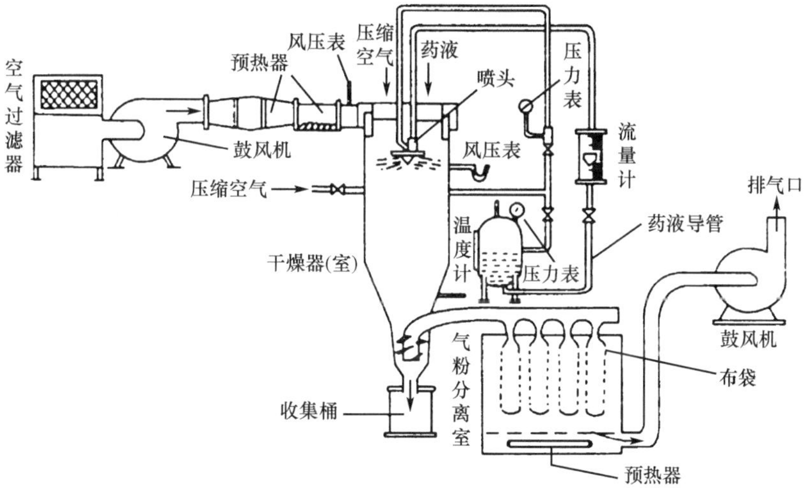

图 6-10　喷雾干燥示意图

喷雾干燥的特点与应用：药液呈细雾状，表面积很大，在与干燥热空气接触时，水分蒸发的速度极快，干燥时间可以在几秒或几十秒中完成，因此喷雾干燥又有"瞬间干燥技术"之称；可以将含水量 70% 以上的溶液、混悬液等直接干燥成为固体粉末或颗粒，属于液体药物粉末化技术，减少了干燥、粉碎、筛析等工艺；产品可以是粉状或颗粒状，质量好，能保持药物原有的气味和色泽，溶解性好；改变工艺参数可以得到不同粗细度和含水量的产品；操作流程管道化，符合 GMP 要求；不足之处是进风的温度较低时，热效率低；设备庞大清洗困难。适用于液态物料的干燥，特别是用于含有热敏性物料的药液。干燥过程中应通过控制喷雾干燥器的进出风的温度、进药液的速度、药液的相对密度等来避免黏壁现象的发生。

(四) 冷冻干燥

冷冻干燥(升华干燥)是利用低温条件下冰的升华作用使物料能够在低温下脱去水分而干燥的方法。冷冻干燥机组主要由干燥室(又称冻干室，物料其中可以被降温、升温、抽真空)、冷凝室(冻结物料和由干燥室升华出来的水蒸气)、冷冻机、真空泵和加热组合装置等组成。

物料的冷冻干燥过程包括3个阶段,分别为冻结、升华和再干燥。

(1)冻结:物料采取适宜冷却设备和方法冷却(2℃左右)后,放置于干燥室内(真空度13.33Pa,温度约-40℃)。将制冷剂(氟利昂、氨)通入干燥室中,使物料迅速冷冻。为了克服药物溶液的过冷现象,使制品完全冻结,一般要维持该冷冻条件几小时(通常2~3小时或更长时间)。

(2)升华:冻结过程结束后就可以进行升华操作。开动真空泵抽真空,逐渐降低干燥室内的压力,待干燥室内压力降至一定程度后(一般压力降到1.33Pa,温度为-60℃以下),冰即开始升华。升华了的水蒸气在冷凝室中冷凝。整个升华操作是在高度真空下进行的,因此应避免物料溢出容器的现象。

(3)再干燥:随着升华过程的进行,物料中冰大量升华,物料表面水的蒸汽压呈不同程度的降低而使干燥的速度逐步下降。此时通过适当升高温度,可以促使物料中结合水的去除,因此在实际操作过程中为了尽可能地降低冰在升华时的阻力,被冻干的药物溶液厚度一般不超过12mm。通常会在多次试验的基础上绘制温度、时间、真空度三者的冻干曲线,作为冻干操作的依据。

冷冻干燥时,物料在低温和高真空条件下干燥;可以避免对热敏感药物的破坏;干燥的成品疏松多孔,溶解快速,且含水量低,使药品可长期储存;冷冻干燥需要特殊的设备,投资大,生产成本高。适用于热敏性药物的干燥,如各种血液制品、生物制品等。

> 冷冻干燥的原理可以从水的相图中得到解释。其原理的核心是:通常情况下,固相要经液相变成气相,但在一定的压力和温度下,可以使固相不经液相而直接变成气相,这个过程即为升华。中药中如薄荷脑、冰片等的升华。
>
> 链接

(五)红外线干燥

红外线干燥是物料吸收红外线辐射器所产生的电磁波后,增加了物料中分子热运动的能量而引起强烈振动,从而使温度快速提升,水分从物料中被去除的干燥方法。红外线干燥属于辐射加热干燥。通常采用的红外线波长范围为0.76~1000μm。生产应用中有振动式和隧道式红外干燥机。红外线干燥机组主要由红外辐射能发生器(一般包括能够发射出所需要波段的各种物料混合形成的涂层和加热源)、干燥室、机械传动和电气系统等组成。

红外线干燥的特点:热效率较高,干燥速率快;物料的表面和内部能够同时吸收红外线,使物料受热均匀,成品质量好。适于热敏性物料干燥,尤适用于低熔点或具有较强吸湿性的物料以及粉末、颗粒、小丸等物料表层的干燥。

> 通常把0.76~2.5μm波长的红外称近红外,5.6~1000μm的红外称远红外。由于大多数药物、水分在远红外有大的吸收,而且远红外的电能消耗是近红外的一半左右,因此在制药、食品等广泛应用远红外干燥器。
>
> 链接

> 物料中的极性分子,主要是水分能够强烈地吸收微波而迅速地转化为热能。因而微波干燥是热力干燥的方式。
>
> 微波对人的对眼睛有影响,应注意微波的泄漏和操作人员的防护。
>
> 链接

(六)微波干燥

微波干燥是物料中的水分在高频电磁场中吸收能量后,不断的快速转动、碰撞和摩擦,从而使物料被加热而干燥的方法。常用的微波加热干燥的频率为915MHz和2450MHz。微波干燥的设备主要包括:微波发生器、微波干燥器和冷却系统等。

微波的穿透力强,干燥时可以使物料的表面和内部能够同时吸收微波,使物料受热均匀,因而加热效率高,干燥时间短,干燥速度快,对产品原有结构和物理化学性质影响小;有杀虫和灭菌的作用;设备投资和运行的成本高。适用于含有一定水分而且对热稳定药物的干燥或灭菌,中药中多应用于药材、饮片、药物粉末、丸剂等干燥。

小结

浓缩和干燥是将中药进行提取后及制备成一定剂型前的重要操作单元。本章的学习要点应在知道浓缩和干燥原理基础上,明确各种浓缩和干燥方法的特点与应用,能够清楚如何根据药物的性质、浓缩和干燥设备的特点正确选择适宜的浓缩与干燥的方法,为药物剂型的学习打下良好基础。

目标检测

一、单项选择题

1. 提高蒸发效率的错误方法是　(　　)

A. 扩大蒸发面积　B. 加强搅拌　C. 增加液面蒸汽浓度　D. 减小液体表面压力

2. 干燥过程中不能去除的水分是　(　　)

A. 结合水　B. 非结合水　C. 自由水　D. 平衡水分

二、多项选择题

1. 关于蒸发浓缩的论述,正确的是　(　　)

A. 蒸发浓缩可在低于沸点时进行　B. 蒸发浓缩可在减压或常压下进行

C. 采用沸腾浓缩可提高蒸发效率　D. 沸腾蒸发浓缩的效率常以蒸发强度来衡量

E. 蒸发浓缩的生产强度与传热温度差成正比

2. 影响干燥的因素有　(　　)

A. 物料的性质　B. 干燥介质的温度　C. 干燥介质的湿度　D. 干燥介质的流速

E. 干燥方法

3. 可用于热敏性物料干燥的方法是　(　　)

A. 喷雾干燥　B. 鼓式干燥　C. 减压干燥　D. 冷冻干燥

E. 红外线干燥

三、名词解释

1. 冷冻干燥　2. 多效浓缩

四、问答题

1. 简述喷雾干燥的特点。

2. 简述影响浓缩的因素。

(倪　健)

第7章　混合与制粒

学习目标

1. 记住混合与制粒的含义与分类
2. 说出混合的原则与机制
3. 简述混合与制粒的方法

第1节　混　　合

一、混合的含义与目的

混合包括不同药物粉末之间、不同液体药物(包括一定浓度的浸膏)之间、不同药物粉末与液体药物(包括一定浓度的浸膏)之间的混匀分散。本章节主要讲的是将两种或两种以上不同药物粉末及不同药物粉末与液体药物(包括一定浓度的浸膏)之间相互分散均匀的操作技术。

混合的目的是要达到多种药物粉末的混合体中各个组分的含量均匀一致。混合操作在中药固体剂型制备中应用最为普遍。混合操作关系重大,混合均匀与否将直接影响到制剂的制备、外观、质量甚至药物的疗效。特别是一些毒性药物、剂量小的药物是否混匀,对药物安全、有效带来影响,甚至带来危险。因此,混合操作是保证散剂、颗粒剂、胶囊剂、丸剂、片剂等制剂产品质量的重要步骤。

二、混合的原则

> 人们在生产实践中总结出了"等量递增法"、"打底套色法"。其中"等量递增法"偏重各组分药物等量或相近;"打底套色法"偏重色泽的均匀。结合两者的长处改进为"倍增套色法"。
>
> 链接

不同组分的药物相互混合的总原则为混合均匀一致。为保证这一原则的实现,对不同性质、不同数量、不同质地、不同色泽等药物的混合要认真对待。

1. 不同药量之间的混合　通常各组分药量一致或相近时,相互之间比较容易混合均匀。但当各组分药量相差比较大时,会造成混合困难。解决这一问题的方法可以采用"等量递增法",又称"配研法"。操作方法是:将组分中量小的药物与等量的量大组分的药物,一同放置于适宜的混合容器中,采用一定方式混匀后,再加入与混合物等量的量大组分药物同法混匀,如此重复进行,直到全部组分的药物混合完为止。

等量递增法简单的表示方法如下:

甲药物(量少)1
乙药物(量大)1 } 均匀混合物 2
乙药物 2 } 均匀混合物 4
乙药物 4 } 均匀混合物 8
乙药物 8 } ………

2. 不同质地药物之间的混合　通常各组分质地一致或相近时,相互之间比较容易混合均匀。但当各组分质地相差比较大时,会造成混合困难。比如植物类药材粉末之间、矿物类药物粉末之间的混匀非常容易,但植物类药材粉末与矿物类药物粉末之间的混合时要特别注意。因为植物类药材粉末质地疏松且一般较粗大,粉末内部有许多的空隙,一旦与质地致密且一般较细小的矿物类药物粉末接触,植物类药材粉末会将矿物类药物粉末吸附到空隙内部。解决这一问题一般采取混合时将质轻的首先放置于混合容器中,再将质重的加入混合,又称"打底";先将量大的矿物类药物粉末与植物类药材粉末混合,再将其他量小的矿物类药物粉末加入混合;增强混合的力度,延长混合时间;将混合物进行适当的粉碎。

3. 不同色泽药物的混合　通常采用"打底套色法"。即将组分中量少的、质重的、颜色深的药物粉末,先放入已用其他颜色浅的药物粉末饱和过的混合容器中作为底料("打底"),再将量多的、质轻的、颜色浅的分次逐步加入混合均匀("套色")。

4. 含有液体或浸膏类药物的混合　对于含有液体或浸膏类药物的混合,应首先分析液体或浸膏的性质、数量和其他与之混合的固体粉末的数量,以便决定采取什么样的处理方法。通常如果液体或其他浸膏的数量不大,则可以用与之混合的固体粉末将其吸收混匀即可;如果液体或其他浸膏的数量较大而热稳定性又比较好,可以将液体或其他浸膏通过加热蒸发浓缩等方式,浓缩至能够被其他固体粉末吸收的程度,再用其他固体粉末吸收混匀即可;如果液体或其他浸膏的数量较大而性质又不稳定,如挥发油类成分等,在其他药物粉末不能将其吸收的时,可以加入适当的吸收剂或稀释剂加以吸附或分散。

5. 不同粒度药物之间的混合　通常混合的组分如果粒度一致或相近,混合时比较容易。但对于各组分粒度相差比较大时,会造成混合困难。比如细粉与粗粉,或与最细粉之间的混合。可采取的措施为:尽可能将要混合的各组分药物粉碎成大体一致的粒度,混合时采用"打底套色法"或"等量递增法"。

6. 其他　混合时各组分的粒子形态、流动性、含水量、表面粗糙情况、黏附性能等,均有可能对混合的均匀性产生一定程度的影响。

三、混合的机制

不同组分的药物粉末进行混合时,会有多种混合形式和方式存在,主要包括切变、对流、扩散等。

(1) 切变混合:切变混合是在机械力作用下,各种不同组分的药物粉末,在相互的界面间发生切变作用的混合方式。切变所产生的切变力,在水平和垂直方向上能够降低粉层的分离程度,使不同组分的药物粉末得以混合均匀。不同的混合机械和混合方法决定了混合的效率。以这种混合方式为主的为研磨混合,混合机械有研钵(手动或电动)、铁研船、球磨机等。

(2) 对流混合:对流混合是将各组分的药物粉末置于混合器械中,在机械力的作用下,药物粉末从一处以一定的速度冲转到另一处,如此反复多次,从而达到混合的方法。该方法的操作要点是使粉末产生对流。不同的混合机械和混合方法决定了混合的效率。以这种混合方式为主的为翻转混合,混合机械有V形混合筒、多维混合器等。

(3) 扩散混合：扩散混合是将各组分的药物粉末置于混合器械中，在机械力的作用下，混合容器内的药物粉末呈现紊乱运动的运动方式，而使药物粉末混合的方法。不同的混合机械和混合方法决定了混合的效率。以这种混合方式为主的为搅拌混合，搅拌能够使药物粉末之间产生无序方向的运动，达到扩散混合。混合机械有搅拌混合筒、搅拌机等。

在混合操作过程中，通常是根据药物粉末的性质和混合效率等，选择适宜的混合方式，每种混合机械都是以上混合方式的集合，只是以某一种混合方式为主。实际生产中为提高混合效率，多采用多种混合方式融合的混合机械，如带有搅拌装置的多维混合器等。

四、混合方法

(1) 搅拌方法：搅拌方法主要是使药物粉末产生紊乱运动。少量药物粉末混合配制时，多手工混合，需要反复搅拌。大量药物混合时多用搅拌混合机。

(2) 研磨混合：研磨混合是将各组分药物粉末在混合容器中通过研磨得以混合。适用于结晶性药物粉末的混合，而对于吸湿性和氧化还原性药物成分的混合则不适宜。

(3) 过筛混合：过筛混合是通过过筛的方法将各组分药物粉末混合。对于药物粉末质地相差较大的，采用该方法不能实现很好的混合，通常需要在过筛后配合搅拌等其他混合方法。

五、混合机械

(1) 槽型混合机：主要部分为由不锈钢制成的混合槽，槽内装有"∽"形的搅拌桨，在电机的带动下旋转，用以混合各组分的药物。混合槽可绕水平轴转动，方便槽内药物的卸出。槽型混合机的转速一般在10~30转/分钟。混合各组分药粉的效果一般，而且容易产生药粉飞扬。经常应用于颗粒剂、片剂、丸剂、软膏等剂型，制备团块时的混合和捏合。

(2) 混合筒：主要部分为各种形状的混合筒。混合筒在电机的带动下，以水平的中轴为中心转动，使药物粉末相互分离，继而又冲击交汇在一起。转动的速度和时间，根据混合药物的性质、混合的目的、混合筒的性质而异。但转速一般应适当，速度太快药粉因产生的离心力而紧贴在筒壁，降低混合效果。混合筒适用于质地一致或相近的药物粉末混合。其形状有V字形、双圆锥形和正立方体形等。其中V形混合机混合速度快，应用广泛。

(3) 球磨机：球磨机的构造和性能在"粉碎与筛析"一章中已介绍。可以用球磨机进行药物粉末的混合。球磨机混合具有搅拌、研磨等作用，混合时因密闭而使药物粉末不会飞扬。

(4) 双螺旋锥型混合机：主要部分为锥形混合器。混合时药物粉末在混合器中螺旋推进器自转的作用下从底部上升，又在螺旋推进器公转的作用下产生漩涡和上下反转搅拌等。具有混合速度快，药物粉末不会飞扬等特点。

(5) 多维混合器：主要部分为可以公转和自转的混合器。在此情况下药物粉末产生多方向的紊乱运动。多维混合器具有混合速度快，药物粉末不会飞扬等特点。但需要的操作空间比较大，在混合器周围一定范围内属于危险区域。

第2节 制 粒

一、制粒的含义和目的

1. 制粒的含义 制粒是在混合均匀的药物粉末中加入适宜的湿润剂或黏合剂，采用适宜的方法制备成的颗粒状药物的方法。颗粒制备是颗粒剂、片剂、胶囊剂等剂型的重要操作。

2. 制粒的目的

(1) 通常药物粉末的流动性差。通常药物粉末在散剂中的包装和胶囊剂中药物的填充时,容易影响重量差异;在片剂制备中会影响片重差异和出现松片等质量问题。通过将药物粉末制备颗粒可以大大改善其流动性。

> 不同剂型对颗粒要求的侧重点不同。一般来讲,颗粒剂对颗粒的要求侧重于粒度和溶化性;片剂对颗粒的要求侧重于流动性和可压性;硬胶囊侧重的则是流动性。
>
> 链接

(2) 由于混合时各组分药物的质地、性质、粒度等差异,在剂型制备等操作中,经常会因为振动、混合等使药物产生分层等离析现象。制备成颗粒后可以避免或减少这种现象的发生。

(3) 药物生产过程中,药物细粉末容易产生飞扬或在器壁上吸附,从而造成药物的损失、对生产环境的污染和操作技术人员的损害,及生产区域清理麻烦。

(4) 在片剂生产过程中将药物粉末制备成颗粒,可以减少细粉的吸附和容存的空气,进而改善压片过程中产生的松片、裂片等压力传递不均匀造成的问题。

(5) 进一步促使药物混合均匀。制粒过程中,药物粉末将和湿润剂、黏合剂等充分混合,保障了制剂成品药物的均匀性。

二、制粒的方法与设备

根据制备时加用湿润剂或黏合剂的情况,颗粒的制备分为湿法制粒和干法制粒两种。湿法制粒在制备时需要有一定的湿润剂或液体黏合剂的应用,或者利用中药提取液的稠膏中自身所含有的部分水分;干法制粒则不加入湿润剂或液体黏合剂,有时需要加入适量的干燥黏合剂。

与湿法制粒相比,干法制粒的突出优点在于不用湿润剂或液体黏合剂,避免了药物受湿热的影响可能造成的破坏,同时应用的辅料少,成品颗粒一般不需要干燥等。

(一) 湿法制粒的方法与设备

1. 挤出制粒　是在药物粉末中,加入适宜的湿润剂或黏合剂混合制成软材,或一定相对密度的稠膏与适宜的赋形剂混合制成软材后,置于制粒用筛网或筛板上,采用外力挤压,使软材通过而成颗粒的制备方法。常用的挤出式制粒设备有摇摆式制粒机、旋转式制粒机(图7-1、图7-2),其中摇摆式制粒机应用最为广泛。

挤出制粒的药物可以是一定相对密度的稠膏,通常为1.30~1.35(50~60℃);也可以是药物提取物经干燥而粉碎成的细粉。制成软材的程度为用手"握之成团,抖或碰之则散"。软材太软或成团太紧,制粒时黏性强,易造成黏筛、颗粒呈长条状甚至黏筛而不能制粒;软材太干或成团太松,制粒时细粉太多。这两个方面都会造成合格颗粒少、制粒效率低等。

挤出制粒所用的赋形剂的种类和用量,应根据药物(提取物的干膏粉或稠膏)的性质进行适当调整。对于质地疏松、含有药材细粉、黏性较差的药物细粉,湿润剂或黏合剂的用量宜多。反之,对于含有较多中药提取物干膏粉或稠膏的药物,湿润剂或黏合剂的用量宜少甚至不用,以恰好能制成软材所需的最低量为限。常用的赋形剂为糊精、糖粉。

挤出制粒具有方法简便、快速,制粒效率高的优点,制成的颗粒一般呈不规则、蓬松的短条状。作为颗粒剂的颗粒能够快速溶散。

2. 高速搅拌制粒　是将药物粉末、辅料置于容器中,加入适宜的湿润剂或黏合剂,通过旋转的搅拌浆的搅拌、混合作用和快速制粒刀的切割作用,而成颗粒的制备方法。常用的设备有快速搅拌制粒机(图7-3)。

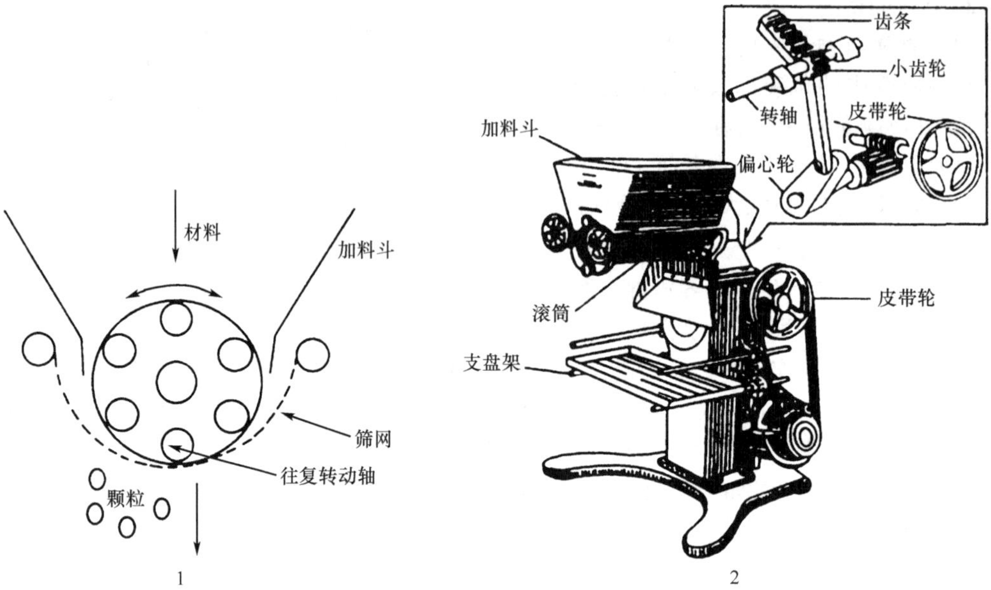

图7-1 摇摆式制粒机制示意图

1. 摇摆式制粒机制粒示意图;2. 摇摆式制粒机外形图

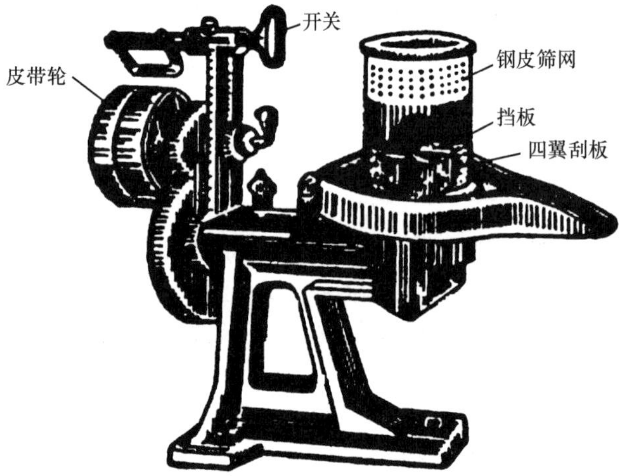

图7-2 旋转式制粒机外形图

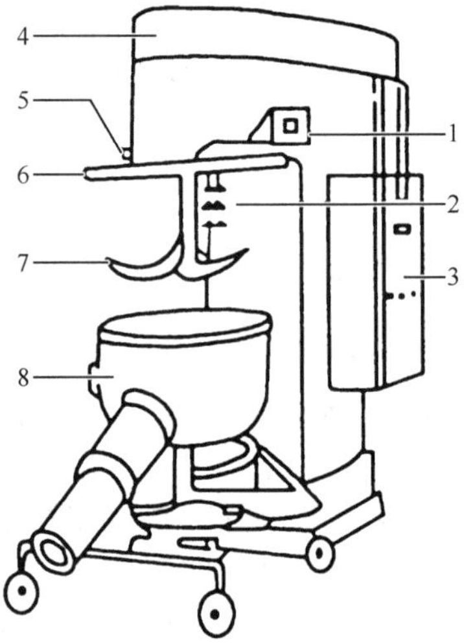

图7-3 高速搅拌制粒机示意图

1. 视孔;2. 制粒刀;3. 电器箱;4. 机身;5. 送料口;6. 安全环;7. 浆叶;8. 盛器

高速搅拌制粒,可以通过调整搅拌浆和制粒刀的转速来调整所制成的颗粒的大小。该方法有制粒快速(一般几秒钟到1~2分钟),颗粒大小均匀,外形圆整致密,流动性好,可以将混合和制粒同时完成的特点,在片剂和硬胶囊内容物的颗粒制备时应用较广。

3. 流化喷雾制粒 又称一步制粒和沸腾制粒,是将药物粉末和辅料置制粒容器中通入干燥、洁净、具有一定流速的空气使粉末预热并沸腾,再将部分药液、湿润剂或黏合剂间歇喷雾加入,粉末被湿润而黏结成颗粒的制粒方法(图7-4)。流化喷雾制粒,可以通过控制液体喷雾的速度和雾滴大小得到不同粒度的颗粒。该方法有制得的颗粒大小均匀，外形圆整疏松，流动性好，可以将混合、制粒和干燥同时完成的特点，适用于对湿热敏感的药物。但能量消耗大，药物的极细粉不容易回收，设备清洗困难和制粒时温度、风力等控制比较复杂等问题。

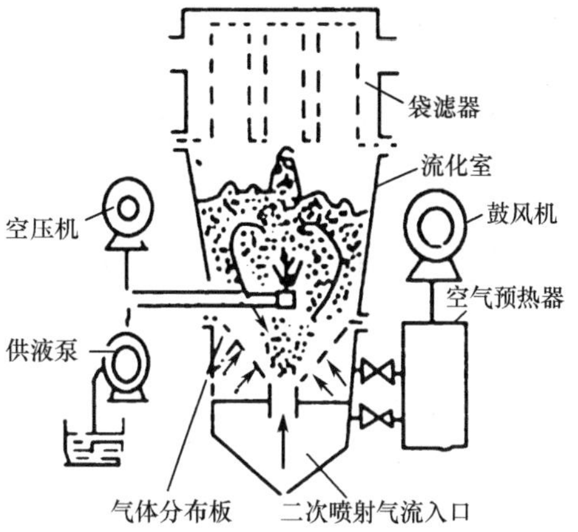

图 7-4　流化喷雾制粒设备示意图

4. 滚转制粒　是将药物粉末和辅料置制粒容器中转动，间歇喷雾加入药液、湿润剂或黏合剂，使药物粉末被湿润而黏结成颗粒的制粒方法。常用的设备有离心式滚转制粒机、包衣锅式滚转制粒机。

滚转制粒可以通过控制液体喷雾的速度和雾滴大小、滚转的速度等得到不同粒度的颗粒。该方法有制得的颗粒大小均匀，外形圆整致密，流动性好的特点，适用于黏性较强的中药提取物干膏粉、稠膏等药物的制粒。

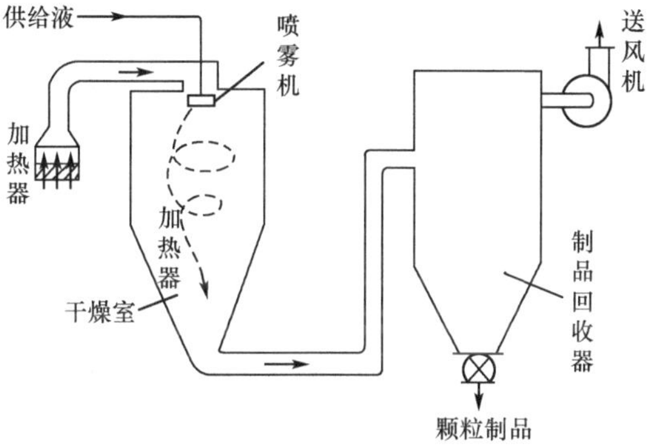

图 7-5　喷雾干燥制粒装置示意图

5. 喷雾干燥制粒　是将一定相对密度的液体药料（加入或不加辅料）经喷雾进入干燥室中，雾滴被迅速干燥而成颗粒的制粒方法。常用的设备有喷雾干燥制粒机（图 7-5）。

喷雾干燥制粒可以通过喷出雾滴大小，得到不同粒度的颗粒。制得的颗粒大小均匀，外形圆整疏松，流动性好，适用于对湿热敏感的液体药物制粒。但能量消耗大，颗粒容易粘连，设备清洗困难和制粒时条件控制比较复杂等问题。

（二）干法制粒的方法与设备

1. 滚压法制粒　是将药物粉末与一定的辅料混合均匀后通过转动的圆筒积压成薄片，薄片用破碎机或摇摆式制粒机破碎成颗粒的制粒方法。常用的设备有干压或干挤制粒机（图 7-6）。该方法是干法制粒的常用方法。

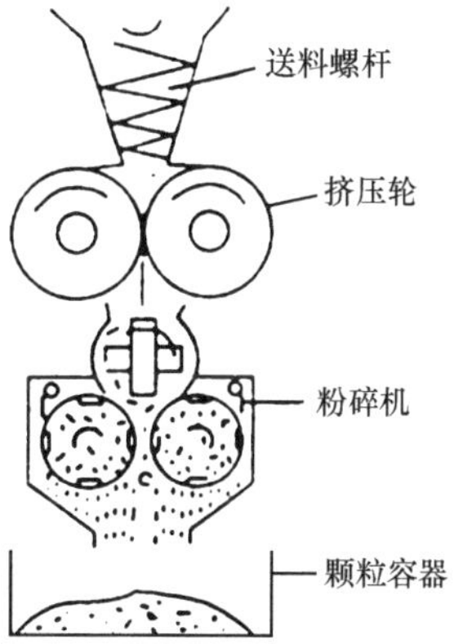

图 7-6　干挤制粒机制粒示意图

滚转制粒可以通过调节圆筒的转动速度、两个圆筒之间缝隙的大小得到不同硬度的颗粒。颗粒的大小取决于破碎机或摇摆式制粒机破碎的速度与筛网孔径的大小。该方法制得的颗粒多为菱形、片状，外形菱角明显，颗粒致密，硬度较大，流动性能一般，省却了湿润剂或黏合剂的加入及干燥工序。适用于对湿热敏感的药物以及需要加入很少辅料的药物制粒。但颗粒硬度较大，作为颗粒剂的颗粒溶化速度慢，片剂压片时需要较大压力，一次成型率低，细粉较多。

2. 重压法制粒　又称压片制粒法，是将药物粉末与一定的辅料混合均匀后通过压片机压成片再用破碎机或摇摆式制粒机破碎成颗粒的制粒方法。常用的设备有单冲压大片机。该方法目前应用很少。

重压法制粒可以通过压片机压力大小的调整，得到不同硬度的颗粒；颗粒的大小取决于破碎机或摇摆式制粒机破碎的速度与筛网孔径的大小。该方法制得的颗粒形状和制备的特点同滚压法制粒。

（三）不同原料的制粒方法

（1）中药材中提取的有效成分或有效部位制粒：采用有效成分或有效部位制粒，药物的用量一般较少，制粒时加入的稀释剂或吸收剂较多，制粒一般比较容易。制粒时应注意的主要问题是要将药物与辅料混合均匀。

（2）干浸膏药物制粒：一般粉碎成细粉，采用较高浓度的乙醇作为湿润剂。乙醇最好采用喷雾的方法加入。

（3）稠浸膏药物制粒：采用中药提取液稠浸膏制粒的方法应用较广。该方法省去了干浸膏的干燥、粉碎工序，而且稠浸膏能够起到黏合剂的作用。制粒时应注意的主要问题是要将稠膏与辅料混合均匀，必要时可以加入适量的乙醇来调节制粒时的黏性。

（4）含有部分药材粉末的药物制粒：由于有部分药材粉末的存在，可以减少稀释剂或吸收剂的用量，甚至不用加入稀释剂或吸收剂。一般将含有热敏性、挥发性成分和贵重细料药直接粉碎成细粉制粒。细粉的粒度应过5、6号筛，必要时应过7、8号筛。采用部分药材粉末制备成的颗粒剂为混选型颗粒剂。采用药材粉末制粒时应注意药材粉末的卫生学问题，控制药材粉末中的细菌和真菌数量。

小结

混合与制粒是多种固体剂型制备的重要操作单元。本章的学习要点应在知道混合与制粒的含义、特点、原则、目的的基础上，明确混合与制粒的方法；熟悉各种混合与制粒机械的应用特点；了解颗粒制备常用的辅料。为各个剂型的学习打下良好基础。

目标检测

一、单项选择题

1. 混合的目的是（　　）

A. 增强药物的作用　　B. 改变药物的性质

C. 降低药物的副作用　　D. 各组分药物在混合物中的含量均匀一致

2. 下列属于干法制粒的是（　　）

A. 挤出制粒　　B. 一步制粒　　C. 快速搅拌制粒　　D. 喷雾制粒

二、多项选择题

1. 混合的机制包括（　　）

A. 搅拌混合　　B. 切变混合　　C. 过筛混合　　D. 对流混合　　E. 扩散混合

2. 制粒的目的有（　　）

A. 制备成颗粒可以大大改善其流动性

B. 制备成颗粒后可以避免或减少药物粉末的分层

C. 避免药物粉末产生飞扬或在器壁上吸附

D. 药物粉末制备成颗粒,可以减少细粉的吸附和容存的空气

E. 促使药物混合均匀

三、名词解释

1. 高速搅拌制粒　　2. 干法制粒

四、简答题

1. 简述混合的方法。

2. 简述制粒的方法。

（倪　健）

第8章 液体药剂

学习目标

1. 记住液体药剂的含义与分类；记住表面活性剂的含义、分类；记住各类液体药剂的含义、特点

2. 熟悉液体药剂的特点与质量要求

3. 明确增加药物溶解度的方法；明确表面活性剂的性质与应用；明确各类液体药剂制备方法

4. 了解乳剂、混悬剂的不稳定性现象

5. 知道表面活性剂在药剂学中的应用；知道乳剂中常用乳化剂；知道混悬剂常用稳定剂

第1节 概 述

一、液体药剂的含义与分类

液体药剂系指将药物分散在液体介质中制成的供内服或外用的一类制剂。液体药剂是一个较复杂的分散体系，其中的固体或液体药物，可以不同的分散方式分散在分散介质中。为确保液体药剂的稳定性与均匀性及其应用的安全性和有效性，制备时常需加用某些附加剂。

液体药剂按分散系统可分为真溶液型、胶体溶液型、乳状液型和混悬型液体药剂；按给药途径及用法可分为洗剂、搽剂、灌肠剂、滴耳剂、滴鼻剂等剂型。

二、液体药剂的特点

液体药剂是临床广泛应用的剂型之一，具有以下特点：①液体药剂中药物的分散度大，吸收快，作用迅速；②易于控制药物浓度，减少对胃肠道的刺激；③给药途径广泛，可内服亦可外用；④使用方便，易于分剂量，尤其适用于老年和婴幼儿患者；⑤液体药剂存在储藏、运输、携带不方便，水性液体药剂易霉变，不稳定药物易分解失效等缺点。

三、液体药剂常用的溶剂

制备液体药剂时，要根据药物的性质及临床治疗要求选用不同的溶剂。优良的溶剂应具备化学性质稳定、毒性小、成本低、无臭味，不影响主药的含量测定和药效的发挥等条件。按其极性常用的溶剂可分为极性溶剂与非极性溶剂。

(一) 极性溶剂

极性溶剂由极性分子组成。由于其分子构型和键的极性,使分子的正、负电荷重心不重合而具有极性。极性大小可用偶极矩或介电常数表示,偶极矩或介电常数大则分子的极性大。

1. 水 是最常用的溶剂。水能与乙醇、甘油、丙二醇等溶剂以任意比例混合。水能溶解绝大多数的无机盐,并能溶解生物碱盐、苷类、糖类、树胶、鞣质、蛋白质、酸类和色素等有机物质;但有些药物在水中不稳定,易霉变不宜久储。配制水性液体制剂应使用蒸馏水或去离子水等制药纯水,以免影响成品质量。

2. 乙醇 可与水、甘油、丙二醇等任意比例混合,能溶解药材中大部分有效成分,如生物碱及其盐类、苷类、挥发油、树脂、鞣质及某些有机酸和色素等,其毒性比其他溶剂小。浓度在20%以上即具防腐作用。但与水相比,成本高,本身具有药理作用,有易挥发及易燃烧等缺点。因此,其制剂应密闭储存。另外,配制稀醇液时要注意应使其凉至20℃时再补足所需体积。

3. 甘油 本品为黏稠液体,味甜,毒性小,能与水、乙醇、丙二醇等以任意比例混合而不与氯仿、乙醚及脂肪油相溶。甘油的吸水性很强,其无水物对皮肤有脱水作用和刺激性。甘油与水相比黏度较大,且有防腐性,多在外用制剂中使用。在内服溶液中含甘油12%(g/ml)以上时,不但使制剂有甜味,且能防止鞣质析出。

4. 丙二醇 性质与甘油相似,但黏度较小,药用为1,2-丙二醇。丙二醇与水等量混合液能延缓某些药物的水解,增加其稳定性;对药物在皮肤和黏膜的吸收有一定的促进作用。本品价格较贵,故较少用。

5. 聚乙二醇类(PEG) 低聚合度的聚乙二醇,如PEG 300~400为透明液体,能与水以任何比例混溶,并能溶解许多水溶性无机盐和水不溶性有机药物。本品具有与甘油类似的保湿作用,对易水解的药物具有一定的稳定作用。

(二) 非极性溶剂

非极性溶剂不能溶解极性药物,但能溶解具有相似结构或相近分子间力的非极性药物。常用的非极性溶剂如下。

1. 脂肪油 系指麻油、豆油、花生油、橄榄油等植物油,能溶解油溶性药物如激素、挥发油、游离生物碱、樟脑等。本品不能与水、乙醇或甘油相混合,易酸败,也易与碱性物质起皂化反应而变质。多用于外用制剂如滴鼻剂、洗剂等。

2. 液状石蜡 本品为饱和烷烃化合物,无色澄明油状液体,化学性质稳定,分轻质和重质两种,多用于外用液体制剂或软膏剂、糊剂中。

3. 油酸乙酯 属脂肪油的代用品。本品为淡黄色或几乎无色,易流动,有似橄榄油香味的油状液体,密度(20℃)为0.866~0.874g/ml,黏度≥0.52cPa·s,酸值≤0.5,碘值75~85,皂化值177~188。本品在空气中暴露易氧化、变色,故常加用抗氧剂。

4. 肉豆蔻酸异丙酯 本品为透明、无色、几乎无臭的流动液体,由异丙醇和肉豆蔻酸酯化而得,密度0.846~0.854g/ml,25℃时黏度0.7cPa·s,酸值≤1,皂化值202~212,碘值≤1。本品化学性质稳定,不会酸败,不易氧化和水解,无过敏性,仅有极低的刺激性,20℃时,1份溶于3份90%乙醇溶液中。本品常作外用药物的溶剂。

四、液体药剂的防腐

（一）防腐的重要性

液体药剂特别是以水为溶剂的液体药剂易被微生物污染，尤其是含有营养物质如蛋白质、糖类等，更易使微生物滋生与繁殖，即使是抗生素和一些化学合成的消毒防腐药的液体制剂，有时也会染菌、生霉。如呋喃西林溶液中曾发现有霉菌生长，这是因为各种抗菌药物都有一定的抗菌谱，对抗菌谱以外的微生物就不易起作用所致。液体制剂一旦长霉，就不能供临床应用。《中国药典》关于药品微生物限度标准，对液体制剂规定了染菌的限量要求。

（二）防腐措施

1. 防止污染 防止微生物污染是防腐的重要措施。防止污染首先应了解微生物的生长条件及影响因素。微生物的生长需要水分、氧气、二氧化碳、氮元素以及多种矿物质。同时，制剂的 pH 对微生物的生长有很大的影响。霉菌生长最适宜的 pH 是 4~6；细菌生长适宜的生长 pH 为 6~8；碱性范围对霉菌、细菌都不适宜，pH 9 以上几乎没有微生物生长。因此，在整个配制过程中，尽量防止污染，如缩短生产周期和暴露时间；用具、容器及瓶塞使用前进行灭菌；药液一般趁热灌装密塞；保持生产环境的无菌以及操作者卫生等。

2. 添加防腐剂 配制过程中防止污染，并不能完全保证没有细菌污染，所以仍须加适当的防腐剂用以抑制微生物繁殖，甚至可以杀灭存在的微生物。防腐剂应具备用量小、无毒、无刺激性；可溶解性、性质稳定，储存时不发生变化，也不与制剂中成分发生反应；不影响药液 pH 和含量测定以及色香味；对大部分微生物有较强的防腐力。

常用防腐剂参见第 3 章药剂卫生相关内容。

五、液体药剂的色香味

很多药物制成液体药剂都存在着不良嗅味，如鱼肝油有鱼腥味；生物碱、氯霉素有苦味等。这些不良嗅味常使患者特别是儿童难以服用，服用后常会引起恶心、呕吐。所以矫正药物的不良嗅味、美化制剂外观，对提高患者的顺应性具有重要的临床价值。

（一）矫味剂

矫味剂能在一定程度上掩盖制剂的不良气味，便于内服。常用的矫味剂有以下几类。

1. 甜味剂 具有甜味的物质有天然品与合成品（包括半合成品）两大类，天然甜味剂有糖类、糖醇类等，其中糖类是最常用的。常用的甜味剂有蜂蜜、蔗糖、甘草酸、甜菊苷以及蛋白糖等。

2. 芳香剂 在药品生产中有时需要添加少量香料或香精以改善药品的香味，这些香料与香精称为芳香剂。常用芳香剂为天然挥发性芳香油，如薄荷油、橙皮油等，以及人工合成香精，如香蕉香精、菠萝香精等。

3. 胶浆剂 胶浆剂由于黏稠，可以干扰味蕾的味觉而矫味，从而降低药物的刺激性，矫正酸涩味。在胶浆剂中加入 0.02% 糖精钠或 0.025% 甜菊苷可增加胶浆剂的矫味能力。常用的胶浆剂有淀粉、羧甲基纤维素钠、甲基纤维素、阿拉伯胶等。

4. 泡腾剂 由有机酸与碳酸氢钠或碳酸钠等组成。常用的有机酸有枸橼酸、酒石酸、苹果酸等。有机酸与碳酸氢钠或碳酸钠生成二氧化碳,二氧化碳溶于水呈酸性,能麻痹味蕾而矫味,若与甜味剂、芳香剂配伍,可得清凉饮料的佳味。

药用焦糖是将蔗糖加热至180~220℃使糖熔化,继续加热1~1.5小时,熔化的糖液逐渐增稠、变色,失去2分子水而变为稠厚且流动性好的暗红棕色、略有气味、可与水任意混合的澄清液,而并非烧焦的糖。

链接

(二)着色剂

着色剂可以改变药剂的外观,若所选颜色与矫味剂配伍协调,更易被患者接受。如薄荷味用绿色,橘子味用橙黄色等。着色剂亦称色素,分天然色素与合成色素两类。

1. 天然色素 植物性的如苋菜汁、胡萝卜素、叶绿素与焦糖,矿物性的如氧化铁。

2. 人工合成色素 目前我国允许使用的人工合成色素有苋菜红、柠檬黄、靛蓝、日落黄、姜黄以及亮蓝等,应用时可调配成苹果绿、橘黄、玫瑰红等。液体药剂中一般用量为百万分之五至十万分之一。常配成1%储备液使用。

外用液体药剂中常用的着色剂有伊红(又称曙红,适用于中性或弱碱性溶液)、品红(适用于中性或弱酸性溶液)以及亚甲蓝(又称美蓝,适用于中性溶液)等。

第2节 表面活性剂

一、表面活性剂的含义与特点

物体的相与相之间的交界面称为界面,但通常将固体与气体或液体与气体之间的界面称为表面。液-气、液-液、固-液、气-固界面存在着一定的界面张力或表面张力。溶液的表面张力与溶质的性质和浓度有关,以水的表面张力为例,无机盐、糖类的水溶液,其表面张力随溶质浓度的增加而增加;醇、醛、酸等有机化合物的水溶液,其表面张力随溶质浓度的增加而降低;肥皂类的水溶液,其表面张力随溶质浓度的增加而急剧降低。凡能显著降低两相间表面张力(或界面张力)的物质,称为“表面活性剂”。

表面活性剂降低表面(界面)张力的能力主要取决于其分子结构特点,这些表面活性剂大都是长链的有机化合物,在分子结构中同时含有亲水基团和亲油基团,具有“两亲性”,如肥皂即脂肪酸钠(RCOONa),其中R—为亲油基团,—COONa为亲水基团。其次,还与其应用浓度有关。表面活性剂在低浓度时,其分子被吸附在溶液的表面,亲水基团插入水相,亲油基团朝向空气或油相中,并在表面定向排列,改变了液体的表面性质,从而降低了表面张力,这种现象称之为溶液的表面吸附。表面活性剂的浓度增大至表面吸附达到饱和后,表面活性剂则进入溶液的内部。

二、表面活性剂的种类

表面活性剂按其解离情况不同分为离子型和非离子型两大类,其中离子型表面活性剂又分为阳离子型、阴离子型和两性离子型表面活性剂3类。

（一）阴离子型表面活性剂

起表面活性作用的是阴离子的表面活性剂，称为阴离子型表面活性剂。主要包括肥皂类、硫酸化物以及磺酸化物等。

1. 肥皂类 为高级脂肪酸的盐类，其分子结构通式为 $(RCOO^-)_n M^{n+}$，其中脂肪酸烃链 R 通常在 $C_{11} \sim C_{18}$之间，以硬脂酸、油酸、月桂酸等较常用。根据其金属离子（M^{n+}）的不同，有碱金属皂、碱土金属皂和有机胺皂等。

本类表面活性剂具有良好的乳化能力，但容易被酸破坏，碱土金属皂还可被钙、镁盐等破坏，电解质可使之盐析；有一定的刺激性，一般只用于外用制剂中。

2. 硫酸化物 主要为硫酸化油和高级脂肪醇的硫酸酯类，其分子结构通式为 $R \cdot O \cdot SO_3^- M^+$，其中高级醇烃链 R 在 $C_{12} \sim C_{18}$之间。常用的有：①硫酸化蓖麻油（又称土耳其红油），为黄色或橘黄色黏稠液体，微臭，可与水混合，为无刺激性的去污剂和润湿剂，可代替肥皂洗涤皮肤，亦可用于挥发油或水不溶性杀菌剂的增溶；②高级脂肪醇硫酸酯类，常用的有十二烷基硫酸钠（又名月桂硫酸钠）、十六烷基硫酸钠（又名鲸蜡醇硫酸钠）、十八烷基硫酸钠（又名硬脂醇硫酸钠）等，它们的乳化性很强，比肥皂类稳定，主要用作外用软膏剂的乳化剂。

3. 磺酸化物 主要有脂肪族磺酸化物、烷基芳基磺酸化物、烷基萘磺酸化物等，分子结构通式为 $RSO_3^- M^+$。其水溶性和耐钙、镁盐的能力虽比硫酸化物稍差，但不易水解，特别是在酸性水溶液中较稳定。常用的有：①脂肪族磺酸化物，如二辛基琥珀酸磺酸钠（商品名阿咯索-OT）；②烷基芳基磺酸化物，如十二烷基苯磺酸钠。本类表面活性剂广泛用作洗涤剂。

（二）阳离子型表面活性剂

起表面活性作用的是阳离子的表面活性剂，称为阳离子型表面活性剂。其分子结构中含有一个五价的氮原子，又称季铵化合物。其水溶性大，在酸性或碱性溶液中均较稳定，除具有良好的表面活性外，还具有很强的杀菌作用，因此主要用于杀菌和防腐。如苯扎氯铵、苯扎溴铵（新洁尔灭）、氯化（溴化）十六烷基吡啶等。

（三）两性离子型表面活性剂

本类表面活性剂的分子结构中同时具有正、负电荷基团，从而具有阴、阳离子表面活性剂结合在一起的特性，在碱性介质中呈阴离子型表面活性剂的性质，起泡性好、去污力强；在酸性介质中呈阳离子型表面活性剂的性质，杀菌力很强。

1. 天然的两性离子型表面活性剂 常用的是卵磷脂，其分子结构由磷脂型的阴离子部分和季铵盐型的阳离子部分组成。故本品不溶于水，但对油脂的乳化能力很强，可制得乳滴细小而不易被破坏的乳剂。本品常与其他乳化剂合用于注射用乳剂的制备。

2. 合成的两性离子型表面活性剂 构成本类表面活性剂的阳离子部分主要是胺盐或季铵盐，阴离子部分主要是羧酸盐。在羧酸盐型中又分为氨基酸型和甜菜碱型。氨基酸型在等电点（一般为微酸性）时，亲水性减弱，可能产生沉淀；甜菜碱型不论在酸性、碱性或中性溶液中均易溶，在等电点时也无沉淀，适用于任何 pH 的溶液。

（四）非离子型表面活性剂

本类表面活性剂在水中不解离，其分子结构中亲水基团多为甘油、聚乙二醇和山梨醇等多元醇，亲油基团多为长链脂肪酸或长链脂肪醇以及烷基或芳基等，它们以酯键或醚键相结合。毒性和溶血作用较小，不解离、不易受电解质和溶液 pH 的影响，能与大多数药物配伍应用，因而应用广泛，可供外用和内服，部分品种可用于注射剂。

1. 脱水山梨醇脂肪酸酯类 本类表面活性剂系由山梨醇与不同的脂肪酸组成的酯类化合物，商品名为司盘（span）。根据所结合的脂肪酸种类和数量的不同，本类表面活性剂常用的有：脱水山梨醇单月桂酸酯（司盘 20）、脱水山梨醇单棕榈酸酯（司盘 40）、脱水山梨醇单硬脂酸酯（司盘 60）、脱水山梨醇单油酸酯（司盘 80）、脱水山梨醇三油酸酯（司盘 85）等。

本类表面活性剂亲油性较强，常用作 W/O 型乳剂的乳化剂或 O/W 型乳剂的辅助乳化剂。

2. 聚氧乙烯脱水山梨醇脂肪酸酯类 本类表面活性剂是在司盘类表面活性剂分子结构的剩余羟基上，结合聚氧乙烯基而成的醚类化合物，商品名为吐温（tween）。根据所结合的脂肪酸种类和数量的不同，本类表面活性剂常用的有：聚氧乙烯脱水山梨醇单月桂酸酯（聚山梨酯 20、吐温 20）、聚氧乙烯脱水山梨醇单棕榈酸酯（聚山梨酯 40、吐温 40）、聚氧乙烯脱水山梨醇单硬脂酸酯（聚山梨酯 60、吐温 60）、聚氧乙烯脱水山梨醇单油酸酯（聚山梨酯 80、吐温 80）、聚氧乙烯脱水山梨醇三油酸酯（聚山梨酯 85、吐温 85）等。

由于分子中含有大量亲水性的聚氧乙烯基团，故其亲水性显著增强，成为水溶性表面活性剂，主要用作 O/W 型乳剂的乳化剂和增溶剂，还可做润湿剂和分散剂。

3. 聚氧乙烯脂肪酸酯类 本类表面活性剂系由聚乙二醇与长链脂肪酸缩合而成，如商品名为卖泽（myrj）类的表面活性剂。它们的水溶性和乳化性很强，常用作增溶剂、O/W 型乳剂的乳化剂。

4. 聚氧乙烯脂肪醇醚类 本类表面活性剂是由聚乙二醇与脂肪醇缩合而成的醚类，商品名为苄泽（brij）类。因聚氧乙烯聚合度和脂肪醇的不同而有不同的品种，常用的品种有西土马哥（由聚乙二醇与十六醇缩合而成）、平平加 O（由 15U 氧乙烯与油醇形成的缩合物）等。

5. 聚氧乙烯-聚氧丙烯共聚物 本类表面活性剂是由聚氧乙烯和聚氧丙烯聚合而成。聚氧乙烯基具有亲水性，而聚氧丙烯基则随着相对分子质量增大亲油性逐渐增强，具有亲油性。常用的有普朗尼克 F-68，相对分子质量约为 7500，熔点为 50℃，室温下呈片状固体。普朗尼克对皮肤无刺激性和过敏性，对黏膜刺激性极小，毒性也比其他非离子型表面活性剂小，可作静脉注射用乳剂的乳化剂。

> 1949 年格里分（Griffin）提出了 HLB 值的概念。将非离子型表面活性剂亲水性最大的聚氧乙烯二醇基的 HLB 值定为 20，将疏水性最大的饱和烷烃基的 HLB 值定为 0，所以非离子型表面活性剂的 HLB 值定为 0~20 之间。
>
> 链接

三、表面活性剂的基本性质

（一）亲水亲油平衡值

表面活性剂分子是由亲水基团和亲油基团组成，它们能在油-水界面上作定向排列。如果表面活性剂分子的亲水性或亲油性过强，则该表面活性剂就可能完全溶解于水相或油相中，很少分布在油水界面上，从而失去其表面活性。因此，表面活性剂的亲水亲油性必须适当平衡。

表面活性剂的亲水亲油能力的强弱，常用亲水亲油平衡值（HLB 值）来表示。表面活性剂的

HLB 值愈高,其亲水性愈强;HLB 值愈低,其亲油性愈强。

不同用途的表面活性剂要求不同的 HLB 值,如增溶剂的 HLB 值的最适范围为 15~18; O/W 型乳化剂的 HLB 值为 8~16;W/O型乳化剂的 HLB 值为 3~8;润湿剂和铺展剂的 HLB 值为7~9;去污剂的 HLB 值为 13~16;大部分消泡剂的 HLB 值为 0.8~3 等。

在溶液中形成胶团是表面活性剂的一个重要特性。胶团可呈球形、圆柱形、板层状等。

达到临界胶团浓度时,溶液的一些理化性质发生突变,如表面张力降低、增溶作用增强、起泡及去污力增大等。

链接

(二)胶团和临界胶团浓度

表面活性剂在水溶液中达到一定浓度后,尽管其浓度继续增加,但其降低表面张力的能力已不再明显增强。表面活性剂分子的疏水部分与另一表面活性剂分子的亲水部分之间亲和力较小,而疏水部分之间的亲和力较大,当表面活性剂的浓度较大时,其疏水基团相互吸引、缔合,形成缔合体;这种缔合体称为胶团或胶束。表面活性剂在溶液中开始形成胶团时的浓度称为临界胶团浓度(CMC)。临界胶团浓度的大小与其结构和组成有关,同时受温度、pH 以及电解质等外部条件的影响。

(三)起昙和昙点

通常表面活性剂的溶解度随温度升高而增大,但某些含聚氧乙烯基的非离子表面活性剂的溶解度开始随温度升高而增大,当达到某一温度时,其溶解度急剧下降,使溶液出现混浊或分层,但冷后又恢复澄明。这种由澄明变混浊或分层的现象称起昙,出现转变的温度称为昙点。

产生起昙现象的原因主要是由于含聚氧乙烯基的非离子表面活性剂与水所形成的氢键在温度升高到昙点后断裂,从而导致溶解度急剧下降,出现混浊或分层。

表面活性剂的昙点可因盐类或碱性物质的加入而降低。有些含聚氧乙烯基的表面活性剂,如普朗尼克 F-68,极易溶于水,甚至达到沸点时也没有起昙现象。

含有能产生起昙现象表面活性剂的制剂,由于加热灭菌等影响而导致表面活性剂的增溶或乳化能力下降,使被增溶物质析出或相应的乳剂破裂,有些可能在温度下降后恢复原状,但有些则难以恢复。因此含此类表面活性剂的制剂应注意加热灭菌温度的影响。

(四)表面活性剂的毒性

阳离子型表面活性剂的毒性一般最大,其次是阴离子型表面活性剂,非离子型表面活性剂的毒性最小。

阳离子型和阴离子型的表面活性剂还有较强的溶血作用。非离子型表面活性剂的溶血作用一般比较轻微,其中聚山梨酯类表面活性剂的溶血作用通常较其他含聚氧乙烯基的表面活性剂更小。

静脉给药制剂中的表面活性剂的毒性比口服给药大。外用表面活性剂的毒性较小,但仍以非离子型表面活性剂对皮肤和黏膜的刺激性为最小。

四、表面活性剂在药剂学中的应用

表面活性剂在药剂学中有着广泛的应用,阳离子型表面活性剂可直接用于消毒、杀菌和防腐,其他类型表面活性剂常用于增溶、乳化、润湿、助悬、促进药物吸收、增加药物的稳定性等。

1. 增溶 表面活性剂在溶液中形成胶团后增大了难溶性药物在水中的溶解度并形成澄清溶液的过程称为增溶。具有增溶作用的表面活性剂称为增溶剂。应用增溶剂可增加难溶性药物的溶解度,改善制剂如口服液、注射剂等的澄明度,同时提高制剂的稳定性。

2. 乳化 液体分散相以细小液滴分散在另一不相混溶介质中形成乳浊液的过程称为乳化。具有乳化作用的物质称为乳化剂。表面活性剂在乳浊液中能降低油水界面张力,使乳浊液易于形成,同时表面活性剂的分子能在分散相液滴周围形成一层保护膜,防止了液滴相互碰撞时聚集合并,从而提高乳浊液的稳定性。

3. 润湿 液体在固体表面铺展或渗透的作用称为润湿,具有润湿作用的表面活性物质称为润湿剂。润湿剂应具有合适的 HLB 值和溶解度。在混悬液型液体药剂制备过程中,常出现分散介质不易在药物粉末或颗粒表面铺展的现象,使药物粉末或颗粒漂浮或下沉。润湿剂可以降低疏水性固体药物和润湿液体间的界面张力,排除了固体表面吸附的气体,而使固体被润湿。

4. 起泡与消泡 中药的乙醇或水浸出液,因含有皂苷、树胶及其他高分子化合物,具有表面活性,在浸提、浓缩时产生稳定的泡沫而影响操作。为了破坏泡沫,可加入少量亲水性小的戊醇、辛醇、醚类、硅酮或其他 HLB 值为 1~3 的表面活性剂(消泡剂),而替代泡沫表面原来的表面活性物质(起泡剂),使泡沫破坏。

5. 去污 去污剂亦称洗涤剂,系指用于除去污垢的表面活性剂,常用的去污剂有油酸钠或其他脂肪酸的钠皂、钾皂、十二烷基硫酸钠及其他烷基磺酸钠等。

6. 其他 用作中药有效成分的辅助浸提、片剂的辅助崩解或润滑、混悬剂的助分散和助悬以及软膏基质和栓质基质的组成等。

第3节 增加药物溶解度的方法

大多数药物都具有足够的供临床应用的溶解度,但一些难溶性药物即使制成饱和溶液仍低于应用浓度。因此增加难溶性药物的溶解度是药剂中重要的问题之一,尤其对溶液型液体药剂。常用的增加药物溶解度的方法如下。

一、增 溶

(一) 增溶的原理

溶液中表面活性剂分子的疏水基团相互吸引、缔合形成胶团。被增溶药物根据其极性大小,以不同方式与胶团结合,进入胶团的不同部位,而使药物的溶解度增大。

溶解度是指在一定温度(气体在一定压力)下,在一定量溶剂中达饱和时溶解的最大药量,是反映药物溶解性的重要指标。溶解速度是指在某一溶剂中单位时间内溶解溶质的量,溶解速度的大小影响药物的吸收与疗效。

链接

1. 非极性药物的增溶 如苯、甲苯、维生素A棕榈酸酯等,其亲油性强,与增溶剂的亲油基团有较强的亲和能力,可完全进入胶团的中心区内而被增溶。

2. 极性药物的增溶 如对羟基苯甲酸等,由于分子两端都有极性基团,亲水性强,能与增溶剂的亲水基团(如聚氧乙烯基)络合,即被吸附在增溶剂胶团的栅状层中而被增溶。

3. 半极性药物的增溶 如水杨酸、甲酚等,其分子中的非极性部分(如苯环)插入胶团的中心区(烃核)内,极性部分(如酚烃基)则伸入球形胶团的栅状层中而被增溶。

(二)影响增溶的因素

1. 增溶剂的性质、用量及使用方法 增溶剂的种类不同,其增溶量亦不同,即使是同系物的增溶剂,也因相对分子质量的不同而产生不同的增溶效果。同系物增溶剂的碳链愈长,其增溶量也愈大。

一般用作增溶剂的HLB值宜在15~18之间选择。对极性或半极性药物而言,非离子型表面活性剂的HLB值愈大,其增溶效果愈好,但对极性低的药物,结果则恰恰相反。

温度一定时,制剂中加入适量的增溶剂可以制得澄明液体,并在稀释后仍保持澄清。增溶剂的最佳用量可通过实验确定。

增溶剂的使用方法也会影响增溶效果。通常宜将增溶剂先与被增溶药物混合均匀,最好使药物溶解,然后再用溶剂分次稀释至规定体积。

2. 被增溶药物的性质 被增溶药物的同系物中,药物的相对分子质量愈大,被增溶量通常愈小。这是因为增溶剂所形成胶团的体积大体是一定的,而药物的相对分子质量愈大,其摩尔体积也愈大,在增溶剂浓度一定时,能被增溶的药物量必然愈少。

3. 溶液的pH及电解质等 当被增溶药物为弱酸或弱碱时,溶液的pH影响药物的解离,从而影响药物的分子型浓度,进而影响其增溶量。即溶液的pH增大,有利于弱碱性药物的增溶,溶液的pH减小,有利于弱酸性药物的增溶。

溶液中加入电解质,能使被增溶药物的溶解度增加,其原因是电解质能够降低增溶剂的临界胶团浓度,从而使增溶剂在较低的浓度时形成大量胶团而产生增溶作用;另外电解质还可中和胶团的电荷,增大了胶团内部的有效体积,为被增溶药物提供更多的空间,从而提高增溶效果。

二、助　溶

一些难溶于水的药物由于第二种物质的加入而使其在水中溶解度增加的现象,称为助溶。加入的第二种物质称为助溶剂。

助溶的机制主要有以下3种:难溶性药物与助溶剂形成可溶性络合物、有机分子复合物以及通过复分解反应生成可溶性盐类。

由于溶质与助溶剂的种类较多,至今助溶机制也未见一般的规律。助溶剂的选用应根据药物的性质,结合助溶的机制,通过实验而定。研究结果表明,助溶剂的摩尔浓度与溶质的摩尔浓度之间呈线性关系。助溶剂的用量通常较大,故宜选用无不良反应的助溶剂。

三、制成盐类

一些难溶性弱酸、弱碱类药物,可制成盐类而增加溶解度,但应考虑成盐后对溶液pH、药物稳定性、毒性、刺激性等的影响。

含有羧基、磺酸胺基、亚胺基等弱酸性药物，常用氢氧化钠、氢氧化钾、氢氧化铵、碳酸氢钠、二乙胺及三乙醇胺等与其作用生成溶解度较大的盐。弱碱性药物，常用盐酸、硫酸、磷酸、硝酸、氢溴酸、枸橼酸、酒石酸等与其生成盐类。

四、应用混合溶剂

有时溶质在混合溶剂中的溶解度要比在各单一溶剂中的溶解度大，这种现象称为潜溶性，具有潜溶性的混合溶剂称为潜溶剂。这种现象被认为是由于组成混合溶剂的两种溶剂分别作用于溶质分子的不同部位所致。

> 醋酸纤维素在乙醇、乙醚中均略溶，但在乙醇、乙醚的混合溶剂中则易溶。
>
> 链接

常用于组成潜溶剂的有：乙醇、丙二醇、甘油、聚乙二醇300或400与水等。

第4节 各类液体药剂

一、真溶液型液体药剂

真溶液型液体药剂系指药物以分子或离子形式分散于分散介质中形成的供内服或外用的均相液体药剂。常用的溶剂为水、乙醇、脂肪油及其混合物等。属于真溶液的剂型有溶液剂、糖浆剂、芳香水剂、酊剂、甘油剂等。

真溶液型液体药剂药物的分散度大、吸收迅速、起效快，物理稳定性较胶体溶液、混悬剂、乳剂好，但化学稳定性和生物稳定性较差。

（一）溶液剂

溶液剂系指一种或多种可溶性药物溶解于适宜溶剂中制成的澄清溶液。可内服亦可外用。

溶液剂的制法有溶解法、稀释法和化学反应法。

1. 溶解法 一般适用于稳定的化学药物。将药物溶解于适量（约总体积的2/3）蒸馏水中，滤过，自滤器上添加蒸馏水至全量，搅匀即得。处方中若含有增溶剂、助溶剂、pH调节剂、防腐剂以及抗氧剂等，应先加入蒸馏水中溶解后再加入药物。对热稳定而溶解缓慢的药物，可加热促进溶解，但挥发性药物或不耐热药物则应在冷却至40℃以下时加入，以免挥发或破坏损失。

2. 稀释法 该法系指将药物的高浓度溶液或易溶性药物的浓储备液用溶剂稀释至所需浓度的制备方法。

3. 化学反应法 除特殊规定外，配置时应先将相互反应的药物分别溶解于适量的溶剂中，然后将其中一种药物溶液缓缓加入另外一种药物溶液中，随加随搅拌，待化学反应完成，滤过，自滤器上添加适量的溶剂使成足量，搅匀，即得。

（二）芳香水剂与露剂

芳香水剂系指芳香挥发性药物的饱和或近饱和水溶液。含挥发性成分的中药材用水蒸气蒸馏法制备而成的芳香水剂又称为露剂或药露。

芳香水剂与药露均要求澄明，具有与原药材相同的气味，不得有异臭、沉淀或杂质。一般芳香水剂多用作矫味、矫臭，有些也具有治疗作用。

芳香水剂中挥发性成分易氧化变质而失去原有气味，并可产生黏稠物黏附于瓶口且极易霉败，所以芳香水剂不宜大量配制或久储。

芳香水剂与药露的制备方法因原料不同而异，纯净的挥发油或挥发性物质，可用溶解法和稀释法制备，含挥发性成分的中药材常用水蒸气蒸馏法制备。

二、胶体溶液型液体药剂

（一）含义与分类

胶体溶液型液体药剂系指大小在1~100nm范围的分散相质点分散于分散介质中形成的溶液。分散介质大多为水，少数为非水溶剂。根据分散相质点的聚集形式，胶体溶液型液体药剂可分为高分子溶液（亲水胶体）和溶胶（疏液胶体）。

1. 高分子溶液 高分子化合物如蛋白质、酶类、右旋糖酐等，以单分子形式分散于分散介质中形成的溶液称为高分子溶液，又称为亲水胶体，属均相热力学稳定体系。高分子化合物分散于非极性溶剂中形成的溶液为高分子非水溶液。

明胶、琼脂等高分子溶液，在温热条件下为黏稠性可流动的液体，但温度降低时，呈链状分散的高分子化合物形成网状结构，水被包含在网状结构中，形成不流动的半固体，称为凝胶。

2. 溶胶 分散相质点以多分子聚集体分散于分散介质中形成的胶体分散体系称为溶胶，又称疏液胶体。溶胶外观澄明，有乳光，属高度分散的热力学不稳定体系。溶胶粒子有很大的分散度，在水中呈现布朗运动。由于布朗运动而不使胶粒沉降，因此溶胶具有动力学稳定性。

（二）胶体溶液的稳定性

1. 高分子溶液 稳定性主要由水化作用决定。其分子周围的水化膜可阻碍分散相质点的相互聚集，若破坏水化膜，则会发生聚集而引起沉淀。破坏水化膜的方法有：①加脱水剂，如乙醇、丙酮等；②加大量电解质，由于电解质强烈的水化作用，夺去了高分子质点水化膜的水分而使其沉淀，这一过程称为盐析。

高分子溶液在放置过程中也会自发地聚集而沉淀，称为陈化现象。陈化速度受光线、空气、电解质、pH、絮凝剂等的影响，使高分子化合物的质点聚集而产生沉淀，称为絮凝。

2. 溶胶 溶胶的质点在水中时，可因解离而带电，也可吸附溶液中某种离子而带电，而反离子则散布在周围，胶粒上的离子与部分反离子形成的带电层称为吸附层。部分反离子散布在胶粒周围形成与吸附层电荷相反的扩散层。这种由吸附层和扩散层构成的电性相反的电层称为双电层，双电层之间存在着电位差称为ξ电位。溶胶的ξ电位高低决定了胶粒与胶粒间斥力的大小，是决定溶胶稳定性的主要因素。另外，溶胶质点由于表面形成的双电层中离子的水化作用，使胶粒外形成水化膜，在一定程度上也增加了溶胶的稳定性。

（1）电解质的作用：电解质离子的电中和使扩散层变薄，ξ电位降低，水化膜变薄，胶粒易聚集。

（2）高分子化合物对溶胶的保护作用：溶胶中加入一定浓度的高分子溶液，能显著地提高溶胶的稳定性，这种现象称为保护作用，形成的溶液称为保护胶体，其原因是由于足够数量的高分子物质被吸附在溶胶粒子的表面，形成类似高分子粒子的表面结构，从而提高了稳定性。但若加入溶胶的高分子化合物的量太少，则反而会降低溶胶的稳定性，甚至引起聚集，这种现象称为敏化作用。

(3) 溶胶的相互作用：带有相反电荷的溶胶相互混合时也会产生沉淀。与电解质作用的不同之处在于两种溶胶的用量恰能使电荷相反的胶粒所带的总电荷相等时，才会完全沉淀，否则可能不完全沉淀，甚至不沉淀。

高分子溶液的制备，首先要经过溶胀过程。溶胀是指水分子钻到高分子化合物分子间的空隙中，与极性基团发生水化作用使体积胀大。这个过程称为有限溶胀。水分子的钻入降低了高分子化合物分子间力，使溶胀过程继续进行，最后完全分散在水中而形成高分子溶液，这个过程称为无限溶胀。无限溶胀过程一般进行的相当慢，需搅拌或加热才能完成。制备时，将高分子化合物撒于液面，待自然溶胀后再搅拌。若立即搅拌则易形成团块，影响溶胀过程。

链接

(三) 胶体溶液的制备方法

1. 高分子溶液制备 取天然或合成高分子物质，如胃蛋白酶、右旋糖酐、明胶、阿拉伯胶、羧甲基纤维素钠等，加水浸泡溶胀胶溶，必要时加以研磨、搅拌或加热使之溶解即得。

2. 溶胶的制备 多采用分散法和凝聚法。

(1) 分散法：常用的方法有研磨分散法、胶溶分散法、超声波分散法。

(2) 凝聚法：药物在真溶液中因物理条件的改变(如更换溶剂)或化学反应而形成沉淀，控制适当的条件使形成的质点大小符合溶胶分散相质点的要求。

三、混悬型液体药剂

(一) 概述

混悬型液体药剂系指难溶性固体药物以 0.1~100μm 范围粒径分散在液体介质中所形成的粗分散体系，包括干混悬剂，即难溶性固体药物与适宜辅料制成粉末状物或粒状物，临用时加水振摇即可分散成混悬液的液体药剂，也称混悬剂。

适宜制成混悬型液体药剂的药物有：治疗剂量在给定的溶剂体积内不能全部溶解的难溶性药物；为了发挥长效作用及提高在水溶液中稳定性的药物。

为了安全用药，毒性药物不宜制成混悬液。混悬液型液体药剂服用前应摇匀以确保服用剂量的准确。

(二) 影响混悬型液体药剂稳定性的因素

混悬型液体药剂的分散相微粒粒径大于胶粒，微粒的布朗运动不显著，易受重力作用而沉降，故属于动力学不稳定体系。另外其微粒仍有较大的界面能，容易聚集，又属于热力学不稳定体系。影响混悬型液体药剂稳定性的主要因素如下。

1. 微粒间的排斥力与吸引力 混悬液中的微粒因解离或吸附等而带电，微粒间因带有相同电荷而互相排斥，同时微粒间还因范德华力又互相吸引，当达到平衡时，两微粒能稳定地保持一定的距离。

当两微粒逐渐靠近，吸引力略大于排斥力时，可形成疏松的聚集体，呈絮状结构，稍加振摇即被分散。带相同电荷微粒间产生的排斥力随着粒子间距离缩小逐渐增强，当达到一定距离时排斥力达到最大值，但这并非混悬剂的最佳稳定条件，这是因为若因振摇或微粒的热运动等而使粒子间距再略微缩小，微粒间则产生强烈吸引而结成较难被分散的硬块。因此混悬剂体系中以微粒间吸引力略大于排斥力，且吸引力不太大时混悬液的稳定性最好。

2. 沉降 混悬剂放置过程中，由于微粒与分散介质之间存在密度差，以及微粒受到重力的影响，静止时会发生沉降。在一定条件下，微粒的沉降速度符合 Stoke 定律

$$v=\frac{2r^2(\rho_1-\rho_2)g}{9\eta} \tag{8-1}$$

式中，v 为微粒沉降速度（cm/s）；r 为微粒半径（cm）；ρ_1为微粒的密度（g/ml）；ρ_2为分散介质的密度（g/ml）；η 为分散介质的黏度[g/(cm·s)]；g 为重力加速度常数（cm/s^2）。

由 Stoke 定律可见，沉降速度 v 与 r^2、$(\rho_1-\rho_2)$成正比，与 η 成反比。为了增加混悬液的稳定性，在药剂学中可以采取的措施有：减小粒径；增加介质黏度；减小微粒与介质之间的密度差。

3. 微粒增长与晶型的转变 当混悬液中药物微粒大小差异较大时，粒径较小的微粒易溶解，在储藏过程中逐渐在大微粒表面析出，使得大微粒逐渐增大，沉降速度加快。因此制备时，在尽可能减小微粒粒径的同时，还要注意减小微粒之间的粒径差。

同质多晶型药物，其中只有一种晶型是最稳定的，其他晶型均为亚稳定型。亚稳定型的溶出速度与溶解度比稳定型大，且体内吸收好。亚稳定型在储藏过程中逐步转化为稳定型，使稳定型不断长大结块，从而影响混悬型液体药剂的稳定，且可能降低药效。

4. 温度 温度的改变常影响药物微粒的溶解与结晶过程，引起结晶长大、晶型转变，从而改变混悬型液体药剂的稳定性。因此混悬剂一般应储藏于荫凉处。

（三）混悬型液体药剂的稳定剂

混悬型液体药剂的稳定剂在分散体系中可起润湿、助悬、絮凝或反絮凝的作用。常用的稳定剂有以下几类：

1. 润湿剂 疏水性药物制备混悬液时，必须加入润湿剂以利于分散。常用的润湿剂有吐温类、司盘类表面活性剂以及长链烃基或烷烃芳基的硫酸盐或磺酸盐等。

2. 助悬剂 能增加分散介质的黏度，从而降低微粒的沉降速度，同时能被药物微粒表面吸附形成机械性或电性保护膜，防止微粒间互相聚集或产生晶型转变，或使混悬液具有触变性，从而增加其稳定性。

常用的助悬剂有：①低分子助悬剂，如甘油、糖浆等，该类助悬剂目前应用较少。②高分子助悬剂，有天然的与合成的两大类。常用的天然高分子助悬剂有：阿拉伯胶、西黄芪胶、琼脂、海藻酸钠、白及胶、果胶等。常用的合成高分子助悬剂有：甲基纤维素、羧甲基纤维素钠、羟乙基纤维素、聚乙烯吡咯烷酮、聚乙烯醇等。一般用量为 0.1%～1.0%。该类助悬剂性质稳定，受 pH 影响小，但与某些药物有配伍变化。③硅酸类，如胶体二氧化硅、硅酸铝、硅皂土等，一般用量为 2%。

3. 絮凝剂与反絮凝剂 加入适量的电解质可使混悬剂中 ξ 电位降低到一定程度，使得微粒间吸引力稍大于排斥力，而形成疏松的絮状聚集体，经振摇又可恢复成均匀的混悬剂的现象叫絮凝，所加入的电解质称为絮凝剂。

加入电解质后使 ξ 电位升高，阻碍微粒之间的碰撞聚集的现象称为反絮凝，能起反絮凝作

用的电解质称为反絮凝剂,加入适宜的反絮凝剂也能提高混悬剂的稳定性。

同一电解质因用量不同可起絮凝作用又可起反絮凝作用,即既可作絮凝剂又可作反絮凝剂。如枸橼酸盐、酒石酸盐、磷酸盐和一些氯化物等。

(四) 混悬型液体药剂的制备方法

1. 分散法 将固体药物粉碎成微粒,再混悬于分散介质中。其中亲水性药物微粒一般与分散介质加液研磨至适宜的分散度,然后加入剩余的液体至全量。疏水性药物应先加润湿剂研匀,再加其他液体研磨,最后加分散介质稀释至全量。

2. 凝聚法 ①化学凝聚法,即两种或两种以上的化合物发生化学反应生成不溶性的药物而制成混悬剂,为了得到较细的微粒,化学反应宜在稀溶液中进行,同时应快速搅拌。②物理凝聚法,主要是指微粒结晶法。即选择适当的溶剂,在一定温度下将药物制成饱和溶液,在急速搅拌下缓缓加入另一冷溶剂中,使之快速结晶,再分散于分散介质中制得混悬剂。

> 混悬剂质量评价方法包括:沉降体积比的测定;重新分散试验;絮凝度的测定;微粒大小的测定。
>
> 链 接

四、乳状液型液体药剂

(一) 含义

乳状液型液体药剂,是指两种互不相溶的液体制成的粒径大多在0.1~100μm之间的液滴,分散在连续相液体中,制成O/W或W/O型乳状液的液体药剂,习称乳剂。

(二) 常用乳化剂

常用乳化剂根据其性质不同可分为三类,即表面活性剂、高分子溶液以及固体粉末。

(1) 表面活性剂:详见本章第2节。

(2) 高分子溶液:常用的有:阿拉伯胶,为有效的O/W型乳化剂,含阿拉伯胶的乳剂pH 4~10较稳定;磷脂,包括卵磷脂或大豆磷脂,乳化能力均较强,可形成O/W型乳剂,一般用量为1%~3%,可供内服或外用,纯品可用于注射用乳剂;西黄芪胶,其乳化能力较差,常与阿拉伯胶合用以增加乳剂的黏度。此外还有明胶、白及胶、果胶、琼脂、海藻酸盐及甲基纤维素等。

(3) 固体粉末:不溶性的固体粉末被油水两相润湿到一定程度后,聚集在两相间形成保护膜,可防止分散相液滴彼此聚集合并,且固体粉末的乳化作用不受电解质的影响。常用的亲水性固体粉末有氢氧化镁、氢氧化铝、二氧化硅、硅藻土、白陶土等,乳化时可形成O/W型乳剂;亲油性固体粉末有氢氧化钙、氢氧化锌、硬脂酸镁等,乳化时可形成W/O型乳剂。

(三) 乳化剂的要求与选择

1. 乳化剂的要求 ①乳化能力强;②稳定性好;③安全无毒,刺激性小;④价廉易得。

2. 乳化剂的选择 乳化剂的选用应根据分散相与分散介质的性质、乳剂的类型及其稳定性等综合考虑。①口服乳剂所用乳化剂必须无毒、无刺激性;②外用乳剂应选用无刺激性的表面活性剂;③混合乳化剂的使用,为了较好地发挥乳化效果,增加界面膜的强度,提高乳剂的稳定性等,通常可将几种乳化剂混合使用。混合乳化剂的 HLB 值具有加和性,两种混合乳化剂的 HLB 值计算公式如下

$$HLB_{混合乳化剂}=\frac{W_A \cdot HLB_A+W_B \cdot HLB_B}{W_A+W_B} \quad (8\text{-}2)$$

式中,$HLB_{混合乳化剂}$为混合乳化剂的 HLB 值;HLB_A为乳化剂 A 的 HLB 值;HLB_B为乳化剂 B 的 HLB 值;W_A为乳化剂 A 的重量(或百分重量);W_B为乳化剂 B 的重量(或百分重量)。

但应注意阴、阳离子表面活性剂不得混合使用,否则由于乳滴上电荷被中和而降低了稳定性。同样,与药物具有相反电荷的离子型表面活性剂也不能选用。

(四) 乳剂的稳定性

乳剂属于热力学不稳定的非均相体系,由于分散体系及外界条件的影响,常常导致乳剂分层、絮凝、转相、破裂以及酸败等。

1. 影响乳剂稳定性的主要因素 ①乳化剂的性质,适宜 HLB 值的乳化剂是乳剂形成的关键,任何改变原乳剂中乳化剂 HLB 值的因素均影响乳剂的稳定性;②乳化剂的用量,一般应控制在 0.5%~10%,用量不足乳化不完全,用量过大则形成的乳剂黏稠;③分散相的浓度,一般宜在 50%左右,过低(25%以下)或过高(74%以上)均不利于乳剂的稳定;④分散介质的黏度,其影响符合 Stokes 定律;⑤乳化及储藏时的温度,一般认为适宜的乳化温度为 50~70℃,乳剂储藏期间过冷或过热均不利于乳剂的稳定;⑥制备方法及乳化器械,油水相及乳化剂的混合次序以及药物的加入方法影响乳剂的形成及稳定性,乳化器械所产生的机械能在制备过程中转化成乳剂形成所必需的乳化功,且决定了乳滴的大小;⑦微生物污染等。

2. 乳剂的不稳定现象

(1) 分层:系指乳剂在放置过程中,分散相逐渐聚集在上层或下层的现象称为分层。乳剂的分层速度符合 Stoke 定律,如减少乳滴的直径,增加连续相的黏度,降低分散相与连续相之间的密度差均能降低分层速度。其中最常用的方法是适当增加连续相的黏度。

(2) 絮凝:系指乳滴聚集成团但仍保持各乳滴的完整分散体而不呈现合并现象,此时乳滴的聚集和分散是可逆的,但通常是乳剂破裂的前奏。

(3) 转相:系指 O/W 型乳剂转成 W/O 型乳剂或出现相反的变化称为转相(又称转型)。这种转相通常是因外加物质使乳化剂的性质改变所致。

(4) 破裂:系指分散相乳滴合并进而与连续相分离成不相混溶的两层液体的现象。破裂是不可逆的,经振摇也不能恢复到原来的分散状态。

(5) 酸败:系指乳剂受外界因素(光、热、空气等)及微生物作用,使体系中油或乳化剂发生变质的现象称为酸败。通常可以根据需要加适量抗氧剂、防腐剂等。

(五) 乳剂的制备

> 乳剂的质量评定包括:乳滴大小的测定;乳滴合并速度;分层速度等。
>
> 链接

乳剂制备前须注意以下方面:乳剂中分散相的体积比应在 25%~50%之间;根据乳剂的类型选择合适 HLB 值的乳化剂或混合乳化剂;注意调节乳剂的黏度和流变性;必要时加入适量抗氧剂、防腐剂。

在乳剂制备过程中,油相、水相及乳化剂混合的次序,药物加入的方法以及操作条件与设备等都影响乳剂的形成及其稳定性。

1. 混合次序 油相、水相及乳化剂混合的次序可分为以下 3 种情况:①湿胶法即油相加至含乳化剂的水相中。用阿拉伯胶作乳化剂乳化脂肪油的比例是油:水:胶 = 4:2:1,乳化挥发油的比例是油:水:胶 = 2~3:2:1;②干胶法即水相加至含乳化剂的油相中。油、水、胶的比例与湿胶法类同,配制时,量取油的容器须干燥不沾水,量取水的容器不得带有油腻;③油相、水相混合后加至乳化剂中,迅速研磨而形成初乳,再加水稀释,如阿拉伯胶作乳化剂时,其初乳的油、水、胶比例为 4:3:1。

机械法制备乳剂,可不考虑混合次序;肥皂等表面活性剂用作乳化剂时,一般较易制成乳剂,也可不考虑混合次序。

2. 乳剂中添加其他药物的方法 若药物能溶于内相或外相,可先溶于内相或外相中,然后制成乳剂;若药物不溶于内相也不溶于外相时,可用亲和性大的液相研磨,再制成乳剂,也可以在制成的乳剂中研磨药物,使药物分散均匀。

3. 乳化器械 目前制备乳剂常用的机械有胶体磨、乳匀机以及超声波乳化器等。

五、按给药途径及用法分类的液体药剂

(一) 搽剂

搽剂系指专供揉搽皮肤表面的外用液体制剂。有止痒、镇痛、抗刺激等作用。一般用于无破损的皮肤,使用时涂于皮肤后揉搽或涂于敷料上后再贴于患处。

搽剂的分散媒因其作用不同而异。凡起镇痛、抗刺激等作用的搽剂多用乙醇作分散媒,以利于在皮肤上揉搽时增加药物的穿透性。凡起保护作用的搽剂多用油或液状石蜡作分散媒,以增加润滑性,减小刺激性并有清除鳞屑痂皮的作用。

(二) 洗剂

系指专供涂抹、敷于皮肤的外用液体制剂。洗剂有清洁、消毒、消炎、止痒、收敛、保护等局部作用。洗剂一般轻轻涂于皮肤或用纱布蘸取敷于皮肤上应用。洗剂的分散介质为水和乙醇。洗剂可为溶液型、混悬型、乳剂型及几种分散系统的混合型,其中以混悬型为多。混悬型洗剂中的水分或乙醇在皮肤上蒸发,有冷却和收缩血管的作用,能减轻急性炎症。混悬型洗剂中常加入甘油和助悬剂,当分散剂蒸发后可形成保护膜,保护皮肤免受刺激。如炉甘石洗剂、复方硫黄洗剂等。

(三) 滴耳剂

滴耳剂系指专供滴入耳道内的外用液体制剂。有消毒、消炎、止痒、收敛及润滑作用。滴耳剂的分散介质为水、稀乙醇、甘油、丙二醇、聚乙二醇等。乙醇溶液穿透力及杀菌作用均较强,但对内耳有刺激,可引起疼痛;水溶液作用缓和,但穿透性差;甘油溶液作用缓和,药效持久,但穿透性亦差,因此滴耳剂常采用混合溶剂。

外耳道发炎时,其 pH 多在 7.1~7.8 之间,因此外耳道所用药剂最好呈弱酸性。患慢性中耳炎时,由于黏性分泌物的存在,使药物很难达到中耳部,若与溶菌酶、透明质酸酶等合用,能液化分泌物,促进药物分散,加速肉芽组织再生。

（四）滴鼻剂

系指专供滴入鼻腔内使用的液体制剂。以水、丙二醇、液状石蜡、植物油为溶剂，多制成溶液剂，但也有制成混悬剂、乳剂使用的。水溶液虽易与鼻腔内分泌液混合，易分布于鼻腔黏膜表面，但维持药效较短。油溶液刺激性小，作用持久，但不与鼻腔液混合。为促进吸收、防止黏膜水肿，应适当调节渗透压、pH 和黏度。正常人鼻腔液 pH 一般为 5.5~6.5，炎症病变时，则呈碱性，有时 pH 高达 9，易使细菌繁殖，影响鼻腔内分泌物的溶菌作用及纤毛的正常运动，所以碱性滴鼻剂不宜经常使用。滴鼻剂 pH 应为 5.5~7.5，应与鼻黏液等渗，不改变鼻黏液的正常黏度，不影响纤毛运动和分泌液的离子成分。如复方泼尼松滴鼻剂，盐酸麻黄碱滴鼻剂等。

（五）灌肠剂

系指经肛门灌入直肠使用的液体药剂，分为 3 类。

1. 泻下灌肠剂 以清除粪便、降低肠压、使肠道恢复正常功能为目的而使用的液体药剂，如生理盐水、5% 软肥皂溶液、50% 甘油溶液等。

2. 含药灌肠剂 是指在直肠起局部作用或吸收发挥全身作用的液体药剂。药物在胃内易破坏、对胃有刺激性、因恶心呕吐不能口服给药的患者，可灌肠给药。灌肠剂中加入增稠剂，可延长在直肠的保留时间。

3. 营养灌肠剂 系指患者不能经口摄取营养而应用的含有营养成分的液体药剂。这类制剂须在直肠保留较长时间以利于药物吸收。可以是溶液剂，也可是乳剂。

第 5 节 液体药剂的质量要求与检查

一、液体药剂的质量要求

（1）口服溶液剂应为澄清的液体；口服混悬剂中的微粒应均匀分散，不应很快下沉，下沉的微粒不应结块，经振摇仍能均匀分散；口服乳剂应呈均匀的乳白色，无分层现象。

（2）口服溶液剂、混悬剂、乳剂不得有发霉、酸败、变色、异臭、产生气体或其他变质现象。

（3）口服混悬剂的沉降体积比应不低于 0.9。除另有规定外，药物应通过 8 号筛，且其中混悬物应分散均匀，不应很快下沉，下沉的混悬物不应结块，经振摇仍能分散均匀。标签上应注明“服前摇匀”，为安全起见，剧毒药不应制成口服混悬剂。

（4）口服干混悬剂应检查粒度、水分、沉降体积比与装量。临用时加水振摇后应符合混悬剂的规定。

二、液体药剂的质量检查

1. 最低装量 照 2010 年版《中国药典》（一部）附录Ⅻ C 最低装量检查法检查，应符合规定。

2. 沉降体积比 照 2010 年版《中国药典》（二部）附录 Ⅰ O 口服溶液剂、混悬剂、乳剂项下方法测定，口服混悬剂、干混悬剂的沉降体积比应符合规定。

3. 微生物限度 照 2010 年版《中国药典》（二部）附录Ⅺ J 微生物限度检查法检查，应符合规定。

第 6 节　液体药剂典型品种举例

1. 薄荷水(真溶液型液体药剂)

【处方】 薄荷油 2ml　蒸馏水适量

【制法】 取薄荷油加精制滑石粉 15g,研匀,加蒸馏水 1000ml,振摇 10 分钟后用润湿的滤纸滤过,若最初滤出液混浊则应重滤,待滤液澄明,再自滤器上添加蒸馏水至 1000ml,即得。

【功能与主治】 芳香矫味与祛风。用于胃肠胀气。

【用法与用量】 口服,每次 10~15ml,1 日 3 次。

【注解】 本品薄荷油含量为 0.05%(ml/ml),而实际投油量为含量的 4 倍,目的是为了使其易于形成饱和溶液,多余薄荷油被滑石粉吸附除去;滑石粉为分散剂同时兼有吸附作用;本品应密闭保存,且不宜久储,如出现混浊或沉淀,则不得再供药用;本品亦可预先制成 40 倍的浓薄荷水,临用时加水稀释至所需浓度。

2. 盐酸麻黄碱滴鼻剂(真溶液型液体药剂)

【处方】 盐酸麻黄碱 1g　氯化钠 0.57g　蒸馏水适量

【制法】 取盐酸麻黄碱、氯化钠加适量蒸馏水溶解,滤过,再加蒸馏水至 100ml,搅匀,即得。

【作用与用途】 用于感冒引起的急性鼻炎、鼻窦炎慢性肥大性鼻炎。

【用法与用量】 滴鼻,1 次 1~2 滴,1 日 3~4 次。

3. 甲酚皂溶液(胶体溶液型液体药剂)

【处方】 甲酚 500ml　植物油 180ml　氢氧化钠 27g　蒸馏水适量

【制法】 取氢氧化钠加蒸馏水 100ml,溶解后冷至室温,搅拌下加入植物油,使均匀分散,放置 30 分钟后,水浴加热,待皂体颜色变深,呈透明状时搅拌,至取液体 1 滴,加蒸馏水 9 滴,无油滴析出,即为完全皂化;趁热加甲酚搅拌至皂块全溶,搅匀,再加蒸馏水使成 1000ml,即得。

【作用与用途】 消毒防腐剂。

【用法与用量】 手消毒 1%~2%。器械环境消毒及处理排泄物 5%~10%溶液。

4. 鱼肝油乳(乳浊液型液体药剂)

【处方】 鱼肝油 500ml　阿拉伯胶 125g　杏仁油 1ml　西黄芪胶 7g　糖精钠 0.1g　氯仿水 2ml　蒸馏水适量

【制法】 取阿拉伯胶与鱼肝油研匀,1 次加蒸馏水 250ml,研磨制成初乳,加糖精钠水溶液、杏仁油、氯仿水搅匀,再缓缓加入西黄芪胶胶浆,加蒸馏水使成 1000ml,搅匀,即得。

【作用与用途】 用于维生素 A、维生素 D 缺乏症。

【用法与用量】 口服。1 次 30ml,1 日 3 次。

5. 颠倒散洗剂(混悬型液体药剂)

【处方】 生大黄 75g　沉降硫 75g　液化酚 10ml　甘油 100ml　羧甲基纤维素钠 5g　聚山梨酯 80 50g　蒸馏水适量

【制法】 取生大黄、沉降硫研细,过 7 号筛,加液化酚、甘油、羧甲基纤维素钠、吐温 80 研匀,加蒸馏水适量研磨,再加蒸馏水使成 1000ml,搅匀,即得。

【功能与主治】 软化表皮，杀寄生虫。用于疥疮、体癣、脂溢性皮炎、痤疮等。
【用法与用量】 外用，用时摇匀，涂患处。1 日数次。

小结

液体药剂是临床应用最广泛的制剂之一，剂型达数十种之多，在临床药疗中占有重要地位。本章的学习要点应在知道液体药剂含义、特点、分类基础上，掌握药剂中常用的增加溶解度的方法、表面活性剂的性质与应用、混悬剂的稳定性与常用稳定剂、乳剂的乳化剂与稳定性；明确各类液体药剂的含义、特点、制备方法；了解液体药剂的质量要求及检查项目与方法，看懂典型品种举例，为指导生产实际操作和临床应用及开发新产品打下良好基础。

目标检测

一、单项选择题

1. 制备复方碘溶液，常用的方法是 ( )

A. 制成酯类 B. 制成盐类 C. 加增溶剂 D. 加助溶剂

2. 下列能鉴别 W/O 型乳浊液的正确方法是 ( )

A. 可用水稀释 B. 导电 C. 不导电 D. 可用水溶性色素染色

二、多项选择题

1. 下列属热力学稳定体系的液体药剂有 ( )

A. 溶液 B. 亲液胶体 C. 乳浊液 D. 混悬液 E. 溶胶

2. 表面活性剂可以用作 ( )

A. 增溶剂 B. 助溶剂 C. 乳化剂 D. 消泡剂 E. 润湿剂

三、名词解释

1. 起昙与昙点 2. HLB 值 3. 临界胶团浓度(CMC) 4. 表面活性剂

四、简答题

1. 简述液体药剂的含义与特点。
2. 简述增加药物溶解度的方法。

(刘汉清　王　兰　刘彦超　韦文俊)

第9章　浸出制剂

学习目标

1. 记住浸出制剂、汤剂、中药合剂、口服液、糖浆剂、煎膏剂、酒剂、酊剂、流浸膏剂、浸膏剂的含义与特点
2. 说出各种浸出制剂的剂型种类与质量要求
3. 知道各种浸出制剂的制备方法
4. 叙述浸出制剂易出现的质量问题及相应的解决办法

第1节　概　述

一、浸出制剂的含义与分类

浸出制剂系指用适当的溶剂和方法，提取药材中有效部位而制成的供内服或外用的一类制剂。

浸出制剂常以水或不同浓度的乙醇为溶剂。以水为溶剂时，多用煎煮法制备；采用其他非水溶剂时，可选用渗漉法、浸渍法、回流提取法等方法制备。

浸出制剂按提取所用溶剂不同可分为：

(1) 以水为溶剂的浸出制剂，如汤剂、合剂、糖浆剂、煎膏剂等。

(2) 以不同浓度的乙醇或酒为溶剂的浸出制剂，如酒剂、酊剂、大部分流浸膏剂和浸膏剂。此外，尚有许多源于浸出制剂，多以药材浸出物为原料的中药新剂型、新品种，其制备方法详见各有关章节。

二、浸出制剂的特点

浸出制剂的制备既保留了中药传统的制备方式，又采用现代的提取工艺，因此，浸出制剂是各类中药新剂型的基础。浸出制剂有以下特点。

(1) 体现方药各种成分的综合疗效与特点。浸出制剂保留了原药材所含各种成分，有利于发挥药材成分的多效性，适应了中医辨证施治的需要。浸出制剂与同一药材中提取的单体化合物相比，有着单体化合物所不具有的治疗效果。如阿片酊有镇痛和止泻功能，但从阿片中提取的吗啡虽有强镇痛作用，却无明显的止泻作用。

> 浸出制剂中，汤剂、酒剂、煎膏剂等是中药传统剂型。近年来，在发掘、整理的基础上运用现代科学方法对浸出制剂进行了大量的实验研究，使浸出制剂质量有了很大提高。
>
> **链接**

(2) 药效比较缓和、持久、副作用小。如莨菪浸膏中的东莨菪内酯,可提高莨菪碱对肠黏膜组织的亲和性,促进其吸收、延长莨菪碱在肠道中的停留时间,使莨菪浸膏具有作用缓和持久、副作用小的特点。

(3) 服用剂量较小、使用方便。药材经过提取除去了大部分药材组织和部分无效成分,增加了制剂中的有效成分的含量,减少了服用剂量,使用方便。同时某些有效成分经浸出处理,可增加制剂的稳定性,有利于药效的发挥。

(4) 部分浸出药剂可作其他制剂的原料。浸出药剂在提取过程中,除药酒、酊剂等可直接由提取液制得外,部分提取液经浓缩成流浸膏、浸膏等,可作为原料供进一步制备其他药剂。

浸出制剂中含有一定量的无效杂质,如黏液汁、蛋白质、淀粉、鞣质等高分子物质,这些无效成分在浸出制剂的保存过程中,可使有效成分水解、氧化、沉淀、霉变等,有时会严重影响制剂的质量和药效。因此,制备浸出制剂时应尽量除去无效或有害成分,最大限度的保留有效成分,并应制定相应的质量标准。

第2节　汤　　剂

一、汤剂的含义及特点

汤剂系指饮片或粗粒加水煎煮或沸水浸泡后,去渣取汁而得到的液体制剂。汤剂亦称汤液,其中以药材粗颗粒入药者,习称为“煮散”,而以沸水浸泡药物不定时饮用者,俗称为“饮”。

汤剂为液体复合分散体系,是我国应用最早、最多的一种剂型,目前中医临床仍然广泛使用。汤剂之所以数千年沿用至今,是因为该剂型组方灵活,适应中医辨证施治的需要;同时制法简便,以水为溶剂,价廉易得,奏效又较为迅速,但也存在着味苦量大,必须临时制备等缺点。作为汤剂剂改的“中药配方颗粒”虽克服了这些不足,但汤剂复方群药共煎的特点又难以体现,“中药生药袋包颗粒”亦不失为汤剂改进的又一良好形式。

汤剂是中药传统剂型之一,商汤时期,伊尹首创汤剂,并总结了《汤液经》,至今汤剂仍是中医临床用药的首选剂型之一。

近些年来,随着中医临床实践和中西医结合救治危重症等研究工作的发展,汤剂的剂改研究已取得了一定的成效,传统的“饮片煎汤”的单一形式,正在被颗粒饮片、单味药浸膏颗粒、中药袋泡剂等多种剂改形式部分替代。

链接

二、汤剂的制备

汤剂的制备采用煎煮法。一般加水量约为药材量的6~10倍,煎煮时间应根据药材的质地、气味不同而定,一般性药材头煎煮沸20~30分钟,二煎15~25分钟。滋补性和质地坚硬的中药材,一煎煮沸40~60分钟,二煎煮沸30~40分钟。解表、行气及质地轻松、气味芳香的药材,一煎15~20分钟,二煎10~15分钟。煎煮次数通常为2~3次。煎煮前,药材应先浸泡,使药材组织软化、有效成分容易浸出。

汤剂制备时应注意:

(1) 方中某些不宜或不能同时入煎的药料,应酌情特殊处理,如先煎、后下、包煎、另煎、烊化、冲服、榨汁等。

先煎主要适用于质地坚硬、有效成分不易煎出的矿物药类、贝壳类和甲骨类中药；先煎、久煎方能去毒或减毒的有毒中药和水解产物方能奏效的中药，以及某些有滋补作用的中药。后下适合于气味芳香、含挥发油多、不宜久煎的中药。包煎适合于花粉类、含淀粉、黏液质、附绒毛较多的中药。烊化适用于胶类或糖类中药。另煎适合于一些贵重中药。冲服适合于难溶于水的贵重药物。榨汁适合于一些需取鲜汁应用的药材。

链接

(2) 煎药的用具以瓦罐、搪瓷、不锈钢煎煮器为宜。

(3) 应掌握加水量和控制煎煮时间。

(4) 煎煮时先武火后文火，保持微沸状态。

三、汤剂的质量控制

汤剂内在质量的保证，首先在于药材质量，最好选用地道药材，并符合处方特定炮制要求。同时制备方法必须正确，从煎煮用水、煎煮火候、煎煮时间和煎煮次数及特殊药料的处理等各个环节严格把关，以免煎煮过程对药液中有效成分的质和量产生不利于药效的影响。汤剂外观似为混悬液，实系液体复合分散体系，药物以离子、分子、液滴、不溶性固体微粒等多种形式存在于汤液中，汤液应具处方中药物的特殊气味，无焦糊气味，且无残渣、沉淀和结块。有胶类烊化加入者，应混合均匀，不聚结沉降。有粉末状药物加入者，经搅拌应分散均匀，不结块，不沉降。

四、汤剂典型品种举例

例 旋覆代赭汤

【处方】 旋覆花(包煎)9g 代赭石(先煎)15g 党参12g 制半夏9g 炙甘草5g 生姜12g 大枣4枚

【制法】 先将代赭石置煎器内，加水350ml，煎1小时。再将旋覆花用布包好，同其余5味药置煎器内，共煎30分钟滤取药液；再加水200ml煎20分钟，滤取药液，将2次煎液合并，即得。

【功能与主治】 降逆化痰，益气和胃。用于胃虚气逆，痰浊内阻所致的噫气频作、胃脘痞硬、反胃呕恶、吐涎沫等症。

【用法与用量】 口服，分2次温服。

第3节 合 剂

一、合剂的含义与特点

中药合剂系指饮片用水或其他溶剂，采用适宜方法提取制成的口服液体制剂。单剂量灌装者又称“口服液”。

中药合剂是在汤剂的基础上改进和发展起来的中药剂型。一般是选用疗效可靠、应用广泛的方剂制备。能综合浸出中药的多种有效成分，保证制剂的综合疗效；与汤剂一样，吸收快、起效迅速；它克服了汤剂临用时煎药的麻烦，应用方便；经浓缩工艺，浓度较高，服用量减少，且可加入矫味剂，口感好，易为患者接受；便于携带和储存，质量相对稳定，适合工业生产，是目前应用较多的剂型之一。但其组方固定，不能随症加减，因而还不能完全代替汤剂，并且在储存过程中易发霉变质，需加有适当的防腐剂，包装容器应清洁消毒，灌装过程应严格防止污染。

二、合剂的制备

中药合剂的制备工艺流程为：浸提→纯化→浓缩→分装→灭菌→成品。

（1）浸提：一般按煎煮法操作，每次煎煮1～2小时，煎煮2～3次。含有芳香挥发性成分的药材如薄荷、荆芥、菊花、柴胡等可先用水蒸气蒸馏法提取挥发性成分，药渣再与处方中其他药材一起加水煎煮。亦可根据药材有效成分的特点，选用不同浓度的乙醇或其他溶剂，采用渗漉、回流提取等方法浸提。

（2）纯化：含有淀粉、黏液质、蛋白质、果胶等杂质的药材煎煮液，经静置初滤后，尚需进一步纯化处理。常用的纯化方法有高速离心法、乙醇沉淀法、吸附澄清法等。纯化方法及其参数的选择（如含醇量、澄清剂用量以及离心的转速等）应以不影响有效成分的含量为指标。

（3）浓缩：纯化后的水煎液要适当浓缩，浓缩应根据药物有效成分的热稳定性，选择适宜的方法，常用减压浓缩或薄膜浓缩等方法。浓缩程度一般以每次服用量在10～20ml为宜。醇沉纯化处理的药液应先回收乙醇再浓缩。药液浓缩至规定要求后，根据需要可加入适宜的防腐剂和矫味剂。合剂若加蔗糖，除另有规定外，含蔗糖量应不高于20%（g/ml）。

（4）分装：配制好的药液应尽快灌装于洁净、干燥、灭菌的适宜容器中，密封。

（5）灭菌：灭菌应在封口后立即进行。小包装常用流通蒸汽或煮沸灭菌，大包装可用热压灭菌，以确保灭菌效果。短期内使用且在严格避菌条件下配制的合剂，可加入适量的防腐剂而不必灭菌，但所用包装容器应洁净干燥。

中药合剂制备时应注意以下几点：①处方中如含有酊剂、醑剂、流浸膏，应以细流缓缓加入药液中，随加随搅拌，使析出物细腻，分散均匀；②制备过程中应减少污染，尽可能在短期内完成；③合剂标签应标明“服时摇匀”。

三、合剂的质量要求与检查

（一）合剂的质量要求

除另有规定外，合剂应澄清。在储存期间不得有发霉、酸败、异物、变色、产生气体或其他变质现象，允许有少量摇之易散的沉淀。具有一定的pH，同时相对密度、装量以及微生物限度均应符合规定要求。

（二）合剂与口服液的质量检查

（1）外观：应符合上述有关质量要求。

（2）pH：合剂应控制一定的pH，以提高口服液的稳定性，减少刺激性。照2010年版《中国药典》（一部）附录ⅦG pH检查法测定，应符合规定要求。

（3）相对密度：合剂应规定一定的相对密度，照2010年版《中国药典》（一部）附录ⅦA相对密度测定项下方法测定，应符合规定要求。

（4）装量：单剂量灌装的合剂，照下述方法检查，应符合规定。取供试品5支，将内容物分别倒入经标化的量入式量筒内，在室温下检视，每支装量与标示量相比较，少于标示量的不得多于

1 支,并不得少于标示量的 95%。多剂量灌装的合剂,照 2010 年版《中国药典》(一部)附录ⅦC 最低装量检查法检查,应符合规定。

(5) 微生物限度:照 2010 年版《中国药典》(一部)附录ⅧC 微生物限度检查法检查,应符合规定。

四、合剂典型品种举例

例　杞菊地黄口服液

【处方】 枸杞子 33g　菊花 33g　熟地黄 130g　山茱萸(制)65g　牡丹皮 50g　山药 65g　茯苓 50g　泽泻 50g

【制法】 以上 8 味,菊花、牡丹皮用水蒸气蒸馏,收集蒸馏液适量,另器保存;药渣加水煎煮 1.5 小时,滤过,备用。枸杞子、熟地黄、山茱萸、山药、泽泻加水煎煮 2 次,第一次 2 小时,第二次 1.5 小时,合并煎液,滤过。滤液与菊花、牡丹皮水煎液合并,浓缩至约 880ml,放冷,加乙醇使含醇量达 70%,搅匀,静置 48 小时,滤过,回收乙醇。茯苓加水煎煮 2 次,第一次 2 小时,第二次 1.5 小时,合并煎液,滤过,滤液浓缩至适量。将蒸馏液与上述各药液合并,加单糖浆 250ml、防腐剂适量,加适量水至 1000ml,搅匀,滤过,灌封(每支装 10ml),即得。

【功能与主治】 滋肾养肝。用于肝肾阴虚,眩晕耳鸣,羞明畏光,视物昏花。

【用法与用量】 口服,1 次 10ml,1 日 2 次。

第 4 节　糖　浆　剂

一、糖浆剂的含义与特点

糖浆剂系指含有提取物的浓蔗糖水溶液。除另有规定外,含蔗糖量应不低于 45%(g/ml)。

> 糖浆剂是在汤剂、煎膏剂的基础上发展起来的一种中成药剂型。近年来,不仅将一些传统方剂改为糖浆剂应用,而且还利用中草药研制了不少糖浆剂新品种,如人参五味糖浆、脑乐静、满山红糖浆等已批量生产,临床应用广受患者欢迎。
>
> 链接

糖浆剂中蔗糖及香料等能掩盖药物的不良气味,尤其适用于儿童。中药糖浆剂因含糖等营养成分,在制备和储藏过程中极易被微生物污染,导致其霉败变质。为防止霉败现象的发生,除在生产过程中防止污染外,还常加用适当的防腐剂以阻止或延缓微生物的增殖。常用的防腐剂有:①山梨酸和苯甲酸,其用量不得超过 0.3%(其钾盐、钠盐的用量分别按酸计);②羟苯酯类,其用量不得超过 0.05%;因防腐剂对微生物的抑制作用都有各自一定的选择性,故常使用混合防腐剂,以增加防腐效果。防腐效果还与糖浆剂的 pH 有关,例如,在含糖 40%~80%(g/ml)的糖浆剂中用枸橼酸调节 pH 为 3.0~3.5 时,苯甲酸对霉菌和酵母菌的抑制作用较强,而山梨酸的最适 pH 为 4.4~4.8。

二、糖浆剂的分类

根据其用途不同,糖浆剂分为两类:

(1) 矫味糖浆:①单糖浆,系蔗糖的饱和水溶液,浓度为 85%(g/ml)或 64.74%(g/g)。它既是药用糖浆的原料，又可用作其他口服液体制剂的矫味剂、助悬剂，还可作为丸剂、片剂的黏合剂等。高浓度糖浆还是包糖衣的主要材料。②芳香糖浆，如橙皮糖浆、姜糖浆等，常用于矫味。

（2）药用糖浆：系指含药物、药材提取物的浓蔗糖水溶液，能发挥相应的治疗作用，如川贝枇杷糖浆、养阴清肺糖浆等。

三、糖浆剂的制备

糖浆剂的制备工艺流程为：

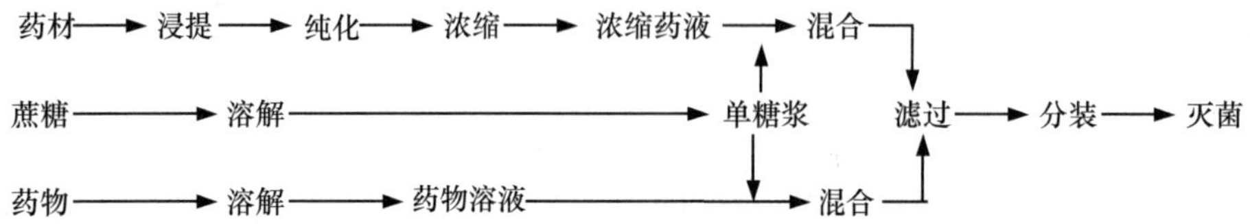

糖浆剂中药材应按规定的方法提取、滤过、浓缩，浸提液再与单糖浆混合滤过而成。可溶性药物常用新沸过的水溶解，加入单糖浆混合、滤过而成。若蔗糖直接加入配制时，则需煮沸，滤过，并自滤器上添加适量新沸过的水至处方规定量。配制时应在清洁避菌的环境中进行，并应及时灌装于灭菌的洁净干燥容器中。糖浆剂的制法一般可分为以下3种。

> 单糖浆是以蔗糖为原料。蔗糖易溶于水，其溶解度随温度升高而增大，水溶液较为稳定，但在酸性条件下，加热易水解成转化糖（葡萄糖和果糖）。转化糖具有还原性，可延续某些易氧化的药物有效成分的氧化变质，但转化糖过多，对糖浆剂的稳定性也有一定的影响，故有的规定转化糖应控制在40%~50%。
>
> 链接

（1）热溶法：将蔗糖加于一定量煮沸的蒸馏水或中药浸提液中，继续加热使溶解，再加入可溶性药物并搅拌溶解，滤过，自滤器上加蒸馏水至规定体积，即得。本法适用于单糖浆及遇热较稳定的药物糖浆的制备。

此法蔗糖溶解速度快，且可因加热使其中一些高分子杂质凝固而被滤除，糖浆易滤过澄清；加热可杀灭生长期的微生物，成品易于保存。但加热时间不宜过长，否则转化糖含量增加，易致焦化，成品颜色加深。若趁热滤过仍有困难者，可加用滤纸浆、滑石粉等助滤剂，以吸附杂质，提高澄清度。

（2）冷溶法：在室温下将蔗糖加于蒸馏水或药物溶液中，充分搅拌，待完全溶解后，滤过，即得。本法适用于药物成分不宜加热糖浆的制备。

此法所得成品色泽较浅，含转化糖较少，但制备时间较长，生产过程中易污染微生物，不利成品保存，故较少应用。

（3）混合法：系指将药物与单糖浆直接混合而制成药用糖浆的方法。中药糖浆剂制备多用此法。常采用下列混合方式：①可溶性固体药物以及中药稠膏或浸膏，可先用少量蒸馏水溶解后再与规定量单糖浆混匀；中药浓缩纯化液可直接与规定量单糖浆混合，必要时可酌加适宜增溶剂、辅助溶剂及其他附加剂（如防腐剂、芳香剂等）。充分混匀后，加蒸馏水至规定量，静置24小时后滤过，即得。②药物的酊剂、流浸膏剂、醑剂等，与单糖浆混合时常产生浑浊，可加适量甘油助溶或滑石粉助滤。

四、糖浆剂的质量要求与检查

(一) 糖浆剂的质量要求

除另有规定外,糖浆剂应澄清。在储存期间不得有发霉、酸败、产生气体或其他变质现象,允许有少量摇之易散的沉淀。所加附加剂应符合国家有关部门的相关规定,应不影响制品的稳定性,不干扰检验。卫生学检查应符合现行《中国药典》的规定。单剂量包装的糖浆剂,装量差异限度应符合2010年版《中国药典》(一部)糖浆剂项下的有关规定。

(二) 糖浆剂的质量检查

(1) 外观:应符合上述质量要求。

(2) pH:照2010年版《中国药典》(一部)附录ⅦGpH检查法测定,应符合规定要求。

(3) 相对密度:照2010年版《中国药典》(一部)附录ⅦA相对密度测定项下方法测定,应符合规定要求。

(4) 装量:单剂量灌装的糖浆剂,照下述方法检查,应符合规定。取供试品5支,将内容物分别倒入经标化的量入式量筒内,尽量倾净,在室温下检视,每支装量与标示量相比较,少于标示量的不得多于1支,并不得少于标示量的95%。多剂量灌装的糖浆剂,照2010年版《中国药典》(一部)附录ⅫC最低装量检查法检查,应符合规定。

(5) 微生物限度:照2010年版《中国药典》(一部)附录ⅩⅢC微生物限度检查法检查,应符合规定。

五、糖浆剂典型品种举例

例 橙皮糖浆

【处方】 橙皮酊12.5ml 枸橼酸1.25g 蔗糖205g

【制法】 取橙皮酊、枸橼酸与滑石粉4g,置研钵内,缓缓加蒸馏水100ml,研匀后,反复滤过,至滤液澄清为止。将研钵与滤纸用蒸馏水洗净,洗液与滤液合并,约达120ml,加蔗糖于滤液中,搅拌溶解后(不能加热)用脱脂棉滤过,自滤器上添加蒸馏水适量,使成为250ml,摇匀,分装即得。

【功能与主治】 芳香矫味药,亦有健胃、祛痰作用。

【用法与用量】 口服,1次2~5ml,1日3次。

第5节 煎膏剂

一、煎膏剂的含义与特点

煎膏剂系指饮片用水煎煮,取煎煮液浓缩,加炼蜜或糖(或转化糖)制成的半流体制剂。

由于煎膏剂经浓缩并含较多的糖或蜜等辅料,故具有药物浓度高,体积小,稳定性好,便于服用等优点,但受热易变质及以挥发性成分为主的中药不宜制成煎膏剂。煎膏剂的效用以滋补为主,兼有缓和的治疗作用,药性滋润,故又称膏滋,也有将加糖的称糖膏,加蜂蜜的称蜜膏。煎膏剂多用于慢性疾病的治疗。

煎膏剂是中药古老剂型之一，近年来，该剂型从药物和辅料的组成、生产工艺、质量控制等方面都有了新的发展，已成为强身健体、防衰老、治疗慢性病而深受欢迎的剂型之一。

链接

二、煎膏剂的制备

煎膏剂的制备工艺为：

药才煎煮 → 浓缩 → 收膏 → 分装

炼糖（炼密）→（加入浓缩与收膏之间）

(1) 煎煮：药材按煎煮法煎提，滤过，滤液静置澄清一定时间，吸取上清液，滤过，备用。

(2) 浓缩：将滤液浓缩至规定的相对密度，即得清膏。

(3) 炼糖（炼蜜）煎膏剂中的蔗糖和蜂蜜必须炼制后加入，其目的在于去除杂质，杀灭微生物，减少水分，防止“返砂”。

有些煎膏剂在储藏一定的时间后，常有糖的结晶析出，俗称“返砂”。返砂的原因与煎膏剂所含糖量和转化糖量有关。最近研究结果认为，总糖量超过单糖浆的浓度，因过饱和度大，结晶核生成的速度和结晶长大速度快，一般控制总糖含量在85%以下，糖的转化率在40%~50%为宜。

链接

炼糖方法：取蔗糖加入糖量一半的水，加入0.1%酒石酸，加热溶解，保持微沸（110~115℃）2小时，炼至“滴水成珠，脆不黏牙，色泽金黄”，转化率不低于60%，含水量约22%，或测定相对密度，即可供用。该法可较好地防止返砂，炼制标准容易控制，适合大生产。

炼蜜方法：详见第9章第3节。

(4) 收膏：清膏中加入规定量的炼糖或炼蜜，继续加热熬炼，不断搅拌并捞除液面上的泡沫，至规定标准，即可。除另有规定外，糖和蜜的用量一般为清膏量的1~3倍。收膏时随着稠度的增加，加热温度可相应降低。收膏的稠度与气候（气温）有关，冬季稍稀，夏季宜稠些，其相对密度一般控制在1.40左右。

相对密度测定，除另有规定外，取供试品适量，精密称定，加水约2倍，精密称定，混匀，作为供试品溶液，照现行《中国药典》（一部）相对密度测定法测定，按下式计算，即得。

$$\text{供试品相对密度}=\frac{W_1-W_1\cdot f}{W_2-W_1\cdot f}$$

式中，W_1为比重瓶内供试液重(g)；W_2为比重瓶内水重(g)；f为$\dfrac{\text{加入供试品中的水量}}{\text{供试品重量}+\text{加入供试品中的水重量}}$。

实际生产中，判断正在加热的清膏及成品膏是否达到规定的相对密度，按2010年版《中国药典》（一部）的方法测定较费时间，通常凭经验判断，经验判断指标为：①用细棒趁热挑起，“夏天挂旗，冬天挂丝”；②用细棒趁热蘸取膏液滴于桑皮纸上，不现水迹；③将膏液滴于食指上与拇指共捻，能拉出约2cm左右的白丝(俗称“打白丝”)。

(5) 分装与储藏：煎膏剂应分装在洁净干燥灭菌的大口容器中，待充分冷却后加盖密闭，以免水蒸气冷凝回入膏滋表面而产生霉败现象。煎膏剂应储藏于阴凉干燥处。服用时的取用器具亦须干燥洁净。

三、煎膏剂的质量要求与检查

1. 煎膏剂的质量要求 煎膏剂外观应质地细腻，稠度适宜，有光泽，无浮沫，无焦臭、异味，无糖的结晶析出。加入炼蜜或糖(或转化糖)的量一般不超过清膏量的3倍。其相对密度、不溶物以及卫生学检查均应符合2010年版《中国药典》(一部)附录煎膏剂项下的有关规定。

2. 煎膏剂的质量检查

(1) 外观：应符合上述质量要求。

(2) 相对密度：照2010年版《中国药典》(一部)附录ⅦA相对密度测定项下的方法检查，应符合规定。凡加药材细粉的煎膏剂，不检查相对密度。

(3) 不溶物：取供试品5g，加热水200ml，搅拌使溶化，放置3分钟后观察，不得有焦屑等异物。加饮片细粉的煎膏剂，应在未加入药粉前检查，符合规定后，方可加入药粉，加入药粉后不再检查不溶物。

(4) 装量：照2010年版《中国药典》(一部)附录ⅫC最低装量检查法检查，应符合规定。

(5) 微生物限度：照2010年版《中国药典》(一部)附录ⅩⅢC微生物限度检查，应符合规定。

四、煎膏剂典型品种举例

例 益母草膏

【处方】 益母草200g 炼蜜(或炼糖)适量

【制法】 取益母草，切碎，加水煎煮2次，每次2小时，合并煎液，滤过，滤液浓缩成相对密度为1.21~1.25(80℃)的清膏。每100g清膏加红糖200g，加热溶化，混匀，浓缩至规定的相对密度，即得。

【功能与主治】 活血调经。用于经闭、痛经及产后瘀血腹痛。

【用法与用量】 口服，1次10g，1日1~2次。

第6节 酒剂与酊剂

一、酒剂与酊剂的含义与特点

酒剂又名药酒，系指饮片用蒸馏酒浸提制成的澄明液体制剂。酒剂多供内服，少数作外用，也有两者兼用者。

酒剂的制备与应用，在我国已有数千年的历史，现主要以白酒为溶媒，含醇量一般在50%~60%，少数品种仍用黄酒制作，含醇量30%~50%。由于乙醇对药材中各成分的溶解能力有一定选择性，故酒剂中杂质含量较少，有效成分含量较高、服用剂量小，服用方便，且不易霉变。

链接

酒剂是我国最早应用的剂型之一。酒辛甘大热，能行血通络、散寒，故祛风活血、止痛散瘀等方剂常制成酒剂。酒剂组方灵活，制备简便，易于保存，因而仍是目前较常用的剂型之一。但小儿、孕妇、心脏病、高血压病等患者不宜使用。

酊剂系指饮片用规定浓度的乙醇提取或溶解而制成的澄明液体制剂，也可用流浸膏稀释制成。酊剂的浓度随药材性质而异。除另有规定外，含毒性药的酊剂，每100ml相当于原饮片10g；其有效成分明确者，应根据其半成品的含量加以调整，使其符合该酊剂项下的规定；其他酊剂，每100ml相当于原饮片20g。酊剂多供内服，每次剂量一般为2～5ml，少数酊剂供外用。酊剂以乙醇为溶剂，且含药量高，故服用剂量小，亦易于保存。但因乙醇本身有一定药理作用，其应用受到一定限制。

二、酒剂与酊剂的制备

(一) 酒剂的制法

(1) 冷浸法：将药材与规定量的酒共置于密闭的容器内，室温下浸泡，定期搅拌，一般浸渍1个月以上。取上清液，压榨药渣，过滤榨出液，与上清液合并，滤至澄清，必要时加入矫味剂与着色剂，搅拌均匀，再静置沉降2周以上，精滤后灌装于干燥、洁净的容器内，密闭，即得。该法生产周期较长，但制得的酒剂较澄清。

(2) 热浸法：将药材与规定量酒置于有盖的容器中，同时根据需要加入糖或蜜，水浴或蒸汽加热至沸后立即停止加热，然后倾入另一有盖容器中，密闭，在室温下浸渍一至数月，再吸取上清液，将上清液与药渣压榨液合并，滤过，静置沉降1～2周，精滤、灌装，即可。

(3) 渗漉法：以白酒为溶剂，按渗漉法操作，收集渗漉液。若处方中需加糖或蜂蜜矫味者，可加入渗漉液中，搅匀密闭，静置一定时间，粗滤、精滤后灌装，即得。

(4) 回流热浸法：以白酒为溶剂，按回流热浸法提取至白酒近无色，合并回流提取液，加入蔗糖或炼蜜，搅拌溶解后，密闭静置一段时间，滤过，分装，即得。

酒剂应分装在洁净干燥的玻璃瓶中，密闭，置阴凉处储藏。

解决酒剂澄明度的常规方法有长时间室温静置沉降、低温静置沉降和加澄清剂吸附沉降等。

(二) 酊剂的制法

(1) 溶解法和稀释法：取药物粉末或流浸膏，加规定浓度的乙醇适量溶解或稀释至规定体积，静置，必要时滤过，即得。此法适用于化学药物及中药有效部位或提纯品酊剂的制备。

(2) 浸渍法：取药材置有盖容器中，加入规定浓度的乙醇适量，密闭，搅拌或振摇，浸渍3～5天或规定的时间，倾取上清液，再加入溶剂适量，依法浸渍至有效成分充分浸出，合并浸出液，加相同浓度的乙醇至规定体积后，静置24小时，滤过，即得。树脂类药材、新鲜及易于膨胀的药材、价格低廉的芳香性药材等制备酊剂均可采用此法。

(3) 渗漉法：毒剧药材、贵重药材及不易引起渗漉障碍的药材制备酊剂时，多采用渗漉法，可按渗漉法常规操作，收集渗漉液至规定体积后，静置，滤过，即得。若为毒剧药材，收集渗漉液后应测定其指标成分的含量，再加乙醇调整至规定标准。

酊剂应分装于洁净干燥的棕色玻璃瓶内，密闭置阴凉处。

三、酒剂与酊剂的质量要求与检查

（一）酒剂与酊剂的质量要求

酒剂所用溶剂(白酒)应符合蒸馏酒的质量标准,内服药酒应以谷类为原料。酒剂应澄清,在储存期间允许有少量摇之易散的沉淀。酒剂要求具有一定的 pH、含醇量和总固体量。

酊剂应澄明且有一定的乙醇含量,浓度符合规定要求。久置产生沉淀时,应先测定并调整含醇量,在乙醇和有效成分含量符合规定的情况下,可滤除沉淀。

（二）酒剂与酊剂的质量检查

(1) 含醇量:照2010年版《中国药典》(一部)附录ⅨM 乙醇量测定法测定,药酒与酊剂中的乙醇含量应符合各品种项下的规定。

(2) 总固体量:照2010年版《中国药典》(一部)附录ⅠM 酒剂项下方法测定,应符合各品种具体规定。

(3) 甲醇量:照2010年版《中国药典》(一部)附录ⅨT 甲醇量检查法检查,应符合规定。

(4) 装量:照2010年版《中国药典》(一部)附录ⅫC 最低装量检查法检查,应符合规定。

(5) 微生物限度:照2010年版《中国药典》(一部)附录ⅩⅢC 微生物限度检查,应符合规定。

四、酒剂与酊剂典型品种举例

例1　舒筋活络酒

【处方】 木瓜45g　桑寄生75g　玉竹240g　续断30g　川牛膝90g　当归45g　川芎60g　红花45g　独活30g　羌活30g　防风60g　白术90g　蚕砂60g　红曲180g　甘草30g

【制法】 以上15味,除红曲外,其余木瓜等14味粉碎成粗粉;另取红糖555g,溶解于白酒11 100g中,按渗漉法,用红糖酒作溶剂,浸渍48小时后,以每分钟1~3ml的速度缓缓渗漉,收集渗漉液,静置,滤过,即得。

【功能与主治】 祛风除湿,舒筋活络。用于风寒湿痹、筋骨疼痛。

【用法与用量】 口服,1次20~30ml,1日2次。

例2　藿香正气水(酊剂)

【处方】 苍术160g　陈皮160g　厚朴(姜制)160g　白芷240g　茯苓240g　大腹皮240g　生半夏160g　甘草浸膏20g　广藿香油1.6ml　紫苏叶油0.8ml

【制法】 以上10味,苍术、陈皮、厚朴、白芷分别照流浸膏剂与浸膏剂项下渗漉法,用60%乙醇溶液作溶剂,浸渍24小时后进行渗漉,前3种各收集初漉液400ml,后一种收集初漉液500ml,备用;收集续漉液,浓缩后并入初漉液中。茯苓加水煮沸后,80℃温浸2次,第一次3小时,第二次2小时,取汁;生半夏用冷水浸泡,每8小时换水1次,泡至透心后,另加干姜13.5g,加水煎2次,第一次3小时,第二次2小时;大腹皮加水煎煮3小时;甘草浸膏打碎后水煮化开;合并上述水煎液,滤过,滤液浓缩至适量。广藿香油、紫苏叶油用乙醇适量溶解。合并以上溶液,混匀,用乙醇与水适量调整乙醇含量,并使全量成2050ml,静置,滤过,灌装,即得。

【功能与主治】 解表化湿,理气和中。用于外感风寒、内伤湿滞、头痛昏重、脘腹胀痛、呕吐泄泻、胃肠型感冒。

【用法与用量】 口服,1次5~10ml,1日2次,用时摇匀。

第7节 流浸膏剂与浸膏剂

一、含义与特点

流浸膏剂、浸膏剂系指饮片用适宜的溶剂提取,蒸去部分或全部溶剂,调整至规定浓度而成的制剂。蒸去部分溶剂呈液状者为流浸膏剂;蒸去全部溶剂呈粉状或膏状者为浸膏剂。浸膏剂又分干浸膏剂与稠浸膏剂,干浸膏含水量约为5%;稠浸膏一般含水量约为15%~20%。

除另有规定外,流浸膏剂每1ml相当于原饮片1g;浸膏剂每1g相当于原饮片2~5g。有效成分明确的流浸膏剂、浸膏剂,皆需经过含量测定后,加稀释剂或继续浓缩至规定的量。稠浸膏可用甘油、液状葡萄糖等调整含量;干浸膏可用淀粉、乳糖、蔗糖、氧化镁、磷酸钙、药渣细粉等调整含量。流浸膏剂大多以不同浓度的乙醇为溶剂,少数以水为溶剂,但后者成品中应酌加20%~25%的乙醇作防腐剂。流浸膏剂多作为配制酊剂、合剂、糖浆剂或其他制剂的中间体。浸膏剂一般多作为制备颗粒剂、片剂、胶囊剂、丸剂、软膏剂、栓剂等的中间体,仅颠茄浸膏、大黄浸膏等少数品种直接用于临床。

> 20世纪20~40年代,流浸膏又称为浸膏溶液,作为一种汤剂的改良剂型曾盛行一时,因采取单味应用和临用时相互配制的方法,与中医的用药理论及配伍原则差距较大,大部分被淘汰,现仅保留少数品种直接供药用。浸膏剂是在流浸膏的基础上进一步浓缩制成的制剂,但浸膏剂不仅可以是单味药制剂,也可以是多味药的复方制剂,为近年来发展较快的剂型之一。
>
> 链接

二、流浸膏剂与浸膏剂的制备

(一)流浸膏剂的制法

除另有规定外,流浸膏剂多用渗漉法制备,其制备工艺流程为:浸渍→渗漉→浓缩→调整含量→成品。

制备时的操作要点有:①渗漉所用溶剂的数量一般为药材量的4~8倍;②除另有规定外,渗漉时应先收集药材量85%的初渗漉液,另器保存,续渗漉液低温浓缩至稠膏状,与初渗漉液合并,混匀;③对有效成分明确者,要进行含量测定和含醇量测定,有效成分不明确者,只进行含醇量测定。

流浸膏剂还可用稀释浸膏或水提醇沉法制备,如甘草流浸膏、益母草流浸膏等。流浸膏剂应在避光容器内密封,置阴凉处储藏。

(二)浸膏剂的制法

浸膏剂的制备方法,一般多采用渗漉法、煎煮法,有的也采用回流法或浸渍法。在实际生产时,应根据具体设备条件和品种,选用浸出率高、耗能少、成本低、质量佳的方法。

干浸膏制备过程中，干燥操作往往比较费时麻烦，可将浸膏摊铺在涂油或撒布一层药粉的烘盘内，在80℃以下干燥，制成薄片状物，也可在浸膏中掺入适量原药细粉或药渣粉、淀粉稀释后再干燥。采用喷雾干燥法可直接制得干浸膏粉，既能缩短时间，又可防止药物分解或失效。

三、流浸膏剂与浸膏剂的质量要求与检查

（一）流浸膏剂与浸膏剂的质量要求

流浸膏剂与浸膏剂的浓度或有效成分含量应符合规定要求；流浸膏剂乙醇含量应符合规定要求。久置生成沉淀时，在乙醇和有效成分含量符合该药品项下规定的情况下，可滤过除去沉淀。流浸膏剂与浸膏剂的微生物限度应符合规定要求，并应置遮光容器内密封，流浸膏剂应置阴凉处储存。

（二）流浸膏剂与浸膏剂的质量检查

（1）含量测定：指标成分含量按该品种现行标准规定的方法测定，应符合规定。

（2）乙醇含量：照2010年版《中国药典》（一部）附录ⅨM乙醇量测定法测定，应符合规定。

（3）装量：照2010年版《中国药典》（一部）附录ⅫC最低装量检查法检查，应符合规定。

（4）微生物限度：照2010年版《中国药典》（一部）附录ⅩⅢC微生物限度检查法检查，应符合规定。

四、流浸膏剂典型品种举例

例　当归流浸膏

【处方】　当归（粗粉）1000g　70%乙醇溶液适量

【制法】　取当归粗粉1000g，照2010年版《中国药典》制剂通则流浸膏剂项下的渗漉法，用70%乙醇溶液浸渍48小时后，以每分钟1～3ml的速度缓缓渗漉，收集初渗漉液850ml，另器保存，继续渗漉，至渗漉液近无色或黄色为止，收集续渗漉液，在60℃以下浓缩至稠膏状，加入初渗漉液，混合，加70%乙醇溶液稀释成1000ml，静置数天，滤过，即得。

【功能与主治】　活血调经。用于月经不调、痛经。

【用法与用量】　口服，1次3～5ml，1日3次。

第8节　浸出制剂的质量控制

浸出制剂在制备和储藏过程中，往往会产生各种物理和化学变化，这不仅关系到浸出制剂本身的质量，同时也影响到以其为原料的其他剂型制剂的质量。因浸出制剂所含成分复杂，其成品质量控制较化学品原料的制剂更为复杂。首先应明确浸出制剂主要质量问题产生的可能原因，进而对症处理，采取切实可行的措施和办法。

一、液体浸出制剂易出现的质量问题及解决方法

（1）长霉发酵：制药设备、器具及环境污染是液体类浸出制剂长霉发酵的重要原因。因糖

浆剂、合剂、口服液等液体药剂中含有糖、蛋白质等微生物的营养物质，在适宜的温度、湿度、pH条件下，微生物易生长繁殖。制备时，可采取严格操作规程、酌情添加适宜防腐剂等措施，以防止或避免长霉发酵。

（2）浑浊沉淀：产生原因主要有储存日久或受外界温度、光线等因素的影响，液体浸出制剂中许多高分子杂质可能逐渐“陈化”凝聚成大颗粒而沉淀析出；口服液等灭菌时可能出现浑浊；酒剂、酊剂等含醇制剂，可能因乙醇的挥发而析出沉淀等。一般常采取以下措施：①制备时采用适宜的精制方法，尽可能多地去除提取液中的杂质；②严密包装，防止或避免乙醇浓度的改变；③采取预防性措施，如配液时预先调节pH，防止药液因pH的改变而析出沉淀，灭菌前采用热处理冷藏法进行预处理等；④选用优质包装容器，以免储存期间析出游离碱，使成品pH改变，从而影响活性成分的溶解性能等。

（3）水解：药液中含酯键、苷键等分子结构的成分，由于制剂pH的变化或植物酶的作用而发生水解，尤其在碱性条件下。采用加热、冷冻、添加乙醇或其他有机溶剂等方法可抑制或破坏植物酶；含醇量40%以上的液体药剂可防止水解。

二、固体浸出制剂易出现的质量问题及解决办法

中药浸出制剂通常采用适宜溶剂浸提饮片的有效成分，其浸提液所含成分极其复杂，在储存过程中易产生各种物理和化学变化，这不仅关系到浸出制剂本身的质量，同时也影响到以浸出药剂为原料的其他制剂的质量。固体浸出制剂易引湿、结块，甚至液化，不利于称量、混合、充填等操作，制剂引湿后亦易长霉，发酵变质，崩解时限、溶解时限延长等。因此，浸出制剂的质量控制比以化学药品为原料的制剂更加复杂。为降低引湿性，可采用水提醇沉淀法，除去部分水溶性杂质；在允许的情况下可加入适量吸湿剂；用除湿机控制操作场所的相对湿度；制剂成品及时用防潮性良好的材料分装，注意降低分装环境的相对湿度，必要时在包装容器内放一小包吸湿剂，密封。

小结

浸出制剂具有药材所含各种成分的综合作用，有利于发挥药材成分的多效性，但其质量控制比较复杂，生产过程必须严格控制工艺条件，以确保制剂的质量。本章的学习要点应在知道各种浸出制剂的含义、特点、分类的基础上，明确各种浸出制剂的制备方法及注意事项；熟悉质量要求及检查项目与方法；了解浸出制剂易出现的问题及解决办法，看懂典型品种举例，为指导生产实际操作和临床应用打下良好基础。

目标检测

一、单项选择题

1. 汤剂制备时，对于人参等贵重药材应 （ ）

A. 先煎 B. 后下 C. 包煎 D. 另煎

2. 需要作含醇量测定的为 ( )

A. 流浸膏剂 B. 煎膏剂 C. 糖浆剂 D. 合剂

3. 除另有规定外,流浸膏剂 1ml 相当于原饮片 ( )

A. 1g B. 2g C. 3g D. 5g

二、多项选择题

1. 糖浆剂的制备方法有 ( )

A. 分散法 B. 热溶法 C. 冷溶法

D. 混合法 E. 稀释法

2. 制备煎膏剂时,炼糖的目的是 ( )

A. 使糖的晶粒熔融 B. 去除水分 C. 使部分双糖转化为单糖

D. 杀死微生物 E. 去除杂质

3. 中药合剂的特点有 ( )

A. 可发挥综合疗效 B. 能随症加减 C. 吸收快、起效迅速

D. 携带服用方便 E. 适合工业化生产

4. 以浸出制剂为原料的制剂,可能出现的质量问题有 ( )

A. 引湿结块 B. 长霉发酵 C. 浑浊沉淀

D. 崩解时限延长 E. 易发生水解

三、名词解释

1. 酊剂 2. 单糖浆 3. 浸出制剂

四、简答题

1. 简述浸出药剂的特点与分类。
2. 简述酒剂与酊剂的异同点。
3. 简述汤剂的特点及煎煮过程对药效的影响。

(唐志书)

第10章 散 剂

学习目标

1. 记住散剂的含义与分类
2. 说出散剂的特点与质量要求
3. 简述散剂及特殊散剂的制备方法
4. 叙述倍散、低共熔现象及等量递增法的基本概念

第1节 概 述

一、散剂的含义与分类

散剂系指饮片或提取物经粉碎、均匀混合制成的粉末状剂型。

根据临床用途、药物性质和组成不同，散剂可分为以下几种。

1. 按医疗用途 分为内服散剂(如乌贝散、益元散等)和外用散剂(如金黄散、冰硼散等)。

2. 按药物组成 分为单味药散剂(如川贝散等)和复方散剂(如九一散等)。

3. 按药物性质 分为含毒性药物散剂(如九分散、九一散等)、含液体药物散剂(如蛇胆川贝散、紫雪等)、含共熔成分散剂(如避瘟散、痱子粉等)及眼用散剂。

4. 按剂量 分为分剂量型散剂(如内服散剂)和非剂量型散剂(多数为外用散)。

> 散剂为传统剂型，《黄帝内经》就有散剂的记载。《名医别录》中所记载"先切细曝燥乃捣，有各捣者，有合捣者……"该粉碎原则一直沿用至今。粉碎机及自动包装机的使用，使散剂的生产进一步发展，散剂的临床应用至今仍有一定特色。
>
> 链接

二、散剂的特点

散剂的表面积较大，易分散，奏效快。与丸剂、片剂及胶囊剂相比，制备时无需辅料和压力，药物的生物利用度高。

制法简便，剂量可随意增减，适用于小儿和外用。

因比表面积大，其嗅味、刺激味、吸湿性及化学活性也相应增加。挥发性成分易散失，故腐蚀性强及易吸潮变质的药物，不易配成散剂。

> 药典规定供制散剂的饮片、提取物均应粉碎。除另有规定外，内服散剂应为细粉；儿科用及外用散剂应为最细粉。
>
> 链接

第2节 散剂的制备

一、一般散剂的制备

散剂的制备工艺流程:饮片粉碎→过筛→混合→分剂量→质量检查→包装。

(一) 饮片粉碎与过筛

具体内容见第4章第1、2节。

(二) 药粉的混合

混合系指多种固体粉末相互均匀分散的过程或操作。

混合方法:主要有研磨混合法、搅拌混合法、过筛混合法。

若药物比例量相差悬殊时,应采用“等量递增法”(亦称“配研法”)混合。含量少、色深的药粉应用打底套色法。具体方法参阅第7章第1节。

> 混合是制备散剂的关键操作,混合时应注意混合时间(由混合的药量和机械性能所决定)、混合器的吸附性、药粉的带电性等。
>
> 链 接

(三) 散剂的分剂量

分剂量是指将混合均匀的药粉,按照所需剂量分成相等重量份数的过程或操作。常用的方法有目测法、重量法和容量法。

(1) 目测法:亦称估分法,即称取总量的散剂,根据目力分成所需的若干等份,一般以每次3~6包横列分包为宜,以便于比较。

此法仅用于药房小量配制,比较简便,但误差较大,可达10%,含毒性药物散剂不准用此法。

(2) 重量法:用手秤或天平逐包称量。此法剂量准确,但效率低。含毒性药散剂及贵重细料药散剂常用此法。

(3) 容量法:所用的散剂分量器是以木质、牛角、金属或塑料等制成的一种容量药匙。以一定的体积代替一定的重量,此法适用于0.5~2g的散剂分剂量,方便,误差可控制在允许范围。目前大生产用的散剂自动包装机、散剂定量分包机均系利用容量法分剂量的原理设计的,但使用时应注意药粉的流动性及密度对分剂量的影响。

(四) 包装与储存

散剂的比表面积大,故其吸湿性、风化性比其他固体剂型显著,如何防止吸湿、吸潮是保证散剂质量的一个重要措施,选择适宜的包装材料及适宜的储藏条件是关键。多剂量包装的散剂应附分剂量的用具,含有毒性药的内服散剂应单剂量包装。

1. 包装材料的选择

(1) 包装纸:用于散剂包装的纸有玻璃纸、有光纸和蜡纸等。

玻璃纸:质软易折而透明,不能透过脂肪,但能透过水蒸气和可溶于水的气体(如二氧化碳、氨气、硫化氢等),适用于含挥发性及油脂性药物的散剂的包装。

有光纸:表面光滑,对药粉的吸附性较小,价廉,但能透过油脂及气体,易被水和水蒸气浸透,适用于包装不易吸湿、不挥发、性质稳定的散剂的包装。

蜡纸:系白纸用蜡浸制而成。具有防潮、防风化、防二氧化碳侵入的作用,因而宜用于包装易引湿、易风化及二氧化碳作用下易变质的散剂,也可以用于包装毒性药物,可减少吸附损耗。但不适用于包装含挥发性成分药物的散剂,因为蜡纸可部分吸收挥发性药物,并能在接触处形成低熔点物质而黏在一处。

(2) 玻璃瓶:密闭性好,适用于芳香细料药、挥发性药、含毒性药和引湿药物的散剂。

(3) 硬胶囊:可掩盖药物的臭味,一些小剂量而有恶臭的散剂可装于胶囊中。

(4) 聚乙烯塑料薄膜袋:质软透明,但久储会脆裂,故应用受到一定的限制。

(5) 复合膜袋:防气防湿性能比较好,目前较为常用,多数用于机械包装。

2. 包装方法 分剂量散剂的包装,一般可用包药纸包折成四角、五角包,也可用聚乙烯塑料薄膜袋、复合膜袋热封包装。非剂量型散剂可直接用瓶或塑料袋包装。

3. 储存 应选择干燥、避光、空气流通的库房,分类保管。注意防湿、防潮。

二、特殊散剂的制备

(一) 含毒性药物的散剂

毒性药物在临床中应用剂量小,药理作用明显,使用时易造成剂量误差。在实际应用中常将毒性药物添加一定比例量的辅料制成稀释散(或称倍散)。倍散的稀释比例应根据药物的剂量而定,剂量在0.01~0.1g时,可配成10倍散(1:9,即称取1份主药加入9份辅料混匀);剂量在0.01g以下,应配成100倍散(1:99)或1000倍散(1:999)。配制时,混合应采用等量递增法,且应单剂量包装。

为保证散剂的均匀性及与未稀释原药的区别,一般应使用食用色素作为稀释剂的着色剂,如胭脂红、苋菜红、靛蓝等。

倍散的稀释剂应为无显著药理作用,且不与主药发生反应,不影响主药含量测定的惰性物质。常用的有乳糖、淀粉、糊精、蔗糖、葡萄糖,以及无机物如硫酸钙、碳酸钙等。

某些含毒性成分的饮片,如马钱子等,因产地、采收季节及炮制方法等因素影响,主要成分含量相差悬殊。为使用药有效而安全,常将这些含毒性成分的饮片测定主要成分含量后,用辅料调整其含量,制成调制粉供配制用。

药物形成低共熔物后,若药理作用增强时宜采用低共熔法混合,但应通过实验确定减少剂量,药理作用减弱时则应分别用其他成分稀释,避免出现低共熔。

药物形成低共熔物后,若药理作用无变化,可采用先形成低共熔混合物,再与其他固体成分混合,使分散均匀。或者分别以固体成分稀释低共熔成分,再轻轻混合,使分散均匀。

处方中如含有挥发油或其他足以溶解低共熔混合物的液体时,可先将低共熔混合物溶解,借喷雾法喷于其他固体成分中,混匀。

链接

(二) 含低共熔混合物的散剂

低共熔现象是指两种或两种以上的药物混合时出现润湿或液化的现象。

当能产生低共熔的药物相互混合时,根据其重量百分组成和当时温度条件,可表现出不同的变化,如液化、润湿或仍处于干燥状态。与药物品种和所用比例有关,樟脑与水杨酸苯酯、薄荷脑与樟脑、薄荷脑与冰片均能产生低共熔现象。使用时应根据所形成的低共熔混合物的药理作用,决定制备方法。

(三) 含液体成分药物的散剂

在复方散剂中有时含有液体组分,如挥发油、非挥发性液体药物、酊剂、流浸膏、药物煎汁及稠浸膏等。对于这些液体状药物的处理应该视药物的性质、用量及处方中其他固体组分的多少而定。一般可利用处方中其他固体组分吸收后研匀;但如液体组分含量较大而成分中固体组分不能完全吸收时,可另加适当的辅料如磷酸钙、淀粉、蔗糖、葡萄糖等吸收,至不潮湿为度;当液体组分含量过大时,且属非挥发性药物,可加热蒸去大部分水分后并进一步在水浴上继续蒸发,加入固体药物或辅料后,低温干燥、研匀即可。

(四) 眼用散剂

施于眼部的散剂,《中国药典》规定应通过 9 号筛,以减少机械刺激性;另外,眼用散剂应要求无菌,如含有致病性微生物,特别是葡萄球菌及铜绿假单胞菌等容易引起严重的不良后果。一般配制眼用散剂的药物多经水飞或直接粉碎成极细粉(如使用流能磨粉碎可得到 5μm 以下的极细粉)。配制的用具应灭菌,配制操作应在清洁、避菌环境下进行,成品经灭菌,密封保存。

第 3 节 散剂的质量要求与检查

一、散剂的质量要求

散剂的外观应干燥、疏松、混合均匀、色泽一致;装量差异、水分含量、粉末细度应符合规定;卫生学检查必须符合要求;药物的定性鉴别与含量测定应符合具体散剂各自的要求。

二、散剂的质量检查

1. 粒度 用于烧伤或严重创伤的外用散剂,取供试品 10g,称定重量,置 6 号药筛中,筛上加盖,按水平方向旋转振摇至少 3 分钟,并不时在垂直方向轻扣药筛。取筛下的粉末,称定重量,不得少于 95%。

2. 外观均匀度 取供试品适量,置光滑纸上,平铺约 $5cm^2$,将其表面压平,在明亮处观察,应色泽均匀,无花纹与色斑。

3. 水分 散剂的水分不得超过 9.0%。一般散剂用烘干法测定,如处方中含有挥发性饮片,应采用甲苯法测定。

4. 装量差异 单剂量包装的散剂:取供试品 10 袋(瓶),分别称定每袋(瓶)内容物的重量,每袋(瓶)装量与标示量相比较,应符合表 10-1 所示规定,超出装量差异限度的不得多于 2 袋(瓶),并不得有 1 袋(瓶)超出限度 1 倍。

表 10-1 散剂装量差异限度

标示装量/g	装量差异限度/%
≤0.1	±15
0.1~0.5	±10
0.5~1.5	±8
1.5~6.0	±7
≥6.0	±5

5. 装量 多剂量包装的散剂,照 2010 年版《中国药典》(一部)附录Ⅻ C 最低装量检查法检查,应符合规定。

6. 无菌 用于烧伤或严重创伤的外用散剂,照无菌检查法检查,应符合规定。

7. 微生物限度 照 2010 年版《中国药典》(一部)附录微生物限度检查法检查,应符合规定。

8. 药物的定性与定量 根据处方药物,进行有效成分或指标成分的定性鉴别与含量测定。

第 4 节 散剂典型品种举例

例 1 九分散

【处方】 马钱子粉(调制)250g 麻黄 250g 乳香(制)250g 没药(制)250g

【制法】 以上 4 味,麻黄、乳香、没药粉碎成细粉;马钱子粉与上述粉末配研,过筛,混匀,即得。

【功能与主治】 活血散瘀,消肿止痛。用于跌打损伤、瘀血肿痛。

【用法与用量】 口服。1 次 2.5g,1 日 1 次,饭后服用。外用,创伤青肿未破者以酒调敷患处。

【注意】 ①本品含毒性药,不可多服;孕妇禁用;小儿及体弱者遵医嘱服用;破伤出血者不可外敷。②密闭储存,防热,防潮。

例 2 八宝眼药散

【处方】 珍珠 9g 麝香 9g 熊胆 9g 海螵蛸(去壳)60g 硼砂(炒)60g 朱砂 10g 冰片 20g 炉甘石(三黄汤飞)300g 地栗粉 200g

【制法】 以上 9 味,珍珠、朱砂、海螵蛸分别水飞成极细粉;炉甘石用三黄汤水飞成极细粉;地栗粉、硼砂分别研细成极细粉;将上述极细粉以配研法混匀。麝香、冰片、熊胆研细,再与上述粉末配研,过 9 号筛,混匀,灭菌,即得。

【功能与主治】 消肿,明目。用于目赤肿痛,眼缘溃烂,畏光怕风,眼角涩痒。

【用法与用量】 每用少许。点入眼角,1 日 2~3 次。

小结

散剂为固体制剂,由于其表面积大,在体内的吸收优于丸剂、片剂和胶囊等口服固体剂型,生物利用度较高,在临床广泛应用于儿科和外科,尤其对溃疡面有一定的保护作用。本章的学习要点:知道散剂含义、特点、分类;明确散剂及特殊散剂的制备方法;掌握不同用途的散剂其粉碎度的要求;了解散剂的质量要求及检查项目与方法,看懂典型品种举例,为指导生产实际操作和临床应用打下良好基础。

目标检测

一、单项选择题

1. 外用散剂粉碎细度的要求是　（　）

A. 80 目　B. 100 目　C. 120 目　D. 200 目

2. 散剂的制备工艺流程为　（　）

A. 混合→过筛→粉碎→质量检查→分剂量→包装

B. 过筛→混合→干燥→分剂量→质量检查→包装

C. 粉碎→过筛→混合→分剂量→质量检查→包装

D. 粉碎→过筛→混合→干燥→分剂量→包装

二、多项选择题

1. 下列不宜制成散剂的有　（　）

A. 药材饮片　B. 刺激性强的药物　C. 药物的乙醇溶液

D. 易风化的药物　E. 挥发油

2. 关于散剂特点的陈述,正确的是　（　）

A. 易分散,奏效快　B. 可掩盖药物的不良气味　C. 制备工艺简单

D. 可随意增减剂量　E. 服用、运输、携带均方便

三、名词解释

1. 倍散　2. 低共熔现象　3. 等量递增法

四、简答题

1. 简述散剂的特点。

2. 简述含液体药物的散剂的制备方法。

3. 散剂的水分应控制的程度？散剂中含有挥发性成分应采用何种方法测定含水量？

（程　岚　谢　辉）

第11章 颗 粒 剂

学习目标

1. 记住颗粒剂的含义与分类
2. 说出颗粒剂的特点与质量要求
3. 简述颗粒剂的制备方法

第1节 概 述

一、颗粒剂的含义与特点

颗粒剂系指提取物与适宜的辅料或饮片细粉制成具有一定粒度的颗粒状制剂。既可用水冲服，也可吞服。

中药颗粒剂的创制和应用我国始于20世纪60年代末。随着新技术、新工艺、新辅料、新设备的不断应用，中药颗粒剂的品种不断增加，质量明显提升，现已发展成为中成药主要的固体剂型之一。2010年版《中国药典》(一部)收载了中药颗粒剂125种。国内业已生产应用的中药配方颗粒，实为单味中药颗粒剂。无糖型颗粒剂的面世，不仅进一步缩小了剂量，而且能满足糖尿病及肥胖病等不宜多食糖患者的需要。日本等国汉方浸膏颗粒剂和细粒剂的应用也十分广泛。

> 《中国药典》规定颗粒剂的粒度范围为小于5号筛(180μm)的细粉和大于1号筛(2000μm)的粗粒的总和不得超过15%。《日本药局方》收载的细粒剂的粒度范围是105~500μm。颗粒剂曾称为冲剂或冲服剂，1995年版《中国药典》始称颗粒剂。
>
> 链接

中药颗粒剂是在中药汤剂、酒剂和化学药物颗粒剂基础上发展起来的中药新剂型。它既保持了汤剂吸收较快、奏效较迅速的特点，又克服了汤剂临用时煎煮不便、服用量大等缺点。颗粒剂具有以下特点：①剂量较小，服用、携带、储藏、运输均较方便；②可适当加入芳香剂、矫味剂、着色剂等制成色、香、味俱佳的制剂，深受患者欢迎；③适于工业生产，且产品质量稳定；④必要时可包衣，使颗粒剂具有防潮性、缓释性、肠溶性等；⑤某些中药颗粒具有一定吸湿性，包装不严易吸湿结块；少数品种颗粒松散，细粉较多。注意包装，避免吸潮。

二、颗粒剂的分类

按其溶解性能和状态，颗粒剂可分为可溶颗粒、混悬颗粒和泡腾颗粒。颗粒剂成品形状应为颗粒状，但也有将单剂量颗粒或加适宜辅料压制成的块状物称为块状颗粒剂(习称块状冲剂)。

可溶颗粒剂又分为水溶颗粒(如垂盆草颗粒、三九胃泰颗粒、花红颗粒等)和酒溶颗粒(如木瓜酒颗粒、养血愈风酒颗粒等)两类。酒溶颗粒中的药料和辅料均能溶于白酒,服用时加一定量的白酒溶解成药酒饮用。混悬颗粒(如龙牡壮骨颗粒、天麻钩藤颗粒等)一般多加入饮片细粉制成,冲服时呈均匀混悬状。泡腾颗粒(如阿胶泡腾颗粒剂、山楂泡腾颗粒剂)中加有泡腾崩解剂(如酒石酸与碳酸氢钠),冲服时遇水产生大量二氧化碳,使颗粒快速崩散溶解。

第2节 颗粒剂的制备

中药颗粒剂的制备,主要涉及处方药材的处理和制粒技术。除另有规定外,处方药材应按各品种项下规定的方法进行提取、纯化、浓缩成规定相对密度的清膏,采用适宜的方法干燥,并制成细粉,加适量辅料或饮片细粉,混匀制软材制颗粒;也可将清膏加适当辅料或饮片细粉,混匀制软材制颗粒。因中药的有效成分不同,不同类型颗粒剂对溶解性的要求也不同,应采用不同的溶剂和方法进行提取。

一、可溶颗粒的制备

(一)制备可溶颗粒的工艺流程

原、辅料的处理 $\xrightarrow{\text{辅料}}$ 制(软材)颗粒 ⟶ 干燥 ⟶ 整粒 $\xrightarrow{\text{质量检查}}$ 包装

(二)制备可溶颗粒要点

1. 药材的提取 可溶颗粒饮片全部用于提取。水溶颗粒一般采用煎煮法,以水为溶剂提取,也可采用渗漉法、浸渍法及回流等方法提取有效(成分)部位;含挥发油较多的饮片多采用水蒸气蒸馏法加煎煮法,简称"双提法"。酒溶颗粒饮片的提取,一般采用渗漉法、浸渍法或回流法等方法,以一定浓度的乙醇(以欲制药酒的含醇量为准,常用60%左右)为溶剂提取。新的提取方法有超临界流体提取法、双向逆流提取法等。有条件最好采用动态浸提新工艺。

2. 提取液的纯化 颗粒剂生产中提取液的纯化多采用乙醇沉淀法,即将水煎液浓缩至一定浓度(相对密度1.05左右或浓度1:1)后,除特别规定外,加入等量乙醇,充分混合均匀,静置冷藏12小时以上,滤过,滤液回收乙醇后,再继续浓缩成稠膏[相对密度为1.30~1.35(50~60℃)],或继续干燥成干浸膏备用。

提取液的纯化,目前也常采用高速离心法,或与醇沉法联用的纯化方法。还可采用微孔滤膜或超滤膜滤过、大孔树脂吸附、絮凝沉淀等方法去除杂质。应选用能较好去除大分子杂质(如果胶、黏液质、蛋白质等)而又可避免某些具有免疫调节作用的多糖和肽类成分损失的新工艺新技术。纯化药液也可直接喷雾干燥后,再行湿法或干法制粒。

链接

3. 辅料选用 应选用引湿性低、性质稳定又价廉易得的辅料,水溶颗粒剂目前最常用的辅料为糖粉和糊精。其他如乳糖、可溶性淀粉、甘露醇、微晶纤维素、微粉硅胶、羟丙基淀粉等也可选用。

（1）糖粉：糖粉系蔗糖结晶的细粉，是水溶颗粒剂的优良赋形剂，并有矫味及黏合作用。一般经低温（60℃）干燥，粉碎过80～100目筛，备用。糖粉易吸湿结块，应注意密封保存，用前应过筛。

（2）糊精：糊精系淀粉的水解产物，宜选用可溶性糊精。本品1份能在3份热水中溶解成胶体溶液，在醇中不溶。使用前应低温干燥，过筛。

（3）β-环糊精（β-CD）：芳香挥发性药物（如挥发油等）采用β-环糊精制成包合物，再混匀于其他药物制成的颗粒中，可使液体药物粉末化，且增加油性药物的溶解度和颗粒剂的稳定性。

（4）其他：根据需要，制备颗粒剂时可选用适量的糖类或糖醇类、苷类等作为矫味剂，以及天然挥发芳香油或香精作为芳香剂。为防潮或掩盖药物的不良气味，或控制药物释放速度，颗粒剂也可包薄膜衣，包衣材料详可参阅片剂包衣物料。

4. 制（软材）颗粒 是制备颗粒剂的关键技术，直接影响到颗粒产品的质量。目前生产中常用的有挤出制粒、快速搅拌制粒和流化喷雾制粒等方法。

（1）挤出制粒：将辅料（混悬颗粒则为部分饮片细粉，或加辅料）置适宜的容器内混合均匀，加入药物稠膏（或干膏粉）搅拌混匀，必要时加适量一定浓度的乙醇调整湿度，制成“手捏成团、轻按即散”的软材。再以挤压方式通过筛网（板）（10～14目）制成均匀的颗粒。

辅料的用量，可根据清膏的相对密度、黏性强弱适当调整，一般清膏：糖粉：糊精的比例为1:3:1。也可单用糖粉为辅料。辅料总用量一般不宜超过清膏量的5倍。若采用干膏细粉制粒，辅料的用量一般不超过其重量的2倍。

颗粒质量与软材的质量、过筛条件等因素密切相关。若软材过软，制粒时易黏附在筛网中或压出来的颗粒成条状物，可加入适当辅料或药物细粉调整湿度；若软材过黏则形成团块不易压过筛网，可适当加用高浓度乙醇调整并迅速过筛；若软材太干，黏性不足，通过筛网后呈疏松的粉粒或细粉过多，可加入适当的黏合剂（如低浓度淀粉浆等）增加黏度。同时，过筛用筛网应松紧适中，加料量不宜过多，压力亦不宜太大。

链接

挤出制粒，小量制备可用手工制粒筛，大生产多用摇摆式制粒机（图7-1），而黏性较差的药料宜选用旋转式制粒机制粒（见图7-2）。

（2）快速搅拌制粒：将固体辅料或药物细粉与清膏（直接或由送料口加入）置快速搅拌制粒机的盛器内，密闭。开动机器，搅拌桨以一定的转速转动，使物料形成从盛器底部沿器壁抛起旋转的波浪，波峰正好通过高速旋转的制粒刀，使均匀混合的物料被切割成带有一定棱角的小块，小块间互相摩擦形成球状颗粒。通过调整搅拌桨叶和制粒刀的转速可控制粒度的大小（见图7-3）。

（3）流化喷雾制粒：又称“一步制粒”或沸腾制粒（图7-4）。目前多用于无糖型、低糖型颗粒剂的制备。该法系将一定粒度的制粒用辅料（一般为40～60目粉末）置于流化喷雾制粒设备的流化室内，通入滤净的加热空气，使粉末预热干燥并处于沸腾状态。再将经预处理的药液以雾状间歇喷入，使粉粒被润湿而黏结成多孔状颗粒，继续流化干燥至颗粒中含水量适宜即得。制成的颗粒大小均匀，外形圆整，流动性好。

（4）干法制粒：将药物细粉（如喷雾干燥或其他方法制得的细粉），加入适宜的干燥黏合剂等辅料，用干挤制粒机压成薄片，经粉碎、筛选制成颗粒（图7-6）。该法制粒辅料用量少，进一步减小了颗粒剂的服用剂量，并可避免湿热条件下有效成分的损失，提高颗粒的稳定性、崩解性和溶散性。

(5) 喷雾干燥制粒:将经适当处理后的饮片提取液或加入适宜适量辅料后的混合液,经喷雾干燥制成干浸膏粉(图7-5),是将液态药料制成浸膏粉的方法。若需制成颗粒剂尚须采用适宜方法制粒。

5. 干燥 湿颗粒制成后,应及时干燥。久置,湿粒易黏结变形。干燥温度一般以60~80℃为宜。干燥时温度应逐渐上升,否则可因颗粒表面干燥过快结成硬壳而影响内部水分的蒸发;且颗粒中的糖粉骤遇高温时会熔化,使颗粒变得坚硬;尤其是糖粉与枸橼酸共存时,温度稍高更易黏结成块。

湿颗粒干燥常用气流干燥、真空干燥或沸腾干燥等方法。生产中常用的干燥设备有沸腾干燥、烘箱、烘房等。颗粒的干燥程度应适宜,含水量内控一般在2%以内。

6. 整粒 湿粒干燥后,可能会有部分粘连,甚至结块。因此,干颗粒冷却后须再过筛,以获得具有一定粒度的均匀颗粒,此即为整粒。一般先用1号筛筛出粗大颗粒,轻轻研压使全部通过,然后过5号筛除去细粉,使颗粒均匀。筛下的细粉可重新制粒,或并入下次同一批号药粉中,混匀制粒。

处方中的芳香挥发性成分,一般宜溶于适量乙醇中,雾化喷洒于干燥的颗粒上,密闭至规定时间,待焖吸均匀后包装,或用β-CD包合后混入。

7. 包装 整粒后的干燥颗粒应及时密封包装。生产上一般采用自动颗粒包装机进行分装。因颗粒剂中含有较多的浸膏和糖粉,易吸湿软化,以至结块霉变,故应选用不易透气、透湿的包装材料,如复合铝塑袋、铝箔袋或不透气的塑料瓶等,并于阴凉干燥处储存。

二、混悬颗粒的制备

混悬颗粒是将处方中部分饮片提取制成清膏,部分饮片粉碎成细粉(必要时添加适宜辅料)共制而成的颗粒。混悬颗粒用水冲后不能全部溶解,而成混悬液体。其中饮片细粉既是主约的一部分,通常也兼作为混悬颗粒的赋形剂。

制备时,粉碎、提取用药料及其用量比应根据处方及饮片性质确定。通常将含热敏性、挥发性成分或淀粉较多的饮片以及贵重细料药等粉碎成细粉,过6号筛备用;一般性药材,以水为溶剂,煎煮提取,煎液(必要时纯化后)浓缩成清膏备用;将清膏与饮片细粉(必要时添加适宜辅料适量)混匀,制成软材,然后通过1号筛制颗粒,60℃以下干燥,干颗粒整粒后,分装即得。

三、泡腾颗粒的制备

泡腾颗粒是由药物与泡腾崩解剂制成的颗粒。泡腾崩解剂由有机酸(常用的有枸橼酸、酒石酸、苹果酸等)与碳酸氢钠(或碳酸钠)组成。泡腾颗粒遇水由于酸、碱中和反应产生二氧化碳,使药液产生大量气泡而呈泡腾状态,使颗粒快速崩散,具速溶性。同时,二氧化碳溶于水后呈酸性,能刺激味蕾,因而可达到矫味的作用,若再配以芳香剂和甜味剂等,可得到碳酸饮料的风味。在此类处方设计时,酸的用量往往稍稍超过理论用量,以利于制剂的稳定与可口。

泡腾颗粒制法:将处方药料按水溶颗粒提取、纯化方法制得清膏或干膏细粉,分成两份,一份中加入有机酸及其他适量辅料制成酸性颗粒,干燥备用;另一份中加入弱碱及其他适量辅料制成碱性颗粒,干燥备用。再将两种干颗粒混合均匀,整粒,包装即得。应严格控制干燥颗粒中的水分,以免服用前酸碱发生反应。

四、块状颗粒的制备

块状颗粒(习称块状冲剂)的制法有两种,一是模压法,一是机压法。两法均系将中药提取物或药材粉与糖粉或其他辅料,充分混匀,制成颗粒。模压法用模具将颗粒(控制一定含水量)压制成块,干燥即得。而机压法为干颗粒中加水溶性润滑剂后,采用压力较大的花篮式单冲压块机冲压成块制得。

第3节　颗粒剂的质量要求与检查

一、颗粒剂的质量要求

颗粒剂应干燥,颗粒均匀,色泽一致,无吸潮、结块、潮解等现象。

除另有规定外,颗粒剂含水分不得过6.0%。

采用"双筛分法"检查粒度,能通过5号筛的细粉和不能通过1号筛的粗粒的总和,不得过15%。

溶化性要求:供试品10g加20倍量热水搅拌5分钟,可溶颗粒应全部溶化,允许有轻微混浊;混悬颗粒应能混悬均匀;泡腾颗粒加水后(15~25℃)应立即产生二氧化碳气体并呈泡腾状,5分钟内颗粒应完全分散或溶解。

装量差异:单剂量包装的颗粒剂每袋(瓶)装量与标示装量相比,超出限度的不得多于2袋,并不得有1袋超出限度1倍。

多剂量包装颗粒剂的装量、微生物限度等应符合2010年版《中国药典》相关规定。

二、颗粒剂的质量检查

1. 溶化性　取供试品1袋(多剂量包装者取10g),加热水(15~25℃)200ml,搅拌5分钟,立即观察。

2. 水分　照2010年版《中国药典》(一部)附录Ⅸ H水分测定法测定。

3. 粒度　除另有规定外,取供试品30g,称定重量,置规定的药筛中,保持水平状态过筛,左右往返,边筛动边轻叩3分钟。取不能通过1号筛和能通过5号筛的颗粒及粉末,称定重量,计算所占百分比。

4. 装量差异　取单剂量分装的颗粒10袋,分别称定每袋内容物的重量,每袋装量与标示装量(标示装量1.0g或1.0g以下、1.0~1.5g、1.5~6g、6g以上装量限度分别为±10%、±8%、±7%和±5%)相比较。

5. 装量　照2010年版《中国药典》(一部)附录ⅫC最低装量检查法检查多剂量分装的颗粒的装量。

6. 微生物限度　照2010年版《中国药典》(一部)附录ⅫⅠC微生物限度检查法检查。

7. 药物的定性与定量　照该产品药品标准相关项下的方法,进行有效成分或指标成分的定性鉴别与含量测定,应符合规定。

第4节 颗粒剂典型品种举例

例1 小青龙颗粒

【处方】 麻黄154g 桂枝154g 白芍154g 干姜154g 细辛77g 甘草(蜜制)154g 法半夏231g 五味子154g

【制法】 以上8味,细辛、桂枝提取挥发油,蒸发后的水溶液,另器收集;药渣与白芍、麻黄、五味子、甘草加水煎煮至味尽,合并煎液,滤过,滤液和蒸馏后的水溶液合并,浓缩至约1000ml;法半夏、干姜粉碎成粗粉,照2010年版《中国药典》(一部)附录流浸膏剂与浸膏剂项下的渗漉法,用70%乙醇溶液作溶剂,浸渍24小时后,进行渗漉,漉液回收乙醇,与上述药液合并,静置,滤过,滤液浓缩至相对密度为1.35~1.38(80℃)的清膏,加入蔗糖粉适量,混匀,制成颗粒,干燥,喷加上述细辛、桂枝的挥发油,混匀,制成1000g,即得。

【功能与主治】 解表化饮,止咳平喘。用于风寒水饮,恶寒发热,无汗,喘咳痰稀。

【用法与用量】 开水冲服,1次13g,1日3次。

例2 葛根汤颗粒

【处方】 葛根400g 麻黄300g 大枣300g 桂皮200g 芍药200g 甘草200g 生姜200g

【制法】 以上7味共1.8kg,加水20L,于100℃提取1小时,离心去渣,得提取液16L,以0.45μm的微孔滤膜滤过得澄清液,再于294kPa($3kg/cm^2$)压力下进行超滤,除去相对分子质量大于50 000的杂质。于40℃减压浓缩至5L,喷雾干燥得干燥物210g。于干燥物中加入乳糖90g,硬脂酸镁1.5g,混匀后压大片(片重2g,直径为2cm),将此预压片在摇摆式颗粒机中破碎,整粒,得2~3号筛(20~50目)颗粒280g。用铝塑复合膜分装,每袋1g。

【功能与主治】 辛温解表,生津,舒筋。用于麻黄汤证而表寒稍轻、津液消耗而项背部肌肉强硬者。

【用法与用量】 温开水冲服,1次1袋,1日3次。

例3 沙棘颗粒(干乳剂)

【处方】 沙棘

【制法】 取洗净沥干的沙棘,榨取果汁,果渣另器收集,果汁离心除去上层油状物后,薄膜蒸发浓缩后备用;分取上述果渣中的种子干燥,粉碎成粗粉,用正己烷回流提取2次,第一次回流3小时,第二次回流2小时,冷却抽滤,合并滤液,减压回收至无溶媒滴出时充氮气25分钟得沙棘油。取阿拉伯胶适量与上述沙棘油研磨混匀后加上述浓缩果汁中,混匀,加入过80目筛的蔗糖粉适量搅拌均匀,制粒,60℃以下干燥,整粒,制成1000g,包装,即得。

【功能与主治】 消食化滞,活血散瘀,理气止痛。用于功能性消化不良、小儿厌食所致的胃腹胀痛、食欲不振、纳差食少、恶心呕吐等症的辅助治疗。

【用法与用量】 口服,成人1次25g,1日2次,小儿酌减。沸水溶解搅拌乳化后服用。

例4 山楂泡腾颗粒

【处方】 山楂300g 陈皮50g 枸橼酸250g 碳酸氢钠250g 香精适量 糖粉2500g

【制法】 取山楂、陈皮加水煎煮2次,每次30分钟,滤过,滤液浓缩至150ml备用,取糖粉1250g,加入上述浓缩液、混合均匀,制成颗粒,70℃鼓风干燥。另取糖粉1250g,碳酸氢钠250g,

喷适量蒸馏水，混合均匀，制成颗粒，70℃鼓风干燥。将上述两种颗粒混合均匀，喷入适量香精，再加入枸橼酸混合均匀，过12目筛3~4次，分装于塑料袋内，每袋30g。

【功能与主治】 理气健脾，助消化及清凉解渴。用于夏季高温作业时防暑、解渴、食欲不振、消化不良及高热患者当饮料用。也可当清凉汽水。

【用法与用量】 开水冲服，每次1袋。

小结

颗粒剂由于剂量较小，服用、携带、运输方便，已成为临床使用最广泛的中药固体剂型之一。本章的学习要点应在掌握颗粒剂含义、特点、分类的基础上，明确颗粒剂的制备方法；知道颗粒剂的质量要求与检查项目，了解颗粒剂的质检方法；看懂典型品种举例，为从事颗粒剂生产操作和临床应用打下良好基础。

目标检测

一、单项选择题

1. 颗粒剂的水分，除另有规定外，不得超过 （　　）

A. 4.0%　　B. 6.0%　　C. 8.0%　　D. 10.0%

2. 颗粒剂的粒度能通过5号筛的细粉和不能通过1号筛的粗粒的总和，不得超过 （　　）

A. 5.0%　　B. 8.0%　　C. 12.0%　　D. 15.0%

3. 挤出制粒法制粒，辅料总用量一般不宜超过稠膏量的倍数是 （　　）

A. 2　　B. 3　　C. 4　　D. 5

二、多项选择题

1. 可用作可溶性颗粒剂赋形剂的是 （　　）

A. 乳糖　　B. 蔗糖　　C. 糊精　　D. 药材细粉　　E. 硬脂酸镁

2. 山楂泡腾颗粒的质检项目应包括 （　　）

A. 水分　　B. 粒度　　C. 微生物限度　　D. 溶化性　　E. 装量差异

三、名词解释

1. 泡腾颗粒　　2. 颗粒剂的粒度

四、简答题

1. 简述颗粒剂的含义与特点。

2. 简述可溶颗粒的制备要点。

（刘汉清　刘　嘉）

第12章 胶 囊 剂

学习目标

1. 记住胶囊剂的含义与分类
2. 说出胶囊剂的特点与质量要求
3. 简述硬胶囊剂、软胶囊剂、肠溶胶囊剂的制备方法
4. 叙述空心胶囊的规格、原料、附加剂及对填充物料的基本要求
5. 列出软胶囊囊材的组成、填充物及其对分散介质的要求

第1节 概 述

一、胶囊剂的含义与分类

胶囊剂系指将饮片用适宜方法加工后，加入适宜辅料填充于空心胶囊或密封于软质囊材中的制剂。胶囊剂可分为硬胶囊、软胶囊（胶丸）和肠溶胶囊等，主要供口服应用，也可外用于直肠、阴道等部位。胶囊剂剂型特点优势明显，为目前世界上使用最广泛的口服剂型之一。

硬胶囊系指将提取物、提取物加饮片细粉或饮片细粉或与适宜的辅料制成的均匀粉末、细小颗粒、小丸、半固体或液体等，填充于空心胶囊中的胶囊剂。

软胶囊系指将提取物、液体药物或与适宜辅料混匀后用滴制法或压制法密封于软质囊材中的胶囊剂，俗称胶丸。

肠溶胶囊系指不溶于胃液，但能在肠液中崩解或释放的胶囊剂。

> 我国明代就有应用的面囊，实为胶囊剂的雏形。1833年、1847年法国和英国的Mothes、Murdock先后分别发明了软胶囊剂和硬胶囊剂。机械和自动化技术的发展，推动了胶囊剂的迅猛发展，成为使用最广泛的口服固体剂型之一。
>
> 链接

二、胶囊剂的特点

胶囊剂具有以下特点：①外观光洁，美观；②可掩盖药物的不良气味，减小药物的刺激性，便于服用；③与片剂、丸剂相比，制备时加用的辅料少，也无压力影响，在胃肠道中崩解快、吸收好、生物利用度较高；④可减少或避免光线、氧气和水分对药物的影响，提高光敏性、热敏性等药物的稳定性；⑤通过对胶囊中内容物及囊壳的处理，制成不同释药速度和释药方式的胶囊剂，可定时定位释放药物；⑥不同颜色的胶囊及外壁印字，便于识别。

因胶囊囊壳主要组分明胶易吸湿又易脱水，下列药物不宜制成胶囊剂：药物的水溶液和稀乙醇液（使胶囊壁溶化）、刺激性较强与易溶性药物（囊壳在体内崩解后，局部浓度过大而刺激胃黏膜）、易风化的药物（使胶囊壁变软）、易吸湿潮解的药物（使胶囊壁干燥脆裂）。

链接

第2节 胶囊剂的制备

一、硬胶囊剂的制备

硬胶囊的制备一般分空胶囊的制备、药物的填充、封口等工艺过程。

（一）空胶囊的制备

1. 原料 制备空胶囊的主要原料是明胶。明胶有A型明胶与B型明胶及皮明胶与骨明胶之分，品种不同性质多有差异，配合使用较为理想。制备空胶囊的明胶应具有一定的黏度、胶冻力和pH等，均应符合《中国药典》规定要求。

2. 辅料 加入适当辅料，满足制备和产品不同要求，保证囊壳质量。常用的有：

酸法处理的明胶称A型明胶，碱法处理的明胶称B型明胶。皮明胶的可塑性、透明度均优于骨明胶，两者配合使用较为理想。明胶胶冻力和黏度对空胶囊的质量影响较大。明胶的胶冻力系指明胶溶液冷却凝成胶冻后的硬度，可间接代表明胶的坚固度与拉力。明胶的分子量越大、浓度越高，越有利于形成网状结构而使黏度增大。具有较大胶冻力与较高黏度的明胶有利制成具有较坚固的拉力和弹性，厚薄均匀且不易变形的空胶囊。

链接

（1）增塑剂：如甘油、羧甲基纤维素钠、山梨醇等，可增加囊壳的坚韧性与可塑性。

（2）增稠剂：如琼脂，可增加胶液的凝结力。

（3）遮光剂：如二氧化钛，可防止光对药物的催化氧化，增加光敏性药物的稳定性。

（4）着色剂：如柠檬黄、胭脂红等食用色素，可增加美观，便于识别。

（5）防腐剂：如对羟基苯甲酸酯类，可防止胶液在制备及储存过程中发生霉变。

（6）增光剂：如十二烷基磺酸钠，可增加囊壳的光泽。

（7）芳香矫味剂：如乙基香草醛等，可调整胶囊剂的口感等。

3. 空胶囊的制备流程 溶胶→蘸胶制坯→干燥→拔壳→截割→整理。大生产多由机械化或自动化生产线完成。制备环境的空气洁净度1万级，温度10~25℃，相对湿度35%~45%。空胶囊上可印字。

4. 空胶囊的规格和质量 空胶囊呈圆筒状，系由帽和体两节套合的质硬且具有弹性的空囊，有透明、半透明、不透明不同。规格由大到小分为000、00、0、1、2、3、4、5号共8种，其容积分别为1.42、0.95、0.67、0.48、0.37、0.27、0.20、0.13ml。根据需要可加大（或加长）或缩小处理。空胶囊的质量《中国药典》有明确规定。

《中国药典》关于空心胶囊的规定

松紧度:内装滑石粉,不得有漏粉现象。

脆碎度:20g±0.1g 砝码从 200mm 自由落下撞击胶囊,每 50 粒不得超过 15 粒破裂。

崩解时限:10 分钟。

亚硫酸盐(以 SO_2 计):与标准硫酸钾溶液 7.5ml 制成的对照液比较,不得更浓(0.02%)。

氯乙醇:采用气相色谱法测定。不得高于对照溶液的峰面积或峰高。

干燥失重:105℃干燥 6 小时,减失重量为 12.5%~17.5%。

炽灼残渣:透明胶囊(2.0%);不透明胶囊(5.0%);半透明或一节透明,另一节不透明(3.0%);一节半透明,另一节不透明(4.0%)。

重金属:不得高于百万分之五十。

链接

(二) 药物的填充

1. 空胶囊的选择 填充药料的粒度、密度、装量等决定了其所占容积的大小。空胶囊的选择理论上应先测定待填充物料的堆密度,然后根据应装剂量计算其所占容积,以选用最小的空胶囊。实际使用可凭经验并通过试装来决定选择适当规格大小的空胶囊,一般常用 0~3 号。

2. 药物的处理 除另有规定外,硬胶囊中填充的药物一般应为均匀粉末、细小颗粒、小丸等。可根据药物的性质、用药剂量以及物料的流动性大小采用不同的处理方法:①剂量小的饮片可直接粉碎成细粉,混匀后填充。②麻醉药、毒性药细粉应稀释后填充。③剂量较大的饮片可部分或全部提取制成稠膏,再与其余饮片细粉或适宜辅料混匀,干燥后粉碎,混匀后填充,或制成颗粒或微丸后再填充。④挥发油应先用吸收剂或方中其他药物细粉吸收,或制成包合物或微囊后再填充。⑤易引湿或混合后发生共熔的药物可酌加适量稀释剂,混匀后填充。⑥疏松性药料可制成小丸后填充。

3. 药物填充方法 小量制备时,一般采用硬胶囊分装器手工填充。大生产时,目前常用半自动或全自动胶囊填充机填充。

(三) 硬胶囊的封口

空胶囊有平口和锁口两种。目前使用较多的是锁口胶囊,囊体、囊帽套合后即咬合锁口,密封性较好,无须封口。平口胶囊药物填充套合后,应使用与制备空胶囊相同浓度的明胶液(或聚维酮、聚乙烯聚丙二醇共聚物的乙醇溶液等)封口,防止泄漏。硬胶囊封口后,必要时应进行除粉和抛光处理。

硬胶囊分装器一般由有机玻璃制成,主要由面板和底板两部分组成。面板上具有比下节囊身直径稍大一些的无数圆孔。使用时可将低板两侧活动槽向里移,盖上面板(使插板插入底板的插孔里)。将下节囊身插入面板的模孔中,其囊口与面板模孔保持平齐。然后将药粉分布于所有囊口上,并手持分装器左右摇摆振荡,待药粉填满囊身后,扫出多余药粉,将两侧的活动槽向外移,使面板落在底板上,底板将囊身顶出,套上囊帽。将装好的硬胶囊倒在筛里,筛出多余药粉,拭净即得。

链接

二、软胶囊剂的制备

（一）软胶囊的囊材

软胶囊的囊材主要由胶料(明胶、阿拉伯胶等)、增塑剂、附加剂和水组成。囊皮的可塑性和弹性与胶料、增塑剂、水的比例密切相关，三者的比例通常为 1.0∶(0.4~0.6)∶(1.0~1.6)。增塑剂用量过高则囊壁过软，增塑剂用量过低则囊壁过硬。附加剂(遮光剂、防腐剂、着色剂等辅料)与硬胶囊相同。

（二）软胶囊对填充物料的要求

软胶囊可填充各种油类或对囊壁无溶解作用的药物溶液或混悬液，也可充填固体药物。填充物料为低分子量水溶性或挥发性有机物(如乙醇、丙酮、羧酸等)或充填药物的含水量超过5%，会使软胶囊溶解或软化；醛类可使囊膜中明胶变性；O/W 型乳剂会失水破坏，均不宜作为软胶囊的填充物。填充药物混悬液时，分散介质常用植物油或 PEG 400。油状介质常用 10%~30% 的油蜡混合物作助悬剂，而非油状介质则常用 1%~15% PEG 4000 或 PEG 6000。必要时可加用抗氧剂、表面活性剂等附加剂。填充液的 pH 应控制在 4.5~7.5，强酸性可导致明胶水解而泄漏，强碱性可引起明胶变性而影响溶解释放。填充固体药物时，药粉应过 5 号筛，并要混合均匀。

在保证疗效剂量的前提下，应尽可能减少软胶囊的容积。软胶囊的大小，可用“基质吸附率”来标示。基质吸附率系指 1g 固体药物制成填充胶囊的混悬液时所需液体基质的克数。

药物颗粒的大小、形状、密度、含湿量以及亲油、亲水性等，都是影响固体药物基质吸附率的因素。

链接

（三）软胶囊的制法

1. 压制法 根据囊材处方，将一定配比的原、辅料配成胶液，制成厚薄均匀的胶片，药液置于两胶片间，用自动旋转轧囊机或钢板模压制而成。如图 12-1、图 12-2 所示。模的形状决定了软胶囊的形状，多为球状或椭球形。

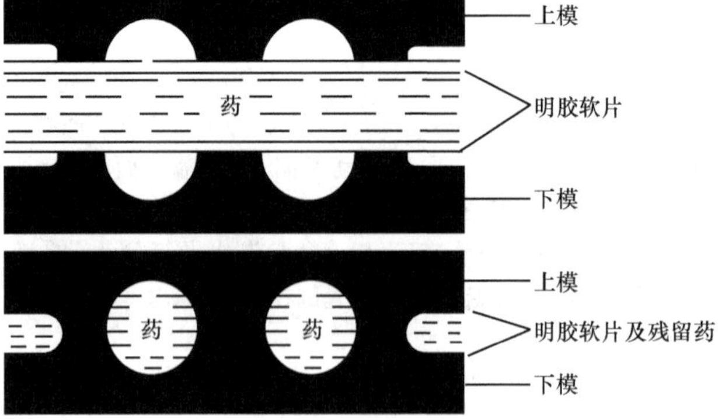

图 12-1 钢板模压制法制备软胶囊示意图

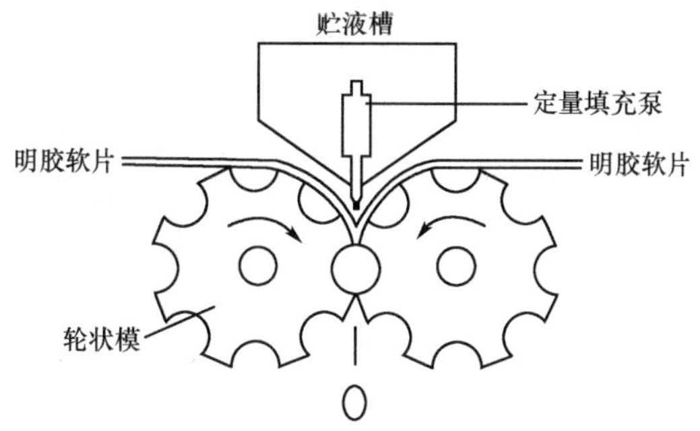

图 12-2 旋转模压制法制备软胶囊示意图

2. 滴制法 将保温的囊材胶液与药液，分别由滴制机双层滴头的外层与内层以相应速度滴出，使定量的胶液将定量的药液包裹，滴入与胶液不相混溶的冷却剂中，由于表面张力作用使之成为球形，并逐渐凝固而成软胶囊（图 12-3）。

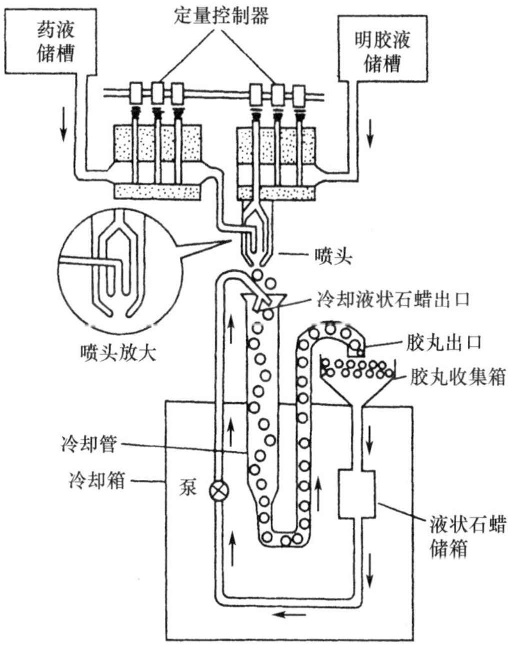

图 12-3 滴制法制备软胶囊示意图

（四）中药软胶囊质量问题讨论

1. 胶皮老化变硬 囊材明胶为亲水性物质，囊壳中的水分会向内容物迁移，内容物中的亲水性物质也可向胶壳中迁移；或含醛基化合物与明胶发生化学反应等均为可能原因。

2. 崩解时限超标 储存过程中，分散介质 PEG 400 氧化（或经防腐剂、着色剂等诱导）生成的低分子醛类物质与明胶反应生成交联物而致崩解时限超标。加用甘氨酸等抗氧剂可减少 PEG 400 中醛类物质的含量，使明胶交联度降低而有利提高稳定性。

3. 成品粘连 干燥不彻底或胶皮内水分“外溢”所致。

三、肠溶胶囊剂的制备

肠溶胶囊的制备一般为将硬、软空胶囊包上肠溶性高分子材料(如丙烯酸树脂、邻苯二甲酸醋酸纤维素等),填充药物后再用肠溶性胶液封口制成。市场上有现成的肠溶硬胶囊可供选用。过去曾采用甲醛浸渍法。

第3节 胶囊剂的质量要求与检查

一、胶囊剂的质量要求

胶囊剂应整洁,不得有黏结、变形、渗漏或囊壳破裂现象,并应无异臭。

除另有规定外,硬胶囊内容物的含水分量不得超过9.0%(内容物为液体或半固体者不检查水分)。

硬胶囊的崩解时限为30分钟、软胶囊的崩解时限为1小时;肠溶胶囊先在盐酸溶液(9→1000)中检查2小时,每粒的囊壳均不得有裂缝或崩解现象,而在人工肠液中1小时内应全部崩解。

装量差异限度应在标示装量(或平均装量)的±10.0%以内,超出装量差异限度的不得多于2粒,并不得有1粒超出限度的1倍。

微生物限度、药物的定性鉴别与含量测定应符合各品种项下的有关要求。除另有规定外,胶囊剂应密封储存。

二、胶囊剂的质量检查

1. 水分 照2010年版《中国药典》(一部)附录ⅨH水分测定法测定。

2. 装量差异 照2010年版《中国药典》(一部)附录ⅠL装量差异检查法检查。在检查的10粒胶囊中,与标示量相比(无标示量的与平均装量比较),每粒装量应在±10%以内,超出装量差异限度的不得多于2粒,并不得有1粒超出限度1倍。

3. 崩解时限 照2010年版《中国药典》(一部)附录ⅫA崩解时限检查法检查。除另有规定外,硬胶囊剂应在30分钟内,软胶囊剂应在1小时内全部崩解并通过筛网(囊壳碎片除外)。如有1粒不能完全崩解,应另取6粒复试,均应符合规定。

肠溶胶囊剂,除另有规定外,先在盐酸溶液(9→1000)中检查2小时,每粒的囊壳均不得有裂缝或崩解现象;而在磷酸盐缓冲液(pH 6.8)中1小时内应全部崩解并通过筛网(囊壳碎片除外)。如有1粒不能完全崩解,应另取6粒复试,均应符合规定。

4. 微生物限度 照2010年版《中国药典》(一部)附录XⅢC微生物限度检查法检查,应符合规定。

5. 药物的定性与定量 照该产品药品标准相关项下的方法,有效成分或指标成分的定性鉴别与含量测定,应符合规定。

第4节 典型胶囊剂品种举例

例1 生脉胶囊

【处方】 红参330g 麦冬660g 五味子330g

【制法】 以上3味,取红参200g,粉碎成细粉,备用;剩余红参粉碎成粗粉,用75%乙醇溶液作溶剂,浸渍24小时后进行渗漉,收集渗漉液715ml。将五味子粉碎成粗粉,水蒸气蒸馏,蒸馏液备用;残渣与麦冬加水煎煮2次,第一次2小时,第二次1.5小时,滤过,滤液合并,浓缩至相对密度1.20~1.25(60℃),加乙醇使含醇量达60%,静置,滤过,回收乙醇,浓缩至适量,与上述渗漉液、蒸馏液及红参细粉混匀,制粒,干燥,装入胶囊,制成1000粒,即得。

【性状】 本品为硬胶囊,内容物为棕黄色至棕褐色的颗粒和粉末;气香,味、酸、甜、微苦。

【功能与主治】 益气复脉,养阴生津。用于气阴两亏、心悸气短、脉微自汗。

【用法与用量】 口服。1次3粒,1日3次。

例2 十滴水软胶囊

【处方】 樟脑62.5g 干姜62.5g 大黄50g 小茴香25g 肉桂25g 辣椒12.5g 桉油31.25ml

【制法】 以上7味,大黄、辣椒粉碎成粗粉,干姜、小茴香、肉桂提取挥发油,备用。药渣与大黄、辣椒粗粉用80%乙醇溶液浸渍24小时后,续加70%乙醇溶液进行渗漉,收集渗漉液。回收乙醇至无醇味,药液浓缩成相对密度为1.30(50℃)的清膏,减压干燥,粉碎,加入植物油与上述挥发油及樟脑、桉油,混匀,制成软胶囊1000粒(每粒0.425g)。

【性状】 本品为棕色的软胶囊,内容物为含有少量悬浮固体浸膏的黄色油状液体;气芳香,味辛辣。

【功能与主治】 健胃,驱暑。用于因中暑而引起的头晕、恶心、腹痛、胃肠不适。

【用法与用量】 口服,1次1~2粒,儿童酌减。孕妇忌服。

例3 六味地黄软胶囊

【处方】 熟地黄480g 酒萸肉240g 牡丹皮180g 山药240g 茯苓180g 泽泻180g

【制法】 以上6味,牡丹皮蒸馏提取挥发性成分,蒸馏后的水溶液另器收集;酒萸肉用70%乙醇回流提取2次,每次2小时,合并提取液,滤过,滤液备用。熟地黄、山药、泽泻加水煎煮2次,第一次2小时,第二次1小时,合并煎液,滤过,滤液与上述蒸馏后的水溶液合并,减压浓缩至相对密度为1.15~1.20(50℃),放冷,加乙醇使含醇量达70%,静置48小时,取上清液与上述酒萸肉提取液合并,减压回收乙醇至无醇味,备用;茯苓加水煎煮后,于80℃温浸2次,每次1.5小时,滤过,合并滤液,减压浓缩至相对密度为1.15~1.20(50℃)的清膏,与上述备用液合并,浓缩至相对密度为1.30(50℃)的稠膏,减压干燥,粉碎成细粉,加入牡丹皮挥发性成分及精制大豆油,混匀,制成软胶囊1000粒,即得。

【性状】 本品为软胶囊,内容物为棕褐色的膏状物;味甜、微酸。

【功能与主治】 滋阴补肾。用于肾阴亏损、头晕耳鸣、腰膝酸软、骨蒸潮热、盗汗遗精、消渴。

【用法与用量】 口服。1次3粒,1日2次。

小结

胶囊剂剂型特点优势明显,为目前世界上使用最广泛的口服剂型之一。本章的学习要点应在知道胶囊剂含义、特点、分类及不宜制成胶囊剂的药物的基础上,明确硬胶囊、软胶囊及肠溶胶囊的制备方法;熟悉空心胶囊的规格、原料、附加剂及对充填物料的基本要求;软胶囊囊材的组成、填充物及其分散介质的要求;同时了解胶囊剂的质量要求及检查项目与方法,看懂典型品种举例,为指导生产操作和临床应用打下良好基础。

目标检测

一、单项选择题

1. 生脉胶囊的崩解时限为 （ ）

A. 30 分钟　B. 60 分钟　C. 90 分钟　D. 120 分钟

2. 软胶囊囊材中的甘油是作为 （ ）

A. 黏合剂　B. 增塑剂　C. 避光剂　D. 防腐剂

3. 六味地黄软胶囊的崩解时限为 （ ）

A. 30 分钟　B. 60 分钟　C. 90 分钟　D. 120 分钟

4. 空胶囊的制备流程为 （ ）

A. 溶胶→拔壳→干燥→蘸胶→截割→整理

B. 溶胶→蘸胶→干燥→拔壳→截割→整理

C. 溶胶→干燥→蘸胶→拔壳→整理→固化

D. 溶胶→蘸胶→干燥→拔壳→截割→染色

二、多项选择题

1. 下列不宜制成胶囊剂的有 （ ）

A. 药物的水溶液　B. 刺激性强的药物　C. 药物的乙醇溶液

D. 易风化的药物　E. 油溶性药物

2. 硬胶囊填充时应考虑 （ ）

A. 药物的密度　B. 药物的形态　C. 用药剂量

D. 物料的流动性　E. 空胶囊的规格和药物处理方法

3. 胶囊剂应包括 （ ）

A. 胶丸　B. 硬胶囊剂　C. 软胶囊剂

D. 肠溶胶囊剂　E. 缓释胶囊剂

4. 软胶囊的制备方法有 （ ）

A. 压制法　B. 熔合法　C. 乳化法

D. 研和法　E. 滴制法

三、名词解释

1. 硬胶囊剂　2. 胶丸

四、简答题

1. 简述胶囊剂的特点。

2. 简述供填充胶囊药物的处理方法。

（刘　嘉　刘汉清）

第13章　丸　　剂

学习目标

1. 记住丸剂的含义与分类
2. 说出丸剂的特点与质量要求
3. 简述泛制法、塑制法、滴制法的制备丸剂的方法及基本理论
4. 叙述炼蜜的规格、选用的基本要求
5. 记住丸剂包衣的种类与方法；了解丸剂染菌途径及如何防菌

第1节　概　　述

一、丸剂的含义与分类

丸剂系指饮片细粉或饮片提取物加适宜的黏合剂或其他辅料制成的球形或类球形制剂。

根据赋形剂不同，丸剂分为水丸、蜜丸、水蜜丸、浓缩丸、糊丸、蜡丸等类型。根据制法不同，分为泛制丸、塑制丸、滴制丸。2010年版《中国药典》(二部)收载了滴丸剂、糖丸和小丸。小丸系指直径小于0.5~3.5mm的各类丸剂。滴丸剂系指用滴制法制备的丸剂。

> 丸剂是中药传统剂型之一。最早记载丸剂的医药典籍是《五十二病方》，在《伤寒杂病论》、《金匮要略》中已提出采用蜂蜜、糖、淀粉糊及动物药汁作丸剂的黏合剂。东晋·葛洪在前人基础上，创造了利用鸡冠血、牛胆汁、鸡子白等药物本身的黏合力制丸，以节约物料。在金元时代创造了丸剂包衣，明代有“朱砂为衣”的新包衣工艺，至目前一直应用，如七珍丸、梅花点舌丸、妇科通经丸等。清代郭佩兰发明了以川蜡为衣料的肠溶衣丸剂。
>
> 链接

二、丸剂的特点

丸剂具有以下特点：

(1) 传统的丸剂作用迟缓，多用于慢性病的治疗，如蜜丸、水蜜丸等。

(2) 某些新型丸剂可用于急救，如滴丸剂、小丸等。

(3) 可缓和某些药物的毒副作用，如糊丸、蜡丸等。

(4) 可减缓挥发性药物成分的挥散，如水丸、糊丸等。

(5) 丸剂的缺点：服用剂量大，小儿服用困难，尤其是水丸溶散时限难以控制，原料多以原粉入药，微生物易超标。

"丸者缓也，不能速去病，舒缓而治之也。"因丸剂类型不同，在体内作用不同，水丸取其易化、蜜丸取其缓化、糊丸取其迟化、蜡丸取其难化。

链接

三、丸剂的制备方法

1. 泛制法 系指在转动的适宜容器或机械中，将饮片细粉与赋形剂交替润湿、撒布、不断翻滚、逐渐增大的一种制丸方法。主要用于水丸、水蜜丸、糊丸、浓缩丸的制备。

2. 塑制法 系指饮片细粉加适宜的黏合剂，混合均匀，制成软硬适宜，可塑性较大的丸块，再依次制丸条、分粒、搓圆而成丸粒的一种制丸方法。多用制丸机。用于蜜丸、糊丸、蜡丸、浓缩丸、水蜜丸的制备。

3. 滴制法 系指饮片或饮片中提取的有效成分或化学物质与水溶性基质、非水溶性基质制成溶液或混悬液，滴入一种与之不相混溶的液体冷却剂中，冷凝而成丸粒的一种制丸方法。用于滴丸剂的制备。

第2节 水 丸

一、水丸的含义与特点

水丸系指饮片细粉以水（或根据制法用黄酒、醋、稀药汁、糖液等）为黏合剂制成的丸剂。临床上主要用于解表剂、清热剂及消导剂。

水丸的特点

（1）以水或水性液体为赋形剂，服用后在体内易溶散、吸收，显效较蜜丸、糊丸、蜡丸要快，且不含其他赋形剂，故实际含药量高。

（2）在制备时可分层泛入，将一些易挥发、有刺激气味、药物性质不稳定的药物泛入内层，也可将缓释药物泛入内层，速释药物泛入外层，或将药物分别包衣，使之在不同部位释放，如补脾益肠丸。

（3）丸粒小，表面致密光滑，既便于吞服又不易吸潮，利于保管储存，生产设备简单，可大量生产。

水丸的规格：历代均以实物比拟，如芥子大、梧桐子大、赤小豆大……。现代统一用重量为标准：如灵宝护心丹每10丸重0.08g，竹沥达痰丸每50丸重3g，麝香保心丹每丸重22.5mg。

链接

二、水丸的赋形剂

1. 水 为水丸中最常用赋形剂，一般采用蒸馏水、冷沸水或离子交换水。其本身无黏性，但可诱导饮片中某些成分,如黏液质、胶类、糖、淀粉,使之产生黏性利于泛制成丸。

水泛丸的特点是成品丸经干燥工序可将水除去,不增加处方成分和制剂体积,且利于药物溶散。但须注意,成丸后应立即干燥,以防生霉,变质。

2. 酒 性大热,味甘、辛。常用白酒和黄酒。借"酒力"发挥引药上行,祛风散寒、活血通络、矫腥除臭等作用。由于酒中含有不同浓度的乙醇,其所诱导出饮片的黏性小于水。酒本身具有防腐能力,使药物在泛丸过程中不易霉败。易于挥发,利于成品干燥。

3. 醋 味酸、苦,性温。常用米醋,含乙酸为 3%~5%。醋具有引药入肝、理气止痛、行水消肿、解毒杀虫、矫味矫臭等作用。另外,醋可使饮片中生物碱成盐,增加饮片中碱性成分的溶解度,利于吸收,提高药效。

4. 药汁 应根据饮片的性质,选择适宜的方法,确定合理工艺。

(1) 如果处方中含有一些不易制粉的饮片,可根据其性质制成药汁,利用它诱导其他饮片的黏性,利于制丸。

(2) 如处方中含有纤维丰富、质地坚硬的药物、树脂类、浸膏类、黏性大难以制成细粉的饮片,以及可溶性盐类、液体药物如乳汁、牛胆汁,可煎汁或加水溶化后泛丸。

(3) 新鲜药材入药时,将鲜药捣碎榨取其汁或煎汁后泛丸。

三、水丸对药粉的要求

在制备水丸工艺中,各环节对药粉的要求不尽相同,对药粉的黏性也应适当选择。用于起模的药粉,应为过 6 号筛的细粉,黏性应适中,药粉不能过细或过粗。泛丸时药物应用过 5 号筛或 6 号筛的细粉。盖面时药粉应用最细粉,过细影响溶散时限,影响其质量,过粗丸粒表面粗糙、有花斑和纤维毛,严重会导致其外观质量不合格。

四、水丸的制备

水丸用泛制法制备,其工艺流程为:原料的准备→起模→成型→盖面→干燥→选丸→质量检查→包装。

1. 原料的准备 根据饮片的性质,将药物粉碎成细粉,过 6 号筛,备用。

2. 起模 系指制备丸粒基本母核的操作。模子亦称母子,是利用水的润湿作用诱导出药粉的黏性,使药粉之间相互黏着成细小的颗粒,并在此基础上层层增大而成的丸模。

起模是泛制法制备丸剂的一个关键操作,也是泛丸成型的基础,因为模子的形状直接影响着成品的圆整度(外观),模子的粒度差和数目亦影响成型过程中筛选的次数、丸粒规格及药物含量均匀度。制备的关键在于选择黏性适宜的药粉起模,如黏性过大,加水后易起团;黏性过小或无黏性,诱导不出黏性,太散不起模。

起模的方法有两种。

(1) 粉末直接起模:为传统起模法,在泛丸锅中喷少量水后,使之润湿,撒布少量药粉,转动泛丸锅,并刷下附着的粉末小点,再喷水、撒粉,颗粒逐渐增大,至泛成直径 0.5~1mm 较均匀的圆球形小颗粒。筛去过大和过小的粉粒,即为丸模。

(2) 湿颗粒起模:为改进起模法,药粉与水混匀制软材,以"握之成团,抖之即散为"宜,制成过 2 号筛的小颗粒,再将小颗粒放入泛丸锅中,经旋转、摩擦、滚撞,撞去棱角,即成圆形,取出过筛分等,即成。

起模所用的药粉量应控制,以保证各批次及每批母核丸粒大小符合要求。大生产起模用粉量可根据经验公式计算：

$$c:0.625=D:x \qquad x=\frac{0.625\times D}{c}$$

式中，c 为成品水丸 100 粒干重(g)；D 为药粉总量(kg)；x 为一般起模用粉量(kg)；0.625 为标准模子 100 粒重量(g)。

3. 成型 系指将已经筛选均匀的球形模子，逐渐加大至接近成品的操作。其具体方法和起模一样，即在丸模上反复加水润湿、上粉滚圆和筛选。在具体制备时应根据品种不同、饮片性质不同，采用分层泛入。在成型过程中，应控制丸粒的粒度和圆整度。每次加水、加粉量要适宜，分布要均匀。

4. 盖面 是指将已经加大、合格、筛选均匀的丸粒，用饮片细粉或清水继续操作至成品大小。目的使丸粒表面致密、光洁，色泽一致。

> 盖面方法有 3 种：①干粉盖面，丸粒充分润湿，1 次或分数次将用于盖面的药物细粉均匀撒于丸上，滚动一定时间，至丸粒表面光、圆、紧密，即可取出。②清水盖面，加清水使丸粒充分润湿，滚动一定时间，迅速取出，干燥。否则成品干燥后色泽不一。③清浆盖面，具体方法同上，只是用药粉或废丸粒加水制成清浆盖面。需注意分布均匀。
>
> 链接

5. 干燥 泛制丸含水量大，易发霉，应及时干燥。《中国药典》对成品含水量的要求是不得超过 9%，一般成品干燥温度应在 80℃以下；含挥发性饮片的水丸，应控制在 50～60℃。

6. 选丸 为保证丸粒圆整、大小均匀、剂量准确，丸粒干燥后，可用手摇筛、振动筛、滚筒筛、检丸器及连续成丸机组等筛选分离。

(1) 滚筒筛：筛子由薄铁皮卷成的圆筒，筒上布满筛孔，分 3 段，筛孔由小到大，目的使丸粒在随筛筒滚动时按不同大小分档(图 13-1)。

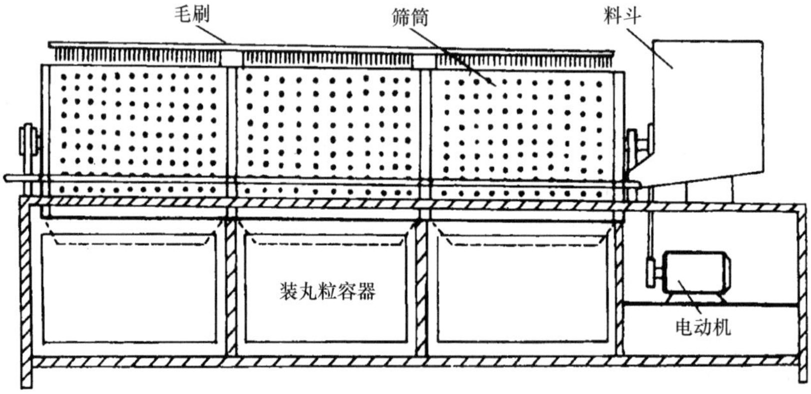

图 13-1 滚筒筛

(2) 检丸器：分上下两层，每层装 3 块斜置玻璃板，且相隔一定距离。利用丸粒圆整度不同、滚动速度不同筛选，丸粒愈圆，滚动愈快，能越过全部间隙到达好粒容器，而畸形丸粒与之相反，不能越过间隙漏于坏粒容器(图 13-2)。该检丸器仅适用于体积小、质硬的丸剂。

(3) 立式检丸器：由薄的金属铁板制成，(图 13-3)，丸粒沿一螺旋形的斜面滚下，利用滚动时产生的离心力不同，将合格与畸形的丸粒分开。从螺旋板的外侧收集合格的丸粒，从螺旋板的内侧收集畸形的丸粒。

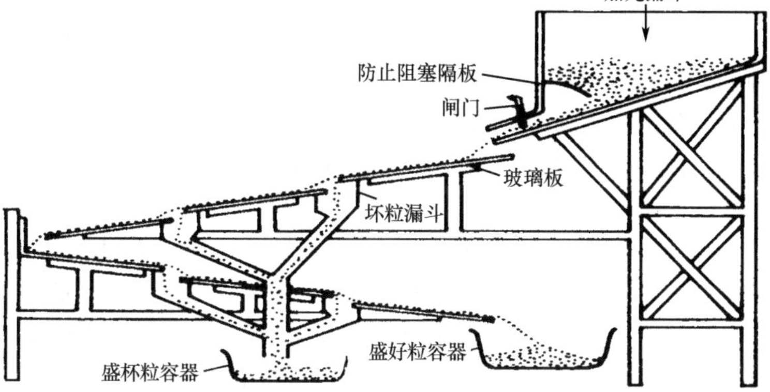

图 13-2 检丸器

图 13-3 立式检丸器

第3节 蜜 丸

一、蜜丸的含义与规格

蜜丸系指饮片细粉以蜂蜜为黏合剂制成的丸剂。临床应用中多用于滋补剂。在北方用量较大。

蜂蜜是蜜丸剂的主要赋形剂,在药剂中蜂蜜应用比较广泛,不仅可做丸剂的赋形剂,还可做片剂黏合剂,同时还有矫味作用。

蜂蜜的主要成分是葡萄糖和果糖,另含有少量蔗糖、有机酸、挥发油、维生素(B_1、B_2、B_6、A、D、E、K、H 等)、酶类(淀粉酶、转化酶、过氧化酶、脂酶等)、乙酰胆碱、无机盐(钙、磷、铁、镁、硫、钾、钠、碘)等营养成分。具有滋补作用,味甜、芳香具有矫味作用,同时,蜂蜜具有镇咳、缓下、润燥、解毒等作用。

链接

蜜丸的规格分为大蜜丸、小蜜丸、水蜜丸。其中每丸重量在 0.5g(含 0.5g)以上的称大蜜丸,每丸重量在 0.5g 以下的称小蜜丸。近代将饮片细粉以蜂蜜和水为黏合剂制成的丸剂,称为水蜜丸。

二、蜂蜜的选择与炼制

(一) 蜂蜜的选择

选择蜂蜜的目的是为了保证蜜丸的质量,使制成的蜜丸柔软、丸粒光滑、滋润,且储存期内不变质。由于蜜源不同,蜂蜜外观形态和各种成分含量也不相同,结合中国药典规定与生产实践,蜜丸制备的蜂蜜应选用半透明、带光泽、乳白色或淡黄色浓稠的液体,25℃时相对密度应在1.349 以上,还原糖不得少于 64.0%。用碘试液检查,应无淀粉、糊精。有香气,味道甜而不酸、不涩,清洁而无杂质。可用果葡糖浆代替蜂蜜生产蜜丸、糖浆剂、煎膏剂等,两者外观基本相似。果葡糖浆是由蔗糖水解或淀粉酶解而成,又称人造糖浆。

应特别注意:曼陀罗花、雪上一枝蒿等有毒植物的花所酿之蜜,色深、味苦涩、有毒,切勿药用及食用。

(二) 蜂蜜的炼制

制备蜜丸的蜂蜜需经炼制,即将蜂蜜加热熬炼至一定程度。炼制蜂蜜的目的是为了除去杂质、降低水分含量、破坏酶类、杀死微生物、增加黏合性等。

根据炼制程度的不同,炼蜜分为嫩蜜、中蜜(炼蜜)、老蜜3种规格。

1. 嫩蜜 蜂蜜加热至105~115℃,含水量至17%~20%,相对密度为1.35左右,色泽无明显变化,稍有黏性。适合于含较多油脂、黏液质、胶质、糖、淀粉、动物组织等黏性较强的药材制丸。

2. 中蜜(炼蜜) 嫩蜜继续加热,温度达到116~118℃,含水量在14%~16%,相对密度为1.37左右,出现浅黄色有光泽的翻腾的均匀细气泡,用手捻有黏性,当两手指分开时无白丝出现。适合于黏性中等的饮片制丸,大部分蜜丸采用炼蜜制丸。2010年版《中国药典》(一部)中收载的蜜丸所采用的大多为炼蜜。

3. 老蜜 中蜜继续加热,温度达到119~122℃,含水量在10%以下,相对密度为1.40左右,出现红棕色光泽较大气泡,手捻之甚黏,当两手指分开出现长白丝,滴入水中成珠状(滴水成珠),老蜜黏合力很强,适合于黏性差的矿物质或纤维质饮片制丸,否则丸剂表面粗糙。

炼蜜的程度不仅与饮片性质有关,与药粉含水量、制丸季节气温亦有关系,在其他条件相同情况下,一般冬季多用稍嫩蜜,夏季多用稍老蜜。

三、蜜丸的制备

蜜丸用塑制法制备,其工艺流程为:物料准备→制丸块→制丸条→分粒→搓圆→干燥→整丸→质检→包装,其中炼蜜及制丸块为关键操作。

1. 物料的准备 根据处方中饮片的性质,需炮制后入药的先炮制,选择适宜的粉碎方法,粉碎,过筛得细粉或最细粉,备用。并按处方中饮片性质,将蜂蜜加水稀释,滤过,炼制成适宜的规格。所涉及的制丸工具,应清洁干净,用70%乙醇溶液擦拭,起润滑、消毒作用。

2. 制丸块 制丸块又称和药、合坨,即将已混合均匀的饮片细粉加入适量的炼蜜,用带有S形桨的混合机(单桨或双桨)充分混匀,制成软硬适宜,具有一定的可塑性的丸块。

优良的丸块具有可塑性,用手搓捏不黏手,不黏附器壁,药粉混合均匀。丸块的软硬度及黏度直接影响丸粒成型。

> 影响丸块质量的因素:①炼蜜程度,应根据处方中饮片性质、粉末的粗细、含水量的高低、工作环境(湿度、温度)决定所需炼蜜的程度,否则会造成蜜过嫩,黏性小,黏合不好,丸粒搓不成;蜜过老,黏性大,丸块硬,可塑性差,难以搓丸。②和药蜜温,一般用热蜜和药。当处方中含有较多树脂、胶质、糖、油脂类的饮片,黏性较强遇热易熔化,应以60~80℃温蜜合坨。如处方中含有冰片、麝香等芳香挥发性药物,也采用温蜜。如处方中含有大量的叶、茎、全草或矿物性物质,粉末黏性差,则需用老蜜,应趁热加入。③用蜜量,药粉与炼蜜的比例也是影响丸块质量的重要因素。一般是1∶1~1∶1.5。如含糖类、胶质等黏性强的药粉,用蜜量宜少;含纤维较多、质地轻松、黏性极差的药粉,用蜜量宜多。另外,夏季用蜜量宜少,冬季用蜜量宜多。
>
> 链接

3. 制丸条、分粒与搓圆 大生产多采用机器制丸,随着自动化程度的提高,制丸机械亦在不断改进,目前常用的有滚筒制丸机、光电自控制丸机和中药自动制丸机等。

光电自控制丸机 生产上采用HZY-14C型制丸机等,基本结构如图13-4,采用光电信号系统控制出条、切丸等工序。将已混合、搅拌均匀的蜜丸药坨，间断投入到机器的进料口中，在螺旋推进器的连续推进下，挤出药条，通过跟随切药刀的滚轮，经过渡传送带到达翻转传送带，当药条碰到第一个光电讯号，切刀立即切断药条。被切断药条继续向前碰上第二个光电信号时，翻转传送带翻转，将药条送入碾辊滚压，输出成品。

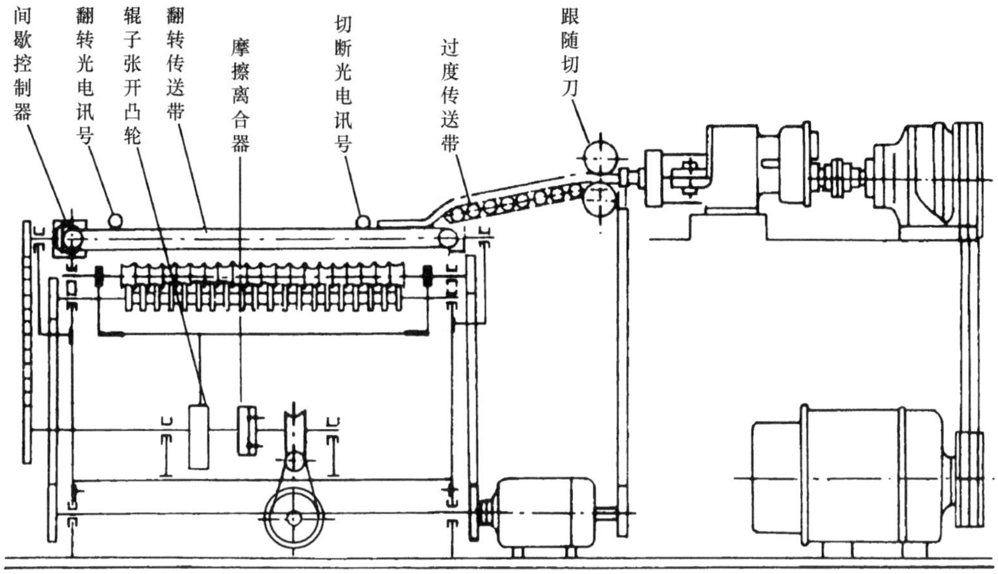

图 13-4　HZY-14C 型制丸机

该设备具有光电信号限位控制，各部动作协调的特点。

中药自动制丸机 ZW-20 型、ZW-80 型等全自动制丸机，可制备蜜丸、水蜜丸、浓缩丸、水丸，实现一机多用。如图 13-5 所示，其主要部件由加料斗、推进器、出条嘴、导轮及一对刀具组成。药料在加料斗内经推进器的挤压作用通过出条嘴制成丸条，丸条经导轮被直接递至刀具切、搓，制成丸粒。其制丸速度可通过旋转调节纽调节。

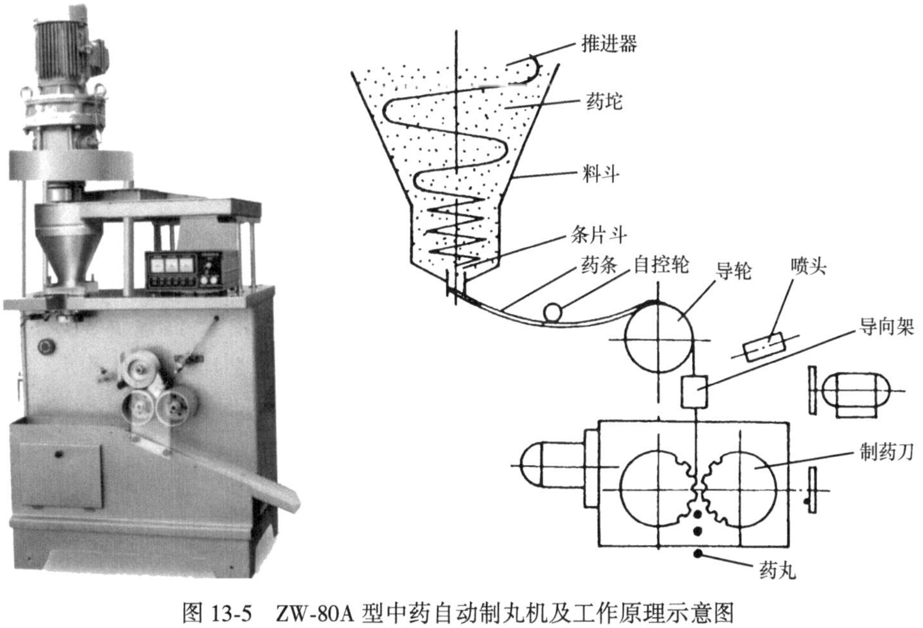

图 13-5　ZW-80A 型中药自动制丸机及工作原理示意图

4. 干燥 蜜丸成丸后一般可立即分装，以保证其滋润状态。为保证蜜丸的卫生要求，可采用微波加热、远红外辐射干燥（参见第6章第2节）。

四、水蜜丸的制备

水蜜丸系指饮片细粉以蜂蜜和水为黏合剂制成的丸剂。

水蜜丸的特点：丸粒小、光滑圆整、易于吞服；以炼蜜用开水稀释后为黏合剂，同蜜丸相比，可节省蜂蜜、降低成本、并利于储存；多用于补益剂。

水蜜丸可采用塑制法和泛制法制备。

采用塑制法制备时，同样需要注意药粉的性质与蜜水的比例、用量。一般饮片细粉黏性中等，每100g细粉用炼蜜40g左右，其加水量按炼蜜∶水＝1∶2.5～3.0，将炼蜜加水，搅匀，煮沸，滤过，即可。如含糖、淀粉、黏液质、胶质类较多的饮片细粉，需用低浓度的蜜水为黏合剂，每100g药粉用炼蜜10～15g；如含纤维和矿物质较多的饮片细粉，则每100g药粉须用炼蜜50g左右。

采用泛制法制备时，需注意起模时须用水，以免黏结。成型时先用浓度低的蜜水加大丸粒，待逐步成型时，用浓度稍高的蜜水，已成型后，再改用浓度低的蜜水撞光。其一般规律是：蜜水浓度低、高、低这样交替应用，使泛制的水蜜丸，丸粒光滑圆整。否则，因蜜水浓度过高，造成黏结。由于水蜜丸中含水量高，成丸后应及时干燥，防止发霉变质。

第4节 浓 缩 丸

一、浓缩丸的含义与种类

浓缩丸系指饮片或部分饮片提取浓缩后，与适宜的辅料或其余饮片细粉，以水、蜂蜜或蜂蜜和水为黏合剂制成的丸剂。根据所用黏合剂的不同分为：浓缩水丸、浓缩蜜丸、浓缩水蜜丸。

> 浓缩丸又称药膏丸、浸膏丸。早在晋代·葛洪所著的《肘后方》中就有记载。目前是丸剂中较好的一种剂型，其特点是减少体积、增加疗效、服用、携带及储存均方便。如六味地黄丸，药典规定大、小蜜丸1次口服9g，其中含饮片4～5g，制成浓缩丸后仅服2.6g，服用量为蜜丸的1/4。
>
> **链接**

二、药材处理原则

应根据处方中饮片性质和疗效，决定哪些饮片提取制膏，哪些饮片粉碎成细粉。如合理处理，既能缩小丸剂体积，又能增强药物疗效。质地坚硬、黏性大、体积大、纤维质多的饮片，宜提取制膏，可采用煎煮、渗漉等方法，取煎液、漉液浓缩制成。贵重药、黏性一般、体积小、淀粉质多的饮片，宜粉碎成细粉，制备时根据需要起模或用于合坨。具体制备时，需根据实际情况确定。

三、浓缩丸的制备

浓缩丸的制备有泛制法和塑制法两种。

1. 泛制法 水丸型浓缩丸采用泛制法制备。取处方中部分饮片提取后适当浓缩作为黏合剂,其余饮片粉碎成细粉用于泛丸。或将提取液浓缩成稠膏后与细粉混合成块状物,干燥后粉碎成细粉,再用不同浓度的乙醇或水为润湿剂泛制成丸。具体操作同水丸(见本章第2节)。

2. 塑制法 蜜丸型浓缩丸采用塑制法制备。取处方中部分饮片提取浓缩成膏,加适量炼蜜混匀作为黏合剂,与剩余饮片细粉混合均匀,制丸块,用制丸机塑制成丸。具体操作同蜜丸(见本章第3节)。

第5节 糊丸和蜡丸

一、糊丸和蜡丸的含义与特点

(一) 糊丸

1. 含义 糊丸系指饮片细粉以米粉、米糊或面糊等为黏合剂制成的丸剂。

2. 特点 糊丸以米糊、面糊为黏合剂,干燥后较坚硬,在胃内溶解迟缓,释药缓慢,故可延长药效;同时减少药物对胃肠的刺激性。

> 古人曰:"稠面糊为丸,取其迟化"、"蜡丸取其难化而旋旋取效或毒药不伤脾胃",这些与现代研究相一致。
>
> 链 接

(二) 蜡丸

1. 含义 蜡丸系指饮片细粉以蜂蜡为黏合剂制成的丸剂。

2. 特点 蜂蜡不溶于水,制成丸剂后在体内释放药物极慢,可延长药效,能防止药物中毒或防止对胃肠道的强烈刺激。

二、糊丸和蜡丸的制备

(一) 糊丸的制备

糊丸可用泛制法与塑制法制备,常用泛制法。糯米粉、黍米粉、面粉和神曲粉常用作黏合剂,其中糯米粉糊黏合力最强。

1. 泛制法 ①起模时必须以水起模,因为面糊、米糊黏性大。在加大成型过程中,再逐渐将稀糊泛入。②糊中若有块状物必须滤过除去,以防泛丸时粘连。③泛丸时每次用糊量要适当,且应分布均匀。④糊粉的用量多数处方中有明确规定。冲糊用糊粉量一般为药粉总量的5%~10%。若有多余可炒熟(或生品)和入药粉中泛丸。糊粉用量过少、糊稀,达不到迟化作用;反之,则丸粒过于坚实,难以溶散。

2. 塑制法 ①掌握好糊粉用量,一般先以药粉总量30%~35%的糊粉制糊(若有多余可炒熟或生品与药粉混匀备用)。②尽量缩短制丸时间。糊制好后稍凉倾入药粉中充分搅匀,迅速揉搓成丸块,再制成丸条,分粒,搓圆即成。③保持丸块润湿状态,糊丸以免丸块变硬,致使丸粒表面粗糙、裂缝。必要时可以湿布覆盖或补充适量的水揉搓。

(二) 蜡丸的制备

蜡丸常采用塑制法制备。将精制的蜂蜡,加热熔化,凉至60℃左右,待蜡液开始凝固,表面有结膜时，加入药粉，迅速搅拌至混合均匀，趁热制丸条，分粒，搓圆。应注意：①蜂蜡要精制；②控制温度60℃，操作中要保温；③控制蜂蜡用量药粉与蜂蜡比例为1∶0.5～1。

> 蜂蜡呈浅黄色块状，又称黄蜡。熔点62～67℃，相对密度为0.965～0.969。
> 精制方法：煮蜡即将蜂蜡加适量水加热熔化，搅拌使杂质下沉，静置，冷后取出上层蜡块，刮去底面杂质，反复几次，即可。
>
> 链接

第6节 滴丸

一、滴丸的含义与特点

滴丸系指饮片经适宜的方法提取、纯化后与适宜的基质加热熔融混匀，滴入不相混溶的冷凝介质中制成的球形或类球形制剂。近年来相继研制出苏冰滴丸、鱼腥草滴丸、咽立爽滴丸等。其中复方丹参滴丸是2010版《中国药典》收载品种。

> 1933年最早提出滴制法；1956年国外使用聚乙二醇为基质，植物油为冷却剂制备滴丸；1958年国内使用滴制法制备酒石酸滴丸；1978年用于中药滴丸。
>
> 链接

滴丸的主要特点：

(1) 疗效迅速，生物利用度高。因为药物在基质中的分散呈分子状态或胶体状态或微粉状结晶，为高度分散状态，而基质为水溶性的(如聚乙二醇类)，则可增加或改善药物的溶解性能，加快药物的溶出速度和吸收速度，提高药物的生物利用度。

(2) 生产车间无粉尘，有利于劳动保护，设备简单，生产工序少，生产周期短，自动化程度高。生产效率高，成本相对较低。

(3) 滴丸可使液体药物固体化，如芸香油滴丸、牡荆油滴丸、大蒜油滴丸等，但是易挥发性药物制备滴丸时，需注意加热熔融时间，防止易挥发性液体药物挥发。

(4) 滴丸用药部位多，可口服、腔道用、外用，可起到长效作用。如耳用滴丸，虽然其本身为速效制剂，但耳腔内水量不足，只能溶解部分药物起速效作用，未溶解药物仍为固体，经连续不断溶解，起长效作用。

(5) 滴丸载药量小，相应含药量低，服药剂量大。如复方丹参滴丸每次服用10粒。另外，供选用的基质和冷凝剂较少，使滴丸品种受限制。

二、滴丸的制备

(一) 滴丸基质的要求与选用

滴丸中主药以外的附加剂称为基质。

滴丸基质应具备以下条件：①与主药不发生任何化学反应，不影响主药的疗效与检测。②熔点较低或加一定量的热水(60～100℃)能熔化成液体，而遇骤冷又能凝成固体，在室温下保持固体状态，且与主药混合后仍能保持以上物理状态。

应根据主药性质，选择适宜基质。基质包括水溶性基质和非水溶性基质，其中水溶性基质有聚乙二醇、泊洛沙姆、硬脂酸钠等。非水溶性基质有硬脂酸、单硬脂酸甘油酯、蜂蜡、虫蜡、氢化植物油等。

(二) 滴丸冷凝液的要求与选用

用于冷却滴出的液滴，使之冷凝成固体丸剂的液体称为冷凝液。在实际应用中，可根据基质的性质选择冷凝液。基质不同，所选用的冷凝液应不同。水溶性基质可用液状石蜡、植物油、甲基硅油、煤油等；非水溶性基质可用水或不同浓度乙醇等。

对冷凝液的要求：

(1) 冷凝液必须安全无害，不溶解主药和基质，不论是主药还是基质，都不能与冷凝液发生化学反应。

(2) 密度适宜，即与液滴密度相近，使滴丸在冷凝液中，缓缓下沉或上浮，充分凝固，使丸型圆整。

链 接

(三) 滴丸的制法与设备

采用滴制法制备，是将主药溶解、混悬或乳化适宜的已熔融的基质中，保持恒定的温度(80~100℃)，经过一定大小管径的滴头等速滴入冷凝液中，凝固形成的丸粒徐徐沉于器底，或浮于冷凝液的表面，取出，洗去冷凝液，干燥，即成滴丸。

制备滴丸的设备主要由滴瓶、冷却柱、恒温箱 3 部分组成(图 12-3)。滴瓶有调节滴出速度的活塞，有保持液面一定高度的溢出口、虹吸管或浮球，它可在不断滴制与补充药液的情况下保持滴速不变。滴瓶及储液瓶等需恒温，使药液在滴出前保持一定温度不凝固，箱底开孔，药液由滴瓶口(滴头)滴出。冷却柱的高度一般为 40~140cm，温度维持在 10~15℃。

(四) 滴丸制备的理论探讨

固体分散体按分散状态主要分为：低共熔混合物(eutedic mixture)、固体溶液(solid solutions)、玻璃溶液(glass solutions)或玻璃混悬液(glass suspension)和共沉淀物(coprecipitates)(具体内容见第 20 章第 4 节)。其中滴丸是利用熔融法制备固体分散体的制剂，主要应用水溶性基质(强亲水性载体)，具有速效作用。

1. 药物在基质中的分散状态 药物在基质中或基质在药物中以分子状态分散时，称为固态溶液。如以聚乙二醇为基质，由于聚乙二醇分子量大(PEG 4000、PEG 6000 等)，熔点低(55~60℃)、毒性低、具有良好的水溶性，且本身分子是由两列平行的螺状链所组成，熔融后再凝固时，螺旋的空间造成晶格的缺损，这种缺损可改变结晶体的性质，如溶解度、溶出速率、吸附能力及吸湿性等。当药物分子量≤1000 时，可在熔融时插入螺旋链中，形成填充型固态溶液，药物以分子状态分散，同时载体固化时黏度大，能阻滞药物分子聚集结晶，成为无定形的亚稳态，同样利于增大溶出速率。当药物分子与载体分子大小相近，又没有空间位阻时，则溶质分子可取代溶剂分子，形成分子分散的固态溶液，或玻璃态溶液，或部分药物呈聚集成胶体、微晶状态分散的固体分散体。另外，聚乙二醇基质可吸附 5%~10% 的液体，使液体药物固体化。

2. 丸重 制备滴丸时药液自滴管口自然滴出，液滴的重量即是丸重。理论丸重 $=2\pi r\gamma$，式中 r 是滴管口半径，γ 是药液的界面张力。滴丸形成过程如图 13-6 所示，在位置 5 管端所支撑的重量仍是理论丸重,在位置6滴下的部分才是实际丸重,约为理论丸重的60%,在滴口处还余下40%,该存留量与滴速有关,滴速快,存留量小,丸重大,反之,丸重小。影响丸重的因素很多,如滴管口的半径(应大小适宜);操作时温度的控制(应保持恒温);滴管口与冷凝液液面的距离(自上向下滴时应控制在5cm以下)等。

3. 成丸 在滴制过程中能否成丸形,取决于丸滴内聚力(W_c)是否大于药液与冷凝液的黏附力(W_a),即成形力$=W_c-W_a$,故当$W_c>W_a$,成形力为正值时,液滴才能成丸形。丸滴内聚力与药液的界面张力有关,加入表面活性剂,可使滴丸易于成型。须经多次试验确定成型处方和工艺。

4. 圆整度 液滴在冷凝液中由于界面张力的作用,使两液间的界面缩小,因而一般滴丸呈球形。

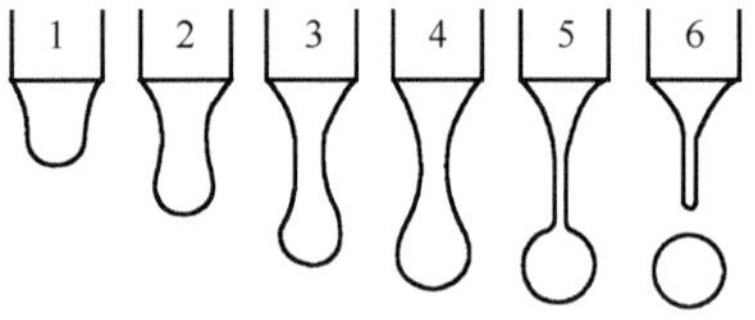

图13-6 滴丸的形成过程

> 影响圆整度的因素有:液滴的重力或浮力;冷凝液的温度;冷凝液的密度;液滴的大小等。
>
> 链接

第7节 丸剂的包衣

在丸剂的表面上包裹一层物质,使之与外界隔绝的操作称为包衣。包衣后的丸剂称为包衣丸剂。

一、丸剂包衣的目的

(1) 掩盖恶臭、异味,使丸面平滑、美观,便于吞服。

(2) 防止主药氧化、变质或挥发。

(3) 防止吸潮及虫蛀。

(4) 根据医疗的需要,将处方中一部分药物作为包衣材料包于丸剂的表面,在服用后首先起作用。

(5) 包肠溶衣后,可使丸剂安全通过胃,转运至肠内再溶散。

二、丸剂包衣的种类

(1) 药物衣:包衣材料是丸剂处方组成部分,有明显的药理作用,用于包衣既可首先发挥药效,又可保护丸粒、增加美观。中药丸剂包衣多属此类。

(2) 保护衣:选取处方以外,不具明显药理作用,且性质稳定的物质作为包衣材料,使主药与外界隔绝而起保护作用。主要有:糖衣,如木瓜丸、安神补心丸等;薄膜衣,如香附丸、补肾固齿丸等。

> **药物衣的种类**
>
> 朱砂衣:七珍丸、梅花点舌丸等。
> 甘草衣:羊胆丸等。
> 黄柏衣:四妙丸等。
> 雄黄衣:痫气丹、化虫丸等。
> 青黛衣:当龙荟丸、千金止带丸等。
> 百草霜衣:仲景胃灵丸、六神丸等。
> 滑石衣:分清五林丸、防风通圣丸等。
> 其他:礞石衣、赭石衣、牡蛎衣等。
>
> 链接

（3）肠溶衣：选用适宜的材料将丸剂包衣后使之在胃液中不溶散而在肠液中溶散。丸剂肠溶衣主要材料有邻苯二甲酸醋酸纤维素（CAP）、虫胶等。

三、丸剂包衣的方法

1. 包衣原材料的准备

（1）将所用包衣材料粉碎成极细粉，目的是使丸面光滑。

（2）除蜜丸外，将包衣的丸粒充分干燥，使之有一定的硬度，以免包衣时碎裂变形；或在包衣干燥时，衣层发生皱缩或脱壳。

（3）选配适宜的黏合剂，常用的黏合剂如10%～20%的阿拉伯胶浆或桃胶浆、10%～20%的糯米粉糊、单糖浆及胶糖混合浆等。蜜丸因其表面呈润湿状态时具有一定的黏性，撒布包衣药粉经撞动滚转即能黏着于丸粒表面。

2. 包衣方法

（1）药物衣：水丸包朱砂衣时，将干燥丸剂置包衣锅中，加适量黏合剂转动、摇摆、撞击等操作，当丸粒表面均匀润湿后（或利用蜜丸表面的滋润性），缓缓撒入朱砂极细粉（用量视丸粒的大小而不同，一般为干丸重量的10%）。如此反复操作5～6次，将规定量的朱砂全部包严丸粒为止。取出丸剂低温干燥（一般风干）。再放入包衣锅或溜袋（约长3m，宽30～40cm的布袋）内，并加入适量的虫蜡粉，转动包衣锅或牵拉溜袋，让丸粒互相撞击摩擦，使丸粒表面光亮，即可取出分装。水蜜丸、浓缩丸及糊丸的包衣可参照上法。

（2）糖衣、薄膜衣、肠溶衣：包衣方法与片剂包衣相同（详见第14章第4节）。

第8节 丸剂的质量要求与检查

一、丸剂的质量要求

丸剂外观应圆整均匀、色泽一致。大蜜丸和小蜜丸应细腻滋润，软硬适中。蜡丸表面应光滑无裂纹，丸内不得有蜡点和颗粒。滴丸应大小均匀，色泽一致，表面无冷凝液。卫生学检查必须符合要求；药物的定性鉴别与含量测定应符合具体丸剂各自的要求。

外观检查：除另有规定外，蜜丸、浓缩蜜丸中所含水分不得超过15.0%；水蜜丸、浓缩水蜜丸不得超过12.0%；水丸、糊丸和浓缩水丸不得超过9.0%；蜡丸不检查水分。

重量差异：以10丸为1份（丸重1.5g及1.5g以上的以1丸为1份），取供试品10份，分别称定重量（每丸标示量×称取丸数）相比较（无标示重量的丸剂，与平均重量比较），按表13-1的规定，超出重量差异限度的不得多于2份，并不得有1份超出限度1倍。

包糖衣丸剂应检查丸芯的重量差异并符合规定，包糖衣后不再检查重量差异。其他包衣丸剂，应在包衣后检查重量差异并符合规定；凡进行装量差异检查的单剂量包装的丸剂，不再进行重量差异检查。

装量差异：单剂量包装的丸剂在检查的10袋（瓶）中，分别称定每袋（瓶）内容物的重量，每袋（瓶）装量与标示装量相相比，按表13-2的规定，超出装量差异限度的不得多于2袋（瓶），并不得有1袋（瓶）超出限度1倍。

表 13-1 丸剂重量差异限度

标示重量(或平均重量)/g	重量差异限度/%
≤0.05	±12
0.05~0.1	±11
0.1~0.3	±10
0.3~1.5	±9
1.5~3	±8
3~6	±7
6~9	±6
>9	±5

表 13-2 单剂量丸剂装量差异限度

标示装量(或平均重量)/g	装量差异限度/%
≤0.5	±12
0.5~1	±11
1~2	±10
2~3	±8
3~6	±6
6~9	±5
>9	±4

二、丸剂的质量检查

1. 水分 照2010年版《中国药典》(一部)附录ⅨH水分测定法检查。

2. 溶散时限 照2010年版《中国药典》(一部)附录ⅠA溶散时限检查法检查;滴丸照附录ⅫA崩解时限检查法有关规定检查;蜡丸照2010年版《中国药典》(一部)附录ⅫA崩解时限检查法项下的肠溶衣片检查法检查,应符合规定。

3. 装量 以重量标示的多剂量包装的丸剂照2010年版《中国药典》(一部)附录ⅫC最低装量检查法检查;单剂量色装的丸剂,照2010年版《中国药典》(一部)附录ⅠA装量差异检查法检查,应符合规定。

4. 卫生标准 照2010年版《中国药典》(一部)附录ⅫC微生物限度检查法检查,应符合规定。

5. 药物的定性与定量 根据各丸剂品种项下质标要求与方法,进行有效成分或指标成分的定性鉴别与含量测定,应符合规定。

滴丸的重量差异:取供试品20丸,精密称定总重量,求得平均丸重后,再分别精密称定每丸的重量,每丸重量与平均丸重相比较,按表13-3的规定,超出重量差异限度的不得多于2丸,并不得有1丸超出限度1倍。

包糖衣滴丸应检查丸芯的重量差异并符合规定,包糖衣后不再检查重量差异。包薄膜衣滴丸,应在包衣后检查重量差异并符合规定;凡进行装量差异检查的单剂量包装的滴丸剂,不再进行重量差异检查。

表 13-3 滴丸重量差异限度

平均丸重/g	重量差异限度/%
≤0.03	±15
0.03~0.1	±12
0.1~0.3	±10
>0.3	±7.5

表 13-4 滴丸装量差异限度

标示装量/g	装量差异限度/%
≤0.5	±12
0.5~1	±11
1~2	±10
2~3	±8
>3	±6

滴丸的装量差异:单剂量包装的丸剂在检查的10袋(瓶)中,分别称定每袋(瓶)内容物的重量,每袋(瓶)装量与标示装量相相比,按表13-4的规定,超出装量差异限度的不得多于2袋(瓶),并不得有1袋(瓶)超出限度1倍。

溶散时限:除另有规定外,小蜜丸、水蜜丸和水丸应在 1 小时内全部溶散;浓缩丸和糊丸应在 2 小时内全部溶散;滴丸应在 30 分钟内溶散,包衣滴丸应在 1 小时内溶散。大蜜丸及研碎、嚼碎等或用开水、黄酒等分散后服用的丸剂不检查溶散时限。

第 9 节 丸剂生产中可能出现的问题与解决措施

中药丸剂生产中主要有染菌、溶散时间超限等问题。

一、丸剂染菌途径与防菌、灭菌措施

1. 丸剂染菌途径 ①以原粉入药,饮片本身大量带菌;②储存中微生物繁殖;③制备过程染菌;④包装过程染菌等。详参阅第 3 章第 1 节。

2. 丸剂的防菌、灭菌措施原药材处理 ①根据饮片性质分别处理,既要保留药材成分,又要保证杀灭细菌;②控制丸剂生产过程;③包装材料;④成品灭菌等。

耐热成分的饮片,多数采取综合法处理,即抢水洗、流通蒸汽灭菌、高温迅速干燥。亦可采取干热灭菌法、热压灭菌法等。

含热敏性成分的饮片,可采取乙醇喷洒灭菌,但成本较高。也可选用环氧乙烷灭菌法,或 ^{60}Co-γ 射线灭菌法、远红外线干燥灭菌法等方法处理。

链 接

二、丸剂溶散时间超限的原因与解决办法

1. 饮片成分的性质影响 当处方中含有较多黏性成分的饮片,在润湿剂的诱发和泛丸时碰撞下,药物黏性逐渐增大,干燥温度过高时,易形成胶壳样屏障,阻碍水分进入丸内,延长溶散时限。当处方中含有较多疏水性成分的饮片时,同样会阻碍水分进入丸内,溶散超限。相应采取的措施:加适量崩解剂,缩短溶散时间。

2. 药粉的粒径影响 由于粉末的粗细影响丸粒形成毛细管的数量和孔径,泛丸时所用药粉,过 5 号筛或 6 号筛即可。如药粉过细,粉粒相互堆集,过多的细粉镶嵌于孔隙中,而影响水分进入。

3. 丸剂泛制的时程影响 在制备时如滚动时间过长,丸粒过分结实,水分难以进入丸内,则溶散时间长。相应采取的措施:根据要求,尽可能增加每次的加粉量,缩短滚动时间,加速溶散。

4. 丸剂含水量及干燥的影响 研究表明丸剂的含水量与溶散时间有关,所以药典对各类丸剂含水量都有规定。另外,丸剂在干燥时,不同的干燥方法、温度及速度均会影响丸剂的溶散时间。

5. 丸剂赋形剂影响 丸剂中黏合剂黏性越大、用量越多,丸粒越难溶散。针对不同药材,可适当加崩解剂,或用低浓度乙醇起模。

第 10 节 丸剂的包装与储藏

1. 丸剂的常用包装材料 各类丸剂的性质不同,包装材料和方法亦不同。小丸常用玻璃瓶、塑料瓶、瓷瓶等包装。为防止运输时冲击,常用棉花、纸填塞瓶内空隙,并以软木塞浸蜡或塑料内衬浸蜡为内盖再加外盖密封。大、小蜜丸、浓缩丸多用纸盒、蜡壳、塑料小圆盒、铝塑泡罩等材料包装。

蜡壳包装具体方法:蜜丸用蜡纸包裹,装于蜡浸过的纸盒内,封盖后再浸蜡,密封防潮。或将药丸装于由两个螺口相嵌形成的塑料小圆盒内。外面蘸取蜡衣,封口严密。生产中多采用机械化包装,用铝塑大泡罩热封机封口,材料为医用PVC泡罩盒与医用铝箔,齿轮链传动,网状热压全方位封闭,整个过程约需80秒。

链接

2. 蜡壳包装 系指先将蜡制成一个圆形空壳,割开两个相连的半球形,装入丸剂,再密封而成。蜡壳包装从唐代创用一直沿用至今,现用中药蜡壳蜜丸包装机,既可制蜡壳,又可用于包装。蜡壳通透气差,可隔绝空气、水分、光线,防止丸剂吸潮、虫蛀、氧化,同时保证有效成分不挥发。凡含有芳香性药物或含贵重药材的丸剂,均可采用蜡壳包装,确保丸剂在储存期内不发霉、不变质。

3. 丸剂的储藏 丸剂应密封储藏,蜡丸应密封并置阴凉干燥处储藏。滴丸剂宜密封储存,防止受潮、发霉、变质。

第11节 典型丸剂品种举例

例1 左金丸

【处方】 黄连600g 吴茱萸100g

【制法】 以上2味,粉碎成细粉,过筛,混匀,用水泛丸,干燥,即得。

【功能与主治】 泻火,疏肝,和胃,止痛。用于肝火犯胃、脘胁疼痛、口苦嘈杂、呕吐酸水、不喜热饮。

【用法与用量】 口服,1次3~6g,1日2次。孕妇忌服。

例2 牛黄解毒丸

【处方】 牛黄5g 雄黄50g 石膏200g 大黄200g 黄芩150g 桔梗100g 冰片25g 甘草5g

【制法】 以上8味,除牛黄、冰片外,雄黄水飞成极细粉;其余石膏等5味粉碎成细粉;将牛黄、冰片研细,与上述细粉配研,过筛,混匀。每100g粉末加炼蜜100~110g制成大蜜丸,即得。

【功能与主治】 清热解毒。用于火热内盛、咽喉肿痛、牙龈肿痛、口舌生疮、目赤肿痛。

【用法与用量】 口服,1次1丸,1日2~3次。孕妇禁用。

例3 安神补心丸

【处方】 丹参300g 五味子(蒸)150g 石菖蒲100g 安神膏560g

【制法】 以上4味,安神膏系取合欢皮、菟丝子、墨旱莲各3份及女贞子(蒸)4份、首乌藤5份、地黄2份、珍珠母20份,混合,加水煎煮2次,第一次3小时,第二次1小时,合并煎液,滤过,滤液浓缩至相对密度为1.21(80~85℃)。将丹参、五味子、石菖蒲粉碎成细粉,按处方量与安神膏混合制丸,干燥,打光或包糖衣,即得。

【功能与主治】 养心安神。用于阴血不足引起的心悸失眠、头晕耳鸣。

【用法与用量】 口服,1次15丸,1日3次。孕妇禁用。

例4 葛根芩连丸

【处方】 葛根1000g 黄芩375g 黄连375g 炙甘草250g

【制法】 以上4味,取黄芩、黄连,照流浸膏剂与浸膏剂项下的渗漉法(2010年版《中国药典》附录Ⅰ O)分别用50%乙醇作溶剂,浸渍24小时后进行渗漉,收集渗漉液,回收乙醇,并适当浓缩;葛根加水先煎30分钟,再加入黄芩、黄连药渣及甘草,继续煎煮2次,每次1.5小时,合并煎液,滤过,滤液适当浓缩,加入上述浓缩液,继续浓缩成稠膏,减压低温干燥,粉碎成最细粉,以乙醇为润湿剂,机制泛丸,得300g,过筛;于60℃以下干燥,即得。

【功能与主治】 解肌清热,止泻止痢。用于泄泻痢疾、身热烦渴、下痢臭秽、菌痢、肠炎。

【用法与用量】 口服,1次3g,小儿1次1g,1日3次,或遵医嘱。孕妇禁用。

小结

丸剂为重要传统剂型之一,由于其自身特点,一直沿用至今。本章的学习要点应在知道丸剂的定义、特点、分类的基础上,重点掌握丸剂的制备方法(泛制法、塑制法和滴制法)及各方法的特点,应知道制备水丸时对药粉的要求、蜂蜜炼制的目的及程度,了解丸剂的特点和分类,同时还应知道丸剂的包衣的种类和方法,了解质量要求及检查项目与方法,看懂典型品种举例,为指导生产实际操作和临床应用打下良好基础。

目标检测

一、单项选择题

1. 炼制"中蜜"的标准指标是 ( )

A. 蜜温105~115℃,含水量17%~20%,相对密度1.35

B. 蜜温114~116℃,含水量18%,相对密度1.35

C. 蜜温116~118℃,含水量14%~16%,相对密度1.37

D. 蜜温119~122℃,含水量10%,相对密度1.40

2. 一般不作为滴丸冷凝液的物质是 ( )

A. 液状石蜡 B. 聚乙二醇 C. 二甲基硅油 D. 水

二、多项选择题

1. 制备蜜丸时炼蜜的目的有 ( )

A. 除去杂质 B. 破坏酶类 C. 杀死微生物

D. 适当减少水分 E. 增加黏合力

2. 关于滴丸基质的陈述,正确的有 ( )

A. 与主药不相混溶 B. 与主药不发生化学反应 C. 不影响主药的含量测定

D. 对人体无不良反应 E. 熔化与凝固温度均较低

3. 可采用泛制法制备的丸剂有 ( )

A. 水蜜丸 B. 水丸 C. 糊丸 D. 蜡丸 E. 滴丸剂

三、名词解释

1. 浓缩丸 2. 滴丸剂

四、简答题

1. 简述蜜丸及水丸的制备工艺流程及其操作关键。

2. 滴丸有何特点?影响滴丸成型因素有哪些?

3. 密丸制备时,如何根据药料的性质选用不同现各的炼蜜?

(程 岚 刘汉清)

第14章 片　剂

学习目标

1. 记住中药片剂的含义、类型和特点,并了解片剂的主要类别

2. 说出片剂常用辅料的类型、含义及适用范围,以及各类辅料主要品种的性质和应用,知道片剂崩解机制和润滑作用原理

3. 简述湿制颗粒压片、干制颗粒压片和粉末直接压片的操作要点,以及压片时可能发生的问题及其原因和解决办法;熟悉药物制颗粒压片的目的、制粒方法、干颗粒的质量要求及压片前干颗粒的处理方法

4. 了解中药原料处理的目的与一般原则,全粉末直接压片对原、辅料和压片机性能改进的要求,片剂的成型过程,压片机的基本结构、性能和应用,以及举例品种所属片剂类型及其各自的制备方法和工艺特点

5. 知道片剂包衣的目的、种类和方法,糖衣、薄膜衣和肠溶衣的常用包衣物料与包衣操作要点,并了解包衣设备的基本结构、性能和应用,以及包糖衣过程中可能发生的问题与解决办法

6. 叙述片剂在外观、片重差异、崩解度等方面的质量要求,熟悉崩解时限、片重差异、硬度、脆碎度、溶出度等检查的意义和方法

7. 明确片剂包装的意义、包装形式以及片剂包装标签的内容与片剂储藏的要求,了解常用包装材料

第1节　概　　述

一、中药片剂的含义与特点

中药片剂系指中药提取物、提取物加饮片细粉或饮片细粉与适宜辅料混匀压制或用其他适宜方法制成的圆片状或异型片状的制剂。主要供内服,亦有外用。

> 片剂是目前世界各国应用最多的药物制剂之一。随着科学技术的进步,片剂的成型理论、生产技术、新型辅料、机械设备、品种类型、质量控制等方面均有了很大发展。近些年来,由于新技术、新工艺、新设备、新辅料的应用,中药片剂的剂型理论、生产技术日臻完善,中药片剂的品种和数量不断增加,质量稳定提高,已发展成为目前临床应用最广泛的剂型之一。2010年版《中国药典》(一部)收载中药片剂有202种。除压制片、糖衣片、薄膜衣片外,中药片剂已发展了含片、泡腾片、咀嚼片、微囊片、阴道片、肠溶片与阴道泡腾片等新类型。
>
> 链接

片剂始创于19世纪40年代,中药片剂的生产与上市始于20世纪50年代。随着科技的进步和现代药学的发展,新工艺、新技术、新辅料、新设备在片剂研究和生产中的不断应用,中药片

剂的成型工艺、生产技术日臻完善，中药片剂的类型和品种不断增加，质量迅速提高，已发展成为临床应用最广泛的剂型之一。

片剂的主要优点：①剂量准确，因病人按片服用，而片内药物均匀、含量差异小；②质量稳定，因系固体剂型，且某些易氧化变质或潮解的药物，可借助包衣或包合作用加以保护，水分、光线、空气对其影响较小；③机械化生产，自动化程度高，产量大，成本低；药剂卫生也易达标；④服用、携带、储运等较方便；⑤品种丰富，能满足医疗、预防用药的不同需求。

缺点有：①制备或储藏不当会影响片剂的崩解、吸收；②某些中药片剂易引湿受潮；含挥发性成分的片剂，久储时其成分含量下降；③片剂制备多需加用赋形剂，且经压制成型，其溶出度稍差于胶囊剂及散剂，有时可能影响其生物利用度；④昏迷患者和儿童不易吞服。

二、片剂的分类

按给药途径及其作用，片剂可分为以下主要类型：

（一）口服片

口服片系指经口服，在胃肠道崩解、吸收而发挥局部或全身治疗作用的片剂。应用最为广泛。

1. 口服普通片　有素片和包衣片两类。素片系指药物与辅料混合后，经加工压制而成的未包衣的片剂。如芩连片、伤痛宁片等。在压制片（常称素片）外包衣膜的片剂称为包衣片。如通塞脉糖衣片、正清风痛宁肠溶薄膜衣片等。

2. 咀嚼片　系指于口腔中咀嚼后吞服的片剂，多用于维生素类及治疗胃部疾患的药物。如干酵母片、乐得胃片。

3. 分散片　系指遇水能迅速崩解且均匀分散的片剂。分散片一般由难溶性药物、高效崩解剂及水性高黏度溶胀辅料组成。可吞服，也可放入水中迅速分散后口服，还可咀嚼或含吮。如复方阿斯匹林分散片。

4. 泡腾片　系指含有碳酸氢钠和有机酸，遇水即产生二氧化碳气体而呈泡腾状的片剂。促使片剂快速崩解，药物奏效迅速，生物利用度较高，如活血通脉泡腾片等。

5. 多层片　系指由两层或多层组成的片剂。各层可含不同种和不同量的药物或辅料。多层片可避免复方药物间的配伍变化，且可制成长效片剂。如双层复方氨茶碱片。

（二）口腔用片

1. 含片　系指含于口腔中缓缓溶化产生局部作用的片剂。含片硬度大、味适口，多用于口腔及咽喉疾患，起局部解毒、消炎作用。如西瓜霜润喉片、玄麦甘橘含片等。

2. 舌下片　系指置于舌下使用的片剂。舌下片药物由舌下黏膜直接吸收而发挥全身治疗作用，不仅吸收迅速显效快，而且可避免胃肠液 pH 及酶对药物的不利影响和肝脏的首过作用。如异丙肾上腺素片等。

3. 口腔贴片　系指具有足够黏着力，贴于口腔黏膜长时间释放药物的片剂。片中辅料（如羟丙基甲基纤维素、聚羧乙烯等）既对黏膜有较强的黏着力，又能控制药物的溶出，维持药效时间长，尤适用于肝脏首过作用较强的药物。此外，尚有口腔唇颊片等。

（三）外用片

1. 阴道片 系指置于阴道内，用以治疗阴道疾病或避孕用的片剂。如鱼腥草素泡腾片等。

2. 外用溶液片 系指临用前加适量水或缓冲液溶解制成溶液而供外用的片剂。其组成均应具可溶性，为便于识别，多着色或制成异形片。常作消毒、洗涤及漱口用。如复方硼砂漱口片、卡他灵片（供滴眼用）等。

（四）其他

片剂尚有缓释片、控释片、微囊片、固体分散片等多种类型。

三、中药片剂的类型

据其原料及制法特征，中药片剂可分为四种类型。

1. 全浸膏片 系指将处方全部中药提取制得的浸膏制成的片剂。如通塞脉片等。

2. 半浸膏片 系指将处方部分中药细粉与其余药料制得的稠膏混合制成的片剂。如银翘解毒片等。

3. 全粉末片 系指将处方中全部中药粉碎成细粉，加适宜辅料制成的片剂。如参茸片等。

4. 提纯片 系指以处方药材提得的有效成分或有效部位的细粉为原料，加适宜辅料制成的片剂。如银黄片等。

第2节 片剂的辅料

片剂辅料系指片剂中除主药以外的一切附加物料的总称，亦称赋形剂。制片时加用辅料的目的在于确保压片物料的流动性、润滑性、可压性及其成品的崩解性等。辅料品种或用量选用不当，不但可能影响制片过程，而且对片剂的质量、稳定性及其疗效的发挥均有一定甚至重要影响。片剂辅料必须具有较好的物理和化学稳定性，能与主药及其他辅料相互配伍，不影响主药的溶出、吸收和含量测定，对人体无害，且价廉易得。

按其用途，片剂辅料可分为稀释剂与吸收剂、湿润剂与黏合剂、崩解剂及润滑剂。

一、稀释剂与吸收剂

稀释剂与吸收剂统称为填充剂。前者适用于主药剂量小于0.1g，或含浸膏量多，或浸膏黏性太大而制片困难者；后者适用于原料药中含有较多挥发油、脂肪油或其他液体，而需制片者。以下常用品种，有些兼有黏合和崩解作用。

1. 淀粉 系葡萄糖的聚合物，由直链淀粉（以α-1,4苷键连接的葡萄糖单元）和支链淀粉（以α-1,6苷键连接由*D*-葡萄糖聚合而成的分支状淀粉）组成的白色细粉；性质稳定，能与大多数药物配伍；不溶于冷水和乙醇，在水中加热到62～72℃可糊化；遇水膨胀，但遇酸或碱在潮湿状态及加热时逐渐水解而失去膨胀作用；一般含12%～15%的水分而不潮解。本品价廉易得，是片剂最常用的稀释剂、吸收剂和崩解剂。淀粉种类较多，其中以玉米淀粉最为常用，马铃薯淀粉亦可选用。

淀粉的可压性较差，使用量不宜太大。必要时可与适量黏合力较强的糊精、糖粉合用，以改善其可压性。中药天花粉、淮山药、浙贝母等含淀粉较多，粉碎成细粉加入，兼有稀释剂、吸收剂和崩解剂的作用。

2. 糊精　白色(白糊精)或微黄色(黄糊精)细粉，为淀粉水解的中间产物；不溶于醇，微溶于水，能溶于热水，水溶液煮沸呈胶浆状，放冷黏度增加。糊精常与淀粉配合用作片剂或胶囊剂的稀释剂，但不宜作为速溶片的填充剂。此外，糊精浆(多与淀粉浆配合)可作为片剂黏合剂，因其主要使粉粒表面黏合，故纤维性大及弹性强的中药制片不很适用。糊精用量较多时宜选用乙醇为润湿剂，以免颗粒过硬。糊精也可用作液体药剂的增黏剂或固体制剂干燥黏合剂。应注意糊精对某些药物的含量测定有干扰。

3. 预胶化淀粉　又称可压性淀粉、部分 α 化淀粉。白色或类白色粉末，为淀粉经物理或化学改性，有水存在下，淀粉粒全部或部分破坏的产物；微溶于冷水，不溶于有机溶剂；有良好的可压性、流动性和自身润滑性，并兼有黏合和崩解性能。制成的片剂硬度、崩解性均较好，尤适于粉末直接压片，但应控制硬脂酸镁的用量在 0.5% 以内，以免产生软化效应。

4. 糖粉　为蔗糖粉碎而成的白色细粉，味甜，易溶于水，易吸潮结块。本品为片剂优良的稀释剂，兼有矫味和黏合作用。多用于口含片、咀嚼片及纤维性或质地疏松的中药制片。糖粉常与淀粉、糊精配合使用。糖粉具引湿性，用量过多会使制粒、压片困难，久储使片剂硬度增加；酸性或强碱性药物能促使蔗糖转化，增加其引湿性，故不宜配伍使用。

5. 乳糖　为白色结晶性粉末，略带甜味；易溶于水，无引湿性；具良好的流动性、可压性；性质稳定，可与大多数药物配伍。乳糖是优良的填充剂，制成的片剂光洁、美观，硬度适宜，释放药物较快，较少影响主药的含量测定，久储不延长片剂的崩解时限，尤其适用于引湿性药物。但本品量少价高，国内现多用淀汾∶糊精∶糖粉(7∶1∶1)混合物替代。喷雾干燥乳糖可选作粉末直接压片辅料。

6. 甘露醇　为白色结晶性粉末，清凉味甜，易溶于水；无引湿性，且可压性好，是口含片的主要稀释剂和矫味剂，亦可作为咀嚼片的填充剂和黏合剂。

7. 硫酸钙二水物　为白色或微黄色粉末，不溶于水，无引湿性，性质稳定，可与大多数药物配伍。对油类有较强的吸收能力，并能降低药物的引湿性，常作为稀释剂和挥发油的吸收剂。硫酸钙半水物遇水易固化硬结，不宜选用。使用二水物以湿法制粒压片时，湿粒干燥温度应控制在 70℃以下，以免温度过高失去 1 个分子以上的结晶水后，遇水硬结。据报道，本品可影响槲皮素的吸收。

8. 磷酸氢钙　为白色细微粉末或晶体，具有水不溶性、无引湿性的特点，且稳定性、流动性较好。磷酸钙与其性状相似，两者均为中药浸出物、油类及含油浸膏的良好吸收剂，并有减轻药物引湿性的作用。

9. 其他　微粉硅胶、氧化镁、碳酸钙、碳酸镁等均可作为吸收剂，尤适于含挥发油和脂肪油较多的中药制片。其用量应视药料中含油量而定，一般为 10% 左右。其中微粉硅胶制成颗粒有很好的流动性和可压性，也可用于粉末直接压片的助流剂和崩解剂。

二、润湿剂与黏合剂

润湿剂与黏合剂在制片中具有使固体粉末黏结成型的作用。本身无黏性，但能润湿并诱发药粉黏性的液体，称为润湿剂。适用于具有一定黏性的药料制粒压片。本身具有黏性，能增加药粉间的黏合作用，以利于制粒和压片的辅料，称为黏合剂。适用于没有黏性或黏性不足的药料制粒压片。黏合剂有固体和液体两种类型，一般液体黏合剂的黏性较大，固体黏合剂(也称干燥黏合剂)往往兼有稀释剂作用。润湿剂和黏合剂品种及其用量的正确选用十分重要，不仅关系到片剂的成型过程，而且影响到片剂中有效成分的溶出及其疗效。常用的润湿剂与黏合剂有以下品种。

1. 水 凡药料本身具有一定黏性，用水润湿即能黏结成粒，可选用水为润湿剂。一般应使用制药纯水（蒸馏水、去离子水等），采用喷雾法加入，使其均匀分散。不耐热、易溶于水或易水解的药物则不宜采用。

2. 乙醇 凡药物具有黏性，但遇水后黏性过强而不易制粒；或遇水受热易变质；或药物易溶于水难以制粒；或干燥后颗粒过硬，影响片剂质量者，均可选用不同浓度的乙醇作为润湿剂。中药浸膏粉、半浸膏粉等制粒常使用乙醇作润湿剂，使用大量淀粉、糊精或糖粉作辅料者亦常用乙醇作润湿剂。

乙醇浓度应视药物和辅料的性质及环境温度而定，常用浓度为30%~70%或更高。乙醇浓度愈高，粉料被润湿后黏性愈小。药料水溶性大、黏性大、气温高时，乙醇浓度应高些。反之，其浓度可稍低。操作时应迅速混合，均匀分散，立即制粒，及时干燥，以免乙醇挥发使软材结成团块或湿粒变形。生产中应注意防火、防爆。

3. 淀粉浆（糊） 为最常用的黏合剂。系由淀粉加水在70℃左右糊化制成的稠厚胶体，放冷后呈胶冻状。一般浓度为8%~15%，以10%最为常用，实际使用浓度应根据原、辅料的性质及颗粒的松紧要求而定。本品适用于对湿热稳定，而且药物本身不太松散的品种，尤适用于可溶性药物较多的处方。

淀粉浆的制法有煮浆法和冲浆法二种。煮浆法系将淀粉加全量冷水搅匀，置夹层容器内加热搅拌使糊化制成；冲浆法系取淀粉加少量冷水混悬后，冲入一定量沸水（或蒸汽），并不断搅拌使糊化而成。前者因淀粉粒糊化完全，故黏性较后者强。与糊精浆、糖浆或胶浆配合使用，可提高其黏性。

链接

4. 糖浆 为蔗糖的水溶液，其黏合力强，适用于纤维性强、弹性大以及质地疏松的中药制片。使用浓度多为50%~70%，常与淀粉浆或胶浆混合使用。不宜用于酸、碱性较强的药物，以免产生转化糖而增加引湿性，不利制片。

液状葡萄糖、饴糖、炼蜜都具有较强的黏性，适用的药物范围与糖浆类似，但均具一定引湿性，应控制用量。

5. 胶浆类 为黏性很强的一类黏合剂，适用于可压性差易松片或硬度要求大的片剂。使用时应注意浓度和用量，若浓度过高、用量过大会影响片剂的崩解和药物的溶出，同时胶液应保持较高的温度，以免胶凝。其中常用的阿拉伯胶浆和明胶浆主要用于口含片及轻质或易失去结晶水的药物。既溶于水又溶于乙醇的聚维酮（PVP）根据其分子量大小有不同规格，最常用的型号是K_{30}（分子量约6万D）。其水溶液适用作咀嚼片黏合剂；其干粉为直接压片的干燥黏合剂，能增加疏水性药物的亲水性，有利片剂崩解；其无水乙醇溶液可用于泡腾片的酸、碱粉末混合制粒，不会发生酸、碱反应；其乙醇溶液适用于对湿热敏感的药物制粒；而5%~10% PVP水溶液是喷雾干燥制粒时的良好黏合剂，尤适用于作为咀嚼片的黏合剂。

6. 微晶纤维素 为纤维素部分水解而成的聚合度较小的白色针状微晶，其中pH型较为常用。微晶纤维素不溶于水、稀酸及有机溶剂中；具快速崩解性、较好流动性；可压性好，受压时粒子间借氢键而结合；有较大的容纳量。可作黏合剂、崩解剂、助流剂和稀释剂，可用于粉末直接压片。因具吸湿潮解性，故不宜用于包衣片及某些遇水不稳定的药物。

7. 纤维素衍生物 羧甲基纤维素钠（CMC-Na）、甲基纤维素（MC）、羟丙纤维素（HPC）、羟丙基甲基纤维素(HPMC)和低取代羟丙基纤维素(L-HPC)均可作黏合剂,且都兼有崩解作用。这类化合物的聚合度和取代度不同,其黏度等性质亦不同,应恰当选择。其中乙基纤维素广泛用于缓释制剂的辅料,其醇液可作为对水敏感药物的黏合剂。可参阅书后附录。

此外,海藻酸钠、硅酸镁铝、白及胶、聚乙二醇 4000、中药稠膏等也可选作黏合剂。而改良淀粉、聚乙二醇 6000、乳糖、糊精等也可作为干燥黏合剂。

三、崩　解　剂

崩解剂系指能促使片剂在胃肠液中迅速崩解成小粒子而更利于药物溶出的辅料。崩解剂的主要作用是消除因黏合剂和高度压缩而产生的结合力。除口含片、舌下片、长效片、咀嚼片等外,一般片剂均需加用崩解剂。中药半浸膏片因含有中药饮片细粉,其本身遇水后能缓缓崩解,故一般不另加崩解剂。

(一) 片剂的崩解机制

片剂的崩解机制与所用崩解剂及所含药物的性质有关,主要有以下几点。

1. 毛细管作用　崩解剂在片中形成许多易于被水润湿的毛细管通道,且在水性介质中呈现较低的界面张力,当片剂与胃肠液接触后,水即从这些亲水性通道进入片剂内部,使片剂润湿而崩解。淀粉及其衍生物、纤维素衍生物的崩解作用多与此相关。

2. 膨胀作用　片剂中的崩解剂吸水后,因其自身充分膨胀而体积显著增大,促使片剂的结合力瓦解而崩散。崩解剂膨胀能力大小可以其膨胀率为评价指标,膨胀率越大崩解效果越好。羧甲基淀粉钠吸水后的膨胀率达原体积的 300 倍,其崩解作用十分显著。某些药物因溶解时产热而使片剂中残存的空气膨胀,对促进片剂崩解也有一定作用。

3. 产气作用　泡腾崩解剂遇水产生气体,借助气体的膨胀而使片剂崩解。

4. 其他作用　可溶性原、辅料遇水溶解使片剂崩解或蚀解;表面活性剂因能改善颗粒的润湿性,而促进崩解;辅料中加用了相应的酶(如淀粉与淀粉酶,纤维素与纤维素酶等),因酶解作用也有利崩解。

(二) 片剂常用崩解剂

1. 干燥淀粉　为最常用的传统崩解剂,是由约 20% 直链淀粉和 80% 支链淀粉组成的葡萄糖聚合物的混合物。崩解机制主要因其毛细管作用及其吸水膨胀性。本品较适用于不溶性或微溶性药物的片剂,而对易溶性药物片剂的崩解作用较差。用前应 100℃ 干燥,使含水量低于 8%,用量一般为干颗粒的 5%～20%。因淀粉的可压性较差,遇湿受热易糊化,若用量过多、湿粒干燥温度过高,将影响成品的硬度和崩解度。

2. 羧甲基淀粉钠(CMS-Na)　又称乙醇酸钠淀粉,为聚 α-葡萄糖的羧甲基醚,系白色至类白色粉末;能分散于水,形成凝胶;醇中溶解度约 2%,不溶于其他有机溶剂;在水中的体积能膨胀 300 倍,是优良的崩解剂;且具有良好的流动性和可压性,可作为直接压片的干燥黏合剂;适用于可溶性和不溶性药物;一般采用外加法,用量一般为片重的 2%～6%。

3. 低取代羟丙基纤维素(L-HPC)　为白色或类白色结晶性粉末,比表面和孔隙率大,吸水性强且速度快,吸水膨胀度达 500%～700%,崩解作用好。因其与药料粉粒间有较大的镶嵌作用,故同时具有一定的黏结性,有利成型和提高片剂的硬度。

此外,羟丙基淀粉、微晶纤维素、交联聚维酮(交联 PVPP)、海藻酸钠、羧甲基纤维素钙等也都是良好的崩解剂。

4. 泡腾崩解剂 为碳酸氢钠(或碳酸钠)与有机酸(枸橼酸或酒石酸等)组成的崩解剂,遇水产生二氧化碳气体而使片剂崩解。本品可用于溶液片、外用避孕片等需快速崩解或溶解的片剂。

5. 崩解辅助剂 能增加药物的润湿性,促进水分向片内渗透,而加速疏水性或不溶性药物片剂崩解。常用品种有聚山梨酯 80、月桂醇硫酸钠等表面活性剂,宜与淀粉混合使用。

(三) 片剂崩解剂的加入方法

片剂崩解剂的加入方法,主要有以下几种。

1. 内加法 将崩解剂与主药等混合后制粒,崩解作用起自颗粒内部,一经崩解便成粉粒,有利药物成分溶出。但由于淀粉在制粒中已接触湿和热,因此崩解作用不强。

2. 外加法 将崩解剂混匀于整粒后的干颗粒中压片,崩解作用起自颗粒之间,崩解速度较快。但因颗粒内无崩解剂,故不易崩解成粉粒。若用量太大,可因细粉量过多导致压片困难或片重差异大。必要时可将淀粉制成空白颗粒与药物颗粒混匀后压片。

3. 内、外加结合法 即将用量约 50%~75% 的崩解剂内加制粒,其余外加在干颗粒中,当片剂遇水时首先崩解成颗粒,颗粒继续崩解成细粉,药物成分溶出较快。

4. 特殊加入法 ①泡腾崩解剂酸、碱性组分应分别与处方药料或其他辅料制成干颗粒后,临压片时混匀。在生产和储存过程中,要严格控制水分,避免与潮气接触。②表面活性剂的加入,一般制成醇溶液喷于干颗粒上,密闭渗吸;或制粒时溶于黏合剂内;或与崩解剂混匀后加于干颗粒中。

四、润 滑 剂

压片前必须加入的能增加颗粒(或粉末)流动性,减少颗粒(或粉末)与冲模内摩擦力,具有润滑作用的物料称为润滑剂。润滑剂的作用主要有:① 降低压片颗粒(或粉粒)相互间的摩擦力,增加颗粒(或粉粒)的流动性,利于准确加料,减少片重差异。② 避免粉粒在冲、模表面黏附,确保片面光洁。③ 降低粉粒或片剂与冲、模间的摩擦力,利于正常压片,并易于出片,同时减少冲、模磨损。常用润滑剂如下。

1. 硬脂酸镁 为白色细腻粉末。润滑性强,附着性好,但助流性差;具疏水性,用量大会影响片剂崩解,或产生裂片。用量一般为干颗粒的 0.3% ~1% 。硬脂酸镁呈弱碱性,某些维生素及有机碱盐等遇碱不稳定的药物不宜使用。

此外,硬脂酸、硬脂酸锌和硬脂酸钙也可用作润滑剂,其中硬脂酸锌多用于粉末直接压片。

2. 滑石粉 为白色结晶性粉末,其成分为含水硅酸镁。不溶于水,但具亲水性;助流性、抗黏着性良好,但附着性较差。多与硬脂酸镁等联合应用,用量一般为 2%~3% 。

3. 聚乙二醇(PEG) 常用 PEG 4000 或 PEG 6000,为水溶性润滑剂,适用于溶液片或泡腾片,用量为 1%~4% 。

4. 月桂醇硫酸镁(钠) 为水溶性表面活性剂,具良好润滑作用,可改善片剂的崩解和药物的溶出,并能增强片剂的机械强度。用量约为 1%~3% 。

5. 微粉硅胶 为轻质白色无定形粉末,不溶于水,但亲水性强;比表面积大(达 100~350m^2/g),有良好的流动性、可压性、附着性。为粉末直接压片优良的助流剂、润滑剂、抗黏附剂、吸收剂。用量为 0.15%~3% 。

第 3 节　中药片剂的制备

中药片剂的制法可分为制粒压片法和粉末直接压片法,目前以制粒压片法应用最多。制粒压片法又可分为湿制颗粒压片法和干制颗粒压片法,目前生产上以湿制颗粒压片法最为普遍。

一、湿制颗粒压片法

(一) 工艺流程(图 14-1)

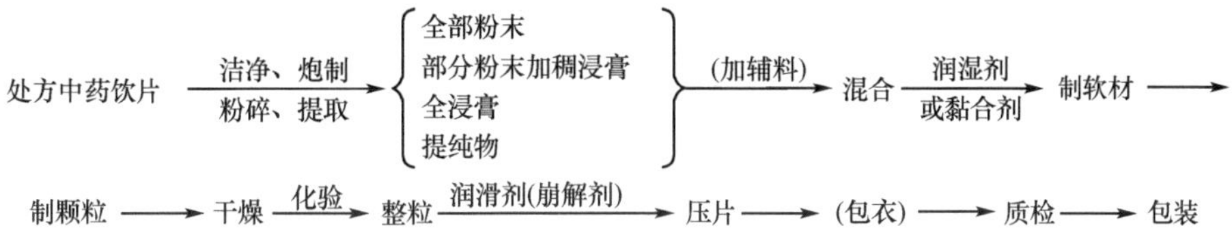

图 14-1　湿制颗粒压片法工艺流程

(二) 中药原料的处理

1. 中药原料处理的目的　①保留有效成分的同时,去除无效成分,缩小体积,减少服用剂量;②提高产品稳定性;③方便操作,利于成型;④选取处方中部分药料作为辅料。

2. 中药原料处理的一般原则　①含水溶性有效成分,或含纤维较多、黏性较大、质地泡松或坚硬的药材,以水煎煮,浓缩成稠膏。必要时采用高速离心或加乙醇处理等纯化方法去除杂质,再制成稠膏或干浸膏,或经喷雾干燥制成细粉;②含淀粉较多的药材、贵重药、毒性药、树脂类药及受热有效成分易破坏的药材等,一般粉碎成 100 目左右细粉,用适当方法灭菌后备用;③含挥发性成分较多的药材宜用双提法,先提取挥发性成分备用,药渣再与余药加水煎煮,并与蒸馏后药液共制成稠膏或干浸膏粉;④含脂溶性有效部位的药材,可用适宜浓度的乙醇或其他溶剂以适当的方法提取,再浓缩成稠膏;⑤有效成分明确的药材采用特定的方法和溶剂提取后制片。

(三) 制软材制颗粒

1. 制颗粒的目的　压片物料的流动性、可压性和润滑性关系到压片过程的顺利与否和片剂质量的好坏。物料的流动性与其休止角相关,休止角小流动性好,而颗粒状药料的休止角小于粉料,故一般需制成颗粒后压片。制颗粒压片的目的在于:①增加物料的流动性,使片重和含量准确;②避免粉末分层,保证片剂含量均匀;③减少细粉吸附和容存的空气,避免片剂松裂;④避免细粉飞扬及黏冲、拉模等现象。

2. 制颗粒的方法　湿法制粒首先要制软材,掌握好软材的黏度和干湿度,才能制得松紧适度、均匀的颗粒。应根据药料的性质和要求选用辅料,润湿剂或黏合剂的用量应以能制成适宜软材的最少用量为好。一般当原、辅料质地疏松,在水中溶解度小及黏性较差时,黏合剂的用量宜酌情增加。当原、辅料中含淀粉、糖粉、糊精较多或药物成分对热不稳定时,混合时黏合剂温度不宜过高。药料与辅料混合搅拌的时间应适当,一般时间越长,软材越黏软,尤其以高浓度乙醇为润湿剂时,可能影响制粒,且制得的干颗粒较硬。制粒用筛网规格的选择要根据片重及片径来确定。

(1) 不同方法的制粒:制粒方法有多种,详可参阅第 7 章混合与制粒相关内容。中药片剂制颗粒目前生产上应用较多的仍是挤出制粒法，即将药料加适宜黏合剂（或润湿剂或稠膏等）混匀制成适宜的软材，经挤压通过筛网或筛板的制粒方法。

挤出制粒制软材时，润湿剂或黏合剂的品种与用量，应以能制成适宜软材的最少用量为准。一般当原、辅料粉末细而质地疏松，在水中溶解度小及黏性较差时，黏合剂的用量宜酌情增加。当原、辅料中含淀粉、糖粉、糊精较多或药物成分对热不稳定时，混合时黏合剂温度不宜过高。药料与辅料混合搅拌的时间应适当控制，时间越长，软材越黏，可能影响制粒，且制得的干颗粒较硬。掌握好软材的黏度和干湿度，才能制得松紧适度、均匀的颗粒。小量制粒可用手工将软材挤压过筛网，大生产多用摇摆式制粒机，而黏性较差的药料可选用旋转式制粒机。制粒筛网则应根据片重及片径来选择确定。

其他制粒方法常用的还有高速搅拌制粒（所制颗粒圆整均匀，流动性好）、喷雾转动制粒（适于中药半浸膏粉、浸膏粉或黏性较强的药物细粉制颗粒）、流化喷雾制粒（所制颗粒均匀，圆整，但往往较松；当各物料密度相差较大时，均匀度比较差）以及喷雾干燥制粒（制得的细小粉粒近于球形可直接压片或再经其他方法制粒）等，此不详述。

（2）不同药料的制粒

1）全粉末制粒：系将处方全部药料粉碎成细粉，与适宜适量黏合剂（或润湿剂）混匀后制软材制颗粒。应根据药料的性质选用赋形剂，若处方含有较多矿物性、纤维性药料应选用黏性较强的黏合剂；若处方含有较多黏性药料，则应选用不同浓度的乙醇或水为润湿剂。药料粉碎时，不得随意丢弃难粉碎部分，以防处方剂量改变或药效降低。同时应注意药粉的灭菌，以确保片剂卫生达标。此类型仅适用于剂量小的处方，一般性药材不宜全粉制粒压片。

2）部分浸膏与部分饮片细粉混合制粒：系将处方中部分饮片粉碎成细粉，其余药材提取制成稠膏，将膏、粉混匀后制软材制颗粒。若混合后黏性适中可直接制软材制颗粒；若混合后黏性不足，则加适量黏合剂制粒；若混合后黏性过大，可将膏、粉混合后干燥，粉碎成细粉，再加润湿剂制软材制颗粒。此法中稠膏兼具黏合剂作用，饮片细粉多有崩解作用，体现了中药制剂“药辅合一”的原则。应根据药材性质及其出膏率和稠膏黏度等确定膏、粉比例，打粉药料大多为处方量的10%~30%。此类型应用较广，适用于大多数片剂颗粒的制备。

3）全浸膏制粒：系将处方中全部饮片提取制成干浸膏后，继而粉碎制成干浸膏粉，以适宜浓度的乙醇为润湿剂制软材制颗粒（浸膏粉黏性愈大乙醇浓度应越高，以喷雾法加入为好），或用干挤制粒机制成干颗粒；或将干浸膏（黏性适中，吸湿性不强的干浸膏）直接粉碎成40目左右的颗粒；或将处方药料提取制成适宜密度的药液后以喷雾干燥法制粒。

4）提纯物料制粒：系将提纯物料（有效成分或有效部位）细粉与适量稀释剂等辅料混匀后，加入黏合剂（或润湿剂）制软材制颗粒。

（四）湿颗粒的干燥

湿颗粒制成后应及时干燥。干燥温度应适宜，一般为60~80℃。对热稳定的药物，干燥温度可提高至80~100℃，以缩短干燥时间。含挥发性或遇热不稳定成分（如挥发油及苷类成分等）湿颗粒的干燥应控制在60℃以下。温度过高可使颗粒中含有的淀粉粒糊化，影响片剂的崩解度，并可使含浸膏的颗粒软化结块。颗粒干燥的程度可以含水量控制，但不同品种差异较大。含水量过高压片时会产生黏冲现象，含水量过低则易出现顶裂现象。

（五）干颗粒的质量要求

1. 主药含量 按该片剂含量测定项下方法测定，干颗粒中有效（或指标）成分含量应符合规定。

2. 含水量 压片用干颗粒的含水量，不同品种多有差异，应通过试验确定其最佳含水量标准。中药干颗粒的含水量一般为 3%~5%，化学药干颗粒的含水量多为 1%~3%。颗粒的含水量测定可采用红外快速水分测定仪或隧道式水分测定仪。

3. 松紧度 干颗粒松紧以手指轻捻能碎成有粗糙感的细粉为宜。颗粒过硬压片易产生麻面；疏松颗粒易碎成细粉，压片时易产生顶裂或松片。

4. 颗粒大小及其均匀性 压片用颗粒的大小和粗细颗粒的比例与药物性质、片重、片径、片形及压片机械性能等有关。一般小片必须用较小颗粒，大片可用较大颗粒。干颗粒中应含有一定比例不同粒度的颗粒，一般干颗粒中 20~30 目的颗粒以 20%~40% 为宜，且无小于 100 目的细粉。若粒度差异过大或粗粒过多则易造成片重差异超限，而产生松片、裂片及黏冲等现象可能与细粉过多有关。

影响干颗粒质量的因素很多，制粒过程中要把握好操作关键，控制好各工艺条件，确保压片用干颗粒具有适宜的流动性和可压性。

(六) 压片前干颗粒的处理

1. 整粒 系指将干颗粒再次过筛，使其中条、块状物分散成均匀干粒的操作。整粒所用筛网的规格一般与制湿粒时相同，常用 2 号筛。若颗粒较疏松，应选用孔径稍大的筛网及摇摆式制粒机整粒；若颗粒较粗硬，应选用孔径稍小的筛网及旋转式制粒机整粒。

2. 加挥发油或挥发性药物 处方中含有的或制备时提取的挥发油，必要时先加少量乙醇溶解稀释后，喷雾加于整粒时从干颗粒中筛出的部分细粉上，混匀后再与其余颗粒混匀。薄荷脑、冰片、丹皮酚等挥发性固体药物，应先用适量乙醇溶解后，同上法喷雾加于颗粒上并混匀。已加挥发性成分的干颗粒应立即置于有盖容器内，密闭储放数小时，使挥发性成分在颗粒中渗透均匀，以免由于挥发油吸附于颗粒表面，压片时产生裂片。若挥发油含量较多（一般超过 0.6%）时，常加用适量吸收剂将油吸收后，再混匀压片。若将挥发油微囊化或制成 β-环糊精包合物加入，则既便于制粒压片又可减少挥发性成分的损失。

3. 加润滑剂与崩解剂 润滑剂多在整粒后筛入干颗粒中混匀。如需加用崩解剂，应先行干燥过筛，在整粒时加入干颗粒中充分混匀，且压片前应密闭防潮。

(七) 压片

1. 片重计算 试制过程中，若处方药料的片数与片重未定时，可按下式计算片重

$$\text{单服颗粒重(g)} = \frac{\text{干颗粒总重量(g)}}{\text{单服次数}} \qquad \text{片重(g)} = \frac{\text{单服颗粒重(g)}}{\text{单服片数}}$$

若处方药料应制的片数确定时，则压片物料总重量（干颗粒重+压片前加入的辅料量）应等于片数乘片重，可按下式计算

$$\text{片重(g)} = \frac{\text{(干颗粒重+压片前加入的辅料量)(g)}}{\text{应压片数}}$$

若每片主药含量明确时，可先测定颗粒中主药含量，再计算片重

$$\text{片重} = \frac{\text{每片含主药量(标示量)}}{\text{干颗粒中主药的实测百分含量}}$$

2. 压片机 按其结构压片机分为单冲压片机和多冲压片机。

(1) 单冲压片机（图 14-2）：由转动轮、加料斗、模圈、上下冲头、3 个调节器（压力、片重、出片）和 1 个能左右移动的饲料器组成。冲模系统包括上、下 2 个冲头和 1 个模圈，是压片机的压片部

分，模圈嵌入模台上，上下冲头固定于上下冲杆上。下冲连接出片调节器和片重调节器。片重调节器用以调节下冲下降的深度，实际调节模孔的容积而调节片重。下冲在模圈内位置越低，模孔的容量越大，颗粒填充量多，片剂则重；反之片剂则轻。出片调节器用以调节下冲上升的位置使与模台面相平，将压成的片剂从模孔中顶出。上冲连接的压力调节器是调节上冲下降的位置，上冲下降的位置越低，上下冲间距离越近压力越大，所得的片剂愈硬且薄，反之则片剂愈松而厚。

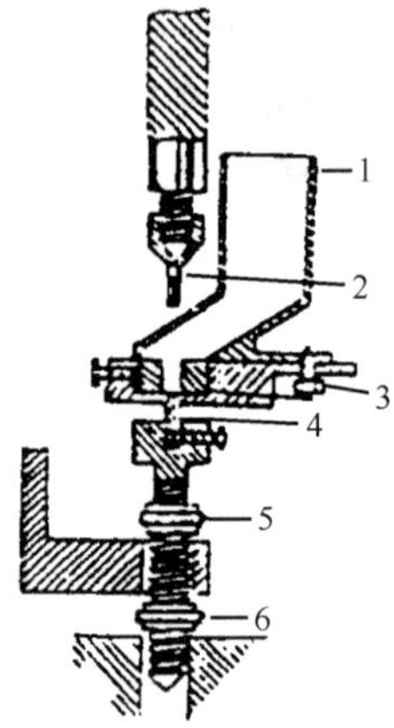

图 14-2 单冲压片机示意图
1. 加料斗；2. 上冲；3. 模圈；4. 下冲；
5. 出片调节器；6. 片重调节器

单冲压片机压片一般为 80~100 片/分钟，其最大压片直径、最大填充深度和最大压力分别为 12mm、11mm 和 15kN；而重型单冲压片机三者分别为 80mm、45mm 和 160kN。单冲压片机适用于新产品的试制或小量多品种的生产。因压片时由上冲单侧加压，所以压力分布不匀，易出现裂片，且噪音较大。

链接

（2）旋转式压片机（如图 14-3）：是目前生产中广泛使用的压片机。主要由动力部分、传动部分及工作部分组成。工作部分中有绕轴而转动的机台，机台分 3 层，上层装上冲，中层装模圈，下层装下冲；另有上下压力盘、片重调节器、压力调节器、加料斗、刮粒器、出片调节器以及吸尘器和防护装置等。上冲随机台而转动，并沿固定的上冲轨道有规律地上、下运动；下冲也随机台转动，并沿下冲轨道作升、降运动；在上冲之上及下冲下面的适当位置装有上压轮和下压轮，在上冲和下冲转动并经过各自的压力盘时，被压力盘推动使上冲向下、下冲向上运动并加压；机台中层上有一个固定位置的刮粒器，加料斗的出口对准刮粒器，颗粒可源源不断地流入刮粒器中，由此流入模孔；压力调节器用以调节下压轮的高度，借以增减上、下冲间的距离，而调控压片压力。片重调节器装于下冲轨道上，调节下冲经过刮粒器时在模孔中的高低，以控制模孔内颗粒的填充量而调节片重。

旋转式压片机有多种型号，按冲数分有 16 冲、19 冲、21 冲、33 冲、75 冲等多种，而按流程有单流程（上、下压轮各一个）和双流程（两套上、下压轮）之分。双流程压片机旋转 1 周，每一副冲头可压制两片。该类型压片机加料方式合理，片重差异较小；由上、下两侧加压，压力分布均匀；生产效率较高。全自动旋转压片机除具有片重自动调节功能外还能自动鉴别并剔除废片及自动取样、计数、计量和记录功能。此外，尚有以适应粉末直接压片需要的二次或三次压缩压片机，以及供制备缓释片等的多层压片机。中药片剂生产常用的有 ZP 19、ZP 33 和 ZP 35 型压片机等。

链接

3. 压片过程 ①上冲抬起，饲粒器（上连加料斗）移动到模孔之上；②下冲下降到适宜的深度（根据片重调节，使可容纳的颗粒重恰等于片重），饲粒器在模孔上面摆动，颗粒填满模孔；③饲粒器由模孔上移开，使模孔中的颗粒与模孔的上平面相平；④上冲下降并将颗粒压缩成片；⑤上冲抬起，下冲随之上升到与模孔上缘相平时，饲粒器再移到模孔之上，将压成的药片推开，并进行第二次饲粒，如此反复进行（图 14-4）。

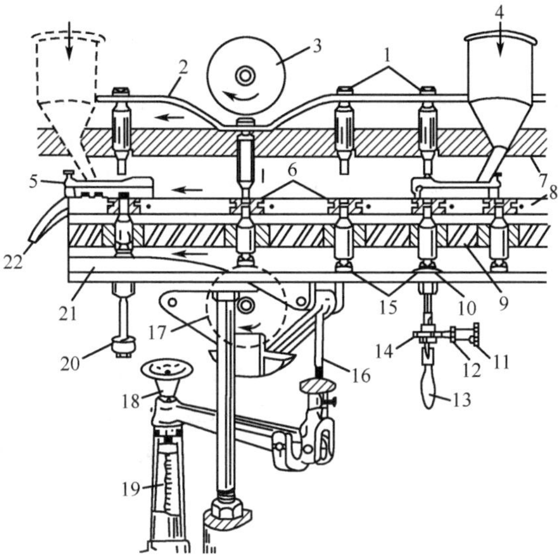

图 14-3　旋转式压片机示意图

1. 上冲;2. 上冲轨道;3. 上压力盘;4. 加料斗;5. 刮粒器;6. 模圈;7. 上冲转盘;8. 模圈转台;9. 大齿轮;10. 片重调节器;11. 小保险;12. 固定器;13. 手柄;14. 调节螺丝;15. 下冲;16. 压力调节器;17. 下压力盘;18. 保险;19. 保险弹簧;20. 出片调节器;21. 下冲轨道;22. 药片出口

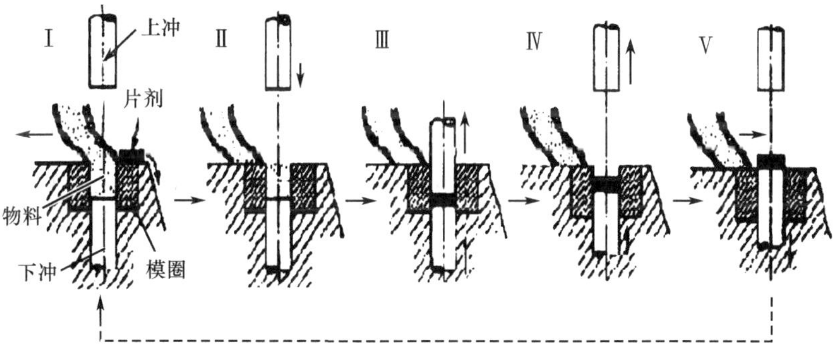

图 14-4　压片过程示意图

片剂的形状和大小取决于冲头和模圈的形状和直径。除压制异形片的冲模外,通常为圆形。圆形冲头有不同的弧度,深弧度的一般用于包糖衣的双凸片的压制。冲头上可刻有药品的名称、主药含量或通过直径的线条,使片剂易于识别或折断分份。一般冲模的直径随片重而定,常用者在 6.5~12.5mm。

二、干制颗粒压片法

干制颗粒压片法系指不用润湿剂或液态黏合剂而制成颗粒进行压片的方法。其优点在于:物料未经湿、热处理,能提高对湿、热敏感药物产品的质量,且可缩短工时;不用或仅用少量干燥黏合剂,较湿制颗粒法节省辅料和成本,但并非不同性质的中药药料均能采用干法制粒压片。类似的还有将药物粉末和预先制好的辅料颗粒(空白颗粒)混合后进行压片的方法(也称半干式颗粒压片法)。干法制粒压片的主要方法如下。

(一) 滚压法

将粉状药料与干燥黏合剂等辅料混合均匀后，通过滚压机压成所需硬度的薄片，再通过制粒机碎成所需大小的颗粒，加润滑剂即可压片。该法的优点在于薄片的厚度较易控制，硬度亦较均匀，压成的片剂无松片现象。新型干压造粒机集滚压、碾碎、整粒于一体，既简化了工艺，又提高了颗粒的质量。但有时制成的颗粒过硬，影响片剂崩解。

(二) 直接筛选法

将干浸膏直接粉碎成适宜大小的颗粒，或将某些具有良好流动性和可压性的结晶性药物，筛选成适宜大小的颗粒，必要时进行干燥，酌加润滑剂或崩解剂，即可进行压片。因对物料的性质、晶型和大小等均有特定要求，故能采用该法的药物为数不多。

(三) 融合法

将药物与低熔点熔合剂(如聚乙二醇、硬脂酸等)及其他辅料一同加热、搅拌，熔合剂熔融使粉料黏结，趁热制粒，冷后即得。可用于速释、缓释、肠溶及易挥发成分颗粒的制备。本法简便且无需颗粒干燥，尤适于对湿、热敏感药物或晶型易改变药物固体分散物颗粒的制备。

此外，重压法(又称压片法)也曾用于干法制粒压片，因需用重型压片机而且原料损耗较大，现已基本不用。

三、粉末直接压片法

粉末直接压片法系指未经制粒过程直接将药物粉末与适宜的辅料混匀后进行压片的方法。粉末直接压片不仅缩短了工艺过程，省时节能，尤其适用于对湿热不稳定的药物，也有利于难溶性药物的溶出，提高其生物利用度。但存在粉末流动性差，片重差异大，可压性差，易裂片等问题。目前主要从改善压片物料性能和改进压片机械两方面入手。

> 粉末直接压片是片剂制备的一项新工艺、新技术，始于20世纪60年代初期。该法关键在于提高压片物料的流动性和可压性。化学药原料纯度高，物理性状较易满足直接压片的需要，国外已有较广泛的应用，国内也有研究与应用，中药紫珠草提取片等即采用此法制片。在压片物料中添加适宜适量可压性和流动性好的辅料是最常采用的方法。用于直接压片的辅料，除要有良好的流动性和可压性外，还需有较大的药物"容纳量"(即能与较多的药粉配合而不影响其可压性和流动性)，且能均匀混合，亦不影响主药的溶出度和生物利用度。目前常用的主要有：乳糖、微晶纤维素、微粉硅胶、可压性淀粉、甘露醇等。
>
> 链接

(一) 改善压片物料性能

为改善压片物料性能，常添加适宜适量可压性和流动性好的辅料。当主药剂量较小时，可选用较大量适宜辅料来弥补原料药粉这方面的不足。若药物剂量较大，如加用少量辅料即有良好的可压性和流动性，可以直接压片。若药物剂量较大，可压性和流动性又不好时，可考虑采用如喷雾干燥法、重结晶法等可改变药物物理性状(如结晶形状、粒子大小及其分布等)的适宜方法处理,可能有利于直接压片。

(二) 改进压片机,增加配套装置

全粉末直接压片时,加料斗内粉末易形成洞隙或出现流动时快时慢现象,以致片重差异超限,可在加料斗上加装电磁振荡器等装置。粉末中的空气较颗粒多,压片时容易产生顶裂,可通过适当加大压力,或减慢车速,使受压时间延长,或在压片机上增装预压装置,经预压后再压成片(分次加压压片机)等方法,以利于粉末中空气的排出,减少裂片。为防止药粉飞扬和漏粉,宜采用自动密闭加料装置,并可安装吸粉器加以回收。

四、片剂的成形机制及其影响因素

(一) 片剂的成形机制

压片是利用压力将颗粒(或粉末)状物料压制成片状的过程,包括加料、成形和出片等阶段。片剂的成形是由于药物颗粒(或粉末)和辅料在压力作用下产生足够的内聚力及辅料的黏结作用而紧密结合的结果。从颗(粉)粒被压缩的过程来看,初始时,颗(粉)粒受压发生移动或滑动而挤紧,随着压力加大,颗(粉)粒因受压而破碎或变形,使粒间距离缩短,接触面增大,使范德华力等粒间力发挥作用,产生足够的内聚力,有利结合成形。同时,颗(或粉)粒原有或压缩变形后的不规则的形态和表面,相互嵌接结合也有利成形。一般而言,压力加大,则粒间距变小,塑性变形加大,有利成形。

(二) 片剂成形的影响因素

1. 物料的压缩成形性 多数药物在受到外加压力时产生塑性变形和弹性变形,塑性变形产生结合力利于成形;弹性变形趋向于恢复到原来的形状,从而减弱片剂的结合力,甚至发生裂片和松片等现象。纤维性成分易产生弹性变形,故预处理时应尽量去除或选用糖浆等黏合剂。

2. 药物的熔点及晶形 压片时,物料瞬间受压产生的热致局部温度升高而使某些低熔点成分发生熔融,当压力解除后重又结晶,在粒间形成“固体桥”,将相邻粒子连接而成形。药物的熔点低有利于“固体桥”的形成,但熔点过低,压片时容易黏冲。

药物的晶形对成形也有一定影响:鳞片状或针状结晶易形成层状排列,所以压缩后的药片容易裂片;树枝状结晶压缩变形时可相互嵌接,所以可压性较好,易于成形。但加料时流动性较差。立方晶系的结晶对称性好,表面积大,压缩时也易于成形。

3. 辅料 凡对药物颗粒(或粉末)黏结力产生影响的辅料,对片剂成形及其质量均有影响。黏合剂能增强颗粒间的结合力,使易于压缩成形。黏合剂的品种、浓度不同,其黏度和结合力不同。当使用品种不当或用量过多时易于黏冲,且影响片剂的崩解和药物的溶出。疏水性润滑剂硬脂酸镁等对片剂成形也有一定影响,应控制其在常用范围内。颗粒中适量的水分在压缩时被挤到颗粒的表面形成薄膜,使颗粒易于互相靠近,有利成形。另外水分可使颗粒表面的可溶性成分溶解,当药片失水时其又析出而在相邻颗粒间架起“固体桥”,也有利加强成形和使片剂硬度增大。但水分过量易导致黏冲。辅料微晶纤维素则因氢键作用而增加结合力,而有利成型。此外静电力对结合成形也起一定作用。

4. 压力 一般情况下,压力愈大,颗粒间的距离愈近,结合力愈强,有利于成形。但压力过

大，可导致裂片。压力过大，片剂过硬，会影响片剂的崩解。

在压制多层片时，一般应用较小的压力压制片心或第一层，使其表面不致过分光滑，再加入包衣材料或第二层颗粒用较大的压力压制，这样有利于层与层间的结合，否则易于分层。

五、压片过程中可能发生的问题及解决办法

压片过程中，因药料性质，颗粒松紧、大小、含水量，环境的温、湿度，压片机性能等原因，可能发生松片、黏冲、崩解迟缓、片重差异超限等问题，从而影响压片操作和片剂质量，应及时分析查找原因，对症处理解决。

（一）松片

片剂硬度不够，即将其置中指和食指间，用拇指轻压就碎裂的现象称为松片。其产生原因和解决办法为：

（1）润湿剂或黏合剂品种不当或用量不足，致使压片物料细粉过多；含纤维、角质类、矿物类药量多，缺乏黏性或具弹性，致使颗粒松散不易压片；颗粒疏松，流动性差，致填充量不足而产生松片。可加入干燥黏合剂，或另选黏性较强的黏合剂或适当增加其用量重新制粒。

（2）药料中含挥发油、脂肪油等成分较多，易引起松片。若为无效成分，可用压榨法或脱脂法去油。若为有效成分，可加适宜的吸收剂吸收，也可制成微囊或包合物备用。

（3）制剂工艺不当，如药液浓缩时温度过高，使部分浸膏炭化，降低了黏性，或浸膏粉细度不够，致黏性减小等，可采用新技术改进制剂工艺。如颗粒过干，压片时弹性变形大，压成的片子硬度差，可采用相应方法，调控颗粒中的含水量。

（4）压片时压力过小或车速过快，受压时间过短常引起松片，可适当增大压力，减慢车速。如因磨损冲头长短差异，冲头短则模孔中颗粒所受压力变小，或下冲下降不灵活致模孔中颗粒填充不足，也会产生松片。应更换冲头。

（5）片剂露置过久，吸湿膨胀而松片。应在干燥、密闭条件下保存。

（二）裂片

片剂受到震动或经放置后，从腰间开裂或顶部脱落一层，称裂片。其产生原因及解决办法为：

（1）压片物料细粉过多，或颗粒过粗、过细；原料为针、片状结晶，且结晶过大，黏合剂未进入晶体内部引起裂片。可采用与松片相同的处理方法。

（2）颗粒中含油类成分或纤维成分较多时易引起裂片，可加用吸收剂或糖粉克服。

（3）颗粒过干或药物失去结晶水过多引起裂片，可喷洒适量稀乙醇湿润，或与含水量较高的颗粒掺和后压片。

（4）压片时压力过大，或车速过快，颗粒中空气未逸出造成裂片，可调节压力或减慢车速。

（5）冲模不合要求，如模圈因摩擦而致中间孔径大于口径，片剂顶出时易裂片。冲头磨损向内卷边，或上冲与模圈不吻合，压力不均匀，使片剂部分受压过大而造成顶裂。可更换冲模。

（三）黏冲

压片时，因冲头和模圈上黏着细粉，致使片剂表面不光、不平或有凹痕，称为黏冲。其产生原因及解决办法为：

(1) 颗粒含水量过高,或药物易吸湿,室内温度、湿度过高均易产生黏冲。应重新干燥颗粒,车间保持一定温、湿度。

(2) 润滑剂用量不足或分布不均匀,应增加用量,并充分混合。

(3) 冲模表面粗糙或有缺损;冲头刻字(线)太深,或冲头表面不洁净。应更换冲模,并擦净冲头表面。

(四) 片重差异超限

片重差异超限系指片剂重量差异超过药典规定的限度。产生的原因及解决办法为:

(1) 压片颗粒粗细相差过大,或颗粒流动性差,致模孔中颗粒填充量不均等,使片重差异增大。宜筛去过多的细粉,减少粗细差异,并掌握好颗粒的干湿度,或重新制粒。

(2) 润滑剂用量不足或混合不匀,致压片加料时颗粒的流速不一,使填充量不等,片重差异变大。应适量增加润滑剂,并充分混匀。

(3) 两侧加料器安装高度不同,或加料器堵塞,使填充颗粒的速度不一,或下冲塞模不灵活,致颗粒填充量不一。应停机检查,调整后再压片。

(五) 崩解时间超限

崩解时间超限系指片剂崩解时间超过药典规定的时限。崩解迟缓的原因及解决办法为:

(1) 崩解剂的品种、用量及加入方法不当,或干燥不够均影响片剂的崩解和溶出。应调整崩解剂品种或适当增加用量,并改进加入方法,如改内加法为内外加结合法等。

(2) 黏合剂黏性太强,用量过多;或疏水性润滑剂用量过大。应选用适宜的黏合剂或润滑剂,并调整其用量。

(3) 压片颗粒粗硬或压力过大,致片剂坚硬,崩解迟缓,溶出变慢。应将颗粒适当破碎或适当减小压力。

(4) 储存温度较高或引湿后,含胶、糖或浸膏的片子崩解时间可能会延长。应注意储放条件。

此外,压片过程中中药片剂还可能发生花斑或色差及溶出度不合格等问题,应具体分析查找原因,对症处理解决。

> 变色或表面斑点系指片剂表面出现花斑或色差。产生的原因及解决办法有:①中药浸膏制成的颗粒过硬,有色颗粒松紧不匀,或润滑剂混合不匀易造成花斑。原、辅料用前过筛并充分混匀,或改进制粒方法。②挥发油分散不匀出现油斑,应增加密闭闷吸时间,或改进加入方法。③上冲油垢过多,落入颗粒产生油点。应经常擦拭机器,可在上冲头装一橡皮圈防止油垢滴入颗粒。溶出度不合格系指片剂在规定的时间内未能溶解出规定量的药物。产生的可能原因为片剂不崩解;颗粒过硬;药物的溶解度差等。
>
> 链接

第 4 节 片剂的包衣

一、片剂包衣的目的、种类与要求

片剂包衣是指在片剂表面包裹上适宜材料的衣层的操作。被包的片剂称“片心”,包衣的材料称“衣料”,包成的片剂称“包衣片”。

(一) 片剂包衣的目的

(1) 隔绝空气,避光,防潮,提高药物的稳定性。
(2) 掩盖药物的不良气味,增加患者的顺应性。
(3) 包肠溶衣,避免药物对胃的刺激,防止胃酸或胃酶对药物的破坏。
(4) 包缓释或控释衣,改变药物释放速度,减少服药次数,降低不良反应。
(5) 隔离有配伍禁忌的成分,避免相互作用,有助复方配伍。
(6) 改善外观,使片剂美观,且便于识别。

(二) 包衣片的种类和质量要求

(1) 包衣片的种类:糖衣片、半薄膜衣片、薄膜衣片、肠溶衣片及缓释衣片等。

(2) 片心的质量要求:除符合一般片剂质量要求外,应为片面呈弧形而棱角小的双凸片或拱形片,以利包衣完整严密;硬度较大、脆性较小,且应干燥,保证包衣过程反复滚动时不破碎。包衣前应筛去片粉及碎片。

(3) 衣层的质量要求:应均匀牢固;与片心成分不起作用;崩解度符合规定;在有效期限内保持光亮美观,颜色一致,无裂片、脱壳现象,不影响药物的溶出和吸收。

二、片剂包衣的方法与设备

(一) 片剂包衣方法

1. 滚转包衣法(锅包衣法)　系将筛去浮粉的片心置于包衣锅中,在锅不断转动的条件下,逐渐包裹上各种适宜包衣材料的包衣方法,为片剂包衣最常用的方法。可用于包糖衣、薄膜衣和肠溶衣等。

2. 流化包衣法(悬浮包衣法)　系依靠气流的作用,使片心悬浮于包衣室中且上下翻动呈沸腾状,同时由喷嘴均匀喷入包衣材料溶液,雾状包衣液黏附于片心上,因溶媒迅即挥发而包上衣料的方法。本法包衣时间短速度快,适用于小片和颗粒包衣,尤适用于包薄膜衣。

3. 压制包衣法(干压包衣法)　系利用干压包衣机将包衣材料制成的干颗粒压在片心外层的包衣方法。该法可避免水分、高温对药物的不良影响,适用于包糖衣、肠溶衣或药物衣,可用于长效多层片的制备,或有配伍禁忌药物的包衣。但对机械精密度要求高,且易出现偏心等质量问题。

(二) 片剂包衣设备

1. 包衣锅(包衣机)　由包衣锅、加热装置(起加速挥散包衣溶剂的作用)、鼓风设备(起调节温度和吹去多余细粉的作用)、除尘设备(排除包衣时的粉尘及湿热空气)和动力部分等组成。其中包衣锅有倾斜包衣锅(图 14-5)、埋管包衣锅(在包衣锅内部装上特殊挡板或在锅内采用埋管装置的改进型包衣机,如图 14-6)及高效水平包衣锅等不同。全自动包衣机,由电脑程序控制包衣全过程。

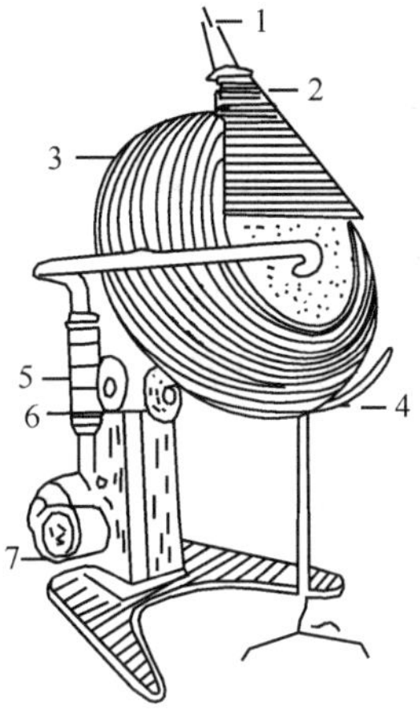

图 14-5　包衣锅

1. 接排风；2. 吸粉罩；3. 包衣锅；4. 加热器；5. 电热丝；6. 衣锅角度调节器；7. 鼓风机

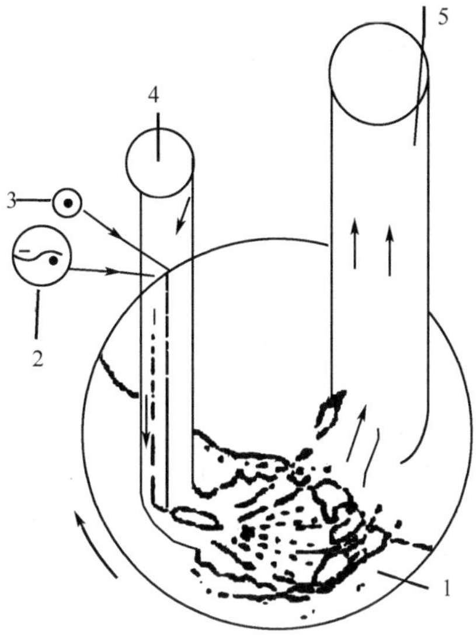

图 14-6　Strunck 埋管式糖衣锅

1. 片床；2. 液本进口；3. 压缩空气进口；4. 热空气进口；5. 排气管

2. 悬浮包衣机(图 14-7)　由包衣室、喷嘴、衣料盛装器、加热滤过器及鼓风设备等组成。有流化型、喷流型和流化转动型等不同类型装置。

3. 干压包衣机　有压片和包衣在同一或不同设备中进行的两种类型。一般采用联合式干压包衣机，即两台设备以特制的传动器连接配套联合实施压制包衣。其中一台压片机专门用于压制片芯，然后由传动器将压成的片芯输送至包衣转台的模孔中(此模孔内已填入包衣材料作为底层)，随着转台的转动，片芯的上面又被加入大约等量的包衣材料，然后加压，使片芯压入包衣材料中间而形成压制包衣片。

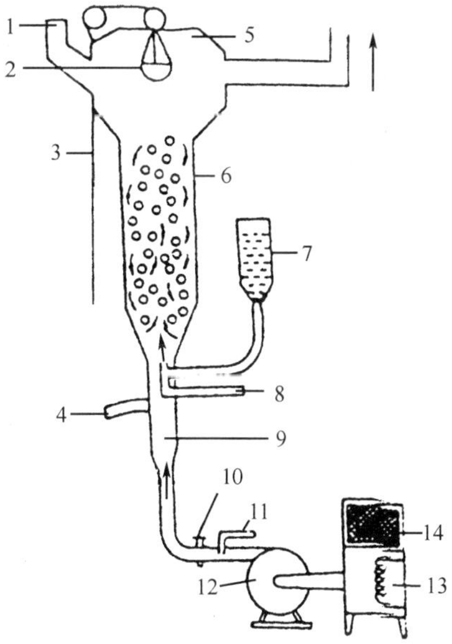

图 14-7　悬浮流床包衣机示意图

1. 进料口；2. 起动塞；3. 起动拉绳；4. 出料口；5. 扩大室；6. 包衣室；7. 包衣溶液桶；8. 压缩空气进口；9. 栅网；10. 风量调节器；11. 温度计；12. 鼓风机；13. 预热器；14. 空气过滤器

三、片剂的不同包衣

(一) 糖衣

糖衣片为应用最早也是中药包衣片至今仍较多应用的主要类型之一。糖衣片包衣物料以蔗糖、滑石粉为主，价廉、易得、无毒，但辅料用量较多，包衣时间较长，近些年来，随着薄膜包衣材料和薄膜包衣技术的发展，糖衣有日益减少的趋势。

1. 包糖衣物料　有糖浆、有色糖浆、胶浆、滑石粉、白蜡等。液态物料应新鲜配制，以防污染或变质。

(1) 糖浆：采用含转化糖较少的干燥粒状蔗糖制成，浓度为 65%~75%(g/g)，用于粉衣层与糖衣层。高浓度有利包衣迅速干燥析晶；保温使用有利均匀分布。应新鲜配制，久储因转化糖含量增高,衣层不易干燥。

(2) 有色糖浆:为含可溶性食用色素的糖浆,用于有色糖衣层。常用色素有苋莱红、柠檬黄、胭脂红、亮蓝等,用量一般为 0.03% 左右,可单独或配合应用。一般先配成浓色糖浆,用时以糖浆稀释至所需浓度。二氧化钛可作避光剂。

(3) 胶浆:常用作黏结剂,可增加衣层黏性、塑性和牢固性,并对片心起保护作用。常用品种有 10%~15% 明胶浆、35% 阿拉伯胶浆、4% 白及胶浆或一定浓度的聚乙烯醇(PVA)、聚维酮(PVP)、苯二甲酸醋酸纤维素(CAP)溶液等。多用于包隔离层。

(4) 滑石粉:包衣应选用白色滑石粉细粉,用前过 100 目筛。用于包粉衣层(粉底层)。

为了增白和对油类的吸收,可在滑石粉中加入 10%~20% 碳酸钙(或碳酸镁)(酸性药物不能用)或适量淀粉。

(5) 川蜡(虫蜡):作为糖衣片打光剂,用前应精制处理。即以 80~100℃ 加热使熔化后过 100 目筛,去除悬浮杂质,并兑加 2% 硅油混匀,冷却后制成 80 目细粉备用。

2. 包糖衣工序 用包衣机包糖衣的工序,按先后依次为:隔离层→粉衣层→糖衣层→有色糖衣层→打光。根据不同品种需要,有的工序可以省略。

(1) 隔离层:系指包在片心外起隔离作用的胶状物衣层。凡含引湿性、易溶性或酸性药物的片剂,包隔离层将片心与糖衣隔离,可防止药物吸潮变质或防止糖衣被破坏。

操作时,将片心置包衣锅中滚动,加入胶浆或胶糖浆,使之均匀黏附于片心上。为防止片心相互黏连或黏附于锅壁,可加用少量滑石粉。吹热风(30~50℃),使衣层充分干燥。一般包4~5 层。酸性药物的片剂从第一层开始即应包隔离层,如只为防潮或增加片剂硬度而包隔离层,可先包 4~5 层粉衣层后再包隔离层。

(2) 粉衣层(粉底层):包粉衣层的目的在于消除片心原有棱角,为包好糖衣层打基础。包衣物料为糖浆与滑石粉。无需包隔离层的片剂可直接包粉衣层。

包粉衣层,操作时药片在包衣锅中滚转,加入适量温热糖浆使表面均匀润湿后,撒入适量滑石粉,使之均匀黏着在片剂表面,继续滚转加热并吹风干燥。重复操作,至片心的棱角全部消失,使圆整、平滑为止。一般包 15~18 层可达到要求。

现有采用混浆包衣的,该工艺系将滑石粉按一定配比混悬于热糖浆或胶浆中(必要时可加入着色剂等),以混合浆用数控喷雾包衣机进行包衣。混浆包衣可程序控制,自动化生产;全密闭包衣,卫生标准易达标;且可缩短操作时间,减少粉尘飞扬,使衣层牢固。但由于包衣液是混悬液,若操作不当,易致片面不均匀不平滑。

> 混浆包衣混合浆的制备:将糖浆(浓度为 65% 左右)与黏合剂(明胶或 L-HPC 等胶浆)按一定配比置夹层锅内加热混匀后,缓缓加入滑石粉(根据需要可加入适量着色剂),充分搅拌,直至均匀细腻、无小团块。保温、搅拌,备用。
>
> 混合浆包衣工序:将片心投入包衣锅内使滚动,吹热风使温度达到 40~45℃,加入一定量的混合浆使均匀吸附于药片表面,待药片散开后 2~3 分钟吹热风,使充分干燥后,方可包第二层。需包隔离层的药片,一般先包 3~5 层混合浆后,再包隔离层。如用凝胶状 L-HPC 作黏合剂的混合浆,一般可不包隔离层。
>
> 链接

(3) 糖衣层:是由糖浆在片面缓缓干燥形成的蔗糖结晶体联结而成的薄膜层。其目的是增加衣层的牢固性和甜味,使片面坚实、平滑。包衣材料只用糖浆而不用滑石粉,操作与包粉衣层相似。应注意每次加入糖浆后,待片面略干后再加热吹风(约 40℃)。一般包 10~15 层。

（4）有色糖衣层，亦称色衣或色层。包衣物料为有色糖浆。其目的是增加美观，便于区别不同品种。光敏性药物的片剂包深色糖衣层具有保护作用，含较多挥发油的片剂或片心颜色较深的片剂也应包深色衣。

包有色糖衣层，要配制不同浓度的有色热糖浆。操作与包糖衣层相似，应先用浅色糖浆，并由浅渐深，有利色泽均匀。有色糖衣层一般要包 8~15 层。

（5）打光：是在包衣片表面擦上一薄层虫蜡的操作。其目的是使片衣表面光亮美观，且有防潮作用。打光时，片剂含水量应适中。多采用“闷锅打光”，即在加完最后一次有色糖浆接近干燥时，锅体停止转动，锅口加盖并定时转动数次，使剩余水分慢慢散去而析出微小结晶。转动锅体，同时撒入 2/3 量所需蜡粉，转动摩擦至有光泽时，再加入剩余蜡粉，继续转动锅体直至片面极为光亮。将片子移入石灰干燥橱或硅胶干燥器内，吸湿干燥 10 小时左右，即可包装。蜡粉的用量一般为每 1 万片不超过 3~5g 为宜。

3. 包糖衣操作要点 ①必须层层充分干燥。②浆粉用量适当。如包粉衣层时，糖浆和滑石粉的用量，开始时逐层增加，片心原有棱角基本包圆滑后，糖浆量相对稳定，滑石粉量逐层减少。③干燥温度控制适当，符合各工序要求。温度过低或过高均可能影响后续操作及衣层质量，以至热敏性成分破坏。如包粉衣层温度一般控制在 35~55℃，且应逐渐升高，片心基本包平时温度升至最高，以后开始下降。而包糖衣层，锅温一般控制在 40℃左右，以免糖浆中水分蒸发过快使片面粗糙；且每次加入糖浆后，应待片面略干后再吹风（约 35℃）至干。包有色糖衣层，温度应逐渐下降至室温，以免温度过高水分蒸发过快，致片面粗糙，产生花斑且不易打光。④浆、粉加入时间掌握得当。如粉衣层包前 3 层时，糖浆加入拌匀后，滑石粉应立即加入搅匀，以免水分渗入片心。随层数的增加，后续层数滑石粉的加入时间可适当推迟。⑤隔离层包否视情况而定。如仅为防潮或增加片剂硬度，可先包 4~5 层粉衣后再包隔离层，而酸性药物必须从第一层开始包隔离层。

4. 包糖衣过程中可能发生的问题与处理办法

（1）色泽不匀或花斑：原因在于有色糖浆用量过少或未混匀；包衣时干燥温度过高，糖晶析出过快致片面粗糙不平；衣层未干即打光；中药片受潮变色。处理方法：“加厚衣层”或“加深颜色”。操作时注意控制温度，多搅拌，勤加少上。必要时先用适当溶剂洗除部分或全部片衣，干燥后重新包衣。

（2）脱壳：原因在于片心本身不干；包衣时未及时充分干燥，水分进入片心；衣层与片心膨胀系数不同。处理方法：选用符合干燥要求的片心；包衣时严格控制胶浆、糖浆用量以及滑石粉加入速度；注意层层干燥及干燥温度和程度；发现轻微脱壳，洗除衣层重新包衣。

（3）片面裂纹：原因在于糖浆与滑石粉的用量不当，尤其是粉衣层过渡到糖衣层过程中滑石粉用量减得太快；温度太高干燥过快，析出粗糖晶使片面留有裂缝；酸性药物与滑石粉中的碳酸盐反应生成二氧化碳或糖衣片过分干燥。处理方法：包衣时控制糖浆与滑石粉用量、干燥温度与干燥程度，使用不含碳酸盐的滑石粉，并注意储藏温度。

（4）露边和高低不平：原因在于包衣物料用量不当，温度过高或吹风过早；片心形状不好，边缘太厚；包衣锅角度太小，片子在锅内下降速度太快，碰撞滚动使棱角部分糖浆、滑石粉分布少。处理方法：调整用量，糖浆以均匀润湿片面为度，粉料以能在片面均匀黏附一层为宜；在片剂表面不见水分时再吹风，以免干燥过快，甚至产生皱皮现象；调整衣锅至最佳角度；露边不严重继续包数层粉衣层，以包严为止。

（5）糖浆不蘸锅：原因在于锅壁上蜡未除尽；操作时电炉使用过早；包衣锅安装角度太小。处理办法：洗净锅壁蜡粉；采用吹热风、电炉低温等方法，使片子和锅壁均匀升温；适当调试包衣锅角度。

（6）打不光擦不亮：原因在于片面糖晶大而粗糙；打光的片剂过干或太湿；蜡粉受潮、用量过多。处理方法：控制好包衣条件，调整衣片干湿度和蜡粉用量。

（二）薄膜衣

薄膜衣系指在片心外包上以高分子材料为主的薄层衣膜。与糖衣相比，薄膜衣具有衣层薄增重少（仅增重2%～4%）、生产周期短、效率高、对片剂崩解影响小等优点，但也存在不能完全掩盖片心原有色泽及有机溶剂残留等缺点。为避免色差，结合糖衣工艺将片心先包粉衣层，待其棱角消失、色泽均匀后再包薄膜衣，称为包“半薄膜衣”。

1. 包薄膜衣物料 主要由高分子成膜材料及增塑剂、增光剂、着色剂等附加材料组成。高分子成膜材料，应具有可塑性，能形成牢固的薄膜。按衣层的作用可分为普通型、缓释型和肠溶型等。

（1）成膜材料：普通型薄膜包衣材料主要用于改善吸潮和防止粉尘污染等，缓释型薄膜包衣材料能调控释药速度，肠溶型薄膜包衣材料有耐酸性，仅在肠液中溶解。除成膜性外，高分子成膜材料应能溶解或均匀分散于乙醇、丙酮等有机溶剂中，易于包衣操作；无毒、无不良气味；对光、热、湿性质稳定；在消化道中能迅速溶解或崩解等。为满足包衣要求，两种以上薄膜衣料可配合应用。成膜性、溶解性和稳定性与其分子结构、相对分子质量等有关。目前常用品种多属于纤维素类及丙烯酸树脂类。鉴于有机溶剂残留等问题，采用不溶性聚合物的水分散体作为薄膜包衣材料，取代有机溶剂薄膜包衣成为必然。

1）羟丙基甲基纤维素（HPMC）：应用广泛的薄膜包衣材料，成膜性优良，膜坚韧透明，不易黏连与破碎，对片剂崩解度影响小。本品有多种黏度等级，浓度在2%～10%不等。低黏度级高浓度作水性薄膜包衣溶液，高黏度级用有机溶剂溶液。欧巴代即为含有HPMC的包衣材料，有胃溶、肠溶、中药防潮及抛光用等不同类型。

2）羟丙基纤维素（HPC）：可溶于胃肠液中；黏性较大，多与其他薄膜衣料混合使用。常用浓度为5%乙醇溶液。羟丙甲纤维素酞酸酯（HPMCP）、乙基纤维素（EC）等也可选作肠溶薄膜衣物料。

3）Ⅳ号丙烯酸树脂：国产胃溶型薄膜衣材料，其成膜性、防水性优异；无需加增塑剂，不易粘连。与适量玉米朊合用可提高抗湿性，与羟丙基甲基纤维素合用可改进外观并降低成本。商品名为“Eudragit”的薄膜衣材料有胃溶型、肠溶型、不溶型等多种型号，其中Eudragit E属于胃溶型薄膜衣材料。

4）苯乙烯-乙烯吡啶共聚物：为良好的薄膜衣料，成膜性与防潮性好，衣膜高温时不黏，低温时不裂。此膜不溶于水，但在胃液中迅速溶解。尤其适用于引湿性强的中药片。

其他如70%乙醇溶液配成的5%聚维酮溶液等也可选作薄膜包衣材料。

（2）附加材料

1）增塑剂：系指能增加成膜材料可塑性，改变高分子薄膜的物理机械性质，使衣层更具柔韧性的材料。增塑剂与薄膜衣料应具有相溶性，且不向片心渗透。如水溶性增塑剂甘油、聚乙二醇、丙二醇等带有羟基，可作为某些纤维素衣料的增塑剂；非水溶性的蓖麻油、甘油（单）三醋酸酯、邻苯二甲酸二乙（或二丁）酯等可作为脂肪族非极性聚合物的增塑剂。

2）着色剂与避光剂：为掩盖片心色泽，便于识别或增加避光稳定性，常加用食用色素及二氧化钛等，应严格控制用量。

3）释药速度调节剂：又称释药速度促进剂或致孔剂。高分子薄膜材料不同，调节剂的选择也不同。如吐温、司盘、HPMC可作为乙基纤维素薄膜衣的致孔剂。

2. 包薄膜衣操作要点　薄膜包衣,可采用滚转包衣法或流化包衣法。其操作与包糖衣基本相同。当片剂在锅内转动或在包衣室悬浮运动时,使包衣溶液均匀分散于片心(或先包几层粉衣层的片剂)表面,溶剂挥发干燥后再包第二层,直至需要厚度,加蜡打光即成。

为安全使用和回收有机溶剂,包衣机应有良好的排气装置。

(三) 肠溶衣

肠溶衣片系指在 37℃的人工胃液中 2 小时内保持完整,而在人工肠液中 1 小时内崩解或溶解,并释放出药物的包衣片。凡药物易被胃液(酶)破坏或对胃有较强刺激性,或作用于肠道发挥特定疗效的驱虫药、消毒药,或在肠道吸收有部位特性者,均宜包肠溶衣,以使片剂安全通过胃到达肠内崩解或溶解而发挥药效。

1. 包肠溶衣物料　肠溶衣物料具有不同 pH 条件下溶解度不同的特性,在胃液(酸性)中不溶,而在肠液(中性、偏碱性)中能迅速崩解或溶解。常用肠溶衣物料主要有以下品种。

(1) 丙烯酸树脂Ⅰ号、Ⅱ号、Ⅲ号:丙烯酸树脂Ⅱ号和Ⅲ号溶于乙醇、甲醇,不溶于水和酸,Ⅱ号在 pH 6 以上、Ⅲ号在 pH 7 以上成盐溶解。生产上常用Ⅱ号和Ⅲ号混合液包衣,调整两者用量比例,可得到不同溶解性能的衣料。本品成膜致密有韧性,具耐酶性,渗透性低,在肠中溶解速度快于邻苯二甲酸纤维素。国外有 Eudragit L 型、Eudragit S 型的肠溶包衣材料。

丙烯酸树脂Ⅰ号为乳胶液,在 pH 6. 5 以上时溶解,可用水为分散媒,多作肠溶外层薄膜衣而内层包丙烯酸树脂Ⅱ号使片心不接触水。

(2) 醋酸纤维素酞酸酯(CAP):又称纤维醋法酯,为白色易流动有潮解性的粉末,不溶于水和乙醇,可溶于丙酮或乙醇与丙酮的混合液。包衣时一般用 8%~12% 的乙醇丙酮混合液。成膜性好,性质稳定,是一种较好的肠溶衣料和防水隔离层衣料。该衣膜在 pH≥6 时溶解,胰酶能促进其消化。应注意 CAP 具有吸湿性,在储藏期中衣膜的网状结构孔隙能让少量水分渗入,使崩解剂吸水失去崩解作用。加用适量虫胶、邻苯二甲酸二乙酯可增加衣层的韧性和抗透湿性。CAP 的肠溶包衣水分散体已用于大生产。

此外,羟丙基甲基纤维素酞酸酯(HPMCP)也是良好的肠溶衣物料,其衣膜在 pH 5~6 之间(十二指肠上端)即能溶解,性质稳定,储藏期不会游离出醋酸而引起药物变质。其他可选用的还有聚乙烯醇酞酸酯(PVAP)、醋酸纤维素苯三酸酯(CAT)、丙烯酸树脂 EuS 100、Eul 100 等。虫胶是昆虫分泌的一种天然树脂,不溶于胃液,在 pH 6. 4 以上的溶液中溶解。20 世纪 30 年代曾被广泛用于包肠溶衣,因其包衣厚度不易控制进而影响了产品质量,现已少用。

2. 包肠溶衣操作要点　包肠溶衣可用流化包衣法、滚转包衣法或压制包衣法。滚转包衣法包肠溶衣,可在片心上直接包肠溶性全薄膜衣,也可在片心包粉衣层至无棱角时,再用肠溶衣液包肠溶衣到适宜厚度,或最后再包数层粉衣层及糖衣层。流化包衣法系将肠溶衣液喷包于悬浮的片剂表面,成品光滑,包衣速度快。压制包衣法系利用压制包衣机将肠溶衣物料的干颗粒压在片心外而成干燥衣层。

第 5 节　片剂的质量要求检查

一、片剂的质量要求

片剂外观应完整光洁、色泽均匀;有适宜的硬度,以免在包装、储运过程中发生磨损或破坏。

重量差异:每片重量与标示片重(或平均片重)相比较,超出重量差异限度的不得多于 2

片,并不得有1片超出限度1倍。糖衣片的片芯应检查重量差异并符合规定,包糖衣后不再检查重量差异。除另有规定外,其他包衣片应在包衣后检查重量差异并符合规定。

崩解时限:除另有规定外,药材原粉片6片均应在30分钟内全部崩解;浸膏(半浸膏)片、糖衣片、薄膜衣片各片均应在1小时内全部崩解。肠溶衣片先在盐酸溶液(9→1000)中检查2小时,每片均不得有裂缝、崩解或软化现象;再在磷酸盐缓冲液(pH 6.8)中进行检查,1小时内应全部崩解。泡腾片分别置盛有200ml水(水温为15~25℃)的烧杯中,有许多气泡放出,当片剂或碎片周围的气体停止逸出时,片剂应溶解或分散在水中,无聚集的颗粒剩留,除另有规定外,各片均应在5分钟内崩解。

凡含有药材浸膏、树脂、油脂或大量糊化淀粉的片剂,如有小部分颗粒状物未通过筛网,但已软化无硬心者,可作符合规定论。含片、咀嚼片以及规定检查溶出度、释放度、融变时限或分散均匀性的片剂不检查崩解时限。

融变时限:阴道片应检查融变时限。除另有规定外,阴道片3片,均应在30分钟内全部溶化或崩解溶散并通过开孔金属圆盘,或仅残留少量无硬芯的软性团块。

发泡量:阴道泡腾片应检查发泡量。除另有规定外,供试品10片,依法检查,平均发泡体积应不少于6ml,且少于4ml的不得超过2片。

硬度(抗张强度):中药压制片一般2~3kg;化学药物压制片一般小片2~3kg,大片3~10kg。

脆碎度:一般应低于1.0%。

含量均匀度 系指小剂量片剂中每片药物含量偏离标示量的程度。小剂量药物片剂的含量均匀度应符合规定。凡检查含量均匀度的片剂,不再检查重量差异。

此外,片剂的鉴别、检查、含量测定、溶出度以及微生物限度均应符合该品种项下的有关规定。

二、片剂的质量检查

1. 外观 取样品100片平铺白底板上,置于75W白炽灯的光源下60cm处,在距离片剂30cm处用肉眼观察30秒,结果应色泽一致;80~100目色点应<5%(中药粉末片<10%);麻面<5%,并不得有严重花斑及异物;包衣片有畸形者不得超过0.3%。

2. 重量差异 取供试品20片,精密称定总重量,求得平均片重后,再分别精密称定每片的重量,每片重量与标示片重(无标示片重与平均片重)相比较(片重0.30g以下重量差异限度±7.5%,片重0.30g或0.30g以上重量限度差异±5.0%),应符合上述规定。

3. 崩解时限 除另有规定外,取药材原粉片(或浸膏、半浸膏片)供试品6片,以水(37℃±1℃)为介质,分别置已调试好的片剂崩解仪吊篮的玻璃管中(每管各加1片),加挡板,启动崩解仪进行检查,应符合规定。如果供试品黏附挡板,应另取6片,不加挡板按上述方法检查,应符合上述规定。

薄膜包衣片:按上述装置与方法,改在盐酸溶液(9→1000)中进行检查,应在1小时内全部崩解。如有1片不能完全崩解,应另取6片复试,均应符合规定。必要时,薄膜包衣片应检查残留溶剂。

肠溶衣片:按上述装置与方法不加挡板,先在盐酸溶液(9→1000)中检查2小时,应符合上述规定,继将吊篮取出,用少量水洗涤后,每管加入挡板,再按上述方法在磷酸盐缓冲液(pH 6.8)中进行检查,1小时内应全部崩解。如有1片不能完全崩解,应另取6片复试,均应符合规定。

泡腾片:取供试品6片,分别置250ml烧杯中,烧杯内盛有200ml水,水温为15~25℃,应符合上述要求与规定。如有1片不能完全崩解,应另取6片复试,均应符合规定。

4. 融变时限 阴道片融变时限照2010年版《中国药典》(一部)附录ⅫB融变时限检查法检

查。如有 1 片不符合规定,应另取 3 片复试,均应符合规定。

5. 发泡量　取 25ml 具塞刻度试管(内径 1.5cm)10 支,各精密加水 2ml,置 37℃±1℃水浴中 5 分钟后,各管中分别投入阴道泡腾片供试品 1 片,密塞 20 分钟内观察最大发泡量的体积,应符合规定。

6. 硬度　一般用硬度测定器或片剂四用仪测定。将药片立于两个压板之间,沿片剂直径的方向徐徐加压,直至破碎,测得使其破碎所需之力。

7. 脆碎度　将片剂(至少 20 片)刷去表面吸附的细粉,称重,放入脆碎度测定仪转鼓内,以 25 r/min 的速度转动 10 分钟,取出观察,如无碎裂、缺角、松片等现象,精密称定,将损失重量与原重量相比,其百分比即为脆碎度。

8. 含量均匀度　照 2010 年版《中国药典》(二部)附录ⅩE 含量均匀度检查法检查。

9. 溶出度　照 2010 年版《中国药典》(二部)附录ⅩC 溶出度测定法(转篮法或桨法)测定。

10. 薄层色谱鉴别　照 2010 年版《中国药典》(一部)附录ⅥB 薄层色谱法检查。

11. 成分含量　主药成分或药物的指标性成分及毒性成分含量,按该品种质量标准项下规定的方法测定。

12. 微生物限度　照 2010 年版《中国药典》(一部)附录ⅩⅢC 微生物限度检查法检查。

第 6 节　片剂的包装与储存

一、片剂的包装

片剂的包装不仅直接关系到成品的外观,对成品的内在质量也有重要影响,而且与其应用和储藏密切相关。优质的包装材料和包装容器,往往可以提高片剂的物理和化学稳定性。以免运输中受撞击震动而松碎,或储藏期内受光、热、湿和微生物等的影响而发生潮解、色变、衣层褪色或崩解时间延长等现象。

目前常用的片剂包装容器多由塑料、纸塑、铝塑、铝箔或玻璃等材料制成,应根据药物的性质,结合给药剂量、途径和方法选择与应用。片剂包装按剂量可分为单剂量(每片单个密封包装)和多剂量(数片乃至几百片合装于一个容器内)包装;而按容器有玻璃(塑料)瓶(管)包装、泡罩式包装(以无毒铝箔为底层材料,无毒聚氯乙烯为泡罩,中间放入片剂经热压而成)或窄条式带状包装[由两层膜片(铝塑或纸塑复合膜等)经黏合或热压而成]等。片剂包装生产上多采用机械数片机或自动铝塑包装机等。

片剂包装应有标签,详细记载通用的名称、主药或有效成分的含量、规格数量、作用与用途、用法与用量、生产批号、有效期及厂名等。对于毒剧药片剂须特别标记,以策安全。

二、片剂的储存

除另有规定外,片剂应密闭储存,并置于阴凉、干燥、通风处。对光敏感的片剂应避光储存,受潮易变质的片剂,包装容器内可放入干燥剂。

第 7 节　片剂典型品种举例

例 1　通塞脉片

【处方】　当归 144g　金银花 144g　党参 144g　玄参 144g　黄芪 144g　牛膝 144g　石斛

144g　甘草 144g

【制法】 常水浸泡后煎煮 2 次，第一次 1.5 小时，第二次 1 小时。合并煎液，静置滤过，减压浓缩成(40～50℃热测)相对密度 1.20 左右的清膏，稍冷后进行醇沉处理，使含醇量达 50%，静置。48 小时后，回收乙醇并继续浓缩成(40～50℃热测)相对密度 1.35 左右的稠膏，将稠膏分装于烘盘中，真空干燥。将干膏粉碎成 14 目颗粒，喷洒 70% 乙醇溶液调整颗粒水分，加适量硬脂酸镁、滑石粉混匀，用 14 目筛整粒后，计算片重，压片(每片含干浸膏 0.35g)。包糖衣即得。

【功能与主治】 培补气血，养阴清热，活血化瘀，通调脉络。用于血栓闭塞性脉管炎(脱疽)的毒热证。

【用法与用量】 口服。1 次 5～6 片，1 日 3 次。

例 2　精制冠心片

【处方】 丹参 375g　赤芍 187.5g　川芎 187.5g　红花 187.5g　降香 125g

【制法】 以上五味，降香提取挥发油，蒸馏后的水溶液另器收集；其余赤芍等 4 味用 85% 乙醇加热回流提取 2 次，第一次 3 小时，第二次 2 小时，滤过，合并滤液，回收乙醇，与上述水溶液合并，减压浓缩至相对密度 1.35～1.40(50℃)的稠膏，加辅料适量，制成颗粒，干燥，加入降香挥发油，混匀，压制成 1000 片，包糖衣，即得。

【功能与主治】 活血化瘀。用于心血瘀阻之冠心病、心绞痛。

【用法与用量】 口服。1 次 6～8 片，1 日 3 次。

例 3　牛黄解毒片

【处方】 牛黄 5g　雄黄 50g　石膏 200g　大黄 200g　黄芩 150g　桔梗 100g　冰片 25g　甘草 50g

【制法】 以上八味，雄黄水飞或粉碎成极细粉；大黄粉碎成细粉；牛黄、冰片研细；其余黄芩等四味加水煎煮 2 次，每次 2 小时，合并煎液，滤过，滤液浓缩成稠膏，加入大黄、雄黄粉末，制成颗粒，干燥，再加入牛黄、冰片粉末，混匀，压制成 1000 片(大片)或 1500 片(小片)，或包衣，即得。

【功能与主治】 清热解毒。用于火热内盛、咽喉肿痛、牙龈肿痛、口舌生疮、目赤肿痛。

【用法与用量】 口服。大片 1 次 2 片，小片 1 次 3 片，1 日 2～3 次。

例 4　三黄片

【处方】 大黄 300g　盐酸小檗碱 5g　黄芩浸膏 21g

【制法】 以上 3 味，黄芩浸膏系取黄芩，加水煎煮 3 次，第一次 1.5 小时，第二次 1 小时，第 3 次 40 分钟，合并煎液，滤过，滤液用盐酸调节 pH 至 1～2，静置 1 小时，取沉淀，用水洗涤使 pH 至 5～7，烘干，粉碎成细粉。取大黄 150g，粉碎成细粉；剩余大黄粉碎成粗粉，用 30% 乙醇溶液回流提取 3 次，滤过，合并滤液，回收乙醇并减压浓缩成稠膏，加入大黄细粉、盐酸小檗碱细粉、黄芩浸膏细粉及适量辅料，混匀，制成颗粒，干燥，压制成 1000 片，包糖衣或薄膜衣；或压制成 500 片，包薄膜衣，即得。

【功能与主治】 清热解毒，泻火通便。用于三焦热盛所致的目赤肿痛、口鼻生疮、咽喉肿痛、牙龈肿痛、心烦口渴、尿黄、便秘；亦用于急性胃肠炎、痢疾。

【用法与用量】 口服。小片 1 次 4 片，大片 1 次 2 片，1 日 2 次。小儿酌减。

例 5　清开灵泡腾片

【处方】　胆酸　珍珠母　猪去氧胆酸　栀子　水牛角　板蓝根　黄芩苷　金银花

【制法】　以上 8 味,板蓝根、栀子加水煎煮 2 次,分次滤过,合并滤液并浓缩成清膏,放冷,加乙醇适量,静置,分取上清液,回收乙醇,浓缩成稠膏,备用。金银花加热水浸泡,滤过,药渣加水煎煮,滤过,合并滤液并浓缩成流浸膏,放冷,加乙醇适量,静置,滤过,回收乙醇,浓缩成稠膏,备用。水牛角磨粉,加到 2mol/L 氢氧化钡溶液中,加热水解,水解液滤过备用。珍珠母磨粉,加到 2mol/L 硫酸溶液中,加热水解,趁热滤过,放冷后除去析出结晶,滤液在温热条件下加到水牛角水解液中,加氢氧化钡调节 pH 至 4,放置,除去沉淀,滤液浓缩成适量,放冷,用 20% 氢氧化钠溶液调节 pH 至 7,冷藏,滤过,滤液浓缩成稠膏,与上述浓缩液合并,加入黄芩苷、胆酸、猪去氧胆酸及糊精适量,混匀,低温干燥,粉碎成细粉,备用。聚乙二醇 6000 加热熔融后,加入碳酸氢钠,混匀,放冷凝固后,粉碎成细粉,备用。将柠檬酸、甜蜜素过 80 目筛与上述备用细粉混匀,用乙醇制粒,低温干燥,压制成 1000 片,即得。

【功能与主治】　清热解毒,镇静安神。用于外感风热时毒、火毒内盛所致高热不退、烦躁不安、咽喉肿痛、舌质红绛,苔黄、脉数者;上呼吸道感染、病毒性感冒、急性化脓性扁桃体炎、急性咽炎、急性气管炎、高热等病症属上述证候者。

【用法与用量】　热水中泡腾溶解后服用。1 次 2~4 片,1 日 3 次。儿童酌减或遵医嘱。

例 6　藿胆片

【处方】　广藿香叶提取物 62.5g　猪胆粉 93.75g

【制法】　以上两味,加淀粉、糊精各 20g,制成颗粒,于 50~55℃ 干燥,加硬脂酸镁适量,混匀,压制成 1000 片(片芯重 0.2g),包糖衣,即得。

【功能与主治】　芳香化浊,清热通窍,用于湿浊内蕴、胆经郁火所致的鼻塞、流清涕或浊涕、前额头痛。

【用法与用量】　口服。1 次 3~5 片,1 日 2~3 次;儿童酌减或饭后服用,遵医嘱。

例 7　冠心丹参片

【处方】　丹参 200g　三七 200g　降香油 1.75ml

【制法】　以上 3 味,三七粉碎成细粉;丹参粉碎成中粉,照 2010 年版《中国药典》(一部附录)流浸膏剂与浸膏剂项下的渗漉法,用 90% 乙醇作溶剂,进行渗漉,漉液浓缩至稠膏状,药渣加水煎煮 2 次,每次 1 小时,合并煎液,滤过,滤液浓缩至适量,加入上述细粉及稠膏,搅匀,制成颗粒,干燥,喷加降香油,混匀,压制成 1000 片,包糖衣,即得。

【功能与主治】　活血化瘀,理气止痛。用于气滞血瘀及冠心病所致的胸闷、胸痹、心悸气短。

【用法与用量】　口服,1 次 3 片,1 日 3 次。

例 8　安胃片

【处方】　延胡索(醋制)63g　白矾(煅)250g　海螵蛸(去壳)187g

【制法】　以上 3 味,粉碎成细粉,过筛,混匀,取蜂蜜 125g 与适量的水,制成颗粒,压制成 1000 片,即得。

【功能与主治】　制酸,止痛。用于胃及十二指肠溃疡、慢性胃炎。

【用法与用量】　口服,1 次 5~7 片,1 日 3~4 次。

小结

片剂具有剂量准确、质量稳定、生物利用度较好、产量大、成本低等许多优点，是目前世界各国药典收载的最主要也是最重要的口服固体剂型。随着中药药剂学和中药工业的不断发展，中药片剂的工艺技术日趋成熟，品种数量不断增加，质量标准逐步提高，已成为中药制剂研究、生产和临床应用最受欢迎的主要中药剂型之一。本章的学习要点应在掌握中药片剂含义、类型、特点和常用辅料的类型及其适用范围的基础上，明确湿制颗粒压片、干制颗粒压片和粉末直接压片的操作要点，以及压片时可能发生的问题及其原因和解决办法。熟悉药物制颗粒压片的目的、制粒方法、干颗粒的质量要求及压片前干颗粒的处理方法。了解中药原料处理的目的与一般原则，以及片剂的成型过程、压片机的基本结构和应用。知道片剂包衣的目的、种类和方法以及常用包衣物料与包衣操作要点。明白片剂的质量要求，学会崩解时限、片重差异、溶出度等的检查方法。了解片剂包装常用包装材料及标签的内容与片剂储藏的要求。看懂不同类型举例品种的制备方法及其工艺特点。

目标检测

一、单项选择题

1.《中国药典》规定，半浸膏片的崩解时限为（　）

A. 15 分钟　B. 30 分钟　C. 60 分钟　D. 120 分钟

2. 既可作为片剂稀释剂，又可作为干燥黏合剂的辅料是（　）

A. 硫酸钙　B. 糖粉　C. 微晶纤维素　D. 硬脂酸镁

3. 片重 0.30g 的中药浸膏片，其片重差异限度应为（　）

A. ±2.5%　B. ±5.0%　C. ±7.5%　D. ±10.0%

4. 全浸膏片制颗粒应选用（　）

A. 浸膏粉以乙醇制粒　B. 浸膏粉加糖浆制粒

C. 浸膏粉用水润湿后制粒　D. 稠浸膏和部分药粉混合制粒

5. 单冲压片机调节片重应调节（　）

A. 下冲上开的最高位置　B. 上冲下降的最低位置

C. 下冲下降的最低位置　D. 上冲上升的最高位置

6. 含于口腔内缓慢溶解而发挥治疗作用的片剂是（　）

A. 分散片　B. 含片　C. 溶液片　D. 舌下片

7. 阴道片的融变时限为（　）

A. 5 分钟　B. 10 分钟　C. 30 分钟　D. 60 分钟

8. 置于舌下使用的片剂是（　）

A. 全粉末片　B. 含片　C. 咀嚼片　D. 舌下片

二、多项选择题

1. 湿制颗粒压片法中，制颗粒的目的有（　）

A. 有利片剂崩解溶散　B. 避免粉末分层　C. 减少松片裂片

D. 使片面光洁美光　E. 增加压片物料的流动性

2. 片剂湿法制粒的方法有（　）

A. 挤压制粒　B. 沸腾制粒　C. 滚压制粒

D. 喷雾制粒　E. 快速搅拌制粒

3. 湿法制粒压片时,挥发油的加入方法有 ( )

A. 制粒时加入 B. 先用吸收剂吸收后,再混入干颗粒中

C. 湿粒制成后加入 D. 制成 β-环糊精包合物后,再混入干颗粒中

E. 以从干颗粒中筛出的细粉吸收后,再加入干颗粒中

4. 中药半浸膏片制备时,处方中适宜粉碎成细粉的药材有 ( )

A. 含淀粉较多的药材 B. 含纤维性强、质地泡松的药材 C. 黏性较大及质地坚硬的药材

D. 用量极少的贵重药、毒剧药 E. 含少量挥发性成分的药材

5. 压片过程中,引起黏冲的原因有 ( )

A. 颗粒中含水量过多 B. 压片物料含纤维成分较多 C. 润滑剂选用不当或用量不足

D. 冲模表面粗糙或有缺损 E. 压片压力过大

6. 薄膜衣片可选用的包衣物料有 ( )

A. 羟丙基甲基纤维素 B. 羟丙基纤维素 C. 乙基纤维素

D. 丙烯酸树脂Ⅳ号 E. 苯乙烯-乙烯吡啶共聚物

7. 可作为片剂润滑剂的有 ( )

A. 聚乙二醇 4000 B. 微粉硅胶 C. 滑石粉

D. 硬脂酸锌 E. 糊精

8. 片剂包糖衣过程中可能发生的问题有 ( )

A. 脱壳 B. 片面裂纹 C. 色泽不匀或花斑

D. 打不光擦不亮 E. 露边和高低不平

9. 无需进行崩解时限检查的片剂有 ( )

A. 口含片 B. 舌下片 C. 泡腾片 D. 咀嚼片 E. 长效片

10. 需进行崩解时限检查的片剂有 ( )

A. 糖衣片 B. 薄膜衣 C. 半浸膏片 D. 浸膏片 E. 肠溶衣片

三、名词解释

1. 湿制颗粒压片法 2. 薄膜衣 3. 润滑剂 4. 黏合剂

四、简答题

1. 简述湿制颗粒压片法的工艺流程。
2. 简述干颗粒在压片前的处理方法。
3. 简述压片时发生黏冲的原因及其解决方法。
4. 简述片剂包糖衣(薄膜衣)的主要步骤、相应物料及其作用。
5. 简述片剂的质量要求及其检查方法。
6. 简述片剂的崩解机制。

(刘汉清)

第15章 栓 剂

学习目标

1. 记住栓剂的含义与分类;置换价的含义
2. 说出栓剂的特点与质量要求
3. 知道栓剂制备方法
4. 叙述栓剂中药物吸收途径与影响因素
5. 列出栓剂常用的基质

第1节 概 述

一、栓剂的含义与分类

栓剂系指提取物或饮片细粉与适宜基质制成供腔道给药的固体制剂。

栓剂因施用的腔道不同,分为直肠栓、阴道栓和尿道栓等,其中最常用的是直肠栓和阴道栓。直肠栓的形状有鱼雷形、圆锥形、圆柱形等,每粒重量约2g,长约3~4cm,其中鱼雷形较多用,此种形状的栓剂塞入肛门后,由于括约肌的收缩容易压入直肠内。阴道栓的形状有鸭嘴形、球形、卵形等,重约2~5g,直径1.5~2.5cm,其中以鸭嘴形较好,因为相同重量的栓剂,鸭嘴形表面积最大。尿道栓一般为棒形。

> 栓剂是一个古老的剂型,公元前1550年埃及的《伊伯氏纸草本》中即有记载。我国古代称之为坐药或塞药。栓剂塞入腔道后,在体温下能迅速软化、熔融或溶解于分泌液中,逐渐释放药物而产生局部或全身作用。随着栓剂新基质的不断出现、机械化生产能力的提高,近些年来栓剂的研究和应用又有新发展,类型和品种明显增加,出现了双层栓、中空栓、微囊栓、凝胶缓释栓、泡腾栓等许多新类型。
>
> 链 接

二、栓剂的特点

(1) 药物不受胃肠道pH、酶的破坏或影响较小,可减少肝脏首过效应。

(2) 可避免药物对胃黏膜的刺激。

(3) 适于不能口服或不愿口服给药的患者。

(4) 可在腔道起润滑、收敛、抗菌、杀虫、镇痛、止痒、局麻等局部治疗作用;亦可发挥全身治疗作用。

三、栓剂中药物吸收的途径与影响因素

(一) 栓剂中药物吸收的途径

(1) 直肠栓给药后,药物在直肠的吸收主要有:①药物通过直肠上静脉,经门静脉进入肝脏后进行代谢,再由肝脏进入大循环。②药物通过直肠下静脉和肛门静脉,经髂内静脉绕过肝脏,由下腔大静脉直接进入大循环起全身作用。③药物通过直肠淋巴系统吸收。

(2) 阴道栓给药后,由于阴道附近的血管几乎均与大循环相连,因此,药物的吸收不经过肝脏,且吸收速度较快。

(二) 栓剂中药物吸收的影响因素

(1) 生理因素的影响:栓剂进入直肠的深度影响药物的吸收,当栓剂塞入距肛门2cm处时,其吸收总给药量的50%~75%可不经过门肝系统;当栓剂塞入距肛门6cm处时,药物的吸收,大部分要进入门肝系统,此时药物受肝脏首过效应影响较大。所以,使用时应进入距肛门2cm处为妥。另外直肠有粪便存在,影响药物的扩散及与吸收表面的接触,同时腹泻、结肠梗阻,以及组织脱水等均能影响药物从直肠部位的吸收。栓剂在直肠保留时间越长,吸收愈趋于完全。直肠液的pH约为7.4,且没有缓冲能力,故药物进入直肠后的pH取决于被溶解的药物。

(2) 药物因素的影响:药物的溶解度、脂溶性与解离度以及粒径大小影响药物的直肠吸收。一般脂溶性、水溶性较好的易吸收;难溶性药物因直肠中分泌液较少,溶解吸收较少,宜减小粒径以增加溶出。脂溶性、不解离的药物较解离的药物易吸收。

(3) 基质的影响:基质性质不同,释放药物的速度也不同。水溶性药物分散在油脂性基质中时,药物能很快释放于分泌液中故吸收较快。脂溶性药物分散在油脂性基质中时,药物须由油相转入水性分泌液中才能发挥作用。这种转相与药物在油/水两相中的分配系数有关。水溶性基质中的药物,可借助其亲水性溶解释放至分泌液中。但因油水分配系数小,而不易通过类脂质膜,只有小分子药物可透膜而吸收。

(4) 附加剂的影响:表面活性剂能增加药物的亲水性,加速栓剂中的药物向分泌液的转入,因而有助于药物的释放。但表面活性剂的浓度不宜过高,若表面活性剂在分泌液中形成胶团,反而可能导致药物吸收下降。另某些吸收促进剂、药物载体等也有助于药物的吸收。

第2节 栓剂的基质

栓剂基质对栓剂制备和药物释放均有重要影响,优良的基质应具备以下特点:①室温时应具有适宜的硬度,塞入腔道时不变形、不破碎,在体温下易软化、融化,能与体液混合或溶于体液;②具有润湿或乳化及吸水能力;③基质的熔点与凝固点的间距不宜过大;④适用于冷压法或热熔法制备栓剂,易于脱模;⑤性质稳定,不妨碍主药作用,释药速率能符合医疗要求;⑥对黏膜无刺激性、无毒性、无过敏性。

选择基质应根据药物的性质和用药目的。常用的栓剂基质有油脂性基质和水溶性基质两大类。

一、油脂性基质

(1) 可可豆脂:是由梧桐科植物可可树的种仁,经烘烤、压榨而得的固体脂肪。在常温下为

黄白色固体,可塑性好,无刺激性,能与多种药物配合使用。熔点为30~35℃,加热至25℃时开始软化,在体温下能迅速融化。可可豆脂具有多晶型,有α、β、γ三种晶型,当加热至36℃熔化再凝固,熔点即降至24℃,原因是稳定的β型(熔点为34℃)部分转变为其他几种不稳定的晶型(α型的熔点为22℃,γ型的熔点为18℃),但放置2周后仍能转变成β型,恢复成原来的组成。为避免或减少晶型转变,影响栓剂成型,通常应缓缓加热升温,待熔化至2/3时,停止加热,让余热使其完全融化。本品与药物水溶液不能混合,可加入乳化剂制成乳剂型基质,加快药物释放。有些药物如樟脑、薄荷脑等会使本品熔点降低,可加入适量的蜂蜡、鲸蜡等提高其熔点。

(2) 半合成或全合成脂肪酸甘油酯:系由天然植物油经水解、分馏所得C_{12}~C_{18}游离脂肪酸,部分氢化后再与甘油酯化而得的甘油三酯、二酯、一酯的混合物。这类基质具有适宜的熔点,不易酸败,为目前取代天然油脂的较理想的栓剂基质。有半合成椰油脂、半合成山苍子油酯、半合成棕榈油酯、混合脂肪酸甘油酯、硬脂酸丙二醇酯等。

二、水溶性基质

(1) 甘油明胶:系用明胶、甘油、水三者按一定比例制成,具有弹性,不易折断,在体温下不溶化,但能软化并缓慢地溶于分泌液中,故药效缓慢、持久。其中药物的溶出速度与明胶、甘油及水的用量有关,甘油与水的比例越高溶解越快,通常以水∶明胶∶甘油=1∶2∶7为宜。明胶是胶原水解产物,凡与蛋白质能产生配伍变化的药物如鞣酸、重金属盐等均不能用甘油明胶做基质。本品常用作阴道栓的基质。

> 栓剂中除主药和基质外,有时还需添加吸收促进剂、抗氧剂、抑菌剂、乳化剂、硬化剂、增稠剂、着色剂等附加剂。
>
> 链接

(2) 聚乙二醇类(PEG):系由乙二醇聚合的高分子聚合物。本类基质随乙二醇的聚合度、相对分子质量不同,物理性状也不一样。其平均相对分子质量为200、400及600者为无色透明液体,1000者熔点为38~40℃,为软蜡状,4000以上者为固体。若将不同相对分子量的PEG,以一定比例加热融合,可制成硬度适当的栓剂基质。本品遇体温不熔化,能缓缓溶于体液中而释放药物,但对黏膜有一定的刺激性,加入约20%的水可减轻刺激性。为避免刺激性还可在塞入腔道前先用水润湿,亦可在栓剂表面涂一层鲸蜡醇或硬脂醇膜。本品吸湿性较强,制成的栓剂易受潮而变形,应注意包装并储存于干燥处。

(3) 聚氧乙烯(40)单硬脂酸酯(商品名myri52,商品代号S-40)系聚乙二醇的单硬脂酸酯和二硬脂酸酯的混合物,并含有游离乙二醇,呈白色或微黄色、无臭的蜡状固体。熔点39~45℃,可溶于水、乙醇、丙酮等,不溶于液状石蜡。其与聚乙二醇混合使用,可制得溶散、释放性能均较好的稳定的栓剂。

此外还有泊洛沙姆、吐温61等。

第3节　栓剂的制备

一、栓剂的制法

栓剂的制备方法有热熔法、冷压法两种。目前生产上以热熔法应用最为广泛,油脂性基质和水溶性基质的栓剂都可采用此法制备。

(1) 冷压法:无论是手工搓捏或模型冷压,均是将药物与基质的锉末置于冷却的容器内混匀，然后手工搓捏成形或装入制栓模型机内压成一定形状的栓剂，即得。

（2）热熔法：热熔法是将计算量的基质锉末用水浴或蒸汽浴加热熔化，勿使温度过高，然后按药物性质以不同方法将其加入基质混合均匀，倾入涂有润滑剂的模型中至稍溢出模口为度，放冷，待完全凝固后，削去溢出部分，开模取出即得。

二、栓剂中药物的加入方法

一般根据药物的性质按以下方法将药物加入基质中混匀。

（1）不溶性药物，如中药细粉，除特殊要求外一般应粉碎成细粉，过 6 号筛再与基质混匀。

（2）油溶性药物，如樟脑等，可直接溶解于已熔化的油脂性基质中，若药物用量大而降低基质的熔点或使栓剂过软时，可加入适量石蜡、鲸蜡进行调节。

（3）水溶性药物，如中药材水提浓缩液，可直接与已溶化的水溶性基质混匀；或将提取浓缩液制成干浸膏粉，直接与已熔化的油脂性基质混匀；或用适量羊毛脂吸收后，与已熔化的油脂性基质混匀。

三、润　滑　剂

栓剂模孔内应涂润滑剂，以使栓剂易于脱模。润滑剂的选用原则：油脂性基质的栓剂应使用水性润滑剂，如软肥皂、甘油各 1 份与 90% 乙醇溶液 5 份制成的醇溶液；水溶性基质的栓剂常用油类润滑剂，如植物油、液状石蜡等。

四、置　换　价

通常情况下栓剂模型的容量是固定的，会因基质、药物的密度不同而有不同的重量，而一般栓模容纳重量是指以可可豆脂为代表的基质重量。加入药物会占有一定体积，特别是不溶于基质的药物。为保持栓剂原有体积，引入置换价（f）的概念。药物的重量与同体积基质重量的比值称为置换价。根据置换价可以对药物置换基质的重量进行计算。

设不含药基质的空白栓重为 G，含药栓重为 M，含药栓中每粒栓剂的平均含药重量为 W，那么（$M-W$）即为含药栓中基质的重量，[$G-(M-W)$] 即为纯基质栓剂与含药栓中基质的重量之差，亦即为与药物同体积的基质重量。故置换价（f）的计算公式为

$$f=\frac{W}{G-(M-W)} \tag{15-1}$$

制备每粒含药栓需基质的理论用量（X）为

$$X=G-\frac{W}{f} \tag{15-2}$$

第 4 节　栓剂的质量要求与检查

一、栓剂的质量要求

药物与基质应混合均匀，栓剂外形应完整光滑，塞入腔道后应无刺激性，应能融化、软化或溶化，并与分泌液混合，逐渐释放出药物；有适宜的硬度，以免在包装或储存时变形。

二、栓剂的质量检查

（一）重量差异

表 15-1 重量差异限度表

标示粒重或平均粒重/g	重量差异限度/%
≤1	±10
1～3	±7.5
>3	±5

照2010年版《中国药典》（一部）附录ⅠW栓剂项下规定的重量差异检查法检查：取栓剂10粒，精密称定总重量，求得平均粒重，再精密称定各粒重量，每粒重量与标示粒重相比较（无标示粒重的栓剂，与平均粒重比较），按表中的规定，超出重量差异限度的不得多于1粒，并不得超出限度1倍。

（二）融变时限

照2010年版《中国药典》（一部）附录ⅫB融变时限检查法检查：取栓剂3粒如法检查，除另有规定外，脂肪性基质的栓剂应在30分钟内全部融化、软化或触压时无硬芯；水溶性基质的栓剂应在60分钟内全部溶解。如有1粒不符合规定，应另取3粒复试，均应符合规定。

（三）微生物限度

照2010年版《中国药典》（一部）附录ⅩⅢC微生物限度检查法检查，应符合规定。

第5节 典型栓剂的品种举例

例1 驱蛲栓

【处方】 百部1000g 可可豆脂90g 聚山梨酯-80 10ml

【制法】 取百部，加酸水（pH5.5）煎煮3次，每次1小时，合并煎液，滤过，滤液浓缩至约2000ml，加3倍量乙醇，搅匀，加氢氧化钠溶液调至pH 8，以氯仿萃取，每次300ml至溶液不显生物碱反应，回收氯仿，浓缩得百部碱稠膏约15g，加入聚山梨酯80和熔融的可可豆脂，搅匀，倾入涂有润滑剂的栓模中，冷却，取出，即得栓剂100粒（每粒1g）。

【功能与主治】 杀虫。用于小儿蛲虫病。

【用法与用量】 每晚临睡前塞入肛门内。1次1粒，1日1次。

例2 紫花地丁甘油明胶栓

【处方】 紫花地丁20g 甘油6.5g 明胶6.5g 蒸馏水适量

【制法】 取紫花地丁加水煎煮2次，每次0.5小时，合并煎液，滤过，滤液浓缩至10ml，备用。另取明胶加蒸馏水适量，使其充分溶胀，水浴加热搅拌至溶解，加入甘油，继续搅拌蒸去过量的水分，加入紫花地丁浓缩液搅匀，倾入涂有润滑剂的栓模中，冷却，取出，即得栓剂。

【功能与主治】 清热解毒。用于内痔及直肠炎。

【用法与用量】 塞入肛门内。1次1粒，1日1次。

小结

栓剂是一种供腔道给药的固体剂型，近些年来发展较快。本章的学习要点应在知道栓剂含义、特点的基础上，明确栓剂的制备方法；掌握栓剂基质的基本要求及种类；熟悉栓剂中药物吸收的途径与影响因素；同时了解栓剂的质量要求及检查项目与方法，看懂典型品种举例，为指导生产实际操作和临床应用打下良好基础。

目标检测

一、单项选择题

1. 要使药物大部分不经门肝系统，栓剂纳入直肠的部位应距肛门 （ ）

A. 1cm B. 2cm C. 3cm D. 4cm

2. 要使栓剂中的水溶性药物能很快释放，应选用的基质为 （ ）

A. 半合成椰油脂 B. 甘油明胶 C. 泊洛沙姆 D. 聚氧乙烯(40)单硬脂酸酯

二、多项选择题

1. 影响栓剂中药物吸收的因素有 （ ）

A. 生理因素 B. 基质的性质 C. 药物的理化性质

D. 栓剂的形状 E. 表面活性剂的使用浓度

2. 甘油明胶作栓剂基质时，可选用的润滑剂有溶液 （ ）

A. 液状石蜡 B. 95%乙醇 C. 水

D. 麻油 E. 软肥皂、甘油各 1 份与 90%乙醇溶液 5 份

3. 下列关于栓剂的陈述，正确的有 （ ）

A. 常用的栓剂基质可分为油脂性基质和水溶性基质两大类

B. 栓剂的制备方法主要有热熔法、冷压法两种

C. 栓剂按施用的腔道不同可分为直肠栓、阴道栓和尿道栓等

D. 栓剂可产生局部或全身作用

E. 栓剂是药物与适宜基质制成供腔道给药的半固体制剂

三、名词解释

1. 置换价 2. 栓剂

四、简答题

1. 简述栓剂的特点。

2. 简述栓剂中药物的加入方法。

3. 简述影响直肠栓剂中药物吸收的主要因素。

（唐志书）

第16章　外用膏剂

学习目标

1. 熟练掌握外用膏剂的含义、特点、分类及质量检查
2. 掌握软膏剂基质的种类、主要特点、制备方法及应用
3. 熟悉外用膏剂药物透皮吸收的过程、途径及影响透皮吸收的主要因素
4. 了解黑膏药、橡皮膏、巴布剂的成分组成及制备方法

第1节　概　　述

一、外用膏剂的含义、特点与分类

外用膏剂系指药物与适宜的基质制成专供外用的半固体或近似固体的一类外用制剂。此类制剂广泛应用于皮肤科与外科，易涂布或粘贴于皮肤、黏膜或创面上，具有保护、润滑及局部治疗作用，也可透过皮肤或黏膜吸收起全身治疗作用。

外用膏剂具有以下特点：①药物不经过胃肠道吸收，避开胃肠道 pH 或酶的破坏而失活、提高药物的生物利用度。②对胃黏膜有刺激性的药物可以用外用膏剂避免刺激胃肠道。③缓慢释放药物、延长作用时间、减少给药次数，起到缓控释作用。④根据个体差异，患者可以自主用药。

> 透皮贴剂系指以高分子聚合物及高分子控释材料制成，药物可透过皮肤起局部及全身治疗作用的一类药剂。我国传统的铅硬膏也具有经皮吸收作用。
>
> **链接**

外用膏剂主要包括软膏剂和硬膏剂（膏药、橡胶膏剂等）以及糊剂、涂膜剂、巴布剂等类似制剂。

近年来透皮贴剂［亦称经皮给药系统（transdermal delivery systems，TDS）或称经皮治疗系统（transdermal therapeutic systems，TTS）］发展迅速，药物以一定速率透过皮肤毛细血管进入体循环产生疗效，能避免肝脏“首过作用”，避免药物在胃肠道的破坏，减少血药浓度峰谷变化。

二、外用膏剂药物的透皮吸收及其影响因素

（一）药物透皮吸收过程

外用膏剂药物的透皮吸收包括释放、穿透及吸收3个阶段。释放系指药物从基质中脱离出来并扩散到皮肤或黏膜表面上；穿透系指药物通过表皮进入真皮、皮下组织，对局部起作用；吸收系指药物透过皮肤或黏膜，通过血管或淋巴管进入体循环而产生全身作用。

（二）透皮吸收途径

正常人皮肤的构造，由表皮、真皮及皮下脂肪组织三部分组成（图 16-1）。表皮在皮肤的最外层，由外及里可分为角质层、透明层、颗粒层、棘层及基底层等，充满了角蛋白或纤维状蛋白的角质层细胞质致密交联、使角质层机构紧密，成为防止水分蒸发及抵御外来物质进入的屏障、成为药物吸收的主要限速屏障。真皮内有丰富的毛细血管、淋巴管、神经、皮脂腺、毛囊及汗腺等。皮下脂肪组织在真皮之下，其中有许多血管、淋巴管及汗腺。真皮与皮下组织对药物穿透的阻力小，药物进入真皮及皮下组织后易为血管及淋巴管所吸收。

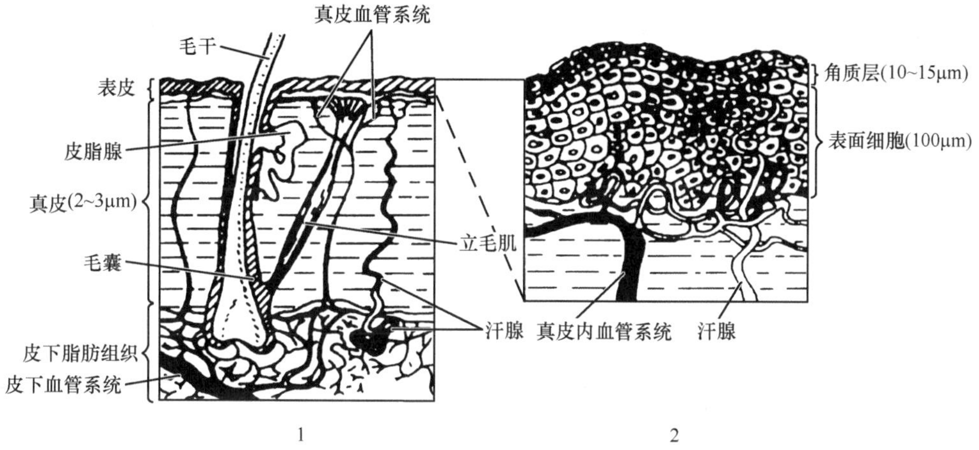

图 16-1　皮肤的构造

1. 皮肤的断面图；2. 表皮放大图

外用膏剂透皮吸收的途径有：①完整表皮，药物透过完整表皮是透皮吸收的主要途径。表皮具有类脂膜性质，脂溶性药物以非解离型比较容易透过皮肤，解离型药物较难透过皮肤。一般认为药物的主要吸收途径为角质层细胞及其细胞间隙。②毛囊、皮脂腺，毛囊、皮脂腺开口于表皮，进入毛囊口及皮脂腺的药物能通过毛囊壁及皮脂腺到达真皮及皮下组织。皮脂腺分泌物为油性，有利于脂溶性药物的穿透。③汗腺，大分子药物或解离型药物可通过汗腺及毛囊、皮脂腺途径转运。

透过完整表皮是外用膏剂药物透皮吸收的主要途径，而毛囊和汗腺在透皮吸收的初期起着重要的作用。

（三）影响透皮吸收的因素

> 不同部位的皮肤通透性大小顺序为：耳郭后部>腹股沟>颅顶盖>脚背>前下臂>足底。
>
> 链接

1. 皮肤条件　①应用部位：皮肤的厚薄、毛孔的多少等与药物的穿透、吸收均有关系。②皮肤病态：病变、破损的皮肤能加快药物的吸收，药物可自由地进人真皮，吸收的速度和程度大大增加，但可能引起疼痛、过敏及中毒等不良反应。某些皮肤病使角质层致密硬化，则药物的渗透性降低，如硬皮病、牛皮癣及老年角化病等。③皮肤的温度与湿度：皮肤温度升高，皮下血管扩张，血流量增加，吸收增加。皮肤润湿，可增强其角质层的水合作用（皮肤外层中的角蛋白及其降解产物与水结合的能力），引起角质层肿胀疏松而增加药物的穿透。④皮肤清洁：用肥皂等清洁剂可洗去毛囊、角质层、皮脂腺上的堵塞物,有利药物的穿透。

2. 药物性质 皮肤表皮细胞膜具有类脂性,非极性较强,一般脂溶性药物较水溶性药物更易穿透皮肤,但组织液是极性的,因此,药物必须具有适宜的油、水分配系数,即具有一定油溶性和水溶性的药物穿透作用较理想。而在油、水中都难溶的药物则很难透皮吸收。强亲油性药物可能聚积在角质层表面而难以透皮吸收。药物穿透表皮后,通常相对分子质量愈大,吸收愈慢,故宜选用相对分子质量较小,药理作用强的药物。

> 基质中加入适当的表面活性剂或渗透促进剂(如二甲基亚砜、氮酮等)可促进药物的透皮吸收。
>
> 链接

3. 基质的组成与性质 ①基质的组成、类型和性质,直接影响药物的释放、穿透与吸收。一般认为药物的吸收在乳剂型基质中最好,在吸水性软膏基质(凡士林加羊毛脂)、硅酮及豚脂中次之,在烃类基质中最差。若基质的组成与皮脂分泌物相似,则有利于某些药物穿透毛囊和皮脂腺。水溶性基质聚乙二醇对药物的释放较快,但因其不易透过表皮,制成的软膏较难透皮吸收。②基质的 pH 影响弱酸性与弱碱性药物的穿透、吸收,当基质 pH 小于弱酸性药物的 pK_a 或大于弱碱性药物的 pK_a 时,这些药物的分子形式显著增加而利于吸收。③基质中添加表面活性剂、皮渗促进剂等附加剂能增加药物的穿透性,有利于吸收。④基质与皮肤的水合作用,也能增加药物的渗透性,其中油脂性基质透气、透水性差,可引起较强的水合作用,W/O 型乳剂基质次之,O/W 型乳剂基质再次之,水溶性基质最差。

4. 其他因素 外用膏剂中,药物的吸收除上述影响因素外,还与药物浓度、使用面积、使用次数及与皮肤接触时间等密切相关。此外,种族、年龄和性别对皮肤的穿透、吸收亦有影响。皮肤的穿透和吸收能力,总体上女性较男性强;婴儿比成人大,老年人较差。

第2节 软 膏 剂

一、软膏剂的含义与特点

软膏剂系指药物、药材细粉、药材提取物与适宜基质均匀混合制成的半固体外用制剂。软膏剂多用于慢性皮肤病,主要具有保护创面、润滑皮肤和局部治疗作用。软膏中的药物通过透皮吸收,也可产生全身治疗作用。

二、软膏剂的基质

软膏剂的基质不仅是赋形剂,同时也是药物的载体,对软膏剂的质量及药物的释放与吸收都有重要影响。常用的基质有油脂性、水溶性和乳剂型基质 3 类。其中油脂性基质制成的软膏常称为油膏,乳剂型基质制成的软膏亦称乳膏剂,按照基质不同,可以分为水包油型乳剂与油包水型乳膏剂。因此,软膏剂基质的选用,应根据医疗要求、药物性质及皮肤患处的生理病理状况来决定。

> 理想的基质应具备下列要求:①具有适宜的稠度、黏着性和涂展性,能与药物的水溶液或油溶液互相混合。②能作为药物的良好载体,有利于药物的释放和吸收;性质稳定,与药物无配伍禁忌。③不妨碍皮肤的正常功能与伤口的愈合,且无刺激性。④易洗除,不污染衣物。
>
> 链接

(一) 油脂性基质

油脂性基质包括油脂类、类脂类及烃类等。其特点是润滑性好、无刺激性,并能封闭皮肤表面,减少水分蒸发,促进皮肤的水合作用,对皮肤的保护及软化作用比其他基质强,能与多种药物配伍,但油腻性及疏水性较大,不易与水性液混合,也不易用水洗除,对药物的释放穿透作用较差,不宜用于急性炎性渗出物较多的创面。主要用于遇水不稳定的药物软膏的制备,而溃疡、湿疹不宜用油脂性基质,该类基质包括油脂类、类脂类、烃类等。

1. 油脂类 系从动、植物中得到的高级脂肪酸甘油酯及其混合物。在储存中易受温度、光线、氧气等影响引起分解、氧化和酸败,可酌加抗氧剂改善。常用的有动物油、植物油、氢化植物油等。其中植物油常与熔点较高的蜡类熔合制成稠度适宜的基质。中药油膏常用麻油与蜂蜡的熔合物为基质。

2. 类脂类 系高级脂肪酸与高级醇化合而成的酯类,其物理性质与油脂类相似,化学性质较油脂类稳定。

(1) 羊毛脂:又称无水羊毛脂。为淡棕黄色黏稠半固体,熔点36~42℃。因含胆甾醇、异胆甾醇与羟基胆甾醇及其酯而有较大的吸水性,可吸水150%、甘油140%、70%的乙醇40%。羊毛脂的组成与皮脂分泌物相近,可提高软膏中药物的渗透性。由于羊毛脂过于黏稠,故不宜单独使用。常用凡士林合用,以改善凡士林的吸水性和渗透性。

(2) 蜂蜡:有黄蜡、白蜡之分。白(蜂)蜡系由黄蜡漂白精制而成,主要成分为棕榈酸蜂蜡醇酯,熔点62~67℃,常用于调节软膏的稠度。因含少量的游离高级醇而有乳化作用,可作为辅助乳化剂。

(3) 鲸蜡:主要为棕榈酸鲸蜡醇酯,并含少量高级脂肪酸酯,有表面活性作用,熔点42~50℃,为较弱的W/O乳化剂,不易酸败,能与脂肪、蜡、凡士林等熔合,有较好的润滑性。主要用于调节软膏基质的稠度。

(4) 虫白蜡:为介壳虫科昆虫白蜡虫分泌的蜡经精制而成,呈白色或类白色块状,质硬而稍脆,熔点81~85℃,用于调节软膏的熔点,亦可作为W/O型乳剂软膏基质的组成成分。

3. 烃类 系石油分馏得到的多种高级烃的混合物,大部分为饱和烃类。其化学性质稳定,很少与主药发生作用。但油脂性强、不易被皮肤吸收,尤适用于保护性软膏。

(1) 凡士林:系液体与固体烃类形成的半固体混合物,有黄、白两种。白凡士林由黄凡士林漂白而得。熔点为38~60℃,具有适宜的稠度和涂展性,且对皮肤与黏膜无刺激性。性质稳定,不会酸败,能与大多数药物配伍。能与蜂蜡、脂肪、植物油(除蓖麻油外)熔合。本品油腻性大,不易清洗,吸水性能差,仅能吸收其重量5%的水分,故不宜用于有多量渗出液的患处。

> 凡士林与适量的羊毛脂、鲸蜡醇或胆甾醇等合用,可增加其吸水性。加入适量的表面活性剂,能改善药物的释放与穿透性。
>
> **链接**

(2) 固、液状石蜡:前者为各种固体烃的混合物。熔点为50~65℃,主要用于调节软膏剂的稠度。石蜡的优点是结构均匀,与其他基质熔合后不会析出,故优于蜂蜡。后者为各种液体烃的混合物,能与多数脂肪油或挥发油混合。主要用于调节软膏的稠度,也可用其研磨药物粉末使成糊状,有利于药物与基质混匀。

4. 硅酮 为一系列不同分子量的聚二甲基硅氧烷的总称,俗称硅油。常用二甲聚硅与甲苯聚硅,其黏度随相对分子质量增大而增加,为无色、无臭或近乎无臭的油性半固体。疏水性强,与羊毛脂、硬脂酸、鲸蜡醇、单硬脂酸甘油酯、吐温、司盘均能混合。本品对皮肤无刺激性,润滑而易于涂布，不妨碍皮肤的正常功能，不污染衣物，常与油脂性基质合用制成防护性软膏，用于防止水性物质及酸、碱液等的刺激或腐蚀，亦用于乳膏剂。本品无毒，但对眼有刺激，不宜作为眼膏基质。

（二）乳剂型基质

乳剂型基质是油相和水相物质借乳化剂的作用而制成的乳状半固体基质，分为油包水（W/O）型与水包油（O/W）型两类，前者俗称冷霜，后者类似雪花膏。由于表面活性剂的作用，本类基质对油和水均有一定亲和力，可吸收创面渗出物或分泌物，对皮肤的正常功能影响小，并有利于药物的释放与穿透。通常 O/W 型乳剂基质中，药物的释放和穿透较其他基质快。但若患处分泌物太多，分泌物会反向吸收，重新进入皮肤而使炎症恶化，故不宜用于脓疮、糜烂溃疡等创面。遇水不稳定的药物制备软膏时不宜采用乳剂型基质。此外，O/W 型乳剂基质，易干涸、霉变，常加入保湿剂、防腐剂等。

Ⅰ. O/W 型基质

常用下列乳化剂及稳定剂：

1. 一价皂 在配制软膏中用钠、钾、铵的氢氧化物或三乙醇胺等有机碱与脂肪酸（如硬脂酸）作用生成的新生皂，HLB 值为 15~18，为 O/W 型乳化剂。硬脂酸用量中仅一部分与碱反应生成肥皂，未皂化的硬脂酸被乳化形成分散相，并可增加基质的稠度。用硬脂酸制成的 O/W 型乳剂基质光滑、美观，水分蒸发后留有一层硬脂酸薄膜而具保护作用，但单用硬脂酸为油相制成的乳剂基质润滑作用小，故常加入适量的油脂性基质如凡士林、液状石蜡等调节其稠度和涂展性。

此类基质的缺点是易被酸、碱、钙、镁离子或电解质等破坏。制备用水宜用蒸馏水或离子交换水，制成的软膏在 pH 5~6 以下时不稳定。

【处方】 硬脂酸 120g 单硬脂酸甘油酯 35g 液状石蜡 60g 凡士林 10g 羊毛脂 50g 三乙醇胺 4g 尼泊金乙酯 1g 蒸馏水加至 1000g

【制法】 取硬脂酸、单硬脂酸甘油酯、液状石蜡、凡士林、羊毛脂置容器内，水浴加热至熔化，继续加热至 70~80℃；另取三乙醇胺、尼泊金乙酯及蒸馏水，加热至 70~80℃，缓缓倒入硬脂酸等油相中，边加边搅拌，至乳化完全，放冷即得。

> 处方中三乙醇胺与部分硬脂酸形成硬脂酸胺皂，为 O/W 型乳化剂。硬脂酸胺皂的碱性较弱，适于药用制剂。单硬脂酸甘油酯能增加油相的吸水能力，在 O/W 型乳剂基质中作为稳定剂并有增稠作用。
>
> 链接

2. 脂肪醇硫酸（酯）钠类 常用十二烷基硫酸（酯）钠［月桂醇硫酸（酯）钠］，为 O/W 型乳化剂，常用量 0.5%~2%。其水溶液呈中性，对皮肤刺激性小，pH 4~8 之内较稳定，不受硬水影响，与阳离子表面活性剂可形成沉淀而失效。常与 W/O 型辅助乳化剂合用以调整至适当的 HLB 值，达到油相所需范围。常用的辅助乳化剂有鲸蜡醇（十六醇）或硬脂醇（十八醇）、硬脂酸甘油酯、司盘类等。

【处方】 硬脂醇 220g 白凡士林 250g 十二烷基硫酸钠 15g 丙二醇 120g 尼泊金乙酯 1g 尼泊金丙酯 0.15g 蒸馏水加至 1000g

> 本处方中十二烷基硫酸钠为主要乳化剂，能形成 O/W 型乳剂基质。硬脂醇、白凡士林为油相，硬脂醇还起辅助乳化及稳定作用，并可增加基质的稠度，后者可防止基质水分蒸发并留下油膜，有利于角质层水合并有润滑作用。丙二醇为保湿剂，能使软膏保持湿润、细腻状态，并有助于防腐剂的溶解。尼泊金乙酯及丙酯为防腐剂。
>
> 链接

【制法】 取硬脂醇、白凡士林在水浴中熔化，加热至70~80℃，将十二烷基硫酸钠、丙二醇、尼泊金乙酯、尼泊金丙酯、蒸馏水，加热至70~80℃，将水相加至同温度的油相中，搅拌至冷凝。

3. 聚山梨酯类 商品名为吐温类，系O/W非离子型表面活性剂，对黏膜和皮肤刺激性小，并能与电解质配伍。各种非离子表面活性剂均能单独做乳化剂，但为调节制品适宜的HLB值常与其他乳化剂合用。聚山梨酯类能与某些防腐剂如尼泊金类、苯甲酸类络合而使之部分失活，可适当增加防腐剂用量予以克服。

【处方】 硬脂酸60g 白凡士林60g 硬脂醇60g 液状石蜡90g 聚山梨酯80 44g 司盘60 16g 甘油100g 山梨酸2g 蒸馏水加至1000g

处方中聚山梨酯80为主要乳化剂，司盘60为W/O型乳化剂，以调节适宜的HLB值而形成稳定的O/W型乳剂型基质。硬脂醇为增稠剂，并使制得的基质细腻光亮，用单硬脂酸甘油酯代替可取得同样的效果。

链接

【制法】 取硬脂酸、白凡士林、硬脂醇、液状石蜡、司盘60置容器中水浴上加热熔融，另将聚山梨酯80、甘油、山梨酸水溶解混匀，两相加热至80℃左右，将油相加入水相中，边加边搅拌，直至冷凝。

4. 聚氧乙烯醚的衍生物类

(1) 平平加O：为脂肪醇聚氧乙烯醚类，为非离子型O/W型乳化剂。本品在冷水中溶解度比热水中大，溶液pH6~7，对皮肤无刺激性，HLB值为16.5，有良好的乳化、分散性能。本品性质稳定，耐酸、碱、硬水，耐热，耐金属盐，其用量一般为油相重量的5%~10%（一般搅拌）或2%~5%（高速搅拌）。本品与羟基或羧基化合物可形成络合物，使形成的乳剂破坏，故不宜与苯酚、水杨酸等配伍。

(2) 柔软剂SG：为硬脂酸聚氧乙烯酯，属非离子型O/W型乳化剂，可溶于水，因HLB值为10，pH近中性，渗透性较大，常与平平加O等混合应用。

(3) 乳化剂OP：为烷基酚聚氧乙烯醚类，为O/W型乳化剂，HLB值为14.5，可溶于水，用量一般为油相总量的5%~10%。本品耐酸、碱、还原剂及氧化剂，对盐类亦甚稳定，但水溶液中如有大量金属离子时，将降低其表面活性。本品与酚羟基类化合物如苯酚、间苯二酚、麝香草酚、水杨酸等可形成络合物，不宜配伍使用。

Ⅱ. W/O型基质

此类基质涂膜性能好、能吸收少量水分，但不能与水任意混合，在软膏中用得较少。常用下列乳化剂及稳定剂：

1. 多价皂 由二、三价金属如钙、镁、锌、铝的氧化物与脂肪酸作用形成的多价皂。由于此类多价皂在水中溶解度小，HLB值低于6，为W/O型乳化剂。多价皂形成的基质较一价皂形成的O/W型基质更稳定。

2. 司盘类 为脱水山梨醇脂肪酸酯类，W/O型非离子表面活性剂，HLB值在4.3~8.6之间。

3. 蜂蜡、胆甾醇、硬脂醇等弱W/O乳化剂

【处方】 蜂蜡30g 硬脂醇30g 胆甾醇30g 白凡士林加至1000g

【制法】 将以上4种基质在水浴上加热熔化混匀，搅拌至冷凝。本品为吸水性W/O型软膏基质，加等量水后仍稠度适中。与药物水溶液配伍，成为W/O型软膏，可吸收分泌液。遇水不稳定的药物制成软膏时，可用此基质。

（三）水溶性基质

水溶性基质由天然或合成的水溶性高分子物质组成。该类基质释药较快，无油腻性和刺激性，能吸收组织渗出液，可用于糜烂创面和腔道黏膜，但润滑作用较差，易失水干涸而致软膏变硬，且易霉变，故须加保湿剂与防腐剂。常用的基质有纤维素衍生物、水溶性基质 PEG 类等。

1. 纤维素衍生物 常用甲基纤维素（MC）、羧甲基纤维素钠（CMC-Na）等。甲基纤维素不溶于热水及有机溶剂，能与冷水形成复合物而胶溶。羧甲基纤维素钠在冷、热水中均溶解，浓度较高时呈凝胶状。

2. 聚乙二醇（PEG） 为乙二醇的高分子聚合物。聚乙二醇化学性质稳定，可与多数药物配伍，不易酸败和发霉；能与水、乙醇、丙酮及氯仿混溶；吸湿性好，可吸收分泌液，易于洗除；药物释放和渗透较快。常以 300～6000 不同平均分子量的聚乙二醇以适当比例相混合，制成稠度适宜的基质使用。

> 应注意，聚乙二醇与苯甲酸、鞣酸、苯酚等混合可使基质过度软化，且可降低酚类防腐剂的防腐能力，长期使用可致皮肤干燥。
>
> 链接

3. 卡波沫（carbomer，Cb） 系丙烯酸与丙烯基蔗糖交联的高分子聚合物，商品名为卡波普（carbopol），按分子量不同有 Cb 930、Cb 934、Cb 940 等多种规格。本品具有溶胀与凝胶特性以及增湿、润滑能力，铺展性良好，涂用舒适，并具有透皮促进作用，尤适于脂溢性皮炎的治疗。同时也是液体药剂良好的助悬剂、增稠剂和辅助乳化剂，还可用作黏合剂、包衣材料和缓释控释材料。

三、软膏剂的制备

（一）基质的处理

油脂性基质应先加热熔融，并趁热滤过，除去杂质，必要时 150℃、1 小时加热灭菌并去除水分。灭菌加热忌用直火，宜用蒸汽加热。高分子水溶性基质应溶胀、溶解制成溶液或胶冻后备用。

> 其他水溶性基质主要有海藻酸钠、甘油明胶、皂土等。海藻酸钠，溶于水形成的黏稠性凝胶可作软膏基质，常用浓度为 2.5%，pH 4.5～10 之间较稳定。甘油明胶，由 10%～30% 的甘油与 1%～3% 的明胶溶液混合制成，遇热后易涂布，涂后能形成一层保护膜。皂土，为天然的胶体含水硅酸铝。在水中不溶解，在 8～10 倍水中能膨胀成为胶冻，加水量不同可得黏度不同的品种。用于制作糊剂、药用牙膏等，常加入甘油作保湿剂，凡士林作软化剂，以防失水干燥。
>
> 链接

（二）制备方法

1. 研和法 亦称研合法，系将药物细粉用少量基质研匀或用适宜液体研磨成细糊状，再递加其余基质研匀的制备方法。当软膏基质稠度适中或主药不宜加热，且在常温下通过研磨即能均匀混合时，可用研和法。研和法通常在软膏板或玻璃板上研合，亦可在乳钵中研匀，大生产时多用电动研钵、如软膏研磨机，但该法生产效率不如熔和法。

2. 熔合法 亦称热熔法，系将基质先加热熔化，再将药物分次逐渐加入，边加边搅拌，直至冷凝的制备方法。当软膏中含有不同熔点基质，在常温下不能均匀混合，或主药可溶于基质，或需用熔融基质提取药材有效成分时，均多采用此法。制备时一般熔点较高的基质，如蜂蜡、石蜡等应先加热熔融，熔点较低的基质，如凡士林、羊毛脂等随后加入熔化，不溶性药物细粉加入熔融或软化的基质中，应搅拌至冷凝，否则药粉下沉而致分散不均，凝固后停止搅拌，以免拌入空气而影响质量。

3. 乳化法 基质为乳剂型时用乳化法制备。将油溶性组分（油相）混合加热熔融；另将水溶性组分（水相）加热至与油相相同温度（约80℃时），两相等温混合，不断搅拌，直至冷凝。大生产时，在两相搅拌混合温度降至约30℃时，再通过乳匀机或胶体磨，使产品更均匀细腻。

药物加入基质的一般方法

不溶性固体药物：制成细粉、极细粉或微粉，与少量甘油、蜡等研匀后，再逐渐递加其余基质研匀；或将药物细粉加入熔融的基质中，不断搅拌直至冷凝。

植物油提取药材：根据药材性质以植物油为溶剂加热提取，去渣后再与其他基质混匀；或用油与基质的混合液共同加热提取，去渣后冷凝即得。应注意油提时的温度、时间以及药材加入顺序。

可溶性药物：水溶性药物与水溶性基质混合时，可将药物水溶液直接加入基质中；与油脂性基质混合时，药物一般应先用少量水溶解，以羊毛脂吸收后，再与其余基质混匀。与乳剂基质混合时，在不影响乳化的情况下，可在制备时将药物溶于相应的水相或油相中。油溶性药物可直接溶解在熔化的油脂性基质中。

中药浸出制剂：中药煎剂、流浸膏等药物，可先浓缩至稠膏状，再与基质混合。固体浸膏可先加少量溶剂（如水、稀醇等）使之软化或研成糊状，再与基质混匀。

共熔成分：如樟脑、薄荷脑、麝香草酚等并存时，可先将其研磨共熔后，再与冷至40℃左右的基质混匀。

挥发性药物或热敏性药物：待基质降温至40℃左右，再与药物混合均匀。

链接

油、水两相混合方法有3种：①分散相加到连续相中，适用于含小体积分散相的乳剂系统。②连续相加到分散相中，在混合过程中引起乳剂转型，能产生更细小的分散相粒子。适用于多数乳剂系统。③两相同时掺和，适用于连续的或大批量的操作，需要一定的设备，如输送泵、连续混合装置等。

（三）灌封与包装

根据软膏剂的产量的多少，可以用手工活机器进行灌装，常用的包装容器有金属盒、塑料盒、光口瓶等，大量生产多用锡管、铝管或塑料管灌装、扎尾、包装，即得。

四、眼 膏 剂

（一）概述

眼膏剂系指药物与适宜基质制成的供眼用的灭菌软膏剂。应均匀、细腻，稠度适宜，易涂布于眼部，对眼部无刺激性，无微生物污染。眼膏剂较一般滴眼液疗效持久，且能减轻眼睑对眼球的摩擦。

(二) 眼膏剂的制备

眼膏剂的制备与一般软膏剂制法基本相同，因其属灭菌制剂，故所用基质、药物、器具与包装材料等均应严格灭菌，且在洁净、无菌条件下操作。制备时，基质加热熔融经滤过后于150℃干热灭菌1～2小时，放冷备用。配制用具经70%乙醇溶液擦洗，或用水洗净后再用干热灭菌法灭菌。包装用软膏管，洗净后用1%～2%的苯酚溶液或70%的乙醇溶液浸泡，用时用蒸馏水冲洗干净，烘干即可。

> 眼膏剂所用基质除符合软膏剂的要求外，必须灭菌且纯净细腻，确保对眼结膜、角膜无刺激性。常用基质为凡士林8份，液状石蜡、羊毛脂各1份混合制成，可根据气温适当增减液状石蜡用量。因其中羊毛脂有吸水性、黏附性和表面活性作用，该眼膏基质易与泪液及水溶性药液混合，且易附着于眼结膜上并促进药物的渗透，尤适用于作抗生素和中药眼膏的基质。
>
> 链接

眼膏制备时，如主药易溶于水而性质稳定者，可用少量灭菌蒸馏水溶解，再分次加入灭菌基质研匀制成。如主药不溶于水或不宜用水溶解而又不溶于基质时，应粉碎成极细粉（≤75μm），与少量眼膏基质或灭菌液状石蜡研成糊状，然后分次加入其余基质研匀，灌装于灭菌容器中，密封即得。

第3节 黑 膏 药

一、黑膏药的含义与特点

> 膏药古称“薄贴”，是富有传统特色的主要外用药物剂型之一。清代吴师机的《理瀹骈文》为膏药专著，全面论述了膏药的应用和制备。
>
> 链接

黑膏药系指以植物油炸取药料，所得药油与红丹经高温炼制而成的硬膏药。其他尚有以松香等为基质制成的松香膏药，以油与宫粉为基质炼制而成的白膏药等。

黑膏药为外观呈黑褐色的油润固体，其基质的主要组分为高级脂肪酸的铅盐。用前须烘软，一般贴于患处，亦可贴于经络穴位，发挥保护、封闭及拔毒生肌、收口、消肿止痛等局部作用，主治肌肤红肿、痈疽、疮疡等症；或经透皮吸收，发挥药物的驱风散寒、行滞去瘀、通经活络、强壮筋骨等功效，治疗跌打损伤、风湿痹痛等，以弥补内服药药力不足，其作用较软膏剂持久。

二、黑膏药的制备

(一) 黑膏药的基质与处理

1. 植物油 应选用质地纯净、沸点低、熬炼时泡沫少、制成品软化点及黏着力适当的植物油。以麻油为最好，其制成品外观光润。棉籽油、豆油、菜油、花生油等亦可应用，但制备时较易产生泡沫，应及时去除。

2. 红丹 又称章丹、铅丹、黄丹、东丹、陶丹，为橘红色非结晶性粉末，其主要成分为四氧化三铅(Pb_3O_4),含量要求在95%以上。红丹含水分易聚结成颗粒,使用前应干燥,并过5号筛,使成松散细粉,以免下丹时沉于锅底,不易与油充分反应。

(二)黑膏药的制备方法

黑膏药的制备流程为:药料提取(炸料)→炼油→下丹成膏→去"火毒"→摊涂→质检→包装。

1. 药料提取 除芳香挥发性、树脂类及贵重药材,如麝香、冰片、樟脑、乳香等应研成细粉,于摊涂前加入已熔化的膏药中混匀,或摊涂后撒布于膏药表面外,余药适当粉碎后,一般采用油炸提取。其中质地疏松的花、草、叶、皮等药料,宜待质地坚硬的甲骨类、根茎等药材炸至枯黄后加入。"炸料"一般炸至表面深褐色,内部焦黄为度(油温控制在200~220℃)。滤除药渣,即得药油。

> 药料与油经高温处理,可能导致较多有效成分被破坏。可采用适宜的溶剂和方法提取有效成分,如将部分药材以乙醇提取,浓缩成浸膏后再加入膏药中,以减少成分的损失。
>
> 链 接

2. 炼油 系将去渣后的药油于300℃左右继续加热熬炼,使油脂在高温条件下氧化、聚合、增稠的操作过程。炼油程度至关重要,过"老"则膏药松脆,黏着力小,贴用时易脱落;太"嫩"则膏药质软,贴后容易移动,且黏着力强,不易剥离。炼油时有大量刺激性浓烟产生,应注意及时排除,并防止着火。

> 炼油程度的检查方法:取油少许滴于水中,药油能聚集成珠而不散,即炼至"滴水成珠"为度。
>
> 链 接

3. 下丹成膏 系指在炼至适宜程度的油液中加入红丹,使反应生成高级脂肪酸铅盐,高级脂肪酸铅盐促进油脂进一步氧化、聚合、增稠而成膏状的过程。即在270℃以上的高温下,缓缓加红丹于炼油中,边加边搅,使油、丹充分化合成为黑褐色的稠厚液体。油、丹皂化为放热反应,温度高达300℃以上,应控制好下丹速度,并注意通风、防火。油丹用量比一般为500∶150~200(冬少夏多),丹质不纯,用量宜酌增。膏药的老、嫩,可取少量滴于水中数秒钟后取出,随即作出判断:膏黏手,表示太嫩,应继续加热,或补加铅丹后加热;膏不黏手,且稠度适当,表示合格;膏发脆,表示过老,可添加适量炼油或掺入适量较嫩膏药肉调整。除经验指标外,测定软化点也是控制膏药老嫩程度的重要方法。

4. 去"火毒" 油丹化合制成的膏药若直接应用,常对皮肤局部产生刺激性,轻者出现红斑、瘙痒,重者发泡、溃疡,这种刺激反应俗称"火毒"。传统认为,"火毒"是油在高温下熬炼产生的"燥性"所致,在水中浸泡或久置阴凉处可除去。现代认为是油在高温时氧化、分解生成的具有刺激性的低分子分解产物,如醛、酮、脂肪酸等,大多具水溶性、挥发性或不稳定性。在水中浸泡,或动态流水可以去除。

> 去"火毒"的方法:将炼成的膏药以细流倒入冷水中,不断强烈搅拌,待冷却凝结后取出。反复搓揉,挤出内部水分制成团块,并将团块置冷水中,至少24小时,每日换水1次,以除尽"火毒"。
>
> 链 接

5. 摊涂 取膏药团块置适宜容器中,文火或水浴上加热熔化,60~70℃保温,加入细料药混合均匀,用竹签蘸取规定量,摊涂于皮革、多层韧皮纸或布等裱褙材料上,摊涂后膏面覆盖衬纸并折叠,密闭包装,置阴凉处储藏。

第4节 橡胶膏剂

一、橡胶膏剂的含义、特点与组成

橡胶膏剂系指药材提取物、药物与橡胶等基质混匀后，涂布于裱褙材料上制成的一种外用制剂。不含药的橡胶膏剂称为胶布。

橡胶膏剂黏着力强，无需加热软化即可直接贴用；不污染衣物，携带方便，有保护伤口及防止皲裂等作用，用于治疗风湿痛等疾病。但膏层较薄，容纳药物量少，药效维持时间较短。

橡胶膏剂的组成：①裱褙材料，一般采用漂白细布，亦有用聚乙烯、软聚氯乙烯片者。②膏料层，由治疗药物、基质及其他辅料组成。③膏面覆盖物（"内衬"），塑料薄膜、硬质纱布或玻璃纸，用以避免膏片相互黏着及防止挥发性药物的挥散。

二、橡胶膏剂的制备

（一）溶剂法

制备过程分为药料提取、膏浆制备、涂膏浆、回收溶剂、切割、加衬、包装等步骤。即将药料用有机溶剂以浸渍、回流、渗漉等方法提取，提取液回收溶剂后备用。

橡胶膏剂的基质

橡胶：高弹性的高分子化合物，以未经硫化的生橡胶为基质的主要原料，具有低传热性及不透气和不透水的性能。

增黏剂：增加膏体的黏性，以往常用松香。因松香中所含的松香酸会加速橡胶膏剂的老化，现多采用具有抗氧化、耐光、耐老化和抗过敏等性能的甘油松香酯、氢化松香、β-蒎烯等新型材料。

软化剂：可使生胶软化，增加可塑性，增加成品的柔软性、耐寒性及黏性。常用的软化剂有凡士林、羊毛脂、液状石蜡、植物油等，邻苯二甲酸二丁酯、邻苯二甲酸二辛酯等亦可用作软化剂。

若处方中含挥发油及挥发性药物（如樟脑、冰片、薄荷油等）较多时，软化剂的用量应酌情减少。但应注意除治疗需要外，一般不宜过分增加挥发性药物，因其在储存中容易挥发损失，使膏面干燥而失黏。

填充剂：常用氧化锌（药用规格）、锌钡白（俗称立德粉）。氧化锌作填充剂能与松香酸生成锌盐，增加膏料与裱褙材料的黏着性；同时亦能减弱松香酸对皮肤的刺激，还有缓和的收敛作用。热压法制橡胶膏剂时，常用锌钡白作填充剂，其特点是遮盖力强，胶料硬度大。

链接

将生胶洗净，在50～60℃温度下加热干燥或晾干，切成适宜大小的条块，在炼胶机中塑炼成网状胶片，摊在铁丝网上18～24小时消除静电后，浸入适量的溶剂汽油中，浸泡至完全溶胀成凝胶状，移入打膏桶内搅拌3～4小时后，依次加入凡士林、羊毛脂、松香、氧化锌等制成基质，再加入药物，继续搅拌约4小时，待已成均匀膏浆时，以7号筛滤过，即得膏料。经涂布、切割、加衬、包装，即得。

（二）热压法

取橡胶洗净，在50～60℃温度下干燥或晾干，切成块状，在炼胶机中塑炼成网状薄片，加入油脂性药物等，待溶胀后再加入其他药物和立德粉或氧化锌、松香等，炼压均匀，经涂膏、切割、加衬、包装，即得。

第5节　糊剂、凝胶膏剂与涂膜剂

一、糊　剂

糊剂系指大量的固体粉末（一般25%以上）均匀地分散在适宜的基质中所组成的半固体外用制剂，可分为单相含水凝胶性糊剂和脂肪糊剂。

糊剂的外观与软膏剂类似。由于含有25%以上的固体粉末，具较高稠度、较大吸水性及较小的油腻性，不妨碍皮肤的正常排泄，具有收敛、消毒、吸收分泌液及保护皮肤等作用。适用于有多量渗出液的皮肤病，慢性皮肤病如亚急性皮炎、湿疹及结痂成疮等轻度渗出性病变亦可应用。

根据所用赋形剂不同，糊剂可分为水性糊剂和油性糊剂两类。

水性糊剂系以水、酒、醋、药汁、蜂蜜、饴糖、甘油、淀粉及其他水溶性高分子物质为基质调制而成的糊剂，此类糊剂无油腻性，易清洗，适用于渗出液较多的创面。

油性糊剂系以麻油等植物油或凡士林、羊毛脂等为基质制成的糊剂。此类糊剂具有油腻性，粉末含量较高。常用于疮疡疖肿、烧烫伤等。

糊剂的制法同软膏剂的研和法。通常将药物粉碎成细粉，过6号筛，也有将药物根据所含有效成分的性质采用适当的溶剂和方法提取制得干浸膏，再粉碎成细粉，与基质搅拌均匀，调成糊状。基质需要加热时，温度不宜过高，一般控制在70℃以下，以免淀粉糊化，应用时直接将糊状涂于患处即可。

二、凝胶膏剂

1. 凝胶膏剂的含义与特点　凝胶膏剂系指提取物、饮片或和化学药物与适宜的亲水性基质混匀后，涂布于背衬材料上制成的贴膏剂。

凝胶膏剂具有以下特点：①载药量较大，适用于中药浸膏；②与皮肤生物相容性好，透气，耐汗，贴敷舒适，对皮肤无刺激性；③基质亲水，膏层含有一定量水分，贴用后皮肤角质层易软化，水合作用增加，有利于药物透皮吸收。

2. 凝胶膏剂的组成　凝胶膏剂主要由裱褙材料（背衬层）、保护层（防黏层）、膏料层（膏体）3部分组成。裱褙材料为基质的载体，可采用漂白布或无纺布；保护层即膏面覆盖物，起保护膏体的作用，多选用聚乙烯或聚丙烯薄膜及玻璃纸等；膏料层为凝胶膏剂的主要部分，由药料与基质组成。

3. 凝胶膏剂的基质　凝胶膏剂的基质一般由黏合剂、保湿剂、赋形剂（无机填充剂、透皮促进剂、软化剂及其他附加剂）组成。基质的性能决定了凝胶膏剂的黏着性、舒适性、物理稳定性等特征，对疗效的发挥具有重要影响。基质配方研究是凝胶膏剂研究的基础，合理的配比是制备性能良好基质膏体的关键。常用的基质配方优化实验方法有正交试验法和均匀实验法两种。基质原料种类众多，性质各异，选用时应综合考虑。

(1) 黏合剂:产生黏性的主要物质,多为天然、半合成或合成的高分子材料。如海藻酸钠、西黄蓍胶、明胶;甲基纤维素、羧甲基纤维素及其钠盐、聚丙烯酸及其钠盐、聚乙烯醇、聚维酮等。

(2) 保湿剂:凝胶膏剂的基质为亲水性且含水量大(多达 60 %)。水分的挥发对药物的释放会产生重要影响。保湿剂常用范围为 1%~70%,最好为 10%~60%。常用保湿剂有聚乙二醇、山梨醇、丙二醇、丙三醇等及其混合物。

(3) 填充剂:影响凝胶膏剂的成型性,用量一般为基质的 20%。常用的填充剂有微粉硅胶、碳酸钙、皂土、二氧化肽、氧化锌、高岭土等。高岭土作为赋形剂具有吸附性,可吸附挥发性药物以降低其损失。高岭土的用量占药物的 5%~20% 为理想范围。

(4) 渗透促进剂:多选用氮酮,浓度一般为 2%~10%,与丙二醇合用能提高氮酮的促渗透作用,也有用二甲基亚砜、尿素等。芳香挥发性物质(如薄荷脑、冰片、桉叶油等)有渗透促进作用。

(5) 软化剂:可增强凝胶膏剂柔软性和耐寒性,常选用蓖麻油及其他油脂,其用量为药物总量的 1%~10%。

根据药物性质及制剂成型需要,还可加用适量防腐剂、抗氧剂、表面活性剂等附加剂。

4. 凝胶膏剂的制备 工艺流程:药物+基质→混匀→膏料→涂布→压防黏层→切割→包装。

凝胶膏剂的制备过程与橡胶膏剂基本相同,只是涂布后,用层压的方法将膏层与保护层复合,由自动包装机完成切割、包装。

凝胶膏剂的制备工艺因主药的性质、基质原料类型的不同而有差异。不同基质类型及其不同规格,基质与药物的比例,配制程序等均影响凝胶膏剂的成型。因此应根据基质与药物性质,选择合理的制备工艺。

三、涂 膜 剂

涂膜剂系指将药物和高分子成膜材料溶解于有机溶剂中制成的供外用涂抹,能形成薄膜的液体制剂。就分散系统而言,涂膜剂应属于外用胶体溶液型制剂,为一种外用新剂型。因其涂布于患部后,溶剂挥发形成薄膜,类似于贴膏剂,对患处有保护作用,同时膜中药物逐渐释放而起治疗作用。涂膜剂不用裱褙材料,制备简单,使用方便。对某些皮肤病有较好的防治作用,如过敏性皮炎、神经性皮炎、牛皮癣等。但因含大量有机溶剂,推广应用受到限制,且应密封储藏,以免挥发,并注意避热、防火。

涂膜剂的成膜材料常用聚乙烯醇缩甲乙醛、聚乙烯醇缩丁醛、聚乙烯醇、玉米朊、火棉胶及以水为溶剂的羧甲基纤维素钠等;有机溶剂可选用乙醇、丙酮、乙酸乙酯等;增塑剂常用邻苯二甲酸二丁酯的丙酮或乙醇溶液。

涂膜剂的制备,首先应选择有利成膜材料溶解的适宜溶剂。处方药物如能溶于上述溶剂中,可直接加入。中药则应先制成乙醇的提取液或其提取物的乙醇丙酮溶液,再加入成膜材料溶液中。

第 6 节 外用膏剂的质量要求与检查

一、软膏剂的质量要求与检查

(一) 软膏剂的质量要求

软膏剂的质地应均匀、细腻,色泽一致,具有适当的黏稠性,易涂布于皮肤或黏膜上并无刺激性。软膏剂不得检出金黄色葡萄球菌和铜绿假单胞菌(眼膏剂应无菌),应无酸败、异臭、变色、变硬、油水分离等现象。所用的包装材料不得与药物或基质发生理化反应。

(二) 软膏剂的质量检查

1. 药物含量测定 主药有效成分明确的软膏剂应采用适当方法测定有效成分的含量。有效成分尚不明确者,应严格控制工艺过程,以专属性鉴别试验控制其质量。

2. 基质的理化性质检查

(1) 稠度:用插度计测定稠度以控制软膏的流变性,一般软膏常温下插入度在100~300之间,乳膏为200~300。插入度系指用插入计测定插入的深度,以0.1mm的深度为1插入度。

(2) 水值:软膏基质的吸水能力通常用水值表示。水值系指在规定温度(20℃)下100g基质能容纳的最大水量(以克表示)。常在一定量基质中逐渐加入少量水,研磨至不能再吸收水而又无水滴渗出为终点。

(3) 酸碱度:取适量样品加适当溶剂(水或乙醇)振摇,所得溶液遇酚酞或甲基橙均不得变色。乳剂基质的pH要求:W/O型乳剂基质pH不大于8.5,O/W型乳剂基质pH不大于8.3。

3. 稳定性 软膏剂的稳定性检查项目包括性状检查(酸败、异臭、变色、分层、涂展性)、鉴别、含量测定、卫生学检查及皮肤刺激性试验,在储藏期间应符合有关规定。

4. 刺激性

(1) 皮肤测定法:剃去家兔背上的毛约2.5cm^2,休息24小时,俟剃毛产生的刺激痊愈后,取软膏0.5g均匀涂布于剃毛部位。24小时后观察有无发红、起疹、水疱等。每次试验在3个不同部位同时进行,同时用空白基质作对照。也可做人体刺激性试验,将软膏涂敷于手臂及大腿内侧等柔软的皮肤上,24小时后观察涂敷部位皮肤的反应。

(2) 黏膜测定法:在家兔眼黏膜上涂敷软膏0.25g,初始两小时每半小时观察1次,24小时后再观察1次。若无黏膜充血、流泪、羞明及骚动不安等现象,说明无刺激性或刺激性很小。

5. 粒度 照2010年版《中国药典》(一部)附录ⅪB第一法:取供试品适量,置于玻璃载片上,涂成薄层,覆以盖玻片,共涂3片,测定。除另外有规定外,含细粉的软膏剂,均不得检出大于180μm的粒子。

6. 装量 照2010年版《中国药典》(一部)附录ⅫC最低装量检查方法检查,应符合规定。

7. 无菌 照2010年版《中国药典》(一部)附录ⅩⅢB无菌检查方法检查,应符合规定。

8. 微生物限度检查 照2010年版《中国药典》一部附录ⅩⅢC微生物限度检查方法检查,应符合规定。

二、黑膏药的质量要求与检查

1. 黑膏药的质量要求 黑膏药应乌黑光亮,油润细腻,老嫩适度,摊涂均匀,对皮肤无刺激性。加温后能粘贴于皮肤上,不脱落也不移动。

2. 黑膏药的质量检查 照2010年版《中国药典》(一部)附录IP膏药重量差异检查及软化点测定项下方法检查,应符合规定。

三、橡胶膏剂的质量要求与检查

1. 橡胶膏剂的质量要求 橡胶膏剂膏面应光洁、厚薄均匀、色泽一致,无脱膏、失黏现象。

布面应平整、洁净、无漏膏现象。盖衬两端应大于胶布。

2. 橡胶膏剂的质量检查 黏着强度照2010年版《中国药典》(一部)附录ⅫE贴膏剂黏附力测定法的第二法项下规定的方法测定,应符合规定橡胶膏剂的含膏量及耐热、耐寒性应符合各品种项下的有关规定。

第7节 外用膏剂典型品种举例

例1 徐长卿软膏

【处方】 丹皮酚1g 硬脂酸15g 羊毛脂2g 液状石蜡25ml 三乙醇胺2g 甘油5ml 蒸馏水50ml

【制法】

(1)丹皮酚的提取:取徐长卿,加约8倍量乙醇,加热回流提取2次,每次2~3小时,滤取提取液,回收乙醇,将残液进行蒸馏,直至馏出液加三氯化铁试液不再显紫色为止。收集蒸馏液,静置过夜,有无色针状结晶析出。滤取结晶,于50℃以下干燥即得丹皮酚粗品(必要时可用乙醇进一步精制)。

(2)乳剂基质的制备:取处方量硬脂酸、羊毛脂、液状石蜡置干燥洁净烧杯中,水浴加热(80℃)使其熔融,得油相,80℃保温备用。取处方量三乙醇胺、甘油及蒸馏水置另一洁净烧杯中,水浴加热至80℃,得水相。将油、水两相等温混合,朝同一方向不断搅拌,直至冷凝,得乳白色基质。

(3)制膏:取丹皮酚用少量液状石蜡研匀后与基质混匀即得。

【性状】 本品为乳白色软膏。

【功能与主治】 抗菌消炎。用于湿疹、荨麻疹、神经性皮炎等。

【用法与用量】 外用,涂敷于患处。

例2 复方南星止痛膏

【处方】

生天南星267g 生川乌200g 丁香167g 肉桂167g 白芷300g 细辛125g 川芎200g 徐长卿125g 乳香(制)83g 没药(制)83g 樟脑63g 冰片63g 共制成1000张

【制法】 以上12味,除樟脑、冰片外,取天南星等10味,低温干燥,粉碎成细粉,过筛,混合均匀,备用。另取松香、石蜡、凡士林、液状石蜡,加热至约100℃,熔融,待温度降至60℃时,依次加入樟脑、冰片及上述药粉混匀,制成膏料。经涂膏、切割、加衬、包装,即得。

【性状】 本品为浅棕色片状橡胶膏。气芳香。

【功能与主治】 散寒除湿,活血止痛。用于证见关节疼痛、肿胀、功能障碍、遇寒加重、舌质暗淡或瘀斑等属寒湿瘀阻证之骨性关节炎患者。

【用法与用量】 外贴。选取最痛的部位,最多贴3个部位,贴24小时,隔日1次,共贴3次。

小结

用膏剂既能起局部治疗作用,又能起全身治疗作用,尤其是TDS、TTS系统已受到广泛重视。本章的学习要点应在知道外用膏剂含义、特点及分类的基础上,明确软膏剂、黑膏药的制备方法和外用膏剂药物的透皮吸收及其影响因素;熟悉各类外用膏剂基质的种类、基本要求及应用特点;同时了解外用膏剂的质量要求及检查项目与方法,并看懂典型品种举例。

目标检测

一、单项选择题

1. 蜡类在软膏基质中的主要作用是 ( )
A. 降低吸湿性 B. 降低基质的黏性 C. 调整软膏的稠度 D. 促进药物吸收
2. 制备黑膏药时,细料药加入的工序应是 ( )
A. 炼油 B. 下丹 C. 去"火毒" D. 摊涂
3. 以植物油和宫粉为基质制成的外用膏剂称 ( )
A. 白膏药 B. 黑膏药 C. 凝胶膏剂 D. 糊剂
4. 软膏剂中常加入硅酮,因为它是良好的 ( )
A. 防腐剂 B. 溶剂 C. 润滑剂 D. 保湿剂
5. 软膏剂与眼膏剂的最大区别是 ( )
A. 基质类型 B. 无菌要求不同 C. 制备方法 D. 外观不同
6. 甘油常用作乳剂型软膏剂基质的 ( )
A. 保湿剂 B. 防腐剂 C. 助悬剂 D. 皮肤渗透促进剂

二、多项选择题

1. 有关软膏剂制备的正确叙述是 ( )
A. 含有高熔点基质的软膏宜用研合法 B. 挥发性药物等基质降温至40℃左右时加入
C. 采用乳化法时,油水两相宜等温相合 D. O/W 型乳剂基质常需加入保湿剂和防腐剂
E. 水溶性基质用前应 150℃ 1 小时灭菌
2. 橡胶膏剂的基质组成包括 ( )
A. 橡胶 B. 凡士林 C. 液状石蜡 D. 松香 E. 氧化锌
3. 属于水溶性基质的是 ( )
A. 凡士林 B. 羊毛脂 C. 聚乙二醇 D. 液态石蜡 E. 甲基纤维素
4. 巴布剂的基质原料一般包括 ( )
A. 软化剂 B. 保湿剂 C. 渗透促进剂 D. 填充剂 E. 黏着剂
5. 外用膏剂的透皮吸收过程包括 ( )
A. 释放 B. 穿透 C. 吸收 D. 分布 E. 代谢
6. 软膏剂常用的制备方法有 ( )
A. 压制法 B. 熔和法 C. 捏合法 D. 研合法 E. 乳化法

三、名词解释

1. 软膏剂 2. 水值 3. 涂膜剂

四、简答题

1. 简述外用膏剂的特点。
2. 简述影响外用膏剂药物透皮吸收的因素。
3. 对软膏剂的基质有何要求。

(刘汉清 刘东平 叶代望)

第 17 章　注射剂(附:滴眼剂)

学习目标

1. 记住注射剂的含义、特点;记住热原的含义、组成与特性

2. 说出污染热原的途径、热原除去方法及检查法;说出注射用水的质量要求和制备方法(蒸馏法等)

3. 简述制备中药注射剂的工艺流程

4. 叙述注射剂的分类;叙述注射用其他溶剂的种类;叙述注射剂容器的种类和质量要求;叙述注射剂的一般质量要求;叙述注射剂的附加剂种类与应用;叙述注射用油的质量要求与精制方法

5. 了解中药注射剂质量检查项目;了解输液剂的含义、种类和制法;了解粉针剂的含义、特点与制法;了解眼用溶液的含义、质量要求、附加剂种类和制法

第 1 节　概　　述

一、注射剂的含义、特点与分类

(一) 注射剂的含义

注射剂(针剂)系指药物(含饮片提取物)与适宜的溶剂或分散介质制成的供注入体内的溶液、乳状液或混悬液及供临用前配制或稀释成溶液或混悬液的粉末或浓溶液的无菌制剂。

(二) 注射剂的特点

(1) 药效迅速、作用可靠。尤其适用于抢救危重患者,或给患者提供能量。不经过胃肠道,避免了肝脏的首过作用及食物的影响。

> 注射剂的应用迄今已有 100 多年的历史,20 世纪 50 年代末到 60 年代初,我国先后研制出板蓝根注射液等 20 余种中药注射剂,如治疗休克的生脉注射液、参附注射液,治疗脑血管病的灯盏花素注射液、脉络宁注射液,镇惊开窍的清开灵注射液,抗菌消炎的茵栀黄注射液等。由于注射剂可皮内、皮下、肌内、静脉、脊椎腔及穴位等给药,是临床尤其是急救诊疗应用最广泛的剂型之一。近年来,新颖注射制剂技术的研究取得了较大突破,脂质体、微球、微囊等新型注射给药系统已用于临床。
>
> 链接

(2) 适用于不能口服给药的患者。临床上某些昏迷、抽搐、惊厥不能吞咽或有其他消化系统障碍不能口服给药的患者,注射给药是有效的途径。

(3) 适用于不宜口服的药物。某些药物受其本身理化性质的影响,不宜被胃肠道所吸收,或易被消化液所破坏,或对胃肠道具有刺激性,将其制成注射剂后可避免上述问题的产生。

(4) 可使某些药物产生局部定位作用。如局部麻醉、关节注射、穴位注射等。

(5) 某些注射剂可用于疾病诊断。

(6) 注射剂不足之处:①注射剂使用不便且注射时会产生疼痛,使用不当有一定危险;②制备工艺比较复杂,制剂技术和设备要求较高。因此,口服给药疗效好的药物,不一定制成注射剂使用。

(三) 注射剂的分类

1. 按分散体系分

(1) 溶液型注射剂:包括水溶液型和油溶液型。

(2) 混悬型注射剂:在水中溶解度小的药物或缓释型注射剂、以水或油为溶剂的混悬型注射液。一般仅供肌内注射。

(3) 乳状液型注射剂:与水不相混溶的液体药物,如油类,可制成乳状液型注射液。

(4) 注射用无菌粉针剂和片剂:系将药物的无菌粉末或灭菌片剂分装在灭菌安瓿或其他适宜容器中;也可将无菌药液按无菌操作法分装在灭菌的容器中,经冷冻干燥成粉末或海绵状;临用前以适当的灭菌注射溶剂溶解成混悬液。凡制成溶液后不稳定的药物均可考虑制成粉针剂。

2. 按给药途径分(图 17-1)

(1) 皮内注射剂:主要用于皮试,1 次注射量在 0.2ml 以下。

(2) 皮下注射剂:主要用水溶液型注射液,凡有刺激性的药物或混悬液不宜皮下注射,一般用量 1~2ml。

(3) 肌内注射剂:水溶液、混悬液和乳状液均可用,一般 1 次用量为 1~5ml。

(4) 静脉注射剂:常作为急救、补充体液和供给营养之用,既可推注也可滴注。大剂量的静脉注射剂又称为“输液剂”。不得加入抑菌剂。

(5) 脊椎腔注射剂:为质量要求与静脉注射剂相同的药物水溶液,1 次注入量不得超过 10ml。不得加入抑菌剂。

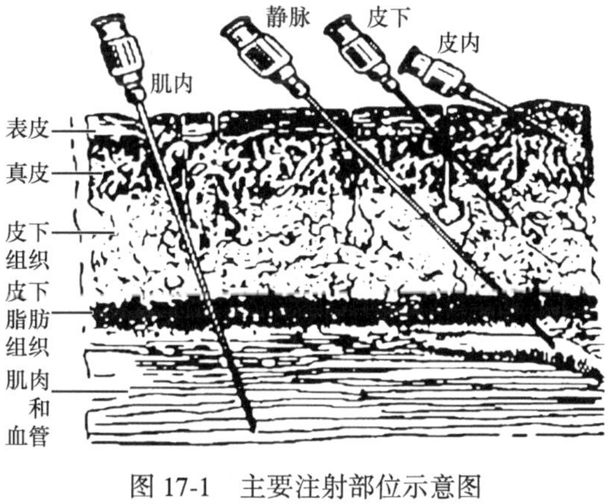

图 17-1　主要注射部位示意图

二、注射剂的一般质量要求

注射剂直接注入人体,必须严格控制其质量,应符合下列各项要求。

1. 无菌　按照 2010 年版《中国药典》附录无菌检查法项下的方法检查,注射剂应无菌。

2. 无热原或无细菌内毒素　注射剂内不应含热原或细菌内毒素,特别是用量 1 次超过 5ml 以上、供静脉注射或脊椎注射的注射剂及注射用水等,热原检查或细菌内毒素检查,应符合药典规定。

3. 可见异物 注射液要在规定条件下检查,不得有肉眼可见的混浊或异物。色泽较深的品种,可根据其色泽的深浅程度提高检查光源的强度,也可采用注射剂异物检查仪进行检查。

4. 不溶性微粒 静脉滴注用注射液(装量为100ml以上者),应进行不溶性微粒检查,并应符合规定。

5. 渗透压和等张性 注射剂的渗透压,要求与血浆的渗透压相等或接近。供静脉注射的量大注射剂要求具有与血液相同的等张性。

6. pH 中药注射剂的pH要求与血液的pH相等或接近,注射剂一般控制在4~9的范围内,但同一品种的pH允许差异范围不超过1.0。

7. 安全性 注射剂必须经局部刺激性、血管刺激试验、过敏试验和溶血试验、急性毒性试验、长期毒性试验,符合规定后方可使用。

8. 稳定性 注射剂多系水溶液,而且从制造到使用需要经过一段时间,所以稳定性问题比其他剂型更突出,故要求注射剂具有必要的物理稳定性和化学稳定性,确保产品在储存期内安全有效。

第2节 热 原

一、热原的含义与来源

热原是指由微生物产生的能引起恒温动物体温异常升高的物质的总称。广义的热原包括细菌性热原、内源性高分子热原、内源性低分子热原及化学性热原等。药剂学上所指的"热原",主要是指细菌性热原,是某些细菌的代谢产物、细菌尸体及内毒素。

注入人体的注射剂中含有热原量达1μg/kg就可引起不良反应,发热反应通常在注入半小时后出现,可使人体产生发冷、寒战、发热、身痛、出汗、恶心、呕吐等症状,有时体温可升至40℃以上,严重者有时还会出现昏迷、虚脱,如不及时抢救,甚至可危及生命。该现象称为热原反应。

> 热原反应的强弱同恒温动物的体温变化有关。热原反应的温度变化曲线,因热原种类不同而有差异,一般先经过一个短暂的潜伏期,温度略微上升,然后再略微下降,接着又很快上升,并出现一个高峰。热原的致热量与菌种的类别有关,同时注射剂注射的途径不与引起发热反应的程度也有差异。
>
> 链接

细菌性热原是由细菌在生长、繁殖过程中产生的代谢产物以及细菌死亡后从细菌尸体中释放出的内毒素等混合而成。当细菌存在于药液中,并具备细菌生长繁殖的条件,如水分、适宜细菌生长的温度与酸碱度,又有足够的营养物质,细菌就会快速生长繁殖,就有可能产生热原。大多数细菌和霉菌都能产生热原,但其中革兰阴性杆菌类产生热原的致热作用最强,其次是革兰阳性杆菌类,革兰阳性球菌则较弱,霉菌、酵母菌、甚至病毒也能产生热原。热原通常是磷脂、脂多糖与蛋白质结合而成的复合物。其中脂多糖是致热活性中心,致热作用最强,其化学组成因菌种不同而有所差异。一般脂多糖分子量越大致热作用也越强。

二、热原的性质

1. 水溶性 热原能溶于水,其浓缩的水溶液常带有乳光。

2. 不挥发性　热原本身不挥发,但蒸馏时可随水蒸气的雾滴夹带入蒸馏水中,应设法防止。

3. 耐热性　热原在 60℃加热 1 小时不受影响,100℃也不会分解,120℃加热 4 小时能破坏 98%左右,在 180~200℃干热 2 小时或 250℃上干热 45 分钟或 650℃干热 1 分钟可彻底破坏。

4. 滤过性　热原体积小,为 1~5nm,故一般的除菌滤器均可通过。但用小于 1nm 孔径的微孔滤膜或超滤器才能滤除。

5. 可吸附性　热原能被活性炭、白陶土、硅藻土等吸附。另外,石棉板、纸浆饼等对热原也有一定的吸附作用,但属非特异性吸附,药物也会被吸附而损失。同时可被离子交换树脂,尤其阴离子交换树脂所交换而除去。

6. 其他性质　可被强碱、强酸、氧化剂及超声波等破坏,故可用强碱或强酸、清洁液或超声波来处理带热原的容器。

三、注射剂污染热原的途径

1. 注射用溶剂　注射用水含热原是注射剂污染热原的主要来源。由于蒸馏器结构不合理,操作不当,容器不洁,放置时间过久等都会污染热原。

2. 原辅料　某些原辅料,如中药提取物、蔗糖、含蛋白为主的生物制品等,由于细菌容易繁殖而引起热原污染。

3. 容器、用具与设备　配制注射剂的容器、用具、管道、滤器等,使用前未彻底清洗、灭菌和除尽热原,均有可能污染热原。

4. 制备过程　工作人员不按操作规程生产,操作时间过长,环境未净化或净化不符合要求,产品灌封后未及时灭菌或灭菌不彻底,这些都会增加微生物污染的机会而产生热原。

5. 输液器具　有时注射用输液本身并不含热原,而是输液用器具,如胶皮管、艾裴滴管、针头等未除净热原而导致使用后发生热原反应。

四、除去热原的方法

(一) 除去容器、用具上热原的方法

1. 高温法　凡能耐受高温处理的容器、用具,如注射用玻璃针筒及其他玻璃容器,在洗净后于 180℃加热 2 小时或 250℃加热 30 分钟以上,可有效地破坏热原。

2. 酸碱处理法　热原可被强酸或强碱所破坏,所以玻璃、瓷制及塑料可用酸液或碱液处理,以重铬酸钾-硫酸清洁液浸泡更为方便。

(二) 除去药液中热原的方法

1. 吸附法　常选用优质活性炭(针剂用),常用量为 0.1%~0.2%(g/ml)。热原多时,用量可增加至 0.5%(g/ml),加热至 60~80℃,15~30 分钟,吸附处理;也可用硅藻土处理,以除去热原。

2. 超滤法　用特制的微孔滤膜(孔径一般为 5~50nm)可除去热原,要正确掌握超滤操作方法,方能有效。凝胶过滤法也可用于生化制剂,以除去热原。

3. 离子交换法　由于热原这类大分子上含磷酸根与羧酸根,往往带有负电荷,故易被强碱性阴离子交换树脂所交换,从而除去热原。

4. 反渗透法　这是近年发展起来的一种新方法,利用反渗透法使药液通过三醋酸纤维素膜

或聚酰胺膜，即可有效除去热原。

五、热原与细菌内毒素的检查方法

1. 热原检查法（家兔致热试验法）　将一定剂量的供试品，静脉注入家兔体内，在规定时间内，观察家兔体温升高的情况，以判断供试品中所含热原的限度是否符合规定。该方法的测定结果客观准确，适用于大多数制剂的热原检查，但不宜用于放射性药剂、肿瘤抑制剂等，且操作繁琐、费时。检查方法按照2010年版《中国药典》（一部）附录ⅩⅢ A“热原检查法”。

2. 细菌内毒素检查法（鲎试剂法）　利用鲎试剂来检测或量化由革兰阴性菌产生的细菌内毒素，以判断供试品中细菌内毒素的限量是否符合规定。鲎试剂法实质上是一种酶反应，鲎试剂中含有高分子的凝固酶原和可凝固蛋白原，前者经内毒素（即热原）激活转化成具有活性的凝固酶，通过酶解作用，使凝固蛋白原转变成凝固蛋白，凝固蛋白又经过交联酶的作用相互聚合形成凝胶。其测定方法有凝胶法和光度测定法。该法便捷、灵敏，适用于生产过程中的热原控制以及不能应用家兔进行热原检测的品种（如放射性制剂、肿瘤抑制剂等）。试验时应注意防止产生假阳性或假阴性。检查方法按照2010年版《中国药典》（一部）附录ⅩⅢ D 细菌内毒素检查法。

第3节　注射剂的溶剂

注射剂的溶剂分为水性溶剂和非水性溶剂两类。水性溶剂最常用的为注射用水，非水性溶剂为植物油，另有乙醇、丙二醇、聚乙二醇等的水溶液。

一、注射用水

注射用水是制备注射剂的首选溶剂，用量最大，范围最广。注射用水的质量要求在2010年版《中国药典》中有具体规定，必须严格执行。除一般蒸馏水的检查项目如酸碱度、氯化物、硫酸盐、钙盐、铵盐、二氧化碳、易氧化物、不挥发物及重金属等应符合规定外，热原检查必须合格。

蒸馏法是制备注射用水最常用而可靠的方法。其原理是：水受热气化为蒸汽，蒸汽经冷却而冷凝成蒸馏水。气化过程中，易挥发性杂质逸出，而不挥发性杂质包括细菌、病毒、热原、悬浮物、无机盐、有机物等仍留在残液中。为确保注射用水的质量，应采用纯化水来蒸馏。

（一）纯化水的制备

纯化水为饮用水采用适宜方法制备的制药用水，常用方法有：蒸馏法、离子交换法和电渗析法、反渗透法等。

1. 离子交换法　离子交换树脂是一种球形、多孔性网状结构的固体高分子共聚物，不溶于水、酸和碱，但能吸水膨胀。离子交换树脂上含有极性与非极性基团两部分。离子交换树脂分为两大类：一类为能与阳离子交换的树脂称为阳离子交换树脂，另一类为能与阴离子交换的树脂称为阴离子交换树脂。离子交换法制备纯水，就是利用阳、阴离子交换树脂分别同水中存在的阳离子（如K^+、Na^+、Ca^{2+}、Mg^{2+}等）和阴离子（如SO_4^{2-}、Cl^-、HCO_3^-、$HSiO_3^-$等）交换，除去这些离子，以达纯化水的目的。

国内常用于制备纯水的树脂是732型苯乙烯强酸性阳离子交换树脂和717型或711型苯乙烯强碱性阴离子交换树脂。

阳树脂上的 H^+ 与水中阳离子交换,被置换到水中后,与水中的阴离子组成相应的无机酸。

当水通过阳树脂处理后,生成含无机酸的水,再通过 OH^- 型阴离子交换树脂时,水中的阴离子又被阴树脂交换而除去,树脂上的 OH^- 被置换到水中并与水中的 H^+ 结合成水(图 17-2)。

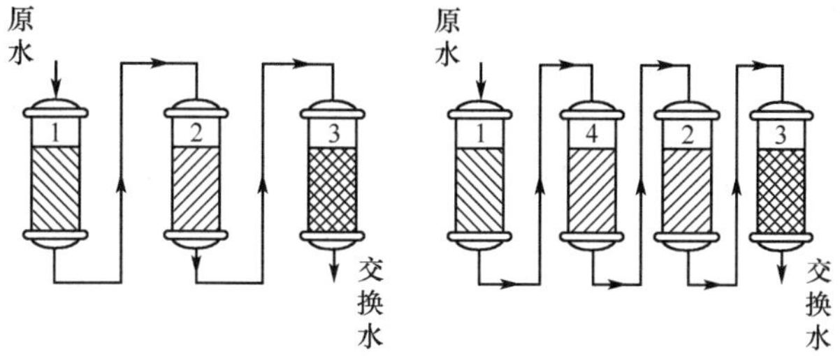

图 17-2 离子交换树脂联合床系统示意图

1. 强酸性阴树脂交换柱;2. 强碱性阴树脂交换柱;3. 强酸强碱混合树脂交换柱;4. 弱碱性阴树脂交换柱

在各种树脂床组合中,阳床需排在首位,不可颠倒。由于水中含有碱土金属阳离子(Ca^{2+}、Mg^{2+}),如不首先经过阳床而进入阴床,阴床中树脂与水中阴离子进行交换,交换下来的 OH^- 就与碱土金属离子生成沉淀包在阴树脂外面,污染了阴床,影响交换能力,所以,必须先让水经过阳床以防止对阴床的污染。

大生产时,为减轻阴树脂的负担,常在阳床后加脱气塔,除去二氧化碳,使用一段时间后,需再生树脂或更换。当原水中 SO_4^-、Cl^- 等强酸根含量较高(≥100mg/L)时,可在阴床前加用弱酸型阴离子交换树脂柱,以除去大部分强酸根离子,延长强碱型阴离子交换树脂的使用时间。更换树脂周期一般每年换 1 次。目前生产过程中,通常通过测定比电阻来控制去离子水的质量,一般要求比电阻值在 100 万 Ω · cm 以上,测定比电阻的仪器常用 DDS-Ⅱ型电导仪。

2. 电渗析法 电渗析纯化水的原理是:在特制电渗析器中,在外加电场的作用之下,根据电场中异性相吸,同性相斥的特性,水中的阴、阳离子发生走向移动,分别通过具有选择透过性的、良好导电性的阴离子交换膜和阳离子交换膜(阴离子交换膜显示强烈正电场,排斥阳离子,只允许阴离子透过;而阳离子交换膜则显示强烈的负电场,排斥阴离子,只允许阳离子透过),从而使水得到纯化(图 17-3)。

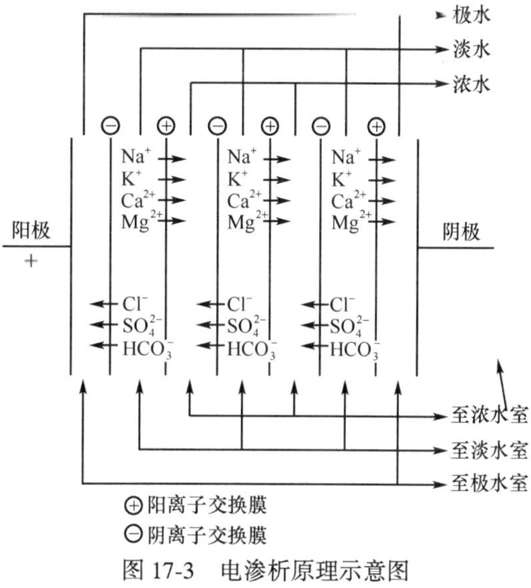

图 17-3 电渗析原理示意图

电渗析净化是一种制备初级纯水的技术。电渗析法对原水的净化处理较离子交换法经济,节约酸碱,特别是当原水中含盐量较高(≥300mg/L)时,离子交换法已不适用,而电渗析法仍然有效。但本法制得的水比电阻较低,一般在 5 万至 10 万 Ω · cm,因此,常与离子交换法联用,以提高净化处理原水的效率。

3. 反渗透法 当两种不同浓度的水溶液(如纯水和盐溶液)用半透膜隔开时,稀溶液中的水分子通过半透膜向浓溶液一侧自发流动,这种现象叫渗透。由于半透膜只允许水通过,而不允许溶解性固体通过,因而渗透作用的结果,必然使浓溶液一侧的液面逐渐升高,水柱静压不断增大,达到一定程度时,液面不再上升,渗透达到动态平衡,这时浓溶液与稀溶液之间的水柱静压差即为渗透压。若在浓溶液一侧加压,当此压力超过渗透压时,浓溶液中的水可向稀溶液作反向渗透流动,这种现象称为反渗透,反渗透的结果能使水从浓溶液中分离出来。

用反渗透法制备注射用水时,必须选用适宜的反渗透膜,如三醋酸纤维素膜。若供反渗透用的多孔性膜的化学结构适宜,使得它能在同盐水溶液相接触时,此膜的表面选择性地吸附水分子而排斥溶质。这样,在膜与溶液的界面上将形成一层纯水层。其厚度视界面性质而异,或为单分子层,或为多分子层,通常认为纯水层为1~2个分子的厚度。在施加压力的情况下,界面上纯水层中的纯水便不断通过毛细管而渗出,这就是纯水从盐水中分离的过程(图17-4)。

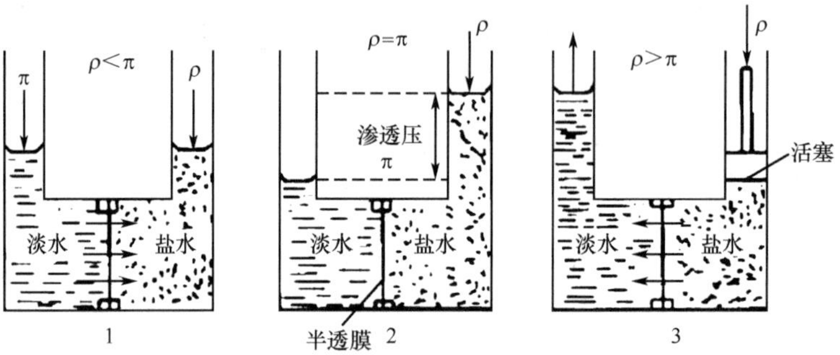

图17-4　反渗透原理示意图

1. 正常渗透;2. 渗透平衡;3. 反渗透

反渗透的装置有:板框式、管式、螺旋式和中空纤维式4种。

反渗透法制备注射用水的流程:一般采用二级反渗透系统,即进水→膜过滤(5μm)→一级泵→一级渗透器→二级泵→二级渗透器→纯水。

反渗透法是在20世纪60年代发展起来的新技术,国内目前主要用于原水处理。用反渗透法制备注射用水,除盐及除热原的效率高,完全能达到注射用水的要求标准。一般情况下,一级反渗透装置能除去一价离子90%~95%,二价离子98%~99%,同时能除去微生物和病毒,但除去氯离子的能力达不到药典要求。二级反渗透装置能较彻底地除去氯离子。有机物的排除率与其分子量有关,分子量大于300的化合物几乎全部除尽,故可除去热原。反渗透法除去有机物微粒、胶体物质和微生物的原理,一般认为是机械的过筛作用。《美国药典》(第23版)已收载该法为制备注射用水法定方法之一。

4. 超滤法　超滤是一种选择性的膜分离过程,超滤的过滤介质被称为超滤膜,一般由高分子聚合而成。超滤目前国内主要用于药液的精制过滤。一定分子截留值的超滤膜能够有效地去除原水中的杂质,如胶体大分子、致热原等杂质微粒。与反渗透技术不同,它不是靠渗透而是靠机械法进行分离的。

利用超滤膜具有水通量大,运转周期长,能较好地除去水中的微粒、细菌等的良好特性,可用于超纯水的终端装置和混床的前级保护装置。如采用截留相对分子质量为2万的聚砜中空纤维超滤膜,能除去自来水中95%以上的微粒,并除去热原(热原相对分子质量80万至100万),所制纯水可用于安瓿的精洗。

(二)注射用水的制备

1. 蒸馏法　注射用水是以纯化水为原料,采用蒸馏法制得。该法制得的注射用水质量可靠,但制备过程耗能较多。

蒸馏器有多种,常用的是:单蒸馏器、塔式蒸馏器以及多效蒸馏器等。当前制备注射用水常用塔式蒸馏器和多效蒸馏器。蒸馏水器中接触到蒸汽和蒸馏水的部件要求用不锈钢、玻璃、紫铜及镀银或镀锡的金属,以防重金属污染蒸馏水。

(1) 塔式蒸馏器(图 17-5):使用时先在蒸发锅内放入大半锅单蒸馏水或纯水。打开蒸汽阀输入蒸汽。蒸汽从进口处经蒸汽选择器除去夹带的水珠及异物后进入蛇形加热管,散出热量变成回气水喷入废气排入器中。其中一些挥发性气体:CO_2和 NH_3从排放器排出,而回气水又流入蒸发锅中蒸发,产生二次蒸汽。二次蒸汽经隔沫装置上升到第一冷凝器(U 形或 Ω 形),冷凝成蒸馏水滴入挡板上,然后流入第二冷凝器,进一步冷却后流出,即为重蒸馏水。此蒸馏水质量高,符合注射用水标准。塔式蒸馏器有多种规格,每小时出水 50~300L,生产能力大。

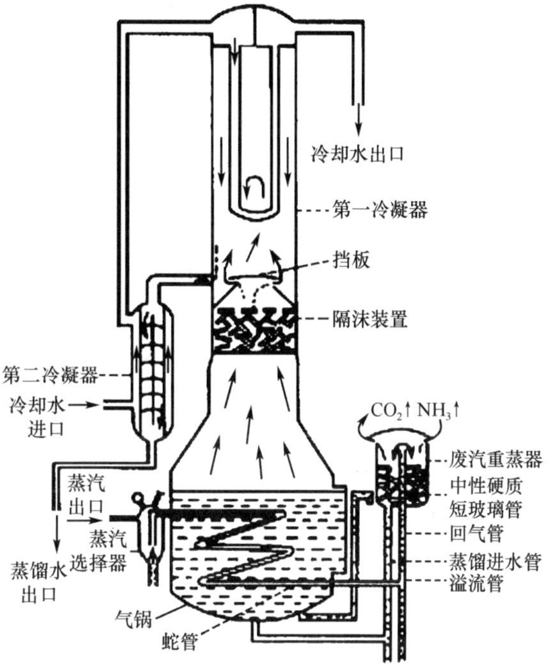

图 17-5　塔式蒸馏水器结构示意图

(2) 多效蒸馏器(图 17-6):其制备重蒸馏水的原理与塔式蒸馏器相同,但由于在内部结构上有改进,更为有效合理。在塔内供蒸馏用的纯水将被加热后气化、冷却后,冷凝成蒸馏水,此种气化→冷却→气化→又冷却的过程多数反复进行,并不断进行热交换,充分利用热能,同时可边供纯水边出重蒸馏水,可连续操作,生产能力大;而且充分利用热能,降低成本。应根据实际生产需要,结合出水质量、能源消耗、占地面积等因素选用,一般以四效以上较为合理。

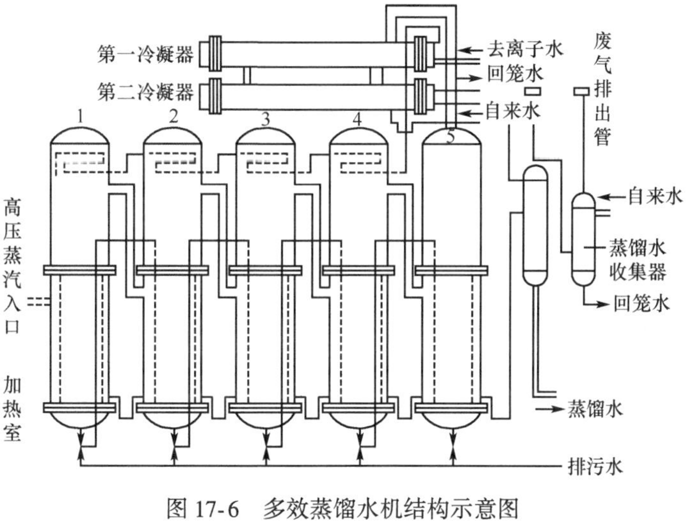

图 17-6　多效蒸馏水机结构示意图

多效蒸馏水器使用注意事项如下:

(1) 新安装多效蒸馏水器启用时要注意:检查各管口密封盖是否脱落而进灰,应用脱脂纱布擦拭干净;检查各连接部位是否在运输中因震动而脱落,应将其拧紧,使其处于良好的状态;

至少应运行4小时以上，以除去机械本身的油垢、污物、易氧化物等，并做注射用水全检，合格后方可供用。

(2) 多效蒸馏水器必须采用饱和蒸汽，否则影响出水质量和速度。

(3) 多效蒸馏水器在运行中应严格控制蒸汽压和水的进入量，否则对水量影响很大，降低生产效率。

(4) 由于出水温度较高(92~98℃)，应注意将本机器连接胶管及连动线的连接胶管固定牢固，使用时间久时应注意更换，以防蒸馏水渗漏烫伤。夏季出水温度较高时，应向本机器通入少量冷凝水。

(5) 定期检查泵的密封及噪音情况，发现异常应及时修理。

(6) 汽液分离器每年至少拆卸1次，清除截留物及进行清洗处理。

(7) 料水过滤器每年至少检查1次，要及时更换过滤网材。

(8) 自来水与料水储存箱应及时清洗，储水时间不宜超过48小时，以防腐败变质。

目前国内大多数制药企业都使用了多效蒸馏水器。多效蒸馏水器所产水质稳定，纯度高，产蒸馏水量也高，能产生高质量蒸汽(用于消毒)，节约时间，水垢也少。

2. 综合法 制备注射用水流程如下：

流程1：饮用水→过滤器→电渗析器→离子交换树脂床→多效蒸馏器→注射用水。

流程2：饮用水→预处理→弱酸床→反渗透→脱气→混床→紫外线杀菌→超滤→微孔滤膜→注射用水。

二、注射用油

某些药物不溶于水而溶于油，又需制成注射剂；或者需要在体内缓慢释放药物而呈现长效作用时，可选用大豆油、麻油、茶油、花生油、玉米油等植物油作溶剂，其中以麻油为佳。作为注射剂溶剂的植物油也称为注射用油。

(一) 注射用油的质量标准

2010年版《中国药典》(二部)附录ⅠB规定注射剂常用油溶剂为注射用大豆油。其质量规定为：①淡黄色澄明液体，无臭或几乎无臭。②酸值应不大于0.1，碘值应为126~140，皂化值应为188~195。

(二) 注射用油精制

1. 中和 取植物油，测定酸值，根据测定结果加比计算量多20%~30%的氢氧化钠(或钾)。为此先将碱配成约18%~35%的溶液，另将油置蒸汽夹层锅中，加入上述碱液并不断搅拌，缓缓升温至60~70℃，保持30分钟，静置过夜。

2. 油皂分离 取样测定油液酸值(在0.3以下)，合格后即行滤过。

3. 洗涤分离 分离出的油液，加入油量1/4的50~60℃的水，静置5分钟，待其分层后弃去水层，反复操作以除去碱和生成的肥皂，洗至油液澄明为止。

4. 脱色脱臭 取上述滤清的油液，在搅拌下加热至50℃，加入油量3%的活性白陶土及0.5%活性炭(两者用前须经160℃，烘烤1小时)，继续加温至80℃，不断搅拌30分钟，通水蒸气以除去挥发性物质，趁热过滤除去脱色剂，并滤至油液完全澄明。

5. 检查灭菌 将油液用蛇管蒸汽加热至140℃，保温30分钟，再经酸值、碘值、水分、杂质等项检查合格后,在 150～160℃干热灭菌 1～2 小时后,备用。

三、其他溶剂

1. 乙醇　某些在水中溶解度小,或在水中不稳定,但在乙醇中能溶解且稳定的药物,如洋地黄苷等,可用乙醇作溶剂。采用乙醇的浓度要适宜,既保证药物溶解,又应避免出现刺激性及其他毒副作用。

2. 甘油　利用它对许多药物具有较大溶解度的特性,常与乙醇、丙二醇或水等合并作混合溶剂用。由于甘油黏稠,可以引起溶血或产生毒副作用,一般不单独作注射溶剂。

3. 丙二醇　溶解范围广,常与注射用水配成不同浓度的复合溶剂使用,可供静脉和肌内注射,而丙二醇水溶液有冰点下降特点,故可配制防冻注射剂。

4. 聚乙二醇　本品为环氧乙烷的聚合物,其中 PEG 200～600 的制品均为中等黏度,无色略有微臭的液体。化学性质稳定,不易水解,略有引湿性。能与水、乙醇相混溶,注射给药时毒性较低。但大白鼠肌内注射人用剂量 5～10 倍的 PEG 300 能使局部肌肉产生化学炎症而坏死。各种浓度的 PEG 200～300 水溶液及浓度大于 40% 的 PEG 400～600 都能发生溶血作用,10%～40% 的 PEG 400～600 可使红细胞免受损害。氯化钠对 PEG 的溶血作用有一定的阻抑作用。

5. 油酸乙酯　本品为浅黄色油状液体,不溶于水,能与乙醇、乙醚及脂肪油等混合。黏度较小,5℃时仍能保持澄明,可迅速被组织吸收,久储后变色。用本品作激素类药物的注射溶媒时可增加药效,并能延长药效。

此外,二甲基乙酸胺、二甲基亚砜、苯甲酸苄酯等,有时也作为注射溶剂使用。

第 4 节　注射剂的附加剂

注射剂中除主药外,还可按药物的性质及医疗的需要添加适宜的注射用规格的其他物质,以增加注射剂的有效性、安全性与稳定性,这类物质统称为注射剂的附加剂。常用的注射剂的附加剂有增溶剂、抗氧剂、抑菌剂、调节 pH 的附加剂、调节渗透压的附加剂以及镇痛剂等。

注射剂附加剂要求在一定浓度范围内对机体无毒性,与主药无配伍禁忌,不影响主药疗效与含量测定。在能保证注射剂质量和疗效的前提下,慎重选用,能不加就尽量不加。

链接

一、增加主药溶解度的附加剂

当药物本身溶解度小或中药注射剂澄明度、稳定性差,可添加此类附加剂。增加主药溶解度的附加剂和方法如下。

(1) 加入增溶剂:常用的有聚山梨酯 80、胆汁等。但除另有规定外,供静脉注射用的注射液,慎用增溶剂;椎管注射用的注射液不得加增溶剂。使用聚山梨酯 80 时,可能使含酸性的药物、苯甲醇、三氯叔丁醇等的作用减弱,应予注意。

(2) 采用混合溶剂或非水溶剂:常用的潜溶剂有丙二醇、甘油、聚乙二醇 300 或 400 等。甘油是鞣质和酚性成分的良好溶剂,常使用一定浓度的甘油水溶液增溶该类成分。

(3) 加酸或碱,使难溶性药物生成可溶性盐。

(4) 在主药的分子结构上引入亲水基团。

二、增加乳剂分散性和稳定性的附加剂

用作注射液乳化剂的质量应符合下列要求:①无抗原性、无毒性、无热原、无刺激性、不溶血;②耐热,在灭菌条件下不失效;③有高度的分散性和稳定性,用少量即可达到目的;④供静脉注射用的乳化剂必须严格控制其粒径大小,乳粒一般应小于 1nm。常用的乳化剂有卵磷脂、豆磷脂、普流罗尼 F-68、氧乙烯丙烯聚合物等。

三、防止主药氧化的附加剂

防止主药氧化除采用降低温度,避免光照,驱尽氧气,调至最稳定的 pH 及控制微量金属离子等措施外,加入抗氧剂也起重要作用。

1. 抗氧剂 注射剂中抗氧剂的选择应根据主药的理化性质及药液的 pH 来决定。常用的抗氧剂见表 17-1。

表 17-1 注射剂中常用的抗氧剂

名称	溶解性	常用量/%	适用范围
亚硫酸钠	水溶性	0. 1~0. 2	水溶液偏碱性,常用于偏碱性药液
亚硫酸氢钠	水溶性	0. 1~0. 2	水溶液微酸性,常用于偏酸性药液
焦亚硫酸钠	水溶性	0. 1~0. 2	水溶液偏酸性,常用于偏酸性药液
硫代硫酸钠	水溶性	0. 1	水溶液呈中性或微碱性,常用于偏碱性药液
硫脲	水溶性	0. 05~0. 2	水溶液呈中性,常用于中性或偏酸性药液
维生素 C	水溶性	0. 1~0. 2	水溶液呈中性,常用于中性或微碱性药液
二丁基苯酚(BHT)	油溶性	0. 005~0. 02	油性药液
叔丁基对羟基茴香醚(BHA)	油溶性	0. 005~0. 02	油性药液
维生素 E(a-生育酚)	油溶性	0. 05~0. 075	油性药液,对热和碱稳定

2. 金属离子络合剂 依地酸二钠或依地酸钠钙,常用量为 0. 01%~0. 05%。此外,环己二胺四醋酸钠、N-羟基乙二胺三醋酸等也可用。

3. 通入惰性气体 将高纯度的惰性气体 N_2或 CO_2通入供配液的注射用水或已配好的药液中,使之饱和以驱尽溶解的氧气,并在药液灌入安瓿后立即通入 N_2或 CO_2,以置换药液面上空间的氧气,然后再封口。

四、调整 pH 的附加剂

从机体的适应性和稳定性考虑,药液应调至适宜的 pH 范围。在药物稳定性良好的前提下,药液的 pH 最好在正常人体液的 pH7. 4 左右,或在 pH7. 0~7. 6 之间。仅有少数品种,允许 pH 在 4~9 之间。为使药物稳定,应针对具体药物寻找出最稳定的 pH。

常用 pH 调节剂包括酸、碱和缓冲剂,主要有:盐酸、枸橼酸、氢氧化钠(钾)、枸橼酸钠及磷酸二氢钠、磷酸氢二钠等。

五、抑制微生物增殖的附加剂

为了防止注射剂在制造和使用过程中污染微生物,特别是采用低温灭菌、滤过除菌或无菌操作法制备的注射液,以及多剂量的注射液,应加入适宜抑菌剂。除另有规定外,1 次注射量超过 15ml 的注射液不得加抑菌剂。静脉输液与脑池内、硬膜外、椎管内用的注射液均不得加抑菌剂,加有抑菌剂的注射液仍应采用适宜方法灭菌。

注射剂中常用的抑菌剂及用量:苯酚(0.25%~0.5%)、甲酚(0.25%~0.3%)、氯甲酚(0.05%~0.2%)、三氯叔丁醇(0.25%~0.5%)、硝酸苯汞(0.001%~0.002%)、苯甲醇(1%~3%)、尼泊金类(0.1%左右)等。

六、减轻疼痛的附加剂

为减轻注射剂注入人体时,由于药物本身的刺激性或其他原因引起的疼痛,可酌加局部镇痛剂。

目前常用的止痛剂有:苯甲醇(1%~2%左右)、盐酸普鲁卡因(0.2%~1.0%)、盐酸利多卡因(0.2%~0.5%)、三氯叔丁醇(0.3%~1.0%)。

七、调节渗透压的附加剂

维持血浆的渗透压,不仅是细胞生存所必需,而且与保持体内水分平衡有关,故注射剂的渗透压应尽量与血浆相等。正常人体血浆渗透压约为 750kPa,凡与血浆、泪液具有相同渗透压的溶液称为等渗溶液。例如:0.9%氯化钠溶液和 5%葡萄糖注射液。然而机体对渗透压具有一定的调节功能,只要输入量不太大,速度不太快,不致产生不良影响。故临床上静脉注入 10%、50%葡萄糖等高渗溶液人体是可以耐受的,肌内注射时人体可耐受的渗透压范围相当于 0.45%~2.7%氢氧化钠所产生的渗透压。但当静脉大量注入低渗溶液,有可能导致溶血现象,应避免。凡注入椎管内的注射剂必须调至等渗。

> 有些药物注射液配成等渗溶液,依然会出现不同程度的溶血现象,这就说明等渗溶液不一定都能使红细胞的体积和形态保持正常。因此,某些药物注射液需配成等张溶液。所谓等张溶液是指与红细胞张力相等的溶液。
>
> 链接

常用渗透压调节剂有:葡萄糖、氯化钠、磷酸盐或枸橼酸盐等。

调节等渗的计算方法有冰点降低数据法和氯化钠等渗当量法。

(一)冰点降低数据法

血浆的冰点为-0.52℃,因此任何溶液,只要其冰点降低为-0.52℃即与血浆等渗。一些药物的 1%水溶液的冰点降低数据见表 17-2。

例 1　配制 100ml 氯化钠的等渗溶液,问需用多少氯化钠?

解　设:氯化钠在等渗溶液中的浓度为 X%,已查得,1%氯化钠溶液的冰点下降度为 0.58℃,则

$$1\% : X\% = 0.58 : 0.52$$

$$X = \frac{0.52 \times 1}{0.58} = 0.9(\%, g/ml)$$

即 100ml 的等渗氯化钠溶液需氯化钠 0.9g。

例 2 配制 100ml 的 2% 盐酸普鲁卡因溶液，问需要加多少氯化钠，使成为等渗溶液？

解 根据以下公式求得

$$W = \frac{0.52 - a}{b} \quad (17\text{-}1)$$

式中，W 为配成等渗溶液所需加入调节剂的量（%，g/ml）；

a 为未经调整的药物溶液的冰点下降度；

b 为用以调整等渗的调节剂 1%（g/ml）溶液的冰点下降值。

从表 17-2 查得，本例中 2% 盐酸普鲁卡因水溶液冰点下降值为 0.24℃。1% 氯化钠溶液的冰点下降度为 0.58℃。

$$W = \frac{0.52 - 0.24}{0.58} = 0.48(\%, g/ml)$$

即需加 0.48g 的氯化钠，可使 100ml 2% 盐酸普鲁卡因溶液成为等渗溶液。

对于成分不明或查不到冰点降低数据的注射液，可测定冰点后，再按上法计算。

例 3 配制 100ml 50% 金银花注射液，问需要加多少氯化钠，使成为等渗溶液？

解 经测定，50% 金银花注射液的冰点下降度为 0.05℃，代入公式中则

$$W = \frac{0.52 - 0.05}{0.58} = 0.81(\%, g/ml)$$

即需加 0.81g 的氯化钠，可使 100ml 50% 金银花注射液成为等渗溶液。

表 17-2 一些药物水溶液的冰点降低数据与氯化钠等渗当量

名称	1%（g/ml）水溶液冰点降低/℃	每 1g 药物氯化钠等渗当量 E 值/g	等渗浓度溶液的溶血情况		
			浓度/%	溶血/%	pH
硼酸	0.28	0.47	1.9	100	4.6
盐酸乙基吗啡	0.19	0.15	38	38	4.7
硫酸阿托品	0.08	0.13	8.85	0	5.0
盐酸可卡因	0.09	0.14	6.33	47	4.4
氯霉素	0.06				
依地酸钙钠	0.12	0.21	4.50	0	6.1
盐酸麻黄碱	0.16	0.28	3.2	96	5.9
无水葡萄糖	0.10	0.18	5.05	0	6.0
葡萄糖（含水）	0.091	0.16	5.51	0	5.9
氢酸后马托品	0.097	0.17	5.67	97	5.0
盐酸吗啡	0.086	0.15			
碳酸氢钠	0.381	0.65	1.39	0	8.3
氯化钠	0.58		0.9	0	6.7
青霉素 G 钾		0.16	5.48	0	6.2
硝酸毛果芸香碱	0.133	0.22			
聚山梨酯 80	0.01	0.02			
盐酸普鲁卡因	0.12	0.18	5.05	91	5.6
盐酸丁卡因	0.109	0.18			

(二) 氯化钠等渗当量法

氯化钠等渗当量是指与 1g 药物呈现等渗效应的氯化钠的量,通常以 E 表示。例如盐酸金霉素的 E 值是 0.11,即 0.11g 氯化钠与 1g 盐酸金霉素呈现相等的渗透效应。一些常用药物氯化钠等渗当量(E 值)见表 17-2,再经计算即可求出使某种药物成为等渗溶液时所需添加的氯化钠或葡萄糖的量。

例　硫酸阿托品 2.0g,盐酸吗啡 4.0g,注射用水配制成 200ml 的注射液,应加多少氯化钠,才能将此注射液制成等渗溶液?

解　从表 17-2 查得,硫酸阿托品的 E 值为 0.13;盐酸吗啡的 E 值为 0.15。

(1) 处方中硫酸阿托品相当于氯化钠的量 2.0g×0.13=0.26g。

(2) 盐酸吗啡相当于氯化钠的量 4.0g×0.15=0.60g。

(3) 硫酸阿托品与盐酸吗啡共相当于氯化钠的量 0.26g+0.60g=0.86g。

(4) 200ml 0.9% 氯化钠溶液所含氯化钠的量为 1.8g。

(5) 使 200ml 上述注射液成为等渗溶液时所需添加的氯化钠的量:

$$1.8\text{g}-0.86\text{g}=0.94\text{g}$$

上述过程经变换成下列公式:

$$\text{NaCl\%}=V\times 0.9\%-G_1E_1-G_2E_2-\cdots \qquad (17\text{-}2)$$

式中,G_1,G_2 为溶质的百分浓度;V 为药液体积毫升数;E_1,E_2 为 1g 药物的氯化钠等渗当量。

第 5 节　注射剂的制备

一、注射剂制备的工艺流程

注射剂的生产过程包括原辅料的准备与处理、配制、罐封、灭菌、质量检查和包装等步骤。不同类型的注射剂在原料处理、溶剂及附加剂选用和配制方法上可能有一定区别。特别是中药注射剂,因组方及药味的不同,需采用不同的提取、分离、精制方法。注射剂一般的工艺流程如图 17-7:

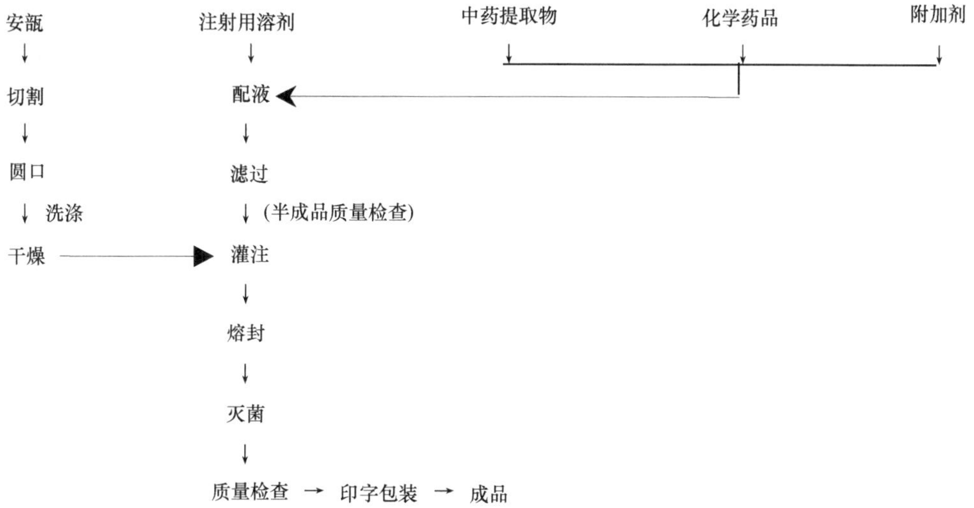

图 17-7　注射剂一般的工艺流程

注射剂的制备,要设计合理的工艺流程,同时必须具备与各生产工序相适应的环境和设施,这是生产和保证注射剂质量的基本条件。注射剂生产厂房设计时,应根据实际生产流程,对生产车间布局、上下工序衔接、设备及材料性能进行综合考虑。

链接

二、注射剂容器的选择与处理

(一)注射剂容器的种类

注射剂的容器按其质地可分为玻璃容器和塑料容器两类。按分装剂量不同可分为单剂量装小容器、多剂量装容器及大剂量装容器 3 种。

1. 单剂量装小容器 俗称安瓿,以硬质中性玻璃材料制成的为主,其容积通常有 1、2、5、10、20ml 等规格。安瓿的形状广泛采用的是有颈安瓿和粉末安瓿,其中最常用的为刻痕色点曲颈易折安瓿。目前易开口环折安瓿已上市,这种安瓿其颈上有一环状切痕,用时不用锉刀就很易折段。

粉末安瓿供分装注射用粉末或结晶性药物,安瓿的口径粗或带喇叭口,便于药物分装。这种安瓿瓶的瓶身与瓶颈连接处吹有沟槽,临用时锯开,灌入溶剂溶解后注射。

为方便临床使用,近年来开发出一种同时盛装药物粉末与注射溶剂的注射剂容器,该容器分为两个隔室,上面隔室装溶剂,下面隔室装无菌药物粉末,中间则用特别的隔膜分开,使用时通过容器顶上的塞子,打开隔膜,溶剂流入下面隔室,使粉末溶解后注射。这种容器特别适用于分装在溶液中药物具有不稳定性的注射剂。

链接

塑料安瓿也有使用,通常用以盛装一些稳定性较好的药物注射液。但由于塑料材料具有一定的透气透湿性,故使用受到一定的限制。

2. 多剂量容器 又叫西林瓶,通常是玻璃小瓶,规格有 5、10、20、30、40、50ml 等数种,瓶口盖胶塞再加压铝盖密封。此类容器,可盛装注射液、注射用粉末或疫苗、血清等生物制品。

3. 大剂量装容器 通常是由玻璃制成的输液瓶,也有采用聚丙烯和聚乙烯制成的输液瓶(袋)。规格一般有 500ml 和 1000ml。

(二)注射剂容器的质量要求

1. 安瓿的质量要求

(1) 应无色透明(需避光的注射剂可用棕色)、洁净、无污物附着。

(2) 具较高的化学稳定性,不改变药液的 pH,又不易被药液腐蚀。

(3) 具有足够的机械强度。抗冲击强度,能耐受热压灭菌所产生的压力差,减少生产、储运中的破损。

(4) 熔点较低,易于熔封。

要达到以上要求,关键决定于玻璃的理化性质。而玻璃的理化性质又取决于其化学组成及其熔合情况即玻璃的结构。目前制造安瓿根据组成可分:中性玻璃、含钡玻璃、含锆玻璃 3 种。

中性玻璃化学稳定性较好,可作为 pH 接近中性或弱酸性注射剂的容器;含钡玻璃的耐碱性能好,可用作碱性较强注射剂的容器;含锆玻璃系含少量锆的中性玻璃,具有更高的化学稳定性,耐酸、耐碱性均好。

2. 空安瓿的质量检查 为了保证注射剂的质量,安瓿使用前要经过一系列的检查,检查项目与方法,均可按《中国药典》的规定,生产过程中还可根据实际需要确定具体内容,但一般必须通过物理和化学检查。

(1) 物理检查:主要检查外观,包括尺寸、色泽、表面质量、清洁度及耐热耐压性能。

(2) 化学检查:主要检查安瓿的耐酸性能、耐碱性能及中性检查等。

(3) 装药试验:当安瓿用料变化或盛装新研制的注射剂时,经一般理化性能检查后:需做必要的装药试验,以进一步考察容器与药物有无相互作用。

(三)注射剂容器的处理

1. 安瓿的切割与圆口 空安瓿需经切割,使安瓿颈的长度基本一致,便于灌封与包装。安瓿切割要求瓶口整齐,无缺口,无裂口,无双线,长短适宜。安瓿割口后,颈口截面粗糙,留有细小玻璃屑,相互碰撞或洗涤时容易落入安瓿内,所以需用强烈火焰喷射灼烧颈口截面,使颈口快速熔融光滑,此操作即称为“圆口”。

小批量生产时,切割与圆口操作,由手工分步完成,切割时常采用安瓿切割板;大批量生产时,一般采用安瓿自动割圆机,割口与圆口在一台机器上同时进行,生产效率大大提高(图 17-8)。目前国内使用的易折安瓿,生产时安瓿瓶口已做处理,故不需要再进行切割与圆口。

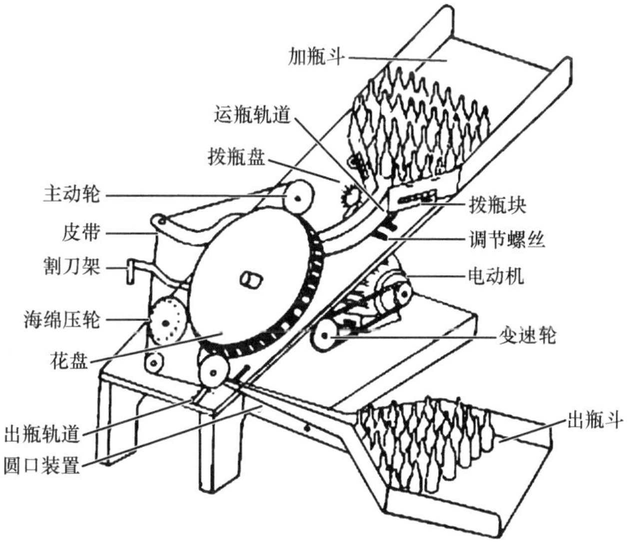

图 17-8 安瓿自动割圆机

2. 安瓿的洗涤 安瓿洗涤前,先灌水蒸煮进行热处理。一般使用去离子水,清洁度差的安瓿可用稀酸溶液(如 0.1%,0.5% 的盐酸或 0.5% 醋酸水溶液),安瓿灌满水或稀酸溶液后,以 100℃蒸煮 30 分钟,其目的是使瓶内灰尘和附着的砂粒等杂质经加热浸泡后落入水中,便于洗涤。同时也可让玻璃表面的硅酸盐水解,微量的游离碱和金属离子溶于水中,使安瓿的化学稳定性提高。

安瓿的洗涤方法一般有甩水洗涤法和加压喷射气水洗涤法两种。

(1) 甩水洗涤法：操作时，安瓿先经灌水机灌满滤净的水，再用甩水机将水甩出，反复3次左右，即可达到清洗目的。该法设备简单，易操作，生产效率较高，一般适用于5ml以下安瓿的清洗。

(2) 加压喷射气水洗涤法：本法是利用已滤净的蒸馏水与已滤净的压缩空气通过针头喷入安瓿内交替喷射洗涤，目前认为是生产过程中较好的洗瓶方法，适用于大安瓿的洗涤。操作时，压缩空气的压力一般为294.2～392.3kPa[3～4(kg·cm^2)]，按气—水—气—水—气顺序，冲洗4～8次，即可达到洗涤目的。

加压喷射气水洗涤法的洗涤用水一般用蒸馏水，最后一次洗涤，应采用通过微孔滤膜滤过的注射用水。压缩空气要经过特殊处理，先经冷却，再经过焦炭(或木炭)、泡沫塑料、瓷圈、砂棒等滤过，也可采用微孔滤膜滤过，使之净化后才能应用。

药厂一般将加压喷射气水洗涤装置安装在安瓿灌封机上，组成洗、灌、封联动机，常见洗灌封联动机的结构如图17-9所示。使洗涤、灌注、封口等操作过程一步完成，提高了注射剂的生产效率。

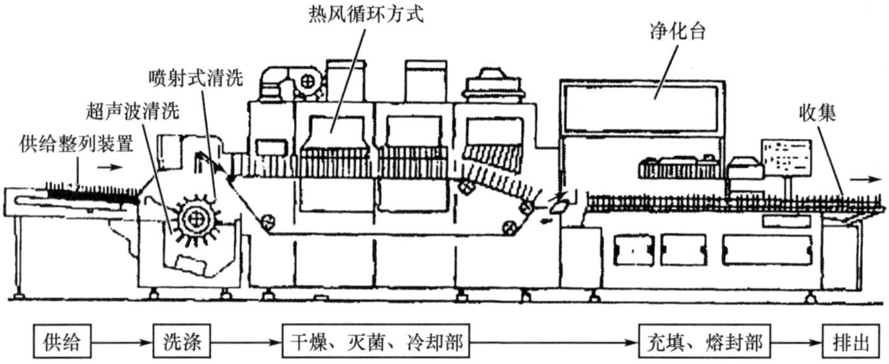

图17-9 洗灌封联动机示意图

3. 安瓿的干燥与灭菌 未经干燥的安瓿只能在洗涤后立即使用，否则洗涤后均应干燥(灌装与水不相混溶的药物，安瓿也应干燥)。安瓿一般可在烘箱中用120～140℃干燥2小时以上。灌装灭菌操作的药物或低温灭菌的药物，安瓿则需用150～170℃干热灭菌2小时。

工厂大生产中，现在多采用隧道式烘箱对安瓿进行干燥，此设备主要由红外线发射装置与安瓿自动传递装置两部分组成，隧道内平均温度在200℃左右，一般小容器的安瓿10多分钟即可烘干，可连续化生产。

经灭菌处理的空安瓿应妥善保管，存放空间应有洁净空气保护，存放时间不应超过24小时。

三、中药注射用半成品的基本要求与制备

(一) 中药注射用半成品的基本要求

中药注射用半成品通常包括从中药饮片中提取的有效成分、有效组分混合物。按照《中药天然药物注射剂基本技术要求》(国食药监注[2007]743号)的规定，以有效成分制成的中药注射剂，其有效成分的纯度应达到90%以上；以多成分制备的中药注射剂，在测定总固体量(mg/ml)基础上，明确成分的含量应不低于总固体量的60%。

(二) 中药注射用半成品的制备

1. 蒸馏法 含有挥发性成分的中药注射剂的制备常采用水蒸气蒸馏或直接水上蒸馏或与

水共蒸馏,收集馏出液,必要时可重蒸馏 1 次,以提高馏出液的纯度或浓度。

2. 综合法　在水提醇沉法或醇提水沉法提取分离的基础上,根据有效成分的性质,选择以下方法进一步精制。

(1) 溶剂萃取法:利用有机溶剂选择性地将有效成分进一步分离富集。

(2) 酸碱沉淀法:利用某些中药有效成分与杂质在酸、碱水溶液中溶解度不同的性质,而除去水提液中的杂质。

(3) 大孔树脂吸附法:将中药提取液经大孔树脂吸附,先用水或稀乙醇洗除杂质,再用规定浓度的乙醇洗脱,获得有效部位。

(4) 超滤法:将中药浸提液预处理后,进一步选择适宜的超滤膜超滤精制。

(三) 除去注射用半成品中鞣质的方法

一般提取纯化方法制成的中药注射用半成品,鞣质都不易被除尽。制备时灭菌或放置过程中,都可能产生沉淀,影响注射液的澄明度。同时,鞣质又能与蛋白质形成不溶性的鞣酸蛋白,当机内注入含有一定量鞣质的注射液后,局部组织就会形成硬块,导致刺激疼痛。除去鞣质通常用下列几种方法。

1. 明胶沉淀法(改良)　明胶是一种蛋白质,与鞣质在水溶液中能形成不溶性的鞣质蛋白,因而可除去鞣质。

(1) 明胶沉淀法:中药水煎浓缩液中,加入 2%~5% 明胶溶液,至不产生沉淀为止,静置、滤过除去沉淀,滤液浓缩后,加乙醇,使含量达 75% 以上,以除去过量明胶。

> 鞣质是多元酚的衍生物,广泛存在于中药植物药材的茎、皮、根、叶及果实中,既溶解于水又溶解于乙醇,有较强的还原性,在酸、酶、强氧化剂存在或加热条件下,可发生水解、氧化、缩合反应,生成水不溶性物质。
>
> 链接

(2) 改良明胶沉淀法:水煎液浓缩,加入 2%~5% 明胶后稍经放置,无须滤过即再加入乙醇使含醇量达 70%~80%,静置过夜,滤过即得。

2. 醇溶液调 pH 法　又称碱性醇沉法。将中药的水煎液浓缩加入乙醇,使其含醇量达 80% 或更高,冷处放置,滤除沉淀后,用 40% 氢氧化钠溶液调 pH 至为 8,此时鞣质生成钠盐且不溶于乙醇而析出,经放置,即可滤过除去。

3. 聚酰胺吸附法　聚酰胺又称锦纶、尼龙、卡普隆,是由酰胺聚合而成的高分子化合物。本法是利用聚酰胺分子内存在的酰胺键,对酚类化合物具有较强的吸附作用而吸附除去杂质。鞣质为多元酚的衍生物,亦可被吸附,从而达到除去的目的。

4. 其他方法　根据实际情况,还可采用酸性水沉法、超滤法、铅盐沉淀法等除去鞣质。

四、注射剂的配液与滤过

(一) 注射液的配制

1. 配液用具选择与处理　配液用具应采用化学稳定性好的材料制成,如中性硬质玻璃、搪瓷、耐酸耐碱的陶瓷及无毒聚氯乙烯、聚乙烯塑料等。不宜用铝、一般的塑料制品。

玻璃器皿和容器可用清洁液处理后,再以自来水刷洗,最后用注射用水荡洗干净。塑料容器及管道可先用较稀的清洁液处理后，再以自来水刷洗，然后用注射用水抽洗数次。乳胶管一般先用蒸馏水煮沸20~30分钟，再用注射用水反复抽洗；亦可用1% NaOH溶液浸泡10分钟，用自来水搓揉冲洗，再用注射用水抽洗至干净。使用后的管道应立即洗净，如暂时不用，可浸泡在1%~1.5%苯酚溶液中，以防止微生物生长。

2. 中药注射液的浓度表示法

(1) 按有效成分的百分浓度表示：适用于有效成分已明确，并已提取出单体者，可注明每毫升注射液内含单体多少克、毫克或微克。例如，丹皮酚注射液每毫升含丹皮酚5mg。

(2) 按总提取物的百分浓度或每毫升含总浸出物的量表示：适用于干燥提取物（未制成单体的）配制的注射液，例如，毛冬青注射液每毫升中含毛冬青提取物18~22mg。

(3) 按每毫升注射液相当于多少克中药饮片来表示：适用于有效成分不明确的中药注射液，为中药注射剂部分老产品的浓度表示法，例如，400g中药饮片经提取精制后，配成200ml注射液，即1ml注射液相当于2g饮片。

（二）注射液的滤过

滤过是保证注射液澄明的重要操作，一般分为初滤和精滤。如药液中沉淀物较多时，特别是加吸附剂活性炭处理的药液须初滤后方可精滤，以免沉淀堵塞滤孔。

常用于初滤的滤材有：滤纸、长纤维脱脂棉、绸布、绒布、尼龙布等。常用的滤器有：三角玻璃漏斗、布氏漏斗、滤棒。精滤常用滤器有：垂熔玻璃漏斗、微孔滤膜及滤器等。砂滤棒适用于大生产初滤（粗滤）；垂熔玻璃滤器G_3用于常压过滤，G_4用于加压或减压过滤，G_6用于无菌过滤；板框压滤机用于大生产预滤；微孔滤膜（0.45μm）用于精滤或无菌过滤（0.22μm）。滤过方式有以下3种：

进一步除尽杂质的方法

吸附法：①活性炭在应用前应于150℃干烤4~5小时，用时溶液加热至80℃左右。活性炭同时吸附一些有效成分，如生物碱、苷类、有机酸等，故用量应适当。②滑石粉对胶体有良好的分散作用。临用前应在115℃活化1小时。③纸浆与药液混合、滤过，有较好的助滤和脱色作用。

热处理与冷藏法：亦称变温法，注射液中的某些高分子杂质，不易凝聚和沉淀，但经加热处理，煮沸30分钟或115℃加热15~20分钟，能破坏其胶体状态而使之凝聚，再在0~4℃冷藏24小时，使沉淀析出，即可滤过除去杂质。

链接

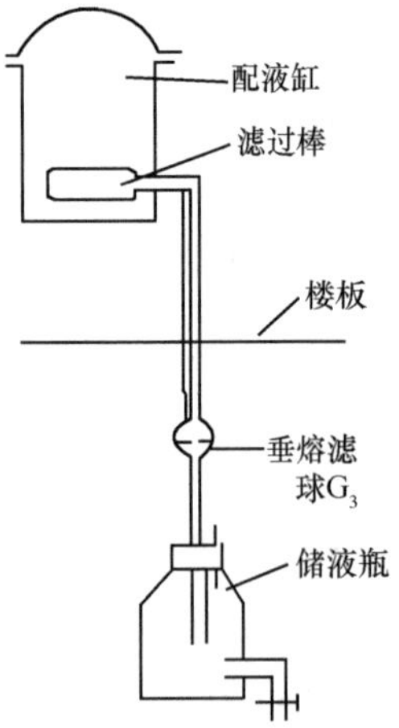

图17-10 高位静压滤过装置

1. 高位静压滤过 该装置如图17-10所示，适用于生产量不大，配液间和储液罐在楼上，待滤药液通过管道自然流入滤器，滤液流入楼下的储液瓶或直接灌入容器。利用液位差形成的静压，促使经过滤器的滤材自然滤过。此法简便、压力稳定、质量好，但滤速慢。

2. 减压滤过 是在滤液储存器上不断抽去空气，形成一种负压，促使在滤器上方的药液经滤材流入滤液储存器内。此装置设备简单，但压力不稳定，操作不当，易引起滤层松动，影响滤过质量。一般可采用减压连续滤过装置（图17-11）。

3. 加压滤过 系用离心泵输送药液通过滤器进行滤过。其特点是：压力稳定、滤速快、质量好、产量高。由于全部装置保持正压，空气中的微生物和微粒不易侵入滤过系统，同时滤层不易松动，因此滤过质量比较稳定。适用于配液、滤过、灌封在同一平面工作(图 17-12)。

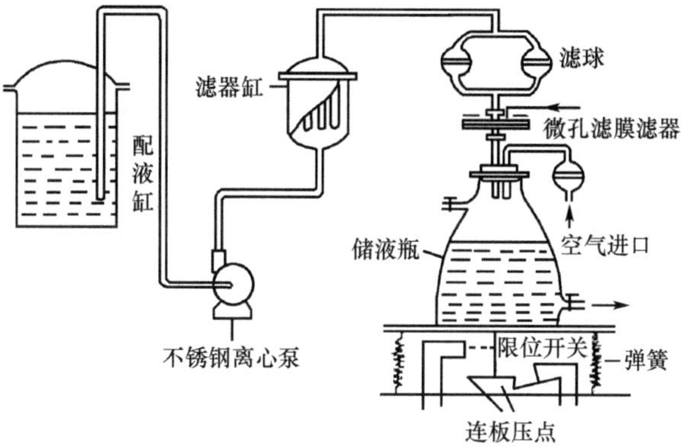

图 17-11 减压连续滤过装置

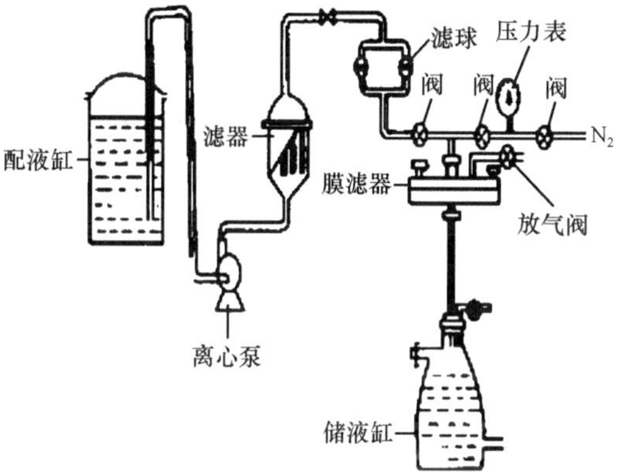

图 17-12 加压滤过装置

不论采用何种滤过方式和装置,由于滤材的孔径不可能完全一致,初滤液不一定澄明,需将初滤液回滤,直至滤液澄明度合格后,方可进一步精滤后供灌装。

五、注射液的灌封

(一) 注射液的灌装

注射剂灌装时要求做到:①装量准确,每次灌注前必须先试灌若干支,按照《中国药典》规定的"注射剂的装量检查法"进行检查,符合规定后再行灌注;②灌注时应注意尽量不使灌注针头与安瓿颈内壁碰撞,以免玻屑落入安瓿;③药液不可黏附在安瓿颈壁上,以免产生焦头或爆裂。

为了保证注射剂使用时有足够的剂量,以补偿在给药时由于瓶壁黏附和注射器及针头在吸液时造成的损失,安瓿中注射液的实际灌注量应等于标示量加上多灌量。《中国药典》对注射剂附加量的规定见表 17-3。

表 17-3 注射液灌装时应增加的灌装量

标示量/ml	增加量/ml	
	易流动液体	黏稠液
0.5	0.10	0.12
1.0	0.10	0.15
2.0	0.15	0.25
5.0	0.30	0.50
10.0	0.50	0.70
20.0	0.60	0.90
50.0	1.00	1.00

常用的灌注器有：手工竖式灌注器、手工横式灌注器、双针或多针灌注器、电动灌封机等。

（二）注射液的熔封

容器注入药液后，应立即封口。对于安瓿的熔封应严密，不漏气；颈端应圆整光滑，无尖锐易断的尖头及易破碎的球状小泡。

小量生产常采用双焰熔封灯进行熔封，为拦腰熔封；大量生产时多采用自动安瓿洗灌封机（如图 17-9 所示）。过去曾多用顶端熔封，而目前则采用拉封法。

六、注射液的灭菌和检漏

（一）注射剂的灭菌

熔封后的安瓿应立即灭菌，不可久置。一般配制到灭菌应在 12 小时内完成。灭菌方法主要根据主药性质来选择，既要保证灭菌效果，又不破坏有效成分。一般小容量（1~5ml）的中药注射剂，可采用流通蒸汽 100℃灭菌 30~45 分钟；容量较大（10~20ml）的安瓿可酌情延长灭菌时间。对热稳定的产品，多采用热压灭菌法。

（二）注射剂的检漏

安瓿熔封时，有时由于熔封工具或操作等原因，少数安瓿顶端留有毛细孔或裂缝，造成漏气。漏气安瓿则易污染微生物而使药液变质，因此，必须查出漏气安瓿，予以剔除。生产上通常采用灭菌检漏两用锅，灭菌与检漏同时进行。灭菌后稍开锅门，从进水管放进冷水淋洗使安瓿温度降低，然后关紧锅门并抽气，使灭菌器内压力逐渐降低。如有漏气安瓿，其瓶内空气也被抽出。当真空度达到 85.12~90.44kPa 时，停止抽气，将有色溶液（如 0.05% 曙红、亚甲蓝或酸性大红 G 溶液）吸入灭菌锅中，至淹没过安瓿后，关闭色水阀，开启放气阀，再将有色溶液抽回储液器中，开启锅门，取出注射剂，淋洗后检查，剔去带色的漏气安瓿。也可将灭菌后的安瓿趁热浸入有色溶液中，当冷却时，因漏气安瓿内部压力低，有色溶液即由漏孔进入安瓿，使药液染色。

七、注射液的质量检查

1. 可见异物 除另有规定外，照 2010 年版《中国药典》附录Ⅺ C 可见异物检查法检查，应符合规定。

2. 不溶性微粒 除另有规定外，溶液型静脉用注射液、溶液型静脉用注射无菌粉末及注射用浓溶液照 2010 年版《中国药典》附录Ⅸ R 不溶性微粒检查法检查，应符合规定。

3. 有关物质 按各品种项下规定，照 2010 年版《中国药典》附录Ⅸ S 注射剂有关物质检查法检查，应符合有关规定。

4. 无菌 照 2010 年版《中国药典》附录ⅩⅢ B 无菌检查法检查，应符合规定。

5. 热原或细菌内毒素 除另有规定外，静脉用注射剂按品种项下的规定，照 2010 年版《中国药典》附录ⅩⅢ A 热原检查法或附录ⅩⅢ D 细菌内毒素检查法检查，应符合规定。

6. 装量差异 注射用无菌粉末按 2010 年版《中国药典》附录Ⅰ U 规定的方法进行，应符合规定。

此外，应根据具体品种要求进行鉴别试验、含量测定、杂质检查、溶血检查以及安全试验等项目检查。

八、注射剂的印字与包装

注射剂经质量检测合格后方可印字与包装。印字方法有两种:手工印字和安瓿印字机印字。每支注射剂均须印上品名、规格、批号等。所印字迹应清晰可见,且不易抹掉。目前已有印字、装盒、贴标签及包扎等联成一体的印包联动机。

装安瓿的纸盒内应衬有瓦楞纸,并应放有割颈用小砂石片及使用说明书。盒外应贴标签,标签上须注明下列内容:注射剂名称(中文、拉丁文全名);内装支数;每支容量与主药含量;批号、制造日期与失效日期;处方;制造厂名称和地址;应用范围、用法、用量、禁忌;储藏方法与条件;批准文号。

九、注射剂举例

例 1　山豆根总碱注射液:本品为山豆根总碱的灭菌水溶液,含山豆根总碱 10%。

【处方】　山豆根总碱(按 100% 含量计算)10g　苯甲醇 1.0g　注射用水　加至 1000ml

【制法】　取山豆根总碱精制品,加适量注射用水,用 1mol/L 盐酸调 pH 3.5 左右,溶解,抽滤,加苯甲醇,搅拌,加注射用水至 1000ml,滤过,灌封(每支 2ml),100℃30 分钟灭菌即得。

【性状】　本品为略带淡黄色的澄明液体。

【功能与主治】　清热,消炎,镇痛,平喘,利尿,降压。用于慢性气管炎、哮喘、咽喉肿痛、关节疼痛等症。

【用法与用量】　肌内注射。每次 1 支,1 日 2 次。

【注解】　山豆根总碱的提取:将山豆根加 8 倍量水及加硫酸调 pH 2~3,温浸 12 小时,滤过,合并 2 次浸出液,静置,吸取上清液,用薄膜浓缩蒸发器浓缩至全量的 1/4,冷却,加碳酸钠碱化,使 pH 至 9 左右,得大量沉淀为粗制总生物碱(收率为 5%~7%)。将粗生物碱用 4 倍量 80% 乙醇溶液回流提取 3 小时,滤过,回收乙醇,加适量稀盐酸搅拌使溶解,滤过,滤液用碳酸钠调 pH 6.5~7,有少量沉淀,滤去,滤液继续调 pH 至 9 左右,有大量黄色沉淀,放置,抽滤,得沉淀物,于 60℃烘干后,溶解于苯中,用稀盐酸分离提取 4 次,酸液用碳酸钠碱化,调 pH 至 9 左右,得沉淀,抽滤,60℃干燥,即得总生物碱精制品(收率为 1.2% 左右)。

例 2　当归注射液:本品为当归提取物的灭菌水溶液,每 2ml 相当于药材 0.1g。

【处方】　当归 50g　苯甲醇 10ml　氯化钠 8g　注射用水　加至 1000ml

【制法】　取当归粗粉,加蒸馏水约 1000ml,浸渍 30 分钟,按蒸馏法收集蒸馏液 800ml,备用。药渣按煎煮法加水煎煮 2 次,每次 30 分钟,合并水煎液,浓缩至 50ml,加二倍量乙醇,搅拌,冷藏,沉淀,滤过,滤液回收乙醇,浓缩至 20~25ml,再加乙醇至含醇量达 80%,冷藏滤过,滤液回收乙醇至无醇味,与上述蒸馏液合并,滤过,加苯甲醇、氯化钠,搅拌溶解。加注射用水至 1000ml,用 G_3垂熔玻璃漏斗滤过,灌封于 2ml 的安瓿中,100℃灭菌 30 分钟即得。

【性状】　本品为淡黄色或黄色的澄明液体。

【功能与主治】　活血止痛。用于各种疼痛,如头痛、风湿性关节炎、坐骨神经痛、面神经麻痹、痛经及妇科疾病。

【用法与用量】　穴位注射,每穴 0.3~0.5ml,1 日或隔日 1 次。

【注解】　①当归含挥发油 0.2%~0.4%,其主成分为藁本内酯、正丁烯酞内酯等。故本品采用双提法提取,以保留其有效成分。②方中苯甲醇为镇痛剂,氯化钠为等渗调节剂。③本品也可以70%乙醇为溶剂，采用渗漉法提取制备。

例3 参麦注射液：本品为红参、麦冬等提取物的灭菌水溶液，每毫升含总皂苷以人参皂苷Re($C_{48}H_{82}O_{18}$)计，不得少于0.80mg。

【处方】 红参100g 麦冬200g 注射用水 加至1000ml

【制法】 取红参、麦冬，用80%乙醇溶液600ml，置水浴上回流提取2次，每次2小时，滤过，药渣用80%乙醇溶液200ml分次洗涤，合并上述滤液和洗涤液，冷藏，静置12小时，滤过，于滤液中按体积加入1%活性炭，搅拌1小时，滤过，滤液减压回收乙醇至无醇味，添加注射用水至约1000ml，于100℃灭菌30分钟，加10%氢氧化钠溶液调节pH至7.5，冷藏48小时以上，滤过，滤液加聚山梨酯80适量，并调pH至7.5，加注射用水至1000ml，滤过，灌封，100℃流通蒸汽灭菌即得。

【性状】 本品为微黄色至淡棕色的澄明液体。

【功能主治】 益气固脱，养阴生律，生脉。用于治疗气阴两虚型休克、冠心病、病毒性心肌炎、慢性肺心病、粒细胞减少症。

【用法用量】 肌内注射，每次2~4ml，1日1次。静脉滴注，1次20~100ml，用5%葡萄糖注射液稀释后应用，或遵医嘱。

【注解】 ①本品以醇提水沉法制备。在精制过程中，若采用大孔树脂吸附处理，则可有效提高提取物中人参皂苷的含量。②制备过程中，使用活性炭的目的是吸附杂质和脱色，所用活性炭应选用针用规格，为保证吸附完全，也可于水浴上适当加热。③药液中聚山梨酯80作增溶剂，灭菌后应注意及时振摇，防止产生起昙现象而影响注射剂澄明度。

第6节 输 液 剂

一、输液剂的含义与种类

（一）输液剂的含义

输液剂系指通过静脉滴注输入体内的大剂量注射液。通常包装在玻璃或塑料的输液瓶或袋中，不含防腐剂或抑菌剂。使用时通过输液器调整滴速，持续而稳定地输入体内。它不仅可以补充必要的营养、热能和水分，以维持体内水、盐（电解质）的平衡，而且对改善血液循环，防止和治疗休克，调节酸碱平衡，稀释和排泄毒素等均有重要作用。

（二）输液剂的种类

1. 电解质输液 用以补充体内水分和电解质，纠正体内酸碱平衡等。如氯化钠注射液、复方氯化钠注射液、乳酸钠注射液等。

2. 营养输液 包括糖类及多元醇类输液、氨基酸类输液、脂肪乳剂输液等。

（1）糖类及多元醇类输液：糖类输液用以供给机体热量和补充体液，常用的有葡萄糖注射液等。多元醇类输液用于脑水肿降低颅内压及用于烧伤后产生的水肿，如山梨醇注射液、甘露醇注射液等。

（2）氨基酸类输液：用于补充患者营养及人体必需的氨基酸和水分等。常见的有复合氨基酸(9R)注射液、凡命7%（含17种氨基酸）等。

（3）脂肪乳剂输液：一种用于补充供给患者体内热量的胃肠道外的高能输液剂。常用的有静脉注射用脂肪乳,使用时必须单独输入。

3. 胶体类输液　是一种与血浆等渗及有近似黏度的胶体溶液,又称血浆代用液。用于维持血压和增加血容量,以防患者休克。必要时与氨基酸输液合用,可克服代血浆只有扩张血容量作用而无营养功能的缺点。主要品种有右旋糖酐、淀粉衍生物(羧甲基淀粉钠、羟乙基淀粉等)、聚维酮等。

二、输液剂的质量要求

除应符合注射剂一般要求外,输液剂的质量更应关注下列要求:

(1) 应无菌、无热原、完全澄明。

(2) 具有适宜的渗透压,应等渗或略高渗。

(3) pH 力求接近人体血液的 pH。

(4) 输液剂内不得加入抑菌剂、镇痛剂、增溶剂。

(5) 应无毒副作用,输入体内不应引起血象的异常变化,不损害肝、肾等脏器,且无致敏性的异性蛋白等。

> 输液剂临床用量大、质量要求高,生产中易出现澄明度和热原不合格等问题,如玻屑、细菌、真菌孢子、霉菌、杂质、棉纤丝等。除了应注意肉眼可见的异物外,还应重视粒径在 50μm 以下的细小微粒的存在。在生产与使用中,应加强管理,防止污染,保证质量。
>
> 链接

三、输液剂的制备

(一) 输液剂制备的工艺流程(图 17-13)

输液剂制备的一般工艺流程如下:

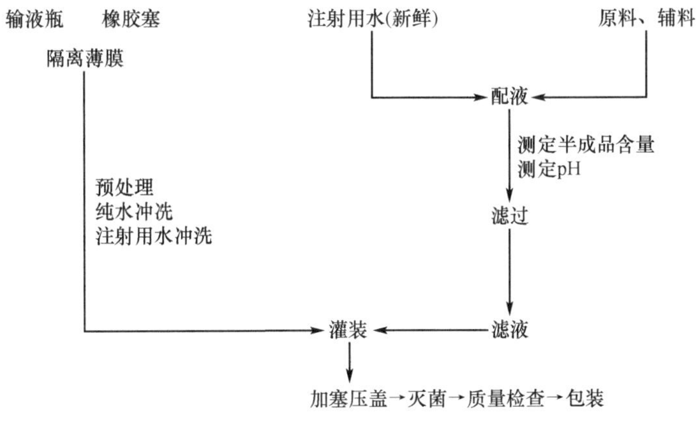

图 17-13　输液剂制备的工艺流程

(二) 输液容器的选择与处理

输液容器我国目前仍以玻璃输液瓶为主,20 世纪 60 年代国内外已开始用塑料袋盛装输液。

1. 输液瓶 应为中性硬质玻璃制成的，耐酸、碱及药液的侵蚀。经高压灭菌及长时间储存不会脱片的。外观应光滑、均匀、端正、无条纹、气泡及毛口等。

药厂洗涤输液瓶的常用方法：先用常水冲洗去表面灰尘，再刷洗内壁，然后用冲瓶机以 70℃左右的 2%氢氧化钠液或 3%碳酸钠液冲洗 10 秒钟以上，随即以常水冲去碱液，最后以注射用水冲洗干净。

2. 橡胶塞 橡胶塞的质量对输液剂影响很大。橡胶塞的质量要求是：应富有弹性和柔曲性，针头容易刺入，拔出后能立即闭合；耐高热高压灭菌；具有高度的化学稳定性；吸附性较小；具有一定的耐溶性以免增加药液的杂质；不易老化、表面光滑和厚薄均匀。

橡胶塞主要成分为合成橡胶，并含有附加剂，如硫黄（增加橡胶的机械强度）、氧化锌、碳酸钙（填充剂）、硬脂酸（增塑剂）等。目前我国常用的为卤化丁基橡胶塞，属一类药包材，其质量应符合 SFDA 颁布的《直接接触药品的包装材料和容器管理办法》和其他有关规定，使用前一般用滤过的注射用水进行多次漂洗即可。

3. 衬垫薄膜（又称隔离薄膜） 橡胶塞虽经反复处理，仍难保证输液成品中无微粒。为防止药液同橡胶塞直接接触，还需要在橡胶塞下衬垫一层隔离膜。目前常用的衬垫薄膜是聚酯薄膜（涤纶）。聚酯薄膜理化性质稳定，能耐热压灭菌，用稀酸煮洗或乙醇洗涤均无异物脱落或溶解。但由于在分子中含有酯键，对碱的稳定性较差，因此仅适用于微酸性药液。聚丙烯薄膜亦有应用，适用于微酸或微碱性溶液。聚酯及聚丙烯薄膜都具有强的静电效应，能吸附各种尘埃细屑，且不易洗脱。

聚酯薄膜的处理方法：将薄膜刷去细屑，捻开，置于含 0.9%氯化钠溶液的 85%乙醇溶液的滤清溶液中（或 95%乙醇溶液），浸泡 12 小时以上，以除去有机杂质及解除静电效应，洗去吸附的尘埃，漂洗干净。放入滤过的蒸馏水中，煮沸 30 分钟或在蒸馏水中用 68.7kPa 压力灭菌 15～30 分钟，并用滤过的注射用水漂洗至水中无白点、纤维等异物为止。浸泡在澄清的注射用水中备用。因聚酯薄膜长时间浸泡在乙醇中会发生醇解，故应即洗即用。

聚丙烯薄膜的处理基本与聚酯薄膜相同，只是不加热，而以 10%盐酸浸泡 12 小时，取出搓洗至无异物。

（三）原辅料的质量要求

输液剂必须选用高质量、专供注射用、经过严格检验合格、包装严密的原料，否则不仅成品澄明度不合格，而且注入人体后易产生毒副作用，甚至危及生命。

输液剂配制所用的溶剂必须为符合要求的新鲜注射用水。

活性炭（767 型针用炭）是输液配制最常用的辅料，用以除去溶液中的热原、色素、胶体微粒等杂质及作助滤剂。市售药用炭因含硫化物及重金属较多，会影响产品质量，需经精制处理，符合针剂用活性炭要求后才能使用。若活性炭中铁和锌盐含量较高时，会使输液与维生素 C 及含水杨酸盐注射液配伍时引起药液变色。此时可将活性炭加适量盐酸煮沸，抽干，洗至氯化物符合规定，在 120℃烘干即可得到改善。

（四）配液与滤过

输液剂的配制采用不锈钢夹层锅。使用前，配制用具和容器要认真洗涤，防止热原污染。输液剂的配制方法一般有以下两种：

1. 稀配法 精密称取原料药物，直接加注射用水配成所需浓度，必要时加入 0.1%～0.3%针用活性炭吸附处理后，滤过至澄明，灌装，灭菌即可。凡原料质量较好，溶解后成品澄明度合格率较高的可用此法。

2. 浓配法 凡原料质量虽符合规定标准,但溶解后澄明度较差者可用此法。如葡萄糖注射液可先配成 50%~70% 溶液,氯化钠注射液可先配成 20%~30% 溶液,经煮沸、加活性炭吸附、冷藏、滤过后,再用注射用水稀释至所需浓度。

输液的滤过方法有减压滤过和加压滤过等,不论采用何种方法,均应在密闭连通管道中进行,避免药液与外界空气接触而减少污染机会。目前生产输液大多采用玻璃泵或不锈钢加压泵加压滤过。

输液的滤过方法、滤过装置与一般注射剂相同,分预滤与精漉两步进行。一般用垂熔玻璃滤棒、陶质砂滤棒或不锈钢板框压滤机进行预滤。精滤滤材目前多采用微孔滤膜,常用滤膜孔径为 0.65μm 或 0.8μm。或用加压三级(砂滤棒-G_3滤球-微孔滤膜)滤过装置。也有用聚四氟乙烯或聚碳酸酯或不锈钢滤器为支架加混合纤维素微孔滤膜组成的滤器用作药液的精滤。我国《药品生产质量管理规范》(GMP)要求注射液均需经微孔薄膜滤过。

(五) 灌封与灭菌

常用输液瓶灌封的工序由灌注、加隔离薄膜、盖橡胶塞和轧铝盖 4 步组成,且必须按规程操作,连续完成。生产上多采用自动灌装机,用电子仪控制流量灌入输液瓶中,经履带传动,人工加盖涤纶薄膜和胶塞,再经自动翻塞机翻转胶塞边,最后经自动落盖轧口机、落盖、压紧。国内已有 SYL-GF500 型灌封机生产,此设备集洗瓶、灌装、加塞、轧口等多种功能于一体,每小时可生产输液 800~1200 瓶,自动化程度高,减少污染机会,有利于提高输液质量。

用塑料输液袋灌封时,将袋内最后一次洗涤水倒空,用常压滤过密封式灌装法进行灌装,灌装至需要量时立即用金属夹夹紧袋口,已装满的液袋要逐个检查,排尽袋内空气,以电热熔合封口,留有约 4cm 塑料管供输液时直接插管用。

输液剂灌封后应立即灭菌。一般采用 115℃、表压 68.7kPa 热压灭菌 30 分钟。为了保证产品完全灭菌,应根据输液剂装置的多少,酌情延长灭菌时间。通常,装量为 100~200ml 者,延长灭菌时间 5~10 分钟;装量为 200~500ml 者,延长 10~15 分钟;装量为 500~1000ml 者,延长 15~20 分钟。对于塑料袋装输液剂的灭菌一般采用 109℃ 45 分钟或 111℃ 30 分钟。

灭菌开始应逐渐升温,一般预热 20~30 分钟,待达到灭菌温度和时间后必须等锅内压力下降至零,放出锅内蒸汽,使压力与大气相等后,才缓慢打开灭菌器门。塑料袋输液灭菌时应有加压措施防止其膨胀破裂。灭菌条件应进行验证,F_0值应不低于 8 分钟。

目前使用较多的双扉灭菌器配有 F_0显示屏,微机监控 F_0值和动态工作流程。目前常用的还有快速冷却灭菌器、脉动真空灭菌器、旋转式灭菌器、水浴式灭菌器等。

(六) 质量检查与包装

输液剂质量检查项目有:澄明度检查、热原与无菌检查、含量测定、pH、渗透压等。检查方法和标准按《中国药典》等的有关规定进行。澄明度检查一般用目测法,微孔滤膜-显微镜法,此外还有电阻计数法(如库尔特计数仪)、光阻计数法和激光计数法等,以检查控制输液剂中微粒的数量。

经质检合格的输液,应及时逐瓶贴上标签。标签上须注明品名、规格、含量、用法用量、使用注意事项、批号、生产单位等。贴好标签即可包装。

(七) 输液剂举例

例 0.9 %氯化钠注射液:本品为氯化钠的等渗灭菌水溶液。含氯化钠为 0.85%~0.95%(g/ml)。

【处方】 注射用氯化钠 9g 注射用水加至 1000ml

【制法】 称取氯化钠,加注射用水至 1000ml,搅匀,滤过,灌装,封口,115℃、68.7kPa 热压灭菌 30 分钟即得。如氯化钠质量差,可先配成 20%~30% 的浓溶液,加适量活性炭,煮沸 20~30 分钟,粗滤除去活性炭,加注射用水至全量,精滤,灌装,灭菌,即可。

【性状】 本品为无色的澄明液体。

【作用与用途】 为电解质补充剂。用于治疗因大量出汗、剧泻、呕吐等所致的脱水,或用于大量出血与手术后补充体液。

【用法与用量】 静脉滴注,常用量为 500~1000ml。

【注解】 ①本品 pH 应为 4.5~7.5。②本品久储后对玻璃有侵蚀作用,产生具有闪光的硅酸盐脱片或其他不溶性的偏硅酸盐沉淀,一旦出现则不能使用。③本品对水肿与心力衰竭患者慎用。

四、输液质量问题讨论

输液的质量要求较高,目前大生产中存在的质量问题主要为澄明度、染菌和热原问题,应引起高度重视。

(一) 澄明度问题

输液中常见的微粒有炭黑、氧化锌、碳酸钙、纤维素、纸屑、玻璃屑、黏土、细菌和结晶等,主要来源如下:

1. 原料与附加剂 注射用葡萄糖可能含有少量蛋白质、水解不完全的糊精、钙盐等杂质;氯化钠、碳酸氢钠中常含有较高的钙盐、镁盐和硫酸盐;氯化钙中含有较多的碱性物质。这些杂质的存在,会使输液中产生乳光、小白点、浑浊等现象。某些含糖输液发现有雾状物,活性炭 X 射线散射证明是石墨晶格内的少量杂质能使活性炭带电形成胶体溶液的缘故。故杂质含量较多时,不仅影响输液的澄明度,还影响药液的稳定性。因此,应严格控制原辅料的质量,国内已制定了输液原辅料的质量标准。

2. 输液容器与附件 输液中的小白点主要是钙、镁、铁、硅酸盐等物质,这些物质主要来源于橡胶塞和玻璃输液瓶。另外,大输液应储存于冷暗处,并避免横卧或倒置,否则药液易透过隔离薄膜与橡胶塞接触,造成澄明度不合格。

3. 生产工艺及操作 车间洁净度差,容器及附件洗涤不净,滤器选择不当,过滤与灌封操作不符合要求,工序安排不合理等都可能会导致澄明度的不合格,因此应严格遵循生产操作规程。

4. 医院输液操作及静脉滴注装置的问题 一般用输液器静脉滴注药液时,应注意在倾入药液前,先用部分药液冲洗输液器,胶管、滴管和针头。国内外在使用输液过程中,为滤除药液中的异物与细菌,在输液管上加一终端滤器(平均孔径为 5μm),接在橡皮管末端靠近注射针头处使用。

(二) 染菌问题

染菌的主要原因在于生产过程污染、灭菌不彻底、瓶塞松动等,应特别注意防止。有些芽孢需热压灭菌 120℃ 30~40 分钟,有些放射线菌热压灭菌 140℃ 15~20 分钟才能杀死。若输液为营养物质,细菌容易生长繁殖,即使经过灭菌,大量菌尸的存在也会引起致热原反应。输液染菌后会出现霉菌、云雾状、浑浊、产气等现象,还有一些看不到的变化。如果使用了这些输液,将会造成脓毒症、败血症、内毒素中毒,甚至死亡。最根本的办法就是尽量减少制备生产过程的污染,严格灭菌条件,密闭包装。

(三) 热原反应

产品经灭菌可杀灭微生物,但不能除去热原。微生物污染越严重,热原反应越严重,故需尽量减少制备时的细菌污染。热原污染途径和除去方法见本章第 2 节。

第 7 节　粉针剂与其他注射剂

一、粉　针　剂

粉针剂为注射用无菌粉末的简称,系指药物制成的临用前用适宜的无菌溶液配制成澄清溶液或均匀混悬液的无菌粉末或无菌块状物。

某些对热不稳定或在水溶液中易分解失效的药物,如某些抗生素、医用酶制剂及生化制品,由于不能制成水溶性注射液或不宜加热灭菌,均需用无菌操作法制成粉针剂,临用前加适当溶剂溶解、分散供注射用。

为提高中药注射剂的稳定性,将某些中药注射剂制成粉针剂供临床应用,收到满意的效果,如双黄连粉针剂、茵栀黄粉针剂等。

粉针剂的质量要求与溶液型注射剂基本一致,应符合《中国药典》关于注射用药物及注射用无菌粉末的各项规定。

粉针剂的制法有两种:

(一) 无菌粉末直接分装法

系将原料药精制成无菌粉末,在无菌条件下直接无菌分装在注射容器中,密封,备用。

1. 原材料准备　对直接无菌分装的原料,要求是适于分装的药物粉末。为了制定合理的生产工艺,首先应了解药物的理化性质,测定物料的热稳定性、临界相对湿度、粉末的晶形和松密度,以便掌握适宜的分装条件。无菌原料可用灭菌溶剂结晶法、喷雾干燥法或冷冻干燥法制得,必要时进行粉碎、过筛,在无菌条件下制得符合要求的注射用灭菌粉末。

2. 容器处理　安瓿、小瓶、胶塞处理及相应的质量要求均同注射剂和输液剂。各种分装容器洗净后,需经干热灭菌或红外线灭菌后备用。已灭菌好的空瓶存放在柜中应有净化空气保护,存放时间不超过 24 小时。

3. 分装　根据分装药物的性质控制分装条件。分装必须在高度洁净的无菌室中按照无菌操作法进行。分装过程中应注意抽样检查装量差异。目前使用的分装机械有螺旋自动分装机、插管式分装机、真空吸粉机。分装后安瓿熔封,小瓶加塞并用铝盖密封。使用的分装机应配有局部空气层流净化装置。

4. 灭菌　对不耐热品种,应严格无菌操作,控制无菌分装过程中的污染,产品不再灭菌。对能耐热品种,可选用适宜灭菌方法进行补充灭菌,以确保用药安全。

(二) 无菌水溶液冷冻干燥法

冷冻干燥法是先将药物配制成注射液,然后除菌过滤,在无菌条件下分装入注射容器中,经冷冻干燥,除去药液中的水分,得干燥粉末或海绵块状物,在无菌条件下密封而成注射用粉针剂。

液体冷冻干燥制成粉针剂,含水量低,溶解速度快,冻干前后主药成分基本不变,稳定性好。

二、乳状液型注射剂

乳状液型注射剂是以难溶于水的挥发油、植物油或溶于脂肪油中的脂溶性药物为原料,加入乳化剂和注射用水经乳化制成的供注射给药的乳状液。有油/水(O/W 型)与水/油(W/O 型)或水/油/水(W/O/W)型复乳。

乳状液型注射剂应无菌、无毒、无热原,具有合适的 pH,分散相微粒大小在 1~10μm 范围,水/油及油/水型乳状液型注射剂可供肌内或组织注射用。外相为水的乳状液可作静脉注射用,但乳滴粒度应<1μm,不得有大于 5μm 的乳滴。此类供静脉注射用的乳状液作为新剂型,近年来在临床应用中有所增加,除补给机体能量外,由于静脉乳剂的微小粒子注入体内后,具有对某些脏器的定向分布作用以及对淋巴系统的指向性,因此,亦有将抗癌药物制成乳状液型注射剂供静脉注射用,以提高抗癌疗效。

乳状液型注射剂制备的原料、辅料均应符合注射用药的要求,尤其是乳化剂的选择以天然原料精制的豆磷脂、卵磷脂及合成原料普流罗尼克 F-68(PluronicF-68)为好,为保证乳状液型注射剂中分散相微粒的大小适当,且粒度均匀,制备过程中常采用乳化器械帮助乳化,实验室中可用高速组织捣碎机,大生产时可用二步高压乳匀机。

三、混悬型注射剂

将不溶性固体药物分散于液体分散媒中制成的,可供肌内或静脉注射的药剂称为混悬液型注射剂。对于无适合溶剂可溶解的不溶性固体药物;因在水溶液中不稳定而制成的水不溶性衍生物;希望固体微粒在机体内定向分布及需要长效的药物,可制成混悬液型注射剂。

混悬液型注射剂应无菌无热原并应严格控制药物颗粒的大小和均匀性。一般混悬液型注射剂,混悬颗粒应不超过 10%。供静脉注射用的混悬液型注射剂,其混悬颗粒应在 2μm 以下,否则易引起静脉栓塞。混悬颗粒还应具有良好的分散性和通针性,沉降速度不能太快,储藏时一旦下沉,经振摇即可重新分散而无结块现象。

混悬液型注射剂的制备与一般混悬剂的制法相似,根据药物的性质及注射给药的要求,选择溶剂、润湿剂与助悬剂。固体药物的制备方法常用微粒结晶法、机械粉碎法或溶剂化合物法,制备时将药物微晶混悬于含有分散稳定剂(润湿剂及助悬剂)的溶液中,用超声波处理使分散均匀,滤过,调 pH,灌封,灭菌即得。

第 8 节　眼用溶液剂

一、眼用溶液剂的含义与种类

凡用于治疗或诊断眼部疾患,可供洗眼、滴眼用的液体剂型统称眼用溶液剂。

洗眼液:将药物配制成一定浓度,供冲洗、清洁眼部用的灭菌水溶液。如生理盐水、2% 硼酸溶液等。

滴眼液:系指饮片提取物、饮片细粉和药物制成的供滴眼用的澄明溶液或混悬液。常具有杀菌、消炎、收敛、缩瞳、麻醉或诊断作用。

眼的药物吸收途径主要有两条,即药物溶液滴入结膜囊内通过角膜和结膜吸收。一般认为滴入眼中药物首先进入角膜内,药物透过角膜至前房,进而到达虹膜。药物经结膜吸收途径是通过巩膜,到达眼球后部。

链 接

眼用溶液包括真溶液型、胶体溶液型、混悬液型及眼用粉剂和片剂。其中胶体溶液型占大多数。眼用粉剂和片剂,均需在临用时加灭菌溶剂溶解或分散,配成眼用溶液应用。

二、眼用溶液剂的质量要求

眼用溶液剂的质量要求与注射剂相似,在 pH、渗透压、无菌、澄明度等方面都有相应的要求。

眼用溶液应严格控制其 pH,一般应在 5.5~7.8 范围之内。个别品种为保持药物稳定性而有特殊要求;应与泪液的渗透压相近,以减少刺激性。眼球能适应的渗透压范围相当于浓度为 0.6%~1.5% 的氯化钠溶液;对角膜有破损或内眼手术后所用眼用溶液,必须要求无菌,并应单剂量包装。对于无眼外伤患者,所用眼用溶液应没有致病菌,绝对不能有铜绿假单胞菌和金黄色葡萄球菌存在;应澄明、无异物,特别不允许有碎玻璃,以防伤害眼睛。混悬液型滴眼液的微粒要小于 50μm;适宜的黏度为 4~5cPa·s,可减低刺激性,延长药液与眼组织的接触时间,增强药物的疗效。

三、眼用溶液的附加剂

(一) pH 调整剂

为保持眼用溶液 pH 稳定,常用的有下列几种。

1. 磷酸盐缓冲液 以无水磷酸二氢钠 8g,配成 1000ml 溶液,无水磷酸氢二钠 9.47g,配成 1000ml 溶液。临用时,两液按不同比例混合后可得 pH 为 5.9~8.0 的缓冲液。

2. 硼酸缓冲液 以硼酸 1g 溶于 100ml 精制水中制成。其 pH 为 5,可直接作溶剂。

3. 硼酸盐缓冲液 以硼酸 1.24g 配成 100ml 溶液,硼砂 1.91g 配成 100ml 溶液。临用时,二液按不同比例混合可得 pH 6.7~9.1 范围的缓冲液。

(二) 渗透压调节剂

眼用溶液的渗透压应调整到相当于 0.8%~1.2% 氯化钠溶液渗透压的范围内。常用的调渗透压物质有氯化钠、硼酸、葡萄糖、硼砂等。

调节渗透压的常用计算方法有冰点下降数据法和氯化钠等渗当量法。

(三) 抑菌剂

滴眼液为多次使用的制剂,使用过程中难免被细菌污染,因此,生产过程中除采用灭菌措施外，药液中应加入适当的抑菌剂。

常用抑菌剂品种和浓度：氯化苯甲烃胺（0.01%~0.02%）、硝酸苯汞（0.002%~0.004%）、硫柳汞（0.005%~0.01%）、苯乙醇（0.5%）、三氯叔丁醇（0.35%~0.5%）、对羟基苯甲酸甲酯与丙酯混合物（甲酯 0.03%~0.1%、丙酯 0.01%）。

单一的抑菌剂不能达到理想的抑菌效果，可采用复合抑菌剂，明显增强抑菌效果。

（四）增黏剂

适当增加滴眼液的黏度，可降低刺激性，延长药液在眼内停留时间，增强药效。常用的增黏剂有：甲基纤维素、聚乙烯醇、聚乙二醇、聚乙烯吡咯烷酮、羟丙基乙基纤维素等。

（五）其他附加剂

根据主药性质和制备需要，在眼用溶液中还可加入抗氧剂、增溶剂、助溶剂等。

四、眼用溶液剂的制备

（一）制备工艺流程

1. 主药性质稳定的眼用溶液剂

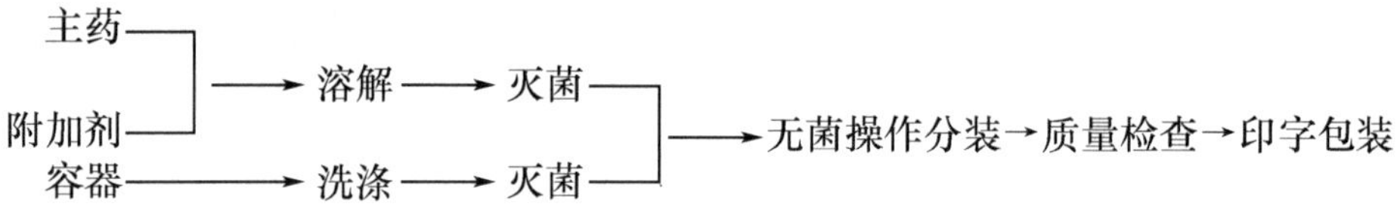

2. 主药不耐热的眼用溶液剂 主药、附加剂溶解、无菌滤过、分装，全部无菌操作，不能灭菌处理。

3. 用于眼外伤或眼部手术的眼用溶液剂 应制成单剂量剂型（如安瓿剂）灌封后，进行灭菌处理。

（二）容器处理

眼用溶液剂的容器有玻璃制和塑料制两种，其洗涤方法与注射剂容器相同，洗涤后应选用适当灭菌方法进行灭菌，备用。

（三）配液

配制眼用溶液剂一般采用溶解法，将药物加适量灭菌溶剂溶解后，滤过至澄明，并从滤器上添加灭菌溶剂至全量，检验合格后分装。中药眼用溶液剂，先将中药按注射剂的提取和纯化方法处理，制得浓缩液后再进行配液。

配制混悬型眼用制剂，一般先将主药在无菌乳钵中粉碎成极细粉末，另取助悬剂加灭菌蒸馏水先配成黏稠液，与主药一起研磨成均匀细腻的糊状，再添加灭菌蒸馏水至全量，研匀即可，大量配制时常用乳匀机搅匀。

(四) 灌装

眼用溶液剂配成药液后,应抽样进行鉴别和含量测定,符合要求方可分装于无菌容器中。普通滴眼剂每支分装5~10ml为宜,供手术用的可装于1~2ml的小瓶中,再用适当的灭菌方法灭菌。

小量生产时常用简易真空灌装器分装。大生产常用减压真空灌装法分装,减压真空灌装是将已清洗干净、灭菌后的容器,小口向下排列在一平底盘中,将盘放入真空箱内,由管道将药液从储液瓶定量地放入盘中,密闭箱门,抽气减压,瓶中空气从液面下的小口逸出,然后通入空气,恢复常压。药液即灌入瓶中,取出盘子,立即加塞密封。分装后,经澄明度检查,并抽样做菌检,合格后即可供临床应用。

五、眼用溶液剂举例

例　黄芩素滴眼液

【处方】 黄芩素10g　5%苯扎溴铵2ml　氯化钠9g　蒸馏水　加至1000ml

【制法】 取黄芩素、氯化钠溶解于新鲜煮沸放冷的蒸馏水800ml中,用5%氢氧化钠调节pH 7~8,加入苯扎溴铵,补充蒸馏水至全量,滤过,按无菌操作法分装即得。

【作用与用途】 清热解毒,抗菌消炎。用于急慢性结膜炎。

【用法与用量】 滴眼,每日3~4次。

小结

中药注射剂是中药新剂型,为中医临床危急重症的治疗发挥了重要作用。本章的学习要点应在掌握注射剂含义、特点;热原的含义、组成与特性;注射用水的质量要求和制备方法等的基础上,明确中药注射剂的制备方法。熟悉注射剂的分类;注射用其他溶剂的种类;注射剂容器的种类和质量要求;注射剂的一般质量要求;输液剂的含义、种类和制法;注射剂的附加剂种类与应用;注射用油的质量要求与精制方法。了解中药注射剂质量检查项目;粉针剂的含义、特点与制法;眼用溶液的含义、质量要求、附加剂种类和制法。看懂典型品种举例,为实际生产操作和临床应用打下一定基础。

目标检测

一、单项选择题

1. 关于去除热原方法的叙述,错误的是 (　　)

A. 普通灭菌方法不能破坏热原　B. 0.22μm微孔滤器不能除去热原

C. 干热350℃,30分钟能破坏热原　D. 121℃,20分钟热压灭菌能破坏热原

2. 关于注射剂特点的叙述中,错误的是 (　　)

A. 适用于不宜口服的药物　B. 可用于局部治疗

C. 一般需用无菌操作法制备　D. 适用于不宜口服的病人

3. 注射用水质量要求中不包括 (　　)

A. 易氧化物检查　B. 不挥发物检查　C. 刺激性检查　D. 硝酸盐检查

4. 下列属等张溶液的注射液是（　）

A. 5%葡萄糖溶液　B. 0.9% NaCl溶液　C. 50%葡萄糖溶液　D. 0.7% NaCl溶液

5. 安钠咖注射液(处方:苯甲酸钠1300g 咖啡因1301g EDTA-2Na 2g 注射用水加至10 000ml)中苯甲酸钠的作用是（　）

A. 镇痛剂　B. 抑菌剂　C. 主药之一　D. 抗氧剂

6. 除混悬型滴眼剂外,滴眼剂一般不宜加入的附加剂是（　）

A. 高分子胶体　B. 表面活性剂　C. 抗氧剂　D. 调等渗剂

二、多项选择题

1. 可用作注射剂增溶剂的有（　）

A. 聚氧乙烯氢化蓖麻油　B. 聚山梨酯80　C. 有机胺皂

D. 胆汁　E. 聚山梨酯20

2. 注射液可采取的抗氧化措施有（　）

A. 加入强还原剂　B. 通入惰性气体　C. 加入金属络合剂

D. 调节pH　E. 加入适当的表面活性剂

3. 注射用水的制备方法有（　）

A. 离子交换法　B. 重蒸馏法　C. 电渗析法

D. 反渗透法　E. 综合法

4. 制备中药注射液时,去除鞣质的方法有（　）

A. 无水乙醇净化法　B. 明胶净化法　C. 醇溶液中调pH法

D. 滑石粉助滤法　E. 热处理冷藏法

5. 可考虑设计制成粉针剂的药物有（　）

A. 对热敏感的药物　B. 水中不稳定的药物　C. 久置易沉淀的中药注射液

D. 静脉注射用药物混悬液　E. 易水解药物

6. 注射剂所用安瓿的处理过程包括（　）

A. 干燥　B. 灌水蒸煮　C. 圆口　D. 切割　E. 洗涤

三、名词解释

1. 粉针剂　2. 热原　3. 明胶沉淀法　4. 氯化钠等渗当量　5. 输液剂

四、简答题

1. 注射剂中增加主药溶解度的方法有哪些?

2. 中药注射液污染热原的途径有哪些?

3. 热原的性质及除去热原的方法有哪些?

4. 简述活性炭在注射液制备中的作用及用法。

(张永萍　刘汉清)

第18章　气雾剂与喷雾剂

学习目标

1. 记住气雾剂、喷雾剂及粉雾剂的含义与特点
2. 简述气雾剂、喷雾剂的分类与构成
3. 叙述气雾剂经肺吸收的机制及影响吸收的主要因素
4. 说出抛射剂的种类、要求及应用特点
5. 列出耐压容器和阀门系统的处理方法

第1节　气　雾　剂

一、概　　述

（一）气雾剂的含义与特点

气雾剂(aerosols)系指提取物、饮片细粉与适宜的抛射剂共同封装在具有特制阀门装置的耐压容器中，使用时借助抛射剂的压力将内容物喷出呈雾状、泡沫状或其他形态的制剂。其中以泡沫形态喷出的可称泡沫剂。气雾剂可供呼吸道、腔道、皮肤、黏膜使用，起局部或全身治疗作用。

气雾剂、喷雾剂、粉雾剂及烟剂、烟熏剂、香囊(袋)剂等同属于气体药剂。气体药剂按分散系统属于气溶胶，应用于临床治疗可统称为气溶胶剂。通常将液体微粒分散在气体中的气溶胶称作“雾”，如气雾剂、喷雾剂等；固体微粒分散在气体中的气溶胶称作尘，而固体微粒的凝集性的气溶胶称作“烟”，如烟剂、烟熏剂。香囊(袋)剂则是药物自然挥散，多呈分子状态分散在气体中。

气体药剂创始很早，我国古代医籍中载有将莨菪和热水共置于瓶中，嘴含瓶口以其气雾治疗牙虫；洋金花叶晒干粉碎后混入烟丝中，点燃吸入治疗喘息等。气雾剂是20世纪50年代迅速发展起来的药物新剂型，截至2009年底，国家食品药品监督管理局(SFDA)注册中药气雾剂近40个，2010年版《中国药典》(一部)收载有麝香去痛气雾剂。气雾剂在临床治疗呼吸系统、心血管系统、外科出血、烧伤等方面发挥了重要作用。

链接

气雾剂的优点：①具有速效和定位作用。气雾剂可直达吸收或作用部位，药物分布均匀，局部浓度高，奏效迅速。②稳定性较好。药物包装在密闭容器中，不易被微生物污染，且能避免与空气、水分和光线接触，提高了药物的稳定性。③剂量准确。由于通过阀门控制剂量，喷出的雾粒微小且分布均匀，使用方便，给药剂量准确。④副作用小。喷雾给药可减少局部涂药的疼痛与感染，特别适用于外伤和烧伤患者，同时可避免胃肠道的破坏和肝脏首过效应。

气雾剂的缺点：①气雾剂可因封装不严密、抛射剂的渗漏而失效。②具有一定的内压，遇热

或受撞击易发生爆炸。③气雾剂包装需耐压容器和阀门系统，制备时需要特殊的生产设备，生产成本高。④抛射剂有较强的挥发性，且具有制冷作用，多次使用在受伤皮肤上，可引起不适。⑤中药气雾剂因复方成分提纯较困难，含量测定难以实施，可能影响给药剂量的准确性。传统氟氯烷烃类抛射剂的禁用，新抛射剂的研究成为当务之急。此外给药剂量大、作用不强的中药不宜制成气雾剂。

（二）气雾剂的分类

1. 按分散系统 可分为溶液型气雾剂、混悬型气雾剂（或称粉末气雾剂）、乳剂型气雾剂（或称泡沫气雾剂）3类。

2. 按医疗用途 可分为呼吸道吸入气雾剂、皮肤和黏膜用气雾剂及空间消毒气雾剂3类。

3. 按给药定量否 可分为定量气雾剂（metered dose inhalers，MDIs）和非定量气雾剂。

4. 按相的组成 可分为二相气雾剂和三相气雾剂。

> 二相气雾剂由抛射剂的气相和药物与抛射剂混溶的液相所组成。
>
> 三相气雾剂有以下3种情况：①气相，气化的抛射剂；溶液相，药物的水溶液或水性溶液；液化抛射剂，与药液互不混溶的液化抛射剂，密度大而沉于底部。②气相，气化的抛射剂；液相，液化抛射剂；固相，固体药物和附加剂的微粉。③气相，气化的抛射剂；液相，液化抛射剂；乳浊液相，部分液化抛射剂为内相（油相），药物水溶液为外相的乳浊液。
>
> 链接

（三）气雾剂经肺吸收的机制

人的呼吸系统是由口、鼻、咽喉、气管、支气管、细支气管、肺泡管及肺泡组成。吸入气雾剂中的药物主要通过肺部吸收。药物经肺吸收的途径如图18-1所示。

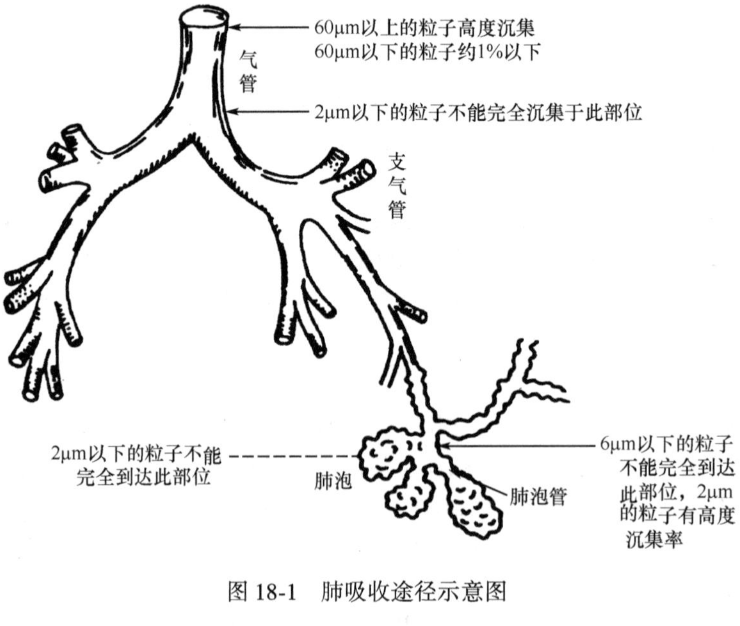

图18-1 肺吸收途径示意图

吸入气雾剂中药物的主要吸收部位为肺泡，肺部吸收迅速的原因在于肺部有巨大的吸收面积，肺泡又有较好的通透性。

肺泡为主要吸收部位，人体肺泡总数可达 3 亿至 4 亿个，总面积约为 25~100m^2，超过体表面积约 25 倍。肺泡由单层上皮细胞构成，肺泡表面紧贴着毛细血管网，肺泡壁与毛细血管的总厚度只有 0.5~1.0μm，气血交换瞬间完成，故药物到达肺泡可迅速吸收。

链接

（四）影响吸入气雾剂经肺吸收的因素

影响吸入气雾剂中药物吸收的主要因素有：①药物的脂溶性及分子大小。吸入给药时的吸收速度与药物的脂溶性成正比，与药物的分子大小成反比。②吸入气雾剂雾滴（粒）粒径大小。雾滴（粒）的大小影响其在呼吸道不同部位的沉积，吸入气雾剂雾滴（粒）的粒径应在 10μm 以下，其中大多数应在 5μm 以下。雾滴过粗，药物易沉着在口腔、咽部及呼吸器官的各部位；粒子过小，雾滴（粒）易到达肺泡部位但沉积减少，反而影响吸收。

药物在肺部的吸收速度与其脂溶性成正比，与药物的分子大小成反比。脂溶性药物经脂质双分子膜扩散吸收，小部分由膜孔吸收，故油/水分配系数大的药物吸收速度快。小分子药物易通过肺泡囊表面细胞壁的小孔，因而吸收快，而对分子量大的糖、酶及其他高分子化合物，则肺泡囊难以吸收。另外，若药物吸湿性强，微粒通过湿度很高的呼吸道时，微粒会聚集增大而妨碍药物进入深部，进而影响其吸收。

吸入气雾剂经肺吸收首先要到达肺泡并保持在肺泡中，这主要取决于微粒大小。微粒大小不同，在呼吸道沉积位置不同。较大的微粒大部分沉积于呼吸道黏膜而吸收慢，过细的微粒在进入肺泡后大部分随呼气而排出，影响吸收。药物微粒在呼吸系统的沉积率与呼吸量成正比，而与呼吸频率成反比。2010 年版《中国药典》（一部）规定吸入用气雾剂和喷雾剂的药粉粒度应控制在 10μm 以下，大多数应为 5μm 以下，一般不使用饮片细粉。

链接

二、气雾剂的构成

气雾剂由药物与附加剂、抛射剂、耐压容器和阀门系统 4 部分构成。气雾剂雾滴（粒）的大小取决于抛射剂的类型、用量、阀门和推动钮的类型以及药液的黏度等。

（一）药物与附加剂

1. 药物 气雾剂中的药物可以是饮片经提取分离制成的总提取物、有效部位或有效成分，或饮片制成的微粉。

2. 附加剂 可根据药物的性质及气雾剂的不同类型选择适宜的附加剂。常用的附加剂有：①潜溶剂，如乙醇、丙二醇等；②乳化剂，如硬脂酸三乙醇胺皂；③助悬剂，如司盘类、月桂醇等；④抗氧剂，如维生素 C、亚硫酸钠等；⑤防腐剂，如尼泊金乙酯等。

（二）抛射剂

抛射剂（propellants）为适宜的低沸点液态气体，常温下蒸汽压大于大气压，当阀门打开时，抛射剂急剧气化产生压力，克服了液体分子间的引力，将药物分散成雾状微粒喷射出来。因此，抛射剂是喷射药物的动力，有时兼作药物的溶剂和稀释剂。抛射剂的沸点和蒸汽压对成品的性质和特性产生直接影响。抛射剂的用量对喷雾粒子的大小和状态也有直接影响。用量越大，蒸汽压越高，雾滴越细。当加入挥发性较低的溶剂（潜溶剂）如乙醇、丙二醇、醋酸乙酯、丙酮时，会降低抛射剂蒸汽压，使喷出的粒子变大，此时应调节抛射剂的用量。

三氯一氟甲烷（CCl_3F）、二氯二氟甲烷（CCl_2F_2）、二氯四氟乙烷（$CClF_2$-$CClF_4$）等。氟氯烷烃（CFC）类品种曾作为气雾剂常用的抛射剂，由于CFC可破坏臭氧层现已禁止使用。不含氯的氢氟烷烃（HFA）与CFC相比，HFA在性状、沸点与低沸点CFC类似，但其介电常数、偶极矩及在水中的溶解度都比CFC大，极性较CFC强，亲水性明显增强；常用的表面活性剂如司盘85、油酸、卵磷脂等在HFA中均难溶，对增溶体系或混悬体系的处方设计带来难题；另外，HFA的饱和蒸汽压较高，对容器也提出了更高耐压要求。传统的CFC制剂技术并不能简单地移植到HFA制剂，应根据药物和辅料，尤其是表面活性剂在HFA中的溶解度以及HFA与密封材料的相容性等设计气雾剂。

链接

1. 氢氟烷烃类（hydrofluoroalkane，HFA） 氟氯烷烃（CFC）的替代品，不含氯的氢氟烷烃FDA已批准可用于药用气雾剂，较有应用前景的抛射剂是HFA134a（四氟乙烷）、HFA227（七氟丙烷）等。

2. 碳氢化合物 如丙烷、异丁烷、正丁烷等碳氢化合物，因其易燃，易爆，国内不常用。

3. 压缩气体类 压缩惰性气体（如N_2、NO、CO_2）等，因液化后沸点较低，常温时蒸汽压高，对容器要求严（需小钢瓶包装），气雾剂中很少或基本不用。

4. 其他 二甲醚（dimethyl ether，DME），为一种无色气体，沸点-24.9℃，室温下的饱和蒸汽压约为0.5MPa，具有水溶性和优良的溶解性能，并且易压缩、冷凝或气化。我国SFDA已批准DME为药用抛射剂，可用于腔道和黏膜气雾剂的制备。

根据需要也可采用混合抛射剂。混合抛射剂的蒸汽压可用拉乌尔定律计算：$P_{总}=P_A+P_B$。

（三）耐压容器

耐压容器用于盛装药物、抛射剂和附加剂，必须性质稳定，不与药物和抛射剂起作用；具有耐腐蚀性和一定的耐压性、耐冲击性；价廉、轻便。常用的耐压容器有金属容器、玻璃容器（外面搪有塑料防护层）和塑料容器，以玻璃容器较常用。

玻璃容器化学性质稳定，耐腐蚀及抗泄漏性强，易加工成型，价廉易得；但其耐压性和耐撞击性差。可在玻璃容器外面搪上塑料防护层弥补这一缺陷。金属容器包括铝、不锈钢、马口铁等容器，耐压性强，但对药液不稳定，需内涂聚乙烯或环氧树脂等，不如玻璃容器应用广泛。塑料容器，包括热塑性的聚乙烯对苯二甲酸酯树脂和乙酸醛共聚树脂等，质轻、牢固、耐压、具良好的抗撞击性和抗腐蚀性。但塑料容器有较高的渗透性和特殊气味，易引起药液变色。乙醇含量超过60%或含有一些有机溶剂、强酸、强碱等的气雾剂不可以使用塑料容器。

链接

（四）阀门系统

阀门系统是气雾剂的重要组成部分，其基本功能是调节药物和抛射剂从容器中的流出量及速度，其精密程度直接影响到气雾剂给药剂量的准确性。阀门种类较多：①普通阀门由封帽、橡胶封圈、阀门杆、弹簧、浸入管、推动钮组成。其中关键部位是阀门杆，由塑料或不锈钢制成，上端有内孔和膨胀室，下端有一段细槽供药液进入定量室，内孔是阀门沟通容器内外的孔道，关闭时被弹性橡胶封圈封住，容器内外不通，当揿下推动钮时，内孔与药液相通，容器内容物通过内孔进入膨胀室而喷射出来。②定量阀门：除具有一般阀门各部件外，还有一个塑料或金属制的定量室或定量小杯，它的容积决定了每次用药剂量。气雾剂的定量阀门系统装置外形及部件如图 18-2 所示。

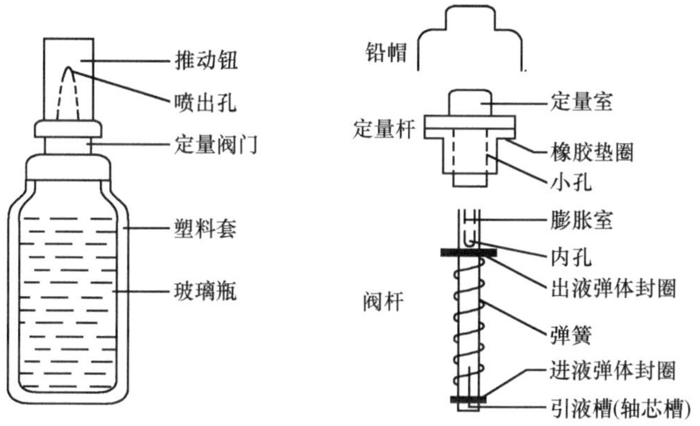

图 18-2　气雾剂的定量阀门系统装置外形及部件示意图

1. 封帽　通常是铝制品，内镀锡或涂以环氧树脂薄膜。其作用是将阀门固定于容器。

2. 阀门杆　阀门的轴芯由塑料或不锈钢制成。上端有内孔和膨胀室，下端有一细槽（引液槽），供药液进入定量室之用。①内孔：阀门沟通容器内外的极细小孔，通常被弹性橡胶封圈封住，使容器内外不通。当揿动推动钮时，内孔与药液相通，容器内容物即通过内孔进入膨胀室而喷射出来。②膨胀室：位于内孔之上阀门杆内。当容器内容物由内孔进入此室时，骤然膨胀，使抛射剂气化，将药物分散，连同药物一起呈雾状喷出。

3. 封圈　由丁腈橡胶或氯丁二烯橡胶制成，其作用是封闭或打开阀门内孔。

4. 弹簧　一般用不锈钢制成，位于阀门杆下部，当推动钮按下或放开时，使阀门处于开启或关闭状态。

5. 浸入管　用聚乙烯或聚丙烯制成，其作用是将容器内容物通过浸入管输送至阀门内。若不用浸入管，则使用时将容器倒置，按下推动钮即可喷出雾液。

6. 推动钮　位于阀门杆顶端，是开启或关闭气雾剂阀门的装置。具有各种形状，上有一个小孔与喷嘴相连，小孔的大小与喷射率或粒子大小有关。

7. 定量室　亦称定量小杯。其容量为气雾剂每揿 1 次的剂量（一般为 0.05~0.2ml）。气雾剂定量阀门的构造如图 18-3 所示。

当阀门关闭时，定量室与内部溶液相通，药液进入并灌满定量室。按下推动钮，阀门打开，阀杆的内孔进入定量室，内容物立即喷射出来。与此同时，定量室与药液的通道被关闭，仅仅喷出定量室内的药液，如此往复，每按推动钮 1 次就可喷出定量的药物。

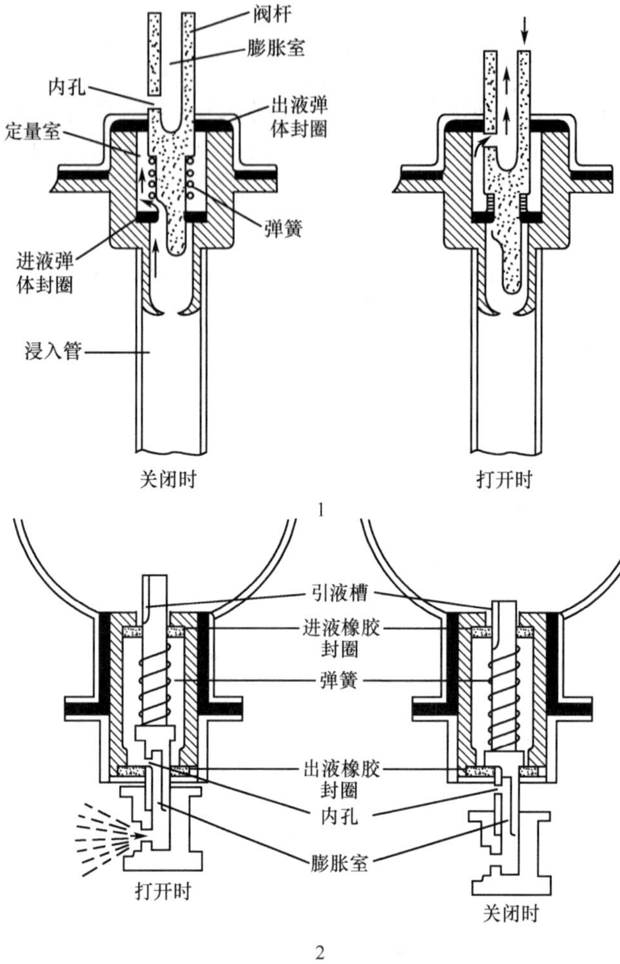

图 18-3　气雾剂定量阀门的构造

1. 含浸入管的定量阀门;2. 含引液槽的定量阀门

三、气雾剂的制备

气雾剂的制备应根据药物的性质及不同类型气雾剂的要求,选用适宜种类及用量的附加剂和抛射剂,在避菌环境下配制。

(一) 制备工艺流程

饮片粉末或提取液的制备→容器、阀门系统的处理与装配→药液的配制与分装→填充抛射剂→质量检查→成品。

(二) 制备操作要点

1. 饮片粉末或提取液的制备　根据临床和不同类型气雾剂的要求,结合饮片性质,选择适宜的溶剂和方法制备饮片粉末或提取物。

2. 耐压容器和阀门系统的处理与装配

(1) 耐压容器的处理:目前国内医用气雾剂的容器多选用瓶外壁搪有塑料保护层的玻璃

瓶，容积约 30ml，用水洗净，干燥备用。

阀门各部件的处理：①橡胶部件，以水洗净后用 75% 乙醇溶液浸泡 24 小时，干燥，无菌保存备用；②塑料零件，先用温水洗净，然后浸泡于乙醇中，取出干燥，备用；③不锈钢弹簧，用 1%~3% 碱液煮沸 10~30 分钟后，用热水洗至无油腻，再用蒸馏水冲洗，烘干，在乙醇中浸泡，取出干燥，无菌保存备用。

链接

（2）阀门各部件的处理：根据各部件的材质，采用适宜方法进行处理。

（3）装配：将橡胶圈套在定量杯上，另将阀杆装上弹簧，再与进出液橡胶垫圈及封帽等组件装配，备用。

3. 药液的配制与分装

（1）溶液型气雾剂：将药物直接溶解于抛射剂中，必要时加入适量潜溶剂制成澄明溶液，然后定量分装于容器内。

（2）混悬液型气雾剂：将药物粉碎成 5~10μm 以下的微粉并保持干燥，一般不使用饮片细粉。将药物微粉与助悬剂、抛射剂等充分混合，然后定量分装在容器中。

（3）乳浊液型气雾剂：将药物的水溶液与液化抛射剂（油相）加乳化剂制成油/水型乳浊液，定量分装在容器中。

4. 抛射剂的充填

（1）压灌法：先将配好的药液在室温下灌入容器内，装上阀门系统并轧紧，抽去容器内空气，再用压力灌装机压入定量的抛射剂。为国内目前抛射剂充填使用较多的方法（图 18-4）。

压灌法和冷灌法的特点

压灌法的特点：设备简单，不需低温操作，抛射剂损耗少。但抛射剂需经阀门进入容器，生产速度较慢，且受阀门影响，抛射剂进入容器后，同体积的空气无法排出，使成品压力较高，且使用过程中压力的变化幅度较大。

冷灌法的特点：抛射剂直接灌入容器，速度快，对阀门无影响，容器内的空气易于排出，成品压力较稳定。但采用此法需制冷设备及低温操作，抛射剂损耗较多，含水产品不宜用此法充填抛射剂。

链接

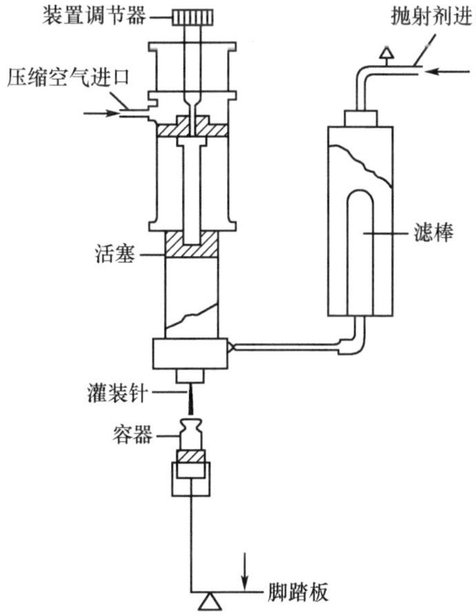

图 18-4　抛射剂压装机示意图

（2）冷灌法：将药液借助于冷灌装置中的热交换器冷却至-20℃，随后加入已冷却至抛射剂沸点以下至少 5℃的抛射剂。药液和抛射剂也可以同时灌入，立即将阀门装上并轧紧。全部操作过程均在低温下进行。

四、气雾剂的质量要求与检查

（一）气雾剂的质量要求

气雾剂应在要求的洁净度环境中配制，及时灌封于灭菌的洁净干燥容器中。可根据药物的性质添加适宜的溶剂、增溶剂、抗氧剂、表面活性剂、防腐剂等附加剂，所加附加剂应对呼吸道、皮肤或黏膜无刺激性。

溶液型气雾剂的药液应澄清；乳状液型气雾剂的液滴在液体介质中应分散均匀；混悬型气雾剂应将药物细粉和附加剂充分混匀、研细，制成稳定的混悬液。在制备过程中，必要时应严格控制水分，防止水分混入以免影响成品的稳定性。吸入用气雾剂的药粉粒度应控制在 10μm 以下，其中大多数应为 5μm 以下，一般不使用饮片细粉。气雾剂的容器应能耐受气雾剂所需的压力，阀门各部件的尺寸精度和溶胀性必须符合要求，并不得与药物或附加剂发生理化反应。

除另有规定外，气雾剂应能喷出均匀的雾滴（粒）。定量阀门气雾剂每揿压 1 次应喷出准确的剂量。非定量阀门气雾剂喷射时应能持续喷出均匀的剂量。

气雾剂应标明每瓶的装量和主药含量或药液、提取物的重量，具定量阀门的气雾剂还应标明每瓶的总揿次和每揿喷量或主药含量。

气雾剂须用适宜方法进行泄漏和爆破检查，以确保使用安全。

除另有规定外，气雾剂应置凉暗处储存，并避免曝晒、受热、撞击。

（二）气雾剂的质量检查

1. 非定量阀门气雾剂 除另有规定外，应做喷射速率和喷出总量检查。照 2010 年版《中国药典》（一部）附录ⅠZ 气雾剂、喷雾剂项下方法检查，应符合规定。

2. 定量阀门气雾剂 除另有规定外，应做每瓶总揿次、每揿喷量或每揿主药含量检查。凡进行每揿主药含量检查的气雾剂，不再进行每揿喷量检查。照 2010 年版《中国药典》（一部）附录ⅠZ 气雾剂、喷雾剂项下方法检查，应符合规定。

3. 吸入用混悬型气雾剂 除另有规定外，应做粒度检查。

检查方法：取供试品 1 瓶，充分振摇，除去帽盖，试喷数次，擦干，取清洁干燥的载玻片 1 块，置距喷嘴垂直方向 5cm 处喷射 1 次，用约 2ml 四氯化碳小心冲洗载玻片上的喷射物，吸干多余的四氯化碳，待干燥，盖上盖玻片，移置具有测微尺的 400 倍显微镜下检视，上下左右移动，检查 25 个视野，计数，药物粒径大多数应在 5μm 以下，粒径大于 10μm 的粒子不得过 10 粒。

4. 安全和泄漏检查 安全检查主要进行爆破试验。检查方法：将已充填抛射剂的气雾剂放入有盖的铁丝篓内，浸没于（40±1）℃水浴中 1 小时（或 55℃ 30 分钟），此时容器内压力可达 784kPa，取出冷至室温，除去破损者或塑料保护套与玻璃瓶壁贴不紧的废品。

泄漏试验：将产品精确称重，在室温直立 72 小时以上（准确至 0.5 小时），再称重，然后计算每瓶的重量。

5. 无菌检查 用于烧伤或严重创伤的气雾剂应作无菌检查，照 2010 年版《中国药典》（一部）附录ⅩⅢB 无菌检查法项下方法检查，应符合规定。

6. 微生物限度检查 除另有规定外，照 2010 年版《中国药典》（一部）附录ⅩⅢC 微生物限度检查法项下方法检查，应符合规定。

五、举　　例

例　麝香祛痛气雾剂

【处方】 麝香 0.33g　红花 1g　樟脑 30g　独活 1g　冰片 20g　龙血竭 0.33g　薄荷脑 10g　地黄 20g　三七 0.33g

【制法】 以上 9 味，取麝香、三七、红花，分别用 50% 乙醇溶液 10ml 分 3 次浸渍，每次 7 天，合并浸渍液，滤过，滤液备用；地黄用 50% 乙醇溶液 100ml 分 3 次浸渍，每次 7 天，合并浸渍液，滤过，过液液备用；血竭、独活分别用乙醇 10ml 分 3 次浸渍，每次 7 天，合并浸渍液，滤过，滤液备用；冰片、樟脑加乙醇 100ml，搅拌使溶解，再加入 50% 乙醇溶液 700ml，混匀；加入上述各浸渍液，混匀；将薄荷脑用适量 50% 乙醇溶液溶解，加入上述药液中，加 50% 乙醇溶液至总量为 1000ml，混匀，静置，滤过，灌装，封口，充入抛射剂适量，即得。

【功能与主治】 活血祛瘀，疏经活络，消肿止痛。用于各种跌打损伤、瘀血肿痛、风湿瘀阻、关节疼痛。

【用法与用量】 外用。喷涂患处，按摩 5~10 分钟至患处发热，1 日 2~3 次；软组织扭伤严重或有出血者，将药液喷湿的棉垫敷于患处。孕妇慎用；乙醇过敏者慎用。

第 2 节　喷　雾　剂

一、概　　述

（一）喷雾剂的含义与特点

喷雾剂（spray）系指提取物或饮片细粉制成的药物溶液、乳浊液或混悬液填充于特制的装置中，使用时借助手动泵的压力或其他方法将内容物以雾状等形态喷出的制剂。喷雾剂中不含抛射剂。喷雾剂喷射药液的动力为手动泵的压力或容器内的压缩气体（常用的有 CO_2、N_2 等）。中药喷雾剂和粉雾剂是近些年发展起来的气体制剂新类型，截至 2009 年底，SFDA 药品标准中已收载有多个中药喷雾剂，粉雾剂的研究和应用近些年也有不少报道。

喷雾剂的特点：①喷雾剂中不含抛射剂，可避免对大气层的污染。②生产处方及工艺简单，产品成本较气雾剂低。③使用过程中，容器内压力随着压缩气体的消耗而下降，使得喷射雾粒大小及喷射量难以恒定。④药效强、安全指数低的药物或需发挥全身作用的药物一般不宜设计制成喷雾剂。

粉雾剂系指借特制的给药装置，将微粉化的药物，由患者主动吸入或喷至腔道黏膜的制剂。粉雾剂分为吸入型和非吸入型粉雾剂。吸入型粉雾剂又称干粉吸入剂，是一种借助患者的吸入气流，将装载于吸入装置内的药物或载体微粉，吸入呼吸道或肺部而起治疗作用的制剂。非吸入型粉雾剂是通过特制的给药装置，将药物微粉喷至腔道黏膜的制剂。

链接

(二) 喷雾剂的分类

1. 按分散系统 可分为溶液型、乳浊液型和混悬液型3类。

2. 按给药途径 可分为吸入喷雾剂和外用喷雾剂。

3. 按给药定量否 可分为定量喷雾剂和非定量喷雾剂。

4. 按雾化原理 可分为喷气型喷雾剂和超声波型喷雾剂。

喷气型喷雾剂是利用机械或电子装置制成的手动泵进行喷雾给药，由压缩气源生成的高速喷气经排气孔喷出，同时产生气溶胶，喷出的雾粒粒径较大。多用于舌下、鼻腔黏膜或皮肤等给药，不适用于肺部吸入。超声波型喷雾剂是采用超声雾化的方式，由高频电源产生振荡从而在喷雾器内部形成气溶胶，然后由气体带出，可用于肺部吸入治疗哮喘、慢性阻塞性肺疾病等。

链接

二、喷雾剂的制备

喷雾剂的配制应根据药物的性质及不同类型喷雾剂的要求，选择适宜的附加剂及手动泵，在避菌环境下配制、灌装而成。其中吸入附加剂应为生理可接受物质，对呼吸道黏膜和纤毛无刺激性、无毒性。非吸入喷雾剂及外用喷雾剂中所有附加剂均应对皮肤或黏膜无刺激性。常用的附加剂有助溶剂、抗氧剂、防腐剂、表面活性剂等。

(一) 制备工艺流程

饮片粉末或提取液的制备→喷雾装置的处理与装配→ 药液的配制与分装→质量检查→成品。

(二) 制备操作要点

1. 饮片粉末或提取液的制备 同气雾剂。

2. 喷雾装置及其处理与装配 喷雾装置包括容器和阀门系统。容器通常由不锈钢或马口铁(容器内壁涂以聚乙烯树脂为底层、环氧树脂为外层的复合保护层)为材料制成。喷射用阀门系统与气雾剂相似，只是阀杆的内孔一般为3个，且比较大，有利物质的流动。国产喷雾剂的阀门系统如图18-5所示。处理与装配可参照气雾剂容器和阀门系统的方法。

3. 药液配制与分装 溶液型喷雾剂将药物直接溶解于溶剂中，必要时加入适量潜溶剂或增/助溶剂制成澄明溶液；油类药物或药物的油溶液需加乳化剂制成乳浊液；混悬液型喷雾剂应将药物微粉与助悬剂等附加剂充分混匀，制成稳定的混悬液。烧伤、创伤用喷雾剂应采用无菌操作或灭菌。

药液质量检查合格后，定量分装于处理好的容器内，安装阀门，轧紧封帽，即得。

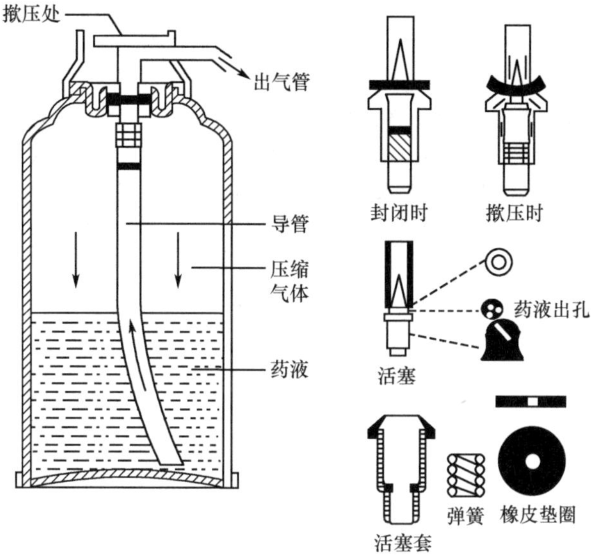

图 18-5　喷雾剂阀门系统示意图

三、喷雾剂的质量要求与检查

（一）喷雾剂的质量要求

喷雾剂应在要求的洁净度环境中配制，及时灌封于灭菌的洁净干燥容器中。所加附加剂应对呼吸道、皮肤或黏膜无刺激性。

溶液型喷雾剂的药液应澄清；乳状液型喷雾剂的液滴在液体介质中应分散均匀；混悬型喷雾剂应将药物细粉和附加剂充分混匀、研细，制成稳定的混悬液。

除另有规定外，喷雾剂应能喷出均匀的雾滴（粒）。每瓶总喷次、每揿喷量、每喷主药含量、装量、微生物限度、无菌，应符合规定。

（二）喷雾剂的质量检查

1. 喷射试验　取供试品 4 瓶，除去帽盖，分别揿压试喷数次后，擦净，精密称定，除另有规定外，揿压喷射 5 次，擦净，分别精密称定，按上法重复操作 3 次，计算每瓶每揿平均喷射量，均应符合各品种项下的规定。

2. 装量　照 2010 年版《中国药典》（一部）附录Ⅻ C“最低装量检查法”检查，应符合规定。

3. 无菌检查　用于烧伤或严重创伤的喷雾剂应照 2010 年版《中国药典》（一部）附录ⅩⅢ B“无菌检查法”检查，结果应符合规定。

4. 微生物限度检查　除另有规定外，喷雾剂均应照 2010 年版《中国药典》（一部）附录ⅩⅢ C“微生物限度检查法”检查，结果应符合规定。

5. 其他　每瓶总喷次、每揿喷量、喷出总量检查及粒度检查等按照气雾剂相应的检查方法检查。

小结

气雾剂和喷雾剂在治疗呼吸系统、心血管系统、外科出血、烧伤等疾病方面具有一定优势并已发挥了重要作用。本章的学习要点应在掌握气雾剂、喷雾剂含义、特点及分类的基础上，明确抛射剂的种类、特点与要求和气雾剂经肺吸收的机制及影响吸收的主要因素；熟悉气雾剂、喷雾剂的构成和制备操作要点；同时了解气雾剂、喷雾剂的质量要求和装置（耐压容器和阀门系统）的处理方法。

目标检测

一、单项选择题

1. 吸入气雾剂中药物的主要吸收部位是 （ ）

A. 气管　B. 口腔黏膜　C. 支气管　D. 肺泡

2. 有关气雾剂的正确叙述是 （ ）

A. 抛射剂常是气雾剂的溶剂　B. 不能加防腐剂、抗氧剂等

C. 抛射剂为高沸点物质　D. 抛射剂用量少，喷出的雾滴细小

3. 泡沫气雾剂属于 （ ）

A. 二相气雾剂　B. 三相气雾剂　C. 溶液型气雾剂　D. 混悬型气雾剂

二、多项选择题

1. 气雾剂的特点有 （ ）

A. 给药剂量准确，副作用小　B. 不易被微生物污染

C. 能避免药物与空气、水分、光线接触　D. 遇热或受撞击易发生爆炸

E. 多次使用在受伤皮肤上，可引起不适

2. 气雾剂的组成包括 （ ）

A. 药物　B. 抛射剂　C. 阀门系统　D. 耐压容器　E. 附加剂

3. 抛射剂在气雾剂中的作用有 （ ）

A. 作药物的溶剂　B. 作药物的稀释剂　C. 降低容器内的压力

D. 增加内容物的黏度　E. 提供喷射动力

三、名词解释

1. 气雾剂　2. 抛射剂　3. 喷雾剂　4. 粉雾剂

四、简答题

1. 简述气雾剂与喷雾剂的应用特点。

2. 简述影响气雾剂经肺吸收的因素。

（刘汉清　刘　嘉）

第19章 其他剂型

学习目标

1. 记住膜剂、茶剂、胶剂、海绵剂的含义与分类
2. 说出膜剂、茶剂、胶剂、海绵剂的制备方法与质量要求
3. 简述膜剂的特点、成膜材料的性质与选用
4. 叙述露剂、灸剂、条剂的含义、制备方法与应用
5. 列出离子透入剂、沐浴剂、锭剂、糕剂、棒剂、线剂、钉剂、熨剂、丹药的含义与应用

第1节 膜　　剂

一、膜剂的含义与分类

膜剂系指将药物与适宜的成膜材料经加工制成的膜状剂型。供口服或黏膜用。膜剂的厚度一般为1mm以下。膜剂按结构类型可分为单层、多层和夹心膜剂。按给药途径可分为口服膜剂；口腔膜剂，包括口含膜、舌下膜等；眼用膜剂；鼻用膜剂；阴道用膜剂；皮肤外用膜剂和植入膜剂等。

二、膜剂的特点

膜剂具有以下特点：①制备工艺简单，适于小量制备与工业化生产；②含量准确，质量稳定；③使用方便，适于多种途径给药；④可制成不同释药速度的制剂；⑤多层膜剂可避免配伍禁忌；⑥体积小，重量轻，便于携带、运输与储存。但膜剂载药量小，不适于剂量较大的药物。

三、膜剂常用的成膜材料与其他辅料

1.成膜材料　成膜材料包括天然和合成的高分子物质。常用的天然材料有淀粉、糊精、纤维素、明胶、白及胶、阿拉伯胶、海藻酸、琼脂等。

> 理想的成膜材料应无毒、无刺激性，无致癌、致畸等有害作用；外用不影响炎症、创面组织的愈合，口服不吸收或吸收后不影响机体生理功能，在体内可代谢或消除；成膜与脱膜性好，成膜后应具一定的韧性；来源丰富，价格便宜。
>
> 链接

常用的合成高分子材料有纤维素的衍生物、聚乙烯醇等。

2.附加剂 膜剂常用的附加剂主要有：①增塑剂，使制得的膜柔软并具有一定的抗拉强度，如甘油、乙二醇、山梨醇等；②着色剂，常用食用色素；③遮光剂，常用二氧化钛；④矫味剂，常用蔗糖或其他食用矫味剂；⑤填充剂，有碳酸钙、淀粉、二氧化硅等；⑥表面活性剂，常用聚山梨酯80、十二烷基硫酸钠、豆磷脂等，可起润湿作用。

膜剂最常用的成膜材料是聚乙烯醇(PVA)，由醋酸乙烯酯聚合后，经氢氧化钾醇溶液降解(降解的程度称醇解度)制得的高分子物质。其性质主要由聚合度与醇解度来决定。聚合度越大，水溶性越差；醇解度为88%者水溶性较好，在温水中能很快溶解。PVA05-88和PVA17-88的醇解度均为88%，平均聚合度分别为500～600和1700～1800，相对分子量分别为22 000～26 400和74 500～79 200。其成膜性、脱膜性以及膜的抗拉强度、柔韧性、吸湿性良好，并无毒、无刺激性。口服在消化道中吸收很少，80%在48小时内从大便中排泄。

链 接

四、膜剂的制备

膜剂应在清洁避菌的环境中制备，注意防止微生物的污染。眼用膜及皮下植入膜应在超净工作台上配制，并根据药物及成膜材料的性质选用适宜方法灭菌。

1.膜剂的处方组成 制备膜剂常用的处方组成如下：主药≤70%，成膜材料≥30%，着色剂≤2%，增塑剂≤20%，表面活性剂1% ～2%，填充剂≤20%，矫味剂适量，脱膜剂适量。

2.膜剂的制备方法 膜剂的制备多采用涂膜法，其工艺流程如下：成膜材料胶浆的配制→加入药物及其他辅料(如着色剂、增塑剂、填充剂等)→脱泡→涂膜→干燥→脱膜→含量测定→分割→包装。

药物如为水溶性，应与成膜材料制成具有一定黏度的溶液；如为不溶性药物，应粉碎成极细粉，并与成膜材料等混合。

小量制备时，先将聚乙烯醇或其他成膜材料加水或其他适宜的溶剂浸泡、必要时水浴上加热，溶解，滤过，滤液中加入药物及适当辅料，使其溶解或均匀分散，然后倾倒在已涂有脱膜剂的平板玻璃上，涂成一定的宽度和厚度，干燥，取样测定主药含量后计算出单剂量的面积，分割成适当大小，包装，即得。

大量生产时，药物浆液的配制方法同上，采用涂膜机涂膜(图19-1)。取配好的药液加入加料斗中，通过流液涎嘴将药液以一定速度(并确定一定的宽度)涂于不锈钢循环带上，经热风干

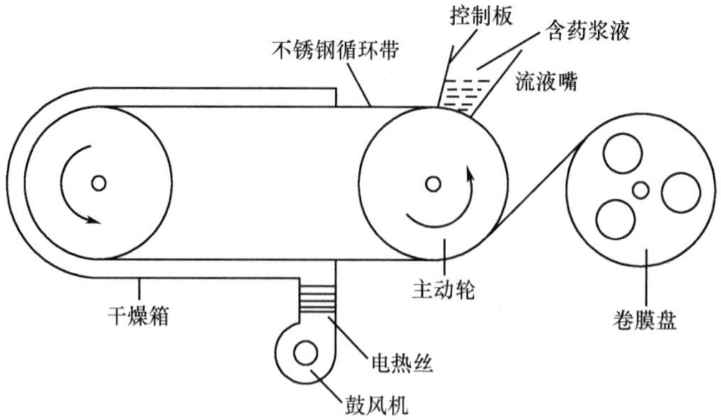

图19-1 涂膜机示意图

燥,迅速成膜。药膜从循环带上剥脱被卷入卷膜盘上,再将药膜带密封在聚乙烯薄膜或涂塑铝箔中,取样品测定含量,计算出单剂量分割的长度,分割,包装,即得。

五、膜剂的质量要求与检查

1. 膜剂的质量要求

(1) 膜剂的外观应完整光洁,厚度一致,色泽均匀,无明显气泡。

(2) 多剂量的膜剂,分格压痕应均匀清晰,并能按压痕撕开。

(3) 膜剂的重量差异,每片与平均重量相比较,超出限度的不得多于2片,并不得有1片超出限度1倍。

(4) 膜剂的微生物限度应符合规定。

2. 膜剂的质量检查

(1) 重量差异:除另有规定外,取供试品20片,精密称定总重量,求得平均重量,再分别称定各片的重量。每片重量与平均重量(平均重量≤0.02g、0.02~0.20g、>0.20g重量差异限度分别为±15%、±10%和±7.5%、±5%)相比较。

(2) 微生物限度:照2010年版《中国药典》(二部)附录ⅪJ微生物限度检查法检查。

六、膜剂的典型品种举例

例　万年青苷口服膜

【处方】 万年青苷1g　聚乙烯醇(17~88)45g　甘油45g　蒸馏水适量

【制法】 取聚乙烯醇,加甘油和蒸馏水后搅拌充分膨胀,置水浴上加热溶解,趁热用5号尼龙筛滤过,滤液中加入万年青苷,搅拌使其完全溶解,并均匀涂布于平板玻璃上,热风吹干,测定含量,按单剂量分割成块,紫外线灭菌后,包装在无菌塑料袋中,即得。

【作用与用途】 强心。用于治疗充血性心力衰竭等症。

【用法与用量】 口服,按医嘱服用。

第2节　露　剂

一、露剂的含义

露剂系指含挥发性成分的饮片用水蒸气蒸馏法制成的芳香水剂,又称药露。

二、露剂的制备

按处方称取饮片,洗净,适当粉碎,置蒸馏器中,加适量水进行浸泡一定时间后,用水蒸气蒸馏,收集蒸馏液至规定量,及时分装于灭菌的洁净干燥容器中。收集蒸馏液、灌封均应在要求的洁净度环境中进行。根据需要可加入适宜的防腐剂和矫味剂,其品种和用量应符合国家标准的有关规定。

三、露剂的质量要求

露剂除应澄清，不得有异物、酸败等变质现象；一般应检查 pH；装量、微生物限度应符合规定。

四、露剂典型品种举例

例　金银花露

【处方】 金银花 500g

【制法】 将金银花用水蒸气蒸馏法蒸馏至金银花气味淡薄，收取蒸馏液约 2000ml，分装于褐色玻璃瓶中，密封，即得。

【功能与主治】 清热解毒。用于疮毒或壮热口渴，小儿胎毒。

【用法与用量】 口服，每次 60~120ml，1 日 2~5 次。

第3节　茶　　剂

一、茶剂的含义

茶剂系指饮片或提取物（液）与茶叶或其他辅料混合制成的内服制剂，可分为块状茶剂、袋装茶剂和煎煮茶剂。

二、茶剂的制备

1.块状茶剂　可分不含糖块状茶剂与含糖块状茶剂。不含糖块状茶剂系指饮片粗粉、碎片与茶叶或适宜的黏合剂压制成块状的茶剂；含糖块状茶剂系指提取物饮片细粉与蔗糖等辅料压制成块状的茶剂。

茶剂是一种古老的剂型。早在唐代王焘的《外台秘要》及元代忽思慧的《饮膳正要》中就有有关茶剂的记载。传统的茶剂多应用于治疗食积停滞、感冒咳嗽等症。由于茶剂制作简单，服用方便，近年来茶剂的种类逐渐增多，应用范围扩大，常用于防治心血管疾病，老年病以及作为降血脂、减肥等保健品。

链接

2.袋装茶剂　袋装茶系指将茶叶，饮片粗粉或部分饮片粗粉吸取提取液经干燥后，装入袋的茶剂。其中装入饮用茶袋的又称袋泡茶。服用前将药茶或药袋浸入沸水，浸泡十几分钟，取汁服用或代茶饮用。

袋装茶是在汤剂和茶剂的基础上发展起来的，能在较短时间内浸出有效成分，较多地保留挥发性成分，保持了汤剂吸收快、奏效迅速的特点，并且袋装茶体积小，用量少，便于携带，服用方便，易于生产。但袋装茶有其局限性，味厚，质坚及滋补性等需重煎的药材不宜采用，故不可能取代汤剂。

袋装茶可分为全生药型袋装茶和半生药型袋装茶。全生药型袋装茶的制备是将处方中全部饮片粉碎成粗末,混合均匀,分装于特制的袋中即得;半生药型袋装茶的制备是将部分饮片按全生药型方法粉碎成粗粉,另一部分质坚味厚、需重煎的药材或纤维性强,体积大、新鲜不易粉碎的饮片,根据所含有效成分的性质不同,采用不同的提取精制方法提取成药汁或稠膏后,用以上粉末吸收,充分拌匀,烘干,过筛,整粒,分装于饮用茶袋内。

3. 煎煮茶剂 煎煮茶剂系指将饮片适当碎断后,装入袋中,供煎服的茶剂。

4.茶剂生产与储藏的注意事项 茶剂在生产与储藏期间应注意:①饮片应粉碎成粗粉或切成片、块、段、丝,混合均匀。凡喷洒药材提取液的,应喷洒均匀;饮片及提取物在加入适宜的黏合剂或蔗糖等辅料时,应混合均匀。②一般应在80℃以下干燥,含挥发性成分较多的应在60℃以下干燥,不宜加热干燥的应选用适宜的方法进行干燥。③茶叶和饮用茶袋应符合饮用茶标准的有关要求。④茶剂应密闭储藏;含有挥发性及易吸潮药物的茶剂应密封储藏。

三、茶剂的质量检查

1. 水分

(1) 不含糖块状茶剂:取供试品,研碎,照2010年版《中国药典》(一部)附录ⅨH水分测定法测定,除另有规定外,不得过12.0%。

(2) 含糖块状茶剂:取供试品,破碎成直径约3mm的颗粒,照2010年版《中国药典》(一部)附录ⅨH水分测定法测定,除另有规定外,不得过3.0%。

(3) 袋装茶剂与煎煮茶剂:照2010年版《中国药典》(一部)附录ⅨH水分测定法测定,除另有规定外,不得过3.0%。

2. 溶化性 含糖块状茶剂照下述方法检查,应符合规定。

取供试品1块,加20倍量的热水,搅拌5分钟,应全部溶化,可有轻微浑浊,不得有焦屑。

3.重量差异 块状茶剂照下述方法检查,应符合规定。

取供试品10块,分别称定重量,每块的重量与标示的重量相比较,按2010年版《中国药典》(一部)附录ⅠT茶剂项下有关的规定,超出重量差异限度的不得多于2块,并不得有1块超出重量差异限度的1倍。

4.装量差异 除另有规定外,袋装茶剂煎煮茶剂照下述方法检查,应符合规定。

取供试品10袋(盒),分别称定每袋(盒)内容物的重量,每袋(盒)装量与标示装量相比较,按2010年版《中国药典》(一部)附录ⅠT茶剂项下有关的规定,超出重量差异限度的不得多于2袋(盒),并不得有1袋(盒)超出重量差异限度的1倍。

5.微生物限度 除煎煮茶外,照2010年版《中国药典》(一部)附录ⅩⅢ微生物限度检查法检查,应符合规定。

四、茶剂典型品种举例

例1 五花茶

【处方】 金银花480g 槐花12 030g 鸡蛋花24 030g 厚朴花12 030g 木棉花2403g 甘草4913g 制成10 000块

【制法】 以上6味粉碎成粗粉,混匀。取蔗糖适量,加水煮沸使溶解,再加淀粉糊、苯甲酸、苏打各适量,搅匀,与上述粉末混匀,制成茶块,干燥即得。每块11.3g。

【功能与主治】 清热利湿,凉血解毒。用于暑湿或湿热下血、下痢、湿疹。

【用法与用量】 开水冲服或煎服,常用量1次1~2块。

例2　生脉袋泡茶

【处方】 人参100g　麦冬200g　五味子100g

【制法】 以上3味，粉碎成粗粉，混匀，制成颗粒，干燥，分装成1000袋，即得。

【功能与主治】 益气复脉，养阴生津。用于气阴两亏、心悸气短、脉微自汗。

【用法与用量】 开水泡服，1次1袋，1日3次。

第4节　胶　　剂

一、胶剂的含义与分类

胶剂系指取动物皮、骨、甲或角，用水煎得胶质，浓缩成稠胶状，经干燥后制成的固体块状内服制剂。其成分以动物水解蛋白类物质为主，常加入一定量的辅料如糖、油脂、酒类等。常见为黄褐色至深褐色的透明小方块或长方块固体。

> 我国应用胶剂治疗疾病历史悠久，早在《五十二病方》中就有胶剂的记载。先秦有“鹿胶青白、马胶赤白、牛胶火赤、鼠胶黑、鱼胶饵、犀胶黄”之说。汉代《神农本草经》中载有“白胶”（即鹿胶）和“阿胶”（即傅致胶）。胶剂至今仍在广泛使用，在海内外享有较高的信誉。
>
> **链接**

胶剂多供内服，有补血、止血、祛风、调经、滋补强壮等功效，以治疗虚劳，吐血、衄血、崩漏、腰腿酸软等症。常用的胶剂，按其原料来源不同，一般可分为以下几种。

（1）皮胶类：以动物皮为原料，如以驴皮、猪皮为原料制成的阿胶与新阿胶，以牛皮为原料制成的黄明胶。

（2）骨胶类：以动物骨骼等为原料，如狗骨胶、鹿骨胶等。

（3）甲胶类：以动物甲壳等为原料，如龟板胶、鳖甲胶。

（4）角胶类：以动物骨化的角为原料，如鹿角胶。现在制备鹿角胶时往往掺入一定量的阿胶。

（5）其他胶类：系指其他含有蛋白质的动物药，经水煎煮制成的胶剂。如以牛肉为原料经煎煮制成的霞天胶；以龟甲和鹿角为原料，共同煎煮而制成的混合胶，称为龟鹿二仙胶等。

二、胶剂的制备

（一）原、辅料的选择

1.原料的选择　制备胶剂所用动物的皮、骨、甲、角质量优劣，差异很大，应取自健康强壮的动物。

（1）皮类：驴皮以张大，毛色黑、质地肥厚，伤少无病，尤以冬季宰杀者为优，名为“冬板”，张小皮薄色杂的“春秋板”次之，夏季剥取的驴皮为“伏板”，最差。黄明胶所用的黄牛皮以皮张厚大，毛色黄，无病的北方黄牛皮为优。制新阿胶的猪皮，以质地肥厚，新鲜者为好。

（2）角类：主要用鹿角。鹿角分砍角与脱角两种，砍角为优，脱角次之。砍角表面呈灰黄或灰褐色，质重坚硬有光泽，角中含有血质，角尖对光照视呈粉红色者为佳。春季鹿自脱的角称为脱角，表面灰色，质轻无光泽，较差。野外自然脱落的鹿角，称霜脱角，质最次不宜采用。

（3）龟甲、鳖甲：龟甲为龟的腹甲和背甲，以板大质厚，颜色鲜明为佳，称“血板”，而以产于洞庭湖一带者最为著名，俗称“汉板”，对光照之微呈透明、色粉红，又称“血片”。鳖甲也以个大质厚、未经水煮为佳。

（4）狗骨：以骨骼粗大，质地坚实者为优；从外观侃，一般以质润色黄之新品为佳，陈久者产量低。

2.辅料的选择 胶剂制备过程中，常加入一定量的糖、油、酒等作为辅料，既有辅助成型、矫味作用，亦有一定的治疗作用。因此，辅料的质量也是直接影响胶剂的重要因素。

（1）糖：多用冰糖，以色白洁净无杂质者为佳。加入糖能增加胶剂的硬度和透明度。

（2）酒：多用黄酒，以绍兴酒为佳。加酒主要是矫臭、矫味。有时也可用白酒代替黄酒。

（3）油类：常用花生油、豆油、麻油3种，以纯净新鲜者为佳。油类能降低胶的黏性，便于切胶，不易变形，而且浓缩胶液时，气泡易于逸散，有利于胶剂成品的透明。

（4）明矾：明矾能使胶液中存在的细微杂质凝聚沉淀，以保证胶块具有洁净的透明度，所用明矾以色白纯净者为佳。

（5）水：胶剂制备时，对熬胶用水要有一定的选择。一般应选择硬度较低的洁净淡水，也可用离子交换树脂处理的去离子水。

（6）阿胶：某些胶剂熬制时，常需添加少量的阿胶，以增加其胶液的黏度，易于凝固成型，并协同发挥疗效。

（二）胶剂的制备方法

胶剂制备一般工艺流程如下：原料处理→熬取胶汁→滤过、澄清→浓缩收胶→凝胶→切胶→干燥→包装。

1.原料处理 胶剂的原料如动物的皮、骨、甲、角、肉等常附着毛、脂肪、筋、肉及血等杂物，必须经过水洗，浸泡、开水烫、沸水短时间煎煮等方法，去除不洁之物后方可供制备胶剂。

2.熬取胶汁（熬胶） 原料经处理后，置锅中加适量水（以浸没原料为度），以直火加热，或置夹层蒸汽锅中用蒸汽加热，煎取胶汁。

> 熬胶过程应注意：①直火加热锅中要有一层假底，以免原料直接接触锅底而焦化；②煎胶所用火力应适宜，一般用武火煮沸后用文火保持微沸即可；③应随时补充因蒸发而失去的水分，保持一定的水量，避免因水分不足而影响胶汁的煎出；④煎煮时间与次数因原料不同而异，一般为8~48小时，反复3~7次，至煎煮液清淡，胶汁甚少为止。
>
> 链接

3.滤过、澄清 每次煎出的胶汁，趁热滤过，滤液澄清后才能浓缩。由于胶汁黏性大，所含杂质不易沉降，常须在胶汁中加入适量明矾水（每100kg原料约加入60~120g明矾），经搅拌静置数小时，分取上清液，用细筛或丝棉滤过后，滤液即可浓缩。

4.浓缩收胶 滤清的胶汁，加热浓缩，并不断搅拌，以加速蒸发及防止焦化。如有泡沫产生，应及时除去。胶汁浓缩至糖浆状，必要时可取出静置24小时，待沉淀下降后倾出上清液进一步浓缩。当胶液浓缩至相对密度为1.25左右时，加入豆油，搅匀，再加入糖搅拌至完全溶解，继续浓缩至近出胶时，搅拌加入黄酒，此时应减弱火力，并强力搅拌，直至锅内有大馒头状气泡产生（俗称“发锅”），挑起时胶汁黏附棒上呈片状而不至坠落（也叫“挂旗”），胶汁中无水蒸气逸出为度。

胶汁浓缩的程度应根据胶剂品种不同而适当掌握；胶汁浓缩后入油类时，应强力搅拌使其分散均匀，以免出现小油泡。

5.凝胶 胶汁熬炼成后，趁热倒入已洗净并涂有少量麻油的凝胶盘内胶凝。胶汁倾入后于8~12℃静置12~24小时即可凝固成块状。

6.切胶 将凝固的胶块按需要切成一定规格和重量的小片。手工操作时要求刀口平齐，一刀切成，以防出现重复刀口痕迹。大生产时采用机器切胶。

7.干燥 胶片切成后，置于有干燥防尘的晾胶室内，放于特制的晾胶床上，使其在微风阴凉的条件下干燥。一般每隔48小时或3~5天将胶片翻1次，使两面水分均匀散发，以免成品发生弯曲现象。经7~10日，待胶表面干硬，再将其装入木箱内，密闭闷之，称之为"闷胶"或"伏胶"，促使胶片内部水分向外扩散。2~3日后，取出胶片拭去表面水分，然后再置于晾胶床上晾之，数日之后，再"闷胶"2~3日，再晾之，此操作反复2~3次，至胶片充分干燥为止。

为了缩短干燥时间，也可将胶片用纸片包好，置石灰干燥箱或烘房中通风干燥。

8.包装 胶片充分干燥后，用微湿毛巾拭其表面，使之呈现光泽，再用朱砂或金箔印上品名，装盒即可。胶剂应密闭储存于阴凉干燥处。

三、胶剂的质量要求与检查

1. 胶剂的质量要求

(1) 胶剂应为色泽均匀、无异常臭味的半透明固体。

(2) 总灰分、重金属、砷盐应符合有关规定。

(3) 胶剂含水分不得过15.0%。

2. 胶剂的质量检查

(1) 水分：取供试品1g置扁形称量瓶中，精密称定，加水2ml，置水浴上加热使溶解后再干燥，使厚度不超过2mm，照2010年版《中国药典》(一部)附录ⅨH水分测定法第一法测定。

(2) 微生物限度：照2010年版《中国药典》(一部)附录ⅫC微生物限度检查法检查，应符合规定。

四、胶剂典型品种举例

例 阿胶(驴皮胶)

【处方】 驴皮50kg 冰糖3.33kg 花生油1.67g 黄酒1.0kg

【制法】 将驴皮漂泡2~3日，去毛，切成小块，再漂泡洗净，分次水煎，滤过，合并煎液，用文火浓缩(分别加入黄酒、冰糖、豆油)至稠膏状，冷凝，切块、干燥，包装，即得。

【性状】 本品长方形或方形块，黑褐色，有光泽。质硬而脆，断面光亮，碎片对光照视呈棕色半透明。气微，味微甘。

【功能与主治】 补血滋阴，润燥，止血。用于血虚萎黄、眩晕心悸、肌痿无力、心烦不眠、虚风内动、肺燥咳嗽、痨嗽咯血、吐血尿血、便血崩漏、妊娠胎漏。

【用法与用量】 烊化兑服，3~9g。

第5节 海 绵 剂

一、海绵剂的含义与分类

海绵剂系指亲水性胶体溶液经发泡、固化、冰冻、干燥和灭菌等工序制成的一种具极强吸水性能的海绵状固体灭菌制剂。主要用作外科手术辅助止血剂。根据医疗需要和用药部位的不同,制成各种适宜的形状如块状、粉末状、颗粒状或纸状。

海绵剂多半含有胶原性物质,用于血管破损处即可堵塞血液外流,促进血栓形成,加速血液凝固,同时因吸收水分体积膨胀,对出血创面起机械压迫作用,使出血停止。理想的海绵剂应具备下列条件:①止血迅速;②无菌,无过敏,无刺激性,不损伤机体组织;③被机体组织完全吸收;④原料来源广。成本低廉,制备简便,易于储藏。

链接

海绵剂根据所用的原料不同,一般可分成两类:一类是以蛋白质为原料制成的海绵剂,如明胶海绵、血浆海绵、纤维蛋白海绵,其中明胶海绵质地柔软,止血效果好,制备方便,较为常用;另一类是以碳水化合物为原料制成的海绵剂,如淀粉海绵。也常在海绵剂中加入适当的药物制成含药海绵,以增强止血、抗菌、消炎和镇痛作用。

二、海绵剂的制备

1.吸收性明胶海绵剂 制备明胶海绵剂工艺流程为:配料→打泡与固化→冷冻→干燥→灭菌→包装。

2.含药明胶海绵 含药明胶海绵一般是在明胶海绵中加入具有止血、消炎及镇痛作用的药物,以提高止血效果,并产生消炎、镇痛的综合药效。含药明胶海绵的制备,药物多在制备明胶海绵过程中加入,也有将药物与明胶海绵粉末拌匀制成。

3.淀粉海绵剂 制备淀粉海绵剂的工艺流程为:淀粉经糊化→冷冻→脱水→干燥→灭菌→包装。

三、海绵剂的质量检查

1.吸水力 取供试品 1cm×1cm×0.5cm,精密称定,浸入 20℃的水中,用手指轻揉不使破裂,吸足水分后,用小镊子夹住一角,提出水面停留 1 分钟后,精密称定,吸收的水分不得少于供试品重量的 35 倍(成品优良者可达 50 倍)。

2.炽灼残渣 照 2010 年版《中国药典》(二部)附录ⅧN 炽灼检查法检查,残渣的遗留量不得超过 2.0%。

3.无菌 照 2010 年版《中国药典》(二部)附录ⅪH 无菌检查法检查。应符合规定。

4.消化试验 取供试品 3 块,每块重约 45~50mg,置蒸馏水中,吸足水分后用滤纸吸去过多的水分,分别移置于37℃的胃蛋白酶溶液 100ml 中(胃蛋白酶 1g,加 0.1mol/L 盐酸溶液 100ml),37℃恒温振荡,直至完全消化,三块平均消化时间应不超过 80 分钟。

四、海绵剂典型品种举例

例 1 明胶海绵

【处方】 明胶 60g 37%(g/g)甲醛溶液 6ml 蒸馏水 550ml

【制法】 取颗粒状明胶 60g,加蒸馏水 500ml 浸泡约 1 小时,膨胀软化后,40~50℃水浴加热溶解,趁热用 2 号垂熔玻璃器滤过,然后将胶液于 32~38℃保温备用;另取甲醛溶液 6ml,加蒸馏水 50ml 稀释。将稀释的甲醛溶液加入上述胶液中，用打泡机（转速约 900r/min）搅拌打泡10~15 分钟，使之产生大量均匀细腻的泡沫，分装于带有麻布衬垫的长方形扁平金属盒中，置-10℃或-20℃的冰箱中冰冻 48 小时或 24 小时。

将冰冻的海绵置 36℃的热风干燥箱内干燥中，连续鼓风干燥 3~4 天，移至石灰干燥箱内干燥后，取出明胶海绵，切除表面较硬的以及有大气泡部分，然后分割成需要的形状，用纸包装，以 120℃干热灭菌 2 小时，再以无菌操作法装入经消毒灭菌的塑料袋中密封，即得。

甲醛溶液作为固化剂，与明胶溶液混合后，必须迅速搅拌。甲醛用量过多，成品的消化时间延长，且易脆裂。如用量太少，则泡沫不能完全固定，难以形成海绵体。

【作用与用途】 局部止血剂。用于内脏及外伤局部止血。

【用法与用量】 外用，将本品敷于出血面压迫止血。也可剪成所需形状，浸入灭菌生理盐水中，临用时挤尽液体后使用。

例 2　复方大黄止血粉

【处方】 大黄 20g　羊蹄 20g　白鲜皮 20g　苎麻 20g　明胶 100g　呋喃西林 1g　硫柳汞 0.1g　盐酸普鲁卡因 1g　甲醛（37%，g/g）5ml　蒸馏水适量

【制法】 取大黄、羊蹄、白鲜皮、苎麻适当粉碎，以水为溶剂渗漉法提取，收集渗漉液约 400ml 备用。另取明胶加蒸馏水 550ml 浸泡，膨胀软化后移至水浴加热溶解，趁热滤过。滤液中加入呋喃西林、硫柳汞、盐酸普鲁卡因及上述渗漉液，待冷至 32℃左右，再加入用水约 150ml 稀释的甲醛溶液，打泡至体积增大 8~10 倍，倒入垫有麻布的金属盒中，经鼓风干燥后粉碎，过 4 号筛，100℃充分干燥，分装于干燥的小瓶内，再以 115℃干热灭菌 1 小时即得。

【作用与用途】 辅助止血剂。用于外科手术或外伤止血。

【用法与用量】 外用，取适量粉末，填塞伤口或出血点。

【注解】 胶液中加入药物溶液往往影响起泡与成型。因而制备含药海绵时应调整胶液的浓度、甲醛的用量。

第 6 节　离子导入剂与沐浴剂

一、离子导入剂

离子导入剂系指采用离子导入技术将药物制剂与物理疗法相结合的临床应用的一种制剂，系将中药有效成分提取制成一定浓度的液体药剂，应用时用纱布或其他吸水辅料浸取一定量放于体表某部位，外加通直流电的极板，使药物在电场作用下透过皮肤，被机体吸收，以发挥局部作用或全身作用。此种制剂仅适合具有极性的或在电场下能显示出极性的药物分子。

由于把药物离子或分子直接导入体内，并在局部保持较高浓度，因此可持续发挥作用。同时直流电和药物在治疗过程中常有相加和协同作用。这种方法在临床已广泛应用于局部麻醉止痛、消炎止痛、骨质增生、盆腔炎、冠心病等疾病。

离子导入作用导入的主要是离子型药物，药物的解离状态对离子导入的影响很大，药液的 pH 影响药物的解离程度，因而也显著地影响离子导入结果。药物导入的效率与电场的持续时间有关。

例　地榆离子透入剂

【处方】 地榆 500g

【制法】 取地榆加水 2000ml，煎煮，滤过，浓缩至 800ml，放置备用。

【功能与主治】 凉血消炎。用于肠粘连。

【用法与用量】 将浸有药液的湿纱布衬垫与直流感应电疗机阳极相连，置于患部，阴极置于患部对侧，1日治疗1次，电流强度10~20mA，1次治疗20分钟，12~18次为1个疗程，间隔1日后可进行第2个疗程的治疗。

二、沐浴剂

沐浴剂系指供加入或浸入沐浴用的液体或固体中药制剂。供浸于热水进行沐浴的固体沐浴剂的制法是取处方中一部分药物粉碎成粗粉，另一部分药物经提取制成稠浸膏，由粗粉吸收稠浸膏后，烘干；芳香性药物可粉碎成粗末，也可提取挥发油喷洒于药物粗末中，分装于特别滤袋或纱布包中，外加外包装密封保存。

> 我国早在3000多年前，已在宫廷和民间使用药浴疗法。古代闻名的香汤沐浴，把麝香和一些中药配伍，煎成浴汤沐浴，可以消除疲劳，增强体质，有健身治病的作用。古时民间也习惯用花草水煎洗浴。每到端午节，往往用菖蒲或艾叶煮水给孩子浴身，以达到防疫和保健的目的。
>
> 链接

供加入沐浴用热水中的液体沐浴剂的制法是根据药物的有效成分，采用合适的提取方法制成1次用量10~20ml的水性或醇性液体药剂。

沐浴剂始于药浴疗法。药浴疗法是借沐浴时浴水的温热之力及药物本身的功效使周身腠理疏通，毛窍开放，起到温经散寒、疏通经络、调和气血、消肿止痛、祛瘀生新等作用。根据不同病症选择相应的药物配伍可治疗关节炎、神经炎、风湿病及某些皮肤病，并对感冒、高血压病、失眠、顽癣等病有一定疗效。

第7节 其他传统剂型

在中医临床上还有许多古老的传统剂型，至今还在广泛使用。有的在民间广为流传，对于一些疑难杂症具有独特的疗效。现就其中一些加以介绍。

一、锭剂

（一）锭剂的含义与特点

锭剂系指饮片细粉加适宜黏合剂（或利用药材本身的黏性）制成不同形状的固体制剂，有长方形、纺锤形、圆柱形、圆锥形等。内服可吞服或研细以水或黄酒化服，外用多是研细用醋或酒调敷，也可作嗅入或外搽药用。锭剂的形状见图19-2。

（二）锭剂的制备与举例

1.锭剂的制备 锭剂的制备有塑制法和模制法两种。取粉碎好的饮片细粉，加入适宜的黏合剂，揉制成团块，再按搓捏法或模制法成形，整修，阴干，用泛制法制备得照丸剂项下的水丸制备，亦可用熔融法制备，即将药物加热熔融，趁热倒入模型中，冷凝后取出，再固定在锭座上，如

图 19-2 锭剂的形状

薄荷锭。锭剂的黏合剂常用糯米糊或利用处方中具有黏性的药物如蟾酥、胆汁等,按规定方法处理。锭的表面也可以用处方规定的药物和黏合剂包衣或打光,以利保存药效或改善外观。

2.紫金锭举例

【处方】 山慈菇 200g 红大戟(制)150g 五倍子 150g 朱砂 40g 麝香 30g 雄黄 20g 千金子霜 100g

【制备】 以上 7 味,朱砂,雄黄分别水飞或粉碎成极细粉;山慈菇、五倍子、红大戟粉碎成细粉;麝香研细,与上述粉末及千金子霜配研,过筛、混匀;另取糯米 320g 加水制成团块,蒸熟后与药粉混匀,压制成锭,阴干,即得。每锭重 0.3g 或 3.0g。

【功能与主治】 辟瘟解毒,消肿止痛。用于中暑、脘腹胀痛、恶心呕吐、痢疾泄泻、小儿痰厥。外治疔疮疖肿、痄腮、丹毒、喉风等。

【用法与用量】 口服,1 次 0.6~1.5g,1 日 2 次。外用,醋磨调敷患处。

二、糕 剂

(一)糕剂的含义与特点

糕剂系指饮片细粉与米粉、蔗糖等蒸制成的块状制剂。糕剂含糖味甜可口,主要用于治疗小儿脾胃虚弱、面黄肌瘦等慢性消化不良性疾病。糕剂味甜可口,为小儿所喜用。

(二)糕剂的制备与举例

糕剂的制法一般是将处方中的药材低温干燥后粉碎成细粉,过筛,再与米粉、蔗糖等混合,加入适量冷开水后揉成松散的颗粒或团块,装入模具中,取出,蒸熟,晾干,即得。

例 八珍糕

【处方】 党参 60g 茯苓 60g 白扁豆 60g 白术 60g 薏米 60g 莲子肉 60g 山药 60g 芡实 60g 粳米面 30kg 白糖 2.4kg 糯米面 3.0kg

【制法】 以上 11 味,除粳米面、糯米面、白糖外,其余药材粉碎后过筛,与粳米面等混合均匀,加入适量冷开水揉合制成松散颗粒,放入模具,制成糕状。经蒸熟、晾干,包装,即得。

【功能与主治】 养胃健脾,益气和中。用于脾胃虚热、食少腹胀、面黄肌瘦、便溏泄泻。

【用法与用量】 开水冲服。视婴幼儿大小酌量服用。

三、棒 剂

（一）棒剂的含义与特点

棒剂系指将药物制成小棒状的外用制剂，可直接用于皮肤或黏膜上，起腐蚀、收敛等作用，多用于眼科。

（二）棒剂的制备举例

例 海螺蛸棒

【处方】 海螵蛸适量 黄连适量

【制法】 取海螵蛸以水浸3~4天，每天换水以漂尽咸味为宜。捞起，以小刀削去外表角质层，置露天日晒夜露3~5天，以除去腥臭味，然后切削成长度适宜，略扁平的圆锥体，洗去颗粒状物，略干燥，放入10%黄连溶液中煎煮30分钟，取出置烘箱内100℃烘干，即得。

【功能与主治】 有抗菌收敛作用，用以治疗沙眼。

【用法与用量】 外用，用以擦沙眼之滤泡。本品表面粗糙，能机械地破除滤泡沙眼之滤泡，使药物易于渗入滤泡加速伤口愈合，故常与其他药物共用。一般每2~3天擦1次，待反应消失后方可进行第二次，用后应洗去血污，浸入1∶5000的升汞溶液或2%煤油酚溶液内泡1天，并再以10%黄连液煮沸30分钟，烘干备用。

四、线 剂

（一）线剂的含义与特点

线剂系指将丝线或棉线置于药液中先浸后煮，经干燥制成的一种外用制剂。线剂一般系利用所含药物的轻微腐蚀作用和药线的机械紧扎作用，切断痔核的血液供应，使痔枯落，线剂又可置于瘘管中，起引流作用，以加速疮口的愈合。近年来，有以线剂结扎疗法为主，适当辅以药膏治疗毛细血管瘤，亦有应用药物、药线齐根结扎菜花型宫颈癌患部，能使肿瘤自行枯落，并有止血、抗感染等作用。由于线剂制备简单，应用方便，有一定的疗效，可免除开刀的痛苦，在基层医疗实践中常被采用。

> 线剂在我国早有应用，清代《医宗金鉴》关于痔疮的治疗中就有“顶大蒂小，用线勒于痔根，每日紧线，其痔枯落”的记载。
>
> 链接

（二）线剂的制备举例

例 芫花线剂

【处方】 芫花6g 巴豆仁3g 金银花3g 槐花米3g 雄黄3g 壁钱3g 丝线适量

【制法】 先将芫花醋制，雄黄水飞，巴豆仁捣碎如泥，然后与其余各药共置于适宜的容器中，加适量水和丝线等一起浸泡3~5天后，取出，以文火煮干，取出丝线，以温开水将药渣洗净，低温干燥或阴干,即得。

【功能与主治】 有抗菌、消炎和腐蚀作用。用于治疗外痔及瘘管等病。

【用法与用量】 外用,结扎痔蒂和放置于瘘管起引流作用。

五、条　　剂

(一) 条剂的含义与特点

条剂系指用桑皮纸黏药膏后搓捻成细条,或用桑皮纸搓捻成条,黏一层面糊,再黏药粉而制成的外用制剂,又称纸捻。条剂有韧性可用于弯曲分岔的瘘管,制备简单,使用方便。所用药物多有毒性或腐蚀性,主要用于中医外科插入疮口或瘘管,以引流脓液,拔毒去腐,生肌敛口。条剂制备简单,使用方便,目前仍在中医外科应用。近年来有用羧甲基纤维素钠、聚乙烯醇、海藻酸钠等可溶性多聚物制备条剂,具有可溶性和适宜的韧性,并能克服纸捻异物残留的缺点。条剂可分为软条剂和硬条剂两种。

(二) 条剂的制备举例

例 1　红升丹软条剂

【处方】 红升丹适量　凡士林适量

【制法】 红升丹研成极细粉,备用;另取桑皮纸剪成 1.5cm 宽的纸条,两面均匀地涂上 1 层凡士林或其他的消炎药膏,以拇指和食指搓捻成条状。再剪成长约 3cm 的小段,投入装有红升丹粉末的容器中,轻轻振摇容器。使捻条均匀地黏附 1 层药粉,取出阴干,即得。

【功能与主治】 拔毒、去腐生肌。用于治疗疖、痈、痔疮诸症。

【用法与用量】 外用,插入疮口或瘘管中,外面再用拔毒生肌膏或其他消炎软膏固定,起引流,排脓、生肌、敛口作用。

例 2　红升丹硬条剂

【处方】 红升丹适量

【制法】 取桑皮纸裁剪成 1cm 宽,20cm 长的纸条,先捻成条状,再搓捻成两股如索线状,搓紧,在外面涂 1 层淀粉浆,另取红升丹细粉平铺在平板上,把捻条在红升丹上来回搓动。使表面均匀地黏附红升丹粉末,阴干,即得。

【功用与主治】 同红升丹软条剂。硬条剂适用于深部或弯曲分岔瘘管。

【用法与用量】 同红升丹软条剂。

六、钉　　剂

(一) 钉剂的含义与特点

钉剂系指饮片细粉加糯米混匀后加水加热制成软材,分剂量,搓成细长而两端尖锐(或锥形)的外用固体制剂。钉剂多含有毒性药物或腐蚀性药物,其赋形剂的选择类似于糊丸,具缓释作用。用于插入病灶或瘘管,在局部缓缓释放药物,呈现较长时间的疗效。一般用于治疗痔疮、颈淋巴结核、骨髓炎、疮疡等。

(二) 钉剂的制备举例

例 枯痔钉

【处方】 明矾砒石煅制粉(含 As_2O_3 4%)24g 雄黄 12g 乳香 6g 朱砂 3g 生糯米粉 40g 熟糯米粉 26g

【制法】 取明矾砒石煅制粉(其中 As_2O_3 的含量须调至 4%),朱砂、雄黄水飞法制成极细粉;乳香砂炒去油;生、熟糯米粉分别过 6 号筛,备用。除熟糯米粉外,其余各药细粉与生糯米粉混合均匀。置罐内加蒸馏水约 40ml 调匀,密盖。置沸水浴加热 30 分钟,再加入熟糯米粉混匀,制成软硬适宜的可塑性软材,分制成湿重约 0.08g 的小块,搓成锥形或两端尖锐的钉剂,阴干,灭菌,密闭保存。

【功能与主治】 有枯痔、消炎作用。主要用于内、外痔疮。

【用法与用量】 插入痔核。每次用量不得超过 20 枚,以免中毒。

七、灸 剂

(一) 灸剂的含义与特点

灸剂系指将艾叶捣、碾成绒状,或另加其他药料捻制成卷烟状或其他形状,供熏灼穴位或其他患部的外用制剂。灸剂按形状可分为:艾头、艾柱、艾条 3 种;按加药与否分为艾条与含药艾。灸剂是我国很早利用"温热刺激"的一种物理疗法,由于点燃后在体表产生温热、灼痛的感觉,及药物的局部透皮吸收,可以发挥通经活络、回阳救逆等功效,达到预防或治疗疾病的目的。

(二) 灸剂的制备

取陈旧的干燥艾叶,拣去杂质,筛去灰尘,置石臼或铁研船内捣研成棉绒状,除去叶脉,即可按下列要求制成一定形状的制品。

艾头:多由针灸医师临用前自制,即取艾绒以手指捻成黄豆粒大小的圆团,用时顶在针上,点燃后在穴位处做近距离熏灼。

艾柱:亦由医师临时制备。即取艾绒少许,用于搓成上尖下平的圆锥体,其大小根据需要而定。用时先将 3mm 厚的大蒜片或姜片放置在穴位上或患处皮肤上,再将艾柱放在蒜片或姜片上,用火点燃艾柱尖端,使其从上而下地燃烧,烧完为止。

艾条:又名艾卷。取艾绒置于长、宽均为 30cm 的桑皮纸上,用人工或机器卷制成圆柱状,为目前应用最广的一种灸剂。

(三) 灸剂的举例

例 1 艾条

【处方】 艾绒 50g

【制法】 取长、宽各约 30cm 的桑皮纸,铺上长、宽各约 20cm 的 1 层艾绒,用竹片将艾绒拍平,将桑皮纸的边缘向内折叠,以铁丝或竹丝作轴,将之卷成细筒状,外用桑皮纸包裹,将两端卷紧，即得。亦可用机器卷制。

例2 雷火针(复方艾条)

【处方】 艾绒30g 桃树皮3g 生川乌3g 生草乌3g 穿山甲(醋制)3g 制乳香3g 制没药3g 硫黄3g 雄黄3g 朱砂3g 麝香0.15g

【制法】 将桃树皮、生川乌、生草乌、穿山甲、制乳香、制没药等粉碎，过2号筛，混匀。麝香、硫黄研细，朱砂，雄黄与及其他药粉碎。以上各药套研成均匀的药粉。将艾绒平铺于桑皮纸上，称取药粉9g，均匀洒布于艾绒中，将纸的边缘向内折叠，向前推卷，用线扎紧，再卷1层丝绵纸，用糨糊封口，按规定长度两端切齐，贴签，涂上1层蛋清，晾干，装筒，即得。

【功能与主治】 祛风散寒，活络止痛。用于风寒湿痹、手足麻木、肩背疼痛、半身不遂、四肢拘挛等症。

【用法与用量】 用时先将布折叠数层，放穴位或患处皮肤上，将雷火针用火点燃，随即熄灭火焰，在布上施行灸法，至感到灼痛为止。

八、熨　　剂

熨剂系指饮片细粉或饮片提取液与经煅制的铁砂混合制成的外用制剂。用时拌醋生热，利用热刺激及药物蒸汽透入熨帖的部位达到活血通络，发散风寒的治疗目的，熨及作用类似灸剂，为我国民间习用的一种物理疗法，使用方法不同。熨剂主要以煅制铁屑与醋发生化学反应放出热量，并配合一些治疗风寒湿痹的药物，共奏疗效。熨剂制备简单，使用方便，疗效确切。

例 坎离砂

【处方】 当归37.5g 川芎50g 透骨草50g 防风50g 铁屑10kg

【制法】 以上5味，除铁屑外，其余当归等4味药煎煮2次，第一次加入米醋600g与3倍药量的水煮2小时，滤过，药渣加适量水再煮2小时，滤过，合并滤液。将铁屑置炉内煅制变为暗红色时取出，立即将上述滤液倒入铁屑中，搅匀、晾干，过筛，即得。

【功能与主治】 驱风散寒，活血止痛。用于风湿痹痛、四肢麻木、关节疼痛、脘腹冷痛。

【用法与用量】 每250g铁屑加米醋15g(不可过量)，立即拌匀，装入布袋。外包棉垫(或毛巾)待发热后，熨患处，药凉后取下。再用时仍用前法拌醋，可反复使用数次。每日熨患处1~3次。

九、丹　　药

丹剂系指汞以及某些矿物药，在高温条件下烧炼制成的不同结晶形状的汞的无机化合物。

> 丹药是中医应用最早的无机化学药品，迄今已有2000多年的历史，在古典医籍中多有有丹药的组方、炼制与应用的记载。丹药的毒性较大，一般只能外用，不可内服，并在使用中要注意剂量和用药部位，以免引起中毒。
>
> **链接**

丹药具有提脓、去腐、生肌、燥湿、杀虫等功效，主要用于中医外科临床治疗疮疖、痈疽、疔、瘘等症，具有用量少，疗效确切，价廉易得等特点，一直沿用至今。丹药是一类仅供外用的药物，可制成散剂、钉剂、药线、药条和外用膏剂。

丹药按其制备方法不同可分为升丹和降丹，升丹中常用的是红升丹，降丹中常用的是白降丹；丹药也有按其色泽分为红丹和白丹，红丹的主要成分为汞的氧化物(HgO)，白丹的主要成分为汞的氯化物，其中白降丹的主要成分为氯化汞（$HgCl_2$）。

丹药的传统制备方法主要有升法、降法、半升半降法。传统制备丹药的炼制法，操作工艺繁杂，汞蒸汽易逸出，造成环境污染，危害人体健康，而且产品得率低。现在一般用研磨法和化学合成法来制备丹药。

小结

本章介绍的多为传统剂型也有现代剂型。这些剂型目前在中医临床上仍有一定使用。本章的学习要点应在知道各剂型含义、应用方法的基础上，明确它们制备方法；掌握膜剂的处方组成与制备方法；熟悉胶剂的分类、原辅料的选择与质量检查；熟悉茶剂、海绵剂的制法与质量要求；同时了解露剂、离子导入剂、沐浴剂、锭剂、糕剂、棒剂、线剂、条剂、钉剂、灸剂、熨剂、丹药的制备方法，为掌握现代剂型、继承和发扬中药传统剂型打下良好基础。

目标检测

一、单项选择题

1.膜剂常用的高分子成膜材料为（　）
A.聚乙二醇　B.聚乙烯醇　C.聚乙烯　D.聚氯乙烯

2.膜剂处方中甘油的作用是（　）
A.增稠剂　B.增塑剂　C.避光剂　D.防腐剂

3.制备胶剂中加入冰糖的目的是（　）
A.沉淀杂质　B.便于切胶　C.增加黏度　D.增加成品透明度和硬度

4.红升丹的成分为（　）
A.HgCl　B.$HgCl_2$　C.HgO　D.$HgSO_4$

二、多项选择题

1.下列可以用塑制法制备的剂型有（　）
A.钉剂　B.锭剂　C.糕剂　D.胶剂　E.灸剂

2.下列剂型中既可以口服又可以外用者有（　）
A.钉剂　B.锭剂　C.膜剂　D.海绵剂　E.条剂

3.下列关于膜剂常用辅料的叙述，错误的是（　）
A.山梨醇起增塑作用　B.聚山梨酯80起润湿作用　C.二氧化钛起填充作用
D.蔗糖起矫味作用　E.二氧化硅起遮光作用

三、名词解释

1. 熨剂　2. 线剂　3. 条剂　4. 锭剂　5. 灸剂

四、简答题

1. 简述膜剂的特点。
2. 简述胶剂原料选择与分类。
3. 简述海绵剂止血作用的原理。

（周毅生）

第20章　药物新剂型新技术

学习目标

1. 记住包合技术；微型包囊技术；固体分散技术；脂质体制备技术的含义
2. 记住缓释制剂、控释制剂的含义、作用特点、制备方法
3. 简述环糊精包合技术的特点及质量要求
4. 叙述靶向制剂、前体药物制剂的含义和特点
5. 了解药物新技术在中药药剂中的应用

第1节　概　　述

一、药物新剂型的发展

从我国古代的汤、酒、膏、丹、丸、散剂到现代的注射剂、片剂、栓剂等，以及正在发展的新的给药系统，每一个新剂型的产生，都与新辅料、新技术的应用及科学技术的发展紧密相关。药物剂型的发展通常分为5个阶段，即“五代”。

第一代药物剂型：药物经过简单加工，主要供口服与外用的剂型。主要是指传统的丸、散、膏、丹、汤剂等口服与外用剂型。

第二代药物剂型：普通现代药物剂型，如片剂、注射剂、栓剂、胶囊剂与气雾剂。

第三代药物剂型：指能在较长时间内维持体内药物有效浓度，不需频繁给药，主要是指缓释、控释给药系统。

第四代药物剂型：能使药物浓集于靶器官、靶组织、靶细胞，提高药物疗效，降低全身毒副作用的靶向给药系统。

第五代药物剂型：反映时辰生物学技术与生理节律同步的脉冲式给药，以及根据所接受的反馈信息自动调节释放药量的自调式给药，能在发病高峰期体内自动释放药物。

链接

使药物新剂型得以发展的新辅料和新技术很多，如β-环糊精包合技术、微型包囊技术、固体分散技术、脂质体制备技术等。包合技术中应用β-环糊精主分子即能提高药物的水溶性，又能增加药物的稳定性。药物微囊化后，可以提高其稳定性，减少复方配伍禁忌，延长药物作用时间。固体分散技术，可应用不同性质的载体，使药物具有高效、速效、长效，或者肠溶作用的特点。而脂质体制备技术使给药具有靶向性，具有降低药物毒性的作用。

新的给药系统与普通剂型相比有许多特点，它们能在较长时间内维持体内有效的药物浓度，不需频繁给药，靶向制剂可使药物浓集于靶组织、靶器官、靶细胞，从而提高疗效，降低全身

的毒副作用。

二、制剂新技术在中药药剂中的应用

随着时代的发展和科学技术的进步，制药新设备、新辅料、新技术、新剂型在中药制剂中的应用，大大推动了中药制剂现代化的进程，取得了不少喜人的成绩。

包合技术和微囊化技术在中药制剂制备中，常用于包合挥发性成分或油状液体的包合或微囊化，以防止挥发性成分逸散、掩盖不良气味、使液体成分固态化。

固体分散技术可利用不同性质的载体使药物在高度分散状态下达到不同的用药要求。例如，采用水溶性载体，增加难溶性药物的溶出速率，提高其生物利用度；也可用难溶性高分子载体延缓药物释放；用肠溶性高分子载体控制药物在肠中溶解。

> 液体药物固体化技术：环糊精包合技术、微囊化技术、固体分散体技术等。
>
> 链接

第 2 节　环糊精包合技术

一、β-环糊精的结构与性质

环糊精（cyclodextrin，CD）系淀粉用嗜碱性芽孢杆菌经培养得到的环糊精葡聚糖转位酶作用形成的产物，是由 6～12 个 *D*-葡萄糖分子连结而成的环状低聚糖化合物。常见的环糊精是由 6、7、8 个葡萄糖分子，通过 1,4 糖苷键连接而成的环状化合物，分别称之为 α、β、γ 型环糊精，其性质见表 20-1。

表 20-1　环糊精的性质

项目	α-环糊精	β-环糊精	γ-环糊精
葡萄糖单体数	6	7	8
Mr	973	1135	1297
分子空洞内径	0.45～0.6nm	0.7～0.8nm	0.85～1.0nm
空洞体积	17.6nm	34.6nm	51.0nm
溶解度（g/ml，25℃）	145	18.5	232
结晶形状	针状	棱柱状	棱柱状

β-环糊精为白色结晶性粉末，熔点为 300～305℃，纯度为 99%，在药剂中最常用。

> 包合物是指通过包合技术形成一类独特形式的络合物。其实质是一种分子的空间结构中全部或部分包入另一种分子而成。具有包合作用的外层分子称为主分子，被包合到主分子空间中的小分子物质称为客分子。
>
> 链接

二、β-环糊精包合物在中药制剂中的作用

1. 增加药物的稳定性　凡容易氧化、水解、易挥发的药物制成包合物，则可防止其氧化、水

解，减少挥发。

2. 增加药物的溶解度 难溶性药物与β-环糊精混合，可制成水溶性的包合物。

3. 液体药物粉末化 液体药物被包合成固态粉末，便于加工成其他剂型，如片剂、胶囊、散剂、栓剂等。

4. 掩盖不良气味，减少刺激性及毒副作用 如大蒜油β-环糊精包合物，可掩盖大蒜的不良气味。氟尿嘧啶用β-环糊精制成分子胶囊，消化道吸收较好，血中浓度维持时间长，刺激性小，基本能消除食欲不振、恶心呕吐等副作用。

> 可考虑制备环糊精包合物的药物：难溶性药物、挥发性药物、刺激性药物。
>
> 链接

5. 调节释药速度 中药挥发油等用β-环糊精包合后，可控制包合物内挥发油的释放。如将樟脑、薄荷脑、桉叶油用β-环糊精制成包合物，同时倒入沸水中，挥发性药物可以比较均匀地缓释出来。

6. 提高药物的生物利用度 制成包合物后，可增加药物的溶出速度。如增加β-环糊精摩尔比，包合物中药物的溶出速度与溶解度相应地增加。

三、β-环糊精包合物的制备

1. 饱和水溶液法 利用β-环糊精在不同温度的水中溶解度不同(表20-2)，先将β-环糊精与水制成饱和溶液，针对不同性质的药物，采用不同的方法：①可溶性药物，直接加入β-环糊精饱和溶液，一般摩尔比为1:1，搅拌，直至成为包合物为止。②难溶性液体药物(如挥发油)，可先将药物溶于少量有机溶媒，再注入β-环糊精饱和水溶液中，搅拌，直至成为包合物。

表20-2 不同温度β-环糊精的水中溶解度

温度/℃	20	40	60	80	100
水中溶解度/(g/ml)	18	37	80	183	256

若包合物为固体，则滤取，水洗，再用少量适当的溶剂洗去残留药物，干燥。若包合物为水溶性的，则将其浓缩而得到固体，也可加入适宜适量有机溶剂，使其沉淀析出。

2. 超声波法 将β-环糊精饱和水溶液加入药物溶解后，立即用超声波破碎仪或超声波清洗机超声，一定时间后将析出沉淀，即得。

3. 研磨法 将β-环糊精与2~5倍量水研匀，加入药物(水难溶性者，先溶于少量有机溶剂中)，研磨成糊状，低温干燥后，再用有机溶剂洗净，干燥即得。

4. 冷冻干燥法 将药物和β-环糊精混合于水中，搅拌，溶解或混悬，通过冷冻干燥除去溶剂(水)，得粉末状包合物。如果用其他方法制得的包合物水溶液，在干燥时易分解或变色，但又要求得到干燥包合物，改用本法，能得到理想的包合物，成品较疏松，溶解度好。

此外，制备包合物的方法还有喷雾干燥法，混合溶剂法，共沉淀法等。

四、影响包合工艺的因素

1. 投料比例选择 因β-环糊精的空洞体积有限，需考察药物与β-环糊精的投料比，以包合物的含量和产率，确定投料比。

2. 包合方法的选择 根据设备条件，同时对比不同方法对包合结果的影响，选择合适的包合方法。

3. 包合条件的确定 通过正交试验设计来选择最佳条件，如包合温度、搅拌速度、搅拌时间、干燥方法等。

五、β-环精包合物的质量评定

包合物的质量研究内容主要包括：包合物形成及稳定性，包合物药物溶解、释药性能，包合率及收得率等。

1. β-环糊精药物包合物的验证

（1）X-射线衍射法：由于晶体物质在相同角度处有不同晶面间距，从而在用 X-射线衍射时显示不同的衍射峰。该方法是一种鉴定晶体化合物的常用技术。

（2）热分析法：热分析法包括差示热分析法和差示扫描量热法，均是在程序控制温度下，测量药物、包合物和参比物的温度变化的一种分析方法，也是鉴定药物和 β-环糊精形成包合物较为常用的方法。

（3）薄层色谱法：观察色谱展开后有无斑点，斑点数和 R_f 值来检验是否形成了包合物。

（4）显微镜法：用显微镜观察可以看出含药包合物与不含药包合物形状不同，这是由于晶格排列发生变化所致。

此外，还有紫外分光光度法、荧光光谱法、核磁共振谱法、红外光谱法等方法验证是否形成了包合物。

2. 包合率 系指包合物中客分子的重量占所投客分子重量的百分比。

3. 收得率 系指包合物的重量占所投主分子与客分子重量之和的百分比。

第3节 微型包囊技术

一、微型包囊的含义与作用

1. 含义 以天然或合成的高分子材料（囊材）将固体或液体药物（囊心物）包裹而成的微小胶囊称微囊。制备微囊的过程称微囊化。

2. 药物微囊化后具有的特点 ①可以提高药物的稳定性。②掩盖不良气味，改善口感。③防止药物胃内失活或减少对胃的刺激性。④减少复方的配伍变化。⑤可使液态药物固体化。⑥可选用囊材制成缓释、控释的微囊，再制成相应制剂。

二、囊心物与包囊材料

1. 囊心物 固体或液体药物均可作囊心物进行微囊化。此外，还可酌加附加剂（稳定剂、稀释剂等）。

2. 包囊材料 囊材可分为天然高分子材料、半合成高分子材料、合成高分子材料。

> 对囊材的要求：性质稳定；有适宜的释药速度；无毒、无刺激性；能与药物配伍；有一定的强度和可塑性；具有符合要求的黏度、渗透性和溶解性等。
>
> 链接

（1）天然高分子材料：是最常用的囊材，其特点为无毒，成膜性好，稳定。如明胶、桃胶、阿拉伯胶、海藻酸钠等。其中明胶是氨基酸与肽交联形成的直链聚合物，因制备时水解方法不同，分酸法明胶（A 型）和碱法明胶（B 型），应根据药物对酸碱性的要求选用 A 型或 B 型明胶。

(2) 半合成的高分子材料：常用的有羧甲基纤维素钠、醋酸纤维素酞酸酯、乙基纤维素、甲基纤维素、羟丙甲纤维素等。特点是毒性小，黏度大，成盐后溶解度增加。由于易水解，不宜高温处理。

(3) 合成高分子材料：常用的有可生物降解类和不可生物降解类，如聚乙烯醇、聚碳酯、聚乙二醇、聚苯乙烯、聚酰胺、聚维酮、聚甲基丙烯酸甲酯等。特点是成膜性和化学稳定性好。

一般在选用囊材时应考虑黏度、渗透性、吸湿性、溶解性、稳定性、澄明度等。

三、微型胶囊的制备方法

1. 相分离-凝聚法 相分离法是在药物与材料的混合溶液中，加入另一种物质或不同溶剂，或采用其他适当手段使材料的溶解度降低，自溶液中产生一个新相(凝聚法)，这种制备微囊的方法，称为相分离法。可分为单凝聚法、复凝聚法、溶剂-非溶剂法和改变温度法。

(1) 单凝聚法：系将药物分散于囊材的水溶液中，以电解质或强亲水性非电解质为凝聚剂，使囊材凝聚包封于药物表面而形成微囊，这种凝聚往往是可逆的，一旦解除凝聚的条件，就发生解凝聚，而使微囊消失。制备时得到满意的微囊后，便应固化定型。

单凝聚法常用囊材为明胶、CAP、MC、PVA 等。单凝聚法的工艺流程(以明胶为囊材)如图20-1：

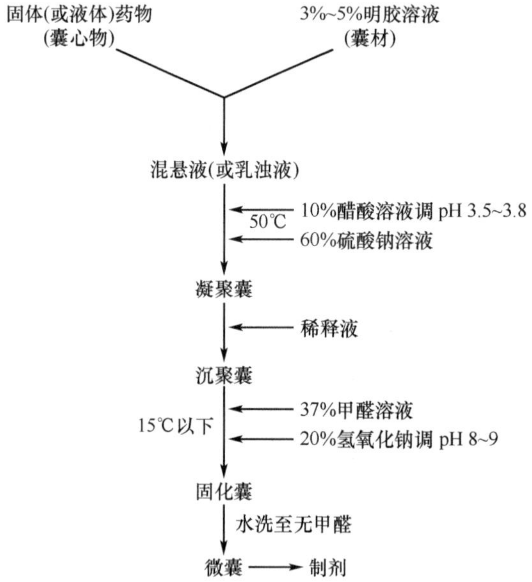

图 20-1 单凝聚法的工艺流程

稀释液，即硫酸钠溶液，浓度为成囊体系中硫酸钠的百分浓度再加 1.5%，用量为成囊体系的 3 倍多，液温为 15℃，浓度过高或过低，可使囊溶解或粘连成团。

凝聚囊的固化，视囊材性质而定。可利用明胶与甲醛进行胺缩醛反应，使明胶固化。也可利用 CAP 在酸中不溶，在强酸性介质中固化。

链接

(2) 复凝聚法：系指利用两种具有相反电荷的高分子材料作囊材，将囊心物分散在囊材的溶液中，在一定条件下，相反电荷的高分子材料互相交联后，溶解度降低，自溶液中凝聚析出成囊。

以明胶-阿拉伯胶为囊材的复凝聚法工艺流程（图 20-2）：

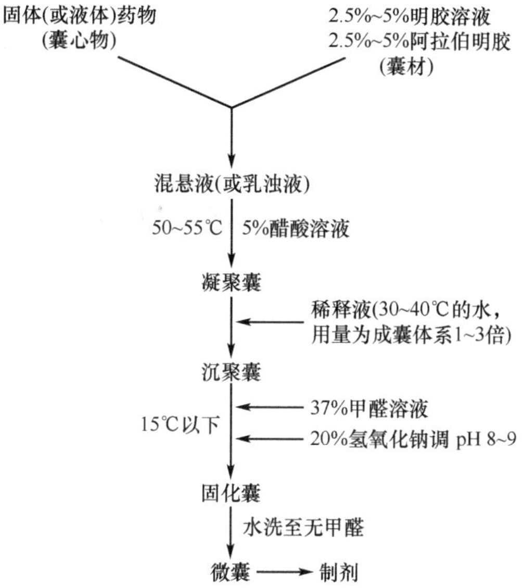

图 20-2　明胶-阿拉伯胶为囊材的复凝聚法工艺流程

(3) 溶剂-非溶剂法：在聚合物的溶液中，加入一种对该聚合物不溶的液体（称非溶剂），引起相分离而将药物包成微囊或形成微球，称为溶剂-非溶剂法。本法所用药物可以是水溶性、亲水性的固态或液态药物，但必须在体系中对聚合物的溶剂与非溶剂均不溶解，也不起反应。

> 凝聚法制微囊，药物表面应能为囊材凝聚物所润湿。药物分散于该凝聚物中，才能随凝聚物分散而成囊。
>
> 链接

(4) 改变温度法：本法无需加凝聚剂，而通过控制温度成囊。

2. 复乳包囊法　是一种水溶液的液滴分散于有机相溶液中，形成乳剂（W/O 型），此乳剂再与水相制成复乳（W/O/W 型），此乳滴中的有机溶剂经常压（或减压）加热或透析除去，而得到自由流动的干燥粉末状的微囊。这种微囊属 3 层微囊，用以控制药物的释放速度。

3. 界面缩聚法　是先使连续相中的聚合物单体聚集在囊心物与连续相的界面上，然后单体再聚合成膜，或通过交联剂进行缩合反应在界面成膜。如水相（含 1,6-己二胺和碱）和有机（含对苯二甲酰氯的环己胺、氯仿的溶液）两相接触时，在界面处进行缩聚反应，生成的聚酰胺为囊材，于囊心物的周围形成单个囊心物的球状膜壳形微囊。

4. 物理机械法　系指将药物在气相中微囊化。属于该法的有喷雾干燥法、喷雾凝结法、多孔离心法及锅包衣法等。其中喷雾干燥法用得最多，该法包括流化床喷雾干燥法（又称空气悬浮法）与液滴喷雾干燥法。

四、微型胶囊的质量评定

1. 微囊的囊形与大小　不同微囊制剂其囊的大小不同，如注射剂，微囊的大小应能符合《中国药典》中混悬型注射剂的规定。

> 微囊中主药含量测定，一般都采用溶剂提取法。溶剂的选择原则：主要应使主药最大限度溶出而不溶解囊材，溶剂本身亦不干扰含量测定。
>
> 链接

2. 微囊的药物含量测定 微囊囊心物的含量，取决于采用的工艺。喷雾干燥法和空气悬浮法可制得含95%以上囊心物的微囊，但是用相分离-凝聚法制得的微囊，其囊心物常为20%～80%。

3. 微囊中药物的溶出速度测定 为了有效地控制微囊释放与作用时间及奏效部位，须对微囊进行溶出速度的测定。

第4节 固体分散技术

一、固体分散体的含义与特点

1. 固体分散技术含义 是指采用特殊的方法，将药物分散在固体材料中形成固体分散体的一种新的工艺技术。固体分散体是指药物以分子态、胶体、微晶态或无定型态分散于固体介质中，形成一种以固体形式存在的分散系统。这种固体介质称为固体分散载体。根据需要，固体分散体可进一步制成胶囊剂、片剂、软膏剂、栓剂等，也可直接制成滴丸。

2. 固体分散体的特点 固体分散体是利用不同性质的载体使药物在高度分散状态下，可达到不同要求的用药目的，具有以下特点。

(1) 增加难溶性药物的溶解度和溶出速率。

(2) 延缓或控制药物释放。

(3) 利用载体的包蔽作用，可延缓药物的水解和氧化。

(4) 掩盖药物的不良气味和刺激性。

(5) 使液体药物固体化。

二、固体分散体的类型

1. 按释药性能分类

(1) 速释型固体分散体：指用亲水性载体制成固体分散体，可改善难溶性药物的润湿性，从而加快溶出速率，提高其生物利用度。

(2) 缓释、控释型固体分散体：以水不溶性或脂溶性载体制成的固体分散体。其释药机制与缓释、控释制剂相同。

(3) 肠溶性固体分散体：利用肠溶性物质作载体，可制成于肠道释药的固体分散体。

2. 按分散状态分类

(1) 低共熔混合物：药物与载体按适当比例混合，在较低温度下熔融，骤冷固化形成固体分散体。药物仅以微晶状态分散于载体中，为物理混合物。

(2) 固态溶液：药物溶解于熔融的载体中，呈分子状态分散，成为均相体系。

(3) 玻璃溶液或玻璃混悬液：药物溶于熔融的透明状的无定形载体中，骤然冷却，得到质脆透明状态的固体溶液。

(4) 共沉淀物：固体药物与载体以适当比例形成的非结晶性无定形物。常用载体为 PVP 等多羟基化合物。

三、固体分散体的常用载体

（一）水溶性载体

1. 聚乙二醇类　最常用的是 PEG 4000 和 PEG 6000，它们的熔点低，毒性小，在胃肠道内易于吸收，不干扰药物的含量分析，能显著地增加药物的溶出速率，提高其生物利用度。

2. 聚维酮类　对热稳定性好，熔点较高，易溶于水和多种有机溶剂，对有些药物有较强的抑晶作用，但成品对湿的稳定性差，易吸湿而析出药物结晶。

3. 表面活性剂类　作为载体的表面活性剂大多含聚氧乙烯基，其特点是溶于水或有机溶剂，载药量大，在蒸发过程中可阻滞药物产生结晶，是较理想的速效载体材料。常用的有泊洛沙姆，为片状固体，毒性小，对黏膜的刺激性极小，可用于静脉注射。增加药物的溶出效果大于聚乙二醇类载体。

4. 糖类与醇类　作为载体的糖类常用的有右旋糖酐、半乳糖和蔗糖等；醇类有甘露醇、山梨醇、木糖醇等。这些材料的特点是水溶性强，毒性小，分子中的多个羟基与药物以氢键结合而成固体分散体。

5. 有机酸类　可作为载体的有枸橼酸、酒石酸、琥珀酸、去氧胆酸等，均易溶于水而不溶于有机溶剂。但这些有机酸不适用于对酸敏感的药物。

（二）水不溶性载体

1. 乙基纤维素　纤维素无毒，无药理活性，能溶于有机溶剂，黏性较大，稳定性好，不易老化。

2. 含季铵基团的聚丙烯酸树脂类　该类产品在胃液中可溶胀，在肠液中不溶，不被吸收，对人体无害，可被用作缓释固体分散物的载体。

3. 脂质类　常用的有胆固醇、棕榈酸甘油酯、巴西棕榈蜡及蓖麻油蜡等，均可作为缓释固体分散体的载体材料。

（三）肠溶性载体

1. 纤维素类　常用的有醋酸纤维素酞酸酯、羟丙甲纤维素酞酸酯。

2. 聚丙烯酸树脂类　常用聚丙烯酸树脂Ⅱ号和Ⅲ号，其中Ⅱ号在 pH 6 以上的介质中溶解，Ⅲ号在 pH 7 以上的介质中溶解，两者配合使用较为理想。

> 不同的载体可制成具有速释、缓释不同释放作用或在肠中起作用的固体分散体。
>
> **链接**

四、固体分散体的制备方法

1. 熔融法　将药物与载体混匀（载体粗粉碎），用水浴或油浴加热至熔融，也可将载体加热熔融后，再加入药物搅溶，然后将熔融物在剧烈搅拌下，迅速冷却成固体。该法适用于对热稳定的药物和载体。多用熔点低、不溶于有机溶剂的载体材料，如 PEG 类、枸橼酸、糖类等。熔融法制备固体分散体的制剂，最适宜的剂型是滴丸。多数滴丸是采用熔融法制备的。

2. 溶剂法 又称共沉淀法或共蒸发法。药物与载体共同溶解于有机溶剂中，蒸去溶剂后得到药物在载体中混合而成的共沉淀固体分散体，经干燥即得。可将药物载体溶于溶剂中，然后喷雾干燥即得，适用于对热不稳定或易挥发的药物，可选用能溶于水、有机溶剂及熔点高、对热不稳定的载体材料，如PVP类、甘露糖、半乳糖、胆酸类等。

3. 溶剂-熔融法 凡适用于熔融法的载体材料皆可采用。将药物先溶于少量有机溶剂中，再与熔融的载体均匀混合，蒸去有机溶剂，冷却固体后即得。本法适用于液体药物和剂量小(50mg以下)的药物。

五、固体分散体的质量评定

> 适合制备为固体分散体的药物：小剂量药物；难溶性药物；欲制成缓释、控释制剂的药物。
>
> 链接

该评定主要是对固体分散体中药物分散状态，固体分散体的稳定性，以及药物的溶出速率和生物利用度试验。

1. 固体分散体的鉴别 固体分散体中药物分散状态呈分子状态、亚稳定态及无定型态、胶体状态、微晶或微粉状态。常采用的方法有差示热分析法、X-射线衍射法、红外光谱测定法和显微镜法。

2. 溶出速率测定 根据现行《中国药典》收载的方法测定。

3. 固体分散体的稳定性 固体分散体长时间储存，出现硬度变大，析出结晶，药物溶出度降低的情况称为老化现象。

> 解决固体分散体老化的措施：降低药物浓度；改变制备方法；降低储存温度；降低空气湿度；改变载体。
>
> 链接

提高稳定性的方法：可以从改善储存环境，采用联合载体，调整载体理化性质等方面来解决。

第5节 脂质体的制备技术

一、脂质体的含义与特点

1. 含义 脂质体系指药物被类脂质双分子层包封成的微小泡囊，亦称为类脂小球或液晶微囊。类脂质双分子层厚度约4nm，是具有类似生物膜结构的双分子小囊。

2. 特点 脂质体因有类细胞结构，具有以下特点。

> 脂质体是由英国学者Bangham和Sandish将磷脂分散在水中进行电镜观察时发现的。
>
> 链接

(1) 靶向性和淋巴定向性。

(2) 细胞亲和性与组织相容性。

(3) 长效作用，药物包封成脂质体，可降低其消除速度，延长作用时间。

(4) 降低药物毒性，增强药理作用。

(5) 提高药物稳定性。

二、脂质体的结构

脂质体是以类脂质构成的双分子层为膜材包合而成的微粒，根据它的结构分为两类：

1. 单室脂质体　水溶性药物的溶液只被一层类脂质双分子层所包封；脂溶性药物则分散于双分子层中。

2. 多室脂质体　有多层的类脂质双分子层被含药物（水溶性药物）的水膜隔开，形成不均匀的聚合体，脂溶性药物则分散于多层双分子层中。

> 小单室脂质体的粒径一般在 20～80nm 之间，大单室脂质体的粒径在 0.1～1μm，多室脂质体的粒径在 1～5μm。
>
> 链接

三、脂质体的制备方法

1. 薄膜分散法　系将磷脂等膜材溶于适量的氯仿或其他有机溶剂，脂溶性药物可加在有机溶剂中，在减压旋转下除去溶剂，使脂质在器壁形成薄膜，加入含有水溶性药物的缓冲液，进行振摇，则可形成大多层脂质体，其粒径范围约 1～5μm。

2. 注入法　将磷脂与胆固醇等类脂物质及脂溶性药物溶入有机溶剂中，该溶液经注射器缓缓注入加热至 50～60℃的磷酸盐缓溶液中，不断搅拌至乙醚除尽为止，即得大多孔脂质体。由于粒径较大，不宜直接用于静脉注射，如需要，将脂质体混悬液通过高压乳匀机，可得到单室脂质体，粒径在 2μm 以下，如唐松草新碱脂质体的制备。

> 影响脂质体载药量的因素：脂质体粒径大小；类脂质膜材的投料比；脂质体的电荷；药物溶解度。
>
> 链接

3. 超声波分散法　将水溶性药物溶于磷酸盐缓冲液，加入磷脂、脂固醇及脂溶性药物成共溶于有机溶剂的溶液，搅拌蒸发除去有机溶剂，残留液经超声波处理，然后分离出脂质体，该法制备的大多为单室脂质体。

4. 冷冻干燥法　系将类脂高度分散在溶液中，冷冻干燥，然后再分散到含药的水性介质中，形成脂质体。需选用冷冻保护剂，常用的有甘露醇、葡萄糖、海藻酸等。

四、脂质体的质量评定

1. 粒径大小及形态　为封闭的多层囊状或多层圆球。可采用高倍显微镜、扫描电镜、透射电镜观察，也可用激光散射法、离心沉降法等测定。

2. 主药含量的测定　可采取适当的方法通过提取分离处理后测定脂质体中主药的含量。

3. 体外释放度测定　体外释放度是脂质体制剂的一项重要质量指标。脂质体中约物的释放速率与脂质体的通透性有关，体外释药速率的测定可初步了解其通透性的大小，以便调整适宜的释药速率。目前采用的有透析管法及试管离心法。

4. 包封率（包裹率）的测定　测定方法有直接对制剂进行测定和分离出脂质体测定。脂质体常用的分离方法有葡聚糖凝胶过滤法、超滤膜过滤法、超速离心法、微型柱离心法和透析法等。

包封率＝[脂质体中的药量÷(介质中的药量+脂质体中的药量)]×100%

5. 突释效应或渗漏率　脂质体不稳定的主要表现为突释或渗漏。突释效应是指表面吸附的药物会快速释放。开始 0.5 小时的释放量要低于 40%。渗漏率表示脂质体在液态介质中储存期间包封率的变化。

渗漏率＝(储存一定时间后渗漏到介质中的药量÷储存前包封的药量)×100%

6. 药物体内分布的测定　将药物用同位素标记或不标记包入脂质体后，通过静脉注射或腹腔注射等途径对受试动物给药，测定不同时间血药浓度，并定时将受试动物处死。剖取脏器、组织，捣碎分离取样，用闪烁计数法或药物含量测定方法进行检测。

解决脂质体中药物的渗漏的方法：①在膜材中加入一定量胆固醇加固脂质双膜，减少膜流动，可使内相渗漏现象得以改善，降低渗漏率；②将脂质体内相制成固态(凝胶粒、环糊精包合物等)

链接

第6节 缓释制剂与控释制剂

一、缓释制剂、控释制剂的含义与特点

(一) 缓释制剂

1. 缓释制剂含义 系指在规定释放介质中，按要求缓慢地非恒速释放药物，其与相应的普通药物制剂比较，给药频率比普通药物减少一半或给药频率比普通药物有所减少，且能显著增加患者的依从性的制剂。

2. 主要特点 ①减少服药次数，减少用药总剂量。②保持平稳的血药浓度，避免峰谷现象。

(二) 控释制剂

1. 控释制剂含义 系指在规定释放介质中，按要求缓慢地恒速释放药物，其与相应的普通药物制剂比较，给药频率比普通药物减少一半或给药频率比普通药物有所减少，血药浓度比缓释制剂更加平稳，且能显著增加患者的依从性的制剂。

2. 主要特点 ①恒速释药，减少了服药次数。②保持稳态血药浓度，避免峰谷现象。③可避免某些药物引起中毒。

缓释制剂和控释制剂的区别在于：药物释放的规律不同，缓释制剂释药速度属于一级速度过程，控释制剂释药速度属于零级或接近零级速度。两者与普通制剂的区别在于：缓释、控释制剂能在体内保持一定的血药浓度，且无波峰、波谷现象，如图20-3所示。

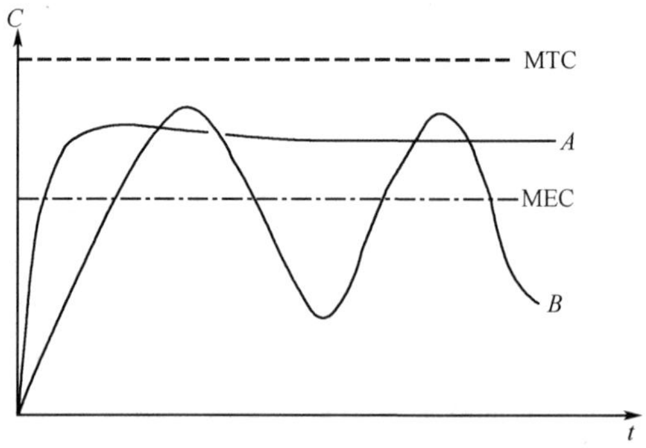

图20-3 控释制剂 *A* 与普通制剂 *B* 血药浓度示意图

二、缓释制剂与控释制剂的分类

(一) 缓释制剂的类型

1. 按给药途径分类　①胃肠道给药:片剂(骨架片、多层片、包衣片)丸剂、胶囊剂等。②不经胃肠道给药:注射剂、栓剂、膜剂等。

2. 按制备工艺分类

(1) 骨架缓释制剂:①水溶性骨架片,系用亲水性胶体物质为骨架材料,加入其他赋形剂制成的片剂。②脂溶性骨架片,系用脂肪、蜡类物质为骨架材料,加入其他赋形剂制成的片剂。③不溶性骨架片,系用不溶性无毒塑料制成的片剂。

(2) 薄膜包衣缓释制剂:系指片心或小丸的表面包上适宜的衣层,使其在一定条件下溶解或部分溶解而释放药物,达到缓释目的。

(3) 缓释乳剂:将水溶性药物制成 W/O 型乳剂,由于油相对水溶性药物具有一定的屏障作用,可达到缓释的目的。

(4) 注射用缓释制剂:系指油溶液型和混悬型注射剂,通过减小药物的溶出速率或减少扩散速度而达到缓释的目的。

此外,还有缓释膜剂、缓释微囊等。

(二) 控释制剂的类型

1. 按给药途径分类　包括口服控释制剂、透皮控释制剂、眼内控释制剂、直肠控释制剂、子宫内和皮下植入控释制剂。

2. 按剂型分类　控释片剂、控释胶囊剂、控释微丸、控释散剂、控释栓剂、控释透皮贴剂、控释膜剂、控释混悬液、控释液体制剂、控释微囊、控释微球、控释植入剂等。

三、缓释制剂、控释制剂的制备概要

(一) 骨架型片剂

药物与一种或多种骨架材料及其他辅料制成的片状固体制剂,分为水溶性骨架片、脂溶性骨架和不溶性骨架片。

1. 水溶性骨架片　又称亲水凝胶骨架片,系指用遇水膨胀而形成凝胶屏障控制药物溶出的物质制成的片剂。选择不同性能的材料及其与药物用量间的比例等可调节制剂的释药速率。常用的有天然胶类、纤维素、非纤维素多糖类、乙烯聚合物和丙烯酸树脂等。

2. 脂溶性骨架片　又称溶蚀性骨架片,系指用蜡质、脂肪酸及其酯等物质为骨架材料制成的片剂。药物从骨架中的释放是由于这些材料的逐渐溶蚀。常用的有硬脂酸、巴西棕榈蜡、单硬脂酸甘油酯和十八烷醇等。

3. 不溶性骨架片　系指用不溶于水或水溶性很小的高分子聚合物或无毒塑料与药物混合制成的骨架片。药物宜水溶性,胃肠液渗入骨架孔隙后,药物溶解并通过骨架中错综复杂的极细孔径的通道,缓缓向外扩散而释放,在药物的整个释放过程中,骨架几乎没有改变,随粪便排出。常用的有乙基纤维素、聚乙烯、聚丙烯、聚甲基丙烯酸甲酯等。

（二）胃滞留型片剂

胃滞留型片剂是一类能滞留于胃中，延长药物释放时间，改善药物吸收，有利于提高药物生物利用度的片剂。多数口服控释或缓释片剂在其吸收部位的滞留时间仅有2~3小时，而制成胃内滞留片后在胃内滞留时间可达5~6小时，并具有骨架释药的特性。该片剂由药物与亲水胶体及其他辅料一起制成，亦称胃漂浮片。常用的胶体有羟丙甲纤维素、羟丙纤维素、羟乙基纤维素、羟甲基纤维素钠、甲基纤维素、乙基纤维素等。

（三）渗透泵型片剂

渗透泵型片剂由药物、半透膜材料、渗透压活性物质、推动剂等组成。利用渗透压原理制成的口服渗透泵片和渗透植入剂均能在体内均匀恒速地释放药物。半透膜材料最常用的是醋酸纤维素；渗透压活性物质常用的有乳糖、果糖、甘露醇、葡萄糖等的不同混合物；推动剂有分子量为3万至500万的聚羟甲基丙烯酸烷基酯，分子量为1万至36万的聚维酮等。除上述物质外，尚可加助悬剂、黏合剂、润滑剂等。

（四）包衣缓释制剂

通过包衣调节药物的释放速度制备固体缓释制剂，关键在于选用不同品种规格的包衣物料与控制衣层的厚度。为使衣膜具有一定的渗透性和良好的机械性能，包衣材料除成膜材料外，还须添加增塑剂、致孔剂、抗黏剂等物质。

适宜制成缓释、控释制剂的药物：水溶性较大、生物半衰期适中的药物、治疗心血管疾病的药物及首过效应大的药物等。

链接

第7节　前体药物制剂

一、前体药物的含义

前体药物制剂系指将一种具有药理活性的母体药物，导入另一种载体基团形成一种新的化合物，这种化合物在人体中经过生物转化，释放出母体药物而呈现疗效。这些化合物大多以复盐形成存在。

溶解度小、稳定性及吸收性不够理想、有刺激性、不适气味或有毒副作用的药物均宜制成前体药物。应根据需要进行选择。

链接

二、前体药物的作用特点

前体药物具有以下特点:①产生协同作用,扩大临床应用范围。②降低副作用与毒性。③改善药物吸收,提高血药浓度。④延长作用时间。⑤增加药物的溶解度。⑥增加药物的稳定性。⑦减少药物的刺激性与不良气味。⑧可制成靶向性制剂,具有靶向性。

三、前体药物的制法

1. 酸碱反应法　将游离的酸和碱分别溶于某溶剂中,产生中和反应制成。

2. 复分解反应法　将要结合成复盐的两种盐,在溶剂中,使产生复分解反应结合成复盐,然后加某种有机溶剂,使复盐析出而制成固体物。

3. 钡盐沉淀法　先将有机酸制成钡盐,然后与碱性药物的硫酸盐反应,析出沉淀,而酸性药物与碱性药物结合成复盐,滤过沉淀,滤液浓缩,加有机溶剂析出复盐,或用冷冻干燥法制成固体。

4. 其他　如离子交换法和直接络合法都可制得适合要求的前体药物。

第8节　靶向制剂

一、靶向制剂的含义与分类

靶向制剂也称靶向给药系统,一般系指运用载体将药物有目的地浓集于某特定的组织或部位的给药系统。

靶向制剂一般分为3类:①一级靶向制剂,系指进入靶部位的毛细血管床释药;②二级靶向制剂,系指进入靶部位的特殊细胞(如肿瘤细胞)释药,而不作用于正常细胞;③三级靶向制剂,系指药物作用于细胞内的一定部位。

靶向制剂的类型如下。

(1) 被动靶向制剂:亦称自然靶向,指载药微粒被巨噬细胞摄取后转运到肝、脾等器官而发挥疗效,包括脂质体、乳剂、微球等。

(2) 主动靶向制剂:系指用修饰的药物载体(不被单核吞噬系统识别,或连接特定的配体,与靶细胞的受体结合)将药物定向地转运到靶区浓集而发挥药效。包括修饰的药物载体(修饰的脂质体、微乳、微球、纳米囊、纳米球)和前体药物制剂等。

(3) 物理化学靶向制剂:是指用物理化学方法(应用温度、磁性等外力)使药物在某部位发挥药效。主要包括磁性靶向制剂(磁性微球、磁性微囊、磁性乳剂、磁性片剂、磁性胶囊等)、栓塞靶向制剂(栓塞微球、栓塞复乳)和热敏靶向制剂、pH敏感的靶向制剂等。

二、靶向制剂的特点

①具有靶向性,可集中于人体特定部位。②可以提高药物的疗效,降低其毒副作用。③靶向制剂不仅要求药物到达靶组织、靶器官、靶细胞,而且应浓集于该部位且能保持一定时间,且载体不应产生副作用。

三、靶向制剂的制备概要

（一）磁性制剂

系指将药物与铁磁性物质共包于或分散于载体中，应用于机体后，利用体外磁场的效应引导药物在体内定向移动和定位聚集的靶向给药制剂。

1. 磁性制剂的特点 ①减少用药剂量。②药物可以局部起作用，降低对肝、脾、肾等系统的损害。③可定位浓集，加速产生药效，提高疗效。④可以运载放射性物质进行局部照射。⑤可用于阻塞肿瘤血管，使肿瘤坏死，达到靶向性。

2. 磁性制剂的组成材料 主要是由磁性材料、骨架材料及药物3部分组成。

（1）磁性材料：通常应用的磁性物质有纯铁粉、羰基铁、磁铁矿、正铁酸盐、铁钴合金等，尤以Fe_3O_4磁流体为铁性材料居多。要求磁性氧化铁的粒径在100μm以下（一般在10~20μm，注射用在1~3μm以下），由于该磁流体在体外磁场的作用下，不在血管中停留，而在靶区毛细血管中能均匀分布，产生疗效，可定期排出体外，具有生物降解性。

（2）骨架材料：通常分为氨基酸聚合物类、聚多糖类、其他骨架材料等。它们都具有一定的通透性，对人体无毒，在人体组织内能被逐渐地溶解或消化，同时把包裹的药物按一定的速度逐渐释放。

（3）药物：磁性制剂的药物应有一定的水溶性，不与磁性材料和骨架材料起化学反应。

3. 磁性制剂的制法 磁性制剂包括磁性微球、磁性微囊、磁性乳剂、磁性片剂、磁性胶囊等，其制法与各自对应的未加磁性材料的制剂相同。

（二）毫微囊

1. 毫微囊的含义 毫微囊又称毫微粒、毫微型颗粒、毫微药丸。系指利用天然高分子物质包封药物的微粒，为固态胶体粒子，粒径10~1000nm，主要用于非胃肠道给药，用作缓释、靶向注射等。制备毫微囊的材料与人体具有生物相容性和生物降解性。主要有明胶，白蛋白、玉米朊、人血清蛋白、牛血清蛋白及乙基纤维素等天然高分子物质。

2. 毫微囊的特点

（1）毫微囊的活性成分溶解或包夹在大分子物质中，或吸附与连接在大分子物质上构成的胶粒，在水中分散能形成带乳光的分散体系，形成胶态离子的分子缔合物。

（2）毫微囊的大小，在电子显微镜下检验的粒径一般为50~500nm，多数为200nm，可供静脉注射。

（3）毫微囊是比较理想的药物载体（抗癌药物、抗生素药物），可以控制药物进入特定的靶器官或靶细胞。

3. 毫微囊的制法 其制备工艺与单凝聚法制备微囊相似。不同点是包封的药物的溶液应在初生微粒形成时加入，使吸附于空囊中。微囊在储存期间稳定，可制成冻干粉保存，加水后能恢复原分散状态。

目前应用的靶向制剂，以毫微囊的载药量最高，具有生物相容性和可降解性，是一个非常具有潜力的靶向制剂。此外，尚有靶向给药乳剂等靶向剂型。

小结

近几年来，随着科学的发展，药物新制剂和药物新剂型不断涌现，如包合技术、微型包囊技术、固体分散体技术、脂质体制备技术等新技术；缓释制剂、控释制剂、前体药物制剂、靶向制剂等药物新剂型。在学习本章内容的基础上，记住缓释制剂、控释制剂、前体药物制剂、靶向制剂等新剂型的含义与特点，重点掌握饱和水溶液法制备β-环糊精包合物、复凝聚法制备微型包囊，熟悉固体分散体的类型、常用载体和制备固体分散体的方法等，为药物新剂型新技术在中药药剂中的应用打下良好的基础。

目标检测

一、单项选择题

1.β-环糊精连接葡萄糖分子数是　(　　)

A.5 个　B.6 个　C.7 个　D.8 个

2.药物溶解于熔融的载体中，呈分子状态分散者为　(　　)

A. 低共熔混合物　B. 固态熔液　C. 玻璃溶液　D. 共沉淀物

二、多项选择题

1.固体分散体的水溶性载体有　(　　)

A. 聚乙二醇类　B. 聚维酮类　C. 乙基纤维素　D. 表面活性剂类　E. 胆固醇

2.缓释、控释制剂共同的特点是　(　　)

A.恒速释药　B. 按一级速度释药　C. 减少服药次数

D. 减少用药总剂量　E. 保持稳态血药浓度，减少峰谷现象

3.哪些药物制剂新技术及前处理方法可提高药物的稳定性　(　　)

A.β-CD 包合　B.微囊化　C.固体分散技术　D.脂质体　E.前体药物

三、名词解释

1. 固体分散体　2. 前体药物制剂

四、简答题

1. 简述微型包囊、微囊化的含义、特点和应用。
2. 简述缓释制剂、控释制剂的含义与特点。
3. 简述采用固体分散体技术增加难溶性药物的溶出速率，提高其生物利用度的原因。

（程　岚）

第21章　中药制剂稳定性

学习目标

1. 记住影响药物稳定性的因素和常用稳定化措施；记住中药制剂稳定性的考察方法；记住半衰期和室温下的有效期的含义及计算方法

2. 叙述中药制剂稳定性研究的意义和任务

3. 简述中药制剂稳定性研究的范围；简述包装材料与中药制剂稳定性的关系

4. 列举固体制剂稳定性试验的方法

第1节　概　　述

中药制剂在制备生产、储存运输直到临床应用的一系列过程中，可因温度、水分、光线、微生物等诸多因素的影响而使其质量发生变化，导致药效降低，甚至毒性增大，难以保证临床用药的安全性和有效性，因此学习并掌握影响药物制剂稳定性的因素和常用稳定化措施以及中药制剂稳定性试验的方法具有重要意义。

一、中药制剂稳定性研究的目的和基本任务

1. 研究目的　制剂的稳定性系指药品在生产制备后，经运输、储藏周转，直至临床应用前的一系列过程中质量变化的速度与程度。稳定性研究是评价药品质量的主要内容之一，在药品的研究开发、生产、注册管理和临床应用中均具有重要作用。

中药制剂稳定性研究的目的：①考察中药制剂在温度、湿度、光线的影响下随时间变化的规律，为药品的组方研究、工艺设计以及生产、包装、储存、运输条件提供科学依据；②保证临床用药的安全性、有效性；③中药新药研究的重要内容，确定药品的有效期；④避免药品变质，减少经济损失；⑤推动中药制剂整体质量水平的提高。

化学药制剂稳定性研究已有40多年历史，1981年我国始有威灵仙注射液中原白头翁素稳定性的研究报道。1985年卫生部颁布施行《新药审批办法》，把中药制剂稳定性试验作为新药申报资料项目之一，对中药制剂稳定性研究起到了极大的促进作用。近30年来，中药制剂稳定性研究报道较多，其中以液体制剂为主，但固体制剂稳定性报道近年来有增加趋势，其中有单项考察影响中药制剂稳定性的因素和综合考察成品有效期的研究。涉及的剂型除常见的注射液、口服液、滴眼剂、片剂、丸剂、颗粒剂外，还有气雾剂、灌肠剂、乳剂、贴膏、胶囊、微型胶囊以及β-环糊精包合物等。

链接

2. 基本任务　中药制剂稳定性研究的基本任务有探讨影响中药制剂稳定性的因素和进行中药制剂稳定性研究的方法，揭示其稳定性变化的实质；采取相应措施避免或延缓制剂的稳定

性变化；确定中药制剂的有效期。

二、中药制剂稳定性研究的范围

稳定性变化一般包括化学、物理学和生物学 3 个方面。各种变化可单独发生，也可同时发生。一种变化还可作为诱因，引起另一种变化。

1. 化学不稳定性　是指药物因水解、氧化等化学降解反应，使药物含量（或效价）、色泽产生变化。

2. 物理不稳定性　是指某些物理因素的影响，使制剂的物理性能发生了变化。如混悬液中的微粒粗化、沉淀和结块；乳浊液发生乳析和破裂；注射剂澄明度不合格；散剂吸湿；片剂崩解度、溶出度改变等等。

3. 生物学不稳定性　一般是指中药制剂由于受微生物的污染，而导致制剂发霉变质、腐败。

第 2 节　影响中药制剂稳定性的因素及稳定化措施

一、影响中药制剂稳定性的因素

影响中药制剂稳定性的因素很多，包括药物结构类型、处方因素（溶剂种类、基质、液体制剂 pH 及其他辅料等）、制剂工艺、包装以及温度、空气（氧）、湿度和水分、光线等外界环境因素。处方和工艺因素考察的意义在于设计合理的处方，选择适宜剂型和生产工艺。环境因素考察的意义在于可决定该中药制剂的包装和储藏条件。现将其中最主要的影响因素讨论如下。

> 中药制剂中有效成分的化学结构不同，其稳定性变化也不同。水解和氧化是药物降解的两种主要途径。酯类、酰胺类和苷类药物易水解；酚类、芳香胺类和含不饱和键的药物易氧化，其他如异构化、聚合、脱羧等降解方式也存在。有时一种药物成分还可能同时产生两种或两种以上的反应。
>
> 链接

（一）温度的影响

1. 经验公式　一般说来，温度升高，反应速度加快。根据 Vant Hoff 规则，温度每升高 10℃，反应速度约增加 2~4 倍。

2. Arrhenius 指数定律　温度对于反应速度常数的影响，Arrhenius 提出了如下指数方程

$$K=Ae^{-E/RT} \tag{21-1}$$

其中 K 为反应速度常数，A 为频率因子，E 为活化能，R 为气体常数，T 为绝对温度，式(21-1)取对数线性化后为

$$\log K=-\frac{E}{2.303}\times\frac{1}{T}+\log A \tag{21-2}$$

它是温度与反应速度之间的定量关系式，是药物稳定性预测的主要理论依据。

中药制剂的制备过程中，提取、浓缩、干燥、灭菌等操作对热敏性有效成分的稳定性影响较大。因此，设计适宜的剂型，制订合理的工艺，降低受热温度和时间，产品低温储藏等，都能提高中药制剂的稳定性。

（二）湿度和水分的影响

> 临界相对湿度（CRH）是指当环境的相对湿度提高到某一值时，物质的吸湿量迅速增加，此时的相对湿度称为临界相对湿度。其值越小，药物越易吸湿。
>
> 链接

湿度与水分对固体中药制剂稳定性的影响特别重要。水是化学反应的媒介，微量水分可加速许多药物成分的水解、氧化等降解反应，中药固体制剂吸湿后，在表面形成一层液膜，水解反应主要在膜中进行。药物（或赋形剂）是否容易吸湿，取决其临界相对湿度（CRH）的大小。为防止制剂吸湿，造成有效成分降解，可在车间安装空气净化空调系统，保持生产车间恒温恒湿，控制原料和制剂水分含量。使用防湿包衣和防湿包装以及在低温干燥环境下储藏药品等方法。

（三）溶剂的影响

溶剂对稳定性的影响比较复杂。含有酯类（包括内酯）、酰胺类（包括内酰胺）、苷类结构有效成分的制剂，若以水为提取溶剂或配制溶液时，有效成分易水解。例如，药材所含苷类常与能使之水解的酶共存于不同的细胞中，因此药材应先用一定的方法杀酶，或采用非水溶媒为溶剂，以减少水解程度。

（四）pH 的影响

中药制剂中酯类、酰胺类、苷类等有效成分常受 H^+ 或 OH^- 催化水解，这种催化作用称为专属酸碱催化或特殊酸碱催化，其水解速度主要由 pH 决定，pH 对反应速度常数 K 的影响可用下式表示

$$K=K_0+K_{H^+}[H^+]+K_{OH^-}[OH^-] \tag{21-3}$$

式中 K_0 表示参与反应的水分子的催化速度常数，K_H^+ 和 K_{OH}^- 分别表示 H^+ 和 OH^- 的离子催化速度常数。当 pH 很低时，主要是酸催化，则式（21-3）可表示为

$$\log K=\log K_{OH^-}-pH \tag{21-4}$$

以 $\log K$ 对 pH 作图得一直线，斜率为 -1。当 pH 较高时，主要是碱催化，则（21-3）式可表示为

$$\log K=\log K_{OH^-}+\log K_w+pH \tag{21-5}$$

K_w 为水的离子积。以 $\log K$ 对 pH 作图得一直线，斜率为 1。这样，根据上述动力学方程可以得到反应速度常数与 pH 的关系图形，称为 pH-速度图，pH-速度图有各种形状，一种是 V 形图，如图 21-1 所示。

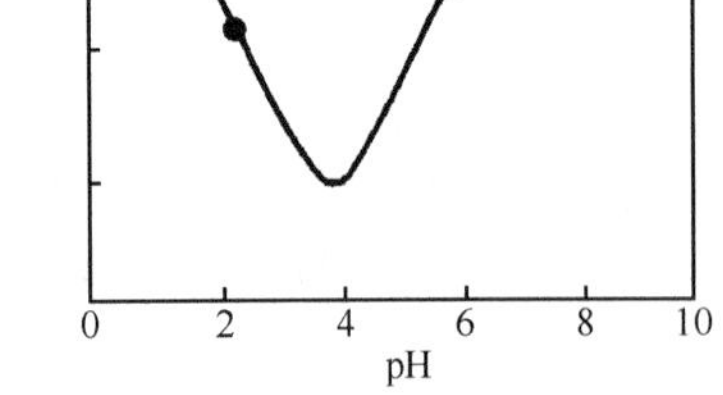

图 21-1　pH-速度图

图中曲线最低点所对应的横坐标，即为最稳定的 pH，以 pH_m 表示。pH 对中药制剂稳定性影响较大。如半夏露糖浆，加入苯甲酸钠作防腐剂，用柠檬酸调 pH 分别至 4.60、4.80、5.00、5.40，在相同的温度下放置 2 个月，结果 pH 5.20 以上时，糖浆出现浑浊现象，故 pH 应控制在 4.5～5.0 之间较好。

调节 pH 除要同时考虑稳定性、溶解度和疗效 3 个方面外，还应注意对用药部位的刺激性。

(五) 空气(氧)的影响

氧是引起中药制剂氧化变质的重要因素。大气中的氧约占总体积的 21.0%,氧进入制剂主要有两条途径:一是由水带入,氧在水中有一定的溶解度。在平衡时,0℃为 10.19ml/L,25℃为 5.75 ml/L,50℃为 3.85 ml/L,100℃几乎为 0。二是制剂的容器空间内留存的空气中的氧。因此,对于易氧化的品种,除去氧气是防止氧化的根本措施。除去的办法有:

1. 驱氧 ①煮沸驱氧;②通入惰性气体,如二氧化碳或氮气,以驱除药液中和容器空间的氧;③采用真空包装,固体制剂可抽出包装内的空气,以排除容器空间内留存的氧。

2.添加抗氧剂 药物的氧化降解常为自动氧化。在制剂中只要有少量氧存在,就能引起氧化反应,因此,必须加入抗氧剂。

3.添加金属离子络合剂 制剂中微量金属离子主要来自原辅料、溶剂、容器以及操作用具。微量金属离子对自动氧化反应有显著的催化作用。为消除这种催化作用,可加入螯合剂如依地酸盐或枸橼酸、酒石酸等络合剂。有时螯合剂与亚硫酸盐类抗氧剂联合应用,效果更佳。依地酸二钠常用量为 0.005%~0.05%。

(六) 光线的影响

光是一种辐射能,中药制剂成分的降解反应(氧化、分解、聚合等)均可因光线照射提供反应分子所需的活化能而引发光化反应。光化反应一般伴随着氧化、水解、聚合等。对光敏感的中药制剂,制备过程中要避光操作。胶囊剂、片剂包衣中加入遮光剂等可减少药物的光化降解。采用棕色玻璃瓶包装或在容器内衬垫黑纸以及避光储藏也是重要措施。

(七) 制剂工艺的影响

中药制剂的制备过程包括提取、分离、浓缩、干燥和成型等阶段,多数需经水、醇和热的处理,各阶段都可能发生一些重要的物理、化学变化,导致制剂中有效成分的降解和损失。

在提取分离阶段,中药制剂多数采用的是以水作溶剂煎煮提取的方法,在湿热的作用下,常可导致某些有效成分的降解和损失。中药有效成分的降解在提取时已经开始,并延续至浓缩干燥过程。某些中药成分特别是中药的挥发性成分在经过提取、浓缩、干燥而损失殆尽。此外干燥过程还可能发生药物分子的脱水、晶型转变等变化。在成型工艺中,中药提取物或原粉末药材若接触湿热,同样可以引起上述的物理、化学变化。

(八) 包装材料的影响

包装材料与中药制剂稳定性的关系也十分密切,特别是直接接触药品的包装材料。玻璃、塑料、金属和橡胶均是药剂上常用的包装材料。包装设计既要考虑外界环境因素也要考虑包装材料与制剂成分的相互作用对制剂稳定性的影响,否则最稳定的处方、剂型也得不到安全有效的产品。

玻璃容器对稳定性的影响主要有 3 点:①释放碱性物质;②脱落不溶性玻璃碎片;③透光。前两点对注射剂的影响较大,对玻璃容器需进行适当处理。光敏性药物可用棕色玻璃包装,减少光化降解。

塑料容器存在的问题是透气性、透湿性、吸着性。

橡胶通常用作塞子、垫圈、滴头等的材料，它的主要问题是：①吸附。可吸附溶液中的主药和抑菌剂。②沥漏。橡胶本身所含的附加剂可被药液浸出，此点对大输液的质量影响较大。

因此，在包装设计、产品试制过程中，要进行装样试验，对各种不同的包装材料进行室温留样观察和加速试验，选择稳定性好的包装材料。

此外，离子强度、赋形剂与附加剂也可能影响中药制剂的稳定性，应当引起注意。

二、稳定化的措施

1. 降低温度 在提取、浓缩、干燥、灭菌等工艺过程中尽量降低受热温度和减少受热时间。

2. 调节最适 pH 药物的氧化作用受 H^+ 或 OH^- 的催化，一般药物在 pH 较低时比较稳定。对于易氧化分解的药物一定要用酸（碱）或适当的缓冲剂调节，使药液保持在最稳定的 pH 范围。

3. 改变溶剂 在水中很不稳定的药物，可采用乙醇、丙二醇、甘油等极性较小的溶剂，或在水溶液中加入适量的非水溶剂可延缓药物的水解。

4.制成干燥固体 对于极易水解的药物，无法制成稳定的可以长期储存的水性液体制剂时，应制为干燥的固体制剂。

5.避免光线 光敏感的药物制剂，制备过程中要避光操作，制成为 β-环糊精包合物或胶囊，采用棕色玻璃瓶包装或在包装容器内衬垫黑纸，避光储存。

6.驱逐氧气 将蒸馏水煮沸 5 分钟，可完全除去溶解的氧，但冷却后空气中的氧仍可溶入，应立即使用，或储存于密闭的容器中。生产上一般在溶液中和容器空间通入惰性气体，如二氧化碳或氮气，置换其中的氧。

对于固体制剂，为避免空气中氧的影响，也可以采用真空包装。

7. 稳定化的其他方法

（1）制备稳定的衍生物：有效成分的化学结构是决定中药制剂稳定性的内因，不同的化学结构具有不同的稳定性。对不稳定的成分进行结构改造，如制成盐类、酯类、酰胺类或高熔点衍生物，可以提高制剂的稳定性。将有效成分制成前体药物，是提高其稳定性的一种方法。

> 前体药物是将具有药理活性的母体药物，引入另一种载体基团（或与另一母体药物结合）形成一种新的化合物，这种化合物在体内经生物转化，释放出母体药物而呈现疗效。制备前体药物的目的包括：提高药物的溶解度和稳定性，改变药物的体内过程，降低毒副作用与刺激性等。
>
> 链接

（2）制成微囊或包合物：采用微囊化和 β-环糊精包合技术，可防止药物因受环境中的氧气、湿气、光线的影响而降解，或因挥发性药物挥发而造成损失。

（3）改进工艺条件：在成型工艺过程中，一些对湿热不稳定的药物，可以采用直接压片或干法制粒。包衣也是解决片剂、丸剂等固体制剂稳定性问题的常规方法之一。

第 3 节　中药制剂稳定性考察方法

中药制剂在储藏过程中有可能产生一些物理学、化学、生物学上的变化，通过中药制剂稳定性试验可以考察影响稳定性的因素，探测药品在储藏期内质量变化的规律，为剂型选择、处方拟订、制备工艺、包装储存等提供科学依据，以制定产品的有效期，保证药品在有效期内的安全性、有效性。

中药制剂稳定性考察方法通常有留样观察法和加速试验法。中药制剂中易发生变化的药物成分，是稳定性考察的重点之一。由于中药制剂的成分较复杂，所发生的稳定性变化也是复杂多样，并且有些中药制剂有效成分尚不明确，寻找一个准确的、灵敏的、专一的含量分析方法，即所谓稳定性指示法，以便能够定量地反映制剂稳定性的变化，排除分解产物的干扰是中药制剂稳定性研究的首要任务。

一、化学动力学简介

（一）反应级数和反应速度常数

根据质量作用定律，反应速度与反应物浓度之间有如下关系

$$-\frac{dc}{dt}=KC^n \quad (21\text{-}6)$$

式中，$-dc/dt$ 称为反应瞬时速度，因为对反应物来说，其浓度始终是减少的，所以前面以负号表示；K 为反应速度常数；C 为反应物浓度；t 为反应时间；n 为反应级数。

反应速度常数 K 表示在反应中，反应物浓度等于 1mol 浓度时的反应速度。K 值与反应物的浓度无关，而与温度、溶剂、反应物的性质等有关。不同的化学反应具有不同的反应速度常数；同一反应也因温度不同而有不同的反应速度常数；反应速度常数反映在给定温度、溶剂等条件下化学反应的难易。K 值愈大，其反应速度就愈快。目的包括：提高药物的溶解度和稳定性，改变药物的体内过程，降低毒副作用与刺激性等。反应级数 n 可以用来阐明药物浓度对反应速度的影响。当 n 等于 0、1、2 时，该化学反应的级数分别为零级、一级、二级。药物分解反应以一级反应多见，也有零级、伪一级、二级或其他级数的。反应速度方程式的零级、一级、二级反应的积分式分别为

$$C=-Kt+C_0 \quad \text{（零级反应）} \quad (21\text{-}7)$$

$$\lg C=-\frac{Kt}{2.303}+\lg C_0 \quad \text{（一级反应）} \quad (21\text{-}8)$$

$$\frac{1}{C}=Kt+\frac{1}{C_0} \quad \text{（二级反应）} \quad (21\text{-}9)$$

式中，C_0为 $t=0$ 时反应物的浓度即初始浓度；C 为 t 时反应物的浓度。在药物降解反应中常将药物在室温下降解 10% 所需的时间作为有效期（$t_{0.9}$），降解 50% 所需时间为半衰期（$t_{1/2}$），可以推导出药物的计算公式

零级反应

$$t_{0.9}=\frac{0.1C_0}{K} \quad (21\text{-}10)$$

$$t_{1/2}=\frac{C_0}{2K} \quad (21\text{-}11)$$

一级反应

$$t_{0.9}=\frac{0.1054}{K} \quad (21\text{-}12)$$

$$t_{1/2}=\frac{0.693}{K} \quad (21\text{-}13)$$

从式 21-12、式 21-13 可知，一级反应的有效期和半衰期与制剂中药物的初浓度无关，而与速度常数 K 值成反比，即 K 值愈大，$t_{0.9}$，和 $t_{1/2}$愈小，制剂的稳定性愈差。

(二) 反应级数的确定

预测中药制剂稳定性，必须首先确定其降解反应的级数，然后求出反应速度常数 K 值，进而确定反应速度方程，从而计算出 $t_{0.9}$ 和 $t_{1/2}$。一般中药制剂稳定性试验中多采用图解法测定反应级数。它是利用各级反应所特有的线性关系来确定反应级数。若以 $\lg C$ 对 t 作图得一直线，则为一级反应；以 $1/C$ 对 t 作图得一直线，则为二级反应；以 C 对 t 作图得一直线，则为零级反应。此法简便，但只限于反应物的初浓度相同或只有一种反应物的情况，不适合于复杂反应。

二、中药制剂稳定性考察项目

中药新药在申请临床试验时，需报送初步稳定性试验资料及文献资料，包括在临床用包装条件下的室温留样观察(6 个月)和用化学动力学方法进行加速试验(37~40℃，相对湿度 75% 条件下考察 6 个月)的数据资料。但稳定性的判断仍以常温下对各不同剂型按"中药新药稳定性试验要求"规定的考察时间和项目(表 21-1)进行考察的结果为准。

中药新药在申请生产时，需报送稳定性试验资料。主要申报样品在模拟上市包装条件下的室温留样观察的稳定性试验数据资料。考核时间按表 21-1"中药新药稳定性试验要求"中所列不同剂型要求的考察时间进行。每种剂型至少应对 3 批以上样品进行考察。

表 21-1 中药新药稳定性试验要求

剂型	稳定性考核项目	正常室温考核时间
药材	性状，鉴别，浸出物，含量测定，霉变，虫蛀	2 年
注射剂	性状，鉴别，澄明度，pH，无菌，热原，溶血，刺激性，含量测定	1 年半
合剂(口服液)	性状，鉴别，澄明度，相对密度，pH，含量测定，微生物限度检查	1 年半
糖浆剂	性状，鉴别，相对密度，pH，含量测定，微生物限度检查	1 年半
酒剂或酊剂	性状，鉴别，总固体，乙醇量，含量测定，微生物限度检查	1 年半
丸剂	性状，鉴别，溶散时限，水分，含量测定，微生物限度检查	1 年半
散剂	性状，鉴别，均匀度，水分，粉末细度，含量测定，微生物限度检查	1 年半
煎膏剂	性状(反砂、分层)，鉴别，相对密度，溶化性检查，pH，含量测定，微生物限度检查	1 年半
胶囊，滴丸剂(含胶丸)	性状，鉴别，水分(胶丸不考核)，溶散时限，含量测定，微生物限度检查	1 年半
片剂	性状，鉴别，硬度，崩解时限，含量测定，微生物限度检查	2 年
流浸膏	性状，鉴别，pH，乙醇量，总固体，含量测定，微生物限度检查	1 年半
浸膏	性状，鉴别，含量测定，微生物限度检查	1 年半
乳剂	性状(乳析、破乳、分散相粒度)，鉴别，含量测定，微生物限度检查	1 年
颗粒剂	性状，鉴别，水分，粒度检查，溶化性检查，含量测定，微生物限度检查	1 年
混悬剂	性状(微粒大小、沉降速度、沉降容比)，鉴别，含量测定，微生物限度检查	1 年
软膏剂	性状(酸败、异臭、变色、分层、涂展性)，鉴别，含量测定，微生物限度检查，皮肤刺激性试验	1 年半
膏药	性状，鉴别，软化点，含量测定，皮肤刺激性试验	1 年
橡胶膏剂	性状，鉴别，拉力，含膏量，含量测定，皮肤刺激性试验，耐寒试验，耐热试验	1 年

续表

剂型	稳定性考核项目	正常室温考核时间
胶剂	性状,水分,鉴别,含量测定,微生物限度检查	2 年
栓剂(锭剂)	性状,鉴别,融变时限,pH,含量测定,微生物限度检查	1 年
气雾剂	性状(沉淀物、分层),鉴别,喷射效能,异臭,刺激性,含量测定,微生物限度检查	1 年
膜剂	性状,融溶时间,含量测定,微生物限度检查	1 年

三、中药制剂稳定性考察方法

中药制剂的稳定性考察方法有长期试验法和加速试验法。中药制剂稳定性考核应针对易于发生物理或化学变化而引起制剂临床有效性和安全性改变的成分。

(一) 长期试验法

依照储藏条件将样品置于室温条件下储藏,并记录温度和湿度,生产当月按表 21-1 对该剂型要求的稳定性考察项目逐项考察、记录,作为 0 个月的结果。然后按规定的间隔时间再重复各项目的考察,依次记录结果,通过与 0 个月结果比较,以确定该产品的有效期和储藏期。如为中药新药的初步稳定性试验应有 0 个月、1 个月、2 个月、3 个月、6 个月的 5 个储藏时间的试验结果和结论。如为中药新药稳定性试验,则应有储藏 0 个月、3 个月、6 个月、9 个月、12 个月、18 个月、24 个月 7 个时间的试验结果和结论(如所规定的考核时间为 1 年或 1. 5 年者,可相应减少最后的 1~2 次试验),然后总结考核数据,作出结论。留样观察继续进行,标准转正时,据此确定有效期。

(二) 加速试验法

虽然在常温下的长期试验与实际储藏条件一致,结果能反应实际情况,但费时较长,不能及时掌握制剂质量变化的速度和规律,不利于产品开发,同时也不易及时发现和纠正影响中药制剂质量稳定性的条件和因素。为了能在较短时间内预测产品在常温条件下的质量稳定情况,或需要通过改进处方、生产工艺和包装条件来提高药品质量稳定性,以及预测产品的有效期等,均可考虑采用加速试验法。

加速试验法即在较高温度、较高湿度、较强光照或强氧化剂下进行试验,以预测药品在常温条件下的稳定性。是以化学动力学理论为依据的,即认为中药制剂内成分的含量降低与该成分的分解速度有关,分解的速度愈快,则在一定的时间内该成分的浓度下降愈多,因此可以用该成分的分解速度来推算该成分的浓度降低到某一程度所需时间。

1. 常规试验法　本法为低温加速试验法。将药品置于温度 37~40℃,相对湿度 75% 的条件下放置 3 个月,生产当月(0 个月)考察 1 次外,以后每月再考察 1 次,连续 3 个月,如 3 个月末所测得的考察项目指标仍在所要求的范围内,则此产品可暂定有效期为 2 年。此法由美国 FDA 提出,借鉴于中药制剂。

> 常规试验方法:将一定数量 3 批样品放在盛有饱和氯化钠溶液(40℃,相对湿度 74.7%)的密闭干燥器中,再将干燥器置于 40℃隔水式电热恒温培养箱中。定期取样测定,对结果也要进行统计处理。
>
> 链接

有些国家规定在温度40℃,相对湿度75%条件下加速实验6个月,若质量符合要求,则认为与室温3年有效期相当。如果供试品在上述条件下不稳定,则应改进制剂处方、改良包装或在包装内加放一小包干燥剂等。

2. 经典恒温法 本法理论依据是Arrhenius公式,其指数形式为

$$K=Ae^{-E/RT} \tag{21-14}$$

其对数形式为

$$\log K=-\frac{E}{2.303}\times\frac{1}{T}+\log A \tag{21-15}$$

该方程为直线方程,以反应速度常数的对数logK对绝对温度T的倒数$\frac{1}{T}$作图成一直线,此图也称为Arrhenius图,如图21-2所示,其直线斜率$b=-\frac{E}{2.303R}$。由此可计算出活化能E。若将直线外推至室温,就可求出室温时的速度常数($K_{25℃}$),由$K_{25℃}$可求出分解10%所需的时间$t_{0.9}$或室温储存一定时间以后残余未降解的药物的浓度。

进行经典恒温法试验,首先要确定含量测定方法,还要进行预试,以便对该制剂的稳定性有一个基本的了解,然后按以下步骤进行实验,即可求出有效期。

(1) 预试验:确定稳定性试验指标成分及其含量或效价测定方法,基本了解该制剂的稳定性情况。

(2) 实验设计:选定试验条件、实验温度和取样间隔时间。一般做4~5个加速温度,每个加速温度需做5次以上的取样分析。

(3) 进行加速试验:将样品放入各设定不同温度的恒温水浴中,定时取样,迅速冷却,终止反应,室温测其浓度或含量,记录试验数据。

(4) 确定反应级数:从直线或直线方程得出斜率b。

(5) 确定反应速度常数:由斜率b求得不同温度的K值。

(6) 求$K_{25℃}$:以各温度的$\log K$对$1/T$作图,将直线外推到室温,求出$K_{25℃}$。

(7) 计算有效期:由一级反应$t_{0.9}=\frac{0.1054}{K}$计算出$t_{0.9}$。

例如,若以$\log C$对t作图得一条直线,则确定为一级反应,再由直线斜率求出各温度的反应速度常数,通过下列公式求出一级反应的化学动力学参数。

$$\log C=-\frac{Kt}{2.303}+\log C_0$$

其中斜率为$-\frac{K}{2.303}$,则K=斜率×(-2.303)。加速试验一级反应图如图21-3所示。

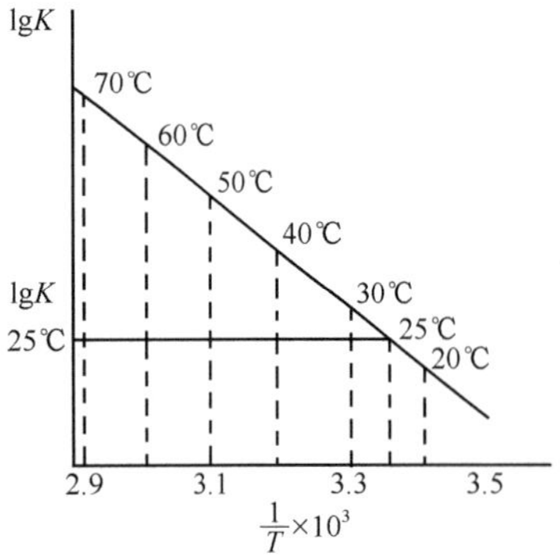

图21-2 Arrhenius图

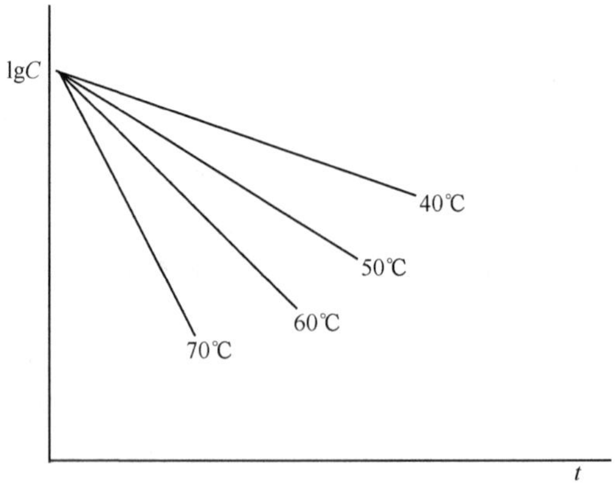

图21-3 加速试验一级反应图

根据试验数据表用 $\log K$ 对 $\frac{1}{T}$ 进行一元线性回归，得回归方程。由回归方程的斜率 b 可求得活化能 E。

$E=-2.303Rb$（R 为气体常数，其值为 $8.314 J \cdot mol \cdot K^{-1}$）。

$K_{25℃}$ 可由回归方程求得，即将 $T=298$ 代入回归方程，便可求出 $K_{25℃}$。也可以 lgo K 对 $\frac{1}{T}$ 作图，得一直线，将直线外推至室温，从纵坐标上读得 $K_{25℃}$。

三、药物有效期预测举例

银黄注射液系金银花、黄芩提取物的灭菌水溶液，其主要成分为绿原酸与黄芩苷，二者皆具邻二酚羟基，久置易氧化降解。现采用经典恒温法预测黄芩苷的室温有效期。

1. 含量测定方法　将银黄注射液加速破坏后，取样稀释制成供试品溶液，吸取供试品溶液与黄芩苷标准品对照溶液，点样，薄层分离后，应用 CS-930 双波长薄层扫描仪，直接扫描，测定黄芩苷的含量。

2. 稳定性试验设计　试验选定 4 个加速度温度（100℃、90℃、80℃、70℃），每个温度取样 5 次（包括 $t=0$ 时的初浓度）。取样间隔时间随温度而异，温度高，间隔时间短；温度低，间隔时间长。取样后，立即将瓶内溶液冷却终止反应。稀释点样，薄层分离后，测定含量。黄芩苷的加速试验测定数据及整理结果，见表 21-2、表 21-3。

表 21-2　银黄注射液中黄芩甙加速实验结果

实验温度/℃	取样时间 t/小时	原含量的百分数/%	logC	回归结果
100	0	100.00	2.000 0	
	3	82.50	1.916 5	
	6	71.90	1.856 7	$K=6.384\times10^{-2}$/h
	9	60.00	1.778 2	
	12	45.00	1.653 3	
90	0	100.00	2.000 0	
	6	84.09	1.924 7	
	12	68.00	1.832 5	$K=2.989\times10^{-2}$/h
	18	58.10	1.764 2	
	24	49.09	1.691 0	
80	0	100.00	2.000 0	
	12	92.30	1.965 2	
	24	80.01	1.903 1	$K=6.708\times10^{-3}$/h
	36	76.40	1.883 1	
	48	73.50	1.866 3	
70	0	100.00	2.000 0	
	24	95.86	1.981 6	
	48	92.06	1.964 1	$K=2.989\times10^{-3}$/h
	72	89.06	1.949 7	
	96	78.91	1.897 1	

表 21-3 各实验温度下的反应速度常数 K 值

T	$\frac{1}{T}$	$K/(h^{-1})$	$\log K$
100+273	2.681×10^{-3}	2.384×10^{-2}	−1.194 9
90+273	2.755×10^{-3}	2.989×10^{-2}	−1.524 4
80+273	2.833×10^{-3}	6.708×10^{-3}	−2.173 4
70+273	2.915×10^{-3}	2.281×10^{-3}	−2.641 9

根据 Arrhenius 定律以 $\log K$ 对 $1/T$ 作线性回归，得直线方程

$$\log K=-6403\times\frac{1}{T}+16.02 \quad (r=0.9942)$$

将室温 25℃（$T=298K$）代入回归方程或由 Arrhenius 图直线外推至 298K，得室温反应速度常数 $K_{25℃}=3.4075\times10^{-6}/h$，代入公式(21-12)得

$$t_{0.9}=\frac{0.1054}{K_{25℃}}=3.5\text{ 年}$$

即银黄注射液以黄芩苷为含量测定指标，加速试验研究确定其室温有效期为 3.5 年。

由直线方程斜率可计算黄芩苷的分解活化能 E

$$E=-2.303Rb=(-2.303)\times8.314\times(-6403)=12.6(kJ/mol)$$

以上是按统计学方法，预测中药制剂的有效期。为了判定测定结果的精确度，应该在一定的置信水平上，算出预测结果的置信区间。在一元线性回归中，一般用剩余标准差 S 来描述回归直线的精度，并由此算出有效期 $t_{0.9}$ 的置信区间。

在实际工作中回归方程可以用于预测。但回归预测不能用于任意外推。因此在实际问题中仅知道预测值是不够的，还需知道预测值的变动范围，用统计分析的方法作出一个区间估计，在核定有效期时更有参考价值。2010 年版《中国药典》（二部）附录ⅪⅩC 原料药与药物制剂稳定性试验指导原则中，收载了关于有效期确定的统计分析方法，实际应用中可参考。

链接

例 药物稳定性相关参数的计算举例，可根据测定数据，采用不同计算公式计算，举例如下：

某中药注射剂中指标成分分解速度测定值如表 21-4。

表 21-4 某中药注射剂中指标 成分分解速度测定值

t/个月	3	6	9	12	15
C(μg/ml)	88.60	44.29	22.15	11.08	5.54

问：①该注射液按几级反应分解？②其半衰期为多少天？③求该成分初始浓度为多少？

解 ①将 C 换算成 $\log C$，则 $\log C$ 与 t 的数据如表 21-5：

表 21-5 $\log C$ 与 t 的数据

t/月	3	6	9	12	15
$\log C$	1.947	1.646	1.345	1.045	0.743

以 $\log C$ 对 t 作图，得一直线，说明注射液中该药物成分按一级反应分解。

或以 $\log C$ 对 t 回归，得回归方程 $\log C=-0.1003t+2.248(r=-1)$，证明注射液中该药物成分按一级反应分解。

②由回归方程斜率 b 解得 K 值

$$K=-2.303b=-2.303\times(-0.1003)=0.231(\text{个月}^{-1})$$

$$t_{1/2}=0.693/0.231=3(\text{个月})=90(\text{天})$$

由题中数据表直接也可以看出，每隔 3 个月药物含量下降一半，$t_{1/2}$为 90 天。

③将 $t=0$ 代入回归方程，则

$$\log C_0=2.248 \qquad C_0=177.01(\mu g/ml)$$

加速实验测定的有效期为预测的有效期，应与留样观察的结果对照，才能确定药品的实际有效期。

经典恒温法应用于均相系统（如溶液），效果较好。而对非均相系统（如混悬液、乳浊液等）通常不适用。另外，在加速试验过程中，如反应级数或反应机制发生改变，也不能采用经典恒温法。

除经验法和经典恒温法外，温度加速试验法还有简便法（活化能估算法）、初均速法、Q_{10}法及线性变温法等。

中药复方制剂的质量难以用某 1~2 个成分的含量来控制，它也不能代表制剂的全部质量含义，所测定的成分在许多情况下并不一定是在临床治疗上起主要作用的有效成分，只是在原料、工艺等质量控制中起着质量指标的作用，因此，用某个含量测定指标作为中药制剂稳定性研究中有一定变化且可定量考察的对象，在一些情况下不一定能全面反映出产品稳定性的真实情况，在制定有效期时仅可作为参考。也有用加速试验后考察制剂的药效学指标变化来判断中药制剂稳定性的报道。

链接

第 4 节　中药固体制剂稳定性

固体制剂属多相系统，其稳定性问题较均相系统的药物制剂（如溶液）更为复杂。前述影响中药制剂稳定性的因素和稳定性试验方法，有些也适用于固体制剂，但还应考虑固体制剂的特殊性。固体制剂的不稳定现象同样可分为化学不稳定性和物理不稳定性，前者主要体现在：①药物成分含量下降；②产生有毒或有副作用的分解产物；③产品变色或褪色等。后者主要包括：①药物晶型转变；②出现湿润、液化或固结；③体积发生膨胀、变形和破裂；④出现黏着、流动性降低和崩解度不合格等。

一、固体制剂稳定性特点

（1）固体制剂一般属多相体系，其化学变化可能包括有气相、液相和固相参加的反应，且在反应的同时还可能有相变发生。

（2）由于药物分子在固体制剂中相对固定，化学反应一般始于固体表面的，内部分子可受到已起反应的外部分子的保护，使反应速度逐步减慢，这就需要较长时间的观察和较精确的分析方法。

（3）药物分子在固体制剂中的均匀性差于液体制剂，也不能像在溶液中可任意移动。供试品难以保持严格一致，也使得测定结果重现性较差。

(4) 固体制剂常加入不同赋形剂,反应可能发生在药物本身也可能在药物与赋形剂之间,影响反应速度的因素复杂。

固体制剂的稳定性受温度、湿度(水分)及光线的影响很大。吸湿和光化分解是中药固体制剂存在的突出质量问题。吸湿不但引起固体制剂的物理变化,往往也是引发化学变化的前奏。温度加速试验法前面已叙述,这里主要介绍湿度加速试验法和光加速试验法。

二、固体制剂稳定性试验

(一) 湿度加速试验

为考察中药固体制剂与包装材料的抗湿性能,应进行湿度加速试验,即在各种湿度条件下测定其吸湿速度和平衡吸湿量。

1. 带包装湿度加速试验 取带包装供试品置于相对湿度 90% 或 100% 的密闭容器中,在 25℃条件下放置 3 个月,观察包装变化情况,并按表 21-1 中规定的项目进行考察。本试验主要考察湿度对包装材料及制剂的影响。

2. 去包装湿度加速试验 将供试品包装除去,取一定量,置于开口的玻璃器皿内,准确称重,放置在高于药品临界相对湿度(CRH)的条件下,温度为 25℃,暴露时间视供试品性质而定。然后精密称重,并观察外观,再测定表 21-1 中规定的考核项目。本试验主要考察制剂对湿度的敏感性。

3. 平衡吸湿量与 CRH 的测定 精密称取供试品于 2~3 个敞口的、已称重编号的称量瓶中,然后放入盛有一定相对湿度盐的饱和溶液的干燥器中,于 25℃ 放置 7 天,即达到平衡状态,再精密称取供试品重量,即得该相对湿度下的平衡吸湿量。同法将供试品分别置于 7~9 个不同相对湿度的密闭干燥器中,相对湿度范围取 10%~100%,即得各相对湿度下的平衡吸湿量 f,以吸湿率为纵坐标,相对湿度为横坐标作图,得吸湿曲线,将吸湿曲线陡直部分延长与横坐标相交,即得样品的 CRH。这项试验可以定量地研究湿度对药物制剂的影响,为制订产品的处方及工艺条件提供依据,产品的生产环境和储藏环境必须控制在 CRH 以下。

为了获得 25℃时不同的相对湿度条件,可以按表 21-6 配制不同浓度的硫酸、氢氧化钠、氯化钙水溶液(W/V)。

表 21-6 不同浓度(W/V)硫酸、氢氧化钠、氯化钙水溶液的相对湿度(25℃)

H_2SO_4/%	NaOH/%	$CaCl_2$/%	相对湿度/%	H_2SO_4/%	NaOH/%	$CaCl_2$/%	相对湿度/%
0.00	0.00	0.00	100	38.35	24.66	31.73	60
11.02	5.54	9.33	95	40.75	26.42	33.71	55
17.91	9.83	14.95	90	43.10	28.16	35.64	50
22.83	13.32	19.03	85	45.41	29.86	37.61	45
26.79	16.10	22.25	80	47.71	31.58	29.62	40
30.14	18.80	24.95	75	50.04	33.38	41.83	35
33.09	20.80	27.40	70	52.45	35.29	44.36	30
35.80	22.80	29.64	65	55.01	37.45		25

若欲获得不同温度的相对湿度，可按表 21-7 配制有关盐的饱和溶液（溶液中要有盐的结晶）。

表 21-7　一些盐的饱和溶液在各种温度下的相对湿度/%

盐的名称	25℃	37℃	40℃	盐的名称	25℃	37℃	40℃
$CrK_2Cr_2O_7$	98.00			$NaBr \cdot 2H_2O$	57.70		52.4
KNO_3	92.48	91.0		$Mg(NO_3)_2 \cdot 6H_2O$	52.86	51.0	
$BaCl_2 \cdot 2H_2O$	90.19			$LiNO_3 \cdot 3H_2O$	47.06		
KCl	84.26		81.7	$K_2CO_3 \cdot 2H_2O$	42.76	41.0	
KBr	80.71	81.0	79.6	$MgCl_2 \cdot 6H_2O$	33.00	31.0	
NaCl	75.28	75.0	74.7	$CH_3COOK \cdot 1.5H_2O$	22.45	23.0	
$NaNO_3$	73.79		71.5	$LiCl \cdot H_2O$	11.05	11.0	
$NaNO_2$	64.00	62.0	61.5				

湿度加速试验主要考察药物及其制剂与包装材料的抗湿性能，为改进制剂处方与包装材料提供某些信息，对制剂有效期的预测需与温度加速试验配合。

例　8 种颗粒剂的吸湿性考察：某地区生产的 8 种可溶性颗粒剂剂，于 37℃分别测定其在相对湿度为 50%、60%、70%、80%条件下的平衡吸湿量，绘制吸湿平衡图（图 21-4）。由图可见，每一种颗粒的吸湿平衡曲线均由下端平缓部分及上端几乎与纵坐标平行的陡直部分组成。若将其陡直部分延长至与横坐标相交，即可读出各颗粒的 CRH 值。其中 1 号、2 号、4 号的 CRH 较大，说明它们不易吸湿。

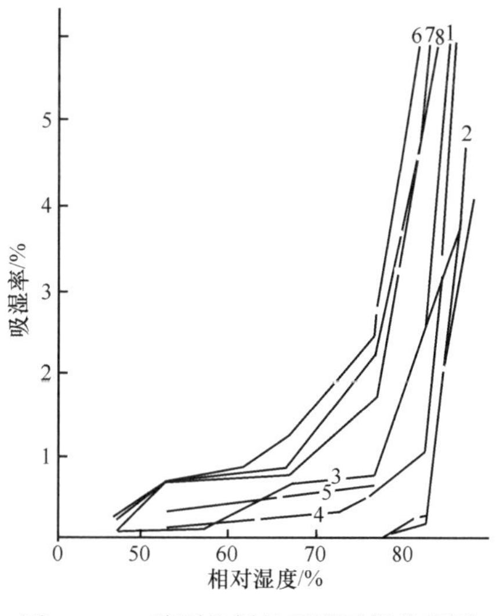

图 21-4　8 种颗粒剂的吸湿平衡曲线图

1.小儿化痰止咳颗粒；2.复合维生素 B 颗粒；3.伤风止咳颗粒；4.止咳枇杷颗粒；5.脾舒宁颗粒；6.感冒灵颗粒；7.复方感冒灵颗粒；8.板蓝根颗粒

（二）光加速实验

光线不但会使一些制剂产生变色，并且能激发氧化反应，加速药物的分解。对于在制备、储藏过程中见光分解、变色的固体制剂，应进行光加速实验以考察其降解速度。

光加速试验方法：将供试品开口放置在光橱中或其他适宜的光照仪器内，于照度为(4500±500)lx 的条件下放置 10 天。按稳定性考察项目进行检测。关于光照装置，现已有定型设备“可调光照箱”，可供选用。也可以用光橱，在橱中安装数支 40W 的日光灯管紧，便可获得一定日光的照度。一般要求 2000~4000lx。橱中供试品台高度可以调节，橱上方安装排风设备以排除可能产生的热量，橱上配有照度计，可随时监测橱内照度。光橱应不受自然光的干扰，并保持照度恒定。

某些固体制剂在储存或光加速试验过程中，往往颜色变化已超出规定范围，而测定固体制剂颜色变化往常采用目测法或吸收度法。这些方法缺乏客观指标，不能正确反应实际变色情况。近年来推荐使用漫反射光谱法，可直接测定固体制剂表面颜色的变化，此法提供了一个客观、准确的检验指标。

此外，考察固体制剂中药物与赋形剂有无相互作用，比较适用的实验方法有热分析法、漫反射光谱法和薄层色谱法。可将药物与赋形剂制成水混悬液，在恒温(通常 30℃)搅拌下放置一定时间，定时取样测含量，根据其变化情况以评价药物与赋形剂之间是否有相互作用发生。

中药固体制剂稳定性比较复杂，目前积累资料还不多，某些试验方法还不完善，有待进一步研究发展。

小结

为了保证中药制剂的疗效与安全，必须重视和研究中药制剂的稳定性。这就要求我们在了解药剂稳定性研究的意义和任务的基础上，掌握影响药物稳定性的因素和常用稳定化措施，熟悉中药制剂稳定性的考察方法及半衰期和室温下的有效期的含义及计算方法，以及包装材料与药剂稳定性的关系等，以提高中药新药研究、制剂生产、质量控制和临床应用的科学性和先进性，减少因稳定性问题造成的危害和损失，使中药制剂更好地为人类健康服务。

目标检测

一、单项选择题

1.关于药物化学反应半衰期的叙述，正确的是 （　　）

A. 药物降解 50% 所需的时间

B. 药物溶解 50% 所需的时间

C. 药物分解 10% 所需的时间

D. 药物在体内消耗 50% 所需的时间

2.关于长期试验法测定药剂稳定性的论述，错误的是 （　　）

A. 需定期进行外观观察和质量检测

B. 样品应放在 3~5℃、20~25℃、33~37℃观察及检测

C. 符合生产和储存实际，结果真实可靠

D. 此法易找出影响稳定性的因素，利于及时改进产品

3.某药物按一级反应分解，在室温下反应速度常数 $K=0.0069$/天。该药物的 $t_{0.9}$ 约为 （　　）

A. 12 天　　B. 10 天　　C. 13 天　　D. 15 天

二、多项选择题

1.防止药物氧化的措施有 (　　)

A. 降低温度　B. 避免光线　C. 加入抗氧剂　D. 调 pH　E. 控制微量金属离子

2.延缓药物水解的措施有 (　　)

A. 调 pH　B. 升高温度　C. 改变溶剂　D. 制成干燥固体制剂　E. 改善包装

3.根据范特霍夫规则，温度每升高 10℃反应速度加快 2~4 倍，因此下列加速试验结果相当于 2 年有效期(室温 20℃)的是 (　　)

A. 57℃加速试验 7 天　B. 40℃加速试验 3 个月

C. 70℃加速试验 3 天　D. 50℃加速试验 14 天

E. 60℃加速试验 7 天

三、名词解释

1.相对湿度　2.加速试验

四、简答题

1. 简述影响中药制剂稳定性的因素及稳定化措施。
2. 药物固体制剂稳定性变化有哪些特殊性？
3. 经典恒温法药物加速试验的原理与实验步骤如何？

(张永萍)

第22章 生物药剂学与药物动力学概论

学习目标

1. 记住生物药剂学的定义和研究的基本内容,药物动力学的定义和研究的基本内容,生物利用度的定义与测定方法

2. 说出影响药物制剂疗效的剂型因素,药物动力学隔室模型,药物转运速度过程

3. 简述药物的体内过程及其影响因素

4. 叙述药物动力学常用参数的意义和计算方法

5. 列出单室模型单剂量与多剂量给药的计算公式,以及稳态血药浓度、平均稳态血药浓度、t_{max}、C_{max}、AUC 等参数的计算公式

第1节 生物药剂学概述

一、生物药剂学的含义

生物药剂学是通过研究药物及其制剂在体内吸收、分布、代谢与排泄等过程,阐明药物的剂型因素、机体生物因素与药物疗效之间关系的科学。为正确评价药物的质量、设计合理的剂型与制备工艺以及临床合理用药提供依据,保证用药的有效性与安全性。

1961 年 Wagner 发表文章总结了影响药物制剂疗效的因素,提出了生物药剂学的概念。随着医药科学技术的发展,人们对药物制剂的质量与疗效有了新的认识。

链接

二、生物药剂学的研究内容

生物药剂学研究的是药物的体内过程,即研究药物及其制剂给药以后,吸收进入体内情况,能否及时地分布到某些特定的组织和器官,如何在体内消除(代谢和排泄)以及各种剂型因素和生物因素对这一体内过程和药效的影响。药物以不同的剂型给药以后,通常除血管内给药没有吸收过程,其他途径给药都要经过吸收、分布与消除过程。药物吸收以后随即在体内发生的过程总称为配置;而代谢和排泄过程总称为消除。如果药物的剂型因素或机体的生物因素影响药物在体内的任何一个过程,都会不同程度地影响血药浓度的变化,因而影响药物疗效。

生物药剂学所研究的剂型因素不仅是指片剂、注射剂、胶囊剂或颗粒剂等各种具体的剂型,还广义地包括与剂型有关的各种因素:①药物的理化性质,如盐类、酯类、粒径、晶型、溶解度、溶出速度等。②制剂的处方,如制剂中辅料的性质、用量、配伍药物的相互作用等。③制剂工艺,

如制法、工艺条件等。④剂型给药途径等。

生物药剂学所研究的生物因素主要是指：①种属差异，如各种不同的实验动物与人的差异。②种族差异，如肤色、人种的不同。③性别差异。④年龄差异。⑤生理和病理条件的差异。⑥遗传差异等。

药物制剂产生的药效不仅与药物的剂量和化学结构有关，同时还受到各种剂型因素和生物因素的影响。含有相同剂量同样化学结构的药品，制成不同的剂型，可能会产生不同的疗效，即使是制成相同的剂型，也不一定产生相同的疗效。药物制成剂型不仅仅是赋予其外形，剂型对于药物疗效的发挥也起着重要的作用。

链接

第 2 节 药物的体内过程

药物的体内过程是指以不同给药途径给药后药物在体内的吸收、分布、代谢和排泄过程。药物吸收以后随即在体内发生的过程总称为配置；而代谢与排泄过程又称为消除。

一、药物的膜转运

药物通过生物膜的现象称为膜转运。膜转运在药物的体内过程中起着十分重要的作用。

（一）生物膜的组成与结构

药物从用药部位到达作用部位而产生药效，需要通过具有复杂结构与生理功能的生物膜，这些生物膜包括细胞膜及各种细胞器的亚细胞膜。细胞膜主要由水和类脂、蛋白质和少量的糖类所组成。

细胞膜的结构曾提出几种模式。目前一般认为具有类脂双分子层的基本骨架，镶嵌和衬垫有可活动的蛋白质或蛋白微管、微丝（图 22-1）。液晶态的类脂双分子层，即两层以疏水尾端相对排列的磷脂分子，与水分子既呈规则晶形排列，又能与膜呈平行流动。生物膜上的表面蛋白主要是支撑细胞膜，维持细胞膜的形态及分裂活动；内嵌蛋白则多为载体、受体或酶。内嵌蛋白中常常形成一些含水的微小孔道，称为膜孔。直径约 0.4~1nm。

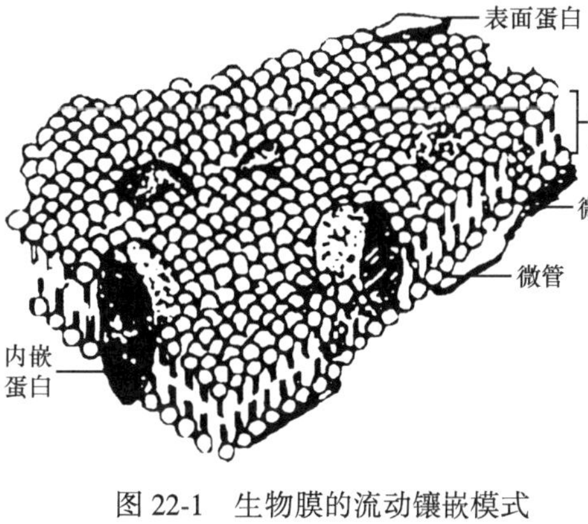

图 22-1 生物膜的流动镶嵌模式

（二）药物的转运方式

药物通过生物膜的转运有以下 4 种方式：

1. 被动转运 是指存在于膜两侧的药物顺浓度梯度转运，即从高浓度一侧向低浓度一侧的转运方式。由于药物的性质不同，被动转运分为两条途径：①脂溶扩散由于生物膜为类脂双分子层,非解离型的脂溶性药物可溶于液晶态的类脂质膜,扩散通过生物膜。对于有机弱酸或弱碱药物,这一过程可受到 pH 的限制。②膜孔转运 直径小于膜孔的水溶性分子可以经膜孔扩散通过生物膜。

被动转运的特点是:①顺浓度梯度转运。②不需消耗生物体的能量。③不受共存类似物的影响,无饱和现象和抑制现象。④转运速度与膜两侧的浓度差成正比,符合一级速度过程。

2. 主动转运 是指物质借助于载体或酶促系统,从生物膜的低浓度一侧向高浓度一侧的转运。生物体内一些必需的物质如 K^+、Na^+、葡萄糖、氨基酸、水溶性维生素等,用此方式转运。

主动转运的特点是:①逆浓度梯度转运。②需消耗生物体的能量。③转运速度与载体的量有关,故往往出现饱和现象(图 22-2)。④具有结构特异性,结构类似的物质常发生竞争抑制现象。⑤具有部位特异性,如胆酸和维生素 B_2的主动转运只在小肠上段进行,而维生素 B_{12}则在回肠末端被吸收。⑥受代谢抑制剂的影响,抑制细胞代谢的物质,如二硝基苯酚、氟化物等可抑制主动转运。

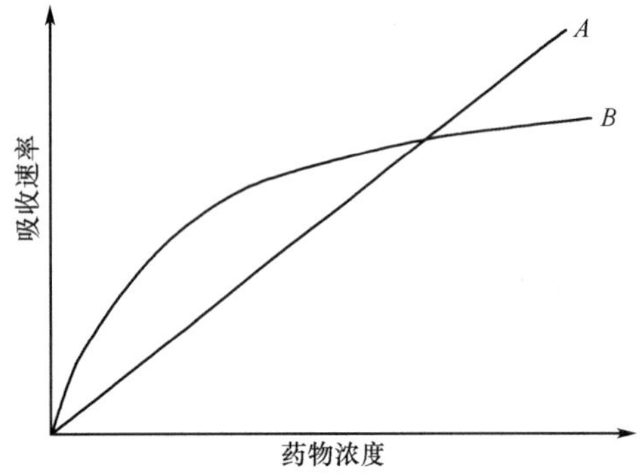

图 22-2 不同转运过程吸收与浓度关系示意图
(*A*)被动转运(扩散);(*B*)主动转运

3. 促进扩散 是指一些物质在生物膜载体的帮助下,由膜的高浓度侧向低浓度侧扩散或转运的过程。生物膜中的特殊载体暂时与药物结合而提高其脂溶性。促进扩散与主动转运都属于载体转运,同样存在饱和现象、竞争抑制现象和部位特异性。不同之处在于促进扩散不需生物体提供能量,而且是顺浓度梯度转运。

4. 膜动转运 是指通过细胞膜主动变性将药物摄入细胞内或从细胞内释放到细胞外的转运过程。某些高分子物质,如蛋白质、多肽、脂溶性维生素和重金属等可按膜动转运方式吸收。膜动转运可分为胞饮和吞噬作用两种方式。摄取的为溶解物或液体称为胞饮作用。摄取的物质为大分子或颗粒状物为吞噬作用。膜动转运有部位特异性,如蛋白与脂肪颗粒在小肠下段吸收较为明显。

二、药物的吸收

药物的吸收是指药物从用药部位进入体循环到达测量部位(多数情况是指外周静脉血管)的过程。除血管内给药和局部给药以外,药物应用以后通常都要经过吸收才能进入体内。由于给药方法和剂型不同,药物吸收的途径和影响因素也不同。

(一)胃肠道给药吸收

口服的药物可以在胃、小肠、大肠 3 个部位产生吸收。胃的表面积小,酸性药物可在胃中吸收,液体制剂在胃中吸收也较好,胃中药物的吸收为被动转运。小肠分为十二指肠、空肠和回肠,小肠表面有环状皱褶、绒毛和微绒毛,吸收总面积极大,约为 $200m^2$。小肠,尤其是十二指肠,是口服药物被动吸收的主要部位。大肠包括盲肠、结肠和直肠,但由于无绒毛结构,表面积小,故不是口服药物吸收的主要部位,大部分运行至结肠的药物可能是缓释制剂,肠溶制剂或药剂的残余部分。在正常生理条件下,大多数药物从口至回盲肠交接处的运行时间是 8~12 小时。这对于设计缓释制剂有意义。药物在大肠的吸收也以被动转运为主,有膜动转运等转运方式。

（二）非胃肠道给药的吸收

1. 口腔吸收　口腔黏膜吸收面积不大，但颊黏膜和舌下黏膜上皮均未角质化，且血流量大，很有利于药物的吸收。口腔吸收的药物可绕过肝脏的首过效应。

2. 注射部位的吸收　注射剂除少数（如关节腔内注射等局部治疗）外，均产生全身作用。静脉注射药物直接进入血管，无吸收过程，其他的注射部位一般有丰富的血液与淋巴循环，故吸收较快。

其他尚有肺部、眼部、直肠、鼻腔黏膜、阴道黏膜及经皮给药的吸收等。

三、药物的分布

药物的分布是指药物吸收后，由循环系统送至体内各脏器、组织和体液的过程。分布过程完成时，药物在血浆与组织、器官和体液间达到动态平衡。药物的分布不仅与疗效密切相关，而且还关系到药物在组织的蓄积与副作用等安全性问题。

（一）影响药物分布的因素

1. 血液循环与血管通透性　药物的分布多数情况是通过血液循环进行的。药物的分布主要受组织器官血流量的影响，其次为毛细血管的透过性。血液循环快的脏器和组织有脑、肝和胃等，肌肉、皮肤次之，脂肪组织与结缔组织血液循环最慢。从血中向组织转运的药物，首先要从血管中渗出。毛细血管的透过性因脏器不同而存在差异。脑和脊髓的血管内壁结构致密，细胞间隙极少，极性药物很难透过。

2. 药物与血浆蛋白结合　游离药物易透过血管壁自由向体内各部位转运，而与血浆蛋白结合的药物则不能。药物与血浆蛋白的结合常是可逆的，血液中结合型和游离型药物处于动态平衡状态。当药物与血浆蛋白的结合出现饱和，或同时应用另一种药物与其发生竞争时，血浆中游离型药物浓度增加，可导致药物体内分布变动，药效显著增加，甚至出现副作用。

3. 组织结合与蓄积　体内与药物结合的物质除血浆蛋白外，其他组织细胞内存在的蛋白、脂肪、DNA、酶以及黏多糖等高分子物质，亦能与药物发生非特异性结合。组织结合一般亦是可逆的，药物在组织与血液间保持动态平衡。组织结合程度的大小，对药物在体内的分布有很大影响。

当药物与组织有特殊亲和性时，分布过程中，药物进入组织的速度大于从组织中解脱进入血液的速度，连续给药时，组织中的药物浓度逐渐上升的现象称为蓄积。药物若蓄积在靶器官，则可达到满意的疗效；如蓄积在脂肪等组织，则起储存作用，可延长作用时间；若蓄积的药物毒性较大，则可对机体造成伤害。

（二）血脑屏障、血胎屏障

脑和脊髓毛细血管的内皮细胞被一层神经胶质细胞包围，细胞间连接致密，间隙极少。神经胶质细胞富有脑磷脂，形成了较厚的脂质屏障，对于被动扩散的外来物质具有高度的选择性。这种脑组织对外来物质有选择地摄取的能力就称为血脑屏障。通常水溶性和极性药物很难透入脑组织，而脂溶性药物却能迅速地向脑内转运。

在母体循环与胎儿体循环之间存在着胎盘屏障，又称为血胎屏障。胎盘屏障的性质与其他生物膜相似，胎盘的作用过程类似于血脑屏障。但随着妊娠的进行，胎儿生长达高峰期时，药物的通透性可增加；另外，孕妇患严重感染、中毒或其他疾病时，可使胎盘的屏障作用降低。血脑屏障和血胎屏障也存在着载体转运机制，主要用于转运葡萄糖、氨基酸、K^+、Na^+等营养物质。

四、药物的代谢

药物的代谢是指药物在体内所经历的化学结构的转变。药物代谢又称为生物转化。药物代谢产物的极性通常比原形药物大，更适于肾脏排泄和胆汁排泄。

药物代谢主要在肝脏内进行，也发生在其他部位，如血浆、胃肠道、肠黏膜、肺或其他组织内。药物代谢过程可分为2个阶段：第一阶段通常是药物被氧化、羟基化、开环、还原或水解，结果使药物结构中增加了羟基、氨基或羧基等极性基团。第二阶段往往是结合反应，即上述极性基团与葡萄糖醛酸、硫酸、甘氨酸等结合成葡萄糖醛酸苷、硫酸酯或乙酰化物等，增加了药物极性，使之容易排泄。某些药物经第一阶段代谢后，其水溶性已足以使之排泄，则不发生第二阶段反应。但也有一些药物不经代谢以原形排泄。

多数药物代谢后活性减弱或失去活性，但也有一些药物的代谢产物比原来的生理活性大，甚至产生毒性。另外，还有一些没有生理活性的药物经代谢产生有活性的代谢产物。前体药物的应用，就是根据这种作用设计的。

链接

体内药物代谢多由酶反应进行，体内药量增加到某种程度时，会出现代谢饱和现象，以致血药浓度异常增高，有时会产生毒副作用。药物的代谢可因给药途径不同而产生差异。此外，酶抑、酶促作用，合并用药，以及生理因素，如性别、年龄、个体、疾病、饮食等差异，均会影响代谢过程。

五、药物的排泄

药物的排泄是指体内药物以原形或代谢物的形式排出体外的过程。药物排泄最主要的途径是经肾排泄，其次是胆汁排泄，也可由乳汁、唾液、呼吸、汗液等排泄。

药物的肾排泄是肾小球滤过、肾小管重吸收和肾小管分泌等综合作用的结果。流经肾小球的血液中的部分药物可被肾小球滤过，与血浆蛋白结合的药物则不被滤过，故药物与血浆蛋白结合率以及合用药物发生竞争结合，将会影响药物的肾排泄。肾小球滤过的药物可被肾小管重吸收，肾小管重吸收存在主动和被动转运两种机制。被动重吸收受尿液的pH、尿量、药物的脂溶性与pK_a等因素的影响。多数药物经代谢后，水溶性增加，重吸收减少，有利于肾排泄。身体的必需物质如葡萄糖等，被主动转运重吸收。肾小管分泌是主动转运，可逆浓度梯度进行；存在竞争抑制作用；药物的血浆蛋白结合率不影响肾小管分泌速度。

药物经胆汁排泄包括被动扩散和主动转运两种方式。经胆汁排泄的药物进入十二指肠，再随粪便排出体外。某些在胆汁中排泄的药物或其代谢物在肠道中水解为原形药物后，被重新吸收返回门静脉的现象称为肠肝循环。肠肝循环能延长药效，如果使用抑制肠道菌丛的抗生素则肠肝循环减少。

另外，药物从乳汁排泄可能会使乳儿的安全受到一定的影响，应予关注。

第3节　影响药物疗效的因素

药物的疗效不仅与药物的化学结构和剂量有关,同时机体的生物因素和药物的剂型因素对疗效的发挥也起着重要作用。

一、机体的生物因素

(一) 药物的肝脏首过效应

在胃肠道吸收的药物经肝门静脉进入肝脏,继而进入体循环的过程中可能有部分药物在肝内遭受到生物转化。这种在药物进入体循环前因肝脏摄取而代谢或经胆汁排泄使进入体循环原形药物量减少的现象称为肝脏的首过效应。除胃肠道给药外腹腔注射给药也同样受到肝脏首过效应的影响。

另外,在药物吸收过程中,药物在胃肠道内或经过肠壁时,也可因发生各种代谢反应,出现原形药物吸收量减少的首过效应。

为避免首过效应,常采用静脉、皮下、肌内、舌下、直肠下部给药或经皮给药。这些给药途径,药物吸收不经过肝脏,直接进入体循环,可减少首过效应的损失。

(二) 用药部位的生理状态

临床上口服用药的方式最为多见。口服给药经历的吸收过程最复杂,除首过效应外,给药部位的生理状态如胃肠道 pH,胃空速率与胃排空时间、小肠运动等对药物吸收发挥疗效均有影响。

1. 胃肠道 pH　消化管各部分的 pH 不同,胃液 pH 1~3,小肠 pH 5~7,大肠 pH 7~8。不同生理状态下胃肠道 pH 有所不同,纯胃液 pH<1,空腹时 pH 1.2~1.8,食后 pH 3~5。胃中弱酸性药物容易吸收,小肠中弱碱性药物容易吸收,大肠只对极少数经胃和小肠吸收不完全的药物呈有限的吸收。

胃肠道 pH 只能影响弱电解质药物的被动转运吸收。影响胃液分泌或中和胃酸的药物,可引起 pH 变化而影响药物吸收。

2. 胃空速率与时间　胃内容物从胃经幽门向小肠排出的过程称胃的排空。胃排空的快慢用胃空速率反映。胃内容物排空所需的时间称胃空时间。

胃的排空为一级速度过程。胃空速率还受到胃内容物的黏度、温度、渗透压、健康状况及药物的影响。

多数药物在小肠内吸收速度最快。对于需立即发挥作用的药物或在胃中不稳定的药物、肠溶制剂等,如果延迟胃的排空会使作用的开始时间与强度受到影响。因此,改变胃空速率的药物可对其他药物的吸收产生影响。

对于某些在小肠有特定吸收部位的药物,如维生素 B_2,餐后服用较空腹服用吸收量多,因空腹服药,胃排出快,大量的维生素 B_2 同时到达十二指肠,出现载体饱和现象,生物利用度就较差。

肠的蠕动可决定肠内容物的停留时间,对缓释制剂及肠溶制剂的吸收尤为重要。

其他途径的药物吸收,如直肠吸收、经皮吸收和肺部的吸收等均受给药部位生理病理因素的影响。详见相关章节。

此外，性别、年龄和种族差异及病理状态等均能引起药物疗效的不同。性别对药物的感受性，一般雌性动物比雄性动物敏感性大，人也如此。药物对新生儿、乳儿、老年及肝、肾功能障碍患者等的药效和副作用比对正常成人明显。实验动物与人，或人与人之间由于种属或种族差异，药物敏感程度均不相同。

二、药物的物理化学因素

药物本身的理化性质不同，会对药物的体内过程，尤其是吸收过程产生不同的影响，进而影响到药物的疗效。

（一）药物的溶出速度与溶解度

多数情况下药物须呈分子（或离子）分散状态方能通过生物膜被吸收进入体循环。因此，对固体制剂或呈混悬形式的固体药物来说，吸收前存在崩解、分散、溶解过程。对于一些难溶或溶出速度很慢的药物或制剂，其吸收过程往往受到药物溶出速度的限制，即溶出是吸收的限制过程。在这种情况下，溶出速度能直接影响药物起效时间、药效强度和持续时间。

溶出速度的理论依据是 Noyes-Whitney 方程

$$\frac{dC}{dt}=\frac{DS}{h}(C_S-C) \tag{22-1}$$

式中 dC/dt 为溶出速度；S 为固体药物的表面积；D 为药物的扩散系数；h 为扩散层的厚度；C_S为固体药物表面的浓度（接近药物的溶解度）；C 为 t 时溶出介质中药物的浓度。对于一个药物而言，D 和 h 为固定值，设 $D/h=K$。(C_S-C)为药物的溶解度与溶液中药物浓度之间的浓度差。在溶出为限速过程的吸收中，由于溶解了的药物立即被吸收，故 $C_S \gg C$，药物浓度 C 可认为接近于零，式（22-1）又可改写为

$$\frac{dC}{dt}=KSC_S \tag{22-2}$$

从上式可以看出，增加药物的表面积和溶解度可增加药物溶出速度。例如，采用微粉化或固体分散技术减小难溶性药物粒径，可增加药物的溶出速度，有效地提高其生物利用度。制成盐能增加药物的溶解度，也可增加药物的吸收。

（二）药物的解离度与脂溶性

药物透过生物膜的转运速度通常与药物的脂溶性有关。脂溶性大的药物易透过生物膜，且未解离的分子型药物比离子型药物易于透过生物膜。弱电解质药物跨膜转运速度不仅取决于膜两侧的浓度差，还取决于药物的解离常数 pK_a 和环境的 pH。

弱电解质的这种关系可根据 Henderson-Hasselbalch 方程式求出，即

弱酸性药物 $$pK_a - pH = \lg(C_u/C_i) \tag{22-3}$$

弱碱性药物 $$pK_a - pH = \lg(C_i/C_u) \tag{22-4}$$

式中 C_u、C_i分别表示未解离型和解离型药物的浓度。可以看出对于酸性药物 pK_a>pH 时，分子型药物所占比例高，对于碱性药物则正好相反。当 pK_a=pH 时，未解离型和解离型各占一半。当 pH 变动一个单位，未解离型和解离型的比例也随即变动 10 倍。故酸性药物在 pH 较低的环境中、碱性药物在 pH 较高的环境中吸收良好。

例如乙酰基水杨酸 $pK_a=3.5$，在胃中（pH=1.5），$\lg(C_u/C_i)=2$，即 99% 为分子型，故在胃中

吸收良好。而弱碱性药物奎宁的 $pK_a=8.4$,在胃中几乎全部解离故不被吸收,在 pH 5~7 的小肠中分子型比例增大,吸收增加。

由于小肠的表面积大,即使是弱酸性药物如水杨酸 $pK_a=3.5$,仍有良好的吸收。对于两性离子型药物通常在等离子点的 pH 时吸收最好。

非解离型药物的脂溶性对吸收至关重要。有些药物口服,即使以大量的非解离型存在,吸收仍然不佳,原因是药物分子的脂溶性差。药物的脂溶性可用油/水分配系数表示。实际工作中常常使用的是氯仿/水或正丁醇/水的分配系数。药物的 pK_a 值如果相同,则它们的吸收速度与分配系数成正比。但是药物的脂溶性也并非越大越好。一般认为,药物以分子型通过生物膜时若与类脂强烈结合,则不易与水性体液混合而再转运。

(三)药物晶型

化学结构相同的药物,可因结晶条件不同而得到晶格排列不同的晶型,这种现象称为同质多晶现象。同质多晶型中有稳定型、亚稳定型和不稳定型。不同的晶型在物理性质上有所差别,常有不同的红外光谱、密度、熔点、溶解度及溶出速度。一般稳定型的结晶熔点高、溶解度小、溶出缓慢;不稳定型却与此相反,但易转化成稳定型;亚稳定型介于两者之间,熔点较低,具有较高的溶解度和溶出速度,也可以转变为稳定型,但速度较慢。晶型不同能造成药物吸收速度差异,进而影响药物的生物利用度。

另外,药物还可以非晶型存在,称为无定形,是分子排列无规则的粉末。无定形药物溶解时不需要克服晶格能,因而比结晶型容易溶解,易于吸收。

> 能引起晶型转变的外界条件有:①干热;②熔融;③粉碎与研磨;④结晶条件,如溶剂不同,饱和程度不同都可能产生不同的晶型;⑤混悬液中混悬粒子溶解和结晶的动态变化,可引起晶型的转变。制剂设计时,一般选用亚稳定型结晶。为防止晶型转化,可采用适当的措施,如混悬液中加入高分子材料增加分散介质的黏度,可以阻滞或延缓晶型的转变,表面活性剂吸附于晶核表面也可以干扰新晶核的形成,延缓晶型转变。
>
> 链 接

三、药物的剂型因素

药物的剂型因素广义地包括与剂型有关的各种因素,关于药物的物理化学性质对制剂疗效的影响已如上所述。这里主要讨论药物制剂的剂型、制剂处方、制备工艺技术与药物疗效的关系。

(一)药物剂型与给药途径

药物的剂型对药物的吸收及其生物利用度有很大的影响。制剂中药物的吸收分为两个阶段:即药物从制剂中释放溶出与药物通过生物膜吸收。前一过程中因剂型不同,药物制剂具有不同的释药性能,可影响到体内药物的吸收和药效;后一过程中因剂型不同,给药部位不同,同样也可影响到体内药物的吸收和药效,从而导致药物的起效时间、作用强度、作用部位、持续时间以及副作用等不同。不同剂型中药物的吸收过程如图 22-3 所示。

不同给药途径中的药物吸收显效一般按如下顺序由快到慢:静脉>吸入>肌内>皮下>舌下

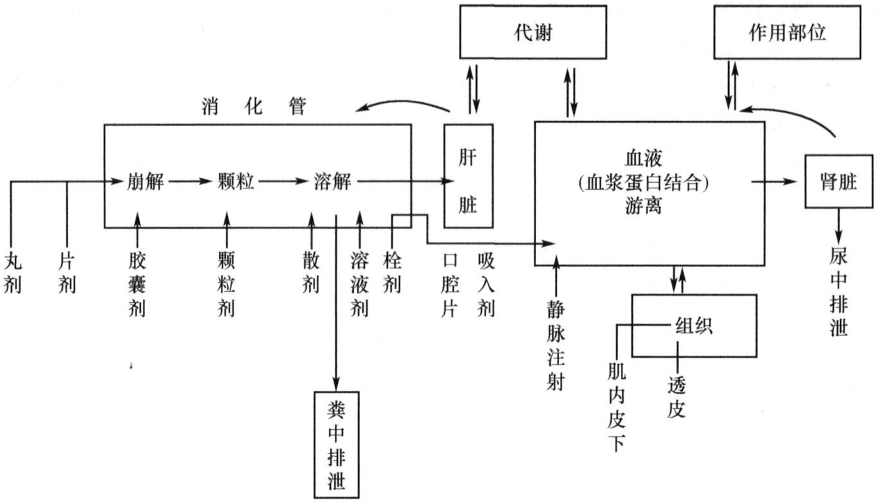

图 22-3 不同剂型中药物的吸收过程示意图

或直肠>口服>皮肤。但对于某些药物而言，舌下或直肠给药吸收速度仅次于静脉注射和吸入给药，也有直肠给药比口服吸收差者。药物从制剂中释放的速度是注射给药吸收的限速因素，各种注射剂中药物释放速度一般按以下次序排列：水溶液>水混悬液>油溶液>O/W 乳剂>W/O 乳剂>油混悬液。常用的口服剂型吸收的一般顺序是：溶液剂>混悬剂、乳剂>散剂>胶囊剂>片剂>丸剂。也有个别例外的情况。

（二）制剂的组方

因制剂成型，增加稳定性等需要，除主药外，制剂中常常加入各种辅料。过去曾认为辅料多为惰性物质，仅有助于制剂的成型和质量的稳定。许多研究证实，辅料不仅可以改变药物及其制剂的理化性质而且可直接影响药物的释放和吸收进入机体的速度和数量。

辅料对药物制剂可能会产生不同的作用，如络合物的形成、吸附作用的产生、药物表面性质的改变、溶出速度的变化、黏度的改变等，有的能加速或延缓药物的释放和吸收。许多溶液剂或混悬型液体药剂常加入一些高分子物质增加分散介质的黏度，延缓药物的吸收，而具有长效作用。表面活性剂能溶解生物膜的类脂物质改变其通透性或降低药物与生物膜间的表面张力，可增加药物吸收。但在临界胶团浓度以上，药物进入胶团则有可能使其吸收受阻。应该注意的是长期反复使用大剂量的表面活性剂，可能导致黏膜细胞结构的损害。

> 药物制剂中，辅料与主药，或辅料与辅料，甚至辅料与机体之间都可能产生相互作用而影响药物的体内过程。然而这种影响用一般的物理或化学的测定方法不易检验出来。如澳大利亚报道的苯妥英钠胶囊的中毒事件，就是因为将填充剂从原来的硫酸钙改为乳糖，药物吸收增加而引起的。
>
> 链接

对于疏水性强的药物，可用亲水性辅料如淀粉、乳糖与其混合，或在其表面包上一层亲水性物质（如阿拉伯胶、羟丙基纤维素等）使接触角减小，提高亲水性，加速溶出。疏水性辅料的应用可影响制剂的崩解和药物的溶出。

许多新的制剂工艺技术和药物剂型，如固体分散技术、β-环糊精包合技术、缓释控释制剂等，也和药用辅料的应用密切相关。

（三）制剂工艺技术

制剂工艺技术对药物制剂的疗效也有影响。

难溶性药物利用超微粉碎技术微粉化，可以有效地减少粉粒的粒径，加快药物的溶出。近年来，对植物类中药材进行细胞级超微粉碎，使主要存在于植物细胞内的有效成分充分暴露，提高有效成分的溶出速度和溶出量。但应注意该技术仅适于难以溶出或溶解度较低的有效成分。

葛根大豆苷元，临床上用于治疗高血压、心绞痛、偏头痛、脑动脉硬化及突发生耳聋等疾病。但动物实验表明，口服葛根大豆苷元一般需要 1 周左右才能显效。制成葛根大豆苷元-PVP 固体分散体后，人体药物动力学研究结果表明，其生物利用度是市售葛根大豆苷元胶囊的 5 倍。

链接

将中药的难溶性有效成分制成固体分散体，再制成适宜的剂型，常可以增加其溶出速度，有效地提高生物利用度。

采用包合技术将难溶性药物制为 β-环糊精包合物也是提高难溶性药物生物利用度的有效方法。适当的制剂工艺技术不仅可以有效地提高药物的疗效，而且也可降低药物的毒副作用；如汉防已甲素，可用于预防和治疗各期矽肺，但长期使用，对组织细胞毒性较大，可引起皮肤色素沉着，肝肿大和肝功能异常等副作用，将汉防已甲素制成脂质体后则可减轻其原有的细胞毒性。

四、药物相互作用

药物相互作用是指在药物治疗过程中，所应用的药物与药物，或药物与药物代谢产物、内源性物质、食物以及诊断剂之间相互影响，导致其体内过程的变化，从而引起疗效的变化。药物相互作用产生的结果包括疗效的作用性质、强度、持续时间、副作用与毒性的改变等。目前药物治疗提供的新药越来越多，联合用药产生不良反应的报道与日俱增。药物相互作用已引起人们的普遍关注。

药物在体内过程中常见的相互作用如表 22-1 所示。

表 22-1　药物在体内过程中常见的相互作用

体内过程	相互作用类型	相应的疗效变化
吸收过程	促进或抑制胃排空	促进或延缓吸收使疗效增强或减弱
	形成难溶性或难吸收的化合物	吸收受阻使疗效减弱
	吸附作用	吸收受阻使疗效减弱
分布过程	血浆蛋白结合的竞争性置换作用	靶器官及受体中有效浓度增加使疗效增强
代谢过程	酶抑作用	抑制药物代谢，疗效增强
	酶促作用	促进药物代谢，疗效减弱
排泄过程	抑制排泄	延长药物作用时间，疗效增强
	促进排泄	降低体内药物浓度，疗效减弱
	通过改变 pH 改变溶解状况	疗效减弱或增强，或毒副作用增加

第4节　药物动力学概述

一、药物动力学的含义与研究内容

药物动力学是应用动力学的原理,定量地描述药物通过各种途径进入体内的吸收、分布、代谢和排泄等过程的动态变化规律,即研究药物在体内存在的位置、数量(或浓度)与时间之间的关系,并提出解释这些数据所需要的数学关系式的科学。

药物动力学致力于探讨药物在体内的经时变化过程,并提出这种变化过程的数学模型。其主要研究内容有以下方面:①建立药物动力学模型,找出药物量(或浓度)的时间函数,测算动力学参数;②研究制剂的生物利用度,用于定量解释和比较制剂的内在质量;③应用药物动力学参数设计给药方案,确定给药剂量、给药间隔以及个体化给药方案等,达到最有效的治疗作用,为临床药学工作提供科学依据;④研究药物体外的动力学特征(如溶出速度等)与体内动力学特征的关系;寻找比较便捷的体外测定方法来合理地反映药物制剂的体内特征;⑤指导与评估药物制剂的设计与生产,为改进药物剂型,研究新产品如缓释、控释制剂等提供理论依据;⑥探讨药物化学结构与药物动力学特征之间的关系,指导药物化学结构改造,定向寻找高效低毒的新药。

多数药物的血药浓度与药理作用之间是平行关系,即药物的药理作用强弱通常可以用血药浓度来说明。但也有一些复杂的情况。研究血药浓度变化规律对于了解药理作用的强弱与持续时间至关重要,多数情况下是通过测定血药浓度的变化来进行药物动力学研究的。

二、药物动力学常见的基本概念

(一) 药物转运的速度过程

药物进入体内以后,体内的药物量或药物浓度将随着时间不断发生变化,通常将药物体内转运过程分为以下3种类型。

1. 一级速度过程　药物在体内某部位的转运速度与该部位的药量或血药浓度的一次方成正比,称为一级速度过程或线性动力学过程。通常药物在常用剂量时,其体内的各个过程多为一级速度过程,或近似为一级速度过程。

一级速度过程具有以下特点:①半衰期与剂量无关;②单剂量给药后的血药浓度-时间曲线下面积与剂量成正比;③一次给药情况下,尿药排泄量与剂量成正比。

2. 零级速度过程　药物在体内的转运速度在任何时间都是恒定的,与血药浓度无关,称为零级速度过程或零级动力学过程。通常恒速静脉滴注的给药速度以及控释制剂中药物的释放速度为零级速度过程。

以零级动力学过程消除的药物,其生物半衰期随剂量的增加而增加。

3. 受酶活力限制的速度过程　药物浓度较高而出现酶活力饱和时的速度过程,称为受酶活力限制的速度过程或Michaelis-Menten型速度过程。

通常符合这种速度过程的药物在高浓度时表现为零级速度过程,而在低浓度时是一级速度过程,其原因有以下两个方面:一是药物的代谢酶被饱和;二是与主动转运有关的药物跨膜转运时载体被饱和。

（二）隔室模型

药物动力学中用隔室模型来模拟机体对药物的配置。根据药物的体内过程和分布速度的差异，将机体划分为若干“隔室”或称“房室”。在同一隔室内，各部分的药物均处于动态平衡，但并不意味着浓度相等。最简单的是一房室模型或称单室模型，较复杂的动力学模型有双室模型和多室模型。

1. 单室模型 药物进入体内以后，能迅速分布到机体各部位，在血浆、组织与体液之间处于一个动态平衡的“均一”状态，这时，可把整个机体作为一个隔室，这种模型称为单室模型。

2. 双室模型 药物进入体内以后，能很快进入机体的某些部位，但对另一些部位，则需要一段时间才能完成分布。这样按药物的转运速度将机体划分为药物分布均匀程度不同的两个独立系统，即双室模型。在双室模型中，一般将血液及血流丰富的能够瞬时分布的组织器官，如心、肝、脾、肺、肾等划分为一个“隔室”，称为中央室。将血液供应较少、药物分布缓慢的组织器官，如骨骼、脂肪、肌肉等划分另一个“隔室”，称为周边室或外室。

若上述外室中又有一部分组织、器官或细胞内药物的分布特别慢，还可以从外室划分出第三隔室。分布稍快的称为浅外室，分布慢的称为深外室，由此形成多室模型。

隔室的划分具有抽象性，无生理学和解剖学意义。隔室的划分具有客观性，是根据药物的体内过程和分布速度的差异而确定，不可以凭主观臆想而随意划分。隔室的划分还具有相对性。若实验数据较少或误差较大时，不能区分药物的不同分布速度，只能将机体划分为单一的或少数个隔室。尽管理论上，药物动力学可以处理任意多室模型，但隔室越多，实验和数据处理就越复杂。实际工作中，隔室数不宜多于 3 个。

链接

（三）药物动力学常用参数

1. 速度常数 是描述药物转运（消除）快慢的动力学参数。速度常数越大，转运（消除）速度越快。速度常数用时间的倒数为单位，如 1/小时或小时$^{-1}$。常见的速度常数有：K_a：吸收速度常数；K：总消除速度常数；K_e：尿药排泄速度常数；K_0：为零级滴注（或输注）的速度；K_m：为代谢速度常数。

总消除速度常数为体内代谢和排泄速度常数的总和

$$K = K_e + K_m + K_{bi} + K_{lu} + \cdots$$

式中 K_e、K_m 的意义如上所述，K_{bi} 为胆汁排泄速度常数；K_{lu} 为经肺消除速度常数。速度常数的加和性是一个重要的特征。

2. 生物半衰期 是指体内药量或药物浓度消除一半所需的时间，又称消除半衰期。生物半衰期是衡量药物从体内消除速度快慢的指标。

3. 表观分布容积 是体内药量与血药浓度间相互关系的一个比例常数。即

$$V = \frac{X}{C} \tag{22-5}$$

式中 X 为体内药量；V 是表观分布容积；C 是血药浓度。表观分布容积的单位通常以 L 或 L/kg 表示。

表观分布容积可以设想为，体内药量按血药浓度均匀分布时所需要的体液的容积。表观分布容积不具直接的生理意义，在多数情况下不涉及真实的容积。其数值的大小能反映该药的分布特性。一般水溶性或极性大的药物不易进入细胞内或脂肪组织中，血药浓度较高，表观分布容积较小；而亲脂性药物通常在血液中的浓度较低，表观分布容积则较大，往往超过体液总体积。表观分布容积是药物的特征参数，对于一个药物，该参数是一个确定的值。

链接

4. 清除率 是指机体或消除器官在单位时间内能清除掉相当于多少体积的血液中的药物。清除率的单位用体积/时间表示。清除率表示从血液或血浆中清除药物的速度或效率，并不表示被清除的药物量。单位时间所清除的药物量等于清除率与血药浓度的乘积。多数药物通过肝代谢或肾排泄从体内消除，因而药物的总清除率等于肝清除率 Cl_h 与肾清除率 Cl_r 之和。

三、单室模型单剂量给药

单室模型具有两个特点，其一是药物分布快，无论以何种途径给药，药物一经进入体循环，能迅速分布于机体的各组织、器官，在全身达到动态平衡；其二是药物按一级速度过程消除，药物的消除与该时体内的药量或药物浓度成正比。

（一）静脉注射给药

1. 模型的建立 关于单室模型药物静脉注射，可建立如下模型

$$X_0 \longrightarrow \boxed{X} \xrightarrow{K}$$

X_0 为静脉注射的剂量，X 为 t 时体内药量，K 为消除速度常数。

单室模型药物静脉注射，药物的体内过程只有消除，并且按一级速度过程进行。用微分方程表示为

$$\frac{dX}{dt} = -KX \qquad (22\text{-}6)$$

2. 血药浓度与时间的关系 从微分方程(22-6)的解可导出单室模型静注给药后，血药浓度与时间的关系

$$C = C_0 e^{-Kt} \qquad (22\text{-}7)$$

式(22-7)中，C 为时间 t 时的血药浓度；C_0 为初始血药浓度；K 为消除速度常数。

将式(22-7)两边取对数，得

$$\lg C = -\frac{K}{2.303}t + \lg C_0 \qquad (22\text{-}8)$$

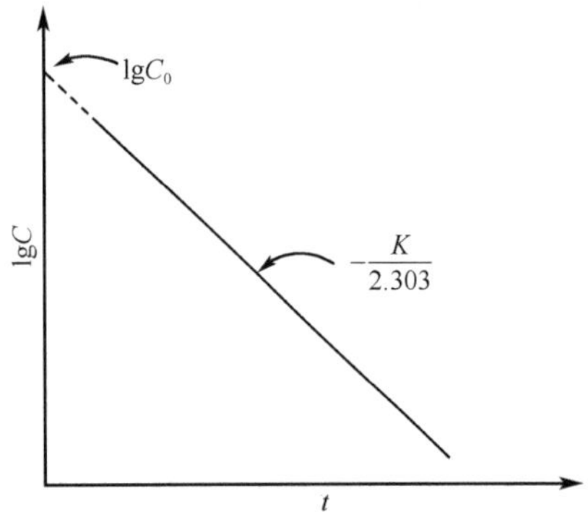

图 22-4 单室模型静脉注射给药血药浓度对时间的半对数图

3. 基本参数的求算 由式(22-7)可知，药物浓度在体内的变化规律完全取决于消除速度常数 K 和药物初浓度 C_0。因此，求算参数时，首先应求出 K 和 C_0。

静脉注射给药以后，测得不同时间 t_i 的血药浓度 C_i（$i=1,2,3,4,\cdots,n$），根据式(22-8)，以 $\lg C$ 对 t 作图，可得一条直线。如图(22-4)所示。根据直线斜率（$-K/2.303$）和截距（$\lg C_0$）求出 K 和 C_0。

由于作图法误差较大，在实际工作中多采用线性回归法。

4. 其他参数的求算

(1) 半衰期($t_{1/2}$):当 $t=t_{1/2}$时,$C=C_0/2$,代入式(22-8),可求得

$$t_{1/2}=\frac{0.693}{K} \tag{22-9}$$

从上式可以看出,按一级速度过程消除的药物的半衰期与消除速度常数成反比,而与初始浓度无关。药物在体内驻留时间的长短主要取决于其半衰期的长短。不难算出,在用药经 3.32 个半衰期时,体内药物浓度衰减为初始浓度的 10%;经 6.64 个半衰期时,体内药物仅存 1%。

(2) 表观分布容积:表观分布容积计算公式(22-5)同样适应于静脉给药后的初始状态,即

$$V=\frac{X_0}{C_0} \tag{22-10}$$

(3) 血药浓度-时间曲线下面积(AUC)

$$AUC=\frac{C_0}{K} \tag{22-11}$$

将式(22-10)代入上式,得

$$AUC=\frac{X_0}{KV} \tag{22-12}$$

(4) 清除率(Cl):前已述及清除率的概念,清除率实际上等于药物的消除速度与血药浓度的比值,即

$$Cl=\frac{dX/dt}{C} \tag{22-13}$$

将式(22-6)代入上式,得

$$Cl=\frac{KX}{C} \tag{22-14}$$

将式(22-5)代入上式,得

$$Cl=KV \tag{22-15}$$

由上式可知,药物体内总清除率是消除速度常数与表观分布容积的乘积。根据式(22-12),$KV=X_0/AUC$,代入式(22-15),得

$$Cl=\frac{X_0}{AUC} \tag{22-16}$$

因此,利用式(22-15)或式(22-16),均可求出药物清除率 Cl。

例 某患者体重为 50kg,静脉注射某药 300mg,测得不同时间血药浓度数据如表 22-2:

表 22-2 测得不同时间血药浓度

t/h	0.5	1.0	2.0	4.0	6.0	8.0	10.0
C/(μg/ml)	10.1	8.3	6.0	3.7	2.1	0.9	0.55

试求该药的 K、$t_{1/2}$、V、Cl 和 AUC 等。

解 将表中数据以 $\lg C$ 对 t 作图,得一直线,说明该药体内过程符合单室模型。以 $\lg C$ 对 t 作线性回归,得

$$\lg C=-0.126t+1.019 \qquad r=0.9921$$

① $K=-2.303\times(-0.126)=0.290$(小时$^{-1}$)

② $C_0=\lg^{-1}1.019=10.447$(μg/ml)

③ $t_{1/2}=\frac{0.693}{K}=\frac{0.693}{0.290}=2.390$(小时)

④ $V = \frac{X_0}{C_0} = \frac{300 \times 1000}{10.447} = 28\ 716(\text{ml}) = 28.716(\text{L})$

或 $V = \frac{28.716}{50} = 0.574(\text{L/kg})$

⑤ $Cl = KV = 0.290 \times 28.716 = 8.328(\text{L/h})$

⑥ $AUC = \frac{C_0}{K} = \frac{10.447}{0.290} = 36.024[\mu\text{g}/(\text{ml} \cdot \text{h})]$

（二）静脉滴注给药

1. 模型的建立 静脉滴注又称静脉输注，是药物以恒定的速度（零级速度 K_0）输入体内，并以一级速度过程消除。可建立动力学模型如下

$$K_0 \longrightarrow \boxed{X} \xrightarrow{K}$$

K_0为滴注速度，其他符号如前。

可以看出，恒速静脉滴注期间体内药量的变化速度可用微分方程表示为

$$\frac{dX}{dt} = K_0 - KX \tag{22-17}$$

式中 K_0为滴注速度，以单位时间输入的药量表示。

2. 血药浓度与时间关系 解微分方程(22-17)，可导出单室模型静注给药后，血药浓度与时间的关系：

$$C = \frac{K_0}{KV}(1 - e^{-Kt}) \tag{22-18}$$

上式即为单室模型静脉滴注给药，体内血药浓度 C 与时间 t 的函数关系式。血药浓度-时间曲线如图 22-5 所示。

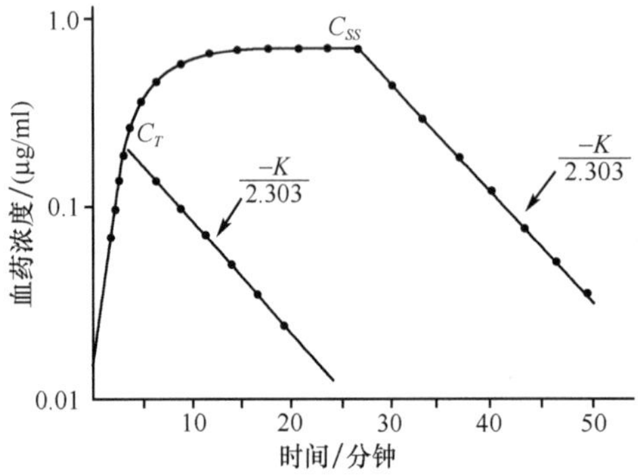

图 22-5 静脉滴注和滴注停止后血药浓度-时间曲线

3. 稳态血药浓度 由图 22-5 可见，在静脉滴注开始的一段时间内，血药浓度上升，继而逐渐减慢，然后趋近于一个恒定水平，此时的血药浓度称为稳态血药浓度或称坪浓度，用 C_{SS}表示。在这种状态下，体内药物的消除速度等于药物的输入速度。

根据式(22-18)，当 $t \to \infty$ 时，$e^{-Kt} \to 0$，$1-e^{-Kt} \to 1$，则 $C \to C_{SS}$，即

$$C_{SS} = \frac{K_0}{KV} \tag{22-19}$$

上式为单室模型静脉滴注给药稳态血药浓度公式。可以看出，稳态血药浓度与药物的静脉滴注速度成正比。临床上可以通过控制滴注速度来获得理想的稳态血药浓度。

从式(22-18)可以看出 K 值愈大，$1-e^{-Kt}$趋近于 1 愈快。换言之，药物的 $t_{1/2}$愈短，到达坪浓度亦愈快。另外，不论药物的半衰期长短如何，达到坪浓度的某一分数所需要的半衰期的个数都是一样的。可以算出达到 C_{SS}的 90% 需要 3.32 个半衰期，达到 C_{SS}的 99% 需要 6.64 个半衰期。任何药物达到 C_{SS}某一百分数所需要的时间见表 22-3。

表 22-3 半衰期个数与坪浓度的关系

半衰期个数(n)	1	2	3	4	5	6	7	8
坪浓度%/(C_{SS})	50	75	87.5	93.75	96.88	98.44	99.22	99.61

例 1 某药以每小时 50mg 的速度给一位 60kg 体重患者静脉滴注。已知半衰期为 11 小时，表观分布容积为 0.52L/kg，问稳态血药浓度和滴注 6 小时的血药浓度各是多少？

解 根据已知条件，$K_0=50\text{mg/h}$，$V=0.52\times60=31.2$ (L)，$t_{1/2}=11$ 小时，则

①稳态血药浓度为

$$C_{SS}=\frac{K_0}{(0.693/t_{1/2})V}=\frac{50\times11}{0.693\times31.2}=25.44(\text{mg/L})=25.44(\mu\text{g/ml})$$

②静滴 6 小时的血药浓度为

$$C=C_{ss}(1-\mathrm{e}^{-Kt})=25.44[1-\mathrm{e}^{(-0.693/11)\times6}]=8(\mu\text{g/ml})$$

例 2 肝素对某患静脉血栓患者的半衰期为 0.83 小时，理想的稳态血药浓度为 0.3μg/ml，$V=4.5\text{L}$，问静脉滴注给药速度应为多少？

解 已知 $t_{1/2}=0.83$ 小时，$C_{SS}=0.3\mu\text{g/ml}$，由式(22-19)，得

$$K_0=C_{SS}KV=0.3\times\frac{0.693\times4500}{0.83}=1127(\mu\text{g/h})=1.13(\text{mg/h})$$

4. 药物动力学参数的计算 静脉滴注停止后，体内药量的变化只存在消除过程。血药浓度随时间变化用指数函数式表示为 $C=C_0\mathrm{e}^{-Kt}$。停止滴注时的血药浓度 C_0 值因停止滴注的时间不同而不同。

(1) 稳态后停滴：当达到稳态血药浓度时停止滴注，血药浓度可用下式表示

$$C=\frac{K_0}{KV}\mathrm{e}^{-Kt'} \tag{22-20}$$

或

$$\lg C=-\frac{K}{2.303}t'+\lg\frac{K_0}{KV} \tag{22-21}$$

式中，t' 为滴注结束后的时间；C 为 t' 时的血药浓度；K_0/KV 即 C_{SS} 就相当于 C_0。

根据式(22-21)计算药动学参数 K 及 V，可在停滴后的不同的时间测定血药浓度，以 $\lg C$ 对 t' 作图，得到一条直线，其斜率为 $-K/2.303$，可求得 K 值。从截距 $\lg(K_0/KV)$，可求出 V 值。

(2) 稳态前停滴：在未达稳达血药浓度时停止滴注，假设 T 为停止滴注时间，血药浓度可表示为

$$C=\frac{K_0}{KV}(1-\mathrm{e}^{-KT})\mathrm{e}^{-Kt'} \tag{22-22}$$

或

$$\lg C=-\frac{K}{2.303}t'+\lg\frac{K_0}{KV}(1-\mathrm{e}^{-KT}) \tag{22-23}$$

根据式(22-23)，停滴后测定血药浓度。以 $\lg C$ 对 t' 作图，得一直线，由直线斜率可求出 K 值，由截距可求出表观分布容积 V。

5. 负荷剂量 从静脉滴注开始至稳态血药浓度，需要近 7 个半衰期的时间。为此，可先静注一个负荷剂量，使血药浓度达到或接近稳态水平，继而以静脉滴注来维持该水平。

先给予负荷剂量 X_0^*，又称为首剂量

$$X_0^*=C_{ss}V \tag{22-24}$$

继而进行恒速静脉滴注，此时体内药物的经时变化过程为

$$X=X_0^*\mathrm{e}^{-Kt}+\frac{K_0}{K}(1-\mathrm{e}^{-Kt})$$

或
$$C=\frac{X_0^*}{V}e^{-Kt}+\frac{K_0}{KV}(1-e^{-Kt}) \tag{22-25}$$

分别将式(22-24)与式(22-19)代入式(22-25),经整理,得
$$C=\frac{K_0}{KV} \tag{22-26}$$

比较式(22-26)与式(22-19)可见,静脉注射上述负荷剂量并同时以K_0的速度静脉滴注,从0时间直至停止滴注的这段时间内,血药浓度恒定不变,一直等于稳态血药浓度。

例 给某60kg患者滴注某药,已知生物半衰期为11小时,表观分布容积为0.52L/kg。若患者需给药后在体内立即达到有效血药浓度(25μg/ml),并维持该水平6小时,试设计给药方案。

解 根据已知条件,$V=0.52\times60=31.2$(L),$t_{1/2}=11$小时,由题意$C_{SS}=25$μg/ml,则静脉滴注负荷剂量为
$$X_0^*=C_{SS}V=25\times31.2=780\text{mg}$$

滴注速度为
$$K_0=C_{ss}KV=25\times\frac{0.693}{11}\times31.2=49.14(\text{mg/h})$$

(三)血管外给药

1. 模型的建立 血管外给药途径包括口服、肌内注射或皮下注射等。血管外给药后,先有吸收过程,随后逐渐进入血液循环,可建立如下模型

$$X_0\xrightarrow{F}\boxed{X_a}\xrightarrow{K_a}\boxed{X}\xrightarrow{K}$$

X_0为给药剂量;F为吸收分数;X_a为t时间吸收部位的药量;K_a为一级吸收速度常数;X为体内药量;K为一级消除速度常数。多数药物的吸收及体内的消除按一级速度过程进行,可用微分方程组表示为
$$\frac{dX_a}{dt}=-K_aX_a \tag{22-27}$$
$$\frac{dX}{dt}=K_aX_a-KX \tag{22-28}$$

2. 血药浓度与时间的关系 在初始条件为$t=0,X_a=X_0,X=0$的情况下,求出上述方程组的解为:
$$X=\frac{K_aX_0}{K_a-K}(e^{-Kt}-e^{-K_at}) \tag{22-29}$$

由于血管外给药,吸收不一定很充分,故给药剂量X_0应乘以吸收量占剂量的分数值F,称为吸收分数或生物利用度。则上式变为:
$$X=\frac{K_aFX_0}{K_a-K}(e^{-Kt}-e^{-K_at}) \tag{22-30}$$

两边除以表观分布容积,得
$$C=\frac{K_aFX_0}{V(K_a-K)}(e^{-Kt}-e^{-K_at}) \tag{22-31}$$

上式为单室模型血管外给药,体内药物浓度C与时间的关系式。其血药浓度-时间曲线如图22-6所示。

3. 达峰时间和血药浓度峰值 单室模型血管外途径给药,血药浓度-时间曲线有两个重要

参数，即达峰时间 t_{max} 和血药浓度峰值（峰浓度）C_{max}。可以求出

$$t_{max}=\frac{2.303}{K_a-K}\lg\frac{K_a}{K}\qquad(22\text{-}32)$$

$$C_{max}=\frac{FX_0}{V}e^{-Kt_{max}}\qquad(22\text{-}33)$$

由式(22-32)及式(22-33)可知，药物的 t_{max} 由 K、K_a 决定，与剂量 X_0 大小无关；而 C_{max} 则与 X_0 成正比。

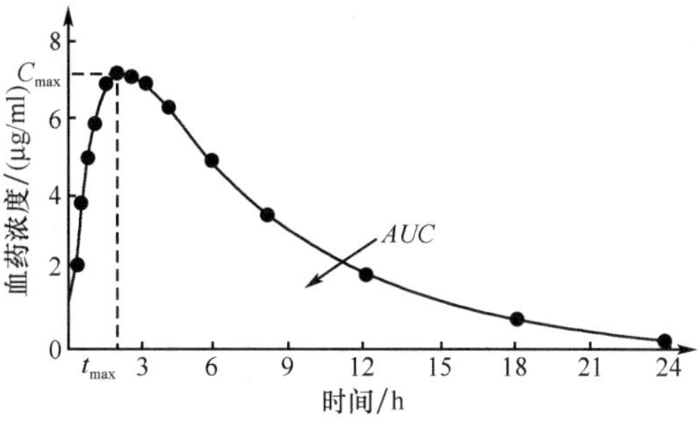

图 22-6　单室模型血管外的血药浓度-时间曲线

4. 曲线下面积

$$AUC=\frac{FX_0}{KV}\qquad(22\text{-}34)$$

例　已知某药的 $K_a=1.093$ 小时$^{-1}$、$K=0.171$ 小时$^{-1}$、$V=6.26L$、$F=0.6$，如口服剂量为 160mg，试计算 t_{max}、C_{max} 及 AUC。

解：$t_{max}=\frac{2.303}{K_a-K}\lg\frac{K_a}{K}=\frac{2.303}{1.093-0.171}\lg\frac{1.093}{0.171}=2.01$（小时）

$$C_{max}=\frac{FX_0}{V}e^{-Kt_{max}}=\frac{0.6\times160}{6.26}e^{-0.171\times2.01}=10.87(mg/L)=10.87(\mu g/ml)$$

$$AUC=\frac{FX_0}{KV}=\frac{0.6\times160}{0.171\times6.26}=89.68mg/(L\cdot h)=89.68\mu g/(ml\cdot h)$$

四、单室模型多剂量给药

多数药物需要多剂量给药，才能达到和维持有效血药浓度。研究多剂量给药的动力学过程对合理用药及剂型设计都具有重要意义。

（一）多剂量给药的血药浓度与时间的关系

一级动力学过程中单剂量给药的血药浓度与时间的关系均可用单项或多项指数函数表示，符合如下通式

$$C=\sum_{i=1}^{m}A_ie^{K_it}\qquad(22\text{-}35)$$

式中 A_i 为各指数项的系数；K_i 为各速度常数，m 在静脉注射时等于隔室数；具吸收过程的给药方式时等于隔室数+1。

可以证明，若以恒定的时间间隔 τ，每次剂量与给药方式均相同时，n 次给药后，血药浓度经时过程的通式则为

$$C_n=\sum_{i=1}^{m}A_i\frac{1-e^{-nK_i\tau}}{1-e^{-K_i\tau}}e^{-K_it}\qquad(22\text{-}36)$$

式中 t 为第 n 次给药后的时间（$0\leq t\leq\tau$）；A_i、K_i、m 含义同上，其中

$$\frac{1-e^{-nK_i\tau}}{1-e^{-K_i\tau}}\qquad(22\text{-}37)$$

为多剂量函数。

由此可见，只要在单剂量给药的血药浓度-时间关系的多项指数函数式中，每一项都乘上各自相应的多剂量函数就可转换为相应的多剂量给药血药浓度公式。

因此，单室模型单剂量静脉注射，血药浓度随时间变化的指数函数表达式(22-7)乘以多剂量函数式(22-37)即得多剂量静脉注射第 n 次给药后血药浓度的经时过程公式

$$C_n = C_0 \frac{1 - e^{-nK\tau}}{1 - e^{-K\tau}} e^{-Kt} \tag{22-38}$$

上式中，当 $t=0$ 时的血药浓度值，就是第 n 次给药后体内最大血药浓度，即

$$(C_n)_{\max} = C_0 \frac{1 - e^{-nK\tau}}{1 - e^{-K\tau}} \tag{22-39}$$

当 $t=\tau$ 时，体内血药浓度降为第 n 次给药的最小值，即

$$(C_n)_{\min} = \frac{1 - e^{-nK\tau}}{1 - e^{-K\tau}} e^{-K\tau} \tag{22-40}$$

同理，单室模型多剂量口服给药后，有

$$C_n = \frac{K_a F X_0}{V(K_a - K)} \left(\frac{1 - e^{-nK\tau}}{1 - e^{-K\tau}} e^{-kt} - \frac{1 - e^{-nK_a\tau}}{1 - e^{-K_a\tau}} e^{-K_a t} \right) \tag{22-41}$$

(二) 稳态血药浓度

1. 单室模型静脉注射 在等间隔、等剂量多次静脉注射过程中，只要 τ 小于药物的 1 次剂量从体内完全消除的时间，血药浓度将随给药次数的增加而升高。当给药次数增加到一定程度时，血药浓度不再升高，随每次给药做周期性波动，这时的血药浓度称稳态血药浓度(图 22-7)。

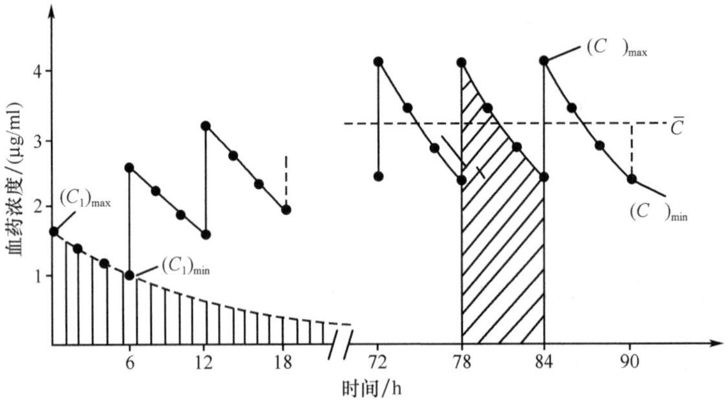

图 22-7 单室模型药物以相等剂量与相同时间间隔多剂量静注后血药浓度-时间曲线

根据式(22-38)，当给药次数充分大，即 $n\to\infty$ 时，$e^{-nKt}\to 0$，稳态血药浓度经时过程公式为

$$C_{SS} = C_0 \frac{1}{1 - e^{-K\tau}} e^{-Kt} \tag{22-42}$$

式中

$$\frac{1}{1 - e^{-K\tau}} \tag{22-43}$$

为到达稳态后的多剂量函数。

同理由式(22-39)和式(22-40)，得

$$(C_{SS})_{\max} = C_0 \frac{1}{1 - e^{-K\tau}} \tag{22-44}$$

$$(C_{SS})_{\min} = C_0 \frac{e^{-K\tau}}{1 - e^{-K\tau}} \tag{22-45}$$

式中 $(C_{SS})_{\max}$ 为稳态血药浓度的最大值；$(C_{SS})_{\min}$ 为稳态血药浓度的最小值。由上述公式可见，稳态时血药浓度变化与给药次数 n 无关，在半衰期一定时，$(C_{SS})_{\min}$ 和 $(C_{SS})_{\max}$ 的大小取决于 C_0 和 τ。

2. 单室模型口服给药 对于口服药物，将式(22-31)乘以多剂量函数式(22-43)，则有

$$C_{SS}=\frac{K_aFX_0}{V(K_a-K)}\left(\frac{e^{-Kt}}{1-e^{-K\tau}}-\frac{e^{-K_at}}{1-e^{-K_a\tau}}\right) \tag{22-46}$$

稳态时最大血药浓度 $C_{SS\max}$ 可由单次口服给药血药浓度峰值公式(22-33)乘以多剂量函数式(22-43)。

$$C_{SS\max}=\frac{FX_0}{V}\left(\frac{e^{-Kt'_{\max}}}{1-e^{-K\tau}}\right) \tag{22-47}$$

所不同的是，多次口服给药稳态时的达峰时间 $t'_{\max}$ 与单次给药的 $t_{\max}$ 不等。

$$t'_{\max}=\frac{2.303}{K_a-K}\lg\frac{K_a(1-e^{-K\tau})}{K(1-e^{-K_a\tau})} \tag{22-48}$$

达稳态时血药浓度最小值(谷浓度)，即为当 $t=\tau$ 时的血药浓度乘以达稳态后的多剂量函数得出。但当 $t=\tau$ 时，吸收过程完成，故 e^{-K_at} 已趋近于零，则公式为

$$C_{SS\min}=\frac{K_aFX_0}{V(K_a-K)}\left(\frac{e^{-K\tau}}{1-e^{-K\tau}}\right) \tag{22-49}$$

例 某药最大安全治疗浓度(MTC)为 50μg/ml，最小有效浓度(MEC)为 25μg/ml，$t_{1/2}=9$ 小时，$V=12.5$L。应以怎样的给药间隔及多大剂量作多次静脉滴注，才能使患者的稳态血药浓度始终在治疗浓度范围内？

解 由公式(22-44)和(22-45)可知

$$C_{SS\min}=C_{SS\max}e^{-K\tau}$$

$$\frac{C_{SS\min}}{C_{SS\max}}=e^{-K\tau}$$

$$\tau=\frac{1}{K}\ln\frac{C_{SS\max}}{C_{SS\min}}=\frac{1}{0.693/9}\ln\frac{50}{25}=9(\text{小时})$$

将 $C_{\max}=50\mu g/ml$，$\tau=9$ 小时，代入式(22-44)，得

$$50=C_0\frac{1}{1-e^{-(0.693/9)\times 9}}$$

$$C_0=50(1-e^{-0.693})=25(\mu g/ml)$$

$$X_0=C_0V=25\times 1000\times 12.5=312500(\mu g)=312.5(mg)$$

因此，按 $X_0=312.5$mg，$\tau=9$ 小时多次静注给药，可维持稳态血药浓度在安全有效治疗范围之内。

(三) 平均稳态血药浓度

稳态血药浓度不是单一常数，在每个给药间隔内随时间而变化，是时间的函数。故有必要从稳态血药浓度的周期性波动中找出一个有代表性的特征参数来反映多剂量给药后的血药水平。为此，提出平均稳态血药浓度的概念。

所谓平均稳态血药浓度 $\overline{C}_{SS}$，是指血药浓度达到稳态后，在一个剂量间隔时间内，血药浓度-时间曲线下面积除以给药间隔所得商值(图 22-7)。用公式表示为

$$\overline{C}_{SS}=\frac{\int_0^{\tau}C_{SS}dt}{\tau} \tag{22-50}$$

对于单室静脉注射给药。其 $AUC_{0\to\tau}$ 为

$$\int_0^{\tau}C_{SS}dt=\int_0^{\tau}C_0\frac{1}{1-e^{-K\tau}}e^{-Kt}dt=\frac{C_0}{K}=\frac{X_0}{KV} \tag{22-51}$$

因此，平均稳态血药浓度为

$$\overline{C}_{ss}=\frac{X_0}{KV\tau} \tag{22-52}$$

由上式可见，由于 V 和 K 均为常数，欲获得理想的平均稳态血药浓度可调节给药剂量 X_0 和给药间隔 τ。

另外，比较式(22-51)和式(22-12)可知单剂量给药后，血药浓度曲线下总面积等于多剂量给药达稳态后在一个剂量间隔时间内的血药浓度曲线下面积(图 22-7)。根据平均稳态血药浓度的概念，血管外给药的平均稳态血药浓度计算公式为

$$\overline{C}_{ss}=\frac{FX_0}{KV\tau} \tag{22-53}$$

第 5 节　生物利用度

一、生物利用度的含义

生物利用度是指药物被吸收进入血液循环的程度与速度。

生物药剂学研究表明，制剂的处方与工艺等因素能显著地影响药物的疗效。生物利用度是衡量制剂疗效差异的主要指标。药物制剂的生物利用度包括两方面的内容：生物利用程度与生物利用速度。

1. 生物利用程度　生物利用程度(EBA)，即药物进入血液循环的多少，可通过血药浓度-时间曲线下的面积(AUC)表示。试验制剂与参比制剂的血药浓度-时间线下面积的比率称为相对生物利用用度。当参此制剂是静脉注射剂时，则得到的比率称为绝对生物利用度。

$$\text{相对生物利用度 } F=\frac{AUC_{\mathrm{T}}}{AUC_{\mathrm{R}}}\times 100\% \tag{22-54}$$

$$\text{绝对生物利用度 } F=\frac{AUC_{\mathrm{T}}}{AUC_{\mathrm{iv}}}\times 100\% \tag{22-55}$$

以上公式中，脚注 T 与 R 分别代表试验制剂与参比制剂，iv 代表静脉注射剂。

2. 生物利用速度　生物利用速度(RBA)，即药物进入体循环的快慢。生物利用度研究中，常用血药浓度达峰时间($t_{\max}$)比较制剂吸收的快慢。

3. 生物等效性　生物等效性是指一种药物的不同制剂在相同的试验条件下，给予相同的剂量，其吸收速度和程度没有明显的差别。另外，血药浓度时间曲线上的最大血药浓度($C_{\max}$)是与治疗效果及毒性水平有关的重要参数，也与药物吸收的数量有关，若 $C_{\max}$ 低于有效治疗浓度，则治疗无效，若 $C_{\max}$ 超过最小中毒浓度，则能导致中毒。因此，制剂的生物有效性应该用 $C_{\max}$、$t_{\max}$ 和 AUC 3 个指标全面评价。

二、生物利用度的试验设计

1. 受试者的选择　受试者一般情况选健康男性(特殊情况说明原因，如妇科用药。儿童用药应在成人中进行)，年龄 18~40 岁，同一批受试者年龄不宜相差 10 岁或以上；体重在与标准体重相差±10%，同一批试验受试者体重相近；身体健康，无心、肝、肾、消化道、神经系统疾病及代谢异常等病史，并经进行健康体检，应无异常；特殊药物还需要检查相应的其他指标，如降血糖药物应检查血糖水平；无过敏史，无体位性低血压史。2 周前至试验期间不服用任何药物，试验期间禁烟、酒和含咖啡饮料；试验单位应与志愿受试者签署知情同意书。人数一般为 18~24 例。

2. 参比制剂与受试制剂　参比制剂的安全性有效性应合格,进行绝对生物利用度研究时选用上市的静脉注射剂,进行相对生物利用度或生物等效性研究时,应选择国内外同类上市主导产品。试验制剂应获得 SFDA 临床试验批文,应为执行临床试验药品质量标准的中试或以上规模的试验产品。

3. 试验设计　当 1 个受试制剂与 1 个参比制剂进行生物利用度试验时,通常采用双周期的交叉试验设计。试验时将受试者随机分为两组,一组先用受试制剂,后用标准参比制剂;另一组则先用标准参比制剂,后用受试制剂。两个试验周期之间的时间间隔称洗净期,应不小于药物的 10 个半衰期,通常为 1 周或 2 周。如果有 2 个受试制剂与 1 个标准参比制剂比较,宜采用 3 制剂、3 周期二重 3×3 拉丁方式设计试验。每个周期之间的洗净期,通常为 1 周或 2 周。

服药前取空白血样。一个完整的血药浓度-时间曲线应包括吸收相、分布相和消除相,总采样(不包括空白)不少于 12 个点。取样一般持续到 3~5 个半衰期或血药浓度为 C_{max} 的 1/10~1/20。在不能进行血药浓度测定时,可采用其他生物样品进行测定,如尿液,但试验药品与试验方案应符合生物利用度测定要求。

受试者禁食过夜(10 小时以上),于次日早晨空腹服用受试制剂或参比制剂,用 250ml 水送服。服药 2 小时后方可饮水,4 小时后统一进标准餐。受试者服药后避免剧烈活动,取血样在临床监护室中进行。如受试者有不良反应时应有急救措施,必要时应停止试验。

4. 药物动力学分析　列出原始数据,计算平均值与标准差,求出主要药物动力学参数 $t_{1/2}$、C_{max}、t_{max} 和 AUC。C_{max}、t_{max} 用实测值表示不得内推。AUC 可由梯形面积法计算,其计算公式为

$$AUC_{0\to\infty} = AUC_{0\to t} + \frac{C_n}{K} \tag{22-56}$$

$$AUC_{0\to t} = \sum_{i=1}^{n} \frac{(C_{i-1} + C_i)}{2}(t_i - t_{i-1}) \tag{22-57}$$

生物利用度应用各个受试者的 $AUC_{0\to t_n}$ 和 $AUC_{0\to\infty}$ 分别计算,并求其平均值和标准差。对于人体生物等效性,要求从零时间至最终采血点 $(AUC_{0\to t_n}/AUC_{0\to\infty})\times 100\% > 80\%$ 。

多次给药试验,经等间隔(τ)给药至稳态后,在某一给药间隔内,多次采集样品,分析药物浓度,计算在稳态剂量间隔从 $0\to\tau$ 时间的血药浓度-时间曲线下面积(AUC^{ss})。当受试制剂与参比制剂剂量相等时,即可用下式求得相对生物利用度(F)。

$$F = \frac{AUC_T^{SS}}{AUC_R^{SS}} \times 100\% \tag{22-58}$$

式中,AUC_T^{SS} 和 AUC_R^{SS} 分别代表受试制剂与参比制剂稳态条件下的 AUC。

应对药物动力学主要参数(如 AUC、C_{max})进行统计分析,作出生物等效性评价。统计分析时,先将 AUC 和 C_{max} 数据进行对数转换,然后进行方差分析与双侧 t 检验处理,若受试制剂和参比制剂 AUC 几何均值比的 90% 的置信区在 80%~125% 范围内,且 C_{max} 几何均值比的 90% 置信区在 75%~143% 范围内,则判定受试制剂与参比制剂生物等效。

三、溶　出　度

溶出度是指在规定介质中药物从片剂或胶囊剂等固体制剂溶出的速度和程度。对于难溶性药物,其吸收是溶出速度限制过程,溶解速度的快慢将直接影响到药物的生物利用度。

在实际工作中,为了避免频繁地进行复杂的人体生物利用度试验,可从相对较为简单的溶出度试验数据中寻找出一些特征参数,在确定这些特征参数与药物动力学特征参数间的相关性后,在生产或药品检验中就可以采用溶出度试验所得的特征参数来说明产品的质量,以保证制

剂的有效性与安全性的制剂,不再进行崩解时限的检查。

在许多情况下,需进行溶出度研究,其目的是:①研究制剂的制备工艺过程(包括中药前处理过程)和制备工艺技术对药物溶出度的影响。②研究不同晶型、不同颗粒大小的药物与溶出速度的关系。③研究制剂中的辅料和制剂配方对药物溶出度的影响。④寻找制剂在临床上使用无效或疗效不理想的原因。⑤比较药物在不同剂型中的溶出度,作为选择或改变药物剂型的依据。⑥比较药物或中药有效成分的各种酯类、盐类的溶出度。⑦探索制剂体外溶出度与体内生物利用度的关系。

链接

一些难溶性药物,其吸收是溶出速度限制过程,溶解速度的快慢将直接影响到药物的生物利用度。

通常需要测定溶出度的药物有:①在消化液中难溶的药物。②与其他成分容易发生相互作用的药物。③久储后溶解度降低的药物。④剂量小、药效强、副作用大的药物。

(一)溶出度测定的方法

溶出度的测定方法有转篮法、浆法、循环法及崩解仪法等。溶出度实验装置较多,选择使用总的要求为:①能体现药物在体内条件下的溶出与吸收过程。②分辨率高,能灵敏地区别溶出速度的差别。③重现性好。④结构简单,部件易标准化。⑤耐腐蚀性强。

2010 年版《中国药典》(二部)规定采用第一法(篮法)、第二法(浆法)和第三法(小杯法)测定溶出度。

容器的大小和形状对测定结果影响较大,一般采用圆底烧杯,在搅拌时不会形成死角,第一法与第二法容器的容积为 1000ml,第三法采用 250ml。

测定时转篮或搅拌桨的转速应保持恒定,篮轴的转速应在各品种项下规定转速的±4%范围之内。运转时应保持平稳,不得有明显的晃动与振动。

测定方法:测定前对仪器装置进行必要的调试。分别量取经脱气处理的溶出介质,置各溶出杯,待使溶出介质温度恒定在(37±0.5)℃,取供试品 6 片(粒、袋),分别投入 6 个干燥转篮内(或容器中),按各品种项下规定的转速启动仪器,计时;至规定的取样时间(实际取样时间与实际规定的时间差异不得过±2%),吸取溶出液适量(取样位置应在转篮顶端至液面的中点,距溶出杯内壁 10mm 处;多次取样时,所量取溶出介质的体积之和应在溶出介质的 1%之内,如超出总体积的 1%时,应及时补充相同体积,相同温度的溶出介质,或在计算时加以校正),立即用适当的微孔滤膜滤过,自取样至滤过应在 30 秒钟内完成。取澄清滤液,照该品种项下规定的方法测定,算出每片(粒、袋)的溶出量。

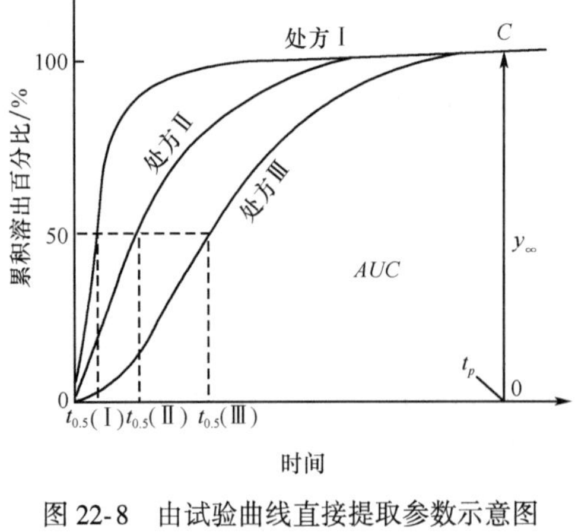

图 22-8 由试验曲线直接提取参数示意图

(二)溶出度的参数

固体制剂溶出度试验中,每隔一定时间取样 1 次,测定一系列的溶出百分数-时间数据,然后须对试验数据进行处理,求出若干特征参数,用这些参数来表征制剂的体外溶出特征,或用它们与药物体内过程参数的相关性来评估制剂的生物有效性。

用固体药物或固体制剂体外累积溶出百分率与时间数据绘图，所得实验曲线如图 22-8 所示。

从图中曲线可以直接提取参数：①y_∞，即累积溶出最大量，是曲线的最高点。②t_m，溶出某百分比的时间。如 $t_{0.8}$即药物溶出 80% 的时间；$t_{0.5}$即药物溶出 50% 需要时间。③AUC，累积溶出百分率-时间曲线下的面积。④t_{max}，出现累积溶出最大量 y_∞ 的时间。

（三）确定体内外相关性及相关数据的处理

确定体外溶出试验与体内生物利用度试验的相关关系的主要目的，是将体外溶出作为体内生物利用度研究的替代性试验。一旦这种关系确定后，即可用体外溶出参数作为制剂体内生物利用度特性的指示。同样，也可以用于筛选制剂处方和制备工艺，保证制剂产品体内外性能的一致性。下面介绍两种常用的体内外相关性确定方法与数据处理方法：

1. 单点相关关系的确定　某一溶出时间点如 $t_{0.5}$、$t_{0.9}$或 T_d（药物溶出 63.2% 所需时间）与某一药动学参数如 C_{max}或 t_{max}的相关关系。

例如某片剂溶出试验数据 6 次平均值和健康受试者口服该片生物利用度参数（8 人平均值）见表 22-4。

表 22-4　某片剂的生物利用度参数

试样	A	B	C	D
$t_{0.5}$/min	3.2	15.4	45.0	88.0
C_{max}/min	14.3	13.6	11.3	10.5
t_{max}/min	83.3	75.5	112.2	134.1
AUC[μg/(ml · min)]	2767	2807	2500	2541

分别将 $t_{0.5}$-C_{max}、$t_{0.5}$-t_{max}、$t_{0.5}$-AUC 三组数据回归处理，求得两两相关系数，分别为 0.954、0.957、0.801。结果表明，试片 A、B、C、D 溶出试验参数 $t_{0.5}$依次延长，口服后血药浓度峰值依次减小，达峰时间依次推迟，两两相关性好。$t_{0.5}$-AUC 相关性差，因为制剂在体内的过程比体外试验复杂得多，因此溶出试验不能完全代替体内试验和该片剂的生物利用度。

2. 整个体外溶出过程与整个体内过程之间相关关系的确定　这种相关关系是最高水平的相关关系。当缓释制剂体外溶出速度与试验条件（如 pH、搅拌等）无关时，可能存在这种相关关系。如药物累积溶出百分率与吸收百分率相关关系的确定：

（1）药物吸收百分率的求算：利用 Wagner-Nelson 法计算某时间体内吸收的药物分数的公式为

$$F_a = \frac{(X_A)_t}{(X_A)_\infty} = \frac{C_t + K \cdot AUC_{0\to t}}{K \cdot AUC_{0\to\infty}} \tag{22-59}$$

式中 F_a为药物吸收百分率；$(X_A)_t$为 t 时吸收的累积药量；$(X_A)_\infty$ 为被吸收的全部药量；C_t为 t 时的血药浓度；K 为消除速度常数；$AUC_{0\to t}$和 $AUC_{0\to\infty}$ 分别为 0 到 t 时和 0 时到吸收结束时的血药浓度-时间曲线下面积。

（2）药物累积溶出百分率与吸收百分率相关关系：已知某片剂在不同时间的累积溶出百分比（F_d）和口服吸收百分率（F_a）表 22-5。

表 22-5 某片剂的溶出与吸收百分率

t/h	1	2	3	4	5	6	7	8
F_d(%)	33.29	48.47	69.66	75.99	87.74	92.41	96.27	98.53
F_a(%)	29.85	44.88	63.51	73.47	79.52	86.51	90.70	97.89

将 F_d-F_a回归处理,两组数据的相关系数为 0.994 4,相关性很好。表明该片剂的体外溶出百分比可以代替体内药物吸收百分数,溶出度可指示该片剂的生物利用度。

小结

生物药剂学与药物动力学是近 30~40 年来迅速发展起来的药学分支学科。它们的研究原理与方法在新药设计、新剂型新制剂开发、药物质量评价和临床合理用药中已得到广泛应用。本章的学习要点应在知道生物药剂学的概念、研究的基本内容;药物的体内过程;药物动力学的概念和研究的基本内容;生物利用度的含义及测定方法;溶出度测定的意义及方法的基础上。明确影响制剂疗效的剂型因素,药物动力学参数的意义和求算,药物动力学和生物药剂学的研究方法。同时了解影响制剂疗效的生物因素,中药制剂生物利用度和药物动力学的研究进展,为指导新药设计、新剂型新制剂开发、药物质量评价和临床用药应用打下初步的基础。

目标检测

一、单项选择题

1. 药物在胃肠道吸收的机制不包括 ( )
A. 扩散作用 B. 渗透压作用 C. 载体作用 D. 胞饮作用
2. 一级动力学过程中药物的生物半衰期的长短 ( )
A. 与首次剂量有关 B. 与给药途径有关 C. 与体内药量有关 D. 与以上均无关
3. 多剂量给药的平均稳态血药浓度是指到达稳态时 ( )
A. 一个剂量间隔内药-时曲线下面积与给药间隔时间的比值
B. 血药浓度最大值与最小值的平均值
C. 体内药物的消除速度等于输入(吸收)速度时的血药浓度
D. 血药浓度算术平均值与多剂量函数的乘积
4. 调节下列哪一项可使单室模型药物静脉输注获得理想的血药浓度 ( )
A. K B. K_0 C. V D. C_0
5. 单室模型药物血管外给药血药浓度峰值与下列哪一参数成正比 ( )
A. V B. C_0 C. X_0 D. K_a

二、多项选择题

1. 决定单室模型口服给药血药浓度-时间曲线达峰时间的参数有 ( )
A. K B. X_0 C. C_0 D. K_a
E. C_{max}
2. 药物生物利用度评价指标包括 ( )
A. AUC B. t_{max} C. $t_{1/2}$ D. K_a
E. C_{max}

三、名词解释

1. 隔室模型　2. 生物半衰期　3. 表观分布容积　4. 溶出度　5. 首过效应
6. 生物利用度　7. 肠肝循环

四、简答题

1. 简述生物药剂学研究的剂型因素。
2. 简述药物动力学的房室模型是如何划分的。
3. 简述影响药物疗效的剂型因素。
4. 简述哪些制剂需要进行溶出度测定。

（周毅生）

第 23 章 药物制剂的配伍变化

学习目标

1. 记住配伍变化、配伍禁忌的含义
2. 说出药物配伍用药的目的、类型
3. 简述注射剂产生配伍变化的因素
4. 叙述药剂学的配伍变化类型
5. 了解预测配伍变化的实验方法

第 1 节 概 述

一、药物配伍变化与配伍禁忌的含义

在药物制剂的临床应用中，常常针对不同患者的症状和病情，采用联合用药的方式，即将两种以上的药物配伍使用，尤其在恶性肿瘤、结核病及混合感染的治疗中常采用联合（配伍）用药的方案，在高血压及心功能不全的治疗中也常需要选择数种药物联合（配伍）应用。当药物配伍使用时，由于它们的物理、化学和药理性质不尽相同，必然会发生相互影响，出现各种各样的配伍变化。药物配伍变化系指药物配伍应用后在理化性质或生理效应方面产生的变化。对在一定条件下产生的不利于生产、应用和治疗的配伍变化称为配伍禁忌。

二、药物配伍用药的目的及药物配伍变化的类型

1. 药物配伍用药的目的

（1）发挥协同作用，增强疗效。如阿司匹林酸片、复方降压片等。

（2）减少或延缓耐药性的发生。如磺胺药与甲氧苄啶（TMP）配伍联用、阿莫西林与克拉维酸配伍联用。

（3）克服药物的偏性或毒副作用。如用吗啡镇痛时常配伍阿托品，以消除吗啡对呼吸中枢的抑制作用及对胆道、输尿管及支气管平滑肌的兴奋作用。

（4）预防或治疗并发症。综上所述，研究药物配伍变化的目的就是根据药物和制剂成分的药理作用和理化性质，合理设计处方，预先了解可能发生的配伍变化并探讨其产生的原因和正确的处理方法，以保证用药的安全性和有效性，防止医疗及生产质量事故的发生。

> 药物配伍后有时只发生一种配伍变化，有时可发生几种配伍变化。药物配伍不合理，在体内发生相互作用，导致中毒或药物失效；在体外发生配伍变化，除使物理化学性质发生改变外，也可导致中毒或药物失效，影响药物的生物利用度。药物配伍有的虽在体外无可见的配伍变化，但进入体内却发生相互作用。因此，药物能否配伍应用，归根结底要看其对机体产生的影响。
>
> 链接

2. 药物配伍变化的类型

(1) 按配伍变化性质分类：分为疗效学配伍变化和物理化学配伍变化。应注意的是有些药物配伍常同时发生上述两种变化，如因产生化学变化，结果使效价下降或产生有毒物质，亦引起疗效的改变。

(2) 按药物的特点及临床用药情况分类：分为中药学配伍变化、药理学配伍变化、药剂学配伍变化。

(3) 按配伍变化发生的部位分类：分为体外配伍变化和体内药物相互作用。体内药物相互作用又可分为药物动力学相互作用和药效学相互作用。

药理学配伍变化也称为疗效的配伍变化，是指药物受合用或先后应用的其他药物、附加剂、内源物质、食物等的影响，而使其药理作用性质、强度、副作用、毒性等发生改变的疗效学方面的配伍变化。出现疗效降低或消失，产生毒性反应，甚至危及生命的称为药理学配伍禁忌。

中药学配伍变化在第 2 章中药调剂概述中已介绍。本章主要介绍药剂学的配伍变化、注射剂的配伍变化及配伍变化的实验方法。

第 2 节　药剂学的配伍变化

药剂学的配伍变化属于体外配伍变化，即药物进入机体前发生的变化，这种变化由物理、化学性质的变化引起，是在药剂生产、储藏及用药配伍过程中发生的配伍变化。根据变化的性质不同，药剂学的配伍变化分为物理配伍变化和化学配伍变化。

> 药剂学的配伍变化，有的在较短时间内便可发生，有的则需较长时间。对这种变化中不利于生产，不利于储藏，造成使用不便或对治疗有害，而又无法克服的配伍变化称之为药剂学的配伍禁忌。
>
> 链接

一、物理的配伍变化

物理的配伍变化系指药物在配伍制备、储存过程中，发生分散状态或物理性质的改变，从而影响制剂质量的变化。常见物理的配伍变化有：析出沉淀或分层；潮解、液化和结块；粒径或分散状态改变等。

1. 析出沉淀或分层　某些溶剂性质不同的制剂相互配合使用时，常因药物在混合后的溶液体系中的溶解度较小而析出沉淀。例如，酊剂、醑剂等是以乙醇为溶剂的，若与某些药物的水溶液配合使用，其中的有效成分可能析出沉淀；反之，在含黏液质、蛋白质较多的水溶液中，若加入多量的醇也会产生沉淀；某些药物的饱和溶液中加入其他物质时，可能发生分层或沉淀，例如在芳香水中加入一定量的盐可使挥发油分离出来。

2. 潮解、液化和结块　与吸湿性很强的药物或制剂如干浸膏、冲剂、乳酶生、干酵母、胃蛋白酶、无机溴化物等配伍时，在制备、应用或储存中可发生潮解与液化，其原因有：①混合物的临界相对湿度下降而吸湿。②形成低共熔混合物，如牙科常用的消毒剂、止痛剂系利用苯酚与樟脑或苯酚、麝香草酚与薄荷脑的共熔作用而制成液体滴牙剂。

散剂、颗粒剂由于药物吸湿后又逐渐干燥而结块。结块表明制剂变质，可能导致药物分解失效。

中药液体药剂在配制和储藏过程中若配伍不当，可能产生浑浊或沉淀。含朱砂的中药制剂如朱砂安神丸、七厘散、冠心苏合丸等，不宜与还原性药物如溴化钾、溴化钠、碘化钾、碘化钠、硫酸亚铁等配伍，否则会产生溴化汞或碘化汞沉淀，有很强的刺激性，导致胃肠道出血或发生严重的药源性肠炎，出现腹痛、腹泻和赤痢样大便。含朱砂的中药制剂还可与薄荷、冰片、丁香、砂仁、桂皮、木香、苯甲酸钠形成可渗性汞盐，发生配伍禁忌。

链接

3. 分散状态或粒径变化 乳剂、混悬剂中分散相的粒径可因与其他药物配伍，也可能因久储而粒径变粗，或分散相聚结或凝聚而分层或析出，导致使用不便或分剂量不均匀，甚至使药物的生物利用度下降。

某些胶体溶液可因加入电解质或其他脱水剂使胶体分散状态破坏而产生沉淀。某些保护胶体，当加入浓度较高的亲水性物质如糖浆、乙醇或强电解质可使保护胶失去作用。吸附性较强的物质如活性炭、白陶土、碳酸钙等，与剂量较小的生物碱配伍时，能使后者吸附而在机体中释放不完全等，均属物理的配伍变化。

二、化学的配伍变化

化学的配伍变化系指药物成分之间发生氧化、还原、分解、水解、取代、聚合等化学反应而导致药物成分的改变。化学配伍变化的原因很复杂，其结果有可以观察到的变色、浑浊、沉淀、产气和发生爆炸等现象，也有疗效改变、产生毒副作用等难以即刻观察到的情况，后者更值得关注。

1. 变色 药物制剂配伍引起氧化、还原、聚合、分解等反应时，分子结构中含有酚羟基的药物可产生有色物质，影响外观或药效。例如维生素 C 与烟酰胺即使干燥粉末混合也会产生橙红色；多巴胺注射液与碳酸氢钠注射液配伍后会逐渐变成粉红至紫色；含酚羟基的药物与铁盐相遇颜色变深；易氧化药物与 pH 较高的药物配伍时，容易变色，这在分子结构中含有酚羟基的药物中较为常见。此外，变色现象也可发生在某些固体制剂的配伍，如碳酸氢钠或氧化镁粉末能使大黄粉末变为粉红色，氨茶碱或异烟肼与乳糖粉末混合变成黄色，这种变色现象在光照、高温、高湿环境中反应更快。

一般而言，只发生外观变化，不影响疗效的可通过加入微量抗氧剂，调整 pH 延缓氧化，或单独制备、服用等方法，予以避免。产生有毒的变色反应，则属配伍禁忌。

2. 浑浊或沉淀 中药液体药剂在配制和储藏过程中若配伍不当，可能产生浑浊或沉淀。其原因可能是：①pH 改变产生沉淀：由难溶性碱或难溶性酸制成的可溶性盐，它们的水溶液常因 pH 的改变而析出沉淀，如水杨酸钠或苯巴比妥钠的水溶液遇酸或酸性药物后，会析出水杨酸或巴比妥酸。生物碱可溶性盐的水溶液遇碱或碱性药物后，则会析出难溶性碱沉淀。生物碱与苷类，糖基上含有羧基的苷类或其他酸性较强的苷类与生物碱结合，会产生沉淀。如甘草与含生物碱的黄连、黄柏、吴茱萸、延胡索、槟榔、马钱子共煎可发生沉淀或浑浊。已证实，两分子的小檗碱可与甘草皂苷的葡萄糖醛酸的两个羧基结合而沉淀。该沉淀在人工胃液中难溶，而在人工肠液中易溶，其溶解度随 pH 的升高而明显增大。葛根黄酮、黄芩苷等羟基黄酮衍生物及大黄酸、大黄素等羟基蒽醌衍生物在溶液中也能与小檗碱生成沉淀。②水解产生沉淀：如苯巴比妥钠溶液因水解反应能产生无效的苯乙基乙酰脲沉淀。硫酸锌在中性或弱碱性溶液中，易水解生成氢氧化锌沉淀。故硫酸锌滴眼剂中，常加入少量硼酸使溶液呈弱酸性，以防止硫酸锌水解。

③生物碱盐溶液的沉淀：大多数生物碱盐的溶液，当与鞣酸、碘、碘化钾、溴化钾或乌洛托品等相遇时，能产生沉淀。如金银花中含有绿原酸和异绿原酸，茵陈中含有绿原酸及咖啡酸，两药与小檗碱、四氢帕马丁等多种生物碱配伍使用，均可生成难溶性的生物碱有机酸盐，该沉淀在肠中分解后，方可缓慢地呈现生物碱的作用。除少数特殊生物碱外，大多数生物碱能与鞣质反应生成难溶性的沉淀。如大黄与黄连配伍，汤液苦味消失，而且形成黄褐色的胶状沉淀，该沉淀在人工胃液和人工肠液中均难溶。含鞣质的中药较多，因此在中药复方制剂制备时，应防止生物碱的损失。④鞣质和其他成分的结合产生沉淀：鞣质能和皂苷结合生成沉淀。如含柴胡皂苷的中药与拳参等含鞣质的中药提取液配伍时可生成沉淀。在制备感冒退热颗粒剂时，应防止吲哚苷被拳参中的鞣质所沉淀，而被滤除。鞣质还可与蛋白质、白及胶生成沉淀，使酶类制剂降低疗效或失效。含鞣质的中药制剂如五倍子、大黄、地榆等与抗生素如红霉素、灰黄霉素、氨苄西林等配伍，可生成鞣酸盐沉淀物，不易被吸收，降低各自的生物利用度；与含金属离子的药物如钙剂、铁剂、生物碱配伍易产生沉淀。

3. 产气　药物配伍时，遇到产气的现象，一般由化学反应引起，如溴化铵、氯化铵或乌洛托品与强碱性药物配伍，溴化铵和利尿药配伍时，可分解产生氨气。乌洛托品与酸类或酸性药物配伍能分解产生甲醛。有些药物配伍后产生气体属于正常现象。如含漱用的复方硼酸钠溶液、碱性芳香溶液，在配制时产生二氧化碳是正常的。又如泡腾散剂、泡腾片在服用时，却是利用其所产生的二氧化碳。

4. 产生有毒物质　含朱砂的中药制剂如朱砂安神丸、七厘散、冠心苏合丸等，不宜与还原性药物如溴化钾、溴化钠、碘化钾、碘化钠、硫酸亚铁等配伍，否则会产生溴化汞或碘化汞沉淀，有很强的刺激性，导致胃肠道出血或发生严重的药源性肠炎，出现腹痛、腹泻和赤痢样大便。

含朱砂的中药制剂还可与薄荷、冰片、丁香、砂仁、桂皮、木香、苯甲酸钠形成可渗性汞盐，发生配伍禁忌。

5. 发生爆炸　发生爆炸的情况，大多由强氧化剂与强还原剂配伍而引起。如火硝与雄黄、高锰酸钾与甘油、氯酸钾与硫、强氧化剂与蔗糖或葡萄糖等药物混合研磨时，均可能发生爆炸。碘与白降汞混合研磨能产生碘化汞，如有乙醇存在可引起爆炸。

另外，某些辅料与一些药物配伍时也可发生化学配伍变化。因此，药剂在制备、配合使用时还应考虑到辅料与药物间的配伍变化。

第 3 节　注射剂的配伍变化

一、注射剂配伍变化的分类

由于治疗或抢救的需要，经常将几种药物注射液配伍使用，特别在输液中添加多种药物静脉滴注的机会是很多的。多种药物相互配合应用时，既要保持药物的有效性和稳定性，又不能因相互配合产生配伍禁忌。

注射剂的配伍变化同样可分为药理学和药剂学的配伍变化。药剂学的配伍变化又可分为可见的和不可见的配伍变化。可见的配伍变化，系指一种注射剂与另一种注射剂混合或加入输液中后出现了浑浊、沉淀、结晶、变色等肉眼可见的变化现象，如枸橼酸小檗碱注射液与等渗氯化钠混合时析出结晶。某些在水中不稳定的药物（制成了粉针或添加了稳定剂），当与其他注射液配伍应用时，因条件（如 pH）改变而发生了肉眼观察不到的变化，可能导致药效降低、毒副作用增加。如红霉素乳糖酸盐与葡萄糖氯化钠注射液混合后 pH 为 4.5，6 小时效价下降约 12%，若与某些药液配伍后 pH 下降至 4 左右，则 6 小时效价会降低 50% 以上（25℃），其原因是红霉素在酸性条件下不稳定。有些药物与输液配伍，虽然肉眼观察不到沉淀，但用微孔滤膜-显微镜及电子显微镜可观察到有大量的微粒存在。例如头孢氨苄在强碱条件下为真溶液，当药液 pH 调至 8.4 时，虽无肉眼观察到的“可见的”变化，但用微孔滤膜滤过，显微镜计数仍可发现有 1～5μm 直径的粒子 2831 个/L，若溶液再酸化至 pH 4.9 时，则有可见的结晶析出。

二、注射剂产生配伍变化的主要因素

注射剂配伍变化的影响因素不仅要考虑药物本身的性质，而且要考虑注射剂中加入的附加剂，如缓冲剂、助溶剂、抗氧剂、稳定剂等。它们之间或它们与配伍药物之间都可能出现配伍变化。

1. 溶剂组成 不同注射液的相互配伍，当某些含非水溶剂的注射剂与输液配伍时，由于溶剂组成的改变会使药物析出，值得关注。①血液成分极为复杂，与含药物注射液混合容易引起溶血、血细胞凝聚等反应，故不宜与其他注射液配合使用。②20% 的甘露醇注射液为过饱和溶液，当加入氯化钠、氯化钾溶液时，会导致析出甘露醇结晶，不宜与此类注射液配伍使用。③静脉乳中因加入其他药物往往能破坏乳剂的稳定性，产生破乳、油相合并或聚集等现象，故与其他注射液配伍应特别慎重。

某些由单糖(如 5% 葡萄糖注射液)、盐(如等渗氯化钠注射液、复方氯化钠注射液)、高分子化合物(如右旋糖苷注射液、各种代血浆、各种氨基酸输液)等配制的输液比较稳定，临床上常与其他注射液配伍应用。

2. pH 的改变 注射剂的 pH 对药物稳定性影响限大，当 pH 改变时，其溶解度也会发生改变。如汉肌松注射液(pH 4.5～6)、盐酸川芎嗪注射液(pH 2～3)、益母草注射液(pH 5～6.5)、枳实注射液(pH 4～5)等在酸性溶液中稳定，当与碱性注射液配伍时，由于 pH 的增高使生物碱等游离产生沉淀。而黄芩注射液(pH 7.5～8)、何首乌注射液(pH 7～8)等在偏碱性溶液中稳定，若与酸性注射液配伍，可使黄芩苷、蒽醌苷溶解度降低而产生沉淀。因此，一般含碱性有效成分的制剂不宜与酸性注射剂配伍，含酸性有效成分的制剂不宜与碱性注射剂配伍。

pH 变化也可引起变色，例如磺胺嘧啶钠、谷氨酸钠、氨茶碱等碱性较强的注射液可使去甲肾上腺素变色。

各种输液与中药注射液均有其稳定的不同的 pH 范围。中药注射液常加于输液中静滴，凡混合后超出该输液特定 pH 范围的药剂，则不能配伍使用。配伍使用不但要注意制剂的 pH，而且要注意配伍药液的 pH 范围。10 种中药注射液与 15 种输液剂的配伍变化见表 23-1。

3. 缓冲容量 某些药物在含有缓冲剂的注射液中或具有缓冲能力的弱酸溶液中仍可能析出沉淀，如 5% 硫喷妥钠注射液加入含乳酸盐的葡萄糖注射液即会析出沉淀。

> 许多注射液的 pH 由所含成分或加入的缓冲剂的缓冲能力所决定，具有缓冲能力的溶液其 pH 可稳定在一定范围，从而使制剂稳定。缓冲剂抵抗 pH 变化能力的大小称缓冲容量。混合后的药液 pH 若超出其缓冲容量，仍可能出现沉淀。
>
> 链接

4. 原辅料的纯度和盐析作用 注射液之间发生的配伍变化也可能由于原辅料的纯度不符合要求引起。例如氯化钠原料若含有微量的钙盐，当与 2.5% 枸橼酸注射液配合时，往往产生枸橼酸钙的悬浮微粒而出现混浊。甘草酸、绿原酸、黄芩苷等与钙离子也能生成难溶于水的钙盐。中药注射液中未除尽的高分子杂质，与输液配伍时可因相互作用而出现浑浊或沉淀。

表 23-1　10 种中药静脉注射液与 15 种输液剂配伍理化变化表

1																									盐酸川芎嗪pH 2.9(2～3)　2ml：40mg
2	-																								汉肌松pH 4.5(4.5～6.0)　2ml：10mg
3	-	↥																							柴胡(水剂)pH 4.8(4.0～7.0)　2ml ↑
4	↥	-	-																						醒脑静2号pH 5.3　2ml ↑
5	-	-	-	-																					莪术油pH 5.0(3.5～5.0)　20ml：0.2g ↑
6	-	+	↥	↥	↥																				复方丹参pH 5.4　4ml
7	+	+	-	-	-	-																			丹参pH 5.7(5.0～7.0)　10ml ↑
8	-	+	-	-	-	↥	+																		盐酸黄连素pH 5.9　2ml：2mg ↑
9	-	-	-	-	-	-	+	-																	石膏pH 6.3　10ml
10	+	+	+	-	-	↥	+	-	-																枸橼酸黄连素pH 6.5　1ml：10mg
11	-	-	-	-	↥	-	-	-	-	+															“2：1” pH 5.8(5.5～6.0)　250ml
12	-	-	-	-	-	-	-	-	-	+	-														“2：3：1” pH 5.9(5.5～6.0)　250ml
13	-	-	-	-	-	-	-	-	-	+	-	-													“2：6：1” pH 5.7(5.5～6.0)　250ml
14	-	-	-	-	↥	-	-	-	-	+	-		-												“4：3：2” pH 6.0(5.5～6.0)　250ml
15	-	-	-	-	↥	-	-	-	-	±	-	-	-	-											葡萄糖氯化钠pH 4.0(3.5～5.5)　500ml
16	-	-	-	-	-	-	-	-	-	+	-	-	-	-	-										氯化钠pH 5.4(4.5～7.0)　500ml：4.5g
17	-	-	-	-	-	-	-	-	-	-	-	-	-	-	-	-									葡萄糖pH 3.2(3.2～5.5)　500ml：50g
18	-	-	-	-	-	-	-	-	-	-	-	-	-	-	-	-	-								葡萄糖pH 4.2(3.2～5.5)　500ml：25g
19	-	-	-	-	-	-	-		-	+	-	-	-	-		-		-							复方氯化钠pH 4.5(4.5～7.5)　500ml
20	-	-	-	-	-	-	-	-	-	-	-	-	-	-	-	-	-	-	-						低分子右旋糖酐葡萄糖pH 3.8(3.5～7.5)　250ml：1g
21	-	-	-	-	-	-	-	-	-	-	-	-	-	-	-	-	-	-	-	-					右旋糖酐葡萄糖pH 4.4(3.5～6.5)　500ml：30g
22	-	-	-	-	-	-	-	-	-	-	-	-	-	-	-	-	-	-	-	-	-				水解蛋白pH 5.3(5.0～7.0)　500ml：25g
23	-	-	-	-	-	-	-	-	-	-	-	-	-	-	-	-	-	-	-	-	-	-			甘露醇pH 6.0(4.5～6.5)　100ml：20g
24	-	-	-	-	-	-	-	-	-	-	-	-	-	-	-	-	-	-	-	-	-	-	-		山梨醇pH 4.3　100ml：25g
25	-	-	-	-	-	-	-	-	-	±	-	-	-	-	-	-	-	-	-	-	-	-	-	-	706代血浆pH 5.6　250ml：15g
	1	2	3	4	5	6	7	8	9	10	11	12	13	14	15	16	17	18	19	20	21	22	23	24	25

说明:①“-”表示两药按约 1:1 的容量混合时,无浑浊、无沉淀或无颜色改变。继续用剩余量药液稀释至配伍足量后,仍无上述现象。②“+”表示两药按约 1:1 的容量混合时,有浑浊、有沉淀或颜色改变。继续用剩余量药液稀释至配伍足量后,这些现象仍不能消除。③“±”表示两药按约 1:1 的容量混合时,虽有浑浊、有沉淀或颜色改变。但继续用剩余量药液稀释至配伍足量后,这些现象可消除。④“↑”表示两药按药 1:1 的容量混合时,起泡沫持续约 10 分钟以上,继续用剩余量药液稀释至配伍足量后,仍起泡沫。如记在药名后面,则表示该药本身即起泡沫;如记在配伍后的表格内,则表示两药配伍后亦起泡沫。⑤“↥”表示两药混合后无浑浊、无沉淀或无颜色改变,但起泡沫。⑥“↥”表示两药混合后,既有浑浊、有沉淀或有颜色改变,又起泡沫。⑦各药标明的 pH,系用 pH 比色计测定。括弧内的 pH,系规定的 pH 或生产上控制的 pH 范围。⑧各药标明的浓度和毫升数,表示配伍时取该浓度药液若干毫升。盐酸川芎嗪 2ml:40mg,即取 2ml 中含 40mg 浓度的药液 2ml 与其他药液配伍。⑨2:1 系指 0.9%氯化钠与乳酸钠两者容量之比的混合液。⑩2:3:1系指 0.9%氯化钠、5%葡萄糖及乳酸钠三者容量之比的混合液。⑪2:6:1 系指 0.9%氯化钠、5%葡萄糖及乳酸钠两者容量之比的混合液。⑫4:3:2 系指 0.9%氯化钠、5%葡萄糖及乳酸钠三者容量之比的混合液。

某些呈胶体分散的注射液(如两性霉素 B),在含大量电解质的输液中会被盐析,使胶体粒子凝聚而产生沉淀。

5. 成分之间的沉淀反应　某些药物可直接与输液或另一注射液中的某种成分反应。例如含黄芩苷的注射液与含小檗碱的注射液配伍即会产生沉淀反应。有些药物在溶液中也可能形成聚合物。

常用中药注射液配伍产生沉淀(等量配伍)结果见表23-2。

表23-2 常用中药注射液配伍情况表

1	硫酸小蘖碱注射液																								
2	+	复方柴胡注射液																							
3	+	−	盐酸麻黄碱注射液*																						
4	+	−	−	川芎嗪注射液*																					
5	+	−	−	+	农吉利注射液*																				
6	+	−	−	−	−	苦参注射液																			
7	−	−	−	−	−	−	莪术油注射液*																		
8	−	−	−	−	−	−	−	当归注射液																	
9	+	−	−	−	−	−	−	−	鱼腥草注射液																
10	+	−	+⑤	+	−	−	−	−	−	紫花丹参注射液															
11	−	−	−	−	+	+	−	−	−	+	夏天无注射液														
12	+	−	−	−	−	−	−	−	−	−	−	柴胡注射液													
13	+	−	−	+⑤	−	−	−	−	−	−	+	−	复方桑寄生注射液												
14	+	−	−	−	−	−	−	×	−	−	+⑤	−	−	红花注射液											
15		−	+	+	−	+	−	−	−	−	+	−	−	+	丹参注射液*										
16	+	−	−	−	−	−	−	−	−	−	+	−	−	−	−	大青叶注射液									
17	+	−	−	−	−	−	−	−	−	−	+	−	−	−	−	−	丁公藤注射液								
18	+	−	−	−	−	−		−	−	−	+⑤	−	−	−	−	−	−	多红注射液							
19	+	−	−	+	−	−	−	−	−	−	+	−	−	−	−	−	−		通痹Ⅱ号注射液						
20	−	−	−	−	−	−	−	−	−	−	−	−	−	−	−	−	−	−		通脉Ⅱ号注射液					
21	−	−	−	−	−	−	−	−	−	−	+⑤	−	−	−	−	−	−	−		−	健心灵注射液				
22	−		−	−	−	−	−	−	−	−	−	−	−	−	−	−	−	−		−	−	祛风湿注射液			
23	+			+	−	+	−	−	−	−	+	−	−	+	−	−	−	−		+	+	−	复方丹参注射液		
24	+			+⑤	−	−	−	−	−	−	+	−	−	−	−	−	−	−		−	−	−	−	当归寄生注射液	
25	+			−	−	−	−	−	−	−	+	−	−	−	−	−	−	−		−	−	−	−	−	冠舒注射液
	1	2	3	4	5	6	7	8	9	10	11	12	13	14	15	16	17	18	19	20	21	22	23	24	25

说明 +：即时或1小时内产生浑浊或沉淀
+⑤：1~5小时内产生浑浊或沉淀
−：5小时内无变化
空白：未进行实验
*：为《中国药典》制剂

6. 混合浓度及顺序的影响 两种以上药物配伍后出现沉淀，与其浓度和放置时间也有关。如红霉素乳糖酸盐与等渗氯化钠或复方氯化钠注射液各为1%浓度混合时，能保持澄明，但当后者浓度为5%时，则出现不同程度的浑浊。

改变混合顺序可避免有些药物混合后产生沉淀，如1g氨茶碱与300mg烟酸配合，先将氨茶碱用输液稀释至1000ml时，再慢慢加入烟酸可得澄明溶液，若先将两种溶液混合再稀释则会析出沉淀，因此在配伍时应采取先稀释后混合，逐步提高浓度的方法。

7. 附加剂的影响 注射液中加入缓冲剂、助溶剂、抗氧剂、稳定剂等附加剂，与药物之间可能出现配伍变化。如用聚山梨酯80作增溶剂时，若遇药液中含有少量鞣质，鞣质可与聚山梨酯80的聚氧乙烯基产生络合反应，若该络合物的溶解度较小或量较大时，药液就会出现浑浊或沉淀。

三、营养输液与注射液的配伍变化

营养输液是指病人不能从胃肠摄取营养而仅仅以静脉输注营养液来维持生命，促进营养不良小儿正常发育或治疗某些疾病的一种高营养补液剂。这种输液的组成中含有提供能量的物质(如糖、蛋白质或氨基酸)，电解质(维持或纠正酸碱平衡)以及微量元素和维生素等。在具体应用上，常以含电解质的高渗葡萄糖溶液作为基本输液，根据患者病情往往还加入一些治疗药物。

1. 葡萄糖溶液及含电解质的高渗葡萄糖溶液 葡萄糖溶液经加热灭菌和长期储存后能分解产生5-羟甲基呋喃甲醛(5-hydroxy methyl furoic acid，5HMF)，5HMF经聚合后生成黄色或黄棕色物质，随着溶液pH的不同，生成5HMF聚合物的量亦不同，以pH 3时5HMF的含量最低，与药物配伍时应注意pH的影响。另外，5HMF的量随着储存时间的增长而增加。据报道刚配制的葡萄糖溶液 5HMF 含量为原液的 7 倍，储存 48 个月后增加约 60 倍。营养输液产生的 5HMF 中约 50% 能与体内蛋白结合。为防止积蓄中毒，英国药典对 5HMF 做了限量规定。

葡萄糖溶液及含电解质的高渗葡萄糖溶液常与其他药物配伍应用。Webb 氏等报道多数电解质在与葡萄糖配伍中往往促进葡萄糖的分解，其中以有机酸和磷酸最为严重。

2. 氨基酸溶液和葡萄糖溶液的配伍　营养输液中的氨基酸和葡萄糖配伍后，氨基酸可以和葡萄糖的分解产物中的不饱和羰基化合物（如脱氧己糖、邻酮醛糖）作用而形成有色高聚物。氨基酸还与葡萄糖另一分解产物 5HMF 结合成有色物质，氨基酸在其中起触媒作用，大大加快葡萄糖分解速度。

另外，pH 升高，温度增加都能加剧反应进行，实验表明：4. 25% Freamine（一种含多种氨基酸的静脉营养输液）与 25% 葡萄糖，在不同条件下储存后剩余量的减少可说明这一点。在 4℃ 时各种氨基酸尚存 90% 以上，比较稳定，37℃ 时 30% 以上分解，含量明显下降。由此可见，营养输液在配制时不宜将氨基酸与葡萄糖配伍在一起，应分别配制临用前混合，或以山梨醇代替葡萄糖以供能量。

3. 营养输液和电解质的配伍　长期施予营养输液时，除必须供给氮和能量外，还须补充一定量的不同电解质（如钾、钠、钙、镁、氯和磷酸盐等），以供氨基酸的利用及其组织合成和维持日常代谢所必需的电解质平衡和酸碱平衡。阴阳离子间必须保持一定的比例，如钠离子和氯离子的比例应为 1 ∶1，钙离子和磷酸根比例应为 1 ∶2，另外，为了克服输入结晶性氨基酸引起血氯过多，造成代谢性酸中毒，在营养输液中往往加入钾、钠以醋酸盐为好，因醋酸盐可降低肾小管对氯离子的再吸收从而预防酸中毒。但是，如果以含有电解质的高渗葡萄糖作为基本输液，则可不必再加入电解质。

葡萄糖与氨基酸混合液的 pH 为 6. 5，若将磷酸盐、钙盐加入，pH 虽有上升，但由于氨基酸溶液的缓冲能力使配伍后的 pH 仍保持在 6. 2～6. 6，一般说来难以生成磷酸钙沉淀。溶液 pH 偏碱性容易生成 $CaHPO_4$，偏酸性时容易生成 $Ca(H_2PO_4)_2$。因 $CaHPO_4$ 溶解度非常小，所以配伍液 pH 由中性变至碱性时容易生成沉淀。此外，两者混合次序不同沉淀的生成情况也不同，先加入磷酸钾溶液充分混合后再加入葡萄糖酸钙溶液其溶解情况较相反加入顺序好得多。国外也多将各种电解质配制成混合电解质浓溶液使用，根据病情需要滴加于输液中。

4. 营养输液和维生素的配伍　长期靠营养输液维持生命的患者，必须酌情补充维生素 A、D、E、K、B_1、B_2、B_6、B_{12}、C 等。因维生素本身结构、理化性质各不同，在与输液配伍时，维生素之间常发生配伍变化。如维生素 C 和维生素 B_{12} 能加速分解维生素 K_1，维生素 C 也能分解维生素 B_{12}，维生素 B_1 可被氨基酸输液中的稳定剂（如亚硫酸氢钠）所分解。试验表明，维生素 C 可以减少硫酸博莱霉素的抗菌活性。维生素 B_{12} 能使盐酸四环素分解。维生素 B_1、核黄素-5-磷酸盐、盐酸吡多醇，菸酰胺及维生素 C 浓度均为 0. 1% 时，能使浓度均为 0. 025% 的头孢菌素Ⅱ、红霉素硫酸月桂酸酯、卡那霉素硫酸盐、链霉素硫酸盐 25℃ 1 小时抗菌活性明显减少；核黄素-5-磷酸盐还能使林可霉素盐酸盐抗菌活性明显下降。

5. 营养输液和抗生素的配伍　抗生素加于营养输液中应用，滴注时间一般应控制在 2 小时以内。由朝长等研究表明，将头孢菌素Ⅱ、头孢菌素Ⅰ、氨苄西林、羧苄西林、磺苄西林分别加于输液（20% 葡萄糖，4% 氨基酸，电解质的混合液）以及与维生素 C 合用，其结果在室温保存 6 小时后，头孢菌素Ⅱ、头孢菌素Ⅰ、氨苄西林、羧苄西林的效价降低到 90% 以下。另外，两性霉素 B 在营养输液中生成沉淀，故不应配伍。

第 4 节　配伍变化的实验方法与处理原则

判断药物制剂之间是否产生配伍变化，首先应根据配伍变化有关的知识（如药物的理化性质、药理性质；药物制剂的配方、工艺、附加剂等；临床用药的对象、剂量、浓度、医师用药的意图等，以及产生配伍变化的因素、规律等）进行分析；必要时要通过实验研究解决下列问题：①有无外观上的变化及其变化产物；②有无观察不到的变化，稳定性如何，有无新物质生成；③对于药物的效价、毒性、药理学作用和动力学参数的变化，需要通过微生物学、药理学和药物动力学实验才能解决；④产生变化的原因及影响变化的因素。

在研究溶液配伍变化时，实验条件须与临床使用情况相似，如注射液的批号、规格、配合量、pH 和附加剂等条件均应相同，如进行药理学研究时，则应选用对药物敏感，反应与人相似的动物作实验对象，给药途径和方法亦应相同，以得出较为正确的结论。

一、配伍变化实验方法

配伍变化实验方法可分为物理化学实验法和药理学、药物动力学实验方法。常用的具体方法主要有以下几种。

1. 可见的配伍变化实验方法 常用的方法是将两种注射液混合，在一定时间内，肉眼观察有无浑浊、沉淀、结晶、变色、产气等现象。实验中要注意混合比例、观察时间、浓度与 pH 等，条件不同会出现不同结果。混合比例通常是 1∶1，也可采用 1∶2 或 1∶3。如果是大输液，则最好按临床实际使用量或按比例缩小。观察时间应根据给药方法（静脉滴注）来确定，可定为 2 小时、4 小时、24 小时等。静脉滴注一般定为 6 小时较为合适。

> 许多注射液的配伍变化是由 pH 改变引起的，所以应将测定注射液变化点的 pH，作为预测配伍变化的参考。若 pH 移动范围大，说明该注射液不易产生变化，如果 pH 移动范围小，则说明容易产生 pH 配伍变化。从酸或碱的消耗量来考虑，当加入大量的酸或碱而该溶液的 pH 移动范围仍很小，则说明有较大的缓冲容量。
>
> 链接

2. 测定变化点的 pH 测定注射液变化点的 pH 方法：取 10ml 注射液，先测其 pH。主药是有机酸盐时可用 0.1mol/L HCl（pH 为 1），主药是有机碱盐时则可用 0.1mol/L NaOH（pH 为 13），缓缓滴于注射液中，观察其间发生的变化（如浑浊、变色等）。当发现有显著变化时，测其 pH，此 pH 即为变化点的 pH。记录所用酸碱的量。如果酸碱的用量达 10ml 还未出现变化，则认为酸碱对该注射液不引起变化。测定 pH 一般在室温下进行，并记录其 pH 移动的范围。

如果混合后的 pH 都不在两种注射液的变化区内，一般不会发生配伍变化。如混合后的 pH 在一种注射液的变化区时，则有可能发生配伍变化。

3. 稳定性试验 稳定性实验方法：将注射液按实际使用量和浓度，加入输液中（常用量 100~500ml），或再加入第 2 种、第 3 种注射液，混合均匀后，控制恒定温度，立即测定其中不稳定药物的含量或效价，并记录该混合液的 pH 与外观等。然后每隔一定时间取出适量进行含量或效价测定，并记录结果，根据所得数据，可将药物配伍后含量或效价变化的情况作成图表，从而了解药物在一定条件下的稳定性情况和分解 10% 所需要的时间。

实验时应注意选择灵敏度高、不受混合液中其他成分干扰的合适的定量方法，也可用化学动力学的方法，了解药物的分解属于哪一级反应，求得反应速度常数后，分析 pH、温度、离子强度等因素与药物配伍变化的关系。

稳定性较差的药物若需添加到输液中时，因临床输液的时间较长，药物加入输液后受 pH、光线或含有催化作用的离子等影响，往往可使一些药物的效价降低。若在规定的时间内（如 6 小时、24 小时等）药物效价或含量的降低不超过 10% 者，一般认为是稳定的。

链 接

4. 药物动力学参数的测定 如果药物配伍应用后药物动力学参数发生变化，则说明存在着药理学或药效学上的相互作用或配伍变化。药理学或药效学实验方法参阅有关课程。

二、配伍变化的处理原则

为减少或避免药物制剂之间发生配伍变化，调配时首先应认真审查处方，了解医师用药意图。而在剂型设计和制剂工艺条件等方面应严格控制。物理的或化学的配伍禁忌的处理，一般可按下列原则进行。

1. 制备工艺和储藏条件的控制 控制温度、光线、氧气、痕量重金属是延缓水解和氧化反应的基本条件。对于挥发油、酚类、醛类、醚类等易氧化的药物或酯类、酰胺类、皂苷类等易水解的药物，宜制成固体制剂增加其稳定性，并应注意控制水分含量，控制温度，避免湿法制粒等，如必须制备成注射液，可设法制成粉针剂，并注意附加剂和包装材料的影响。

无论口服制剂或注射液，都应注意药物之间，或药物与附加剂之间可能产生的物理、化学或药理的配伍变化。

2. 改变储存条件 储存条件（如温度、空气、水、二氧化碳、光线等）会加速某些制剂沉淀、变色或降解，故该类制剂应在密闭、避光条件下，储存于棕色瓶中，每次发出的剂量亦不宜多。另外，一些容易水解的临时调配的制剂，应储存于 5℃ 以下以延缓其效价下降，发出量应尽量少。

3. 改变调配次序 改变调配次序常可克服一些不应产生的配伍禁忌。在很多溶液中，混合次序能影响成品的质量。如将苯甲醇与三氯叔丁醇各 0.5% 在水中配伍时，三氯叔丁醇在冷水中溶解很慢，若先将三氯叔丁醇与苯甲醇混合则极易溶解，然后再加入注射用水。又如将碳酸镁、枸橼酸与碳酸氢钠制成溶液型合剂时，须将枸橼酸溶解于水，先与碳酸镁混合溶解后再将碳酸氢钠溶入。倘若碳酸氢钠先与枸橼酸混合耗尽酸液，则不能配成溶液剂。

4. 改变溶剂或添加助溶剂 改变溶剂用量或使用混合溶剂，或添加助溶剂，可有效地防止沉淀析出。很多合剂，特别是含有树脂的乙醇浸出制剂，在储存过程往往析出沉淀或变色，可加入适量乙醇（约 10%~20%）或聚山梨酯类克服，10%~20% 的甘油或丙二醇也有助于苯酚、硼酸、硼砂的溶解。

5. 调整溶液的 pH 氢离子浓度的改变，往往能加速或延缓一些药物的氧化、水解等反应。pH 的改变往往影响微溶性药物溶液的稳定性。阴离子型药物（如芳香有机酸盐、巴比妥酸盐、阴离子表面活性剂、青霉素盐等），在氢离子浓度增加到一定程度时能析出溶解度较小的游离酸。同样，阳离子型药物（如生物碱及其类似合成物、碱性抗生素、碱性维生素以及碱性局部麻醉剂或碱性安定剂等），当氢离子浓度降低到一定程度时，能析出溶解度较小的游离碱。多数的多价可溶性金属盐（如硫酸锌等）在溶液中亦能因氢离子浓度减少而生成难溶性氢氧化物或碱性物。

6. 改变有效成分或改变剂型 征得医师同意，可改换成药效、用法与原成分相似的药物。例如将 0.5% 硫酸锌与 2% 硼砂配伍制成滴眼剂会析出碱式硼酸锌或氢氧化锌，可改用硼酸代替硼砂。也可考虑改用其他剂型，如将次硝酸铋与碳酸氢钠制成合剂，因次硝酸铋在水中水解生成硝酸，与碳酸氢钠反应放出二氧化碳，可用次碳酸铋代替或将一种成分制成散剂，分别包装服用。

目前已有将药物制剂产生配伍变化的现象及处理方法制成电脑软件，可供使用时查对参考。

小结

在药剂的生产、储存和使用过程中，可能发生药物制剂的配伍变化或配伍禁忌。本章的学习要点应在掌握药物制剂配伍变化或配伍禁忌的基础上，明确注射剂的配伍变化及其主要原因。熟悉药剂学配伍变化，了解配伍变化的实验与配伍变化的处理方法。其目的在于避免因药物制剂配伍不当而造成的内在质量问题，保证药物制剂的安全、有效，防止医疗及生产质量事故的发生。

目标检测

一、单项选择题

1. 不属于药物制剂物理配伍变化的有 （　）

A. 溶解度改变有药物析出　　B. 乳剂与其他制剂混用时乳粒变粗

C. 两种药物混合后产生吸湿现象　　D. 水杨酸盐与碱性药物配伍变色

2. 药物按配伍变化性质可分为 （　）

A. 药理学配伍变化和药效学配伍变化　　B. 体内配伍变化和体外配伍变化

C. 疗效学配伍变化和物理化学配伍变化　　D. 中药学配伍变化、药理学配伍变化、药剂学配伍变化

3. 在一定条件下产生的不利于生产、应用和治疗的配伍变化称为 （　）

A. 配伍禁忌　　B. 中药学配伍变化

C. 药理学配伍变化　　D. 药剂学配伍变化

二、多项选择题

1. 注射剂产生配伍变化的因素有 （　）

A. pH 的改变　　B. 盐析作用

C. 温度的影响　　D. 配伍时的混合顺序

E. 离子的催化作用

2. 药物产生化学配伍变化的表现是 （　）

A. 变色　　B. 有气体产生

C. 产生结块　　D. 出现混浊与沉淀

E. 药物的效价降低

三、名词解释

1. 配伍禁忌　　2. 物理配伍变化

四、简答题

1. 简述药物配伍用药的目的。

2. 简述配伍变化的实验方法及发生配伍变化后的处理方法。

3. 按药物的特点及临床用药情况可将药物配伍变化分为哪几类？

4. 简述配伍变化的处理原则。

（郭慧玲）

参考文献

崔福德.2008. 药剂学.北京:人民卫生出版社

国家药典委员会编.2010.中华人民共和国药典(一部、二部)·2010年版.北京:中国医药科技出版社

李亚琴.2009. 药物制剂疑难解析.北京:化学工业出版社

刘汉清,倪健.2005.中药药剂学.北京:科学出版社

刘汉清.2002.中药药剂实验与指导.北京:中国医药科技出版社

刘汉清.2000.中药药剂学:含中药炮制学.北京:中国医药科技出版社

刘华钢,刘汉清.1998.中成药学.北京:人民卫生出版社

徐莲英,侯世祥.2003.中药制药工艺技术解析.北京:人民卫生出版社

张兆旺.2007.中药药剂学.北京:中国中医药出版社

附录1　中药药剂学实验参考

实验1　散剂的制备

一、实 验 目 的

（1）学会含毒性成分散剂、含共熔成分散剂的制备方法并熟悉其操作要点。

（2）知道等量递增的混合方法与散剂的常规质量检查项目及方法。

二、实 验 提 要

（1）散剂制备工艺流程：处方拟订→物料准备→粉碎→过筛→混合→分剂量→质检→包装。

（2）对于不同的药物可采用不同的粉碎方法，且根据临床需要及药物性质不同，粉末细度应有所区别。一般内服散剂，应通过5~6号筛；用于消化道溃疡病的散剂，应通过7号筛；儿科和外用散剂，应通过7号筛；眼用散剂则应通过9号筛。

（3）混合操作是制备散剂的关键。目前常用的混合方法有研磨混合法、搅拌混合法和过筛混合法。若药物比例相差悬殊，应采用等量递增法混合；若各组分的密度相差悬殊，应将密度小的组分先加入研磨器内，再加入密度大的组分进行混合；若组分的色泽相差较大，一般先将色深的组分放入研磨器中，再加入色浅的组分进行混合。

（4）若处方中含毒性成分，应添加一定比例量的赋形剂制成稀释散（亦称倍散），或测定毒性成分的含量后再配成散剂。若含低共熔成分，一般先使之产生共熔，再用其他成分吸收混合制成散剂。

三、实 验 内 容

1. 痱子粉

【处方】 麝香草酚0.6g　薄荷脑0.6g　薄荷油0.6ml　樟脑0.6g　水杨酸1.4g　升华硫4.0g　硼酸8.5g　氧化锌6.0g　淀粉10.0g　滑石粉加至100g

【制法】 取麝香草酚、薄荷脑、樟脑研磨形成低共熔物，与薄荷油混匀。另将水杨酸、硼酸、氧化锌、升华硫及淀粉分别研细混合，用混合细粉吸收低共熔物，最后按等量递增法加入滑石粉研匀，使成为100g，过7号筛（120目）即得。

【作用与用途】 对皮肤有吸湿、止痒、消炎作用。用于汗疹、痱子等。

【用法与用量】 外用，撒布患处。1日1~2次。

【质量要求】

（1）性状：本品为干燥、疏松的白色粉末。

（2）定性鉴别：采用显色反应或薄层色谱法鉴别麝香草酚。

（3）均匀度：取供试品适量置光滑纸上，平铺约5cm^2，将其表面压平，在亮处观察，应呈现均匀的色泽，无花纹，色斑。

（4）水分：取供试品照2010年版《中国药典》（一部）附录Ⅸ H水分测定法（甲苯法）检查，应不得超过9.0%。

（5）装量差异：取供试品10袋（瓶），分别称定每袋（瓶）内容物的重量，每袋（瓶）的重量与标示装量相比较，超出限度的不得多于2袋（瓶），并不得有1袋（瓶）超出限度1倍。

（6）微生物限度检查：照2010年版《中国药典》（一部）附录XⅢ C微生物限度检查法检查，每1g不得检出金黄色葡萄球菌、铜绿假单胞菌。细菌数每1g不得过10 000cfu；霉菌和酵母菌数每1g不得过100cfu。

2. 硫酸阿托品散

【处方】 硫酸阿托品0.25g 胭脂红乳糖(1.0%)0.25g 乳糖24.5g

【制法】 研磨乳糖使研钵饱和后倾出,将硫酸阿托品与胭脂红乳糖置研钵中研合均匀,再以等量递增法逐渐加入乳糖,研匀,待色泽一致后,分装,每包0.1g。

【作用和用途】 抗胆碱药,常用于胃肠痉挛疼痛等。

【用法与用量】 口服,疼痛时1次1包(相当于硫酸阿托品0.001g)。

【质量要求】

(1) 性状:本品为淡红色粉末。

(2) 定性鉴别:取本品适量(约相当于硫酸阿托品1mg),置分液漏斗中,加氨试液约5ml,混匀,用乙醚10ml振摇提取后,分取乙醚层,置白瓷皿中,挥尽乙醚后,加发烟硝酸5滴,置水浴上蒸干,得黄色的残渣,放冷,加乙醇2~3滴湿润,加固体氢氧化钾1小粒,即显深紫色。

(3) 均匀度、水分、装量差异、微生物限度检查方法同痱子粉相同项下,应符合规定。

四、思考题

1. 何谓共熔?痱子粉处方中的共熔成分有哪些?
2. 常用的混合方法有哪些?等量递增混合的原则是什么?

实验2 流浸膏剂、酊剂、中药糖浆与煎膏剂的制备

一、实验目的

(1) 学会流浸膏剂、酊剂、中药糖浆、煎膏剂的制备方法及操作要点。

(2) 知道流浸膏剂、酊剂、中药糖浆、煎膏剂的质量要求及检查方法。

(3) 了解含醇量的测定方法。

二、实验提要

(1) 流浸膏剂多用渗漉法制备,某些以水为溶剂的中药流浸膏也可用煎煮法制备,还可用浸膏加规定溶剂稀释制成。

(2) 渗漉法的工艺流程:药材粉碎→润湿→装筒→排气→浸渍→渗漉。药材一般用粗粉,装渗漉筒前先用渗漉溶剂润湿,使其充分膨胀。应均匀装筒、松紧适宜,装量一般不超过渗漉筒容积的2/3。添加溶剂时应先打开浸液出口以利排气。渗漉前浸渍24~48小时,渗漉速度应适当。

(3) 酊剂的制备方法:溶解法、稀释法、浸渍法、渗漉法。其中溶解法适用于化学药物及中药有效部位或提纯品酊剂的制备。稀释法适用于以药物的流浸膏、浸膏为原料的酊剂的制备。以中药材为原料制备酊剂可采用浸渍法或渗漉法。

(4) 配制糖浆的方法有热溶法、冷溶法、混合法。热溶法蔗糖溶解速度快,适用于耐热成分糖浆剂的配制,但应避免长时间加热,以免转化糖增加,糖浆色泽加深、易发酵。冷溶法适用于热敏性或挥发性成分糖浆剂的配制,但所需时间长,应在密闭容器中溶解,以免污染。混合法配制糖浆剂,若单糖浆与含乙醇的制剂(如酊剂、流浸膏)混合时发生混浊而不易澄清时,可加甘油助溶或加入滑石粉等助滤剂助滤。

(5) 煎膏剂制备时,加入的糖或蜂蜜须经过炼制,以免出现返砂现象,加用量一般不超过清膏量的3倍。收膏时随着稠度的增加,加热温度可相应降低,并不断搅拌。收膏稠度视品种而定,除经验指标外,相对密度一般在1.40左右。

三、实验内容

1. 大黄流浸膏

【处方】 大黄(最粗粉)60g 60%乙醇溶液适量

【制法】 取大黄,按渗漉法,用60%乙醇溶液作溶媒,浸渍24小时后,以每分钟1~3ml的速度缓缓渗

漉,先收集药材量85%初漉液另器保存;继续渗漉,至漉液色淡为止(待有效成分完全漉出),将续漉液在70℃以下减压蒸馏,回收乙醇并浓缩至糖浆状,与初漉液合并,添加适量溶媒使成60ml,静置数日,过滤,即得。

【功能与主治】 苦味健胃,增强结肠的蠕动,主要用于便秘及食欲不振。

【用法与用量】 口服,1次0.5~1ml,1日1~3ml。

【质量要求】

(1) 性状:本品为棕色的液体;味苦而涩。

(2) 定性鉴别:取本品1ml,加1% NaOH溶液10ml,煮沸,放冷,滤过。取滤液2ml,加稀盐酸数滴使呈酸性,加乙醚10ml,振摇,乙醚层显黄色,分取乙醚液,加氨试液5ml振摇,乙醚层仍显黄色,氨液层显持久的樱红色。

(3) 总固体量:本品在水浴上蒸干后,在105℃干燥3小时,总固体不得少于30.0%。

(4) 含乙醇量:按2010年版《中国药典》(一部)附录Ⅸ M乙醇含量测定法测定。取样品50ml,置附有冷凝管和温度计的蒸馏瓶中,加少量止爆剂,水浴加热至沸腾状态。从样品开始沸腾,经过5~10分钟,准确测量沸点(准确至0.1℃)。查阅醇含量与沸点对照表,得出样品的含乙醇量。本品含醇量应为40%~50%。

2. 碘酊

【处方】 碘2g 碘化钾1.5g 乙醇50ml 水适量 制成100ml

【制法】 取碘化钾,加水2ml溶解后,加碘及乙醇,搅拌使溶解,再加水适量使成100ml,即得。

【作用与用途】 消毒防腐药,用于皮肤感染和消毒。

【用法与用量】 外用,涂于皮肤后,用75%乙醇溶液擦去。

【质量要求】

(1) 性状:本品为红棕色的澄清液体;有碘与乙醇的特臭。

(2) 定性鉴别:①取本品1滴,滴入淀粉指示液1ml与水10ml的混合液中,即呈深蓝色。②取本品5ml,置水浴上蒸干,缓缓炽灼,使游离碘完全挥发,残渣加水溶解后,显钾盐与碘化物的鉴别反应。

(3) 乙醇量检查:按2010年版《中国药典》(一部)附录Ⅸ M乙醇含量测定法测定,乙醇量应为44%~50%。

(4) 含量测定:①碘:精密量取本品10ml,置具塞锥形瓶中,加醋酸1滴,用硫代硫酸钠滴定液(0.1mol/L)滴定至溶液无色。每1ml硫代硫酸钠滴定液(0.1mol/L)相当于12.69mg的I_2。②碘化钾:取上述滴定后的溶液,加醋酸2ml与曙红钠指示液0.1ml,用硝酸银滴定液(0.1mol/L)滴定,至沉淀由黄色转变为玫瑰红色;将消耗的硝酸银滴定液(0.1mol/L)的容积(ml)减去上述消耗的硫代硫酸钠滴定液(0.1mol/L)的容积(ml),每1ml硝酸钠滴定液(0.1mol/L)相当于16.60mg的KI。

3. 金银花糖浆

【处方】 金银花45g 忍冬藤105g

【制法】 以上2味,金银花加水蒸馏,收集蒸馏液60ml。药渣和忍冬藤加水煎煮2次,每次1小时,滤过,合并滤液,浓缩至390ml,静置,倾取上清液,加蔗糖390g与适量防腐剂,煮沸使溶解,滤过,放冷,加入上述蒸馏液,混匀,加水使成600ml,分装,即得。

【功能与主治】 清热解毒。用于发热口渴、咽喉肿痛、热疖疮疡、小儿胎毒。

【用法与用量】 口服,1次15~30ml,1日2~4次。

【质量要求】

(1) 性状:本品为棕色澄清液体,气芳香,味甜。

(2) 定性鉴别:取本品30ml,加乙醇20ml,摇匀,加正丁醇10ml,振摇,分取正丁醇液,蒸干,残渣加乙醇1ml使溶解,作为供试品溶液。另取金银花对照药材2g,加乙醇20ml,加热回流1小时,放冷,滤过,滤液蒸干,残渣加乙醇1ml使溶解,作为对照药材溶液。吸取上述两种溶液各2μl,分别点于同一硅胶G薄层板上,以醋酸乙酯-甲酸-水(7:2.5:2.5)为展开剂,展开,取出,晾干,喷以10%的硫酸无水乙醇溶液,于105℃加热至斑点显色清晰。供试品色谱中,在与对照药材色谱相应的位置上,显相同颜色的斑点。

(3) 相对密度测定:照2010年版《中国药典》(一部)附录Ⅶ A比重瓶法测定,本品相对密度应不低于

1.20。

（4）含糖量测定：用手持糖量计测定，中药糖浆剂含蔗糖量一般不低于45%（g/ml）。

（5）微生物限度检查：照2010年版《中国药典》（一部）附录ⅩⅢ C微生物限度检查法检查，每1ml不得检出大肠埃希菌；细菌数每1ml不得过100cfu；霉菌和酵母菌数每1ml不得过100cfu。

4. 二冬膏

【处方】 天冬500g 麦冬500g

【制法】 以上2味，加水煎煮3次，第一次2小时，第二、三次各1小时，合并煎液，滤过，滤液浓缩成相对密度为1.21～1.25（80℃）的清膏。每100g清膏加炼蜜50g，混匀，即得。

【功能与主治】 养阴润肺。用于肺阴不足引起的燥咳痰少、痰中带血、鼻干咽痛。

【用法与用量】 口服，1次9～15g，1日2次。

【质量要求】

（1）性状：本品为棕黄色稠厚的半流体，味甜、微苦。

（2）相对密度测定：取供试品适量，精密称定，加水约2倍，精密称定，混匀，作为供试品溶液，用比重瓶法测定其相对密度，按下式计算，即得。

$$供试品相对密度=\frac{W_1-W_1\times f}{W_2-W_1\times f}$$

$$f=\frac{加入供试品中的水重量}{供试品重量+加入供试品中的水重量}$$

式中，W_1为比重瓶内供试品溶液的重量（g）；W_2为比重瓶内水的重量（g）。

（3）不溶物检查：取供试品5g，加热水200ml，搅拌使溶，放置3分钟后观察，不得有焦屑等异物。

（4）微生物限度检查：照2010年版《中国药典》（一部）附录ⅩⅢ C微生物限度检查法检查，每1g不得检出大肠埃希菌；细菌数每1g不得过100cfu；霉菌和酵母菌数每1g不得过100cfu。

四、思考题

（1）以渗漉法制备流浸膏时，先收集85%药材量的初漉液另器保存的目的何在？操作要点有哪些？

（2）KI在碘酊中的作用是什么？

（3）糖浆剂配制过程中应注意哪些问题？

（4）制备煎膏剂糖和蜂蜜为什么须先经炼制？

（5）浸出药剂中哪些剂型需测定含醇量？测定含醇量有何意义？

实验3 液体药剂的制备

一、实验目的

（1）学会溶液剂、胶体溶液、乳状液、混悬液的制备方法及操作关键。

（2）知道影响各类液体药剂质量的因素与质控项目及其检查方法。

二、实验提要

1. 溶液剂制备方法有溶解法、稀释法和化学反应法等 溶解法制备溶液剂多先取处方量3/4的溶剂加入药物，搅拌使溶解，滤过，再自滤器上添加溶剂至全量，最后搅匀即得。稀释法系指药物浓溶液用溶剂稀释成所需浓度溶液的制备方法。化学反应法系指将两种或两种以上的药物，通过化学反应而制成新的药物溶液的制备方法，适用于原料药物缺乏或质量不符合要求的情况。

2. 胶体溶液可分为亲液胶体和疏液胶体 若以水为分散媒则称为亲水胶体和疏水胶体。亲水胶体如胃蛋白酶、明胶等溶液的制备，药物溶解要经过溶胀过程，宜将其分次撒布于水面上，使之自然吸水膨胀，然后搅拌或加热使溶解。具有脱水作用的电解质、高浓度醇、甘油等物质应先行溶解或稀释后再加入。过滤最好采用不带电荷的滤材,以免凝聚。疏水胶体如甲紫溶液、汞溴红溶液的制备采用分散法或凝聚法。

3. 乳状液的制法有干胶法和湿胶法 干胶法先将胶粉与油混匀,加入一定量水,制成初乳,再逐渐加水稀释至全量。湿胶法则先将胶制成胶浆,后将油相分次加入,研磨制成初乳,再加水至全量。除药物、乳化剂类型和纯度及机械因素外,乳化时间、分散介质黏度、加热温度等对乳化作用和乳状液稳定性均有重要影响。

4. 混悬液的制备有分散法和凝聚法 分散法制备混悬液时,亲水性药物,一般先研至一定细度,再加液研磨和稀释;疏水性药物,应先将药物与润湿剂研匀,再加液研磨、稀释。凝聚法包括化学反应法和微粒结晶法,制备时应控制好条件,以便制得均匀、细腻的沉淀粒子。混悬液制备时往往加用助悬剂、润湿剂、絮凝剂、反絮凝剂等稳定剂。助悬剂可增加分散介质的黏度,降低颗粒的沉降速度。润湿剂能降低固液界面张力,改善药物的润湿与分散。絮凝剂能降低微粒的 Zeta 电位至一定程度而使微粒发生絮凝,可克服混悬颗粒结块、不易再分散的缺点。反絮凝剂能增加微粒的 Zate 电位,使微粒间斥力增加,降低絮凝程度,使液体保持较低黏度和良好的流动性或涂展性。

三、实验内容

1. 复方硼酸溶液

【处方】 硼砂 1.5g 碳酸氢钠 1.5g 液化酚 0.3g 甘油 3.5ml 蒸馏水 加至 100ml

【制法】 取硼砂溶于约 50ml 热蒸馏水中,冷后加入碳酸氢钠溶解,然后缓缓加入甘油与液化酚的混合液,摇匀,放置半小时至气泡不再发生为止,滤过,添加水至全量,摇匀,分装即得。

【作用与用途】 含漱剂,适用于口腔炎,咽喉炎与扁桃体炎。

【用法与用量】 外用,1 次 5ml,1 日 2~3 次。用时加 5 倍水稀释后含漱或漱口,切勿咽下。

【质量要求】

(1) 性状:应为无色水溶液。

(2) 定性鉴别:采用化学反应法鉴别硼酸。

(3) 最低装量检查:取供试品 5 瓶,开启时注意避免损失,将内容物分别用干燥并预经校正的注射器抽尽,读出每个容器内容物的装量,并求其平均装量,均应符合规定。20ml 以下,平均装量不少于标示装量,每个容器装量不少于标示装量的 97%。如有 1 个容器装量不符合规定,则另取 5 个复试,应全部符合规定。

(4) 微生物限度检查:照 2010 年版《中国药典》(一部)附录ⅩⅢ C 微生物限度检查法检查,每 1ml 不得检出大肠埃希菌;细菌数每 1ml 不得过 100cfu;霉菌和酵母菌数每 1ml 不得过 100cfu。

2. 胃蛋白酶合剂

【处方】 胃蛋白酶(1∶3000)2g 稀盐酸 1ml 甘油 1ml 蒸馏水加至 100ml

【制法】

取蒸馏水 75ml,加稀盐酸、甘油搅匀,将胃蛋白酶撒在液面上,待其自然膨胀溶解后,再加蒸馏水使成 100ml,轻轻混匀,即得。

【作用与用途】

助消化药。用于胃蛋白酶缺乏或病后消化功能减退引起的消化不良症。

【用法与用量】

口服,1 次 10ml,1 日 3 次,饭前服。

【质量要求】

(1) 性状:本品为乳白色胶体溶液,味酸。

(2) 定性鉴别:采用显色反应鉴别胃蛋白酶。

(3) 最低装量检查、微生物限度检查同复方硼砂溶液项下,应全部符合规定。

(4) 含量测定:1ml 胃蛋白酶不得低于 20 个活力单位。

3. 松节油搽剂

【处方】 松节油 32.5ml 樟脑 2.5g 软皂 3.75g 蒸馏水加至 50.0ml

【制法】 取软皂与樟脑置乳钵内研磨至液化，缓缓加入松节油继续研匀后，分数次注入储有12.5ml蒸馏水的具塞玻璃瓶中，随加随用力振摇，使乳化完全，并添加蒸馏水至50ml，摇匀，即得。

【作用与用途】 刺激皮肤，使局部充血、发赤。用于扭伤、肌肉痛、关节痛、神经痛等症。

【用法与用量】 外用，于患处涂搽，每次适量，1日数次。

【质量要求】

(1) 性状：本品为乳白色至微黄色乳状液体，臭特异。

(2) 乙醇中不溶物检查：取本品1ml，加95%乙醇溶液7ml，振摇使溶解，溶液应澄清。

(3) 相对密度：照2010年版《中国药典》(一部)附录ⅦA检查，应不低于0.87。

4. 炉甘石洗剂

【处方】 炉甘石7.5g 氧化锌2.5g 甘油2.5g 羧甲基纤维素钠0.125g 蒸馏水加至50ml

【制法】 称取过120目筛的炉甘石、氧化锌于研钵中，加入羧甲基纤维素钠溶液(预先配成一定浓度的水溶液，按处方量折合量取)，研成糊状，再加甘油研匀，最后加蒸馏水至足量。

【作用与用途】 收敛、防腐药。用于湿疹、皮炎等。

【用法与用量】 外用。用前摇匀，局部涂抹，1日数次，或遵医嘱。

【质量要求】

(1) 性状：本品为淡红色混悬液，久置后分层，但振摇后易分散。

(2) 定性鉴别：①摇匀后取本品2ml，加稀盐酸即泡沸(放出二氧化碳气体)，此气体通入氢氧化钙试液中，即生成白色沉淀。②取鉴别①项下的稀酸溶液，加亚铁氰化钾试液，即生成白色沉淀，加稀盐酸不溶解。③取鉴别①项下的稀酸溶液，加硫氰酸铵试液，即显红色。④摇匀后取本品2ml，加硫酸氢钾0.5g，加热，发出丙烯醛刺激性臭气，并使湿润的奈氏试纸显黑色。

(3) 装量检查：照2010年版《中国药典》(一部)附录Ⅻ C最低装量检查法检查，应符合规定。

(4) 微生物限度：照2010年版《中国药典》(一部)附录ⅫⅠ C微生物限度检查法检查，应符合规定。

(5) 含量测定：将本品摇匀，用移液管精密量取5ml，置200ml量瓶中，用水分次洗净移液管内壁的附着物，洗液并入量瓶中，加稀盐酸10ml，充分振摇使沉淀物不再继续溶解，加水至刻度，摇匀，用干燥滤纸滤过，弃去初滤液，精密量取续滤液10ml，加0.025%甲基红乙醇溶液1滴，滴加氨试液至微黄色，再加氨-氯化铵缓冲液(pH为10)10ml，铬黑T指示剂少许，用乙二胺四乙酸二钠液(0.5mol/L)滴定至溶液由紫红色转变为为蓝色。每毫升乙二胺四乙酸二钠液(0.05mol/L)相当于4.069mgZnO。

$$ZnO\%(g/ml)=\text{乙二胺四乙酸二钠溶液消耗体积}\times 1.628$$

【不同稳定剂对炉甘石洗剂稳定作用的比较】

(1) 含不同稳定剂的炉甘石洗剂处方(附表1-1)。

附表1-1 含不同稳定剂的炉甘石洗剂处方

物料	处方1	处方2	处方3	处方4	物料	处方1	处方2	处方3	处方4
炉甘石/g	3.0	3.0	3.0	3.0	羧甲基纤维素钠/g	0.15			
氧化锌/g	1.5	1.5	1.5	1.5	聚山梨酯80/g		0.6		
液化酚/g	0.15	0.15	0.15	0.15	三氯化铝/g			0.036	
甘油/g	1.5	1.5	1.5	1.5	蒸馏水/ml	30.0	30.0	30.0	30.0

(2) 制法

1) 稳定剂溶液的制备：称取羧甲基纤维素钠(CMC-Na)0.15g，加20ml蒸馏水，加热溶解制成胶浆；称取吐温80配成10%的水溶液备用；三氯化铝配成0.36%水溶液备用。

2) 不同处方洗剂的制备：称取过120目筛的炉甘石、氧化锌于研钵中，分别按各处方加入稳定剂溶液或蒸馏水，研成糊状，再加液化酚、甘油研匀，最后加水至足量，研磨均匀制得1~4号处方的洗剂，其中4号为对照品。

(3) 沉降比较试验与结果分析

1) 将以上4个处方的洗剂,分别倒入4个有刻度的具塞量筒中,塞住管口同时振摇相同次数,分别放置10~120分钟,记录各个时间的沉降体积(H_0为混悬液初始高度,H为放置后的沉淀高度),计算各个放置时间的沉降体积比($F=H/H_0$)。最后将试管倒置翻转,记录放置几小时后使管底沉降物分散完全的翻转次数。结果填于附表1-2。

附表1-2 不同处方炉甘石洗剂沉降实验结果

沉降时间/分钟	沉降体积/ml	沉降体积比	处方编号			
			1	2	3	4
0	H_0					
10	H_{10}	F_{10}				
30	H_{30}	F_{30}				
60	H_{60}	F_{60}				
90	H_{90}	F_{90}				
120	H_{120}	F_{120}				
沉降物再分散翻转次数						

2) 根据表中数据,以H/H_0沉淀体积比F为纵坐标,时间为横坐标,绘出炉甘石洗剂各处方的沉降曲线。

四、思 考 题

(1) 助溶剂与增溶剂在概念、增加药物溶解机制等方面有何异同点?
(2) 胶体溶液如何制备? 操作要点有哪些?
(3) 影响乳状液稳定性的因素有哪些?
(4) 乳剂的类型如何判断?
(5) 松节油搽剂属何种类型的乳剂? 处方中各物质的作用分别如何?
(6) 混悬液的稳定性与哪些因素有关?

实验4 滴丸剂的制备

一、实 验 目 的

(1) 学会滴制法制备丸剂的方法与操作要点。
(2) 明白滴丸对药料和辅料的质量要求及滴丸的制备原理。
(3) 了解影响滴丸质量的因素。

二、实 验 提 要

滴丸制备采用滴制法,其工艺过程为:将药物溶解、乳化或混悬于熔融基质中,恒温药液经滴头滴入与基质不相混溶的冷却液中,经收缩、冷凝成丸。易挥发性药物制备滴丸时,要注意加热熔融的温度和时间,避免药物挥发损失。

三、实 验 内 容

苏冰滴丸

【处方】 苏合香脂5g 冰片10g 聚乙二醇6000 35g 制成1000丸

【制法】 将聚乙二醇6000置蒸发皿中，于水浴加热至全部熔融后加入苏合香脂和冰片搅拌至溶解，移至滴丸机储液器中，密闭，90℃保温。调节定量阀门，由上往下，滴入约15℃的甲基硅油中，收缩冷凝成丸，取出沥干，并用滤纸吸除表面黏附的甲基硅油，即得。

【功能与主治】 芳香开窍，理气止痛。用于冠心病胸闷、心绞痛、心肌梗死等症，能迅速缓解症状。

【用法与用量】 口服。1次2~4粒，1日3次，发病时可即时含服或吞服。

【质量要求】

(1) 性状：本品为淡黄色类球形丸剂，气芳香，味辛、苦。大小均匀，色泽一致，表面无冷却剂。

(2) 定性鉴别：取滴丸20粒置乳钵中，加乙醚10ml，使溶解，滤过，取滤液作为供试液。①取供试液5ml置蒸发皿中，待其挥发，以表面皿覆盖，水浴加热，表面皿上有白色升华物。在表面皿上滴加10%香草醛硫酸液1~2滴，液滴边缘显玫瑰红色。升华后的残渣，加入高锰酸钾试液2ml，有苯甲醛臭味。②另取桂皮醛对照品，加乙醚制成每1mg/ml的溶液，作为对照品液。照2010年版《中国药典》薄层色谱法(附录Ⅵ B)试验，吸取上述供试液5μl，对照品液1μl，分别点于同一硅胶GF_{254}薄层板上，以石油醚(30~60℃)-正己烷-甲酸乙酯-甲酸(10:30:15:1)为展开剂，在10~15℃展开，取出，晾干，置紫外灯(254nm)下检视。供试品色谱中，在与对照品色谱相应的位置上，显相同颜色的斑点。

(3) 重量差异：取本品20丸，精密称定总重量，求得平均丸重后，再分别精密称定每丸的重量。每丸重量与平均丸重相比较，超出限度(0.03g以下或0.03g为±15%，0.03~0.3g为±10%，0.3g以上为±7.5%)的不得多于2丸，并不得有1丸超出限度的1倍。

(4) 溶散时限：采用升降式崩解仪，烧杯内盛有温度为(37±1)℃的水1000ml。取滴丸6粒，分别置于吊篮的玻璃管中，加挡板，进行检查，应在30分钟内全部溶散。如有1粒不能完全溶散，应另取6粒复试，均应符合规定。

(5) 微生物限度：照2010年版《中国药典》(一部)附录ⅩⅢ C微生物限度检查法检查，应符合规定。

(6) 含量测定：照2010年版《中国药典》(一部)附录Ⅵ E气相色谱法测定。

色谱条件与系统适用性试验：以甲基硅橡胶(SE-30)为固定液，涂布浓度为5%；柱温为110℃，理论塔板数以冰片峰计算，应不低于1600。

对照品溶液制备：精密称取冰片对照品，加无水乙醇制成5mg/ml冰片的对照品溶液。

供试品溶液制备：取本品约500mg，精密称定，置10ml容量瓶中，滴加二氯甲烷约1ml，加无水无醇至刻度，摇匀，得供试品溶液。

分别精密吸取对照品溶液、供试品溶液各4μl，注入气相色谱仪，测定峰面积，计算，即得。

$$冰片\%(g/g)=\frac{W_1\times P_2}{W_2\times P_1}\times 100\%$$

式中，W_1为冰片对照品重量；P_1为冰片对照品外标色谱图中异龙脑与龙脑峰高(或面积)之和；W_2为供试品重量；P_2为供试品色谱图中与外标色谱图保留时间相同的异龙脑与龙脑峰高(或面积)之和。

四、思考题

(1) 滴丸有哪些特点？影响滴丸质量的因素有哪些？

(2) 丸剂的制备方法有哪些？目前中药丸剂在工艺改进和质量控制方面的研究进展主要有哪些？

实验5 软膏剂的制备

一、实验目的

(1) 学会不同类型软膏剂的制备方法和操作要点。

(2) 明白药物加入基质中的方法以及不同类型基质对药物释放的影响。

(3) 了解软膏剂的质量评定项目与方法。

二、实验提要

(1) 软膏剂的制法有研合法、熔和法和乳化法。当软膏基质稠度适中，在常温下通过研磨即能与药物均匀混合,可用研合法。当软膏基质在常温下不能均匀混合,或主药可溶于基质,或饮片须用基质加热浸取其有效成分,均可采用熔和法。乳膏剂宜采用乳化法制备,大量生产时,使用乳匀机或胶体磨可使产品更细腻均匀。

(2) 软膏剂中药物的加入方法。不溶性药物应粉碎成细粉后缓缓加入基质中混匀,或将药物细粉在不断搅拌下加到熔融的基质中搅拌至冷凝;可溶于基质的药物,应溶解在基质或基质组分中;用植物油加热提取的药油应先与油相混合;水溶性药物应先用少量水溶解后以羊毛脂吸收,再与其余基质混合;药物的水溶液亦可直接加入水溶性基质中混匀;中药煎剂、流浸膏等可先浓缩至糖浆状,再与基质混合;固体浸膏可加少量溶剂使软化或研成糊状,然后再与基质混合;含有共熔成分时,可先将其共熔,再与冷却至40℃左右的基质混匀。遇热不稳定的药物,应使基质冷至40℃左右再与之混合。

(3) 基质中药物的释放是考察软膏质量的重要指标之一。琼脂扩散法为应用较多的一种体外测定方法,即采用琼脂(或明胶)凝胶为扩散介质,将药物涂在含有指示剂的凝胶表面,放置一定时间后,测定药物与指示剂产生的色层高度来比较药物自基质中释放的速度。扩散距离与时间的关系可用 Lockie 经验式表示:$y^2=KX$。式中,y 为扩散的距离(mm),X 为扩散的时间(h),K 为为扩散系数(mm^2/h)。以不同时间色层高度的平方(y^2)对扩散时间(X)作图,应得一条通过原点的直线。此直线的斜率即为 K,K 值大小反映了软膏剂的释药能力。

三、实验内容

1. 油脂性基质黄芩素软膏

【处方】 黄芩素细粉(过6号筛)0.40g 凡士林8.70g 羊毛脂0.90g

【制法】 熔融法是取凡士林、羊毛脂水浴加热熔融后,加入黄芩素细粉,搅匀,放冷即得。

【功能与主治】 抗菌、消炎。适用于干热疮、黏膜感染、皮肤干性炎症。

【用法与用量】 外用,适量涂于患处。

2. 乳剂基质黄芩素软膏

【处方】 黄芩素细粉(过6号筛)0.40g 冰片0.02g 单硬脂酸甘油酯0.40g 甘油1.00g 蓖麻油2.00g 三乙醇胺0.15ml 尼泊金乙酯0.01g 硬脂酸1.20g 蒸馏水5.00ml

【制法】

乳化法:

(1) 取硬脂酸、单硬脂酸甘油酯、蓖麻油、尼泊金乙酯共置干燥烧杯中,水浴加热50~60℃,使全熔。

(2) 取甘油、黄芩素、蒸馏水置另一烧杯中,加热至50~60℃,边搅拌边加入三乙醇胺,使黄芩素溶解。

(3) 将冰片加入(1)中溶解,立即将(1)逐渐加入(2)中,边加边搅拌,直至均匀,冷至室温,即得。

【功能与主治】 抗菌、消炎、抗过敏。用于急或慢性湿疹、过敏性药疹、接触性皮炎、毛囊炎及疖肿等症。

【用法与用量】 外涂。每日2次,必要时用敷料包扎。用于有渗出液、糜烂、继发性感染病灶时,先用0.05%高锰酸钾溶液或0.02%苯扎溴铵溶液洗净擦干后,再涂药膏。

3. 水溶性基质黄芩素软膏

【处方】 黄芩素细粉(过6号筛)0.40g 甘油1.00g 甲基纤维素1.70g 苯甲酸钠0.01g 蒸馏水7.00ml

【制法】

(1) 将黄芩素、苯甲酸钠置蒸发皿中,加入蒸馏水,水浴加热使溶解,放冷。

(2) 另将甲基纤维素、甘油在研钵内研匀。

(3) 将(1)加到(2)中,边加边研,直至均匀,即得。

【功能与主治】 抗菌、消炎。适用于干热疮、黏膜感染、皮肤炎症。

【用法与用量】 外用,适量涂于患处。

【质量要求】

(1) 性状:3种不同基质的黄芩素软膏均为均匀、细腻,具适当黏稠性的黄色半固体。

（2）定性鉴别：采用显色或薄层色谱法鉴别本品中的黄芩素。

（3）刺激性检查：剃去家兔背上的毛约 2.5cm^2，俟剃毛所产生的刺激痊愈后，取软膏 0.5g 均匀地涂在剃毛部位使形成薄膜层，24 小时后观察，应无水疱、出疹、发红等现象。每次试验应在 3 个不同部位同时进行，并用空白基质作对照。

（4）pH 的测定：取软膏适量，加水振摇，取水溶液加酚酞或甲基红指示液均不得变色。

（5）微生物限度检查：每 1g 不得检出金黄色葡萄球菌、铜绿假单胞菌；细菌数每 1g 不得过 1000cfu，霉菌和酵母菌数每 1g 不得过 100cfu。

（6）含量测定：采用高效液相色谱法测定本品中黄芩素含量。

4. 考察不同基质软膏中药物释放性能

Ⅰ. 试管法

（1）琼脂基质的制备：格林液的配制，取氯化钠 0.85g、氯化钾 0.03g、氯化钙 0.048g，加水至 100ml 溶解。

取琼脂 2g，加入格林液内，水浴加热溶解，冷至 60℃后加入三氯化铁试液数滴，混匀，立即倒入事先预热的 3 个相同的试管中，装量为距试管口约 2cm（倾倒时沿管壁倒入，不得混入气泡），直立静置凝固，备用。

（2）黄芩素软膏释放性能考察：将制得的 3 种不同基质的黄芩素软膏，取等量分别填装于上述有琼脂基质的试管中。然后置 37℃恒温箱内，经一定时间，测定药物向琼脂中渗透的距离（即变色区的长度）。将测得的数据填入附表 1-3，并作释药曲线，比较 3 类不同基质的药物释放情况。

附表 1-3　3 种基质黄芩素软膏药物释放性能测定结果

基质类型	扩散色区长度/cm							
	1 小时	2 小时	4 小时	8 小时	16 小时	24 小时	48 小时	72 小时
油脂性								
乳剂性								
水溶性								

Ⅱ. 平皿法　按“试管法”项下方法将含有三氯化铁的格林琼脂液倒入培养皿中，制得琼脂平皿，并用无菌打孔器在琼脂平板上打直径为 6mm 的孔 3 只，以无菌针头挑出孔内琼脂，再将 3 种不同基质的黄芩素软膏分别填装于孔内。然后置 37℃恒温箱内，经一定时间，测定药物向琼脂中扩散的距离，记录呈色圈半径，并按上法，作释放曲线，比较 3 类不同基质的药物释放情况。

Ⅲ. 紫云膏

【处方】　紫草 10g　当归 10g　麻油 135g　蜂蜡适量

【制法】

（1）取麻油于锅内，加热至约 200℃，加入当归，炸至表面呈焦黄色，除去药渣；降温至约 160℃时，将紫草加入，用微火炸至油呈紫红色，滤除药渣。

（2）取蜂蜡适量（每 10g 油加蜂蜡 2~4g）趁热加入上述药油内熔化，搅匀至冷凝，分装即可。

【功能与主治】　化腐生肌。用于冻疮。

【用法与用量】　外用，涂患处，每日数次。

【质量要求】

（1）性状：紫红色软膏，具特殊的油腻气。

（2）刺激性检查：脱去家兔背上的毛约 2.5cm^2，休息 24 小时，待脱毛所产生的刺激痊愈后，取软膏 0.5g 均匀地涂在脱毛部位使形成薄层，24 小时后观察，应无水疱、发疹、发红等现象。每次试验应在 3 个不同部位同时进行，并用空白基质作对照。

（3）稳定性检查：将软膏样品置于 10ml 离心管中，离心 30 分钟（3000 转/分），应无分层现象。

四、思 考 题

（1）中药软膏的制备方法有哪些？如何选用？软膏剂制备时药物的加入方法有哪些？

（2）熔和法制备软膏的操作关键是什么？

（3）乳化法制备乳膏的操作步骤如何？

（4）影响软膏剂中药物透皮吸收的因素主要有哪些？

实验6　颗粒剂的制备

一、实 验 目 的

（1）学会颗粒剂的制备方法。

（2）明白颗粒剂的质量要求和质量检查方法。

二、实 验 提 要

（1）颗粒剂制备工艺流程为：药料的处理（提取、纯化）⟶制软材、制颗粒⟶干燥⟶整粒$\xrightarrow{\text{质检}}$包装。

提取多采用煎煮法，也可用渗漉法及回流提取法等。提取液的纯化以往常采用乙醇沉淀法，目前也采用高速离心、絮凝沉淀、大孔树脂吸附等新技术。干浸膏粉制颗粒所加辅料（常用的有糖粉、糊精等）一般不超过浸膏粉的2倍，稠膏［相对密度为1.30～1.35（50～60℃）］制颗粒所加辅料一般不超过浸膏量的5倍。湿颗粒应及时干燥，温度一般控制在60～80℃。

（2）挤出制粒，软材的软硬度以“手握成团，轻压即散”为宜。喷雾干燥粉加适量的干燥黏合剂干法制粒，可制得无糖型颗粒。

（3）挥发油等挥发性成分常用适量的高浓度乙醇溶解后，喷洒于干颗粒中，密闭使均匀吸收，亦可采用包合技术，将挥发油的包合物与制好的颗粒混合均匀。

三、实 验 内 容

1. 双黄连颗粒

【处方】 金银花150g　黄芩150g　连翘300g　制成100g

【制法】 以上3味，黄芩用水煎煮3次，第一次1小时，第二、三次各0.5小时，合并煎液，滤过，滤液浓缩至相对密度1.05～1.10（80℃）。80℃时，加2mol/L盐酸溶液调节pH至1.0～2.0，保温1小时，静置24小时，滤过，沉淀用水洗至pH 5.0，继用70%乙醇溶液洗至pH为7.0，低温干燥，备用。

金银花、连翘加水温浸半小时后，煎煮2次，每次1小时，滤取煎液，浓缩至相对密度为1.20～1.25（70～80℃）的清膏，冷却至40℃时，搅拌下缓缓加入乙醇，使含醇量达75%，充分搅拌，静置12小时，滤取上清液；残渣加75%乙醇溶液适量，搅匀，静置12小时，滤过，合并乙醇液，回收乙醇至无醇味，并浓缩成相对密度为1.30～1.32（60～65℃）的清膏，减压干燥，与黄芩提取物粉碎成细粉，加入糊精等辅料适量，混匀，制成颗粒，干燥，整粒，分装（每袋5g）即得。

【功能与主治】 辛凉解表，清热解毒。用于外感风热引起的发热、咳嗽、咽痛。

【用法与用量】 口服或开水冲服。成人1次5g，1日3次；婴儿6个月以下，1次1.0～1.5g；6个月至1岁，1次1.5～2.0g；1～3岁，1次2.0～2.5g，3岁以上儿童酌量，或遵医嘱。

【质量要求】

（1）性状：本品为棕黄色颗粒；气微，味苦、微甜。

（2）定性鉴别：照2010年版《中国药典》（一部）“双黄连颗粒鉴别”项下方法，采用薄层色谱法鉴别本品中黄芩苷、绿原酸与连翘药材，在与对照品及对照药材色谱相应的位置上，显相同颜色的斑点。

（3）粒度检查：取供试品30g，称定重量，置规定的药筛中，保持水平状态过筛，左右往返，边筛动边轻叩 3 分钟。取不能通过 1 号筛和能通过 5 号筛的颗粒及粉末,不得过 15%。

(4) 水分:取供试品照 2010 年版《中国药典》(一部)附录Ⅸ H 水分测定法(第一法)检查,不得超过 6.0%。

(5) 溶化性:供试品 10g 加 20 倍量热水搅拌 5 分钟,立即观察,颗粒应全部溶化,允许有轻微浑浊,但不得有焦屑等异物。

(6) 装量差异:取供试品 10 袋,分别称定每袋内容物的重量,每袋的重量与标示装量相比较(无者,应与平均装量相比较),超出限度的不得多于 2 袋,并不得有 1 袋超出限度 1 倍。

(7) 微生物限度检查:照 2010 年版《中国药典》(一部)附录ⅩⅢ C 微生物限度检查法检查。不得检出大肠埃希菌;细菌数每 1g 不得过 1000cfu;霉菌和酵母菌数每 1g 不得过 100cfu。

(8) 含量测定:照 2010 年版《中国药典》(一部)"双黄连颗粒含量测定"项下方法,用 HPLC 法测定本品中连翘苷和黄芩苷含量,应符合规定。

2. 复方山楂泡腾颗粒

【处方】 山楂 300g 陈皮 50g 枸橼酸 250g 碳酸氢钠 250g 香精适量 糖粉 2500g

【制法】 取山楂、陈皮加水煎煮 2 次,每次 30 分钟,滤过,滤液浓缩至 150ml 备用。取糖粉 1250g,加入上述浓缩液,混合均匀,制成颗粒,70℃干燥,整粒。另取糖粉 1250g,碳酸氢钠 250g,以适量蒸馏水为润湿剂,混合均匀,制成颗粒,70℃干燥,整粒。将上述两种颗粒混合均匀,喷入适量香精,再加入枸橼酸混合均匀,分装(每袋 30g)即得。

【功能与主治】 理气健脾,助消化,清凉解渴。用于食欲不振、消化不良、防暑解渴,也可当清凉汽水饮用。

【用法与用量】 口服,用凉开水或温开水冲化后饮用。1 天数次,1 次 1~2 袋。

【质量要求】

(1) 性状:大小均匀棕红色的干燥颗粒,味酸、甜。

(2) 溶化性:供试品遇水立即产生二氧化碳气体并呈沸腾状。

(3) 粒度、水分、装量差异及微生物限度检查同双黄连颗粒相同项下。

四、思 考 题

(1) 颗粒剂制备时注意事项有哪些? 挥发性药物的处理方法有哪些?

(2) 颗粒剂的质检项目及检查方法如何?

实验 7 片剂的制备

一、实 验 目 的

(1) 学会湿制颗粒压片的制备方法及其操作要点。

(2) 知道片剂的质量要求以及片重差异、崩解时限等质检方法。

(3) 明白压片操作方法,了解压片机的基本结构及其使用与保养。

二、实 验 提 要

(1) 片剂制备工艺流程:物料准备⟶药料处理⟶制粒(湿法或干法)⟶干燥$\xrightarrow{\text{化验}}$整粒⟶压片$\xrightarrow{\text{质检}}$(包衣)⟶包装

(2) 制片用药料与辅料应混合均匀。应根据药物的性质,选用适宜适量的黏合剂或润湿剂制软材、制颗粒。湿粒应选用适宜温度及时干燥,水分控制应适应制片需要。

(3) 压片前,干颗粒需过筛整粒,并加入润滑剂等辅料混匀,经检验合格、计算片重后方可压片。挥发油的加入可采用常规喷雾法,也可制成微囊或 β-CD 包合物后混匀压片。

三、实验内容

1. 大黄苏打片

【处方】 大黄粉150g 碳酸氢钠150g 薄荷油4ml 姜黄粉适量 淀粉浆(10%) 适量共制成1000片

【制法】 取大黄粉，加淀粉浆适量，制软材，过14目筛制颗粒。湿粒在60℃以下烘干，再过16目筛整粒。

另取碳酸氢钠与姜黄粉少许着色混合，加淀粉浆适量，制软材，过14目筛制颗粒，在60℃以下烘干。再过16目筛整粒。

两种干颗粒充分混合后，将薄荷油用适量乙醇溶解后喷入，加入1%滑石粉、10%干淀粉拌匀，压片，即得。

【功能与主治】 制酸、健胃、缓泻剂。用于胃酸过多等症。

【用法与用量】 口服，1次1~3片，1日2~3次。或遵医嘱。

【质量要求】

(1) 性状：光洁美观，边缘完整，色泽一致，无斑点异物。

(2) 重量差异检查：取药片20片，精密称定总重量，求得平均片重后，再分别精密称定各片的重量，每片重量与平均片重相比较(凡有标示片重的片剂，每片重量与标示片重相比较)，超出重量差异限度的药片不得多于2片，并不得有1片超出限度的1倍。

(3) 崩解时限：取供试品6片，以水(37±1)℃为介质，分别置已调试好的片剂崩解仪吊篮的玻璃管中(每管各加1片)，加挡板，启动崩解仪进行检查。各片均应在30分钟内全部崩解，如有1片不能完全崩解，应另取6片加挡板复试，均应符合规定。

(4) 微生物限度检查：照2010年版《中国药典》(一部)附录XⅢ C微生物限度检查法检查。不得检出大肠埃希菌；细菌数每1g不得过1000cfu；霉菌和酵母菌数每1g不得过100cfu。

2. 复方丹参片

【处方】 丹参90g 三七28.2g 冰片1.6g

【制法】 以上3味，丹参提取3次，第一次加95%乙醇溶液回流1.5小时，滤过，滤液回收乙醇，浓缩至相对密度为1.30(55~60℃)；第二次加50%乙醇溶液回流1.5小时，滤过；第三次加水回流2小时，滤过，合并第二、第三次滤液，回收乙醇，浓缩至相对密度为1.4(55~60℃)，与第一次的浓缩液合并，混匀制成相对密度为1.35~1.39(55℃)的清膏。将三七粉碎成细粉，与丹参清膏拌匀，干燥，制成颗粒。将冰片研细，过100目筛，与上述颗粒混匀，压制成200片，或包糖衣，或包薄膜衣，即得。

【功能与主治】 活血化瘀，理气止痛。用于胸中憋闷、心绞痛。

【用法与用量】 口服，1次3片，1日3次。

【质量要求】

(1) 性状：本品为浅褐色素片、糖衣片或薄膜衣片，糖衣片和薄膜衣片除去包衣后显褐色；气芳香，味微苦。

(2) 定性鉴别：照2010年版《中国药典》(一部)复方丹参片“鉴别”项下，采用薄层色谱法鉴别本品中丹参酮$Ⅱ_A$、人参皂苷Rb_1、人参皂苷Rg_1和三七皂苷R_1，在与对照药材色谱和对照品色谱相应的位置上，显相同颜色的斑点。

(3) 崩解时限、重量差异、硬度、脆碎度检查，应符合有关规定。

(4) 含量测定：照2010年版《中国药典》(一部)复方丹参片“含量测定”项下方法，用HPLC法测定本品中丹参酮$Ⅱ_A$和丹酚酸B的含量，应符合规定。

四、思考题

(1) 中药片剂在辅料选用与制备工艺上有何特点？

(2) 湿制颗粒压片法的操作要点如何？

(3) 影响片剂崩解时限、片重差异的因素有哪些？测定片重差异、崩解时限有何意义？

实验8 栓剂的制备

一、实验目的

(1) 学会热熔法制备栓剂，掌握操作要点。

(2) 明白栓剂基质的分类、栓剂置换价的计算及栓剂的质量检查项目与方法。

二、实验提要

(1) 栓剂的制法有搓捏法、冷压法、热熔法3种。其中热熔法最为常用，其制备栓剂的工艺流程为：基质熔化→与药物混匀→注模→冷却→削去溢出部分→脱模→质检→包装

(2) 栓剂制备时应涂润滑剂：水溶性、亲水性基质的栓剂常用液状石蜡、植物油；油脂性基质的栓剂则用软肥皂、甘油各1份与90%乙醇溶液5份制成的醇溶液。

(3) 一般来说，固体药物应先制成极细粉，加入基质中混匀。油溶性药物可直接混入已熔化的油脂性基质中，使之溶解；水溶性药物，可直接与已溶化的水溶性基质混合。

(4) 置换价系指药物的重量与同体积基质重量之比值。置换价的计算方法，用同一个栓模，设纯基质栓的平均重量为G，含药栓的平均重量为M，含药栓中每粒栓的平均含药重为W，则$M-W$为含药栓中的基质重量，$G-(M-W)$即为与药物同体积的基质重量。

置换值(f)计算公式为：

$$f=\frac{W}{G-(M-W)}$$

制备每粒栓剂所需基质的理论用量(X)为：

$$X=G-\frac{W}{f}$$

三、实验内容

保妇康栓

【处方】 莪术油0.82g　冰片0.75g　聚山梨酯80 0.75g　聚氧乙烯硬脂酸酯15.51g　乙醇适量　制成阴道栓10粒

【制法】 将莪术油与聚山梨酯80混匀，冰片用适量乙醇溶解，与上述油溶液混合均匀。另取聚氧乙烯硬脂酸酯15.51g，置水浴上熔化，加入上述药液，充分搅匀，注入已涂液状石蜡的栓模中，冷却凝固后切去溢出部分，启模取出，整理后即得。

【功能与主治】 行气破瘀，生肌，止痛。用于霉菌性阴道炎、老年性阴道炎及宫颈糜烂。

【用法与用量】 外用，洗净外阴部，将栓剂塞入阴道深部。每晚1粒，或遵医嘱。

【质量要求】

(1) 性状：本品为乳白色、乳黄色或棕黄色的子弹形固体，纳入人体腔道后，能迅速软化熔融或溶解，并易与分泌液混合。

(2) 定性鉴别：照2010年版《中国药典》(一部)“保妇康栓”项下方法，以对照药材用薄层色谱法鉴别莪术油。

(3) 重量差异检查：取供试品10粒，精密称定总重量，求得平均粒重后，再分别精密称定各粒的重量，每粒重量与标示粒重相比较(凡无标示粒重应与平均粒重相比较)，超出限度(1g以下或1g为±10%，1~3g为±7.5%，3g以上为±5%)的不得多于1粒，并不得超出限度1倍。

(4) 融变时限：照2010年版《中国药典》(一部)附录Ⅻ B“融变时限检查法”检查。取供试品3粒，在室温放置1小时后，分别放在3个金属架的下层原板上，装入各自的套筒内，并用挂钩固定。除另有规定外，将上述装置分别垂直浸入盛有不少于4L的(37±0.5)℃水的容器中，其上端位置应在水面下90mm处。

容器中装一转动器，每隔10分钟在溶液中翻转该装置1次。供试品3粒均应在60分钟内全部融化、软化或触压时无硬心。如有1粒不合格，应另取3粒复试，均应符合规定。

（5）微生物限度：照2010年版《中国药典》（一部）附录XIII C“微生物限度检查法”检查，应符合规定。

四、思考题

（1）热熔法制备栓剂的注意事项及基质中加入药物的方法有哪些？

（2）栓剂测定融变时限的目的何在？

实验9 中药注射剂的制备

一、实验目的

（1）学会中药注射剂的制备方法及其操作要点。

（2）明白注射剂常规质量要求及检查方法。

二、实验提要

（1）注射剂的制备工艺流程为：原辅料的准备→配液→滤过→灌注→熔封→灭菌→质量检查→印字包装→成品。

（2）原、辅料必须符合注射剂规格标准：以有效成分制成的中药注射剂，其有效成分的纯度应达到90%以上；以多成分制备的中药注射剂，在测定总固体量（mg/ml）基础上，明确成分的含量应不低于总固体量的60%。用于配制注射剂前的半成品，应检查重金属、砷盐，检查时样品需进行有机破坏。除另有规定外，含重金属不得过百万分之十，含砷盐不得过百万分之二。

（3）水醇法或醇水法是制备中药注射剂的常用方法，根据有效成分既溶于水又溶于乙醇的性质，采用水提醇沉或醇提水沉工艺尽量去除杂质、保留有效成分或有效部位。根据有效成分的性质，常选择：①溶剂萃取法；②酸碱沉淀法；③吸附分离法；④超滤法等方法进一步精制以达到注射用半成品的质量要求。含有挥发性成分的中药注射剂的制备常采用水蒸气蒸馏法，收集馏出液重蒸馏1次，以提高馏出液的纯度或浓度。

（4）注射剂的配液方法有浓配法和稀释配法两种。注射液经初滤、精滤、质检合格后应立即灌封。灌注时药液不能黏附在安瓿颈壁上，以免熔封时出现焦头，且应按药典规定增加装量。灌封后应立即灭菌。

三、实验内容

去感热注射液

【处方】 芦竹根125g 青蒿125g 竹叶柴胡62.5g 石膏50g 注射用水适量 共制成500ml

【制法】 取青蒿、竹叶柴胡用蒸馏法蒸馏，收集蒸馏液465ml，药渣弃之；另取芦竹根、石膏加水浸泡60分钟，加水煎煮3次，第一次加8倍量的水煎煮60分钟，第二、三次各加6倍量的水煎煮30分钟，合并煎液，滤过，滤液浓缩至约50ml，用乙醇沉淀处理2次，第一次使含醇量为70%，静置冷藏48小时以上，滤过，滤液回收乙醇，并浓缩至约10ml，再加乙醇使含醇量为80%，静置，冷藏48小时以上，滤过，回收并挥尽乙醇，加注射用水至30ml，加0.2%的活性炭煮沸20分钟，稍冷抽滤至澄明；将苯甲醇1.5ml、聚山梨酯80 2.5ml加入蒸馏液中，混匀，再与上述药液合并，调节pH，加注射用水至500ml，精滤，灌封，灭菌，即得。

【功能与主治】 清热解毒，发汗解表，用于呼吸道感染引起的高热症。

【用法与用量】 肌内注射，1次2~4ml，1日2~3次，或遵医嘱。

【质量要求】

（1）性状：本品为淡黄色至橙黄色的澄明液体。

（2）定性鉴别：以对照药材照薄层色谱法鉴别芦竹根、青蒿。

（3）装量检查：照2010年版《中国药典》（一部）附录注射剂项下“装量差异限度检查”方法检查。取供试品5支，开启时注意避免损失，将内容物分别用相应体积的干燥注射器及注射针头抽尽，然后注入经标化的量具内（量具的大小应使待测体积至少占其额定体积的40%），在室温下检视。每支装量均不得少于标示量。

（4）可见异物：照2010年版《中国药典》（一部）附录ⅪC“可见异物检查法”检查，应符合规定。

（5）不溶性微粒：照2010年版《中国药典》（一部）附录ⅨR“不溶性微粒检查法”检查，应符合规定。

（6）pH：取注射液，照2010年版《中国药典》（一部）附录ⅦG项下检查，应为5.0~6.0。

（7）热原：取注射液，照2010年版《中国药典》（一部）附录ⅩⅢA“热原检查法”或附录ⅩⅢD“细菌内毒素检查法”检查，应符合规定。

（8）无菌：取注射液，照2010年版《中国药典》（一部）附录ⅩⅢB项下检查，应符合规定。

（9）炽灼残渣：取注射液2.0ml，照2010年版《中国药典》（一部）附录ⅨJ项下检查，遗留残渣不得过0.2%。

（10）有关物质：按各品种项下规定的方法处理后，照2010年版《中国药典》（一部）附录ⅨS“注射剂有关物质检查法”检查，应符合规定。

（11）含量测定：精密量取本品50ml，置分液漏斗中，加氨试液调节pH约至10，用氯仿振摇提取6次（30、20、20、15、15、15ml），合并氯仿液，残渣用0.1mol/L盐酸溶液50ml分次溶解并洗涤，滤过，滤液并入烧杯中，不断搅拌，并缓缓滴加硅钨酸试液约2ml至不再生成沉淀，静置过夜，用干燥至恒重的G_4垂熔漏斗滤过，沉淀用水分次洗涤，每次20ml，至洗液不再对生物碱显沉淀反应，在105℃干燥至恒重，精密称定，计算，即得。

本品每1ml含总生物碱以硅钨酸盐计算，应不少于0.5mg。

四、思考题

（1）“水醇法”制备中药注射剂的生产过程及操作要点有哪些？

（2）影响中药注射液澄明度的因素有哪些？可采取哪些措施提高产品的澄明度合格率？

实验10 β-环糊精包合物的制备

一、实验目的

（1）学会研磨法制备β-环糊精包合物的方法。

（2）了解β-环糊精包合物的性质与应用。

二、实验提要

（1）β-环糊精由7个葡萄糖分子以1，4-糖苷键连接构成，呈环状中空圆筒形结构，两端和外部为亲水性，而筒的内部为疏水性。β-环糊精能与许多药物形成包合物，可增加难溶性药物的溶解度与溶出速度，提高药物的生物利用度；也可增加药物的稳定性；掩盖药物的不良嗅味；降低药物的刺激性；还可使液体药物粉末化，有些还可作为缓释和靶向制剂的药物载体。

（2）环糊精包合物的制备方法有饱和水溶液法、研磨法、喷雾干燥法、冷冻干燥法等，可根据环糊精和药物的性质选用。

三、实验内容

丹皮酚β-环糊精包合物

【处方】 β-环糊精2g 丹皮酚0.5g 蒸馏水6ml

【制法】 取β-环糊精2g，置研钵中，加入蒸馏水6ml，研匀成糊状。取0.5g丹皮酚，置10ml小烧杯中，加少量无水乙醇使其溶解后，分次滴入β-环糊精糊状液中，50℃不断研磨1小时。抽滤，滤渣用少量无水乙醇洗涤后，于40℃烘干，即得。

【质量要求】

（1）性状：包合物为白色干燥粉末，无明显的丹皮酚气味。

（2）差示热分析。分析条件：α-Al_2O_3为参比物，量程为±100μV，升温速度为8℃/min。分析样品：丹皮酚为a，β-环糊精为b，包合物为c，丹皮酚与β-环糊精的混合物（按包合物中的比例称取后混合）为d。比较a、b、c、d差示热图中的相变温度。

四、思 考 题

（1）研磨法制备包合物的操作要点有哪些？
（2）常用包合材料有哪些？各有何特点？

实验11 中药固体制剂的溶出度测定

一、实 验 目 的

（1）学会中药固体制剂溶出度的测定方法，掌握操作要点。
（2）明白溶出度测定的原理和意义。

二、实 验 提 要

（1）药物的吸收速率和程度与制剂中药物成分在胃肠液中溶出的速度和程度密切相关。对许多药物而言，当溶解过程为影响吸收的主要限速过程时，崩解（或溶散）时限往往不能作为判断药物制剂吸收的指标，其吸收量通常与该药物从制剂中溶出的量成正比。

（2）溶出度测定的原理是基于Noyes-Whitney方程：$dc/dt=ks(C_s-C)$，式中：dc/dt为溶出速度；k为溶出速度常数；s为固体药物表面积；C_s为药物的饱和溶液浓度；C为t时溶液的药物浓度。为了加快溶出速度，必须保证$C_s \gg C$，即溶出介质中药物的量远远超过使药物饱和的介质所需要的量。在试验研究中，一般溶出介质中药物的量至少为饱和介质所需要量的5～10倍。

（3）溶出度测定方法有转篮法和浆法等，测定装置的结构和要求药典做了具体规定。

三、实 验 内 容

1. 牛黄解毒片测定方法

（1）比较E值的测定：取样品10片，精密称定，计算出平均片重（$\overline{W}$），将称定的片剂研细，再精密称取相当于$\overline{W}$的量，置1000ml容量瓶中，加入人工胃液至刻度，混匀，放于（37±0.5）℃水浴中，不时振摇，浸渍24小时，取样，滤过，用紫外分光光度计于276nm处测定吸收度E值。

（2）样品E_i值的测定：取温度为（37±0.5）℃的人工胃液1000ml，倒入圆底烧杯中，调节转篮转速为每分钟100转，将精密称重的药片1片（W_1）放在转篮内，以人工胃液接触药片开始计时，每隔10分钟取样1次（取样位置固定在转篮正中，距杯壁不小于1cm处），每次取样10ml，并立即补充新鲜人工胃液10ml于圆底烧杯中。取出的样品液滤过后用紫外分光光度计于276nm处测定吸收度E_i值。

2. 数据处理

（1）实验结果记录（附表1-4）。

附表1-4 实验结果记录

取样时间/分钟	空白	10	20	30	40	50	60	70	80	90	100
E_i											
百分溶出量（%）											
残留待溶量（%）											

注：百分溶出量（%）$=\dfrac{\overline{W}E_i}{W_1E}\times100\%$。

残留待溶量(%)=1-百分溶出量

(2) 用普通坐标纸作图:以百分溶出量为纵坐标,溶出时间为横坐标作图,得到溶出曲线。

(3) 用 Weibull 概率纸作图,求出 T_{50}、T_d 及 m 三个参数:为了将上述溶出曲线直线化,采用 Weibull 概率纸作图,在此图上可得到 T_{50}(溶出 50%所需时间),T_d(溶出 63.2%所需时间)及 m(斜率)等溶出参数。

四、思 考 题

(1) 溶出度测定有何意义? 哪些药物需进行溶出度测定?

(2) 溶出度试验的操作要点有哪些?

实验 12 药剂的稳定性加速试验

一、实 验 目 的

(1) 学会恒温加速试验法预测维生素 C 注射液有效期的方法。

(2) 明白影响制剂稳定性的因素与稳定化方法。

二、实 验 提 要

(1) 稳定性试验方法有长期试验法和加速试验法。长期试验法简便易行、真实可靠,为制剂有效期的确定提供依据。但所需时间长,不利于产品开发和更新。加速试验法速度快、时间短,常用方法有药典法、经典恒温法以及简便法(活化能估算法)、初均速法、Q10 法及线性变温法等。

(2) 长期试验法是在接近药品的实际储存条件下进行,取市售包装的供试品制剂 3 批,在温度(25±2)℃,相对湿度 60%±10%或温度(30±2)℃,相对湿度 65%±5%的条件下放置,分别于 0 个月、3 个月、6 个月、9 个月、12 个月取样,按稳定性考察项目进行检测。

(3) 经典恒温法的理论依据是 Arrhenius 的指数定律。根据化学动力学原理,将样品放入各个不同温度的恒温器中,定时取样测定其浓度,得出各温度下不同时间药物的浓度,通过图解法或回归法,即可推算出样品室温下分解一定程度所需时间。经典恒温法的加速试验温度一般是 4 个,每个温度取样需 4 次以上。

(4) 药物有效期预测的实验步骤:①进行加速试验;②确定反应级数;③求各试验温度的 k 值;④以 $\log k$ 对 $1/T$ 作图或作线性回归;⑤求室温(25℃)时的 k 值;⑥求室温时的有效期 $t_{0.9}$。

三、实 验 内 容

1. 维生素 C 注射液稳定性加速试验方法

(1) 精密量取维生素 C 注射液 2ml,加新鲜煮沸过的蒸馏水 85ml,丙酮 2ml,摇匀,放置 5 分钟,加稀醋酸 4ml,淀粉指示液 1ml,用 0.1mol/L 碘液滴定,至溶液呈蓝色并持续 30 秒钟不退。记下消耗碘液的毫升数(每毫升碘液相当于 8.806mg 维生素 C)。

(2) 将同一批号的维生素 C 注射液样品分别置 4 个不同温度的恒温水浴中,温度和取样时间见附表 5。每个温度的间隔取样次数均为 5 次。样品取出后立即冷却或置冰箱保存,然后按上法进行含量测定。

2. 实验数据处理

(1) 对在每个温度各加热时间内取出的样品与未经加热试验的原样品分别测定维生素 C 含量,记录消耗碘液的毫升数。以未经加热的样品所消耗碘液的毫升数(即初始浓度)为 100%相对浓度,各加热时间内的样品所消耗碘液的毫升数与其相比求得各自的相对浓度百分数(C%)。实验数据记录于附表 1-5 中。

(2) 求各试验温度下维生素 C 氧化降解的速度常数 k:

1) 回归法:将各温度各加热时间(x)与其所对应的样品相对浓度百分数(y)回归,得截距、斜率(b)、相关系数(r),由下式即可求出各温度的 k 值:$k=-2.303b$。

2) 图解法:以各温度各加热时间(x)为横坐标,其所对应的样品相对浓度百分数(y)为纵坐标,作图得一直线,由斜率 b 值即可求出各温度的 k 值。

(3) 求维生素C氧化降解反应的活化能(E)和频率因子(A)：

以$\frac{1}{T}\times10^3$为横坐标，$\log k$为纵坐标，作$\log k-\frac{1}{T}$图，求出截距、斜率(b)、相关系数(r)。频率因子A即为直线截距的反对数。维生素C氧化降解反应的活化能(E)为：$E=-2.303bR$。

(4) 求室温(25℃)时的维生素C氧化降解速度常数k：在第21章公式(21-2)中代入E、A、R，即可求出$k_{25℃}$，亦可从图$\log k-\frac{1}{T}$图中的直线外延至室温求得。

(5) 求室温时的$t_{0.9}$：将$k_{25℃}$代入第21章公式(21-12)，即可求得室温25℃时分解10%的时间。

附表1-5 维生素C注射液加速试验数据表

温度/℃	取样时间/小时	消耗碘液数/ml	相对浓度 C/%	对数浓度 $\log C$	回归结果
60	0				k=
	24				r=
	48				
	72				
	96				
	120				
70	0				k=
	12				r=
	24				
	36				
	48				
	60				
80	0				k=
	6				r=
	12				
	18				
	24				
	30				
90	0				k=
	3				r=
	6				
	9				
	12				
	15				

四、思考题

(1) 经典恒温加速试验法预测药物有效期的理论依据是什么？实验步骤有哪些？

(2) 长期试验、加速试验各有何优缺点？

（刘汉清　刘　嘉）

附录2　常用药剂辅料选录

内容见附表2-1。

附表2-1　常用药剂辅料选录

名称	性质	主要用途
乙基纤维素(纤维素乙醚 EC) $[C_6H_7O_2(OC_2H_5)_3]_n$	白色或浅灰色可流动粉末,不溶于水而溶于有机溶剂,有较好的黏性及成膜性	黏合剂,可延长崩解时间而延效,包衣材料、成膜材料、微囊囊材 备注:在阳光或紫外线下可氧化降解,与石蜡有配伍禁忌
乙二胺四乙酸二钠(EDTA-2Na) $C_{10}H_{14}N_2Na_2O_8 \cdot 2H_2O$	白色结晶粉末,无嗅,味微酸,溶于水,微溶于乙醇,不溶于乙醚和氯仿等	金属离子络合剂
乙醇 CH_3CH_2OH	无色澄清、易流动、易挥发、易燃烧液体;可与水、甘油、丙酮、氯仿、乙醚等完全混溶	溶剂、助溶剂、防腐剂、消毒杀菌剂、润湿剂、冷凝剂
二甲基硅油 $(CH_3)_3SiO[OSi(CH_3)_2]_n$	无色或淡黄色液体,无嗅无味。溶于氯仿、乙醚、苯,不溶于水、乙醇、植物油、石蜡油;在应用范围内黏度变化小,具有很高的耐热性;在强酸强碱中降解。	抗水剂、抗黏合剂、润滑剂、脱膜(模)剂、消泡剂、抗静电剂、增光剂、乳剂和乳膏基质
二氧化钛(钛白粉)TiO_2	白色无嗅无味无定形粉末。溶于氢氟酸、热硫酸,不溶于水、盐酸、硝酸、稀硫酸	遮光剂、白色色素,用于包衣丸、片、颗粒及胶囊等
十二烷基硫酸钠(月桂醇硫酸钠) $C_{12}H_{25}OSO_2ONa$	白色结晶或粉末,有轻微类似脂肪特臭。易溶于水、部分溶于乙醇,不溶于氯仿、乙醚、和石油醚	阴离子性表面活性剂。可溶性润滑剂、乳化剂、去垢剂、分散剂、增溶剂、润湿剂、起泡剂 备注:避免同阳离子型表面活性剂配伍
三乙醇胺(TEA) $N(CH_2CH_2OH)_3$	无色或微黄色、澄清、微具氨臭、黏稠、吸湿性液体。可与水、乙醇、甘油混溶,可溶于氯仿。呈强碱性	有机碱化剂,能与游离脂肪酸形成具有类似清洁剂、乳化剂
三醋酸甘油酯 $C_9H_{14}O_6$	无色无臭或微有脂肪臭、透明澄清油状液体,味微苦。能溶于水、乙醇,能与氯仿、乙醚混合	溶剂、增塑剂、保湿剂、抗真菌剂
山梨醇(山梨糖醇) $C_6H_{14}O_6$	白色或无色结晶性粉末,味甜而清凉。具吸湿性。易溶于水、热乙醇、甘油,不溶于乙醚、氯仿	咀嚼片的填充剂和黏合剂,甜味剂、保湿剂、明胶胶囊的增塑剂、化学稳定剂、渗透压调节剂、致孔剂、固体分散物载体及软膏基质
山梨酸(2,4-己二烯酸) $C_6H_8O_2$	白色或微黄色,有微弱气味结晶性粉末。难溶于水,易溶于乙醇	抑菌防腐剂 备注:易被氧化,与其他防腐剂合作有协同作用
凡士林(软石蜡)	有黄、白两色,软膏状物,有细腻感,有一定拉丝性。化学惰性。易溶于苯或氯仿,溶解于乙醚或汽油中,几乎不溶于乙醇或水中	外用软膏或眼膏基质

续表

名称	性质	主要用途
木糖醇(戊五醇) $C_5H_{12}O_5$	白色,无臭,味甜而清凉的粉末或结晶性粉末。熔程93~94.5℃。易溶于水,10%水溶液pH为5.0~7.0。略溶于乙醇。有引湿性,无旋光性。不受酵母菌和细菌作用,有防龋齿作用。体内代谢与胰岛素无关,糖尿病患者应用本品不增加血糖值。本品甜度为蔗糖的65%~100%(视浓度而定),本品与金属离子有螯合作用,可增加抗氧剂的效果	在药剂中主要用作甜味剂、增塑剂、保湿剂、固体制剂的稀释剂及抗氧剂、增效剂等。作营养甜味剂,主要用于糖尿病患者。本品也是食品添加剂,用于清凉饮料、糖果等的制造,在日化工业中常用于制备牙膏等日化产品
甘油(丙三醇) $C_3H_8O_3$	无色无臭澄清的糖浆状液体,味甜后有温热感。有较强的吸湿性。冰点较低能防止冰冻。能与水、醇、丙二醇任意混合,略溶于丙酮,不溶于氯仿、乙醚、挥发油等	润滑剂、润湿剂(浓度≤30%),薄膜包衣及胶囊的增塑剂,防腐剂、注射剂及口服给药液体的溶剂(浓度≤50%),高浓度乙醇制剂中的甜味剂(浓度≤20%) 备注:与氧化剂有配伍禁忌
甘露醇 $C_6H_{14}O_6$	白色无嗅的结晶性粉末,清凉味甜。无吸湿性。易溶于水,溶于甘油,微溶于乙醇	片剂的填充剂,冻干针剂的载体,悬浮剂的增稠剂,助溶剂,固体颗粒促流动剂和抗氧增效剂
甲基纤维素(纤维素甲醚MC) $[C_6H_7O_2(OH)_x(COCH_3)_y]_n$	白色或近白色粉末或颗粒,具吸湿性,冷水中膨胀成乳白色黏稠胶体悬浮液,不溶于热水及有机溶剂	黏合剂、增稠剂、助悬剂、凝胶剂基质、薄膜包衣材料,乳化剂或辅助乳化剂
甲基丙烯酸三甲胺乙酯-甲基丙烯酸酯共聚物(丙烯酸树脂Ⅰ eudragit $L_{30}D$)	乳白色,低黏度水分散体系乳浊液,可用水稀释,在pH 6.5以上介质中可成盐溶解,有良好的成膜性	肠溶衣或薄膜包衣材料,也可与其他高分子材料合用作缓释材料
甲基丙烯酸三甲胺乙酯-甲基丙烯酸酯共聚物(丙烯酸树脂Ⅱ eudragit L)	白色流动性粉末,可溶于乙醇、甲醇、异丙醇及其混合溶剂中,不溶于水、乙醚、苯中,pH 7.0以上的缓冲液中溶解	肠溶衣或薄膜包衣材料、肠溶性膜剂的成膜材料、控释材料、微囊材料
甲基丙烯酸三甲胺乙酯-甲基丙烯酸酯共聚物(丙烯酸树脂Ⅲ Eudragit S)	白色流动性粉末,溶解性与pH有关,在pH 7.0以上的碱液中溶解,有良好的成膜性	肠溶性薄膜包衣材料及黏合剂、胶囊剂、膜剂、微囊剂材料,也可用于缓释控释材料
甲基丙烯酸三甲胺乙酯-甲基丙烯酸酯共聚物(丙烯酸树脂Ⅳ eudragit E)	微黄色颗粒或薄膜固体,略带氨臭味。溶于乙醇、丙酮等有机溶剂及pH 5.0以下的水、水和有机溶媒混合液中,有良好的成膜性	胃溶性薄膜包衣、膜剂的成膜材料
甲基丙烯酸三甲胺乙酯-甲基丙烯酸酯共聚物(eudragit RL)	无色透明颗粒状固体。溶于乙醇与氯甲烷的混合溶剂或丙酮中,不溶于石油醚、苯中,可分散于水中形成乳胶液	薄膜包衣材料、骨架材料,用于制备薄膜包衣缓释片、缓释胶囊、骨架缓释制剂
甲基丙烯酸三甲胺乙酯-甲基丙烯酸酯共聚物(eudragit RS)	无色透明颗粒状固体。可溶于丙酮与异丙醇的混合液中,性质与eudragit RL接近,但含氨基较少,渗透性小,包衣制剂释药缓慢	包囊材料、骨架材料和包衣材料,用于制备缓释微囊、骨架型缓释制剂、薄膜包衣骨架型缓释片剂和缓释小丸

续表

名称	性质	主要用途
甲壳素(甲壳质) $(C_8H_{13}NO_5)_n$	白色无定形固体,属含氮多糖类物质,具纤维结构。溶于浓盐酸、硫酸、冰醋酸,不溶于水、稀酸、碱、醇、乙醚等有机溶剂,溶解度、乙酰化值等因来源和制法而异	填充剂、黏合剂、薄膜包衣材料、缓释材料、透皮给药制剂的基质。植入剂的载体、控释膜材料,微球、微囊的囊材
甲壳胺 (壳聚糖、脱乙酰甲壳胺)	甲壳素进行部分或全部脱乙酰化产物。淡黄色或淡红色片状或粉状物。吸湿性强。因结构中有游离氨基,能溶于多种有机溶剂	药物载体,减轻药物刺激和控制释药;直接压片的赋形剂;制备缓释胃漂浮片;水处理阳离子凝集剂
司盘80(失水山梨醇三油酸酯) $C_{24}H_{44}O_6$	琥珀色黏稠油状液体,有特殊脂肪臭。不溶于水,能在热水中分散成乳状液,微溶于乙醚,能与乙醇混合,溶于液状石蜡、不挥发油	非离子性表面活性剂,具有乳化、分散、增溶作用。用作W/O型乳化剂、增溶剂;用于制备乳剂、乳膏、栓剂等 备注:司盘20、司盘40、司盘60、司盘65、司盘85用法同
白及胶	白色粉末。溶于水成稠厚的亲水胶体,常温下黏度大,水浴加热黏度下降,酸性液中稳定,碱性液中易失去黏度	片剂颗粒的黏合剂,O/W型乳化剂
白陶土(高岭土)	白色或类白色粉末。易被微生物污染,不溶于水、有机溶剂、矿酸和碱性氢氧化物	吸附剂、助悬剂、助滤剂和稀释剂等、脱色剂 备注:不能用于含生物碱制剂
白蜂蜡(白蜡)	白色微黄色固体,具蜂蜜甜味,不易腐败。不溶于水和醇,能溶于氯仿、乙醚及油类	糖衣的抛光剂、栓剂的熔点调节剂、油膏的基质、乳膏的增稠剂、W/O乳剂的稳定剂,蜡丸的黏合剂、蜂壳材料、固体制剂的缓释材料 备注:蜂蜡漂白而成
卡波姆	白色疏松酸性吸湿性强的粉末。微有特异臭,溶于水、乙醇、甘油	乳化剂、增稠剂、助悬剂、软膏、栓剂和亲水性凝胶基质,黏合剂、包衣材料、骨架材料,黏膜粘贴剂基质 备注:只有标有"P"的产品才可用于口服
对羟基苯甲酸乙酯(尼泊金乙酯)$C_9H_{10}O_3$	无色无臭粉末或白色结晶性粉末,微苦麻。微溶于水、甘油,易溶于乙醇、丙二醇。pH>8易水解。遇非离子型表面活性剂活性减少。可被塑料吸附	防腐抑菌剂,对霉菌及酵母抑菌作用强,对细菌抑制作用弱。广泛用于液体和半固体制剂 备注:以pH 4~7效果较好。尼泊金甲酯、尼泊金丙酯、尼泊金丁酯用途同
平平加O-20(脂肪醇聚氧乙烯醚) $RO(CH_2CH_2O)_nH$	白色膏状物。易溶于水,水液呈中性,昙点100℃	非离子型合成乳化剂,是优良乳化剂,对石蜡、液状石蜡、及硬脂酸等乳化能力都很强
亚硫酸氢钠 $NaHSO_3$	白色结晶性粉末,有强烈的二氧化硫气味。在空气中久置放出二氧化硫,能缓慢氧化成硫酸氢钠,易溶于水,难溶于醇,水液呈酸性,具还原性	酸性药液氧化剂 备注:本品应避酸,40℃以下密闭 醛酮类药物与其发生加成反应,生成易溶的磺酸盐,增大溶解度,并仍具化学活性

续表

名称	性质	主要用途
亚硫酸钠(硫氧粉) Na_2SO_3	无色结晶或白色结晶性粉末,具有亚硫酸气。溶于水、甘油,不溶于乙醇。水液 pH 9。具还原性	偏碱性药液氧化剂 备注:久置空气中易氧化成硫酸钠;遇高温分解,遇强酸成盐并放出二氧化硫
虫白蜡(虫蜡、白蜡)	白色或类白色块状物,体轻有光泽。质硬而脆	片剂、丸剂的润滑剂,抛光剂、蜡膜微囊等
羊毛脂(无水羊毛脂)	棕黄色、黏滞性强、滑腻性油状半固体,具特臭。不溶于水,微溶于冷乙醇,略溶于热乙醇,可溶于氯仿、乙醚、丙酮和二硫化碳	W/O 型乳剂良好的乳化剂;油膏、乳膏、栓剂、眼膏等基质;透皮促进剂 备注:常与凡士林合用
红氧化铁(药用铁红) Fe_2O_3	红至红棕色无臭,无味的粉末。色泽取决于粒度、形状及化合水的含量。不溶于水、有机酸和有机溶剂,能溶解于强无机酸。对光、热、空气稳定,对酸碱较稳定。相对密度 5.12~5.24,折光率 3.042,熔点 1550℃,约于 1560℃时分解	着色力强,在药剂制造中主要用作着色剂,用于制备包衣片剂和胶囊剂。在食品工业中用作食用色素。氧化铁红也用于化妆品的着色
交联聚乙烯吡咯烷酮(交联聚维酮;聚乙烯聚吡咯烷酮;交联 PVP) $(C_6H_9NO)_n$	白色或近白色,具吸湿性易流动的粉末。无臭或微臭。不溶于水、乙醇、乙醚等所有常用溶剂。具有聚乙烯吡咯烷酮相同的络合能力,能络合多种物质,如酚类、碘等	主要用作片剂的崩解剂,也可用作丸剂、颗粒剂、硬胶囊剂的崩解剂和填充剂。本品还可作澄清剂、吸附剂、着色稳定剂和胶体稳定剂
邻苯二甲酸醋酸纤维素(邻苯二甲酸醋酸纤维 CAP) $(C_{18}H_{18}O_{10})_n$	白色无嗅无味易流动纤维状粉末。有潮解性。不溶于水,乙醇、氯化烃类溶剂,溶于酮、酯、醚及碱液中。有良好的成膜性	肠溶包衣、微囊囊膜、缓释材料 备注:与重金属盐及强酸、强碱有配伍禁忌
卵磷脂	一般呈棕黄色至淡黄色的液体或颗粒,经漂白者为白色或近乎白色,无臭或略带坚果气味。遇空气和光不稳定,颜色逐渐变深,变得不透明。随来源不同,其黏性随游离脂肪酸含量的多少,从胶体到流体不等。不溶于水,难溶于丙酮、醋酸酯,能溶于乙醇、乙醚、氯仿,在 pH 6.6 时能溶于烃类、卤烃、矿物油和脂肪酸。几乎不溶于植物油和动物油	具有乳化、分散、助渗、润湿等特性,在药剂中用作分散剂、润湿剂、乳化剂、稳定剂、透皮促进剂、前体药物制剂载体剂等。本品极易氧化 备注:豆磷脂用法同卵磷脂
阿拉伯胶	白色或黄白色细粉、颗粒或半透明球滴状物。相对密度 1.35~1.49。溶于水成黏稠液,不溶于乙醇。5%的溶液 pH 4.5~5.0,溶液长时间加热黏度降低,易受细菌和酶作用而降解	乳化剂(5%~10%)、助悬剂(5%~10%)、黏合剂(10%~15%)、稳定剂、缓释材料和微囊囊膜材料。用于制备 O/W 型乳剂、混悬剂、片剂、丸剂、颗粒剂、明胶胶囊和微囊剂
乳化剂 OP(壬苯聚醇-10 或辛苯聚醇-9) $C_{35}H_{62}O_{11}$	淡黄至棕黄色膏状物。熔点约 85℃。易溶于水,1%水溶液 pH 为 5~7,昙点为 75~85℃,HLB 值为 15。可耐受 30%氯化钙和 50%的硫酸水溶液	乳化剂(O/W,外用),润湿剂、增溶剂、扩散剂等。用于制备乳膏、乳剂、栓剂及混悬剂等
乳糖 $C_{12}H_{22}O_{11} \cdot H_2O$	无色、无臭、微甜的结晶性颗粒或粉末,无吸湿性。相对密度 1.525,甜度为蔗糖的 70%,120℃失去结晶水。有还原性和右旋性。在水中易溶,在乙醇、氯仿或乙醚中不溶	在药剂中用作稀释剂、填充剂和矫味剂。因无引湿性,且与多数药物不起作用,是片剂常用的优良填充剂和浸膏剂的稀释剂,也可作直接压片的填充剂

续表

名称	性质	主要用途
苋菜红(食用红9;酸性红27) $C_{20}H_{11}O_{10}Na_3$	淡红棕色或红褐色、无臭粉末,有咸味。溶于水(1∶15)形成深红溶液,可溶于甘油、丙二醇等,微溶于乙醇,不溶于其他有机溶剂	着色剂,最大使用量为0.025g/kg。也用于食品
苯甲酸(安息香酸) $C_7H_6O_2$	白色有光泽的鳞片或针状结晶或结晶性粉末。相对密度1.321,熔程121.5~123.5℃。室温下微具挥发性,能与水蒸气同时挥发,约100℃开始升华。水溶液显酸性反应。易溶于乙醇、氯仿、乙醚和丙酮,能溶于苯、二氧化碳、松节油及油类,在沸水中溶解,在水中微溶	有较好的抑制霉菌作用,在药剂中用作内服和外用制剂的防腐剂,其有效浓度为0.1%~0.3%。但不适于眼用制剂和注射剂 备注:苯甲酸钠用法同苯甲酸。
卖泽45	乳白色微具有脂肪臭的蜡状半固体。相对密度约1.0,凝结温度范围为27~29℃。可分散于热水中,溶于乙醇、丙酮、四氯化碳、乙醚和甲醇,在轻石油、液状石蜡、不挥发油中形成混浊液。HLB值为11.1	非离子型表面活性剂,在制药工业中主要作为乳化剂和增溶剂,用于制备乳剂、霜剂等。本品也是食品添加剂,广泛用于食品的制造 备注:卖泽52用法同卖泽45
β-环糊精(β-CD) $(C_6H_{10}O_5)_7$	白色结晶性粉末,300~305℃呈环状结构,其内径0.7~0.8nm,外围亲水性,内部疏水性,很多小分子有机物可以包含在内部空隙内,形成包含物。在药剂应用中,它有分子微囊之称,它与非极性分子形成的包合物一般溶于水,在药剂学中有广泛的用途。本品在碱性介质中稳定,对酸和一般淀粉酶水解的耐受性比直链淀粉强得多,除强酸外,一般都很稳定,分解点为300℃,CD分子上可交链许多官能团,也可交链于聚合物,进行化学改性;其单体也可聚合	在药剂中作药物的载体材料和缓释材料,制备包合物。包合物用于增加药物的稳定性,防挥发、升华,防氧化、防分解;增加药物溶解度,提高药物的生物利用度;减少药物的毒副作用;用于矫味、防潮和使液体药物固体化。运用于乳剂、乳膏、微囊剂、栓剂、胶囊剂、片剂和颗粒剂等多种剂型和制剂
明胶(白明胶,药用明胶)	黄色或琥珀色、半透明、微带光泽的易碎固体。形状呈薄片、条状、碎片或粗细不等的粉末。颗粒大的颜色较好,无臭,在干燥的空气中稳定,但受潮后易被微生物分解。在冷水中不溶解,但可吸收5~10倍的水而膨胀,变软。能溶于热水,形成澄明溶液,冷后则成为凝胶。还溶于醋酸,甘油和水的热混合液,不溶于乙醇、氯仿、乙醚、不挥发油和挥发油	用于硬胶囊,软胶囊和微囊的材料。丸剂的包衣材料;片剂的黏合剂(10%~20%);栓剂基质;保护胶体等
枸橼酸(柠檬酸) $C_6H_8O_7 \cdot H_2O$	无色、半透明结晶或白色细微结晶性粉末,无臭,味极酸。在干燥空气中微有风化性。在潮湿空气中略潮解。熔点100℃(水合物),153℃(无水物),相对密度1.665。极易溶于水,易溶于乙醇,略溶于乙醚	在药剂中主要用作矫味剂、缓冲剂、抗氧增效剂、酸性泡腾剂。作矫味剂,常用量为0.3%~2.0%;制备缓冲溶液,常用量大于1mol/L;作多价金属螯合剂和抗氧增效剂,常用量0.3%~2.0%
枸橼酸钠 $C_6H_5O_7Na_3 \cdot 2H_2O$	无色结晶或白色结晶性粉末,味咸。相对密度1.19,熔点150℃。在湿空气中微有潮解性,在热空气中有风化性。溶液pH为8。易溶于水,不溶于乙醇	助溶剂、反絮凝剂、缓冲剂、螯合剂、抗凝剂及抗氧增效剂,也用作食品添加剂 备注:枸橼酸钾用法同枸橼酸钠

续表

名称	性质	主要用途
变性淀粉 (改性淀粉;Sta-Rx1500)	一般为白色或近白色、无味、无臭的粉末或颗粒,以及经预物化(即在水存在下经热处理)的薄片、无定形粉末或粗粉。不溶于乙醇、乙醚和氯仿。如未经预物化,则几乎不溶于冷水。在水中加热时,一般在45~80℃温度开始泡胀,在高温下可完全糊化。预物化淀粉在冷水中可发生水合作用	在药剂中用作酸化剂、泡腾剂、pH调节剂、矫味剂和抗氧增效剂。用于掩盖内服液体药剂的苦味。在泡腾片剂中代替柠檬酸
胆固醇(胆甾醇;胆脂醇) $C_{27}H_{46}O$	白色或微黄色针状结晶或珍珠状颗粒或小叶片,几乎无臭。暴露于光线和空气中或提高温度,可能变为黄色到褐色。几乎不溶于水,略溶于乙醇,可溶于丙醇、乙醚、热乙醇、氯仿、乙酸乙酯、环己烷和植物油	在药剂制造中用作水包油乳剂的乳化剂。由于可增加药用油脂的乳化和渗和,也是一种亲水性和吸水性软膏基质。另一种新用途是作脂质体包含物的载体材料,用于制造脂质体
活性炭(药用炭;脱色炭)	黑色、无臭、无味、无砂的粉末。粉末状粒径在200目以下的粒状炭,粒径一般为1~4mm。不溶于水和有机溶剂。填装密度约为0.3~0.6g/ml,微孔容积约为0.6~0.8ml/g,比表而积约为500~1500m^2/g。最佳适用pH 4.0~4.8,最佳温度60~70℃	作脱色剂、去味去臭剂和吸附剂。由于本品颗粒小,孔穴多,表面积大,所以吸附力强,用于液体药剂的脱粒、脱色、除臭和用于药物成分的提取、提纯等
柠檬黄(酒磺;枸橼黄) $C_{16}H_9N_4O_9S_2Na_3$	黄色或橙黄色、无臭粉末。易溶于水,溶于甘油、丙二醇,微溶于乙醇,不溶于油脂。0.1%水溶液呈金黄色	着色剂,最大使用量为0.1g/kg。也用于食品、化妆品
β-胡萝卜素(叶红素;胡萝卜色烯) $C_{40}H_{56}$	深红色或红紫色有光泽的晶体或结晶性粉末,有轻微异臭或异味。不溶于水、酸、碱、丙二醇和甘油,几乎不溶于乙醇和甲醇,溶于二硫化碳、苯、氯仿及植物油。溶液由稀变浓时,颜色由黄色变为橙黄色。遇氧、热、光不稳定	作药品和食品的着色剂。能产生各种色调(从淡黄色—黄橙色)。可用于锅包衣法制备糖衣片的着色剂。由于其对光不稳定,产品需避光包装。由于本品不溶水,故不能直接用于完全水系统的着色
姜黄色素[姜黄素;天然黄3(75 300)] $C_{21}H_{20}O_6$	橙黄色结晶性粉末,有特臭,熔程179~182℃,不溶于水和乙醚,溶于乙醇、冰醋酸、丙二醇,酸性条件下为黄色,碱性条件下呈红褐色。本品耐热性较好,耐光性、耐铁离子性差。着色力强	药品和食品着色剂应用范围同苋菜红。最大使用量0.20g/kg
脂肪酸酯	白色蜡状固体。无毒性、无刺激性。易溶于乙醚、氯仿微溶于乙醇,不溶于水	栓剂基质(油脂性),药物在体内利用度较高 备注:半合成椰油脂用途同
粉状纤维素 $[C_6H_{10}O_5]_n$	白色无臭无味的不同细度的粉末。不溶于水、稀酸及多数有机溶剂,微溶于氢氧化钠溶液。具有一定的可压性,流动性较差	黏合剂、崩解剂、填充剂、助流剂 备注:不能用作注射剂或吸入剂辅料,因其可致肉芽
铅丹(红丹;章丹;黄丹) Pb_3O_4 或 $2PbO \cdot PbO_2$	橘黄色至橘红色重质粉末。相对密度9.1~9.5。在500℃分解,有氧化性,在油质中扩散性好。不溶于水,溶于热碱溶液	在300℃以上与游离脂肪酸形成铅皂,为黑膏药的基质

续表

名称	性质	主要用途
预凝胶淀粉（胶化淀粉；可压性淀粉）	白色或类白色、无臭、微有特殊味的粉末。含水量12%，堆密度0.628. 粒度分布：80目以上含2%，200目以上含25%，通过270目者为50%，具有一定的冷水可溶性和直接压片的流动性和黏合性。	主要用作片剂、丸剂、颗粒剂的填充剂、黏合剂以及直接压片的黏合剂、崩解剂。和天然淀粉相比，它有许多优点：流动性好，并兼有黏合和崩解性能。可压性好，适用于全粉末直接压片。良好的崩解性。对部分冷水的可溶性。与主药不起作用，并有稳定药物之功用，对湿、热敏感的药物如维生素C、阿司匹林等用本品，能促进了主药的稳定性，延长了使用期限
胭脂红（丽春红4R；新胭脂虫红） $C_{20}H_{11}N_2O_{10}S_3Na_3$	光泽的鲜红色至深红色无臭的粉末或颗粒	食用色素，用于食品、药品和化妆品的着色
海藻酸（藻朊酸） $(C_6H_8O_6)_n$	白色至黄白色纤维状粉末。几乎无臭无味，或有轻微特殊臭味。微溶于水，不溶于大部分有机溶剂。溶于碱溶液，生成黏稠的盐溶液，遇钙则生成钙盐而沉淀。能吸收自身重量200～300倍的水。3%水混悬液的pH为1.5~3.5。含水量为7%。若储存于温处，会缓慢水解，使分子量减小，溶液黏度减低	作黏合剂、崩解剂、增稠剂、缓释材料，使用浓度为1%~5%。也可作为助悬剂、乳化剂及其乳化稳定剂，使用浓度为0.5%~2%
海藻酸钠（藻酸钠；藻朊酸钠） $(C_6H_7O_6Na)_n$	白色或淡黄色粉末。有吸湿性。不溶于乙醇和其他溶剂，溶于水成黏稠胶体液，其黏度随聚合度、浓度的增加而增大，pH 5～10黏度最大，高温黏度会下降	助悬剂、增稠剂、乳化剂、微囊材料、崩解剂、黏合剂，包衣材料、保护胶体材料、亲水凝胶骨架材料、膜剂及涂膜剂的成膜材料。用于制备液体、半固体、固体及缓释制剂
氧化锌（锌白） ZnO	白色、无臭、无味。熔点1975℃，于1720℃升华。相对密度5.606，折光率2.004。溶于稀乙酸、矿酸、氢氧化碱，几乎不溶于水、乙醇。易从空气中吸收CO_2生成碳酸锌	除在临床上用作收敛剂、保护剂外，在药剂制造中用作防腐剂、填充剂和稀释剂，用于硬膏剂、贴布剂以及牙科制剂。也用于香粉、唇膏等化妆品的制造
羟乙基甲基纤维素（HEMC）	相似于甲基纤维素。由于羟乙基的存在更易溶于水，水溶液耐盐，有更高的凝聚温度	黏合剂、胶凝剂、乳化剂、助悬剂、崩解剂、水溶性薄膜包衣材料及亲水性凝胶骨架材料
羟丙基甲基纤维素（HPMC） $C_8H_5O_8$-$(C_{10}H_{18}O_6)_n$-$C_8H_{15}O_8$	白色无嗅无味粉末。对光、热、湿均有相当的稳定性。有一定的吸湿性，成膜性好，溶于60℃以下任何pH的水溶液，及70%以下的乙醇、丙酮、异丙醇。不溶于热水、无水乙醇、乙醚、氯仿	薄膜包衣、黏合剂、崩解剂、增稠剂、胶体保护剂；缓释制剂的阻滞剂、控释剂与致孔剂；膜剂的成膜材料；助悬剂；塑性绷带的较黏、胶黏剂 备注：本品有高黏度和低黏度，用途略有不同
羟丙基甲基纤维素邻苯二甲酯（HPMCP）	白色或米黄色、无嗅、微有酸味或异味的颗粒，有潮解性；易溶于碱性水溶液或pH 5以上的缓冲液；不溶于水和酸性缓冲液，易溶于丙酮/甲醇、丙酮/乙醇、或甲醇/氯甲烷混合液	肠溶衣包衣材料；用于缓释颗粒剂、片剂、胶囊剂、微囊剂及其他缓释、控释制剂

续表

名称	性质	主要用途
羟丙基纤维素(HPC) $(C_{15}H_{28}O_8)_n$	白色或类白色无臭、无味的粉末,其性能与经丙基的含量及聚合度有关,目前国内已开发并批准应用的是低取代度的羟丙基纤维素(LS-HPC)。能溶于水(40℃以下),甲醇、乙醇或异丙醇中成黏性液体,不溶于热水(50℃以上)。成膜性能好	低取代基者主要作片剂崩解剂和黏合剂,高取代者主要用作包衣材料、成膜材料、缓释材料、增稠剂、助悬剂、凝胶剂等。本品也是食品添加剂
羟丙基淀粉 (淀粉羟基丙酸酯;HPS)	白色、无臭的粉末。粒度15~40μm,相对密度1.3~1.5,表现密度0.45~0.55。为新型优良崩解剂,有点为糊化快,崩解迅速,不易裂片,润滑性好,不黏冲,不吸湿	崩解剂或黏合剂。以本品60%、微晶纤维素20%和硅酸铅20%混合经喷雾制粒成复合物,在片剂中用量20%~25%可得崩解、成性、润滑、硬度优良的片剂
液状石蜡(白油、石蜡油)	无色、无味、无臭透明油状液体。溶于氯仿、醚、挥发油、不溶于水或醇	软膏基质(调节稠度、帮助药物分散)、润滑剂、溶剂
硅藻土(膨润土;皂土) $Al_2O_3 \cdot 4SiO_2 \cdot H_2O$	灰黄或乳白色粉末,极细,无沙粒,有泥土味。易吸潮。不溶于水和酸,但在水中膨胀,体积约增大10倍,形成高黏度并具触变性混悬剂或凝胶。不溶于有机溶剂,也不膨胀。当水混悬液pH>7,膨胀更强,黏度更大,助悬效果更好	具有乳化、增稠、助悬、吸附等作用,在药剂制造中作糊剂、软膏基质的增稠剂,使用浓度2.0%~6.0%;作悬浮剂的助悬剂,使用浓度1.0%~5.0%;作乳剂的乳化剂和乳化稳定剂,使用浓度1.0%~1.5%;在澄明液体制造中用作吸附剂(澄清剂),使用浓度1.0%~2.0%
淀粉 $(C_6H_{10}O_5)_n$	本品为白色粉末,无臭、无味。在冷水或乙醇中均不溶解	本品在药剂中主要用作稀释剂、填充剂、黏合剂等。广泛用于片剂、丸剂、胶囊、散剂、糊剂等的制备
甜叶菊糖苷(甜叶菊素;甜叶素) $C_{38}H_{60}O_{18}$	白色至浅黄色的松散粉末。味甘甜,其甜度为蔗糖的200~300倍,浓度过高时,有苦味。熔程198~202℃,在酸性及碱性溶液中稳定,在空气中易吸潮,易溶于水和乙醇	作为无热量甜味剂,并有降低血压、促进代谢、治疗胃酸过多等作用。可作为蔗糖的增甜剂或代用品。本品尤其运用于糖尿病患者
硬脂酸三乙醇胺皂 $C_{17}H_{35}COONH(C_2H_4OH)_3$	淡黄白色细腻有光泽的蜡状固体,HLB值为12,不宜与酸性、强碱性药物、钙、镁等重金属离子配伍	水包油型乳化剂 备注:本品多为制备药剂时形成的新生皂
硬脂酸钠 $C_{18}H_{35}O_2Na$	白色细微粉末,具肥皂及牛脂臭气,可缓慢溶于水和乙醇	乳化剂、增稠剂、润滑剂 备注:硬脂酸钾用途同
硬脂酸镁(十二酸镁) $(C_{18}H_{35}O_2)_2Mg$	白色细滑轻松粉末,有良好的附着性。弱碱性。易被稀酸分解。不溶于水、醇、醚等	润滑剂、助流剂、抗黏附剂 备注:硬脂酸锌用途同
硫酸化蓖麻油(土耳其红油)$C_{18}H_{32}O_6SNa_2$	黄色或橙黄色、有微臭、黏稠液体,相对密度1.045,能与水相混溶	阴离子型表面活性剂,对皮肤黏膜无刺激性的去垢剂、润湿剂和乳化剂。用于制备油/水型乳膏剂、油膏剂、芳香油和水不溶杀菌剂的载体。也用于日化产品

续表

名称	性质	主要用途
普流罗尼克(泊洛沙姆;聚氧乙烯聚氧丙烯嵌段聚合物) $HO(C_2H_4O)_a(C_3H_6O)_b(C_2H_4O)cH$	由聚氧乙烯聚氧丙烯聚合而成。分子量增大由液体变成固体,从不溶于水到溶于水,分子中聚氧乙烯增加,水溶性增加,聚丙烯增加水溶性下降。均有较高的HLB值,水也有起昙现象。无刺激性、过敏性,毒性小	乳化剂(O/W型,0.1%~5%可用于静脉注射剂)和稳定剂、增溶剂、吸收促进剂(内服外用)、固体分散载体(2%~10%)、乳膏和栓剂基质(4%~10%)、缓释材料(5%~15%)等
焦亚硫酸钠(偏重亚硫酸钠)$Na_2S_2O_5$	无色棱柱状结晶或白色粉末。有二氧化硫臭,味酸、咸、久储色渐变黄,缓慢氧化,相对密度1.48,熔点150℃,高于150℃时熔融分解。易溶于水,溶于甘油,极微溶于乙醇	具有强还原性,在药剂中主要作抗氧剂。用于注射剂、滴眼剂以及其他液体、半固体制剂
氮酮(azone)$C_{18}H_{35}NO$	无色或淡黄色,无臭的澄清油状液体。比较稳定,有润滑性。不溶于水,能与醇、酮、烃等多数有机溶剂混溶	亲水性或疏水性药物的透皮吸收促进剂;能增强乙醇的抑菌效果;少量凡士林能消除本品的作用
羧甲基纤维素钠(CMC-Na)$(C_8H_{11}O_7Na)_n$	白色至乳白色纤维状粉末或颗粒,几乎无臭无味,具吸湿性,易于分散在水中形成澄明的胶体液。在乙醇、乙醚和大多数有机溶剂中不溶。水溶液对热不稳定。溶液黏度随温度升高而下降	具有黏合、助悬、增稠、乳化、缓释等作用。在药剂中用作液体制剂的助悬剂、增稠剂、乳化剂;在半固体制剂中用作凝胶基质,片剂的黏合剂、崩解剂、薄膜包衣材料和缓释材料
羧甲基淀粉钠 (CMC-Na;primojel)	细微的白色无定形粉末,无臭,无味。置空气中易吸潮,溶于冷水形成网络结构的胶体溶液。不溶于乙醇、乙醚等有机溶剂。水溶液在80℃以上长时间加热则黏度降低。水溶液会被大气中细菌部分水解,黏度也会降低。水溶液在碱中稳定,在酸中稳定性较差。具有良好的亲水性,吸水性和膨胀性,膨胀为本身体积的200~300倍。颗粒本身不易破碎,具有优良的可压性和流动性	在药剂中主要用作片剂、丸剂的崩解剂和黏合剂,以及液体药剂的助悬剂。作崩解剂优于淀粉和羧甲基纤维素钠。一般用量2%~6%。外加比内加效果佳,与阳离子交换树脂合用其效果更为满意。用10%本品制得的混悬剂,静置后的沉淀容积、外观以及重分散性都优于纤维素衍生物、硅酸镁铝、海藻酸盐、胶性二氧化硅以及其他变性淀粉,是内服液体制剂良好的助悬剂
蜂蜡(黄蜂蜡;黄蜡)	黄色至棕黄色、柔软至脆性的团快,微有特殊臭,味甘,断面沙粒状,手捏搓能软化。熔点62~67℃,相对密度0.95。不溶于水和醇,溶于氯仿、乙醚和油类	糖衣片的抛光剂、油膏基质、乳膏剂的增稠剂、蜡丸的黏合剂、腊壳的原料、栓剂熔点调节剂及固体制剂的缓释材料等
微晶纤维素$(C_{12}H_{20}O_{10})_n$	白色细微晶性可流动粉末,不溶于水、稀酸及一般有机溶剂,微溶于稀碱。可压性好兼具黏合、助流、崩解、吸油、吸水等作用	填充剂、干燥黏合剂、崩解剂、抗黏附剂、助流剂、糖浆和干糖浆的助悬剂、丸剂的赋形剂 备注:含水量超过3%时有产生静电的倾向,出现分离和条痕
微粉硅胶(白炭黑;胶性硅胶;胶性二氧化硅) SiO_2	白色、无臭、吸湿性、细微的无定型粉末。平均直径约20~40nm。相对密度2.2~2.6。不溶于水、乙醇和其他有机溶剂,可分散于油,溶于氢氟酸、热氢氧化碱液	用于油类、浸膏类药物,制成颗粒有很好的流动性和可压性;助流剂(0.15%~3%)用于直接压片工艺;崩解剂

续表

名称	性质	主要用途
聚山梨酯 80(吐温 80) $C_{64}H_{124}O_{26}$	黄色油状液体,具特臭。能与水、乙醇、甲醇、氯仿、乙醚、和乙酸乙酯混溶,不溶于液状石蜡、不挥发油、和石油醚。HLB 值为 15	乳化剂、增溶剂、分散剂、增稠剂、稳定剂等。用于制备乳剂、乳膏、芳香水剂、合剂、洗剂、栓剂、注射剂、滴眼剂及眼膏 备注:与酚类等防腐剂配伍会降低其抑菌效果。聚山梨酯 20、聚山梨酯 40、聚山梨酯 60、聚山梨酯 65、聚山梨酯 85 用途同
聚乙二醇 400(PEG 400;聚氧乙烯二醇 400) $HOCH_2(CH_2OCH_2)_n$-CH_2OH	澄明、无色或几乎无色,轻微吸湿性,并具有轻微特殊臭味的黏稠性液体。相对密度约 1.13,5% (*V/V*) 水溶液 pH 4.5~7.5。25% 溶液澄明几乎无色。与水、乙醇、丙酮及其他乙二醇类可任意混溶,溶于芳香族碳化氢,不溶于乙醚、脂肪族碳化氢	用作溶剂、助溶剂和 O/W 型乳剂的稳定剂,软胶囊基质及软膏基质等,用于水混悬剂、乳剂、注射剂据具体剂型和制剂品种而定。 备注:聚乙二醇 600 用法同聚乙二醇 400
聚乙二醇 4000(PEG 4000;聚氧乙烯二醇 4000) $HOCH_2(CH_2OCH_2)_n$ CH_2OH	具有轻微特殊臭气,乳白色蜡状硬固体或片块或白色自由流动的粉末。熔点 53~56℃。1 份本品可溶于 3 份水中,2 份醇中,2 份氯仿中,不溶于乙醚。5% 水溶液 pH 为 4.5~3.5,25% 的溶液澄明并几乎无色。可在 150℃ 维持 60 分钟灭菌	良好的包衣材料、亲水抛光材料、膜材和囊材、增塑剂、润滑剂和滴丸基质,用于片剂、丸剂、滴丸剂、胶囊剂、微囊剂等的制备
聚乙二醇 6000(PEG 6000;聚氧乙烯二醇 6000) $HOCH_2(CH_2OCH_2)_n$-CH_2OH	乳白色几乎无臭的蜡状硬固体或片块。熔点约 60~63℃,相对密度约 1.21。1 份本品可溶于 2 份水中,2 份氯仿中,微溶于乙醇,实际上不溶于乙醚,5% 水溶液 pH 为 4.5~7.5	聚乙二醇 6000 用法与聚乙二醇 4000 基本相同
聚乙烯吡咯烷酮(PVP;聚维酮)$(C_6H_9NO)_n$	白色或乳白色、无臭或几乎无臭、易流动的无定形粉末,有吸湿性。溶于水、乙醇和氯仿,不溶于乙醚和丙酮。5% 溶液的 pH 为 3~7。有黏合、增稠、助溶、络合、成膜性	作增稠剂、助悬剂,注射剂的分散剂、助溶剂(10%~25%)、络合剂、前体药物制剂的载体、干燥黏合剂(3%~15%)、黏合剂(0.5%~5%)、成膜材料、包衣材料、骨架材料、固体分散物载体
聚乙烯醇(PVA) $(CH_2CHOH)_n$	白色至奶油色无臭的粉末或颗粒。易溶于水,在较高的温度下溶解更快,4% 水溶液 pH 为 5~8,具有极强的亲水性和极好的成膜性。	本品为作用理想的助悬剂、油/水乳化剂和乳化稳定剂。在各种眼用制剂中用作增稠剂、润滑别和保护剂。同时本品也是凝胶剂、透皮制剂、涂膜剂、膜剂的优良胶凝剂和成膜材料。本品还可用作缓释材料,用于制备缓释骨架片剂等 备注:本品有高黏度和低黏度,用途略有不同
聚丙烯	乳白色、无臭无味、无毒轻质的颗粒。相对密度 0.90~0.91,熔程 165~170℃。化学性质稳定,能耐酸、碱和有机溶剂	在制药工业中,除作包装材料外,在药剂中用作制备磁性微球,微囊等新剂型的成膜材料、缓释骨架材料

续表

名称	性质	主要用途
聚氯乙烯	白色粉末或无定型粉末，无臭无味。相对密度1.35～1.46。软化温度80～85℃，140℃开始分解。折光率1.544。低分子量的可溶于酮类、氯烃、芳烃、乙醚中，高分子量的则难溶解，们能溶胀，可溶于环己酮、甲基环己酮、二甲基甲酰胺、四氢呋喃等，不溶于水、乙醇、汽油	在药剂制造中用作缓释材料，主要用作微囊的囊材、骨架片的骨架材料、包衣片的包衣材料，此外也用作药品的包装材料。本品也可与聚乙烯合并应用，作骨架材料一般用量为配方总结量的40%
糊精	白色或类白色的无定形粉末或颗粒，无臭，微甜。在沸水中易溶，形成黏液，呈弱酸性；在冷水中缓慢溶解，在乙醇、丙醇或乙醚中不溶。含水量5%。在水溶液中，当密度、温度、pH或其他持性发生变化时或糊精分子聚集、糊精溶液久置，会使黏度增加。制备过程中存在的残酸可引起进一步分解，直至溶液逐渐变稀	在药剂中用作片剂黏合剂；糖衣包衣组分的成形剂和黏合剂；混悬液的增稠剂等，用于制备片剂、丸剂、颗粒剂、混悬剂等
靛蓝（酸性靛蓝；磺化靛蓝）$C_{16}H_8N_2O_8S_2Na_2$	蓝色均匀粉末，无臭，溶于水，0.05%水溶液呈深蓝色，对水的溶解度较其他食用合成色素低。溶于甘油及丙二醇，微溶于乙醇，不溶于油脂。具有一般酸性染料的特性。对热、光、酸、碱、氧化物都很敏感，耐盐性及细菌性较弱，还原时褪色，染着力好，吸湿性强	作食品和药品染色的着色剂，一般用于调色，很少单独使用。其使用范围同苋菜红，最大使用量为0.1g/kg
磷酸氢钙	白色、无臭、无味的粉末或晶状固体。相对密度2.306。在109℃失去1分子结晶水，400℃时则形成焦磷酸钙。在空气中稳定。不溶于水或乙醇，溶于稀盐酸及稀硝酸中。微溶于稀醋酸	具有水不溶性、中性、无引湿性的特点，且稳定性、流动性较好，用作片剂、胶囊剂的稀释剂、吸收剂和乳膏剂、软膏剂的吸附剂、增稠剂。作为片剂稀释剂和吸收剂仅适宜于湿法制粒，对中草药浸出剂、油类浸膏剂有良好的吸收作用

注：表中辅料名称按笔画为序。

（刘汉清　刘　嘉）

附录3　中药药剂学教学基本要求

一、课程性质和任务

中药药剂学是高职高专药学类专业的必修主干课程，该课程是以中医药理论为指导，运用现代科学技术，研究中药药剂的配制理论、生产技术和质量控制等内容的综合性应用技术科学。本课程坚持中医药特色，加强中药传统理论知识与现代科学技术的有机结合，反映中医药的新成果、新技术、新工艺，贯彻“少而精”的原则。它与生产实际和临床用药相关甚密，也是连接中医与中药的纽带。

本课程的任务是通过课堂讲授、实验教学和教学实践，使学生掌握中药常用剂型的基础理论、基本知识和基本技能，熟悉现代药剂学的重要基础理论和常用剂型的辅料，了解专用设备的基本结构、性能和使用方法等，使具有一定的剂型改进、制剂生产和解决药剂质量问题的能力，培养合格的高职高专技能型药学人才。

二、课程教学目标

1. 基础理论与基本知识教学目标

(1) 掌握中药常用剂型的概念、特点、制备工艺和质量要求等基础理论、基本知识以及不同剂型不同制剂的成型理论。

(2) 熟悉表面活性剂、药物微粒分散系、药物制剂稳定性、药物剂型设计等现代药剂学的重要基础理论。

(3) 明确剂型辅料的选用原则及常用药剂辅料。

(4) 了解常用制剂专用设备的基本结构和性能等。

2. 基本技能与能力培养目标

(1) 学会粉碎、过筛、浸提、精制、浓缩、干燥、混合、制粒等单元操作的基本技能，并了解各自的操作要点。

(2) 掌握不同剂型常用制剂的制备方法。

(3) 具有一定解决制剂生产和质量问题的能力。

(4) 能在教师指导下使用和保养常用制剂专用设备。

3. 思想教育目标

(1) 通过学习与实践，培养勤奋的学习态度和理论联系的工作作风。

(2) 通过学习与实践，养成严谨的科学作风，树立全心全意为社会主义和祖国医药事业服务的思想。

(3) 通过学习与实践，学会以辨证唯物主义和历史唯物主义观点分析问题和解决问题的方法。

三、教学内容与要求

本课程教学内容分为基础理论与基本知识和基本技能模块。课时和教学内容各校可根据实际情况酌情调整(附表3-1、附表3-2及附表3-3)。

附表3-1　基础理论与基本知识模块

教学内容	教学要求		
	掌握	熟悉	了解
1. 绪论			
(1) 中药药剂学的含义、性质与药剂学常用术语概念	√		
(2) 药物剂型选择的基本原则；药典、药品标准的含义、性质与作用	√		

续表

教学内容	教学要求		
	掌握	熟悉	了解
(3) 药剂学分支学科的概念;中药药剂学在药学实践中的地位和作用		√	
(4)《药品生产质量管理规范》(GMP)等药事管理法规		√	
(5) 中药药剂学的发展简况和任务;剂型的分类方法			√
2. 中药调剂概述			
(1) 中药处方调配程序;审查处方和调配药剂的要点	√		
(2) 中药“斗谱”的排列原则;中药配伍用药的目的及配伍方法		√	
(3) 中药毒性药与配伍禁忌药的品种及用法;各类特殊药品的管理及使用要求		√	
(4)“十八反、十九畏”的处方禁忌药、常见的并开药			√
3. 药剂卫生			
(1) 各种物理灭菌法和化学灭菌法的含义、特点与应用	√		
(2) 药品卫生的标准和药物可能被微生物污染的途径;常用防腐剂的品种与应用特点		√	
(3) 制药环境的空气净化;洁净室的卫生与管理			√
4. 粉碎与筛析			
(1) 药料粉碎、筛析的目的与基本原理	√		
(2) 常用的粉碎、筛析方法及其适用范围		√	
(3) 微粉学在中药药剂中的应用			√
5. 浸提、分离与纯化			
(1) 中药的浸提过程及其影响因素;中药浸提、分离、纯化的目的	√		
(2) 浸提常用设备的构造、性能与使用保养;各种分离方法的特点与选用		√	
(3) 常用的浸提方法与选用;常用纯化方法的原理与选用	√		
(4) 中药浸提常用溶剂和浸提辅助剂;药材成分与疗效的关系			√
6. 浓缩与干燥			
(1) 影响浓缩和干燥的因素	√		
(2) 常用的浓缩和干燥的方法、原理及其应用	√		
(3) 中药常用浓缩、干燥设备的性能			√
7. 混合与制粒			
(1) 混合与制粒的目的、原理和方法	√		
(2) 混合与制粒机械的应用特点		√	
8. 液体药剂			
(1) 液体药剂的含义、分类及各类液体药剂的含义、特点、质量要求和制备方法	√		
(2) 表面活性剂的含义、性质与应用;增加药物溶解度的方法;增溶、助溶、乳化、混悬的概念	√		
(3) 液体药剂的防腐;混悬剂与乳化剂的选用及其与稳定性的关系		√	
(4) 按给药途径及用法分类的各类液体药剂的概念;液体药剂常用的溶剂;液体药剂的色香味			√
9. 浸出制剂			
(1) 浸出药剂的含义与特点;各种浸出剂型的含义、特点、质量要求及控制方法	√		
(2) 各类浸出药剂的制备方法与操作关键		√	

续表

教学内容	教学要求		
	掌握	熟悉	了解
（3）煎膏返砂原因及解决途径；液体类浸出制剂生霉发酵、浑浊沉淀等的原因及解决方法			√
10. 散剂			
（1）散剂的含义、分类、特点；等量递增法混合原则	√		
（2）一般散剂、含毒性药物散剂、含低共熔混合物散剂、含液体成分药物散剂、眼用散剂的制备原理和方法		√	
（3）散剂的质量要求和检查			√
11. 颗粒剂			
（1）颗粒剂的含义、分类；各类颗粒剂的制备方法	√		
（2）颗粒剂的质量要求		√	
12. 胶囊剂			
（1）胶囊剂的含义、特点与分类；硬胶囊剂、软胶囊剂、肠溶胶囊剂的制法	√		
（2）空心胶囊的规格、原料、附加剂；硬胶囊剂、软胶囊剂、肠溶胶囊剂的质量评定		√	
13. 丸剂			
（1）丸剂的含义及分类；水丸、蜜丸、浓缩丸、滴丸的含义、特点和质量要求	√		
（2）泛制法、塑制法制备丸剂的方法、基本理论和技能	√		
（3）滴制法制备丸剂的基本原理；炼蜜的规格及其选用；糊丸、蜡丸的含义、特点		√	
（4）丸剂包衣种类；丸剂的染菌与防腐的措施；丸剂的包装与储藏			√
14. 片剂			
（1）中药片剂的含义、类型和特点，片剂的主要类别；片剂常用辅料的种类与适用范围，代表品种的性质和应用及片剂崩解机制等	√		
（2）片剂的不同制法及其操作要点，片剂形成的理论；片剂包衣的目的、种类与方法；片剂的质量检查		√	
（3）压片和包衣时可能出现的问题及其原因；压片机的构造、性能及其使用			√
15. 栓剂			
（1）栓剂的含义、特点及其制备方法	√		
（2）栓剂基质的常用品种及其性质；栓剂的质量要求；置换价的含义		√	
（3）栓剂中药物的吸收途径和影响吸收的因素		√	
16. 外用膏剂			
（1）外用膏剂及软膏剂、膏药、橡皮膏、巴布剂的含义、特点与制法	√		
（2）外用膏剂药物的透皮吸收机制；软膏剂、黑膏药、橡皮膏、巴布剂基质的种类和性质		√	
（3）外用膏剂的质量要求；糊剂、涂膜剂的含义与一般制法		√	
17. 注射剂（附：滴眼剂）			
（1）中药注射剂、输液剂、粉针剂的含义、特点与类型；中药注射剂的制备流程及方法	√		
（2）热原的含义、性质、污染途径和去除方法及检查法	√		
（3）注射用水的含义、质量要求及其制备方法；注射用油的质量要求及精制方法		√	
（4）注射剂常用溶剂的种类；注射剂常用附加剂的种类、性质及选用		√	
（5）注射剂容器的种类、质量要求及处理；中药注射剂的质量控制		√	

续表

教学内容	教学要求		
	掌握	熟悉	了解
(6) 中药注射剂的研制概况与展望;注射用混悬液、乳浊液的含义、特点与制法			√
(7) 眼用溶液剂的含义、特点、质量要求与制备要点			√
18. 气雾剂与喷雾剂			
(1) 气雾剂、喷雾剂及粉雾剂的含义与特点	√		
(2) 气雾剂、喷雾剂的分类与构成;气雾剂经肺吸收的机制及影响吸收的主要因素		√	
(3) 气雾剂及喷雾剂的制法			√
19. 其他剂型			
(1) 膜剂、胶剂、茶剂、海绵剂的含义、分类与制备方法	√		
(2) 膜剂的处方组成、胶剂原辅料的选择与质量检查;茶剂、海绵剂质量要求		√	
(3) 露剂、离子导入剂、沐浴剂、锭剂、糕剂、灸剂、线剂、条剂、钉剂、丹药的含义与应用			√
20. 药物新剂型新技术			
(1) 包合技术、微型包囊技术、固体分散技术、脂质体制备技术的概念、特点与制法	√		
(2) 缓释制剂、控释制剂的含义、作用特点、类型和制备要点		√	
(3) 前体药物制剂、靶向制剂的概念与特点;新剂型、新技术在中药药剂中应用			√
21. 中药制剂稳定性			
(1) 中药制剂稳定性的考察方法及有效期的计算;药物有效期和半衰期的含义	√		
(2) 影响中药制剂稳定性的主要因素;常用的稳定化措施		√	
(3) 研究中药制剂稳定性的意义和任务;中药固体制剂稳定性的特点及其试验方法			√
22. 生物药剂学与药物动力学概论			
(1) 生物药剂学和药物动力学的概念、研究的基本内容	√		
(2) 药物的体内过程及其影响因素;生物利用度和溶出度的含义及测定方法	√		
(3) 影响药物制剂疗效的剂型因素和生物因素		√	
(4) 生物药剂学和药物动力学的研究进展;药物动力学常用参数的意义和求算			√
23. 药物制剂的配伍变化			
(1) 药物配伍变化、配伍禁忌的含义及药物配伍变化的类型;药物配伍用药的目的	√		
(2) 药剂学及注射剂配伍变化的内容		√	
(3) 配伍变化的实验方法及处理原则和方法			√

附表 3-2 基本技能模块

序号、单元题目(对应基础理论与基本知识模块序号)	教学内容	教学要求	
		掌握	会
4. 粉碎与筛析	(1) 万能粉碎机及万能磨粉机粉碎;水飞及加液研磨粉碎		√
	(2) 微粉粉碎等		√
5. 浸提、分离与纯化	(1) 煎煮法、渗漉法、水蒸气蒸馏法等方法浸提中药有效(部位)成分	√	
	(2) 水提醇沉法、吸附澄清法、大孔树脂法等精制方法		√
6. 浓缩与干燥	(1) 减压浓缩、薄膜浓缩、多效浓缩等常用的浓缩方法		√

续表

序号、单元题目（对应基础理论与基本知识模块序号）	教学内容	教学要求	
		掌握	会
	（2）气流干燥、真空干燥、流化干燥等常用的干燥方法	√	
7. 混合与制粒	挤出制粒、高速搅拌制粒等制粒方法	√	
8. 液体药剂	（1）溶液型、乳剂型、混悬型、胶体溶液型液体药剂的制备方法	√	
	（2）增加药物溶解度的方法		√
9. 浸出制剂	（1）口服液剂、糖浆剂、煎膏剂的制备	√	
	（2）药酒、酊剂、流浸膏剂的制备	√	
10. 散剂	（1）含毒性药物散剂（倍散）的制备	√	
	（2）含低共熔混合物散剂的制备	√	
11. 颗粒剂	不同类型颗粒剂的制备	√	
12. 胶囊剂	（1）硬胶囊剂的制备	√	
	（2）软胶囊剂的制备		√
13. 丸剂	（1）泛制法制备丸剂	√	
	（2）塑制法制备丸剂	√	
	（3）滴制法制备丸剂		√
14. 片剂	不同类型中药片剂的制备	√	
15. 栓剂	不同基质栓剂的制备	√	
16. 外用膏剂	不同类型基质中药软膏的制备	√	
17. 注射剂（附：滴眼剂）	（1）中药注射剂的制备		√
	（2）眼用溶液剂的制备		√
19. 其他剂型	膜剂的制备		√
20. 药物新剂型新技术	（1）β-CD 包合物制备		√
	（2）挥发油微型胶囊的制备		√
21. 中药制剂稳定性	稳定性加速试验（有效期计算）		√
22. 生物药剂学与药物动力学概论	中药制剂溶出度测定		√

附表 3-3　学时分配建议

章节序号	教学内容	学时数			章节序号	教学内容	学时数		
		理论	实验	合计			理论	实验	合计
1	绪论	3			9	浸出制剂	3	3	
2	中药调剂概述	3			10	散剂	2	3	
3	药剂卫生	3			11	颗粒剂	2	6	
4	粉碎与筛析	2			12	胶囊剂	2		
5	浸提、分离与纯化	3			13	丸 剂	3	3	
6	浓缩与干燥	2			14	片剂	6	6	
7	混合与制粒	1			15	栓剂	2	3	
8	液体药剂	5	3		16	外用膏剂	4	3	

续表

章节序号	教学内容	学时数			章节序号	教学内容	学时数		
		理论	实验	合计			理论	实验	合计
17	注射剂(附:滴眼剂)	6	9		21	中药制剂稳定性	5	3	
18	气雾剂与喷雾剂	2			22	生物药剂学与药物动力学概论	6	3	
19	其他剂型	2			23	药物制剂的配伍变化	2		
20	药物新剂型新技术	6	6			合计	75	51	126

(刘汉清)